Das römische Testament

Das römische Testament

Funktion, Archivierung und Tradition

Herausgegeben von
Ulrike Babusiaux und Anne Kolb

DE GRUYTER

ISBN 978-3-11-167007-2
e-ISBN (PDF) 978-3-11-169463-4
e-ISBN (EPUB) 978-3-11-169588-4

Library of Congress Control Number: 2025949081

Bibliografische Information der Deutschen Nationalbibliothek
Die Deutsche Nationalbibliothek verzeichnet diese Publikation in der Deutschen Nationalbibliografie; detaillierte bibliografische Daten sind im Internet über http://dnb.dnb.de abrufbar.

Einbandabbildung: Ausschnitt der Grabinschrift CIL 6, 33824, heute in Rom, Museo Nazionale Romano, Terme di Diocleziano, Inv. 72722. Foto: wwing/E+/Getty Images
Satz: Integra Software Services Pvt. Ltd.
Druck und Bindung: CPI books GmbH, Leck

www.degruyterbrill.com
Fragen zur allgemeinen Produktsicherheit:
productsafety@degruyterbrill.com

Inhaltsverzeichnis

Ulrike Babusiaux, Anne Kolb

Zur Bedeutung des römischen Testaments

creditur vulgo testamenta hominum speculum esse morum
(Plin. epist. 8,18,1)

Mit diesen Worten qualifizierte Plinius das römische Testament als Spiegel, der sowohl den Charakter des Erblassers als auch seine Sicht auf sein persönliches Umfeld zeige. Den Hinterbliebenen war es keineswegs gleichgültig, welches Urteil der Verstorbene über sie fällte, zumal dem im Testament ausgesprochenen Votum ein hohes Maß an Glaubwürdigkeit zugemessen wurde. Zugleich bot das Testament dem Erblasser einen – sonst gesellschaftlich kaum gegebenen – Raum, persönliche und oftmals auch kritische Einschätzungen seiner Mitmenschen zu formulieren, wie sie ihm zu Lebzeiten durch gesellschaftliche Konventionen verwehrt waren[1]. Damit war das römische Testament in einem Ausmaß, das sowohl modernen als auch antiken Vorstellungen von Privatangelegenheiten ungewöhnlich erscheint, ein zutiefst öffentliches Dokument. Nach dem Tod des Erblassers stieß insbesondere die Testamentseröffnung auf breites gesellschaftliches Interesse und war von gespannter Erwartung begleitet. Die im Testament getroffenen Verfügungen wurden rasch zum Gegenstand öffentlicher Diskussion und sozialer Beobachtung. Die Testamente prominenter Bürger wurden häufig zum Tagesgespräch, und gerichtliche Auseinandersetzungen über Anfechtungen stießen auf erhebliche Publikumsbeteiligung – Erscheinungen, die in ihrer gesellschaftlichen Resonanz durchaus Parallelen zu Funktionen heutiger medialer Diskurse aufweisen. Neben dieser öffentlichen Bedeutung zeigen die antiken Quellen für das römische Testament zugleich das Verständnis als *supremum iudicium*, das ein letztinstanzliches Urteil lieferte und damit als letzte zu Lebzeiten getroffene Feststellung des Erblassers eine weitreichende Bedeutung erlangte.

Dieser hohe Stellenwert, den das römische Testament genoss, ist auch in der Forschung seit langem anerkannt, die nach wie vor auf die Beobachtungen Sir HENRY MAINE'S von dem 'horror of intestacy' und der 'passion for testacy' rekurriert[2]. Zwar ist diese Sichtweise nicht weniger prominent durch eine scharfsinnige Analyse DAVID DAUBES in Zweifel gezogen worden[3], der u. a. dargelegt hat, dass die Mehrheit der rö-

1 Dazu besonders E. CHAMPLIN, Final Judgments. Duty and Emotion in Roman Wills 200 B.C.–A.D. 250, Berkeley 1991, 64–81; ähnlich auch J. STERN, Aspects de la pratique sociale des testaments à Rome. Voluntas du testateur face aux institutions légales et aux normes sociales et transmission des patrimoines par voie testamentaire à l'époque républicaine et du principat, Napoli 2022, 67–90.

2 H. SUMNER MAINE, Ancient Law. Its Connection with the Early History of Society and Its Relation to Modern Ideas, London 1885^{10}, 217–218; dazu nun P. Du Plessis, Henry Maine's Ancient Law as an Expression of Victorian Humanism, Edinburgh 2025, 97–114.

3 D. DAUBE, The Preponderance of Intestacy at Rome, *Tulane Law Review* 39, 1965, 187–396, jetzt in: D. COHEN/D. SIMON (Hg.), David Daube. Collected Studies in Roman Law, Frankfurt 1991, 1087–1096.

https://doi.org/10.1515/9783111694634-001

mischen Bevölkerung wahrscheinlich auch in der Kaiserzeit unter den Bedingungen des Intestaterbrechts verstorben sei. Dennoch bleibt die Beobachtung zutreffend, dass dem Testament ein besonderer Stellenwert zukam[4].

In den juristischen Quellen, wie sie vor allem in den justinianischen Sammlungen (Institutionen, Digesten, Codex) enthalten sind, stehen die Wirksamkeitsvoraussetzungen sowie die Überlagerungen, die das hergebrachte Testamentsrecht durch die kaiserzeitliche Gesetzgebung und Rechtsprechung verändern, im Vordergrund[5]. Die politischen, gesellschaftlichen und sozialen Implikationen des Testamentsrechts werden in der juristischen Überlieferung nur in einzelnen Testamentsklauseln, wie z. B. Anordnungen zur Versorgung besonders schutzbedürftiger Personengruppen oder in typischen Inhalten von Legaten und Fideikommissen, sichtbar.

Obwohl der sozialhistorische Wert der juristischen Überlieferung seit langem anerkannt ist, fehlt eine Aufarbeitung der über die rechtstechnischen Voraussetzungen hinausgehenden Darstellung des römischen Testaments. Die in diesem Band versammelten Beiträge sollen aus drei Perspektiven zu dieser weitergehenden Kontextualisierung des Rechtsgeschäftes beitragen, indem Funktion, Archivierung und Tradition in den Blick genommen werden.

1 Funktion römischer Testamente

Der Begriff der Funktion betrifft die Voraussetzungen und Wirkungen, die ein Testament in verschiedenen Kontexten entfalten konnte oder sollte. Daher sind an dieser Stelle einerseits Quellengruppen zu berücksichtigen, die bei der Betrachtung des römischen Testamentsrechts bisher weniger Beachtung gefunden haben, wozu namentlich die inschriftlichen Abschriften von Testamentsauszügen und die mehr oder weniger ausführlichen Bezugnahmen auf Testamente in lateinischen Inschriften gehören.

Anne Kolb untersucht aus diesem Blickwinkel den überaus häufigen, aber lapidaren Hinweis in lateinischen Grabinschriften auf das Testament (*ex testamento*) und gelangt u. a. zu dem Ergebnis, dass die Verwendung der Formel auf den Grad der Romanisierung und Urbanisierung einer Provinz schließen lässt, wenngleich sie offenlassen muss, inwieweit die Erwähnung geboten oder auch nur üblich gewesen sei.

Lisa Isola befasst sich mit dem längsten inschriftlich überlieferten römischen Testament, das seit Mommsen mit dem (sicherlich unzutreffenden) Testatornamen Dasumius in Verbindung gebracht wird. Isolas Untersuchung zeigt die rechtstechnisch per-

4 Vgl. u. a. J. Crook, Intestacy in Roman Society, *Proceedings of the Cambridge Philological Society* 19, 1973, 38–44; weitere Lit. bei U. Babusiaux, Rezension Jacob Stern, Aspects de la pratique sociale des testaments à Rome, *ZRG RA* 141, 2024, 633–644, 635 Fn. 8.

5 Vgl. den Überblick dazu bei U. Babusiaux, Wege zur Rechtsgeschichte. Römisches Erbrecht, Wien/Köln/Weimar 2021[2], 141–198 mwN.

fektionierte letztwillige Planung, wobei sie erwägt, ob es sich nicht auch um eine *testatrix* gehandelt haben könnte.

Genau dieser Aspekt steht im Mittelpunkt des Durchgangs durch epigraphische und dokumentarische Quellen, den Éva Jakab unter dem Titel „Testamente von Frauen“ präsentiert. Sie zeigt, dass Frauen nicht nur als Empfängerinnen von Legaten durch Testamente von Männern versorgt wurden, sondern auch selbst Testamente verfassten, um verschiedenen religiösen, moralischen und gesellschaftlichen Anforderungen zu entsprechen (*officia*). Besonders erwähnenswert ist die Sorge der Frauen um ihre *memoria*, womit vor allem inschriftlich bezeugte ‘Stiftungen’ von Frauen in den Blick geraten.

Das die Inschriften dominierende Stiftungswesen analysieren die Beiträge von Ulrike Babusiaux und Veronika Kleňová, wobei Babusiaux die letztwillig durch Fideikommiss errichteten Stiftungen betrachtet, während Kleňová lebzeitige Zuwendungen in Bezug auf ihre rechtliche Konstruktion und ihren gesellschaftlichen Zusammenhang untersucht. Babusiaux interessiert sich vor allem für die Frage, warum die Testamentsauszüge und fideikommissarischen Anordnungen über den immer wieder betonten Aspekt der Selbstdarstellung der kaiserzeitlichen Eliten hinaus überhaupt auf Stein abgeschrieben wurden. Sie gelangt zu dem Schluss, dass die steinerne Abschrift dazu gedient habe, den präzisen Verwendungszweck der letztwilligen Zuwendung auch über längere Zeiträume präsent und nachvollziehbar zu halten.

Der Beitrag von Elsemieke Daalder betrachtet schließlich die Bedeutung des Testaments in der Eigengerichtsbarkeit des Kaisers, wobei sie sich auf die (in der Überlieferung ohnehin überwiegende) severische Praxis beschränkt. Das einmalige Zeugnis des Juristen Iulius Paulus, der Sitzungen des Kaisergerichts vor Septimius Severus protokollierte und kommentierte, gibt einen Einblick in die Entscheidungsfindung im *consilium* und zeigt nach Daalder das ständige Bemühen des Kaisers und seiner Berater, durch die Auslegung des Testaments einen Ausgleich zwischen den individuellen Wünschen des Testators und den gesellschaftlichen Anforderungen der Überlebenden zu finden.

2 Archivierung römischer Testamente

Die Frage der Archivierung von Testamenten hat in der rechtshistorischen Forschung lange ein Schattendasein geführt, ist aber aus einer rechtspraktischen Perspektive zentral, da die letztwillige Anordnung nur dann Wirkungen entfalten kann, wenn sie bekannt ist und ihr Inhalt zur Kenntnis genommen werden kann.

Ein rechtlich definierter Moment der Bekanntgabe des Testaments ist die Testamentseröffnung, d. h. das Verlesen des Testaments, das jedenfalls in der Kaiserzeit vor einem Magistraten stattzufinden hatte, wie Benedikt Strobel in seinem Überblick über die Testamentseröffnungsregeln darlegt. Ein tieferer Einstieg in den praktischen

Vorgang der Testamentserrichtung bietet LUCIA COLELLA, die hierzu Neulesungen verschiedener bekannter Papyri mit Testamentsabschriften aus Ägypten vorstellt und auslegt. Dabei kann sie zeigen, wie auch griechischsprachige Römer in der Lage waren, ein Testament – aufgrund zwingender Rechtsvorschriften –auf Lateinisch zu errichten. In die eigentliche Archivierung dringt der Beitrag von ANNA DOLGANOV vor, die bestehende Forschungsparadigmata in Frage stellt. So zeigt sie, dass die öffentliche Verwahrung von Testamenten weder auf Ägypten noch auf die Spätantike beschränkt war. Nach ihrer Deutung der dokumentarischen, epigraphischen und literarischen Überlieferung ist die Einsetzung von Notariaten und Archiven als ein Charakteristikum der römischen Verwaltung in Rom und Italien sowie in den Provinzen anzusehen.

Einen vergleichenden Blick auf die Praxis in Kleinasien bieten die Beiträge von KAJA HARTER-UIBOPUU und KARIN WIEDERGUT. Dabei zeigt HARTER-UIBOPUU, dass die Grabsatzungen Kleinasiens im Gegensatz zu den lateinischen Grabinschriften, die KLEŇOVÁ und BABUSIAUX ausgewertet haben, nur äußerst selten aus Testamenten zitieren und auch keine letztwilligen Verfügungen aufgenommen haben. Sie spricht den Grabsatzungen – anders als dies für die römischen Grabinschriften anzunehmen ist[6] – unmittelbar rechtssetzende Kraft zu. Daher habe auch kein Bedürfnis bestanden, in der Grabsatzung aus Testamenten zu zitieren. WIEDERGUT hingegen untersucht das kleinasiatische Material von Grabinschriften auf Aussagen zur Archivierung. Dabei unterscheidet sie Grabsatzungen und andere, in der Inschrift zum Ausdruck kommende Anordnungen, wie z. B. Stiftungen. Für die Grabinschriften von Aphrodisias kann sie darüber hinaus zeigen, dass die zitierten Regelungen lebzeitiger Natur sind, d. h. gerade nicht letztwillige Verfügungen wiedergeben.

Der Vergleich zwischen den griechischsprachigen und den lateinischen Zeugnissen legt somit nahe, dass beide möglicherweise hinsichtlich der in ihnen sichtbaren Rechtsauffassungen unterscheiden. Daher stellt sich die Frage, ob die seit dem 19. Jh. verbreitete Beurteilung von lateinischen und griechischen Grabinschriften im Sinne einer einheitlichen Erscheinung nicht bisher eine zutreffende Deutung beider Traditionen verhindert hat.

3 Tradition

Unter dem Stichwort Tradition sind schließlich die Beiträge versammelt, die das römische Testamentsrecht, wie es nicht nur in der juristischen Überlieferung, sondern auch in dokumentarischen Quellen und Inschriften ersichtlich ist, in einen breiteren Kontext stellen. So untersucht MICHAEL A. SPEIDEL allgemein die Bedeutung von Abschriften in Inschriften und betont damit die Natur der Inschrift als Kopie, die nur

6 U. BABUSIAUX, Dis Manibus. Zum römischen Grabrecht, *ZRG RA* 141, 2024, 61–133 mwN.

aufgrund ihrer Materialität länger überlebt habe als das eigentlich zur Errichtung oder zum Beweis angefertigte Dokument. Die Beobachtung ist auch für das römische Testamentsrecht von Bedeutung, zumal in der romanistischen Literatur oft verkürzend von „Testamenten auf Stein" gesprochen wird, womit der archäologische Kontext der Inschrift meist aus dem Blick gerät[7]. HYLKJE DE JONG betrachtet das byzantinische Recht, d. h. die Fortentwicklung der für das römische Testament zentralen Enterbungsregeln seit der justinianischen Novelle 115. Anhand einer Netzwerkanalyse zeigt sie, wie einzelne Vorschriften und Neuerungen in den Kommentierungen der Basiliken aufgenommen und verarbeitet, aber auch übergangen werden. SEBASTIAN SCHOLZ schließlich untersucht Inschriften und Testamente mit Seelgerätstiftungen im Spätmittelalter. Seelgerätstiftungen sind Zuwendungen an einen oder mehrere kirchliche Empfänger, die mit Vorgaben zur Sorge für die Seele verbunden werden. SCHOLZ konstatiert, dass die Inschriften dazu gedient hätten, den Rechtsanspruch des Stifters zu sichern und die Priester an die geschuldeten Gebetsleistungen zu erinnern. Diese Zwecksetzung der steinernen Abschrift zeigt die Kontinuität zur inschriftlichen Praxis der römischen Kaiserzeit; allerdings kann bei den antiken Zeugnissen von einer rein religiösen Zwecksetzung der lateinischen Stiftungsinschriften nicht die Rede sein[8].

4 Weiterer Forschungsbedarf

Der über die Rechtsquellen hinausreichende Kontext des römischen Testamentsrechts bedarf weiterer Untersuchung. Insbesondere die geographische Verbreitung des römischen Testamentsrechts und die rechtliche Bewertung der Stiftungen im lateinischen und griechischen Sprachraum des römischen Reiches sind Desiderate, die in Fortsetzung der hier versammelten Beiträge weitergehender Klärung bedürfen. Auch die politische Funktion von Testamenten, wie sie vor allem an Herrschertestamenten der römischen Kaiserzeit thematisiert wurde, hat bisher kaum Eingang in Untersuchungen des römischen Testamentsrechts gefunden. Genau wie die hier untersuchten Fragestellungen wird auch diese Frage nur durch gemeinsame Anstrengungen verschiedener Disziplinen zu beantworten sein.

---

7 Symptomatisch etwa M. AMELOTTI, Il testamento romano attraverso la prassi documentale I. Le forme classiche di testamento, Firenze 1966.

8 So die traditionelle Lehre, vgl. G. LE BRAS, Les fondations privées du Haut Empire, in: Studi in onore di Salvatore Riccobono nel XL anno del suo insegnamento III, Palermo 1936, 22–67 und E.F. BRUCK, Die Stiftungen für die Toten in Recht, Religion und politischem Denken der Römer, in: E.F. BRUCK (Hg.), Über römisches Recht im Rahmen der Kulturgeschichte, Berlin/Göttingen/Heidelberg 1954, 46–100. Dagegen bereits J. ANDREAU, Fondations privées et rapports sociaux en Italie romaine (Ier – IIIe s. ap. J.-C.), *Ktèma: civilisations de l'Orient, de la Grèce et de Rome antiques* 2, 1977, 157–209.

I Funktion römischer Testamente

Anne Kolb

Die Formel *ex testamento* in den lateinischen Inschriften

Abstract: This article explores the use of the formula *ex testamento* in Latin inscriptions. It considers, first, the types of inscriptions in which the phrase appears and the intentions or meanings that can be drawn from its use. It also examines the specific provisions made in such contexts, including the kinds of services or resources allocated. Finally, attention is given to the parties involved: who issued these testamentary dispositions on behalf of which individuals or groups, and how the social status of both testators and beneficiaries shaped these practices.

1 Einleitung

Im Rahmen der Untersuchungen zum römischen Testament bilden auch die lateinischen Inschriften eine relevante Quellengattung, die einerseits inhaltliche, andererseits formale und soziale Aspekte des Testierens in der römischen Welt beleuchten kann[1]. Zur Analyse des letztgenannten Gesichtspunkts kann die epigraphische Formel *ex testamento* herangezogen werden, da die Konvention, ein Testament in Texten auf Grabstelen oder Denkmälern zu erwähnen, offenbar häufig beachtet wurde. Im Folgenden wird daher das Vorkommen der Formel in den lateinischen Inschriften der Kaiserzeit untersucht und die Bedeutung für die römische Gesellschaft hinterfragt. Am Anfang soll dazu exemplarisch ein berühmtes Monument aus der Stadt Rom vorgestellt werden: das monumentale Pyramiden-Grab des Senators Gaius Cestius Epulo, der zur Zeit des Augustus zwischen 30 und 12 v. Chr. verstarb[2].

Dieses Mausoleum liegt an der antiken Via Ostiensis (heute vor der Porta San Paolo), die seit dem 4. Jahrhundert v. Chr. Rom mit Ostia verband. Die Pyramide erhebt sich mit einer Höhe von knapp 37 m über einem quadratischen Fundament von ca. 30 x 30 m. Im Kern besteht sie aus Gussmauerwerk und Travertin am Fundament.

1 Champlin 1991 bietet immer noch die grundlegende Monographie zur römischen Testierpraxis und ihrer historischen Bedeutung, siehe dort zur Bewertung der Quellensituation im Überblick und insbesondere den Inschriften 36–40, 51–52. – Für kritische Hinweise zum vorliegenden Beitrag danke ich herzlich Jens Bartels, Manfred Clauss, Joachim Fugmann.

2 Zur Person des Gaius Cestius Epulo und seinem Grab siehe bes. den umfassenden Aufsatz von Ridley 1992, 1–29; daneben Erwähnungen und Details bei Nash 1962, 321–322; Gordon 1983, 101–102, Nr. 26, pl. 16; Calabi Limentani 1991, 205–204, Nr. 32, fig. 32; Hesberg 1992, 116–117; Krause 1999, 278–279; Kramer 2000; Fassbender 2005, 315–316, Nr. 598,1; Neudecker 2005, 94–113; Kolb/Fugmann 2008, 54–59, Nr. 9. Die Datierung wird am Ende des Beitrags nochmals thematisiert.

https://doi.org/10.1515/9783111694634-002

Als Verkleidung ist weißer lunensischer Marmor verwendet. Unter Kaiser Aurelian (270–275 n. Chr.) bezog man den Bau in den von ihm errichteten Mauerring zur Stadtbefestigung ein. Erste Ausgrabungen und Restaurierungen wurden auf Veranlassung von Papst Alexander VII. in den Jahren 1662–1663 durchgeführt. Die Grabkammer im Inneren war mit qualitätvollen Malereien ausgestattet, die jedoch durch die Nutzung als Luftschutzraum während des Zweiten Weltkriegs stark beeinträchtigt worden sind. In der heute zerstörten Gewölbemitte hatte sich ursprünglich wohl eine Darstellung des Verstorbenen bzw. seiner Apotheose befunden[3].

Abb. 1: Pyramiden-Grab des Senators Gaius Cestius Epulo in Rom.

Von Interesse ist das Grabmal in unserem Zusammenhang sowohl wegen seiner imposanten Gestalt, die auf ein Entstehungsdatum nach der Eingliederung Ägyptens ins römische Reich 30 v. Chr. deutet, als auch wegen seiner Inschriften. Diese zeigen zunächst den

3 Zur Gestaltung des Baus und der Fresken siehe Eisner 1986, 138–141, 203–204; Feraudi-Gruénais 2001, 135–137, Nr. K 69.

Namen, den Rang und die politischen Funktionen des römischen Senators; danach folgt der Hinweis auf die Errichtung des Grabbaus und das Testament des Senators:

CIL VI 1374 = EDCS-17900051

C(aius) Cestius L(uci) f(ilius) Pob(lilia tribu) Epulo pr(aetor) tr(ibunus) pl(ebis)/ VIIvir epulonum.// Opus apsolutum ex testamento diebus CCCXXX/ arbitratu/ [L(uci)] Ponti P(ubli) f(ilii) Cla(udia tribu) Melae heredis et Pothi l(iberti).

Gaius Cestius Epulo, Sohn des Lucius aus der Tribus Poblilia, Praetor, Volkstribun, Mitglied (im Kollegium) der sieben Priester für Götterspeisungen (ist hier bestattet). Der Bau wurde aufgrund des Testaments in 330 Tagen vollendet nach Ermessen des Lucius Pontius Mela, des Sohnes des Publius, aus der Tribus Claudia, des Erben, und des Freigelassenen Pothus.

Wie die Inschrift zeigt, hatte der verstorbene Senator C. Cestius Epulo das Volkstribunat und die Prätur erlangt; er war zudem Mitglied in einem senatorischen Priesterkollegium gewesen[4]. Ferner hatte er in seinem Testament den Bau angeordnet und dessen Aussehen und Anlage vermutlich im Detail sehr genau festgelegt. Schließlich sind die mit der Durchführung Beauftragten genannt: Ein L. Pontius Mela, der entsprechend weiteren Inschriften (dazu unten) zu den Erben des Cestius gehörte, und ein Freigelassener namens Pothus. Beide waren wohl enge Vertraute des Cestius. Näheres ist über sie nicht bekannt.

Von besonderem Interesse ist die Erwähnung der testamentarischen Verfügung des Cestius und zudem die Vollendung des Baus innerhalb von 330 Tagen. Diese Angaben stechen insofern heraus, da nicht völlig sicher ist, ob beides direkt aufeinander zu beziehen ist. Denn im klassischen Latein wäre davon auszugehen, dass die Nennung der Baufrist im Testament durch eine gesperrte Wortstellung kenntlich gemacht würde: *Opus ex testamento CCCXXX diebus apsolutum*. Folgt man dieser Erwartung, dann kann man keinen direkten Bezug zwischen Baufrist und Testament annehmen. Die Aussage wäre dann: Der Bau ist aufgrund des Testaments vollendet worden und zwar innerhalb von 330 Tagen. In diesem Fall hätten die von Cestius bevollmächtigten Vollstrecker, Lucius Pontius Mela und Pothus, die Bauzeit eigenständig erwirkt und in der Inschrift stolz vermerkt. Dass der Bau entsprechend der testamentarischen Verfügung des Cestius innerhalb von 330 Tagen nach dem Tod des Testators abgeschlossen wurde, scheint aber ebenso als Deutung möglich[5].

Interessanterweise lassen sich Baufristen in Testamenten bzw. Inschriften, die sich auf ein Testament beziehen, bisher kaum finden[6] und auch sonst scheinen in der

---

4 PIR² C 686; Rüpke/Glock 2005, 871, Nr. 1139. Alle bisher vorgebrachten Überlegungen zur Identifizierung des Senators mit aus anderen Quellen bekannten Amtsträgern lassen sich nicht klar verifizieren; siehe zuletzt als Überblick CIL VI 1374 p. 4688–4689.

5 Dies folgert Champlin 1991, 172, der vom Wunsch des Cestius nach einer schnellen Bauausführung als Auflage des Testaments ausgeht.

6 Eindeutig erscheint bisher nur CIL VIII 9109 = EDCS-23200117 ... *extruxit itque infra tempora testamento praefinita dedicavit*; dazu Champlin 1991, 172, der ferner auf CIL VI 10229 = EDCS-16100457

lateinischen Epigraphik Zeitangaben zu Bauarbeiten selten zu sein[7]. Es fragt sich daher, ob die Angabe der Frist zur Vollendung innerhalb von 330 Tagen hier eine besondere Bedeutung hatte, worauf schon die glatte Zahl 330 hinweist, die zugleich das Bestreben, unter der Jahresfrist zu bleiben, andeutet. Dies ist in Anbetracht des außergewöhnlichen Grabmonuments sehr wahrscheinlich. Denn der angegebene Zeitrahmen dürfte für einen römischen Baumeister eine Herausforderung gewesen sein, da die Errichtung von Pyramiden in der Stadt Rom kaum zum alltäglichen Baugeschäft gehörte. Vielleicht war die Cestius-Pyramide damals in Rom die erste oder sogar einzige, die dort entstand. Denn die Existenz von drei weiteren antiken Pyramiden, auf welche sehr späte Traditionen (vor allem aus dem 14. und 16. Jh.) hinzudeuten scheinen, lassen sich bisher nicht eindeutig verifizieren[8]. Der ältere Plinius betont die Bewunderung der Römer für die Pyramiden der ägyptischen Könige, die er als unsinnige und überaus kostspielige Denkmäler charakterisiert (*regum insaniam miror*) im Vergleich zu ebenfalls teuren, aber nutzbringenden Bauten Roms wie sie insbesondere die Kloakenkanäle seiner Ansicht nach waren[9]. Die ägyptischen Monumente waren also gut bekannt und Cestius dürfte seine Anregung dem Land der Pharaonen entliehen haben. Dass er sich möglicherweise selbst dort aufgehalten hatte, scheint eine logische Folgerung, auch wenn Zeugnisse dafür fehlen[10]. Daher liegt es nahe anzuneh-

Z. 13–114 (sog. *Testamentum Dasumii*) verweist und noch eine weitere Inschrift im Text umschreibt, jedoch nicht zitiert. Es handelt sich jedoch nicht um eine Inschrift, sondern, wie in der Fußnote vermerkt, um einen Passus in D. 28,5,44 (Alfen. 5 dig.), der die Angabe einer Baufrist im Testament zeigt: *Pater familias testamento duos heredes instituerat: eos monumentum facere iusserat in diebus certis: deinde ita scripserat: "Qui eorum non ita fecerit, omnes exheredes sunto": alter heres hereditatem praetermiserat, reliquus heres consulebat, cum ipse monumentum exstruxisset, numquid minus heres esset ob eam rem, quod coheres eius hereditatem non adisset. Respondit neminem ex alterius facto hereditati neque alligari neque exheredari posse, sed uti quisque condicionem implesset, quamvis nemo adisset praeterea, tamen eum heredem esse.*

7 Darauf weist schon die Angabe des Baubeginns in CIL X 1781 = EDCS-25900656 hin. Nur wenige Inschriften halten Verträge oder Teile davon fest, siehe etwa noch CIL X 829; grundlegend zur Baugesetzgebung immer noch Voigt 1903; Rainer 1987; siehe auch CIL V 6513 [...] *balineum quod vi consumptum fuerat ampliatis solo/ et operibus intra biennium pecunia sua restituit et dedicavit.* Römische Juristen erwähnen in den Digesten an drei Stellen eine solche Frist. In einem Fall wird sie sogar für ungültig erklärt, da die Zeitdauer eindeutig zu kurz definiert war (Beispiel von 3 Tagen); dazu Ridley 1992, 8.

8 Kramer 2000, 186–188 zeigt dies schlüssig.

9 Plin. nat. 36, 103–104: *pyramidas regum miramur, cum solum tantum foro exstruendo HS |M| Caesar dictator emerit et, si quem inpensa moveat captis avaritia animis, HS |CXLVIII| domo empta Clodius, quem Milo occidit, habitaverit. quod equidem non secus ac regum insaniam miror; itaque et ipsum Milonem HS |DCC| aeris alieni debuisse inter prodigia animi humani duco. sed tum senes aggeris vastum spatium, substructiones Capitolii mirabantur, praeterea cloacas, opus omnium dictu maximum, subfossis montibus atque, ut paullo ante retulimus, urbe pensili subterque navigata M. Agrippae in aedilitate post consulatum.*

10 Unter anderen vermutet Eisner 1986, 223–224 die Teilnahme des Cestius am Feldzug des Octavian gegen Antonius; ebenso Ridley 1992, 12.

men, dass der Bau noch zu Lebzeiten des Cestius in Angriff genommen worden war und er im Testament durch eine Zeitvorgabe dann den tatsächlichen Abschluss der Bauten sicherstellen wollte. Dabei könnte es sich um die genannten 330 Tage oder vielleicht auch um die Dauer eines Jahres gehandelt haben[11]. Dass man diese Frist mit den 330 Tagen eingehalten oder sogar unterschritten hatte, darauf dürfte die ungewöhnliche Formulierung *opus apsolutum* hindeuten, die ausdrücklich den Abschluss der Arbeiten betont[12]. Die beiden Beauftragten hatten demnach den Wunsch des Testators voll umfänglich erfüllt oder übertroffen und rühmen sich daher explizit, die Bauausführung innerhalb von (nur) 330 Tagen erreicht zu haben. Ein krasses Gegenbeispiel schildert der jüngere Plinius, indem er sich über das noch nach 10 Jahren unvollendete Grab des berühmten Standeskollegen Verginius Rufus empört, der 68 n. Chr. das ihm angebotene Kaisertum abgelehnt hatte[13].

In Bezug auf Cestius ist vielleicht sogar anzunehmen, dass der Erbe L. Pontius Mela und der Freigelassene Pothus noch von Cestius persönlich mit der Baubeaufsichtigung beauftragt worden waren und gemeinsam mit dem Erblasser an der Umsetzung des exotischen Denkmals gearbeitet hatten. Da bekanntermaßen viele Grabbauten noch zu Lebzeiten ihrer Begründer errichtet wurden[14], ist dieses Szenario gut vorstellbar. Das Beispiel des sozialen Parvenu Trimalchio in Petrons Satyrica parodiert genau einen derartigen Vorgang, der die Errichtung einer großen und aufwendigen Grabablage zeigt: Trimalchio beauftragt während einer Abendgesellschaft den Architekten Habinnas, eine sehr große (100 x 200 Fuß = 30 x 60 m) Grabanlage zu errichten, die überbordend mit Reliefs, Skulpturen, darunter Statuen und einem Horologium, sowie einer Inschrift ausgestattet sein soll (Petron. 71). Ebenso könnte der Senator Cestius die Errichtung seines herausragenden Grabmals noch zu Lebzeiten selbst dirigiert haben, wie dies auch in senatorischen Kreisen nicht unüblich war. Denn Plinius (Plin. epist. 6,10,5) betont, dass man wegen fehlender Treue das Grabmal besser selbst bauen und die Pflichten der Erben vorweg erfüllen müsse, um dem Vergessen nach dem Tod zu entgehen[15].

---

11 Die Jahresfrist vermutet Ridley 1992, 8 gemäß der älteren Forschung (wie Falconieri 1663); nach D. 28,5,44 (Alfen. 5 dig.) bestand grundsätzlich die Möglichkeit, im Testament eine Baufrist zu benennen. Eine besondere Bedeutung lässt sich für die genannten 330 Tage bisher nicht ausmachen, da sie keinem spezifischen Zeitraum oder Zyklus im römischen Kalender oder der Religion zu entsprechen scheinen.

12 Der Ausdruck ist sehr selten belegt: nur in zwei weiteren Grabinschriften, in CIL VIII 1523 = EDCS-16201258; ICUR-01, 3191 = EDCS-40300336, und zwei Weihinschriften, in CIL VI 255 = EDCS-17200372; CIL VI 256 = EDCS-17200324; geläufig ist sonst *fecit, faciendum curavit*.

13 Plin. epist. 6,10,1–4.

14 Dies geben zahlreiche Grabinschriften etwa mit *v(ivus) f(ecit)* an.

15 Dazu konnte es auch gehören, den Text der Grabinschrift festzulegen, wie der erwähnte Fall des Verginius Rufus zeigt, den Plinius aufgrund der Verfügung kannte und in seinen Briefen zitiert: Plin. epist. 6,10,5 und 9,19,1.

Die Grabinschrift des Cestius mit der Nennung der testamentarischen Verfügung erweist sich insgesamt besehen als eine typische Grabinschrift, da sie wie tausende andere Beispiele mit Nennung von Namen und Status den Begräbnisplatz markiert und von ihrer Funktion her zugleich als Bauinschrift des Grabmals dient. Die Formel *ex testamento* zeigt, dass der Grabbau auf Anweisung, aber erst nach dem Tod des Cestius vollendet worden war. Das Grabmonument aus Bau und Inschrift verfolgte – ebenfalls wie tausend andere – den Zweck der Selbstrepräsentation des Cestius, dessen Andenken, seine *memoria*, es zu bewahren galt. Cestius stilisierte sich damit als Mann von außergewöhnlichem Geschmack, dessen politische Karriere – er wurde lediglich Praetor – vielleicht hinter seinem Geltungsbewusstsein zurückgeblieben war, falls er nicht im Amt oder kurz danach verstorben sein sollte. Auf jeden Fall zeigt das exotische Monument, dass C. Cestius Epulo über horrende finanzielle Mittel verfügte und weder Kosten noch Mühen zur Errichtung gescheut wurden. Das Pyramiden-Mausoleum in Rom bot eine klare „Ansage“ des Cestius, die heute immer noch Gültigkeit hat: „Seht die Pyramide und ihr werdet Cestius nicht vergessen!“

2 Inschriften, Zahlen, Typen

Ein Grundzug aller Inschriften ist die stets inhärente Selbstdarstellung und der Zweck, die *memoria* an eine oder mehrere Personen und ihre Leistungen zu bewahren. Daher erfüllten Grabinschriften, Bauinschriften, aber auch Weihungen und Ehrungen auf Altären, Statuenbasen oder anderen dauerhaften Monumenten prinzipiell dieselbe Funktion, nämlich eine Person durch das Benennen von Rang und Leistungen in ewiger Erinnerung zu halten, ja sie quasi unsterblich zu machen. Daher wurden Denkmäler bevorzugt an viel besuchten Orten im öffentlichen Raum der Gesellschaft errichtet. Davon zeugen die Funde von Grabinschriften entlang der Ausfallstraßen ebenso wie Altäre und Statuen auf den Fora von Städten und Gemeinden oder in heiligen Bezirken. Wollte man die langfristige Sicherung seines Daseins als postmortale Existenz erwirken, so musste die *memoria* möglichst stark in der Welt der Lebenden verankert werden. Dies konnte effizient durch Stiftungen oder Schenkungen, die über einen langen oder unbegrenzten Zeitraum für die Nachwelt von Nutzen waren, erzielt werden. Solche Wohltaten für einzelne, bestimmte Personengruppen oder Gemeinden legte der Verstorbene in der Regel in seinem Testament nieder. Als Rechtsurkunde, die von Zeugen validiert wurde, sollte das Testament die Erfüllung der darin festgelegten Verpflichtungen sicherstellen. Dies war jedoch nicht immer der Fall. Denn es konnte sich beispielsweise die Rechtslage ändern oder andere Gründe verhinderten die Umsetzung oder Weiterführung einer testamentarischen Stiftung[16].

16 Ein derartiges Beispiel wird hier noch weiter unten angesprochen. Zur epigraphischen Kultur allg. siehe Beltrán Lloris 2015; zur Memorialfunktion etwa Alföldy 2018.

Lateinische Inschriften, die sich auf ein Testament beziehen, lassen sich mit Hilfe der „Epigraphischen Datenbank Clauss/Slaby (EDCS)“ ermitteln, indem man nach Formeln wie *ex testamento, testamento fieri iussit, testamento poni iussit* oder *legavit* sucht[17]. Dabei kommt man insgesamt auf rund 3100 Texte (einschl. fragmentarischer und unsicherer Belege)[18]. Diese Zahl ist nicht allzu umfangreich, wenn man sie mit der Gesamtzahl aller erhaltenen lateinischen Inschriften auf Stein vergleicht, die sich auf ca. 360.000 belaufen dürfte.

Die Inschriften mit Testamentsbezug sind vom epigraphischen Typus her mehrheitlich Grabinschriften. Damit gehören sie zur größten Gruppe aller Steininschriften, die ca. 90% des Gesamtbestandes ausmacht. Bei der Betrachtung der Grabinschriften sind die folgenden Merkmale zu berücksichtigen, die in der Regel alle Inschriften auf Grabmonumenten aufweisen:

1) Sie markieren durch das Grabmonument, auf dem die Inschrift eingemeißelt ist (Stele, Altar o. a.), den Ort der Bestattung. 2) Sie nennen stets einen oder mehrere Verstorbene sowie eventuell weitere Personen aus dem familiären oder sozialen Umfeld. 3) Das Grabmal (*monumentum*) kann in der Inschrift explizit erwähnt sein; mehrheitlich ist es aber als Objekt syntaktisch nicht genannt, sondern wird als logische Ergänzung vorausgesetzt.

Die Durchsicht der rund 3100 lateinischen Inschriften, die ein Testament erwähnen, ermöglicht die Unterscheidung von drei Gruppen.

Die erste Gruppe umfasst Inschriften, die ein vollständiges Testament oder Teile davon explizit zitieren, so dass Personen und Erbschaften oder Erbanteile konkret benannt sind. Dies ist die kleinste Gruppe mit weniger als 1% der Inschriften (mit Testamentsbezug).

Die zweite Gruppe umfasst sozusagen klassische Grabinschriften, die sich inhaltlich gliedern lassen in a) Inschriften, die nur die Existenz eines Testaments durch die reine Erwähnung desselben (etwa durch die eingangs genannten Formeln) bezeugen, und b) Inschriften, die sich auf die Errichtung und/oder Ausstattung des Grabes sowie auf die Durchführung des Totenkultes am Grab beziehen, was durch entsprechende Verfügungen und Stiftungen erfolgt. Dies ist die größte Gruppe mit ca. 90% der Inschriften (mit Testamentsbezug).

Die dritte Gruppe umfasst Inschriften, die eine testamentarische Stiftung unabhängig vom Grab- oder Totenkult angeben, und damit auf die Bewahrung der *memoria* des Toten in der weiteren Gesellschaft der Lebenden, d. h. über die Familie hinaus,

---

17 Siehe https://db.edcs.eu/epigr/epi.php?s_sprache=de. Nicht berücksichtigt wurde der Begriff *heres*, der das Vorhandensein eines Testaments lediglich implizieren kann (rund 6000 Belege).

18 Vorauszuschicken ist im Hinblick auf die Anzahl und Bewertung von epigraphischen Belegen, dass hiermit bestenfalls Tendenzen angezeigt werden können, da sich der Zufall der Überlieferung nicht bemessen lässt. Dies gilt prinzipiell für die Epigraphik, deren Repräsentativität sehr begrenzt ist und dabei von vornherein von Inschriften-Typus, Fundort, Forschungsstand abhängig ist; siehe auch zu dieser Thematik Eck 2007.

abzielen. Zu solchen Stiftungen gehören konkret Speisungen, Spiele oder Immobilien zu deren Finanzierung, daneben öffentliche und sakrale Bauten oder Statuen. Ihr Umfang beträgt derzeit bis zu ca. 9 % aller Inschriften mit Testamentsbezug.

Zu dieser Kategorie gehören aber nicht nur Grabinschriften, sondern weitere Typen der klassischen Inschriftengattungen, wenn sie die Stiftung von Speisungen, Spielen, Bauten etc. aufgrund eines Testaments vermerken. D. h. zu den Grabinschriften kommen einige Weihinschriften für Götter, Ehrungen auf Statuenbasen oder Bauinschriften hinzu. Insgesamt zeigen alle diese Texte Stiftungen *ex testamento* außerhalb des Totenkultus.

Um die inhaltlichen und sozialen Aspekte dieser 3100 Testamentsinschriften genauer zu eruieren, wurden einerseits drei größere Stichproben aus drei Provinzen evaluiert und andererseits alle Inschriften mit Testamentsbezug aus Gruppe 3, also *ex testamento* außerhalb des Totenkultus, untersucht. Dieses Vorgehen ergänzt die Untersuchungen von Champlin, der die Testatoren der Stadt Rom im Hinblick auf Status und Geschlechterverhältnis anhand einer Stichprobe von 223 Testatoren sowie weiteren 115 Militärangehörigen als eigene Gruppe von Testamentserrichtern untersucht[19]. Jüngst hat Pérez Zurita die *ex testamento*-Inschriften der Provinz *Baetica* analysiert, wobei sein Fokus allerdings auf der Frage nach der Funktion, die er als öffentliche Erklärung deutet, und der Rolle der Personen liegt[20].

3 Sozialer Status der Testatoren in den *ex testamento*-Inschriften

Da das Testament eine Institution des römischen Rechts ist, musste auch der Testator über das Bürgerrecht verfügen. Wie viele Bürger im Imperium Romanum lebten, können wir aber lediglich grob schätzen. Auch ist hier dabei der stetige Zuwachs durch Bürgerrechtsverleihungen bis zum Jahr 212 zu berücksichtigen, als alle freien Reichsbewohner durch Kaiser Caracalla das Bürgerrecht erhielten. Im Allgemeinen schätzt man die Anzahl der Reichsbevölkerung auf 60–80 Millionen. Von diesen könnten ca. 10 % über das Bürgerrecht verfügt haben[21]. Im Hinblick auf die Gliederung der römischen Gesellschaft lässt sich grob vereinfacht Folgendes festhalten[22]: Die große Masse der Be-

19 Champlin 1991, bes. 38–59; ferner fragt Champlin nach der Leistungsfähigkeit der Testatoren anhand der Listen von Kosten für Stiftungen (nach Duncan-Jones 1982).

20 Pérez Zurita 2022.

21 Champlin 1991, 42 geht entsprechend der älteren Forschung von ca. 5–6 Millionen bei einer Gesamtbevölkerung von 54 Millionen aus. Die Reichsbevölkerung schätzt zuletzt Harper 2017, 30–31 für die Zeit des Augustus auf 60 Millionen und im 3. Jh. dann auf 75 Millionen; zur Kontroverse über die Anzahl an römischen Bürgern bes. Scheidel 2001, 47–72 und Scheidel 2007, 45–49; Lavan 2019.

22 Zum Modell einer Gliederung der römischen Gesellschaft Alföldy 2011, passim, 196 mit Graphik.

völkerung bilden die Unterschichten der Gesellschaft, die primär aus freien Reichsbewohnern der Provinzen, den Peregrinen, sowie Unfreien und Freigelassenen bestanden und je nach ökonomischer Leistungsfähigkeit besser oder schlechter gestellt sein konnten. Römische Bürger, die in der Stadt und auf dem Land ihr jeweiliges Einkommen erwirtschafteten, gehörten ebenfalls in diesen nicht ständisch privilegierten Bereich der Gesellschaft; dabei zählten Soldaten und vor allem Veteranen in der Regel zu den Bessergestellten. Die Oberschichten, die als winziger Anteil der Gesamtbevölkerung aus rechtlich, sozial oder machtpolitisch besonders privilegierten Reichsbewohnern bestanden, setzten sich prinzipiell aus der ständisch gegliederten Elite, den Senatoren, Rittern und Dekurionen in den Städten, zusammen, zu denen sehr vermögende Freigelassene aus den städtischen Augustalen-Priesterschaften sowie die in machtpolitischer Hinsicht bevorzugten Angehörigen aus dem kaiserlichen Haushalt (*familia Caesaris*) hinzugezählt werden können. Wie die literarischen Quellen nahelegen, war die Abfassung von Testamenten in der ständischen Elite ein alltägliches Geschäft wie auch sonst Testierfreudigkeit und Interesse an letztwilligen Verfügungen unter begüterten und gebildeten Bürgern geherrscht zu haben scheint[23].

Wenn wir im Hinblick auf die *ex testamento*-Inschriften die skizzierte Gesellschaftsgliederung zu Grunde legen, ist klar, dass die Belege nur von Angehörigen der Oberschichten und aus dem bessergestellten Teil der Unterschichten stammen, da eben nur die ökonomisch erfolgreichen Bürger etwas zu vererben hatten. Dabei zeigt sich jedoch, dass die Elite insgesamt schlechter dokumentiert ist als das übrige Volk. Dies entspricht der prinzipiellen Verteilung aller erhaltenen Grabinschriften, die mehrheitlich von Angehörigen aus den Unterschichten errichtet wurden. Bei Betrachtung der Verhältnisse in den Provinzen wird dann im Detail deren Heterogenität offenbar. Geschuldet ist diese einerseits der variierenden Anzahl römischer Bürger (unterhalb der Eliten in den Ständen) sowie auch der unterschiedlichen Dokumentation von Senatoren, Rittern und städtischen Eliten je nach Provinz. Andererseits war die provinziale Ausbreitung des *epigraphic habit* jeweils abhängig vom Grad der Urbanisierung und der Romanisierung – beides Merkmale, denen wiederum diverse Faktoren zugrunde liegen können.

Die Auswahl von drei jeweils unterschiedlich konstituierten Provinzen kann dies illustrieren. Die *Hispania citerior* wurde 197 v. Chr. als Provinz etabliert und gilt in der Kaiserzeit als sehr gut integrierte Provinz mit nur noch einer Legion als Militärbesatzung. Urbanisierung und Romanisierung hatten bereits im ersten Jahrhundert n. Chr. einen relativ hohen Status erreicht[24]. Dies reflektieren die Inschriften mit Testamentsbezug, von denen ca. 20% aus den Oberschichten stammen. Unter den restlichen 80% sind Soldaten (einschließlich Veteranen) und Zivilisten (auch Freigelassene und Frauen) ungefähr pari-

23 Plin. epist. 1,9,2 zeigt das Testieren als Alltagsgeschäft; auch erlaubt er seinen Sklaven, eine Art von Testament mit Gültigkeit innerhalb des Haushalts zu verfassen, Plin. epist. 8,16; dazu Champlin 1991, 4–7.

24 Alföldy 2001; Überblick bei Wesch-Klein 2008, 234–240.

tätisch vertreten. Ein etwas anderes Bild bietet die früh und gleichfalls stark romanisierte Provinz *Gallia Narbonensis*. Sie gehörte seit 121 v. Chr. zum römischen Reich, hatte keine Grenzlage und in der Kaiserzeit war dort keine Legionsbesatzung stationiert[25]. In unseren Inschriften zeigt sich dies mit ca. 25% Angehörigen der Oberschichten und 75% aus dem übrigen Volk, darunter nur eine verschwindende Zahl von Soldaten.

Ein nochmals abweichendes Bild ergibt sich für die Situation in der Provinz *Germania superior*, deren Territorium trotz der gescheiterten Expansion des Augustus (*clades Variana* 9 n. Chr.) seit 7 v. Chr. (Triumph des Tiberius über die Germanen) zum direkt beherrschten Reichsgebiet gehörte, aber erst unter Domitian (84/85 n. Chr.) als eigentliche Provinz eingerichtet wurde und ein großes Militärkontingent von 4 Legionen hatte[26]. Damit wird für diese Provinz eine starke militärische Prägung offenbar bei einem gleichzeitig geringen Urbanisierungsgrad. Wie zu erwarten, zeigen die Inschriften mit Testamentsbezug in der *Germania superior* kaum Angehörige der Elite, stattdessen lassen sich rund 95% den Mitgliedern der Unterschichten zuordnen. Unter den römischen Bürgern sehen wir dann deutlich mehr Militärangehörige (90%) als Zivilisten (weniger als 10%). Auch hier gilt das bereits Gesagte: Die Abfassung eines Testaments setzte ein gewisses Vermögen voraus, weshalb besser gestellte Bürger diverser Berufssparten, und vor allem Soldaten, die zahlreichen Testatoren stellen. Hinzu kommt als Motivation das Risiko des Soldatenberufs, der schließlich das Leben kosten konnte, weshalb ein Testament prinzipiell sinnvoll war.

Für die Verwendung und Bedeutung der Formel *ex testamento* oder ähnlicher Formulierungen, lässt sich damit also kein deutlicher Erkenntnisgewinn ausmachen, den man nicht auch aufgrund des Grades an Romanisierung und Urbanisierung der Provinz annehmen würde. Gleichwohl ist es doch fraglich, wieweit es überhaupt üblich war, in der Grabinschrift auf ein Testament hinzuweisen. Dieses Vorgehen ist jedoch ebenfalls ernüchternd und zeigt wiederum auf, wie unsicher Aussagen sind, die allein dem Zufall der Überlieferung geschuldet sind. Der Befund wird auch durch den folgenden Vergleich der Anzahl der Belege an *ex testamento*-Inschriften und der Gesamtmenge an Inschriften in den einzelnen Provinzen unterstützt: In der *Gallia Narbonensis* finden sich 199 *ex testamento*-Inschriften bei einem Gesamtbestand von ca. 11.600 Steininschriften. In der militärisch geprägten *Germania superior* finden sich 146 *ex testamento*-Inschriften bei 4832 Steininschriften, was zumindest den Befund der häufig testierenden Soldaten zu erhärten scheint. In der *Hispania citerior* sind es nur 99 *ex testamento*-Inschriften bei aber insgesamt 18.400 Steininschriften. Sehen wir noch zwei andere Provinzen an, wird die Lage noch unglücklicher. Auch in der *Africa proconsularis* finden sich lediglich 99 *ex testamento*-Inschriften bei insgesamt 30.250 Inschriften. In *Numidia* gibt es 26 *ex testamento*-Inschriften bei 17.000 Steininschriften[27].

25 Überblick bei Wesch-Klein 2008, 242–243.

26 Überblick bei Wesch-Klein 2008, 248–250; zur Provinz unter Augustus Eck 2008; Speidel (im Druck).

27 Die Zahlen lassen sich der EDCS entnehmen.

Man kann hieraus zumindest schließen, dass es in Nordafrika weniger üblich gewesen zu sein scheint, in einer Inschrift auf das Testament zu verweisen. Andererseits könnte man vielleicht auch insgesamt vermuten, dass die bei den Unterschichten aufscheinende stärkere Verbreitung eine Art von Statusdemonstration bildete. Es bleibt aber letztlich unsicher, wie wichtig es den Inschriften-Dedikanten war, auf die Existenz eines Testaments als Grundlage einer Stiftung oder der Errichtung eines Grabmonuments zu verweisen. Damit wird das Ergebnis von CHAMPLIN bestärkt, der aufgrund seiner Auswahl stadtrömischer Inschriften und unter Berücksichtigung der Papyri und der literarischen Quellen folgert: «The conclusion must be that testation in Roman society was even less common than might be surmised»[28].

4 Stiftungen *ex testamento* ausserhalb des Totenkultus: Sozialstatus und Art der Stiftung

Die Stiftungen *ex testamento* außerhalb des Totenkultus können relativ knapp behandelt werden. Denn die Thematik des Euergetismus wird seit langem von zahlreichen Forschern für verschiedene Regionen untersucht[29]. Ein kurzer Blick in die *ex testamento*-Inschriften zeigt überdies, dass sich die Vergaben anlässlich des Todes nicht von solchen zu Lebzeiten unterschieden. Die typischen Euergesien waren: Geld- und Lebensmittelzuwendungen als Alimentarstiftung zur Unterstützung bedürftiger Kinder oder zur Getreideversorgung oder anlässlich von Festen bzw. Festmählern, daneben Spiele unterschiedlicher Ausprägung, weiterhin Dienstleistungen wie freier Badebesuch, Verteilung von Badeöl und schließlich Bauten diverser Typen und deren Unterhalt. Hinzu kommt die Errichtung von Statuen von Göttern oder Personen[30].

Wie kaum anders zu erwarten sind große Bauten (etwa Amphitheater, Bäder, Bibliotheken) oder die Stiftung von Geld etwa für den Straßenunterhalt (wie z. B. 1 Million HS)[31] für eine Gemeinde von den Angehörigen der Reichselite geleistet worden. Ein gutes Beispiel bieten die Stiftungen des jüngeren Plinius in seiner Heimatstadt Comum, von denen er einen Teil wie die Thermen (mit Ausstattung und Unterhalt) sowie *alimenta* für diverse Gruppen testamentarisch verfügt hatte, die Bibliothek hingegen hatte er noch zu Lebzeiten errichten lassen[32]. Die Stiftungen von Dekurionen oder von einfachen Bürgern waren je nach Vermögen entsprechend von bescheidenerem Umfang.

---

28 CHAMPLIN 1991, 55.

29 Neuere Studien dazu bieten WESCH-KLEIN 1990; GOFFIN 2002; ENGFER 2017.

30 Zu testamentarischen Zuwendungen GOFFIN 2002, 37–43; ENGFER 2017, passim, mit nur 26 Testaments-Inschriften für Mittel- und Süditalien.

31 CIL X 3851 = EDCS-17900560; CIL X 3852 = EDCS-17900561; dazu ENGFER 2017, 101 und Kat. 21–22.

32 CIL V 5262 = EDCS-05100416; CIL XI 5272 = EDCS-22901844; zuletzt ECK 2021, 365.

Ein Stolperstein der Vergaben *ex testamento* war die Umsetzung und Durchführung des letzten Willens. Wie schon aus der Korrespondenz des jüngeren Plinius hervorgeht, wurde besonders bei Schenkungen an Gemeinden der vom Gönner vorgesehene Stiftungszweck nicht immer eingehalten[33]. Prinzipiell hatten seit Nerva alle Gemeinden das Recht, ein Legat anzunehmen oder abzulehnen (vorher nur Munizipien und Kolonien). Dies beschloss – wie Bettina GOFFIN zeigt – der Dekurionenrat, je nachdem ob «eine ästhetische oder materielle Bereicherung für das Gemeinwesen» damit erzielt werden konnte[34]. Ein Reskript des Marc Aurel, D. 50,12,13,1 (Papir. 2 de constit.), deckt auf, dass auch die *utilitas publica* zu berücksichtigen war. Schließlich war auch die Umwidmung von Stiftungskapital möglich, ein Vorgang, den Antoninus Pius erleichtert zu haben scheint, obwohl der Kaiser offenbar einer solchen Änderung zustimmen musste. Dabei handelte es sich besonders um vererbte Mittel für Neubauten, die sinnvoller für die Erhaltung bestehender Gebäude oder Infrastrukturen verwendet werden sollten[35]. Kurzum: Der Testator konnte besonders bei Stiftungen an Gemeinden letztlich nicht völlig sicher sein, dass seine Wünsche tatsächlich in seinem Willen umgesetzt wurden. Stiftungen *ex testamento* außerhalb des Totenkultus lassen Sozialstatus und Art der Stiftung erkennen, unterscheiden sich jedoch nicht von anderen euergetischen Akten, die bereits zu Lebzeiten durchgeführt wurden.

5 Cestius-Grab: Umwidmung einer Testamentsbestimmung

Wir kommen nochmals zurück zu C. Cestius Epulo und seinem monumentalen Grab, das *ex testamento* errichtet worden war. Aus zwei gleichlautenden weiteren Inschriften gehen noch wenige zusätzliche Informationen über die von Cestius festgelegten Verfügungen hervor. Dabei handelt es sich einerseits um die Erben und andererseits um das von Cestius ursprünglich geplante Einbringen von Luxus-Gewändern oder Stoffen in das Grab. Die Inschriftentexte stammen von zwei Statuenbasen, die ehemals an der Frontseite der Pyramide standen[36]. Eines dieser Postamente trug im 17. Jh. noch Überbleibsel (Fuß und Arm) einer überlebensgroßen männlichen Bronzestatue. Aufgrund der Nacktheit des Fußes wird vermutet, dass hiermit Cestius in heroisierter Form dargestellt war[37]. Der Text benennt konkret sechs Dedikanten der Sta-

33 Dazu WESCH-KLEIN 1990, 20–21.

34 GOFFIN 2002, 39–41 auch zum Folgenden.

35 D. 50,10,5pr. (Ulp. lib. sing. de off. cur. rei pub.); D. 50,10,7pr. (Call. 2 de cognit.); D. 50,8,6 (Valens 2 fideicomm.); dazu GOFFIN 2002, 41.

36 CIL VI 1375 = EDCS-33600350; CIL gibt beide Inschriften unter derselben Nummer, da beide Texte identisch sind und nur ab Z. 9 die Zeilenverteilung leicht variiert.

37 HESBERG 1998, 22; NEUDECKER 2005, 107.

tuen, davon sind fünf als direkte Erben des C. Cestius klassifiziert; ferner wird knapp die Situation beleuchtet, die zur Errichtung der beiden Statuen geführt hatte:

CIL VI 1375 = EDCS-33600350

M(arcus) Valerius Messalla Corvinus/ P(ublius) Rutilius Lupus L(ucius) Iunius Silanus/ L(ucius) Pontius Mela D(ecimus) Marius/ Niger heredes C(ai) Cesti et/ L(ucius) Cestius quae ex parte ad eum fratris hereditas/ M(arci) Agrippae munere pervenit ex ea pecunia quam/ pro suis partibus receper(unt)/ ex venditione Attalicor(um)/ quae eis per edictum aedil(is)/ in sepulcrum C(ai) Cesti ex/ testamento eius inferre non licuit.

Marcus Valerius Messalla Corvinus, Publius Rutilius Lupus, Lucius Iunius Silanus, Lucius Pontius Mela, Decimus Marius Niger, die Erben des Gaius Cestius, (haben diese Statuen errichten lassen) und Lucius Cestius aus dem Teil, der als Erbschaft seines Bruders durch das Geschenk des Marcus Agrippa zu ihm gelangt ist, aus dem Geld, welches sie für ihre Anteile aus dem Verkauf der Attalica erhalten haben, die sie aufgrund des Edikts eines Aedilen nicht in das Grab des Gaius Cestius, (wie es) sein Testament (vorsah), bringen durften.

Als Erben hatte Gaius Cestius zunächst drei sehr vornehme Mitglieder der augusteischen Senatsaristokratie eingesetzt: Marcus Valerius Messalla Corvinus (Nr. 1 im Text) hatte im Jahr 31 v. Chr. den ordentlichen Konsulat zusammen mit Octavian, dem späteren Augustus, bekleidet. Publius Rutilius Lupus (Nr. 2) ist vielleicht mit dem Praetor des Jahres 49 v. Chr. oder eher einem gleichnamigen Sohn gleichzusetzen (PIR^2 R 253). Lucius Iunius Silanus (Nr. 3), Praetor und Augur, war Bruder des Mitkonsuls des Augustus im Jahr 25 v. Chr. (PIR^2 I 827). Es folgt der nicht näher bekannte Lucius Pontius Mela (PIR^2 P 810), der gemäß der bereits besprochenen Inschrift auf der Ostseite die Errichtung des Grabbaus umgesetzt hatte (Nr. 4). Mit Decimus Marius Niger (Nr. 5) ist wohl ebenfalls ein Freund oder Gefährte des Cestius benannt, der vielleicht kein Senator war (PIR^2 M 310). Lucius Cestius, der Bruder des Verstorbenen (Nr. 6), ist nicht als Erbe bezeichnet (PIR^2 C 687). Zu ihm ist nur deshalb ein Erbanteil gelangt, weil der Erbe Marcus Vipsanius Agrippa (Nr. 7) ihm seinen Erbteil überlassen hatte. Dieser Name in der Inschrift bildet quasi den Höhepunkt, weil er alle anderen in sozialer und politischer Hinsicht überragte: Denn Marcus Vipsanius Agrippa war bekanntermaßen der engste Vertraute und Schwiegersohn des Augustus, der 12 v. Chr. starb (PIR^1 V 457). Mit diesem Namen liefert die Inschrift den sicheren *terminus ante quem* für die Datierung des Cestius-Grabes.

Wie die Inschrift zeigt, stammten die Gelder für die heute verlorenen Bronzestatuen aus dem Verkauf von *Attalica* die nach testamentarischer Verfügung des Cestius in das Grab hätten eingebracht werden sollen. Bei den *Attalica* (bzw. *Attalicae vestes)* handelte sich sehr wahrscheinlich um golddurchwirkte Stoffe oder Gewänder aus Kleinasien, die nach dem pergamenischen König Attalos III. (138–133 v. Chr.) benannt sind, der das Einwirken von Gold in Stoffe erfunden haben soll (Plin. nat. 8,196; 33,63). Nach Cicero (Cic. Verr. 2,4,27) wurden solche Kostbarkeiten in ganz Sizilien gerühmt. Entsprechend unserer Inschrift war ihre Verwendung im Grab allerdings durch eine von einem Aedil eingebrachte Verordnung verboten worden (*per edictum aedil(is) in sepulcrum C(ai) Cesti ex testamento eius inferre non licuit*). Regelungen, die dazu dienten, den Grabluxus, d. h. den Aufwand bei Bestattungsfeierlichkeiten sowie für Grabbeigaben, einzuschränken, waren bereits im Zwölftafelgesetz (Mitte 5. Jh. v. Chr.) enthalten und gehörten damit zu den ersten Aufwandsbeschränkungen der römischen Gesetzgebung, den sogenannten Luxusgesetzen (*leges sumptuariae*). Diesen entsprechend war die Beigabe von Kleidungsstücken in Gräbern stark beschränkt, Gold – mit Ausnahme von Zahngold – sogar verboten (Cic. leg. 2,59–60). Später thematisierten noch zwei weitere Gesetze die Beschränkung des Grabluxus, eine *lex Cornelia* des Sulla aus dem Jahr 81 v. Chr. und eine Caesarische *lex Iulia* des Jahres 46 v. Chr.[38]. Die Überwachung dieser Verordnungen oblag den Aedilen, die zudem selbst per Edikt Beschränkungen festlegen konnten, was auch die zitierte Inschrift beweist. Vielleicht sah auch die augusteische *lex Iulia sumptuaria* des Jahres 18 v. Chr. Einschränkungen bei Bestattungen vor. Ob damals sogar eine eigene *lex Iulia de funeribus* erlassen wurde, ist allerdings nicht bekannt. Da Augustus sich prinzipiell gegen Luxus wandte und auch in seinen Ehegesetzen strenge Moralvorstellungen äußerte, scheint es durchaus vorstellbar, dass er solche Regelungen im Rahmen seiner Gesetzgebung (insbesondere des Jahres 18 v. Chr.) erlassen hatte. Daher wird als engere Datierung des Textes und damit auch der Cestius-Pyramide gerne der Zeitraum zwischen 18 und 12 v. Chr. angegeben[39], obwohl nicht sicher ist, aus welcher Zeit das Edikt des ungenannten Aedils tatsächlich stammt. Cestius – wie auch sein Schreiber oder Rechtsberater – hatten demnach, als er sein Testament abfasste, entweder keine Kenntnis von dieser Bestimmung oder sie wurde erst später festgelegt. Um das Testament dennoch zu erfüllen, beschlossen die Erben, die *Attalica* zu verkaufen und aus dem Erlös zwei Statuen vor dem Grabbau errichten zu lassen. Damit wurden dann die Ressourcen völlig testamentskonform für die Ausstattung des Grabes verwendet.

6 Fazit

Die Inschriften mit der Formel *ex testamento* gewähren nur bedingt Einblick in das Vorgehen und die Zielsetzung der Römer im Rahmen ihrer letztwilligen Verfügungen: So finden sich überwiegend (zu 90%) Inschriften, die einerseits a) nur die Existenz eines Testaments durch die reine Erwähnung desselben bezeugen und andererseits b) sich auf Errichtung und/oder Ausstattung des Grabes sowie auf die Durchführung des

38 Den Hinweis auf die *Attalicae vestes* liefert Münzer 1899; Hesberg 1998, 22; Ridley 1992, 10; zum Grabluxus: Baltrusch 1988, 44–50; Hesberg 1998, 21–23; Engels 1998, 162–176.

39 Siehe zuletzt CIL VI 1374 p. 4688; weitere Datierungsvorschläge beruhen auf baulichen oder stilistischen Betrachtungen, siehe z. B. Eisner 1986, 204, der zwischen 15 und 11 v. Chr. nach der Wanddekoration datiert; Feraudi-Gruénais 2001, 137 gibt 11 v. Chr. als Datum an.

Totenkultes am Grab beziehen. Für die Verwendung und Bedeutung der Formel *ex testamento* oder ähnlicher Formulierungen, lässt sich im Hinblick auf den Sozialstatus der Testatoren erkennen, dass dies dem Grad an Romanisierung und Urbanisierung einer Provinz entspricht. Insgesamt zeigt sich primär eine geringe Gesamtzahl an Zeugnissen, deren Deutung jedoch unterschiedlich ausfallen kann. So könnte man auf den ersten Blick folgern, dass die römischen Bürger, die vermögend genug waren, selten Testamente verfassten. Aber auf den zweiten Blick, wenn man die Anzahl aller Steininschriften einer Provinz berücksichtigt, scheint es auch fraglich, inwieweit es überhaupt üblich war, auf ein Testament in der Inschrift hinzuweisen. Für Angehörige der Unterschichten könnte der Verweis auf ein Testament auch eine Art von Statusdemonstration gebildet haben. Da der heutige Bestand an Inschriften dem Zufall der Überlieferung geschuldet ist, bleiben Aussagen oft bis zu einem gewissen Grad ambivalent.

Eindeutig ist dagegen die Analyse der Inschriften, die eine testamentarische Stiftung unabhängig vom Grab- oder Totenkult angeben, wenn man nach dem konkreten Zweck der Stiftungen fragt. Denn hier zeigen die Inschriften dieselben Euergesien, die auch sonst zu Lebzeiten von Wohltätern vergeben wurden: Speisungen, Spiele oder Immobilien zur Finanzierung solcher und anderer Vergnügungen, daneben öffentliche und sakrale Bauten oder Statuen. Schließlich führt uns das Beispiel des C. Cestius den Reichtum, exotischen Geschmack und das Geltungsbewusstsein eines Senators vor Augen, dessen testamentarische Verfügung allerdings posthum aufgrund einer vielleicht veränderten Rechtslage modifiziert werden musste. Interessant ist dabei, dass die Abwandlung der Verfügung durch die Aufstellung der beiden monumentalen Statuen aus Bronze sicherlich dem gehobenen Geschmack des Cestius entsprochen haben dürfte.

Bibliographie

ALFÖLDY 2001: G. ALFÖLDY, In omnes provincias exemplum: Hispanien und das Imperium Romanum, in: G. URSO (Hg.), Premesse ed esiti di un processo di integrazione. Hispania terris omnibus felicior, Atti del convegno internazionale, Pisa 2001, 183–199.

ALFÖLDY 2011: G. ALFÖLDY, Römische Sozialgeschichte, Stuttgart 2011[4].

ALFÖLDY 2018: G. ALFÖLDY, Inschriften und Biografie in der römischen Welt, in: G. ALFÖLDY, Die epigraphische Kultur der Römer. Studien zu ihrer Bedeutung, Entwicklung und Erforschung (HABES 50), Stuttgart 2018, 205–225.

BALTRUSCH 1988: E. BALTRUSCH, Regimen morum. Die Reglementierung des Privatlebens der Senatoren und Ritter in der römischen Republik und frühen Kaiserzeit, München 1988, 44–50.

BELTRÁN LLORIS 2015: F. BELTRÁN LLORIS, The „Epigraphic Habit" in the Roman World, in: CH. BRUUN/J. EDMONDSON (Hg.): The Oxford Handbook of Roman Epigraphy, Oxford 2015, 131–148.

CALABI LIMENTANI 1991: I. CALABI LIMENTANI, Epigrafia latina, Mailand 1991[4].

CHAMPLIN 1991: E. CHAMPLIN, Final Judgments. Duty and Emotion in Roman Wills, 200 B.C.–A.D. 250, Berkeley 1991.

DUNCAN-JONES 1982: R. DUNCAN-JONES, The Economy of the Roman Empire, Cambridge 1982.

Eck 2007: W. Eck, Befund und Realität. Zur Repräsentativität unserer epigraphischen Quellen in der römischen Kaiserzeit, *Chiron* 37, 2007, 49–64. https://doi.org/10.34780/j1t9-1xsc.
Eck 2008: W. Eck, Germanien – eine Provinz unter Augustus, in: I. Piso (Hg.), Die römischen Provinzen. Begriff und Gründung, Cluj 2008, 165–178.
Eck 2021: W. Eck, Inschriften post mortem: Elogia und res gestae, nicht nur cursus honorum in: M. Osanna (Hg.), Atti del convegno Studium erga populum. Studium erga sapientiam, in ricordo di Enzo Lippolis, Neapel 2021, 363–372.
Eisner 1986: M. Eisner, Zur Typologie der Grabbauten im Suburbium Roms, Mainz 1986.
Engels 1998: J. Engels, Funerum sepulcrorumque magnificentia. Begräbnis- und Grabluxusgesetze in der griechisch-römischen Welt mit einigen Ausblicken auf Einschränkungen des funeralen und sepulkralen Luxus im Mittelalter und in der Neuzeit, Stuttgart 1998.
Engfer 2017: K. Engfer, Die private Munifizenz der römischen Oberschicht in Mittel- und Süditalien: Eine Untersuchung lateinischer Inschriften unter dem Aspekt der Fürsorge, Wiesbaden 2017.
Falconieri 1663: O. Falconieri, De pyramide Cestii Epulonis dissertatio, Romae 1663.
Fassbender 2005: A. Fassbender, Untersuchungen zur Topographie von Grabstätten in Rom von der späten Republik bis in die Spätantike, Diss. Köln 2005.
Feraudi-Gruénais 2001: F. Feraudi-Gruénais, Ubi diutius habitandum est. Die Innendekoration der kaiserzeitlichen Gräber Roms, Wiesbaden 2001.
Goffin 2002: B. Goffin, Euergetismus in Oberitalien, Bonn 2002.
Gordon 1983: A.E. Gordon, Illustrated introduction to Latin epigraphy, Berkeley u. a. 1983.
Harper 2017: K. Harper, Climate, Disease and the Fate of Rome, Princeton, New Jersey 2017.
Hesberg 1992: H. v. Hesberg, Römische Grabbauten, Darmstadt 1992.
Hesberg 1998: H. v. Hesberg, Beigaben in Gräbern Roms, in: P. Fasold/T. Fischer/H. von Hesberg/M. Witteyer (Hg.), Bestattungssitte und kulturelle Identität. Grabanlagen und Grabbbeigaben der frühen römischen Kaiserzeit in Italien und den Nordwest-Provinzen, Köln 1998, 13–28.
Kolb/Fugmann 2008: A. Kolb/J. Fugmann, Tod in Rom. Grabinschriften als Spiegel römischen Lebens, Mainz 2008.
Kramer 2000: N. Kramer, Augustus, Cestius und die Pyramide. in: M. Dreher (Hg.), Bürgersinn und staatliche Macht in Antike und Gegenwart, Konstanz 2000, 181–190.
Krause 1999: C. Krause, Sepulcrum: C. Cestius, in: M. Steinby (Hg.), Lexicon topographicum urbis Romae IV, 1999, 278–279.
Lavan 2019: M. Lavan, The Army and the Spread of Roman Citizenship, *JRS* 109, 2019, 27–69.
Münzer 1899: T. Münzer, Cestius 7, in: RE III, 2005. The Army and the Spread of Roman Citizenship
Nash 1962: E. Nash, Bildlexikon zur Topographie des antiken Rom I–II, Tübingen 1961–1962.
Neudecker 2005: R. Neudecker, Die Pyramide des Cestius, in: L. Giuliani (Hg.), Meisterwerke der antiken Kunst, München 2005, 94–113.
Pérez Zurita 2022: A. Pérez Zurita, La fórmula ex testamento en la Bética: finalidad, tipología epigráfica y participación de las instituciones, *Habis* 53, 2022, 125–143.
Rainer 1987: J.M. Rainer, Bau- und nachbarrechtliche Bestimmungen im klassischen römischen Recht, Graz 1987.
Ridley 1992: R.T. Ridley, The Praetor and the Pyramid. The Tomb of Gaius Cestius in History, *BollArch* 13/15, 1992 (1995), 1–29.
Rüpke/Glock 2005: J. Rüpke/A. Glock, Fasti sacerdotum. Die Mitglieder der Priesterschaften und das sakrale Funktionspersonal römische, griechischer, orientalischer und jüdisch-christlicher Kulte in der Stadt Rom von 300 v. Chr. bis 499 n. Chr., Teil 2: Biographien, Stuttgart 2005.
Scheidel 2001: W. Scheidel, Progress and problems in Roman demography, in: W. Scheidel (Hg.), Debating Roman Demography. Leiden 2001, 1–81.
Scheidel 2007: W. Scheidel, "Demography", in: I. Morris/R.P. Saller/W. Scheidel (Hg.), The Cambridge Economic History of the Greco-Roman World. Cambridge 2007, 38–86.

SPEIDEL (im Druck): M.A. SPEIDEL, “Heeresbezirk oder Provinz? Zu den Grenzen der römischen Germania nach 16 n. Chr. , in: Beiträge zum Welterbe Limes 12. Sonderband der Deutschen Limeskommission (im Druck).

VOIGT 1903: M. VOIGT, Die römischen Baugesetze, Leipzig 1903.

WESCH-KLEIN 1990: G. WESCH-KLEIN, Liberalitas in rem publicam. Private Aufwendungen zugunsten von Gemeinden im römischen Afrika bis 284 n. Chr., Bonn 1990.

WESCH-KLEIN 2008: G. WESCH-KLEIN, Provincia. Okkupation und Verwaltung der Provinzen des Imperium Romanum von der Inbesitznahme Siziliens bis auf Diokletian. Ein Abriß (Antike Kultur und Geschichte 10), Berlin u.a. 2008.

Lisa Isola

Zum sog. Testament des Dasumius

Abstract: This study examines the *testamentum Dasumii* (A.D. 108), the only Roman will fully preserved in inscriptional form from the classical period. Based initially on two fragments rediscovered in 1820 and 1830, MOMMSEN's influential edition relied heavily on conjectural restorations, many of which were invalidated by further material uncovered in the 1970s. ECK's subsequent re-edition incorporated new supplements shaped by assumptions about the identity of the testator, a line of interpretation later pursued by PAVESE. In contrast, the more cautious edition of GRANINO CECERE remains preferable, not least because it allows for the possibility—hitherto unconsidered—that the will may have belonged to an exceptionally wealthy woman. This hypothesis would resolve several of the legal problems raised by the text. Despite its importance, the *testamentum Dasumii* has not been the subject of a comprehensive legal analysis since RUDORFF. The present contribution seeks to reopen this discussion by re-examining the document in light of recent historical and philological insights.

1 Einleitung

Es ist bis heute nur ein einziges römisches Testament bekannt geworden, welches in klassischer Zeit in vollem Wortlaut als Kopie (samt dazugehörigem Kodizill) inschriftlich verewigt wurde[1]: Das trotz der allgemeinen Kritik nach wie vor zumeist sogenannte ‚*testamentum Dasumii*' aus dem Jahre 108 n. Chr. Es wurde in Marmor eingegraben und an der Via Appia aufgestellt, wo ein erstes Fragment[2] nach vielen Jahrhunderten in der späteren Calixtus-Katakombe wieder zum Vorschein kommen sollte. Zwar sind Auszüge aus Testamenten immer wieder als Inschrift überliefert, doch beziehen sich diese zumeist auf Stiftungen zu wohltätigen Zwecken oder auf Vorschriften hinsichtlich des Grabes. Das sog. *testamentum Dasumii* hingegen ist komplett – von der Erbeinsetzung bis zur Manzipationsklausel und sogar inklusive nachträglichen Kodizills. Es belegt wie

1 So neben vielen anderen etwa CHAMPLIN 1991, 37, der aber ibid. 198–200 eine Auswahl an Inschriften anführt, welche ein Testament immerhin erwähnen. Zur inschriftlichen Lage siehe insbes. BABUSIAUX 2023, Rn. 192–193 sowie AMELOTTI 1966, 6–8. Darauf, dass es zugleich das einzige Testament ist, welches von einem Mitglied des Senatorenstandes aus der Kaiserzeit bekannt sei, weist ECK 2022, 219 hin.

2 Nach dem Bericht von LABOULAYE 1845, 1 Fn. 1, wurde dieser Teil erstmals veröffentlicht durch Fea im Diario di Roma 1820.

Anmerkung: Der vorliegende Beitrag basiert wesentlich auf Ergebnissen des durch den Österreichischen Wissenschaftsfonds FWF im Rahmen des Hertha-Firnberg-Programm finanzierten Projekts T-950.

https://doi.org/10.1515/9783111694634-003

kein anderes Zeugnis der klassischen Zeit den Aufbau eines Testaments durch eine Person, welche aufgrund des Umfanges ihres Vermögens umfassend verfügt.

Zwar hat diese Inschrift die ihr gebührende Berühmtheit insofern erlangt, als kaum eine Untersuchung zum römischen Testamentsrecht ohne einen Hinweis darauf auskommt; dennoch hat ihr Text trotz der verschiedenen neueren Erkenntnisse[3] seit der eingehenden Analyse von RUDORFF[4] – und damit seit 180 Jahren! – keine umfassende Auswertung von juristischer Seite erfahren[5]. Bezeichnenderweise gibt es bisher auch keine vollständige Übersetzung[6]. Eine solche soll im Folgenden erstmals vorgelegt werden, wobei bewusst auf allzu umfassende Rekonstruktionen des nicht Erhaltenen verzichtet wird. Im Anschluss wird der Text Zeile für Zeile kommentiert.

2 Textgrundlage

Das erste Bruchstück wurde (seinerseits in mehreren Einzelteilen) 1820 entdeckt. Zehn Jahre später, 1830, folgte ein weiteres Fragment[7]. Der Text war in der Ausgabe FIRA III[2] Nr. 48 (1969) noch im Wesentlichen nach der Vorlage der auf diesen Funden basierenden Edition von MOMMSEN 1882 (CIL VI 10229) gestaltet. Hinsichtlich des ersten Teiles erlaubte jedoch ein 1976 von FERRUA publizierter weiterer Fund[8] einige Verbesserungen, welche unter anderem ECK zu neuen Rekonstruktionen veranlasst haben[9]. Das neue Fragment wies so große Abweichungen von MOMMSENS phantasievollen Ergänzungen auf, dass selbige auch für die übrigen Teile zunehmend in Zweifel gezogen wurden; CHAMPLIN etwa konnte mit guten Gründen 1986 eine neue Rekon-

3 Wobei CHAMPLIN 1986, 252 konstatierte: „Clearly much remains to be done with the text of the testamentum Dasumii". Seither insbes.: DI VITA-EVRARD 1989, 159–174; CANTO 1991, 277–324; CASTELLÓ 2005, 99–105. Um die Frage nach der Existenz des Dasumius, der als Testamentsverfasser angenommen und sodann auch in anderen Zeugnissen vermutet wurde, ging es zuletzt bei ECK 2022, 219, der aber nicht weiter auf Details dieses Testaments eingeht.

4 RUDORFF 1845, 301–392.

5 Siehe aber immerhin die knappen Darstellungen bei AMELOTTI 1966, 17–19 (noch vor dem neueren Fund – dazu sogleich unten bei Fn. 8) und MIGLIARDI ZINGALE 1980, 145–148 (nach dem neueren Fund, wobei sie MIGLIARDI ZINGALE 1980, 148 auf die Notwendigkeit juristischer und nicht nur prosopographischer Untersuchungen hinweist, welche bislang ausstehen) sowie die Miszelle von TATE 2005, 166–171.

6 Zum ersten Teil mit den Erbeinsetzungen (Z. 1–13), unter Zugrundelegung umfangreicher Ergänzungen im Hinblick auf Verwandtschaftsbeziehungen des Domitius Tullus, der als Testator vorausgesetzt wird, siehe die Übersetzung von ECK/HEINRICHS 1993, 190. Diese Übersetzung zeigt, wie die fehlenden Teile so ergänzt werden können, dass die Verfügungen dem inhaltlichen Verständnis der Verf. entsprechen.

7 Dazu RUDORFF 1845, 301–303.

8 Siehe die ed. FERRUA 1976, 211–212; mit Hervorhebungen der neueren Textblöcke ECK 1978, 277; SYME 1985, 48; SETTIPANI 2000, 290; mit Übersetzung des betreffenden Teiles ECK/HEINRICHS 1993, 189–190 (s. oben Fn. 6).

9 Siehe die Nachw. oben Fn. 8.

struktion des letzten Teiles vorschlagen, obwohl es dazu keine Neufunde gab[10]. Der folgenden Auswertung wird die Ausgabe von Granino Cecere (1997)[11] zugrunde gelegt, da Pavese in den 2012 veröffentlichten Vorarbeiten einer Neuedition der FIRA[12] ebenso wie die Epigraphische Datenbank Clauss/Slaby[13] zwar z. T. ebenfalls Granino Cecere[14] folgt, z. T. aber auch Eck[15], weshalb insbes. zahlreiche Namen ergänzt wurden, die so weitreichende Folgen für das inhaltliche Verständnis haben, dass wir sie aufgrund der weiterhin bestehenden Zweifelhaftigkeit nicht voraussetzen wollen.

Der erhaltene Teil stellt einen mittleren Längsausschnitt des Testaments dar (Abb. 1) und dürfte angesichts der mit großer Wahrscheinlichkeit auf über 90 Buchstaben zu veranschlagenden Zeilen weniger als ein Drittel des Gesamttextes wiedergeben[16]; selbst in diesem werden rund 90[17] Namen genannt. Die übrigen mehr als zwei Drittel wurden in älteren Ausgaben sehr blumig hinzugedichtet, wovon wir vorliegend Abstand nehmen möchten[18].

---

10 Champlin 1986, 254. Dazu unten S. 74.

11 Granino Cecere 1997, 154 und 156 (mit Abbildungen). Ihr folgt auch die Lesung der Epigraphischen Datenbank Heidelberg (HD000721: https://edh-www.adw.uni-heidelberg.de/edh/inschrift/HD000721; letzte Änderung am 4.1.2010 Feraudi; zuletzt abgerufen am 12.8.2024) sowie Epigraphic Database Roma (EDR078811: http://www.edr-edr.it/edr_programmi/res_complex_comune.php?do=book&id_nr=EDR078811&fo_antik=&fo_modern=&Bibliografia%5B%5D=&Testo=&boolTesto=AND&Testo2=&bool=AND&ordinamento=id_nr&javasi=javascriptsi&se_foto=tutte&lang=it; letzte Änderung am 11.11.2022 Orlandi; zuletzt abgerufen am 12.8.2024).

12 Pavese 2012a, 155–160.

13 EDCS-16100457: https://db.edcs.eu/epigr/epi_url.php?p_edcs_id=EDCS-16100457&s_sprache=de; zuletzt abgerufen am 12.8.2024.

14 Siehe oben Fn. 11.

15 Siehe oben Fn. 8. Eck 2022, 219 Fn. 5 kritisierte an EDR078811, dass „die prosopographischen Konsequenzen" fehlen würden; dass es sich dabei um Ergänzungen seinerseits handelt (die im Übrigen ohnehin im Apparatus ausgewiesen sind), erwähnt er nicht.

16 Diese Zahl vermutet Eck 1978, 288 auf Grundlage von Mommsens Kalkulation; siehe Tate 2005, 167 zu der Möglichkeit, dass die Zeilen auch länger oder kürzer gewesen sein könnten, als Mommsen vermutet hatte.

17 87 Namen sind in der Heidelberger Online-Datenbank ausgewiesen (siehe oben Fn. 11).

18 Eck 1978, 277–278 Fn. 3 kritisierte an der Kritik von Ferrua 1976, 211 an den Rekonstruktionen Mommsens in CIL VI 10299 (der im Hinblick auf die supplementi in praktisch jeder Zeit warnte: „si vedrà per prova ancora una volta quanto sia pericoloso ed aleatorio questo mestiere") seinerseits, dass dieser Hinweis unzutreffend sei, weil „Gefahr und Unsicherheit einer Textergänzung nicht davon [befreien] zu zeigen, wie man eine fragmentarische Inschrift (natürlich unter den gegebenen Umständen und einer nur vorläufigen, mehr oder weniger grossen Wahrscheinlichkeit) verstehen könnte". Behutsam und in direktem Anschluss an den erhaltenen Text ist diesem Befund zwar beizupflichten, aber gerade die Diskussion um das vorliegende Dokument zeigt, dass die Vorlage nicht dafür missbraucht werden darf, Phantasiegeschichten praktisch als Quellentext darzustellen.

3 Text und Übersetzung

[--- test]amentum fe[cit ---?]

[--- af]fectum praestitit et mei m[---]
[---] amicus rarissimus si intra t[riginta dies ? ---]

[--- nome]n meum laturum posterosque [suos ---]
[---]narum ex uncia Dasumia [---]
[---]ximis quibus scient poterint[que ---]

[--- p]ientissima mihi heres non [erit ---]
[---]lia Serviani ex sescuncia D[---]
[---]us meus mihi heres non erit Iu[---]
[--- m]ihi heredes sunto si Domitia [---]
[--- m]ihi heres esto si Dasumia Polla [---]

[--- mihi heres e]sto iique cernunto in diebus LX p[roximis ---]

[---]creverit tunc Syneros servos [---]

[---] infra scriptis quod cuique hoc [testamento ---]

[---]is auri p(ondo) libras Iuliae Paulinae [---]
[---]no Volusio Iuliano Fabiae Balbin[ae ---]
[---] Secundo Cornelio Pusioni Atili [---]
[--- A]uspicato singulis auri p(ondo) II Aem[ili ---]
[--- Mi]nicio Iusto Fabul[l]ae Asiatici Te[ttien---]
[--- I]unio Avito Pont[io] Laeliano [---]
[--- P]etronio Cresce[n]ti Ianuari[---]
[---]o Nepoti Tullio [V]arroni Sat[---]
[---]nniano Appuleio Nepoti Re[---]
[---]ustio Acantho Fabio Rustico [---]
[---]co Agris Phoebo et Servato [---]
[--- Va]lerio Hermeti Otacilio Or[---]
[--- Pro?]culo iurisconsulto Ateio M[---]
[---]no Cornelio Seni Iulis Threp[to et ---]
[---]oro adfini meo (denariorum) CXXV co +[---]
[--- fideiq]ue eius eorumque comitto u[t ---]
[--- nominis m]ei consecrent Cordubae it[em? ---]
[--- sub inscrip]tione nominis mei consec[rent ---]
[---] opera supra scripta fiant ei[---]
[--- fidei]que eius eorumque commit[to ut ---]
[---] est Dasumiae Tyche nutric[i ---]
[---] Venugum Arrum piscator[es ---]
[---] elegerit praeterquam | (denariorum) C[---]
[--- argenti es]cari et potor[i] ex meo quod e[legerit ---]
[--- chartam]ve philuram calculatoriam [---]

... hat sein/ihr Testament gemacht.

(... soll zu ... meine Erbin sein, weil sie) Zuneigung bewiesen hat und meiner (gedenken wird?).
..., mein teuerster Freund, (soll zu ... mein Erbe sein,) wenn er innerhalb (von 30 Tagen verspricht, dass) er und (seine)
Nachkommen meinen (Namen) tragen werden. ...
(Domitia) soll zu einem Zwölftel (meine Erbin sein.) Dasumia (Polla soll zu ... meine Erbin sein.)
(Sie sollen die Erbschaft innerhalb der) nächsten (100 Tage), sobald sie es wissen und können, (förmlich antreten.)
(Wenn die) treueste ... nicht meine Erbin (sein wird, sollen ... zu ...)
..., die Tochter/Ehefrau des Servianus, zu einem Achtel; D... (zu ... meine Erbinnen sein.)
(Wenn) mein (Freund ...) nicht mein Erbe sein wird, sollen Ju... (zu ... und ...
(zu ...) meine Erbinnen sein. Wenn Domitia (nicht meine Erbin sein wird,)
(soll ... zu einem Zwölftel) mein/e Erbe/in sein. Wenn Dasumia Polla (nicht meine Erbin sein wird, soll ... zu ...)
mein/e Erbe/in sein und sie sollen die Erbschaft innerhalb der nächsten 60 Tage, (sobald sie es wissen und können,) förmlich antreten.
(Wenn auch von diesen niemand) förmlich antreten wird, dann soll der Sklave Syneros (frei und mein Alleinerbe sein.)
(Wer auch immer mein Erbe sein wird, soll dazu verpflichtet sein, den) unten Genannten das zu geben, was ich einem jeden in diesem Testament (vermache oder zu geben befohlen habe):
Jeweils ... Pfund Gold der Iulia Paulina; ...
... dem ... ...nus; dem Volusius Iulianus; der Fabia Balbina/Fabia, Ehefrau des Balbinus;
... dem ... Secundus; dem Cornelius Pusio; dem/r Atili(cius/a) ...; ...
... dem ... Auspiciatus. Jeweils zwei Pfund Gold dem/r Aem(ilius/a) ...; ...
... dem Minicius Justus; der Fabulla, Ehefrau des Asiaticus; dem/r Te(ttienus/a) ...; ...
... dem Junius Avitus, dem Pontius Laelianus; ...
... dem Petronius Crescens; dem Januarius ...; ...
... dem ...us Nepos; dem Tullius Varro; dem/r Sat... ...; ...
... dem ... ...nnianus, dem Appuleius Nepos, dem/r Re... ...; ...
... dem ...ustius Acanthus, dem Fabius Rusticus; ...
... dem ... ...cus, den Agriern Phoebus und Servatus; ...
... dem Valerius Hermes, dem Otacilius Or...; ...
... dem ... Rechtsgelehrten (Pro)culus; dem ... Ateius M...; ...
... dem ... ...nus; dem Cornelius Senex; den Iuliern Threp(tus und ...); ...
... dem ... ..., meinem Angehörigen/Nachbarn, 125.000 Denare, co...
und erlege es ihrer Treue auf, dass sie ...
(in meinem Namen) in Corduba widmen und überdies ...
... in meinem Namen widmen.
Die oben genannten Werke sollen ausgeführt werden ...
... und ich erlege es ihrer Treue auf, dass ... .
... der Amme Dasumia Tyche ...
... die Fischer Venugus und Arrus ...
... was sie außer den 100 Sesterzen ausgewählt haben wird ...
... was sie an (silbernem) Ess- und Trinkgeschirr aus meinem Bestand auswählen wird ...
... das zur Rechnungsführung verwendete (Papier) oder Lindenbast ...

[--- e]t Sabinum notarium et My[---]
[--- rat]ionibus redditis cum cont[ubernalibus ---]
[---]m cocum et Grammicum c[---]
[---] et Diadumenum notarium [---]
[---]onem sumptuarium ration[ibus redditis ---]
[--- in m]atrimonio habeat fidele Iu[---]
[--- in a]rculis pusillis componi Tu[---]
[---]olono lib(erto) (denarios mille) Dasumiae Sy[---]
[--- li]b(erto) (denarios mille) Heliopaedi lib(erto) (denarios) mille Ca[---]

[---] singulis (denarios mille) Eurotae lib(erto) (denarios)[---]
[---]i Eros vestiarius ratione u[t ---]
[--- paeda]gogus ratione reddita Pho[---]
[---]m ex his alio scripto liberu[m ---]

[---]que vicens[i]mae nomine e[---]
[---]es quos liberos esse iussi eo s[---]
[---]em eorum committo quis[quis ---]
[--- tri]buant con[c]edant sine ull[o ---]
[--- ho]c amplius | (denariorum) V(quinque milia) et hoc ampli[us ---]
[---]cum primum manumissa [---]
[--- a]rculam Tha[ll]um ornato[rem ---]
[--- supra nomin]ati dent tribuant concedan[t ---]
[--- Thau]masto Anatellonti liberti[s ---]
[---]ni vestiari nomine singu[lis ---]
[--- Te]rpno Achilli Heliopaedi lib[ertis ---]
[--- in sing]ulos annos quandiu quis eo[rum vivet ---]
[--- quamdi]u quis eorum vivet initio c[---]
[---]ntove dare infra scriptis c[---]
[---]m auream meam maxima[m ---]
[--- e]st et Diadumenum cubicul[arium ---]
[--- e]t Stephanum dropacatorem [---]
[---]orem et Faustum sutorem e[t ---]
[--- fa?]mularum quae elegerit cum [---]
[--- pienti]ssimae hoc amplius Epaphro[ditum ---]
[---]tum medicum Philocyrium [---]
[--- aure]a et argentea omnia et ima[gines ---]
[--- pie?]tatem tuam ut cures in pub[lic ---]
[---] quae ubique habeo in amp[---]
[--- d]ispensatorem rationibus [redditis ---]
[---]em et Eutychen cubicul(arium) maio[rem? ---]
[--- mat]erterae Septumae Secundin[i ---]

[--- Menecratem et Paede]rotem. Menecraten et Paedero[tem ---]
[--- o]pere illos habeas donec viv[ent ---]
[---] nullo merito meo tam valde [---]

(Ich ordne an, dass) der Schnellschreiber Sabinus und der ... My...
... nach Rechnungslegung mit (ihren Lebensgefährtinnen) ...
... der Koch ... und der ... Grammicus ...
... und der Urkundenschreiber Diadumenus ...
... und der Verwalter ... nach Rechnungslegung (frei sein sollen)
(und er) soll treue ... in der Ehe haben ...
... , in kleinen Schmuckkästchen aufbewahrt ...
... dem freigelassenen Landpächter ... 1.000 Denare; der Dasumia Sy... (1.000 Denare); ...
... dem freigelassenen ... 1.000 Denare; dem freigelassenen Heliopaes 1.000 Denare;
dem/r (freigelassenen) Ca... ...
... jeweils 1.000 Denare; dem freigelassenen Eurotas ... Denare ...
(Ich ordne an, dass) der Garderobenaufseher Eros, nachdem er so Rechnung gelegt hat, wie ...
... der Lehrer ... nach Rechnungslegung; der ... Pho... (nach Rechnungslegung frei sein sollen).
Wenn ich in einem anderen Schriftstück (verbiete, dass?) irgendeiner von diesen frei wird,
(dann soll er nicht frei sein?).
... aus dem Titel der fünfprozentigen Steuer ...
... von denen ich angeordnet habe, dass sie frei sein sollen ...
... ich erlege es ihrer Treue auf, ...
... dass sie verteilen und gewähren ohne jede (Verzögerung) ...
... darüber hinaus 5(.000 Denare?) und darüber hinaus ...
... sobald sie freigelassen ist ...
... die Kammer-Schmuckschatulle mit dem/der ‚Schmücker/in'...
... sollen die oben Genannten geben und gewähren ...
... dem Freigelassenen Thaumastus und Anatellon ...
... für die Bekleidung ... jeweils ...
... den Freigelassenen (Te)rpnus, Achilleus und Heliopaes ...
... jährlich, solange sie leben ...
... solange sie leben, zu Beginn (des jeweiligen Jahres) ...
... den unten Genannten zu geben ...
... meine größte goldene ...
... und den Kammerdiener Diadumenus ...
... und den Depilator Stephanus ...
... und den Schuster Faustus und ...
... Maultiere, welche er/sie auswählen wird mit (Karren und Maultiertreibern) ...
... der besonders (treuen) ... darüber hinaus den ... Epaphro(ditus)...
... den Mediziner Philocyrius ...
... alle goldenen und silbernen ... und die Bildnisse ...
... deiner Treue, dass du dich kümmerst um die öffentliche (Aufstellung) ...
... die ich irgendwo habe, an ...
... den Schatzmeister, nachdem er die Rechnungen gelegt hat ...
... und den größeren Kammerbesorger Eutyches ...
... der Tante mütterlicherseits Septuma Secundina/Ehefrau des Secundinus (vermache ich/sollen
meine Erben geben) ...
... den Menecrates und den Paedero(te)s. Menecrates und Paedero(te)s ...
... sollst du im Dienst haben, solange sie leben ...
... nicht so sehr durch meinen Verdienst ...

[---]qua Septumae materterae m[---]
[---]us meis habuit fideique eius n[---]
[--- a]mplius Septumae matertera[e ---]
[--- cu]rsorem Encolpium actorem [---]
[---]m sexagies quod beneficio [---]
[---] intra biennium quam mo[---]
[--- fidei com]mitto uti praedium in quo[d ---]
[---]us reli[quias] meas cond[erent ---]
[---] meae inlatae fuerint cui [---]
[---]ro prae[t]erquam Hymno pess[ime ---]
[---]tibus silvis instructum ma[ncipio dent? ---]
[--- pig]nore dent cedant condoneren[t ---]
[---]c in rerum natura esset un[us ---]
[---]sierin[t t]unc ad libertorum [---]
[---]nere q[u]od si esse desierit [---]
[--- a]utem in tam multas parte[s ---]
[--- om]nes un[i]versa possidere rel[---]
[--- A]chillen Heliopaeden Cym[---]
[--- cur]atorem substitui curatori [---]
[---] alimenta omnia computa[ri ---]
[---]imo ut ab uno omnia percip[iant ---]
[--- her]edum meorum committo t[---]
[---]aris post me quemquam ill[---]
[--- post]erum libertorum tuorum P[---]
[--- praeci]pue Thaumastum et Anat[ellontem ---]
[---]es quos s[i]ve ante testamen[tum ---]
[---]plurimum tibi praestitis[---]
[---]e a te passus sim aut timuer[im ---]
[---] Ursi Serviani domini mei et [---]
[---]m ferri volo per Serviani mei li[---]

[--- defu]nctus ero consummari in q[uod ---]
[---]m reddere volo Serviano me[o ---]
[--- exemplu]m et poni ad latus monimen[ti ---]

[--- e]um eosque rogo fideique eiu[s committo ---]
[--- dedi l]egavi ea vicensimis omnib[us ---]
[---] nomine aut vicensimae n[omine ---]
[---]cantur aut decidant aut in[---]
[--- alio]ve quo ge[ner]e scriptum sig[natumque ---]
[--- signatu?]mque reli[quisse]m liturae [---]
[---]am testam[en]ti faciundi [---]
[---]ntidiu[m C]ampanum testa[mentum ---]
[--- Ael]io H[adria]no et Trebatio Pr[isco co(n)s(ulibus)]

... der Tante mütterlicherseits Septuma ...
um meine ... gehabt hat und dessen Treue ...
... darüber hinaus (vermache ich/sollen meine Erben geben) der Tante mütterlicherseits Septuma ...
... den Boten ... und den Verwalter Encolpius ...
... sechs Millionen, das aufgrund eines *beneficium* ...
... innerhalb von zwei Jahren nach meinem Tod ...
... vertraue ich (der Treue) an, dass das Grundstück, in das ...
... meine Überreste verwahren sollen ...
... meine (Überreste) hineingebracht worden sein werden, welchem ...
... außer Hymnus, der sich schlecht verhalten hat ...
... mit Wäldern ausgestattet (und sie sollen es nicht veräußern,) ...
... zum Pfand geben oder verschenken ...
... (solange es noch) einen von ihnen gibt ...
... wenn es sie nicht (mehr) gibt, dann ... zu der ... der Freigelassenen ... gehören ...
... das, wenn es diesen nicht mehr gibt, ...
... in so viele Teile ...
... im Ganzen besitzen, das Übrige ...
... den Achilles, Heliopaes, Cym...
... den Kurator ... habe ich dem Kurator ... ersatzweise bestellt ...
... die gesamte Versorgung zu berechnen ...
... sodass sie von einem alles erhalten ...
... ich erlege es (der Treue) meiner Erben auf, ...
... nach mir, wen auch immer, jene/r ...
... deiner Freigelassenen ...
... vor allem den Thaumastus und den Anatellon ...
... welche entweder vor dem Testament ...
... dir am meisten geleistet hat ...
... von dir erlitten habe oder fürchte ...
... meines hochverehrten Ursus Servianus und ...
... will ich, dass (meine Überreste) gebracht werden durch das/den/die Kind/er/Freigelassenen meines Servianus ...
... wenn ich gestorben sein werde (will ich, dass das Grabmonument) vollendet werde, in welches ....
... Ich will, dass ... meinem Servianus (Rechnung) legt ...
... (Ich will, dass) eine Ausfertigung (meines Testaments) auf der Seite des Grabmonuments angebracht wird ...
... ihn und sie bitte ich und erlege es seiner (und ihrer) Treue auf, ...
... vermacht habe, von jeder fünfprozentigen Steuer ...
... aus dem Rechtsgrund des/r ... oder aus dem (Rechtsgrund) der fünfprozentigen Steuer ...
... sollen sie eine formlose Abrede oder Ausgleichsvereinbarung treffen, oder ....
... oder auf andere Weise niedergeschrieben und gesiegelt ...
... hinterlassen hätte. Verbesserungen ...
... zum Zwecke der Testamentserrichtung ...
...ntidius Campanus, Testament...
Unter dem Konsulat des Aelius Hadrianus und des Trebatius Priscus.

[---]t do lego damnasq[ue ---]
[Imp(eratori) Caesari Traia]no Aug(usto) Germanic[o Dacico]
[--- Sos?]io Senecioni singu[lis ---]
[--- arge]nti p(ondo) V Otacilio Or[---]
[---] medico HS X(decem milia) i[tem? ---]
[---]s HS CCCC(quadringinta milia) ex qu[---]
[---] Eurota lib[---]
[---]atione di[---]
[---]c ex[---]

... ich vermache und verpflichte (zu geben) ...
(Dem Kaiser Traian) Augustus Germanicus (Dacicus) ...
... (Sos?)ius Senecio jeweils ...
... fünf Pfund Silber Otacilius Or...
... 10.000 Sesterzen dem Arzt ..., ebenso ...
... 4.000 Sesterzen aus ...
... der freigelassene Eurotas ...
... (nachdem er) Rechnung (gelegt hat) ...
...

Abb. 1: Aufnahme von CIL VI 10229 zzgl. des hier durch einen Markierungspfeil hervorgehobenen nachträglich gefundenen Fragments. Granino Cecere 1997 152. © K. Anger, Negativ D-DAI-Rom-97.40 (s. auch EDCS – Epigraphik-Datenbank Clauss / Slaby. https://db.edcs.eu/epigr/bilder.php?s_language=en&bild=$CIL_06_10229_1.jpg;$CIL_06_10229_2.jpg;$CIL_06_10229_3.jpg;$CIL_06_10229_4.jpg – Use of the photo for scientific purposes only).

4 Kommentar

Z. 1: Testamentserrichtungsklausel

Der namentlich unbekannte Testator hieß mit sehr großer Wahrscheinlichkeit nicht Dasumius[19], wie es ursprünglich aufgrund der im Testament als Freigelassene bezeichneten Dasumia Syche bzw. Amme Dasumia Tyche vermutet[20] und insbesondere von Dasumia (Polla), welche mit der Z. 7 erwähnten *pientissima* gleichgesetzt und als Tochter des Erblassers qualifiziert wurde, rückgeschlossen wurde. Dasumia Polla ist jedoch, wie ausweislich des später aufgefundenen Fragments klar wurde, nicht die erwähnte *pientissima* (abgesehen davon, dass völlig unklar bleibt, ob jene tatsächlich Tochter des Testators ist), sodass dieser Rückschluss hinfällig wurde. Auch wurde darauf hingewiesen, dass die Amme kaum vom Testator als ihrem Zögling, sondern viel wahrscheinlicher von einem Eigentümer der Elterngeneration – etwa der Mutter – freigelassen wurde oder von außerhalb der Familie kam[21].

Zahlreiche weitere Thesen ranken sich um die Identität des geheimnisvollen Erblassers: Es handle sich um einen Mann von senatorischem Rang[22], möglicherweise um den unglücklichen Millionär und ex-Konsul Domitius Tullus[23] oder den engen Kaiserfreund und nicht minder reichen Licinius Sura[24]. Wenn Canto den Tod Licinius Suras zwischen Mai und August 108 datiert[25] (weil in der Vita Hadr. 3,10–11 ein zeitlicher Zusammenhang zwischen dem Tod Suras und der Adoption Hadrians durch Trajan hergestellt wird), widerspricht das jedoch der These, dass Sura unser Testator sein könnte: Das ebenfalls in derselben Inschrift verewigte Kodizill ist wohl jüngeren Datums als das Testament, welches in den Sommer 108 zu datieren ist. Ob das der Grund für die nicht näher ausgeführte Bemerkung bei Eck/Heinrichs zur Identifizierung des Erblassers mit Licinius Sura („eher unwahrscheinlich“[26]) ist, bleibt unklar. Tate vermutete hier zuletzt vielmehr das Testament eines zu Reichtum gelangten Freigelassenen von Hadrians Schwager Iulius Servianus (der im Testament mehrfach erwähnt wird) als ‚real-life-counterpart‘ zu Petronius’ Trimalchio[27].

---

19 Eck 1997a, 332.

20 Insbes. im Anschluss an Mommsen, der aber seinerseits bereits auf diesbezügliche Vorarbeiten zurückgreifen konnte; siehe insbes. die Darstellung bei Rudorff 1845, 307–313 mwN., sowie von Laboulaye 1845, 3–7. Weitere Nachweise bei Eck 1978, 281 Fn. 7.

21 Eck 1978, 282 mwN. in Fn. 10.

22 Bspw. Carlsen 1995, 135: „certainly a senator“.

23 Eck 1997b, 759; Castillo García 1982, 159–163; Syme 1985, 41–61; Champlin 1986, 251.

24 Canto 1991, 277–324 (insbes. 292).

25 Canto 1991, 303.

26 Eck/Heinrichs 1993, 191.

27 Tate 2005, 169–170. Einen Unbekannten, von welchem nicht vermutet werden könne, dass er senatorischen Ranges war, nahm Eck 1978, 284 Fn. 18 und 289 noch an.

Offenkundig haben wir es mit einer außerordentlich reichen Person zu tun. Darauf, wie sie zu diesem Reichtum gelangt ist, gibt uns der erhaltene Text keinen Aufschluss. Wir müssen uns bei derzeitigem Kenntnisstand wohl damit abfinden, dass die Frage nach der Identität schlicht nicht beantwortbar ist. Das hält uns freilich nicht davon ab, im Folgenden jeweils im passenden Kontext darauf hinzuweisen, inwiefern verschiedene Klauseln die eine oder andere Vermutung beflügeln bzw. wieder andere unwahrscheinlich machen dürften.

Z. 2: Einsetzung der ersten Erbin

Während Mommsen noch davon ausgegangen war, dass in Z. 2–10 mindestens sieben Erben eingesetzt und ab Z. 11 nur insgesamt zwei Substituten bestellt wurden, konnte Eck anhand des späteren Fundes plausibel machen, dass bereits ab Z. 7 von Substituten auszugehen ist und zuvor nur insgesamt vier Primärerben eingesetzt sind.

An erster Stelle steht höchstwahrscheinlich die Haupterbin, welche in Z. 7 – wo ihr Substituten bestellt werden – als *pientissima* bezeichnet wird.

Das ‚M' nach ‚MEI' ist so fragmentarisch erhalten, dass es zumindest auf der Abbildung nicht erkennbar ist; es könnte sich hierbei um eine Floskel i. S.v. „und mein Andenken bewahrt" o. ä. handeln, falls es sich um den Anfangsbuchstaben von ‚*memor*' handelt, wie vermutet wurde[28]. Auch eine Form von *merere* wäre nicht ungewöhnlich[29]; eine besondere Begründung für die Erbeinsetzung – und gerade für die Auswahl des Haupterben oder der Haupterbin – wäre als Klauselbestandteil nicht überraschend[30]. Da Ersatzerben wohl nur für die *pientissima* bestellt werden, bevor die Ersatzerbenbestellung für den *amicus* gesondert beginnt, wird ‚MEI' in Z. 2 sich nicht auf eine weitere männliche Personengruppe beziehen, mit welcher sie gemeinsam eingesetzt sein soll.

Eck vermutete, wie schon oben angemerkt, dass es sich bei dieser Erbin um die Tochter des Erblassers handelt. Diese Annahme findet allerdings keinerlei Anhaltspunkte im Text,

28 Eck 1978, 287.

29 Vgl. bspw. Quint. inst. 9,2,35, der aus einem Testament wörtlich zitiert: „*P. Novanius Gallio, cui ego omnia meritissimo volo et debeo pro eius animi in me summa voluntate*". In den Digesten bspw. bei D. 44,4,13pr. (Paul. 14 quaest.): *meruerint*; D. 37,6,1,6 (Ulp. 40 ad ed.): *meruit*.

30 Zur Rolle der „Würdigkeit" von testamentarisch Begünstigten sowie zur „wertenden Entscheidung des Erblassers, wer eine Zuwendung ‚verdiene'", siehe Avenarius 2024, 239 mit Fn. 343; weiters ibid. 322–323 zu Begründungen für die Erbeinsetzung. Vgl. auch D. 28,5,93 (Paul. 2 decr.) zum Fall des Pactumeius Androsthenes, der in der Annahme, seine testamentarisch eingesetzte Erbin sei wie der Substitut zu Tode gekommen, ein neues Testament errichtete und dieses Motiv in einer ‚Vorrede' (*praefatio*) ausführte; diese Begründung erlangte insofern zentrale Bedeutung, als sich die im älteren Testament Eingesetzte und in Wahrheit noch Lebende erfolgreich darauf berufen konnte und die Erbschaft im Ergebnis erhielt. *Cognitione suscepta* entschieden die von ihr angerufenen Kaiser, dass sie so zu behandeln sei, als wäre sie auch im zweiten Testament als Erbin eingesetzt worden, daher hatte sie auch etwa die dort ausgesetzten Vermächtnisse auszufolgen.

wenngleich angesichts ihrer Stellung als Haupterbin von einem besonderen Naheverhältnis durchaus auszugehen sein wird und die Bezeichnung *pientissima* für weibliche Angehörige durchaus denkbar wäre[31]. Würde es sich um die Tochter handeln, würde ein Hinweis auf ihre Zuneigung (Z. 1: *[af]fectum praestitit*) und ein von ihr erwartetes ‚Bewahren des Andenkens an den/die Verstorbene/n' aber kaum notwendig oder auch nur angemessen erscheinen; vielmehr spricht dieses Lob und das damit zum Ausdruck gebrachte Vertrauen eher gerade dagegen, dass der Verwandtschaftsgrad Derartiges als völlig selbstverständlich erscheinen ließe. Auch die Ausgestaltung der *cretio*-Klausel (Z. 6) spricht eher gegen diese Vermutung, worauf im dortigen Zusammenhang einzugehen sein wird[32]. Sollte die Anordnung im Kontext der Erbschaftssteuer (Z. 117 ff.[33]) auch die Erben und damit insbes. die Haupterbin betroffen haben, so wäre das ein weiteres Argument dagegen, hierin die Tochter zu erblicken, denn sie wäre von der Steuerpflicht nicht betroffen. Es wird also vermutlich eine andere nahestehende Person sein, eher nicht aber die oder eine Tochter.

Die meisten Rekonstruktionen gehen von der Einsetzung der *pientissima* auf die Hälfte aus, was zwar aus dem erhaltenen Text nicht hervorgeht, angesichts der Abstufung der verschiedenen Erbteile und des Umstandes, dass sie mehrere Substituten hat, aber zumindest nicht unwahrscheinlich ist. Hervorzuheben ist, dass offenkundig nicht etwa mehrere Erben fälschlich *ex asse* zu Kopfteilen eingesetzt wurden, wie es in Praxisdokumenten ansonsten regelmäßig der Fall ist. Das liegt dort an der regelmäßig nur mangelhaften Anpassung von Musterformularen[34], während hier ein Fachmann und kein einfacher *testamentarius* am Werk war; er wird in Z. 123 namentlich erwähnt und ist vermutlich ein aus den Digesten bekannter Jurist[35].

Problematisch ist die testamentarische[36] Erbeinsetzung von Frauen im Hinblick auf die *lex Voconia*[37]. In der bisherigen Lit. wurde als Lösung dieses Problems vorgeschlagen, der Testator sei beim letzten Zensus 73/74 n. Chr. nicht zensiert[38] oder die *lex Voconia* zu dieser Zeit faktisch nicht mehr angewandt[39] worden, wenngleich sie nicht förm-

---

31 Siehe die Hinweise bei Eck 1978, 283 mit Fn. 14.

32 Siehe unten S. 52.

33 Dazu unten S. 72.

34 Zum Problem bereits Isola 2022, 111.

35 Siehe unten S. 74.

36 Unangetastet blieb von der *lex Voconia* bekanntlich das gesetzliche Erbrecht von Frauen; freilich war diesfalls der nächste Agnat ihr Vormund. Die Jurisprudenz übertrug den ‚Gedanken des vokonischen Gesetzes' jedoch auf die gesetzliche Erbfolge und schloss bald Frauen bis zum 3. Verwandtschaftsgrad aus. Siehe dazu statt vieler nur Manthe 2016, 79 sowie Balestri Fumagalli 2008, 162 Fn. 26 mwN.

37 Das fiel bereits Rudorff 1845, 325 auf. Etwa Woess 1911 ging davon aus, dass eine formelle Abschaffung des Erbeinsetzungsverbots von Frauen allenfalls unter Justinian erfolgt, jedoch eine Anwendung der Regel mangels Zensus seit Vespasian nicht mehr möglich gewesen sei. Siehe zum Thema rezenter Köstner 2018, 177–195.

38 So etwa Schanbacher 2022, 191 Fn. 12; Weishaupt 1999, 48–49.

39 I.d.S. Monaco 2000, 198. Rudorff 1845, 325 war der Ansicht, die *lex Papia Poppaea* habe ihr derogiert, und verwies auf die testamentarische Erbeinsetzung von Frau und Tochter durch Agricola unter Domitian. Immerhin ist auch zu erwähnen, dass Plin. epist. 8,18 berichtet, der sagenhaft reiche Domi-

lich aufgehoben war. Dass sich der Testator dem Zensus einfach entzogen hat, ist allerdings wenig wahrscheinlich, bedenkt man, dass ein derartiges Verhalten noch zur Zeit Ciceros sogar den Verlust des Bürgerrechts bedeutet hätte. Eine andere Erklärung wäre, dass die Person vom Verbot der *lex Voconia* von vornherein nicht erfasst war; angesichts des offensichtlich großen Vermögens wäre das wohl (nur?) dann der Fall, wenn sie selbst eine Frau war. Der Text selbst gibt darüber keinen sicheren Aufschluss, doch gibt es neben der weiblichen Haupterbin und den weiteren beiden weiblichen Erbinnen sowie den Substitutinnen – also dem auffälligen Übergewicht von Frauen unter den Universalsukzessoren, aber auch unter den Vermächtnisnehmern, wo auch die allererste Legatarin eine Frau ist[40] und die Tante mütterlicherseits eine besondere Rolle spielt – einige weitere inhaltliche Indizien, wie bspw. die fehlende *exheredatio* (*inter ceteros*). Es wurde bislang im Schrifttum noch nicht moniert, dass diese eigentlich standardmäßige Klausel hier fehlt; sie wäre bei einem Mann aber jedenfalls zu erwarten: In klassischen römischen Testamenten schließt sich an die Einsetzung eines oder mehrerer Erben stets die Enterbung aller nicht Eingesetzten an. Diese Vorsichtsmaßnahme wurde bekanntlich ergriffen, weil die Übergehung von Hauserben die Nichtigkeit des gesamten Testaments nach sich ziehen würde, wobei eine *nominatim*-Enterbung (wie es für Haussöhne nötig wäre) in der Praxis nicht belegt ist[41]. Bei Frauen ist eine solche Klausel mangels Möglichkeit, *sui heredes* zu haben, jedenfalls überflüssig, auch wenn sie in der Praxis mitunter selbst bei Testatorinnen vorkam (erneut aufgrund mangelhafter Anpassung von Formularen). Es gibt außerdem Legatsgegenstände, die typischerweise zum *mundus muliebris* zählten (dazu unten bei Z. 59) und die *imagines* (*maiorum*[42]) werden offenbar einer (anderen) Frau – der Tante mütterlicherseits – weitergegeben (Z. 75). Gegen eine Frau sprechen könnten allerdings zwei Formulierungen im Kontext der Bestattung (Z. 110: *passus sim*; Z. 113: [— *defu*]*nctus ero*[43]), doch könnte der Schreiber dort die männliche Form als die allgemeine verwendet haben[44]. Die Einsetzung einer Frau

tius Tullus (der mit seinem Bruder, Domitius Lucanus, von Domitius Afer adoptiert worden war) habe seine Nichte und Adoptivtochter Domitia Lucilla zur Allein- oder immerhin Haupterbin gemacht, ohne rechtliche Schwierigkeiten anzudeuten. Die namentlich nicht erwähnte Ehefrau (welche diejenigen, die diesen Domitius Tullus hier als Testator vermutet hatten, mit der in der vorliegenden Inschrift erwähnten Dasumia Polla identifiziert hatten) habe Landgüter und Geld erhalten.

40 Überrascht hat dieser erst dank des neuesten Fundes belegte Befund auch etwa Eck 1978, 290.

41 Für die Diskussion um die Hintergründe dieses Phänomens siehe nur Strobel 2014, 40–41 und Nowak 2015, 154–155, jeweils mwN.

42 Auch Rudorff 1845, 367 denkt hier an Ahnenbilder.

43 Für den Hinweis sei Benedikt Strobel (Konstanz) sehr herzlich gedankt. Beide Formulierungen sind weder in anderen Dokumenten der EDCS noch in den in Amanuensis erfassten Schriften nochmals belegt.

44 Sei es absichtlich oder versehentlich. Männliche Formen für eine weibliche Bestattete finden sich auch bspw. am „einzig vollständig erhaltenen Grabstein Österreichs aus frühchristlicher Zeit" (Noll 1963, 12; näher Noll 1954, 46), CIL III 13529: Hinsichtlich der verstorbenen Vrsa aus Ovilava heißt es in Z. 6–7 der Inschrift wiederholt *quem* statt *quam*. Freilich handelt es sich dabei nicht um einen juristi-

als Haupterbin durch Trimalchio[45] wird zumindest darauf hindeuten, dass derartiges eher als dumme Kuriosität angesehen wurde.

Exkurs: Anwendbarkeit der *lex Voconia* auf testierende Frauen?

Frauen dürften als Testierende zur Zeit des Erlasses der *lex Voconia* in der 1. Hälfte des 2. Jh. v. Chr. praktisch wohl noch keine besondere Rolle gespielt haben. Das Gesetz wird sie daher in dieser Rolle vermutlich gar nicht mitbedacht haben[46]. Außerdem scheint zwar die Legatenbeschränkung generell alle Testatoren betroffen zu haben, aber das Erbeinsetzungsverbot hatte nur eine ganz bestimmte Personengruppe im Auge: zensierte römische Bürger. Auch Gaius spricht lediglich davon, dass Frauen ‚*ab eo, qui centum milia aeris census est*' (Gai. 2,274) wegen der *lex Voconia* nicht eingesetzt werden konnten; Gaius betont es aber in der Regel, wenn Männer und Frauen – etwa Söhne und Töchter[47] oder männliche und weibliche Freigelassene[48] – von einer bestimmten Rechtsfolge betroffen sind. Gerade bei einer Bestimmung, welche auf das Verbot einer Einsetzung v o n Frauen abzielt, wäre daher ein Hinweis zu erwarten,

---

schen Text und die Inschrift ist deutlich jünger (4. Jh. n. Chr.) als das sog. Testament des Dasumius (2. Jh. n. Chr.); die mangelnde Übereinstimmung wurde in der Lit. denn auch als Fehler beanstandet (vgl. Ruprechtsberger 1977, 16–17). In den Digesten ist das Phänomen einer geschlechtsneutralen Verwendung des Maskulin in Kontexten, in welchen sich eine Frage eigentlich konkret im Hinblick auf eine Frau stellt, allerdings mehrfach belegt; konkret für das Testamentsrecht etwa in D. 33,1,19pr. (Scaev. 17 dig.) sowie D. 34,1,20,2 (Scaev. 3 resp.), wo bei einer weiblichen Erblasserin Titia in der Entscheidung des Juristen jeweils von einem Erblasser in männlicher Form die Rede ist („*testatorem manifeste probetur voluisse*"). In D. 35,2,22pr. (Paul. 17 quaest.) wird ein Fall vorgetragen, in welchem die drei Töchter der Titia deren Erbinnen und Legatarinnen sind; die darauf bezogene Rechtsauskunft wird aber mit männlichen Termini erteilt. In anderem Zusammenhang wird etwa in D. 41,7,5pr. (Pomp. 32 ad Sab.) zunächst von „*rem ab uxore donatam sciens emero*" gesprochen (die Frau hat also die Sache geschenkt), später dann aber von „*quasi volente et concedente domino*" – korrekt auf den Fall bezogen müsste es *domina* heißen, wie auch die Glosse bemerkt. Für Hinweise danke ich Margot Anglmayer-Geelhaar (Salzburg) sowie Nikolaus Benke (Wien).

45 Petron. 71,3. Auch die übrigen aus diesem Testament angeführten Bestimmungen könnten in realen Testamenten vorkommen, sind aber überzeichnet und verstoßen zum Teil gegen Rechtsvorschriften: So die testamentarische Freilassung sämtlicher Sklaven, denen z. T. obendrein noch Landgüter, ihre Konkubinen und Wohnhäuser vermächtnisweise zugewendet werden, für welche sie noch nicht einmal die Steuerlast selbst tragen müssen sollten. Etwa die *lex Fufia Caninia* (2 v. Chr.; sie führte je nach Anzahl der Sklaven gestaffelte Maximalquoten ein) und die *lex Aelia Sentia* (4 n. Chr.; sie sah Mindestalter für Freilasser und Freizulassende vor) traten jedoch ausufernden Freilassungen entgegen (dazu Avenarius 2017, 21 sowie Sirks 2012, 549–553).

46 Dazu, dass immerhin in der späten Republik die Wirksamkeit eines Testaments von Frauen *sui iuris* kontrovers diskutiert wurde, siehe Tellegen-Couperus/Tellegen 2006, 381–408.

47 Siehe allein im ersten Buch der Institutionen Gai. 1,19: *filium filiamve*; Gai. 1,73: *filius filiave*; Gai. 1,99: *filius et filia*; Gai. 1,127: *filii filiaeve*; Gai. 1,145: *filio filiaeque*.

48 Z.B. Gai. 1,165: *libertorum libertarumque*.

dass das auch Einsetzungen d u r c h Frauen betrifft. Wir dürfen daher die vorsichtige Vermutung aufwerfen, dass das Einsetzungsverbot der *lex Voconia* nur männliche zensierte Bürger betraf, Frauen jedoch unabhängig von ihrer Vermögenslage andere Frauen wirksam einsetzen konnten, sofern sie überhaupt testieren konnten.

Das könnte durch die von SIRKS[49] herausgearbeitete Überlegung weiter gestützt werden, wonach die *lex Voconia* im Zusammenhang mit den *sacra* zu sehen ist, welche nach Möglichkeit nicht an Frauen fallen sollten: Da bei einer Frau selbst dann, wenn sie selbst *sacra* übernommen haben sollte (was sie konnte, wenn sie *sui iuris* war), diese mit ihrem Tod endeten, war es nicht nötig, auch die Erbeinsetzung von Frauen d u r c h Frauen zu unterbinden.

Einzig eine Passage in Cic. rep. 3,10,17 könnte darauf hindeuten, dass ausschließlich Vestalinnen Frauen als Erbinnen einsetzen konnten. Wir wollen für unser Testament auch gar nicht ausschließen, dass es von einer Vestalin stammt: Sie gehörten typischerweise der senatorischen Oberschicht an und verfügten über ein beträchtliches Vermögen[50], was mit den umfangreichen Verfügungen im sog. Testament des Dasumius durchaus harmonieren würde. Das Cicero-Fragment wird von der überwiegenden Literatur aber ohnehin in Zusammenhang mit der Legatenobergrenze gestellt und nicht mit dem Einsetzungsverbot, welches daher für Frauen generell unbeachtlich gewesen sein könnte. WEISHAUPT[51] hielt dem entgegen, Cicero hätte im darauffolgenden Beispiel nicht so hervorgehoben, dass die einzige Tochter betroffen ist, wenn es lediglich um Legate gegangen wäre; ihm ist jedoch wiederum zu entgegnen, dass der Erblasser seinem einzigen Kind nicht unbedingt nur die Erbschaft als Universalrechtsnachfolger, sondern auch sonst möglichst viele seiner Vermögenswerte, und sei es durch Einzelverfügungen, wird zukommen haben lassen wollen. Hierbei auf die Hälfte des Vermögens beschränkt zu sein, hat ihn sicherlich geschmerzt, auch wenn er die Universalsukzession in männliche Hände legen wollte. Um das zu unterstreichen, hat Cicero möglicherweise auch bei der Terminologie überzogen.

Da Frauen ihren – aus dem Kreise ihrer intestat Erbberechtigten stammenden – Vormund der Testamentserrichtung hinzuziehen mussten, waren die Interessen des Familienverbandes anders als beim testierenden Mann, der seine Agnaten nicht befragen musste, gewahrt. Die erforderliche *capitis deminutio* wird kein besonderes

49 SIRKS 1994, 287–288, 295.

50 Zum gesellschaftlichen Status der Vestalinnen siehe nur BÄTZ 2012. Gerade aus dem zweiten Jh. n. Chr. sind kaum Vestalinnen namentlich bekannt: Zum Problem MEKACHER 2006, 103 und 110. Eine Domitia – was aus unten S. 49 genannten Gründen ein für unsere Testatorin passender Name wäre – ist immerhin für 10 v. Chr. bis 19 n. Chr. belegt (Domitia Pollionis). Siehe WILDFANG 2006, 142. Plinius erwähnt in einem Brief aus dem Jahre 107 n. Chr. (nur ein Jahr vor der Abfassung unseres Testaments) eine Vestalin namens Iunia. Über diese Iunia ist nichts bekannt, außer, dass sie von der Tochter des Thrasea gepflegt wurde, der in seinem Haus republikanisch gesinnte Freunde mit gespannten Beziehungen zum Kaiserhaus versammelte. Siehe MEKACHER 2006, 109.

51 WEISHAUPT 1999, 18.

Hindernis dargestellt haben, wenngleich diese von den Zeitgenossen als Anachronismus empfundene Voraussetzung erst unter Hadrian offiziell abgeschafft wurde[52].

Römische Frauen als Testatorinnen sind jedenfalls mehrfach belegt: Bspw. ist auf Papyrus in P. Princ. II 38 aus der Zeit kurz nach der *Constitutio Antoniniana* von einer Aurelia Serenilla ein griechisches Testament überliefert; sie setzt ihre Mutter als Alleinerbin ein, enterbt alle anderen Angehörigen und wendet ihrem Ehemann nur Legate zu[53]. Bekannt ist weiters etwa das Testament einer Sabinia Apollonarion (PSI XIII 1325). Aus der *Baetica* ist eine Inschrift[54] erhalten, welche zumindest auszugsweise das Testament einer Römerin wiedergibt und ebenso eine weitere Inschrift, welche auf der Via Appia aufgefunden worden ist[55]. Auch in den Digesten werden diverse Rechtsfragen behandelt, welche sich aus Testamenten von Frauen ergeben[56]. Ohne diesen Aspekt überbewerten zu wollen: Männer setzten nach Möglichkeit männliche Erben ein, selbst wenn sie weibliche Begünstigte großzügig bedachten[57]. Natürlich gibt es auch Gegenbeispiele[58] und auch die oben bereits erwähnte männliche Form in

52 Siehe dazu González Roldan 2014, 25–31 (ibid. 31 dazu, dass der Prätor die *bonorum possessio secundum tabulas* auch dann dem Testamentserben der Frau gewährte, wenn diese nicht ordnungsgemäß die *auctoritas tutoris* eingeholt hatte); vgl. auch Monaco 2000, 171–184 und aus der älteren Lit. insbes. Volterra 1941, 74–87.

53 Siehe dazu Strobel 2014, 179–196. Ibid. 179–180 in Fn. 618 mit weiteren römischen Testamenten von Frauen. Zu Frauen als Testatorinnen auch Amelotti 1966, 117–118 sowie 120–121. Siehe nun auch die bei Colella 2024 erfassten Testamente von Frauen sowie den Beitrag von É. Jakab in diesem Band.

54 FIRA III 55a; Pavese 2012b, 191–192.

55 FIRA III 55d; Pavese 2012b, 199–200.

56 Siehe nur die Bezugnahmen auf Testamente von Titiae (D. 5,2,13 [Scaev. 3 resp.]; D. 31,34pr. [Mod. 10 resp.]; D. 31,87pr. [Paul. 14 resp.]; D. 32,37,6 [Scaev. 18 dig.]; D. 33,1,19pr. [Scaev. 17 dig.]; D. 33,7,20,8 [Scaev. 3 resp.]; D. 34,1,15,2 [Scaev. 17 dig.]; D. 34,1,20,2 [Scaev. 3 resp.]; D. 34,2,32,7 [Paul. 2 ad Vitell.]; D. 34,2,38pr. [Scaev. 3 resp.]; D. 34,3,31,2 [Scaev. 3 resp.]; D. 34,4,30,1 [Scaev. 20 dig.]; D. 35,1,36,1 [Marcell. lib. sing. resp.]; D. 35,1,85 [Scaev. 3 resp.]; D. 35,2,22pr. [Paul 17 quaest.]; D. 35,2,86 [Iul. 40 dig.]; D. 36,1,57,4 [Pap. 20 quaest.]; D. 40,4,59pr. [Scaev. 23 dig.]; D. 40,5,41,5 [Scaev. 4 resp.]) oder Seiae (D. 31,87,2 [Paul. 14 resp.]; D. 34,2,38,2 [Scaev. 3 resp.]; D. 34,4,31,2 [Scaev. 14 dig.]), aber auch Maeviae (D. 33,1,13pr. [Scaev. 4 resp.]; D. 34,3,28,4 [Scaev. 16 dig.]; D. 36,1,80,1 und 5 [Scaev. 21 dig.]; D. 40,4,44 [Mod. 10 resp.]), verschiedenen nur einzeln vorkommenden Damen wie der Rufina (D. 34,1,16,1 [Scaev. 18 dig.]), oder einfach nur einer Frau (D. 40,5,47,4 [Iul. 42 dig.]; *mulier*: D. 34,2,8 [Paul. 9 ad Plaut.]) bzw. Mutter (D. 5,2,19 [Paul. 2 quaest.]; D. 5,2,27,4 [Ulp. 6 opin.]; D. 5,2,28 [Paul. lib. sing. de sept. iud.]; D. 28,6,33pr. [Afr. 2 quaest.]; D. 31,69,2 [Pap. 19 quaest.]).

57 Siehe insbes. Champlin 1991, 114–120.

58 Nicht nur Gaius Longinus Castor (BGU I, 326) setzt die beiden Sklavinnen, welche er testamentarisch freilässt, zu Erbinnen ein; Aurelius Hermogenes (P.Oxy. 6,907) bspw. setzt neben seinen drei Söhnen auch die beiden Töchter als Erbinnen ein und bei Aurelius Kollouthos (vgl. De Ruggiero 1901, 287–292) ist die Ehefrau sogar Alleinerbin, wie wohl auch im Fall des bei Plin. epist. 8,18 erwähnten Domitius Tullus, der seine Adoptivtochter einsetzte (s. dazu auch o. Fn. 39). Als Grund für die dennoch gut bezeugte Testiersitte, etwa Ehefrauen in der Regel bloß als Legatarinnen zu bedenken, sie aber nicht als Erbinnen einzusetzen, identifiziert Woess 1911, 62 (wiederholt ibid. 81) „Nachwirkungen des vokonischen Einsetzungsverbotes“. Zugleich stellt er Woess 1911, 65–121 eine den Töchtern ungünstige Testiersitte fest (diese erhielten schon unter dem altzivilen Recht zur Abschichtung die – den Intesta-

Z. 110 und 113 muss nicht auf eine Unschärfe des Textes oder einen Fehler des Schreibers zurückzuführen sein; doch sei diese Möglichkeit immerhin in den Raum gestellt[59].

Z. 3–4: Einsetzung des zweiten Erben unter der Bedingung, den Namen des/der Verstorbenen anzunehmen

Dem unter einer Bedingung eingesetzten besonders engen Freund (für Spekulationen um seine Identität siehe sogleich S. 45 sowie den Kommentar zur folgenden Zeile unten S. 49) werden ab Z. 9 Substituten bestellt. Die meisten Rekonstruktionen gehen davon aus, dass er in Z. 3–4 auf ein Drittel eingesetzt wurde; auch hier fehlen Anhaltspunkte im überlieferten Text, doch ist diese Vermutung zumindest nicht unplausibel.

Die Bedingung muss höchstwahrscheinlich innerhalb von 30 Tagen erfüllt werden, was ihr Inhalt, der in Zusammenschau mit Z. 4 greifbar wird, und das angeblich erhaltene T am Wortanfang nahelegt (auf der Abbildung m. E. allerdings nicht ersichtlich). Es handelt sich um eine gemeinhin als *condicio nominis ferendi* bezeichnete Nebenbestimmung, die mitunter der literarisch überlieferten testamentarischen Adoption gleichgesetzt wird. Eine derartige Bedingung[60] ist mehrfach belegt und wurde nicht als sittenwidrig eingestuft, wobei ihre Erfüllung mitunter vom Prätor erlassen wurde[61]. Das Ergebnis ist insofern ähnlich einer Adoption durch den Erblasser, als der Betroffene als Erbe die *sacra* übernimmt und durch die Verbindung über den

---

terbteil regelmäßig beträchtlich unterschreitende – *dos* bzw., wenn unverheiratet, im Gegenzug für die Enterbung ein entsprechendes ‚Dotal'legat; mit dem Absterben der *manus*-Ehe sei sodann die Enterbung einer Tochter wegen schon gegebener *dos* nicht unüblich und eine Querel der dotierten Tochter nicht besonders aussichtsreich gewesen. Fazit Woess 1911, 121: „Die Tochter erhielt die Mitgift im Betrage des Pflichtteils"). Auch das mit dem Ende des Zensus verbundene Ende einer Anwendung der voconischen Vorschriften habe nicht zu einer Trendwende zugunsten der Frauen geführt, so Woess 1911, 82–83. Zur Bedeutung der *interpretatio* der Zwölf Tafeln durch die *pontifices* für die Öffnung der Testamentserrichtung für Frauen siehe zuletzt Avenarius 2024, 111; ibid. 197–198 zu den Voraussetzungen einer Testamentserrichtung durch Frauen seit der späten Republik sowie 281–282 zur *lex Voconia* und deren Funktion.

59 Zu bedenken ist auch die selbst in klassischer Zeit noch mitschwingende Positionierung gerade des an erster Stelle eingesetzten (Haupt-)Erben als ‚Nachfolger'; immerhin erschien es dem Historiker Flor. epit. 2,15 im selben Jahrhundert, in welches auch die Abfassung des vorliegend diskutierten Testaments fällt, nicht als Absurdität, den Ausbruch des Bürgerkrieges auf die Zurücksetzung Marc Antons gegenüber Octavian zurückzuführen: *Prima civilium motuum causa testamentum Caesaris fuit, cuius secundus heres Antonius, praelatum sibi Octavium furens, inexpiabile contra adoptionem acerrimi iuvenis susceperat bellum.* Vgl. dazu Avenarius 2024, 25–26 mit Fn. 128.

60 Sciortino 2006, 10 (Seitenzählung nach dem online-Dokument) will darin keine Bedingung, sondern lediglich bloße Auflage erblicken; das erscheint angesichts der Diskussion um die Erzwingung jedoch wenig plausibel, da eine Auflage an sich nicht erzwingbar wäre.

61 Siehe nur D. 36,1,65,10 (Gai. 2 fideicomm.).

Namen die *familia* nach außen erkennbar fortsetzt[62]. Der Freund musste innerhalb von 30 Tagen vermutlich mittels Eides[63] versprechen (insofern handelt es sich wohl auch um eine *condicio iurisiurandi*[64]), dass er und seine Nachkommen den Namen des Testators führen (werden). Gelangte er nicht an die Erbschaft – sei es, dass er die Bedingung nicht erfüllen wollte, die Erbschaft ausschlug oder vorverstarb – so sollte sein Anteil an die in Z. 9 eingesetzten Substituten fallen.

Von diesem *amicus rarissimus*, der also nicht nur als Erbe Universalsukzessor des Erblassers werden, sondern auch durch die Namensführung dessen *familia* fortsetzen sollte, wurde u. a. von Champlin[65] und Canto[66] vermutet, dass er mit dem für die Grabfürsorge zuständigen L. Iulius Ursus Servianus – einem *homo novus* mit beachtlicher Karriere[67] – gleichzusetzen sei; immerhin ist der Zusammenhang zwischen Grab und Name mehrfach belegt. Selbst Erben werden vom Grab des Erblassers häufig ausgeschlossen, wenn sie nicht dessen Namen tragen[68]. Zudem entstammte Iulius Servianus (zur Zeit der Abfassung des Testaments ein ernstzunehmender Rivale Hadrians als Nachfolger Trajans[69]) trotz seiner hohen Ämter offenbar nicht den allerhöchsten Kreisen, sodass sein Rang der Übernahme des Namens nicht entgegenstehen würde. Seine Tochter Iulia Paulina (deren Sohn wiederum später als Nachfolger Hadrians ins Gespräch kommen sollte) dürfte als erstgenannte Legatarin an einer prominenten Stelle des Testaments bedacht worden sein und möglicherweise war sie auch Substitutin des *amicus rarissimus*. Wir neigen dazu, uns dieser These anzuschließen.

Eine jüngere These vermutet jedoch – unter Annahme von Licinius Sura als Testator – vielmehr Calvisius Tullus Ruso, den Ehemann der Domitia Lucilla (maior) als den hier erwähnten *amicus rarissimus* und zweiten Erben[70]. Diese Domitia Lucilla (maior)

62 Zu testamentarischen Anordnungen zur Erhaltung des Namens und der damit verbundenen Vorstellung der Weiterführung der Familie zuletzt Avenarius 2024, 302–305 (vorklassisches Recht) sowie 419–421 (Entwicklung in der klassischen Zeit; insbes. zur Bedeutung der Familienfideikommisse in diesem Kontext).

63 So die Bedingung für das stipulationsweise Versprechen eines bestimmten Geldbetrages bei D. 39,5,19,6 (Pegas./Ulp. 76 ad ed.), welche dem Geschäft den Schenkungscharakter nahm.

64 Dazu Calore 1988.

65 Champlin 1986, 252: „... I am now convinced: the amicus rarissimus of line 2 should ... be identified with Ursus Servianus himself ...".

66 Canto 1991, 289.

67 Siehe nur Syme 1985, 45.

68 Vgl. nur Chioffi 2015, 640. Den hier interessierenden Zusammenhang zwischen Berechtigung am Grab und Familiennamen belegen auch etwa die bei Liebs 2010, 54–60 dargestellten Grabinschriften. Siehe zu dieser Thematik bereits Mommsen 1895, 211–212 bzw. zuletzt Babusiaux 2024, 97, 115–116, 118, 128–129; generell zu Anordnungen zur Erhaltung des Namens Avenarius 2024, 302–305 (Republik) sowie 418–424 (Prinzipat).

69 Vgl. Rudorff 1845, 321–323.

70 So etwa Settipani 2000, 290–291. Siehe außerdem die Rekonstruktion bei Castelló 2005, 103 unter Ausbau der These von Canto 1991, 277–324. Er geht davon aus, dass Licinius Sura der Testator war; die Haupterbin dessen Cousine Domitia Paulina, Tochter des Secundinus (*ex semisse*); Calvisius Ruso der *amicus rarissimus* (Erbe *ex triente*); Domitia Paulina Aelia, Ehefrau des Servianus, sei die dritte Erbin

war die Nichte und Adoptivtochter des Domitius Tullus, welcher nach der wohl aktuell überwiegenden Lehre als Verfasser des vorliegenden Testaments gehandelt wird; sie wurde in der jüngeren Literatur auch als potentielle vierte Erbin ins Spiel gebracht[71] und hatte eine gleichnamige Tochter: die Mutter Mark Aurels, von welcher berichtet wird, dass insbesondere Erbschaften von Seiten ihrer Mutter sie reich gemacht haben sollen[72].

Handelt es sich bei diesem bedingt eingesetzten Erben um Iulius Servianus, wie es aufgrund der oben angeführten Argumente wohl als wahrscheinlich zu gelten hat, und sollten wir es mit dem Testament einer Frau zu tun haben, so wäre als Erblasserin etwa eine Schwester[73] Hadrians naheliegend. Hadrians Schwager L. Iulius Ursus Servianus wird im Testament jedenfalls mehrfach erwähnt. Die Bezeichnung als *dominus meus*, welche im Testament Z. 111 in Bezug auf Iulius Servianus gewählt wird, gilt als höfliche Anrede unter Gleichgestellten, welche besondere Zuneigung zum Ausdruck bringt; sehr enge freundschaftliche oder gar verwandtschaftliche Beziehungen sind daher wahrscheinlich. Für einen Schwager wäre sie jedenfalls passend. Die *condicio nominis ferendi* hätte diesfalls einen besonderen Charme, denn die Testatorin wäre mit den Nachkommen des Erben, welche ebenfalls ihren Namen führen müssten, blutsverwandt: Sie wäre ihre Tante mütterlicherseits.

Die einzige eindeutig bezeichnete Verwandte im gesamten Testament – (ebenfalls) eine Tante mütterlicherseits: *matertera Septuma* (*Secundina* oder: Frau des *Secundinus*[74]) – ließ sich bislang nicht näher aufklären. Vorgeschlagen wurde eine Dasumia Septima, Ehefrau eines Domitius Secundinus[75].

Sollte weiters ein Zusammenhang zwischen dem/der Testator/Testatorin und dem Namen der freigelassenen Amme Dasumia Tyche/Freigelassenen Dasumia Syche bestehen[76], so käme in Zusammenschau mit der letztwilligen Verfügung, dass in Cordoba Bauten

(*ex uncia*); und Dasumia Polla die Mutter des Testators (ebenfalls Erbin *ex unciae*). Für die Cousine vermutet er als Substituten: Aelius Hadrianus (*ex quadrante*); sowie Iulia Paulina, Tochter des Servianus, oder Domitia Paulina Aelia, Ehefrau des Servianus (*ex sescuncia*); und schließlich Dasumia Polla (*ex sescuncia*). Für den *amicus* Calvisius Ruso soll Frontinus Ruso Substitut sein (*ex quadrante*); sowie Domitia Lucilla (*ex uncia*). Substitutin für Domitia Paulina Aelia, Ehefrau des Servianus, soll Iulia Paulina (*ex unciae*) sein. Für die Mutter Dasumia Polla soll schließlich deren Schwester, die Tante mütterlicherseits, Substitutin sein: Dasumia Septuma, Frau des Secundinus (*ex unciae*). Dazu, dass die Identifizierung des Erblassers mit Liciunius Sura jedoch unwahrscheinlich ist, siehe bereits oben S. 37. Damit dürfte auch das übrige Familienkonstrukt zusammenbrechen.

71 Canto 1991, 279 Fn. 13. Diese Domitia Lucilla hielt freilich Eck 2006a, Nr. 7 für die Haupterbin (die an erster Stelle eingesetzte *pientissima*) in unserem Testament.

72 Eck 2006b, Nr. 8.

73 Siehe unten Fn. 90 zu Ps.-Dositheus divi Hadriani sententiae et epistulae 15 (CGL III, 37, 44–45), wonach Hadrian mehrere Schwestern hatte.

74 Z. 79: [—]*erterae Septumae Secundin*[—]. Vgl. Canto 1991, 315–316.

75 Castelló 2005, 102; ibid. 316 verweist die Autorin auch auf eine Dasumia Quinta aus Gades.

76 Auch wenn gegen eine solche das von Eck 1978, 281 (mit Fn. 9) vorgebrachte Argument ebenso sprechen könnte wie gegen einen Dasumius: Das Gentilnomen der Freigelassenen hätte entfallen können, wenn es mit jenem des/r Testators/in übereinstimmt. War jedoch die Amme bereits von einem

im Namen des/der Testators/Testatorin errichtet werden sollen, ein Zusammenhang mit der Dasumia in Betracht, für welche ein inschriftlicher Beleg einer *laudatio* sowie eines öffentlichen Begräbnisses nahe Cordoba erhalten ist (Dasumia L. F. Turpilia[77]). Syme[78] vermutete, dass es sich dabei um eine Schwester oder Tante des L. Dasumius Hadrianus (cos. 93) gehandelt haben könnte, eines Cousins Hadrians[79], womit wir erneut im Kreise der kaiserlichen Familie angelangt wären[80]. Hadrian selbst ist außer in der Datierungszeile im rekonstruierbaren Teil des Testaments allerdings nicht erwähnt, seine Begünstigung wurde in verschiedenen Rekonstruktionen der ausgefallenen Teile aber vermutet[81].

Exkurs: *Condicio nominis ferendi* bei Frauen

Dass Frauen es zur Bedingung machten, für die Übernahme der Erbschaft auch ihren Namen fortzuführen, ist mehrfach belegt.

So berichtet Cicero in einem Brief an Atticus (50 v. Chr.), dass eine Livia seinen Schwiegersohn Dolabella unter der Bedingung, ihren Namen anzunehmen, zum Erben eingesetzt hatte[82]; Cicero nennt es eine ‚hochpolitische Frage', ob Dolabella dieser Bedingung entsprechen sollte und macht die Entscheidung offenbar davon abhängig, was ihm dafür als Erbschaft winken würde:

Cic. Att. 7,8

Dolabellam video Liviae testamento cum duobus coheredibus esse in triente, sed iuberi mutare nomen: est πολιτικὸν σκέμμα rectumne sit nobili adulescenti nomen mutare mulieris testamento, sed id φιλοσοφώτερον διευκρινήσομεν, cum sciemus, quamtum quasi sit in trientis triente.

Dolabella ist also in Livias Testament neben zwei Miterben zu einem Drittel als Erbe eingesetzt, muss aber dafür seinen Namen ändern; eine hochpolitische Frage, ob es angebracht ist, dass ein junger Mann aus der Nobilität auf Grund des Testamentes einer Frau seinen Namen ändert, die

Elternteil des/der Testators/Testatorin freigelassen worden, wie immerhin mehrfach als Vermutung in den Raum gestellt wurde, so wäre sie bereits zuvor unter diesem Namen bezeichnet worden, was also dazu führen konnte, dass sie derart auch in dem Testament einer Person bezeichnet wurde, welche dasselbe Gentilnomen trug.

77 Siehe CIL II 1089. Rudorff 1845, 324 hatte sie als (Ersatz-)Erbin im vorliegend diskutierten Testament identifiziert.

78 Syme 1985, 44.

79 Siehe den Stammbaum bei Settipani 2000, 294.

80 Dieser L. Dasumius Hadrianus war in der älteren Literatur mitunter ebenfalls als Testator vermutet worden.

81 Siehe bspw. Eck/Heinrichs 1993, 190, die ihn als Substituten für die *pientissima* (zu einem Sechstel) annehmen; auch Castelló 2005, 103, meint, er sei als Substitut für die Haupterbin vorgesehen (allerdings zu einem Viertel; siehe oben Fn. 70).

82 Vgl. dazu Sciortino 2006, 5–7 (Seitenzählung nach dem online-Dokument); Kunst 2005, 215; Kunst 1996, 97; Russo Ruggiero 1990, 62–63; Nardi 1982, 200.

> wir als Wissenschaftler aber besser werden lösen können, wenn sich herausgestellt hat, um wieviel etwa es sich bei diesem Drittelsdrittel handelt[83].

Ob der spätere Kaiser Galba auf dieselbe Weise zum Namen seiner Schwiegermutter Livia Ocellina kam oder diese ihn noch zu Lebzeiten ‚als Sohn' annahm, ist zwar umstritten; wahrscheinlicher dürfte aber diese Form der ‚testamentarischen Adoption' sein, da Frauen von den Adoptionsformen unter Lebenden ausgeschlossen waren[84].

Liebs hat darauf hingewiesen, dass ausweislich der Inschriftenbefunde insbesondere Frauen ein Interesse hatten, durch freigelassene Namensträger die *memoria* zu sichern[85]; bspw. die Stiftungsinschrift der Iunia Libertas für die Stadt Ostia nimmt Bezug auf ein Testament der besagten Stifterin und deutet darauf hin, dass es ihr ein besonderes Anliegen war, Grundbesitz im Besitz von Personen zu wissen, die ihren Namen tragen[86]. Auch durch einen Freien, der den Namen der Erblasserin annimmt, wäre dieses Ziel zu erreichen[87]. Avenarius betonte jedoch zuletzt, dass auf dieser Grundlage lediglich die reine Namensführung und -fortsetzung möglich war. Davon konnte zwar ggf. auch Prestige abgeleitet werden; eine rechtliche Fortsetzung der Familie der Frau war jedoch nicht möglich[88].

Auch die *condicio nominis ferendi* ist also ein Indiz für das Testament einer Frau; Beweis freilich ist sie nicht.

Z. 5: Einsetzung der dritten und vierten Erbin

Sowohl der deutlich sichtbare Abstand zwischen *uncia* und Dasumia, als auch die Ersatzerbenbestellungen in Z. 10 und 11 zeigen, dass *uncia* hier zur vorhergehenden Erbeinsetzung – und zwar, wie auch aus Z. 10 ersichtlich, der Domitia – gehört, wobei durchaus davon auszugehen ist, dass Dasumia ebenfalls *ex uncia* eingesetzt wurde.

Von der hier als Erbin eingesetzten Domitia vermutete Eck[89], dass sie die Ehefrau des Testators war. Er begründet diese Annahme damit, dass der im Testament mehrfach erwähnte L. Iulius Ursus Servianus mit einer Domitia Paulina verheiratet war, welche die Tochter des P. Aelius Hadrianus Afer und einer Frau war, die ebenfalls Domitia

83 Übersetzung: Kasten 1998, ad loc.

84 Vgl. zum Bericht des Sueton (Suet. Galba 4,1: [...] *adoptatusque a noverca sua Livia nomen et Ocellare cognomen assumpsit mutato praenomine; nam Lucium mox pro Servio usque ad tempus imperii usurpavit.*) Sciortino 2006, 11–16 (Seitenzählung nach dem online-Dokument); Kunst 2005, 216; Kunst 1996, 97; Fayer 1994, 354–355 unter Annahme einer testamentarischen ‚Adoption'. Russo Ruggiero 1990, 63–64 geht hier allerdings von einem Beleg der Adoption durch Frauen *inter vivos* aus.

85 Liebs 2010, 60 (mit Nachweisen 65 Fn. 76).

86 Dazu Babusiaux 2022, 73.

87 Zum Zusammenhang zwischen dieser Klausel mit der *memoria* auch Champlin 1991, 144–146.

88 Avenarius 2024, 305.

89 Eck 1978, 284.

Paulina hieß und neben dieser Tochter noch mindestens ein weiteres Kind hatte: den späteren Kaiser Hadrian. Eck ging davon aus, dass sie zumindest eine weitere Tochter hatte[90] und unser Testator mit eben jener (oder – je nach Alter – möglicherweise auch mit einer Tante Hadrians mütterlicherseits) verheiratet gewesen sei: der hier genannten Domitia. Syme[91] meinte hingegen, bei der vorliegend erwähnten Domitia habe es sich um die Frau des Legatars Iulius Servianus gehandelt (also Domitia Paulina, die Schwester Hadrians), von welchem wie gesehen zu vermuten ist, dass er mit dem *amicus rarissimus* gleichzusetzen ist. Zweitere Identifikation erscheint plausibler.

War schon die von Eck konkret angegebene familiäre Verbindung zwischen der ersten Erbin und dem Testator (angeblich seine Tochter) reine Spekulation, so gehört diese mittlerweile ebenfalls allgemein rezipierte Verbindung der drittgenannten Erbin Domitia mit ihm (angeblich seine Ehefrau) endgültig dem Reich der Phantasie an. Auch von der hier als vierte Erbin eingesetzten Dasumia behauptet Eck ohne Textgrundlage, dass sie die Mutter des Testators gewesen sei.

Der Dasumia (sie ist wohl ident mit der in Z. 11 angeführten Dasumia Polla, welcher dort Substituten bestellt werden) wird eine nicht belegte Erbportion zugewiesen, die vermutlich ebenfalls in einem Zwölftel bestanden sein wird, nachdem das die üblicherweise kleinste Einheit einer Erbportion darstellt und damit – bei Zutreffen der Annahmen für die *pientissima* und den *amicus rarissimus* – die Erbschaft vollständig verteilt wäre.

Z. 6: *Cretio* der Erbinnen und Erben

Die Erbeinsetzungen erster Stufe werden abgeschlossen durch die übliche *cretio*-Klausel, welche einen förmlichen Erbschaftsantritt vorschreibt. Der/die Berufene sollte sich daher durch die feierliche Erklärung, dass er/sie antrete (‚*cerno*‘), öffentlich als (Testaments-)Erbe deklarieren[92] und nicht nur durch bloßes ‚Verhalten wie ein Erbe‘[93] die Nachfolge antreten.

---

90 AaO., gestützt auf Frag. Dos. 15 (CGL III 37, 44–45): μετὰ των αδελφων μον – *cum sororibus meis*. Hadrian hatte demnach mehrere Schwestern. Auch Syme 1985, 49 hält eine zweite Schwester für möglich. Gegen diese Annahme wird insbes. Hist. Aug. Hadr. 1,2; 2,6; 15,8 vorgebracht sowie das Argument, dass weitere Schwestern neben Domitia Paulina in den Quellen nicht namentlich erwähnt werden: Vgl. Heilen 2015, 670.

91 Syme 1985, 50.

92 Avenarius 2022, 36 sieht darin einen performativen Sprechakt. Siehe auch Avenarius 2012, 36–39. Vgl. zum performativen Sprechen insbes. Manthe 2002, 431–444. Im Kontext der *actio* zum performativen Sprechakt zuletzt Novitskaya 2024.

93 Während die *sui heredes* (bzw. *heredes necessarii*) die Erbschaft *ipso iure* erwarben und allenfalls nach einem bereits erfolgten Erwerb ausschlagen konnten, führte im Zweifel für einen Außenerben nicht nur die wortförmliche Antrittserklärung, sondern auch eine formlose Willenserklärung bzw. das bloße *pro herede gerere* tatsächlich zur Erbenstellung, wie es schließlich selbst beim ‚Nicht-Erben‘ Siehe dazu nur Babusiaux 2021, 92.

Die Testamentseröffnung – und damit die mit ihr verbundene *cretio* – gewann besondere Bedeutung vor dem Hintergrund der *lex Iulia de vicesima hereditatium* von 6 n. Chr.[94], die spezifische Testamentseröffnungsvorschriften enthielt. Zuständig für das Verfahren war der Prätor[95], der auch über die Einweisung in den Nachlassbesitz entschied und detaillierte Vorschriften dazu in seinem Edikt proponierte[96].

Da die Funktion der Testamentseröffnung nunmehr darin lag, die Ansprüche des Fiskus zu sichern[97], wird plausibel, weswegen pflichtbewusste Testatoren wie der/die Verfasser/in des sog. *testamentum Dasumii* den förmlichen Antritt ihren Erben ausdrücklich vorschrieben, selbst wenn sie eine Minimalvariante der Klausel wählten und nicht nur – wie vorliegend offenbar – darauf verzichteten, für den Fall der unterlassenen *cretio* die Enterbung anzuordnen, sondern mitunter sogar darauf, eine Frist festzusetzen[98]. Für den Beisatz *quodni ita creverit exheres esto* dürfte in unserer Testamentsurkunde der Raum zu klein sein, sodass von einer *cretio sine exheredatio* auszugehen sein wird[99]. Eine Frist wird aber doch zu vermuten sein: Diese Frist ist hier zwar nicht erhalten, doch wird den Ersatzerben ausweislich Z. 12 eine Frist von 60 Tagen gesetzt, sodass zumindest wahrscheinlich ist, dass auch den Primärerben eine konkrete Frist gesetzt worden ist (wenn auch offenbar nicht dem Zwangserben letzter Stufe, für den gar keine *cretio*-Klausel eingefügt worden sein dürfte; siehe unten S. 55). Für die Primärerben wird dabei von den hierfür üblichen 100 Tagen[100] auszugehen sein, sodass die Abstufung der auch etwa

94 Für einen Überblick zur römischen Erbschaftssteuer siehe Günther 2005, 1–30; sowie Günther 2008, 23–94. Die Erbschaftssteuer dürfte – obwohl sie nicht nur eine ‚Erbschaft', sondern auch Einzelzuwendungen erfasste (siehe unten S. 72) – beim Erben eingetrieben worden sein, der den entsprechenden Anteil von Legaten verhältnismäßig abzog. Dazu Wesener 1958a, 2475.

95 Vgl. dazu Strobel 2014, 61–64 sowie Strobel 2023, § 56 Rn. 86. In den Provinzen übernahmen diese Funktion die lokalen Magistrate: Amelotti 1966, 185; González Roldan 2014, 285. Zu bedenken ist allerdings, dass vor der *Constitutio Antoniniana* der Personenkreis der Erbschaftssteuerpflichtigen in den Provinzen überschaubar gewesen sein dürfte (die Erbschaftssteuerpflicht traf bekanntlich nur Personen mit römischem Bürgerrecht), sich 212 n. Chr. aber sprunghaft erweitert hat.

96 Zum Verfahren Paul. sent. 4,6,1. Dazu Avenarius 2024, 404–405 mwN. in Fn. 67.

97 Babusiaux 2016, 522.

98 Strobel 2014, 43 nennt die Frist das „Herzstück" der *cretio*, doch Babusiaux 2016, 522 hat aufgezeigt, dass das öffentliche Recht mit der Testamentseröffnung den ursprünglich privaten Rechtsakt des Erbschaftsantritts zunehmend überlagerte: Die Fristsetzung zum Zwecke des Schutzes von Legataren und Erbschaftsgläubigern sei aus Sicht des Erblassers nicht mehr im Vordergrund gestanden, seit deren Interessen durch die Öffentlichkeit der Testamentseröffnung gewahrt wurden. Der sowohl für die Testamentseröffnung als auch die Erteilung der *bonorum possessio* zuständige Prätor konnte hierbei bspw. auch Legatare vorläufig (mit) einweisen, sofern der Erbe den Erbschaftsantritt oder die Sicherheitsleistung für die Legatserfüllung verweigerte. Dementsprechend sei die Verwendung einer *cretio imperfecta* ohne Fristsetzung keine „sinnlose Fortschreibung des Urkundenformulars", sondern „angemessene Reaktion" bzw. „logische Konsequenz".

99 Rudorff 1845, 325–326; anders Avenarius 2012, 26 Fn. 63, der davon ausgeht, dass die Klausel parallel dem Testament des Antonius Silvanus ausgestaltet wurde (d. h.: *cernitoque hereditatem meam in diebus C proximis: ni ita creverit exheres esto*). Für einen Überblick über die Typen der *cretio* siehe nun Strobel 2023, Rn. 56–60.

100 Siehe nur das Bsp. bei Gai. 2,165.

durch das Testament des Antonius Silvanus bezeugten[101] Vorgehensweise entsprechen wird. Angeknüpft wird, ähnlich wie im nahe Trawsfynydd in Wales entdeckten römischen Testament[102], an die (mögliche) Kenntnisnahme des Eingesetzten vom Erbfall[103].

Oben S. 39 wurde bereits angemerkt, dass die konkrete Ausgestaltung dieser Klausel eher gegen die verbreitete Annahme spricht, dass die erste Erbin die Tochter des Erblassers sei: Sie wäre, sofern noch unter der *potestas* ihres Vaters, Zwangserbin, würde die Erbschaft also *ipso iure* erwerben und könnte allenfalls nach einem bereits erfolgten Erwerb ausschlagen[104]. Zwar ist auch für *sui* eine entsprechende Praxis belegt, sie ebenfalls regelmäßig unter der Bedingung[105] der förmlichen *cretio* einzusetzen (bzw. für den Fall zu enterben, dass sie diese Bedingung nicht erfüllen), doch hätte der schon erwähnte Testamentsschreiber aufgrund seiner Expertise hier vermutlich zwischen ihr und den übrigen eingesetzten Erben unterschieden. Die Testamentseröffnung samt *cretio* war jedenfalls auch bei einem *suus heres* nicht völlig bedeutungslos: Auf dieser Grundlage wurde er insbesondere in die *bonorum possessio* eingewiesen. Die Position als *bonorum possessor* wiederum ist auch für denjenigen interessant, der ohnehin ziviler Erbe wurde, denn damit verband sich besonderer Interdiktenschutz[106] und im Falle eines Rechtsstreits ggf. auch die günstigere Beklagtenposition[107]. Die Steuerpflicht traf zwar nur *heredes extranei*[108], doch war auch beim *suus heres* eine Eröffnung nötig, damit überhaupt festgestellt werden konnte, ob ein solcher Fall vorlag oder nicht. Eine einheitliche *cretio*-

101 Ed. Arangio-Ruiz 1943, Nr. 47, Z. 10: 100 Tage für den Alleinerben; Z. 16: 60 Tage für den Substituten. Strobel 2014, 91 nennt die Frist von 100 Tagen „großzügig bemessen" und vermutet eine standardmäßige Übernahme aus Formularen.

102 AE 2004, 852 (Z. 12–14: [...] *adito ce[r]nito hereditatem meam/* [—] *centum p[ro]x<s>imis morti<s> mea(e) quibus DIE/* [*sci*]*es* [*po*]*t*[*e*]*risque sci[r]e te mihi esse heredem le/<le>gitumam* [...]); dazu Isola 2022, 116–118.

103 Z. 6: [—]*ximis quibus scient poterint*[*que* —].

104 Vgl. D. 29,2,71,9 (Ulp. 61 ad ed.). Vogel 1951, 496 geht davon aus, dass dem prätorischen *beneficium abstinendi* eine regelmäßige Testiersitte vorangegangen sein müsse, wonach *sui* unter der Potestativbedingung ‚*si velit*' eingesetzt wurden, um „dem *suus* als *heres necessarius* wie einem *heres voluntarius* zu ermöglichen, sich von der Erbschaft fernzuhalten". Allerdings ist mit Meinhart 1967, 211 darauf zu verweisen, dass das *beneficium abstinendi* nicht bewirkt haben dürfte, dass der *suus* nicht *heres* wurde; nur von ‚nachteiligen Folgen' (v. a. bei Überschuldung) könne der Prätor ihn befreien, was die Autorin daraus erschließt, dass der Prätor schließlich auch keine Erben schaffen kann. Siehe zum ‚zivilen Pendant des prätorischen *beneficium abstinendi*', der bedingten Einsetzung des *suus*, welche aber einen anderen Effekt (nämlich auch auf Ebene des *ius civile* und nicht nur auf der des *ius honorarium*) hatte, Meinhart 1973, 123, 133, 135 und dazu Sturm 1976, 475. Vgl. rezent Strobel 2023, Rn. 24–33.

105 Zur darin liegenden dogmatischen Schwierigkeit, ob bei der *institutio cum cretione* in der förmlichen Erbantrittserklärung eine Bedingung zu sehen ist und diese damit entweder zu der Perplexität führt, dass die Erbeinsetzung durch die *cretio* bedingt, die Möglichkeit der *cretio* aber vom Anfall der Erbschaft abhängig ist, oder bei einer Deutung als suspensiv befristete *exheredatio* eine Art „systemfremde Erbeinsetzung auf Zeit" angenommen werden müsste, siehe Backhaus 1981, 50. Vgl. auch Babusiaux 2021, 156 für die Ausgestaltung als Bedingung.

106 Zu den einschlägigen Interdikten vgl. Isola 2023, Rn. 21, 23.

107 Das betont auch Avenarius 2024, 330 Fn. 880.

108 Vgl. nur Paulus 2018, 78–79 (= Paulus 1992, 82).

Klausel, die alle eingesetzten Erben gleichermaßen erfasst, ist dennoch eher unwahrscheinlich, wenn eine Erbin *suus heres* ist, die Miterbinnen und der Miterbe aber – wie es hier evident ist – Außenerben sind.

Z. 7–12: Substitutionen

Unser/e Testator/in hat, wie in römischen Testamenten allgemein üblich, auch Vorsorge für den Fall getroffen, dass diejenigen, welche primär als Erben gewollt waren, die Erbschaft nicht erlangten. Die Lehre differenziert mitunter das Vorversterben des *heres institutus* bzw. dessen Unvermögen, Erbe zu werden (*casus impotentiae*), von dessen Ausschlagung der Erbschaft (*casus voluntatis*)[109]. Eine Einschränkung auf den einen oder den anderen Fall war zwar möglich, im Zweifel aber waren beide Fälle von der Substitution umfasst und offenbar wurde vorliegend nicht eingeschränkt. Es handelt sich um den in den Praxisdokumenten sehr häufig anzutreffenden[110] allgemeinen Grundfall, welchen man gemeinhin als ‚*substitutio vulgaris*' bezeichnet[111].

Mit Z. 7 beginnt die Ersatzerbenbestellung für die erste Erbin, die vermutlich die größte Erbschaftsquote erhält. Das ergibt sich nicht nur aus ihrer prominenten Position an erster Stelle des Testaments, sondern auch daraus, dass ihr mehr Substituten bestellt werden als den übrigen Miterben: Aufgrund des Platzes am Ende der Z. 7 dürfte hier bereits ein erster Substitut (oder eine erste Substitutin) eingesetzt worden sein, dessen (oder deren) Quote ein Viertel beträgt und damit größer ist als die der beiden weiteren, in Z. 8 genannten Substitutinnen, von welchen zumindest eine (möglicherweise auch der/die andere, wenn die Rekonstruktion einer Einsetzung der Primärerbin auf die Hälfte zutrifft) auf ein Achtel eingesetzt ist. Die erste der beiden in Z. 8 angeführten Substitutinnen ist entweder Tochter[112] oder Frau[113] des im Testament mehrfach erwähnten Servianus. Bzgl. ihrer Quote hat Eck die Lesart Ferruas von SEXCUNCIA zu EX SESCUNCIA korrigiert[114], was die Abbildung klar beweist. Der Name der anderen Substitutin beginnt mit D[—]; möglicherweise eine Dasumia oder Domitia. Nicht ungewöhnlich wäre es, Miterben wechselseitig zu Substituten einzusetzen[115]. Die Quote dieser Substitutin ist nicht erhalten, auch hier ein Achtel zumindest nicht unplausibel.

---

109 Vgl. dazu die Übersicht bei Voci 1963, 161.

110 Amelotti 1966, 124.

111 Schon Weiss 1931, 505 hat allerdings darauf hingewiesen, dass in den klassischen Quellen keine Begriffsbestimmung der Substitution enthalten ist; einen „einheitlichen Begriff der S. aufzustellen, ist wegen der Verschiedenheit der zugrunde liegenden Tatbestände unmöglich".

112 Bei Beibehaltung der traditionellen Rekonstruktion von Z. 8: [—*fi*]*lia Serviani.*

113 Falls man Di Vita-Evrard 1989, 159–174 in ihrer Rekonstruktion von Z. 8 folgen möchte: [*Domitia Ae*]*lia Serviani (uxor).*

114 Eck 1978, 288.

115 In den Quellen wird insbesondere das – hier nicht bestehende – Problem diskutiert, was zu gelten habe, wenn die zu ungleichen Teilen eingesetzten Erben gegenseitig als Ersatzerben einsetzt und

In Z. 9 beginnt eine gesonderte Ersatzerbenbestellung für den als zweiten Erben eingesetzten *amicus rarissimus*. Es wurden hier also jedem Miterben eigene Substituten bestellt und damit Gruppen gebildet. Der Erbteil eines ausgefallenen Miterben wuchs dabei nicht etwa den übrigen Miterben erster Stufe an; es sei denn, auch die Substituten des ausgefallenen Primärerben fielen sämtlich aus. Dann wurde der Anteil auf die verbliebenen Gruppen aufgeteilt, d. h. ging zunächst an die übrigen Primärerben und deren Anteile ggf. an die ihnen bestellten Substituten, bevor es zu weiterer Konzentration kam[116].

Möglicherweise ist [—]*us meus* in Z. 9 statt zu [*amic*]*us meus* parallel Z. 112 zu [*Servian*]*us meus* zu ergänzen; dafür argumentiert etwa Canto[117], die den *amicus rarissimus* wie gesehen mit Servianus gleichsetzen möchte. Trifft diese Gleichsetzung zu, ist das Ergebnis in beiden Fällen aber ohnehin dasselbe. Als Quote vermutet wurde für die Substitut(inn)en des zweiten Erben – dass es sich um mehrere handelt, ergibt sich aus dem Plural in Z. 10, der nicht auf die Substitution für Domitia bezogen sein wird, die ausweislich Z. 5 selbst nur auf ein Zwölftel eingesetzt ist – jeweils ein Sechstel, sodass sich die Erbquote des Primärerben gleichmäßig auf sie verteilen würde. Erhalten sind die Quoten allerdings nicht. Der/die erste der Substitut/innen führt offenbar einen mit Iu[—] anlautenden Namen. Vermutet wurde hier Iulia, welche mit der Tochter des Servianus identifiziert wurde.

Da Domitia ausweislich Z. 5 auf ein Zwölftel eingesetzt ist, wird in Z. 10 für den Ersatzerbfall auch dem oder der namentlich unbekannten Substituten oder Substitutin ein Zwölftel der Erbschaft zugewiesen worden sein.

Trifft die gängige Rekonstruktion einer Einsetzung auch der Dasumia auf ein Zwölftel zu, war in Z. 11 wohl auch ihr/e Ersatzerbe/Ersatzerbin *ex uncia* eingesetzt.

Z. 12: *Cretio* der Substituten

Die Substitutionen werden ebenso mit einer *cretio*-Klausel abgeschlossen wie die Einsetzung der Primärerben; diesmal ist auch die Frist erhalten: Sie beträgt 60 Tage. Erneut gibt es keinen Anhaltspunkt dafür, dass für den Fall der unterlassenen *cretio* eine Enterbung explizit angeordnet wurde[118].

---

bei der Ersatzerbeinsetzung die Anteile nicht erwähnt werden; in einem solchen Fall wurde angenommen, dass der Testator für die Ersatzerbeinsetzung dieselben Teile festgesetzt hat, die er für die Erbeinsetzung bestimmt hat. Siehe Inst. 2,15,2; C. 6,26,1 (Imp. Titus Aelius Antoninus A. Secundo, a. 146); D. 28,6,24 (Ulp. 4 disp.) mit Rechenbeispiel.

116 Zur Anwachsung unter Miterben siehe Babusiaux 2021, 87–90, die ibid. 155 auch darauf hinweist, dass die Substitution u. a. die Funktion erfüllt, zu verhindern, „dass der Erbteil eines ausfallenden Erben den übrigen anwächst"; sowie Lohsse 2008, 55–57, mit Unterscheidung zwischen Anwachsung und Substitution ibid. 138–139.

117 Canto 1991, 291.

118 Strobel 2014, 92 vermutet auch für die Frist von 60 Tagen bei Substituten – wie bei der Frist von 100 Tagen für Primärerben – eine Übernahme aus Musterformularen. Den Umstand, dass im Testament des Antonius Silvanus für den Ersatzerben anders als für den Primärerben keine explizite Enter-

Z. 13: Sklave als Zwangserbe letzter Stufe

Um eine testamentarische Erbfolge und damit auch die Einzelverfügungen abzusichern, erfolgt auf dritter Stufe die Erbeinsetzung des Sklaven Syneros unter Freiheitsgewährung. Er könnte, wenn er tatsächlich zum Zug käme, als Zwangserbe[119] die Erbschaft keinesfalls ausschlagen und somit erübrigt sich auch etwa eine weitere *cretio*-Klausel, die hier auch tatsächlich fehlt. Dass er berufen wird, ist praktisch aber ohnehin quasi ausgeschlossen: Fiel ein primär eingesetzter Miterbe aus, so traten seine Substituten ein. Waren auch diese sämtlich ausgefallen, traten die übrigen Primärerben ein, wobei erneut Substituten für ebenfalls ausgefallene Miterben nachrücken konnten. Solange also nur ein einziger Primär- oder Sekundärerbe vorhanden war, verdrängte er den Sklaven, der nicht in einer der vorgenannten aus Primär- und Sekundärerben gebildeten ‚Gruppen', sondern nur für den Fall, dass wirklich niemand antrat, eingesetzt war.

Z. 14: Vorabbekräftigung der Einzelverfügungen

Zwischen Erbeinsetzung – samt Substitutionen und Kretionsklauseln – und den Einzelverfügungen wird eine ebenfalls ganz typische Klausel eingefügt, welche die nachfolgenden Anordnungen verstärken sollte[120]. Nicht erhalten ist der Teil der Anordnung, welcher die konkrete Ausgestaltung dieser ‚Verstärkungsklausel' (welche in der Lit. mitunter irreführend als ‚Kodizillarklausel', manchmal auch als ‚Bestätigungsklausel', oder ‚caput generale' bezeichnet wird[121]) zeigen würde: Es konnte entweder pauschal angeordnet worden sein, derjenige, welcher schlussendlich Erbe sein würde (typischerweise *quisquis heres erit*), solle ‚verpflichtet' sein, die folgenden Verfügungen zu erfüllen (*damnas esto dare*); dadurch war etwa auch ein dem Wortlaut nach als Vindikationslegat ausgesetztes Vermächtnis selbst abseits der Anwendungsfälle des

---

bung für den Fall des Nichtantritts angeordnet ist, erklärt STROBEL damit, „dass schon der Eintritt des Ersatzerbfalls regelmäßig eher unwahrscheinlich war und dass es noch unwahrscheinlicher war, dass dann der Substitutserbe nicht antrat." Zudem sei dem Substituten nicht seinerseits ein Substitut bestimmt, sodass keine Teilung mit einem solchen zu befürchten wäre. Das ist im sog. Testament des Dasumius anders, da hier in Z. 13 noch ein Sklave als Substitut für die Substituten zur Absicherung eingesetzt wird; somit wird dieser Umstand wohl auch mit Blick auf das Testament des Antonius Silvanus keinen Grund für die dortige Ausgestaltung darstellen. Zudem wird der Ersatzerbfall nicht als völlig unwahrscheinlich gelten können, denn gerade die eminente Gefahr des Vorversterbens der Primärerben bewog die römischen Testatoren zu den überlieferten umfangreichen Substitutionsbestimmungen. Aufgrund der im Vergleich zu heute hohen Mortalität (die durchschnittliche Lebenserwartung lag bei etwa 35 Jahren) war nicht nur mit dem eigenen Lebensende, sondern auch mit dem der potentiellen Erben jederzeit zu rechnen. Vgl. nur FRIER 1982 und 1983.

119 Siehe zur Terminologie Gai. 2,153.

120 Vgl. AE 2004, 852 (Z. 9–10).

121 Zur Problematik im Kontext eines anderen Testaments bereits ISOLA 2022, 112–116.

SC Neronianum als Damnationslegat klagbar. Mitunter wurde es aber auch der *fides* des an den Nachlass Gelangenden anvertraut, die testamentarischen Anordnungen zu beachten (*fideique eius committo*); Einzelverfügungen konnten dadurch auch als Fideikommiss klagbar werden, wobei selbst ein Intestaterbe bei Unwirksamkeit des Testaments die Verfügungen so beachten musste, als wären sie in einem Intestatkodizill verfügt worden.

Zur Zeit der Abfassung des vorliegenden Testaments war diese Klausel auch insofern von besonderer Bedeutung, als Substituten nur dann mit den Legaten und sonstigen Einzelverfügungen beschwert waren, wenn der Testator – wie in den überlieferten Urkunden häufig – eine Klausel in sein Testament eingefügt hatte, wonach, wer auch immer Erbe sein wird‘ (*quisquis* [*mihi*] *heres erit*), belastet sein sollte oder eine explizite Wiederholung der Anordnungen auch im Hinblick auf die Substituten erfolgte. Widrigenfalls waren nur die Primärerben, nicht aber auch Substituten beschwert. Erst eine Konstitution der Kaiser Septimius Severus und Caracalla änderte diese Rechtslage dahingehend ab, dass im Zweifel – sofern nicht ein abweichender Erblasserwille evident war – auch Substituten als beschwert galten[122].

Diese Klausel, von welcher lediglich der Teil [—] *infra scriptis quod cuique hoc* [*testamento* —] erhalten ist, diente also wohl insbesondere der Absicherung von Einzelverfügungen.

Z. 15–29: Geldlegate

Die Geldlegate, welche die Reihe der Einzelverfügungen eröffnen, werden überwiegend bekannten Persönlichkeiten der Senatsaristokratie zugewendet; in welcher Form (vermutlich Damnationslegate, da bei Münzen kaum an Vindikationslegate bestimmter Stücke zu denken sein wird[123]; passend wären aber auch Fideikommisse) ist nicht erhalten. Die Zuwendungen beginnen mit einer nicht erhaltenen Anzahl[124] an Pfund Gold (Z. 15), um sodann zu zwei Pfund Gold überzugehen (Z. 18) und mit möglichen weiteren (ausgefallenen) Zwischenstufen bei 125.000 Denaren zu enden (Z. 29). Welche Abstufungen dazwischen vorgesehen sind, ist nicht mehr rekonstruierbar.

---

122 Vgl. dazu nur Voci 1963, 162.

123 Siehe aber Colella 2024, 18 zu dem Befund, dass in der ägyptischen Praxis Damnationslegate ausschließlich zur zusätzlichen Absicherung von als Vindikationslegaten ausgesetzten Begünstigungen belegt sind. Selbst Geld wird regelmäßig vindikationsweise vermacht. In vorliegender Urkunde wird das aufgrund der Expertise des Schreibers dennoch nicht zu vermuten sein; zu ihm näher unten S. 74–75.

124 Mommsen hatte [—]*is* in Z. 15 zu *singulis* ergänzt, doch Eck 1978, 290 hat überzeugend darauf hingewiesen, dass die Zuwendungen vermutlich mit der größten Einheit begonnen haben dürften.

ECKS Annahme, die Substituten seien ident mit den zuerst genannten Legataren[125], könnte immerhin zu entgegnen sein, dass wem ‚auch immer Erbe sein wird', die Pflicht auferlegt wird, die betreffenden Legate zu erfüllen. Sollte es zur Ersatzerbschaft kommen, würden diese Legate aber konfundieren, sofern sie nicht in Prälegate umgedeutet wurden[126]. ECKS Hinweis, dass auch bei Antonius Silvanus dessen Bruder, welcher als Ersatzerbe für den Sohn eingesetzt wurde, ein umfangreiches Legat für den Fall ausgesetzt wurde, dass er nicht Erbe sein würde, ist zwar zutreffend, doch wäre dann bei den betreffenden Begünstigten ein Hinweis auf eine Klausel des Typs ‚*si ... non heres erit*' zu erwarten, was hier nicht der Fall ist. Ein Textausfall ist zwar nicht auszuschließen, doch wäre es verwunderlich, würden Substituten und sonstige Begünstigte ohne klare Abgrenzung auf dieselbe Art und Weise mit der gleichen Zuwendung bedacht werden wie bloße Vermächtnisnehmer[127].

Interessant sind die Verfügungen eher aufgrund der prominenten Begünstigten, nicht wegen juristischer Besonderheiten. Unter den in der ersten Gruppe Bedachten könnte die erstgenannte Iulia Paulina[128] die Tochter des Iulius Servianus und der Domitia Paulina, also die Nichte Kaiser Hadrians, sein[129]. Möglicherweise ist sie auch Substitutin des *amicus rarissimus*; hier haben wir nur noch die Reste eines Namens, welcher mit *Iu*[—] beginnt und diese These ECKS stützen könnte. Beim begünstigten Cornelius Pusio könnte es sich um den aus der *Baetica* stammenden L. Cornelius Pusio Annius Messalla handeln[130]. Zwei Pfund Gold dürften unter anderem Minicius Iustus, der evtl. der bei Plin. epist. 7,11 erwähnte Ehemann der Corellia war[131], und Fabulla, der Frau des Asiaticus – vielleicht der im angeblichen Apolloniusbrief erwähnte Valerius Asiaticus Saturninus[132] – zugewendet worden sein. Mit Geldlegaten

---

125 ECK 1978, 291.

126 Prälegate nahm CANTO 1991, 316 zugunsten der Tante mütterlicherseits an, welche sie mit der *pientissima* identifizieren möchte.

127 Prälegate an die (Primär-)Erben wären auch eher im Zusammenhang mit den persönlichen Gegenständen zu vermuten: Etwa der nordafrikanische Testator Iulius (?), AE 2016, 2035, verteilt offenbar alle im Nachlass vorhandenen Gegenstände oder zumindest diejenigen, welche ausreichend wichtig erscheinen, nach der Art einer ‚elterlichen Teilung' unter seinen nächsten Angehörigen, wobei einige – aber nicht alle – auch Erben sein dürften (vermutlich die Söhne, nicht aber die Tochter und die Ehefrau). Auch erfolgt eine (fehlerhafte) *heredis institutio ex re certa* meist im Hinblick auf Grundstücke, nicht aber auf eine Geldsumme. Vgl. nur DAVID 1930, 50 Fn. 26.

128 Anmerkungen zur Lesung bei ECK 1978, 289.

129 ECK 1978, 292.

130 ECK 1978, 292.

131 RUDORFF 1845, 330.

132 ECK 1978, 293–295.

bedacht werden weiters mit Iunius Avitus möglicherweise der bei Plin. epist. 8,23 erwähnte tugendhafte Mann[133] und mit Pontius Laelianus ein ‚Brieffreund' des Plinius[134]. RUDORFF vermutete hinter [—]*us Nepos* den gestrengen Prätor für die Repetundengerichtsbarkeit Licinius Nepos[135], während Tullius Varro für ihn das Bindeglied zwischen den Familien der Tullii und der Dasumii darstellt[136]. [—]*nnianus* sei der ebenfalls bei Plin. epist. 2,16 erwähnte Minicius Annianus[137], und auch auf Appuleius Nepos werde bei Plinius Bezug genommen[138]. Fabius Rusticus sei der bei Tacitus mehrfach erwähnte Geschichtsschreiber[139]. Den erwähnten Rechtsgelehrten [*Pro*]*culus* identifizierte RUDORFF tatsächlich mit dem namensgebenden Schuloberhaupt Sempronius Proculus, der diesfalls allerdings ein wahrhaft greisenhaftes Alter erreicht haben müsste[140]. Die Zuordnung dieses Namens nicht zu den Geldlegaten, sondern erst und nur zur nachfolgenden fideikommissarischen Belastung (welche bei RUDORFF ohne Begründung erfolgt) ist schon deshalb wenig wahrscheinlich, weil eine Belastung ohne Begünstigung unwirksam wäre.

Z. 30–35: Fideikommissarische Belastung, Bauwerke im Namen des Testators zu errichten

Die Belastung mit der Errichtung von Denkmälern[141] in Corduba und vermutlich an einem weiteren Ort scheint (zumindest auch[142]) fideikommissarisch ausgestaltet wor-

133 RUDORFF 1845, 330–331.
134 Empfänger von Plin. epist. 5,15; 6,28; 7,4.
135 RUDORFF 1845, 331–332.
136 RUDORFF 1845, 332–333.
137 RUDORFF 1845, 333.
138 RUDORFF 1845, 333.
139 RUDORFF 1845, 334.
140 RUDORFF 1845, 339. Zu ihm siehe KUNKEL 1967, 153 Fn. 225 a.E., 264.
141 Auch in den Digesten ist derartiges mehrfach belegt: Siehe etwa D. 30,117 (Marcian. 13 inst.) dazu, dass man einer *civitas* Bauwerke ebenso wie Alimentenlegate u.ä. hinterlassen könne; D. 30,122 (Paul. 3 reg.) u. a. zur Errichtung eines Theaters oder Veranstaltung von Spielen. Weitere Fälle von Zuwendungen zu wohltätigen Zwecken an Gemeinden als Ausdruck von Euergetismus werden bei AVENARIUS 2024, 394 Fn. 14 angeführt.
142 Vgl. für einen solchen Fall D. 34,2,6,2 (Marcell. lib. sing. resp.): *Lucius Titius testamento scripsit:, heredem meum volo fideique eius committo, ut in patriam meam faciat porticum publicam, in qua poni volo imagines argenteas, item marmoreas': quaero, an legatum valeat. Marcellus respondit valere et operis ceterorumque, quae ibi testator poni voluerit, legatum ad patriam pertinere intellegi: enim potuit aliquod civitati accedere ornamentum.* ZÜLCH 2001, 144–145 hielt diesen Text zwar für interpoliert, aber schon LIEBS 2002, 256 verteidigte die Echtheit und ging von einer *repetitio* aus: Zusätzlich zu einem Legat sei für den Fall, dass das Legat ungültig ist, ein Fideikommiss formuliert worden (was im vorliegenden Fall aufgrund der Wirksamkeit des Legats überflüssig sei). Naheliegender erscheint es jedoch, dass Marcellus den Begriff ‚*legatum*' – ‚Vermächtnis' – hier als Überbegriff verwendet, welcher Legate i. e. S. und Fideikommisse umfasst; die Verfügung ist dem Wortlaut nach quasi doppelt fideikommissa-

den zu sein, sofern Z. 30 bereits zu dieser Bestimmung gehört. In derartigen Fällen galt die betreffende *civitas* als Begünstigte[143].

Es handelt sich offenkundig nicht um die Begräbnisstätte, denn darum geht es erst in einem späteren Abschnitt des Testaments (Z. 87 ff.). Rudorff ging davon aus, dass Corduba die Heimatstadt des Testators gewesen sein müsse[144]; nachdem aber wohl noch mindestens ein weiterer Ort von den Anordnungen erfasst war, ist das mit Eck als nicht unbedingt zwingend anzusehen[145]. Bei einer derartig wohlhabenden Persönlichkeit – noch dazu möglicherweise aus dem Umkreis des Kaiserhauses – würde die Demonstration von Großzügigkeit gegenüber der Öffentlichkeit an mehreren Orten, mit welchen sich der Erblasser/die Erblasserin in irgendeiner Weise verbunden fühlte, nicht überraschen; das diente immerhin auch dem Nachruhm[146].

Wer für die Bauten zuständig sein soll, ist beim derzeitigen Überlieferungsstand nicht sicher. Es sind aber offenbar mehrere Personen, welchen im selben Testament (vermutlich zuvor) etwas zugewendet wurde; sei es eine Erbportion oder ein Legat.

In Z. 33 stand zudem möglicherweise eine Frist für die Ausführung[147].

Z. 36–39: Begünstigung der Amme

Die offenbar bereits vor der Testamentserrichtung freigelassene Amme (sie trägt das Gentilnomen ihres Freilassers oder ihrer Freilasserin) wird umfangreich begünstigt[148]. Sie könnte die ihr vermachten Fischersklaven zur Bewirtschaftung eines an der Küste gelegenen Landguts erhalten haben, welches ihr im ausgefallenen Teil des Textes zugewendet worden sein könnte, wie Rudorff vermutet hatte[149]. Da sie neben einem Geldlegat etwas auswählen durfte, wovon wir nicht näher wissen, was es gewesen sein könnte, außerdem aus dem (ergänzt wird traditionell ‚silbernen', doch ist auch ein anderes Material denkbar) Ess- und Trinkgeschirr wählen durfte und Beschreibmaterialien für die Rechnungsführung erhielt, liegt die Ausstattung eines Haushaltes nahe. Leider ist die juristische Ausgestaltung dieser Zuwendung vollständig ausgefallen. Die unter anderem vermachte Geldsumme deutet immerhin auf ein Damnationslegat hin[150]. Auch eine Doppelform – insbes. mit Fideikommissworten – ist denkbar.

---

risch formuliert. Sinnvoller ist die *repetitio*, wenn die Fideikommissform neben einer Legatsform (sei es ein Vindikations- oder Damnationslegat) gebraucht wird.

143 Zur *capacitas* von *civitates* siehe Champlin 1985, 106–110.

144 Rudorff 1845, 335–356.

145 Eck 1978, 283.

146 Zur „Denkmals-Klausel" siehe Paulus 2018, 172–192.

147 Vgl. etwa D. 28,5,45 (Alfen. 5 dig.) (*in diebus certis*).

148 Das war durchaus üblich; siehe nur die Zuwendung eines Grundstücks in D. 33,2,34,1 (Scaev. 18 dig.).

149 Rudorff 1845, 346–348.

150 Zur Beobachtung, dass in den ägyptischen Papyri auch Geldsummen stets *per vindicationem* vermacht sind, siehe Colella 2024, 18 sowie bereits oben Fn. 128.

Z. 40–45: Freilassungen

Nach den Zuwendungen an die Amme wird die Freiheit einer Reihe verdienter Sklaven angeordnet. Erneut geht die Form – war es eine *manumissio testamentaria* oder *fideicommissaria*? – aus dem erhaltenen Text nicht hervor. Der Umstand, dass in Z. 54 von denjenigen, *quos liberos esse iussi* die Rede ist, könnte auf ersteres hindeuten[151]. Auch scheinen selbst Freilassungen mit der Formulierung *volo* als direkte aufgefasst worden zu sein[152]: Die beiden Freilassungsformen hatten sich so weit angenähert, dass sie sich lediglich insoweit unterschieden, als bei einer *manumissio testamentaria* die Wirkung (im Falle einer Bedingungskonstruktion: mit Bedingungseintritt) unmittelbar eintrat, während bei der *manumissio fideicommissaria* noch die (erzwingbare) *manumissio vindicta* vollzogen werden musste[153].

Bedingung ist im vorliegenden Fall die Rechnungslegung[154]. Die Genannten wurden mit dem Erbfall *statu liber,* bis sie diese Bedingung erfüllt hatten. Bis zur Erfüllung der Bedingung ging das Eigentum an ihnen zwar auf den Erben über und konnte auch weiterübertragen werden, doch war es ‚dinglich belastet'; d. h. der Sklave erlangte auch im Falle der Weiterveräußerung mit der Bedingungserfüllung die Freiheit bzw. konnte die *manumissio* erzwingen[155].

Freigelassen werden hier Sklaven, welche vermutlich für die Führung des Haushaltes des Testators/der Testatorin zentral gewesen waren: Der *sumptuarius* war zuständig für die „Aufsicht über die für den Hausstand, Küche, Keller, Garderobe erforderlichen Ausgaben"[156] und auch Koch sowie Schnell- und Urkundenschreiber standen typischerweise in regelmäßigem persönlichem Kontakt mit dem/der Eigentümer/in. Sie alle führten Aufzeichnungen über die Verwaltung des ihnen zugewiesenen Bereiches. Die Bedingung des *rationes reddere*[157] wird in den Juristenschriften insbesondere mit Blick auf den Umfang der damit einhergehenden Verpflichtung diskutiert: Nicht nur die bloße

---

151 Gegen die Annahme einer fideikommissarischen Freilassung verwies RUDORFF 1845, 351 auf das unten erwähnte *liberum esse iusso* statt *volo*.

152 D'ORS 1977, 95–141 (insbes. 110–111); STROBEL 2014, 102–103 vermutete eine direkte Freilassung daher auch für das Testament des Antonius Silvanus, obwohl hier im Hinblick auf den Sklaven *liberum esse volo* verfügt wird.

153 Dazu NÖRR 2005, 23–24, 39–40.

154 Vgl. auch D. 35,1,53 (Mod. lib. sing. de heur.): Abhängigkeit der Freilassung von der Rechnungslegung als Bedingungskonstruktion.

155 KARLOWA 1901, 138 sprach davon, dass die Eigenschaft, durch Erfüllung der Bedingung frei werden zu können, „eine dem Sklaven anklebende Eigenschaft" sei, welche „ihm überallhin folgt".

156 RUDORFF 1845, 353.

157 Für diese Wendung im Kontext testamentarischer Freilassungen siehe auch D. 33,8,8,7 (Ulp. 25 ad Sab.); D. 40,4,13,2 (Ulp. 5 disp.); D. 40,4,22 (Afr. 9 quaest.); D. 40,4,59,2 (Scaev. 23 dig.); D. 40,5,37 (Ulp. 6 fideicomm.); D. 40,7,28 pr. (Iav. 6 ex Cass.); D. 40,7,31 (Gai 13 ad leg. Iul. et Pap.); D. 40,7,34,1 (Pap. 21 quaest.).

Herausgabe von Unterlagen, sondern auch eine nähere Erläuterung der Abrechnung war ggf. erforderlich, um die Bedingung zu erfüllen[158].

Im Z. 45 ausgedrückten Wunsch, dass ein Freigelassener nun mit seiner Lebensgefährtin eine legitime Ehe führen könne, sah RUDORFF eine Auflage[159]. SIMONIS hingegen ging ohne Diskussion dieser These davon aus, dass den Freigelassenen deren Lebensgefährtinnen vermacht werden[160], was eine auch in den Digesten[161] und durch Petronius[162] belegte Praxis ist. Tatsächlich gibt es offenbar für die Frauen keine explizite Freilassungsanordnung. Es ist aber doch naheliegend, dass es der Wunsch des Testators war, dass auch die Frauen im Falle der Erfüllung der Bedingung frei (gelassen) wurden, denn nur so war eine Ehe rechtlich möglich; diese Klausel könnte daher als *manumissio fideicommissaria* zu deuten sein.

Z. 46: Legat von in Schmuckkästchen aufbewahrten Gegenständen

Bevor ab Z. 50 weitere Freilassungen (erneut unter der Bedingung, Rechnung zu legen) verfügt werden, sind Z. 46–49 einige Vermögenszuwendungen eingeschoben. Die erste betrifft Gegenstände, die in kleinen Kästchen aufbewahrt werden (*a]rculis pusillis componi*). Die Vermächtnisform ist wiederum nicht erhalten und auch nicht der oder die Begünstigte; da hier keine anderen konkreten Gegenstände vermacht werden, könnte das Vermächtnis von etwas, das in derartigen Schmuckkästchen aufbewahrt wird, in Zusammenhang mit der in Z. 45 gewünschten Eheschließung zu sehen sein. Auch anderweitig belegt ist, dass der Wunsch eines Testators, zwei seiner Sklaven sollen nach seinem Tod frei sein und eine rechtmäßige Ehe führen, mit daran geknüpften Vermächtnissen verbunden wurde, etwa eines Geldbetrags[163]. Jedenfalls liegt es nahe, entweder eine/n testamentarisch oder auch zu Lebzeiten freigelassene/n Sklavin/Sklaven als Begünstigte/n zu vermuten, denn alle Zuwendungen vor und nach dieser Bestimmung beziehen sich auf diese Personengruppe.

---

158 Vgl. BÜRGE 1987, 517 zu der Beobachtung, dass keine allgemeinen Darstellungsformen der Buchhaltung entwickelt wurden, sodass die Rechnungsführenden ihre Aufzeichnungen erklären mussten.

159 RUDORFF 1845, 353–354.

160 SIMONIS 2017, 200.

161 Siehe D. 32,41,2 (Scaev. 22 dig.); D. 34,1,20pr. (Scaev. 3 resp.).

162 Petron. 71,2: *Philargyro etiam fundum lego et contubernalem suam* [...].

163 Siehe bspw. D. 35,1,31 (Afr. 2 quaest.).

Z. 47–49: Geldlegate zugunsten Freigelassener

Es folgen wiederum Geldlegate – vermutlich in Damnationslegatsform, evtl. ergänzt durch Fideikommissworte – hier zugunsten einer Reihe bereits zu Lebzeiten Freigelassener, die allesamt denselben Betrag erhalten sollten: 1.000 Denare.

Eine der wahrscheinlich um die zehn Begünstigten ist Dasumia Syche (Z. 47), deren Name früheren Interpreten häufig als Indiz bei der Rekonstruktion der Identität des Testators diente. Auffällig ist hier freilich – was schon Eck gesehen hat[164] –, dass die ebenfalls begünstigten Eurotas (Z. 49) und Heliopaes (Z. 48) ohne Gentilnomen, dafür mit dem Zusatz *liberto* angeführt werden. Naheliegend ist, dass sie als Freigelassene das Gentilnomen des/der Testators/Testatorin trugen, was nicht eigens erwähnt werden musste. Das macht es wiederum umso wahrscheinlicher, dass Dasumia nicht von dem/der Erblasser/in freigelassen wurde. Heliopaes wird auch Z. 63 nochmals genannt, wo ihm – neben anderen Begünstigten – ein Rentenlegat zugewendet wird, sowie in Z. 100, wo er im Zusammenhang mit einem Grundstück erwähnt wird. Eurotas wiederum wird im nachträglichen Kodizill (Z. 131) erneut begünstigt.

Z. 50–51: Weitere Freilassungen

Zumindest hinsichtlich dreier Sklaven werden erst im Anschluss an die Geldzuwendungen die Freilassungen verfügt, obwohl auch sie – gleich den oben Z. 40–45 Freigelassenen – dieselbe Bedingung zu erfüllen hatten: Erneut ist die Rechnungslegung Voraussetzung der Freiheitserlangung und wieder ist der Klauselteil, welcher Aufschluss über die Rechtsform geben könnte, ausgefallen. In Betracht kommt wiederum *liber esto* ebenso wie *liberum esse volo* oder eine Verbindung beider Formen, wobei eine direkte Wirkung (ohne Notwendigkeit einer formalen Freilassung) wahrscheinlich ist[165]. Auch bei den hier Genannten handelt es sich um Sklaven, die im Haushalt eine zentrale Rolle gespielt haben: Ein Garderobenaufseher, ein Lehrer und mindestens ein weiterer Sklave aus diesem Umfeld. Rudorff hatte die Vermutung aufgestellt, dass die Unterbrechung der Freilassungen durch Legate sich daraus erklärt, dass einer der zuvor Freigelassenen mit den Vermächtnissen belastet wurde[166]. Möglicherweise bezieht sich aber vielmehr der nachfolgende (vermutliche) Widerrufsvorbehalt nur auf diese Gruppe, nicht aber die zuvor angeführten. Vielleicht also besteht die erste Gruppe aus langjährigen, bereits verdienten Haussklaven, während die zur zweiten Gruppe gehörenden sich noch nicht im selben

164 Eck 1978, 281 mit Fn. 9.
165 Dazu bereits oben S. 60.
166 Rudorff 1845, 354.

Ausmaß bewährt haben, sodass der Testator/die Testatorin sich noch vorbehält, von der Freilassungsabsicht wieder abzugehen, ohne zugleich ein neues Testament zu errichten.

Z. 52: Widerrufsvorbehalt

Rudorff nahm an, dass der Testator sich in der Folge vorbehält, die Freilassung zu widerrufen und sieht daher die *manumissio* unter die Bedingung gestellt, dass sie nicht widerrufen werde[167]. Ein solcher Widerruf konnte, wie Ps.-Ulp. reg. 2,12 ausführt, nur in testamentarisch bestätigten Kodizillen erfolgen[168]. Erhalten ist von dieser Klausel vorliegend allerdings nur [—]*m ex his alio scripto liberu*[*m* —]. Möglich ist auch, dass hier weitere Freilassungen in Aussicht gestellt werden, welche nachträglich in Kodizillen erfolgen könnten.

Z. 53–58: Bestimmung im Zusammenhang mit der zu entrichtenden Steuer

Mit der hier erwähnten *vicesima* ist anders als unten Z. 116 ff. nicht die Erbschafts-, sondern die Freilassungssteuer gemeint. Eingehoben wurde sie durch die Publikanen, Steuerschuldner war der Sklave selbst[169], wobei es üblich gewesen sein dürfte, testamentarisch Freigelassene davon zu befreien und den Erben damit zu belasten[170]: Auch bei Petronius wird entsprechend verfügt[171], was zwar satirisch überzeichnet sein wird, aber einen wahren Kern haben dürfte. Die Steuerschuld wurde den Freigelassenen an dieser Stelle des Testaments vermutlich ebenso wie im Testament des Antonius Silvanus[172] per Vermächtnis zugewendet, wobei Antonius Silvanus mit *dari volo* die Fideikommissform gewählt hat (dort ist auch die Freilassung mit *volo* verfügt); auch vorliegend könnten die Fideikommissworte in Z. 55 [—]*em eorum committo quis*[*quis* —] auf diese Bestimmung bezogen sein.

---

167 Rudorff 1845, 357.

168 Dazu Avenarius 2005, 219. Siehe bspw. auch D. 40,4,28 (Paul. lib. sing. de iur. codicill.) zu einem testamentarischen Vorbehalt des Widerrufs der testamentarischen Freilassung durch ein Kodizill.

169 Albana 1987, 46.

170 Wesener 1958b, 2478.

171 Petron. 71,2: *lego* [...] *vicesimam.*

172 Z. 31–37: [...] *Cronionem/ servom meum pos < t > mortem meam,/ si omnia recte tractaverit et/ trad<id>erit heredi meo s(upra) s(cripto) vel/ procuratori, tunc liberum volo/ esse vicesimanque pro eo ex/ bonis meis dari volo.* Vgl. dazu auch Liebs 2010, 50 sowie Strobel 2014, 102.

Z. 59: [a]rculam Tha[ll]um ornato[rem] oder [a]rculam thal[amariae] cum ornato[rem]?

Durch Z. 59 verläuft ein Bruch. RUDORFF hat vermutet, dass *thal.* als Abkürzung für *thalamariae* nach *arculam* stand, gefolgt von einem *cum*[173].

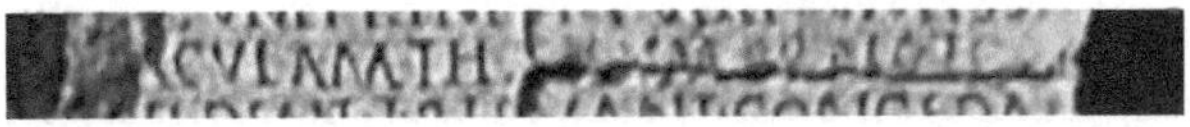

In den jüngeren Texteditionen wurde das allerdings – ohne darauf hinzuweisen oder gar dazu Stellung zu nehmen – nicht berücksichtigt, sondern stillschweigend davon ausgegangen, *Tha[ll]um* gehöre als Eigenname zu *ornatorem* (d. h. „das Kästchen" und „den Schmücker Thallus" statt „die Kammer-Schmuckschatulle mit dem/der Schmücker/in"). RUDORFF ist zwar nicht auf die Idee verfallen, dass dieser Gegenstand auf eine weibliche Erblasserin hindeuten könnte, aber tatsächlich hat auch er schon darauf hingewiesen, dass *arculae thalamariae* – benannt nach dem Ort ihrer Ausstellung im *thalamus*[174], einem inneren, privaten Raum – typischerweise zum ‚*mundus muliebris*' gehörten[175] und *ornatores* unter den Dienern des kaiserlichen Palastes erwähnt werden[176]. Eine – deutlich häufiger belegte – weibliche *ornatrix*[177] schließt er deshalb aus, weil der Testator unverheiratet sei (und kinderlos, also auch keine Tochter habe), weswegen sein Haus für eine derartige Sklavin nicht eingerichtet gewesen sei[178]. Rückt man jedoch von dieser Vorstellung ab, so könnte dieses Vermächtnis durchaus als weiteres Indiz dafür gesehen werden, dass eine weibliche Angehörige des Kaiserhauses dieses Testament errichtet hat. Dass das Vermächtnis der in Z. 58 genannten Freigelassenen gebührt, wie RUDORFF es vorausgesetzt hat[179], ist keineswegs zwingend; Z. 58 (*cum primum manumissa*) könnte genauso gut noch zu den Bestimmungen im Kontext der Steuerpflicht gehören, während Z. 59 eine eigenständige Verfügung darstellt, was angesichts des wertvollen Gegenstandes nicht unplausibel sein wird. Zugegebenermaßen werden allerdings im Anschluss wiederum freigelassene Sklaven des Erblassers/der Erblasserin begünstigt, sodass eine Begünstigung einer Freigelassenen durch diese großzügige Zuwendung durchaus nicht auszuschließen ist.

173 Siehe RUDORFF 1845, 359.

174 Vitr. 6,10.

175 Cic. Att. 2,1.

176 Siehe auch GEORGES 1913 ad loc.: als kaiserliche/r Diener/in; Besorger/in der Toilette.

177 Siehe die bei PLEPELITS 1980 ad loc. angeführten Belege. *Ornatrices* sind in den Digesten etwa bei D. 32,65,3 (Marcian. 7 inst.) belegt; OTTO/SCHILLING/SINTENIS 1831, 391 übersetzen *ornatricibus* hier auch mit „Schmückerinnen", während die Übersetzung KNÜTEL/KUPISCH/RÜFNER/SEILER (KUPISCH) 2012, 464 hier hingegen von „Friseurinnen" ausgeht. Tatsächlich sind *ornatrices* auch Haarschmückerinnen (GEORGES 1913 ad loc.), doch ist ihre Tätigkeit offenbar nicht auf die einer Friseurin beschränkt.

178 RUDORFF 1845, 360.

179 RUDORFF 1845, 359.

Z. 60–66: Alimentationsvermächtnisse

Zur Versorgung der Freigelassenen werden verschiedene Rentenlegate ausgesetzt, was eine durchaus typische testamentarische Bestimmung ist[180], die sehr häufig mit Fideikommissworten verfügt wird[181] (die hier aber zumindest nicht erhalten sind). In Z. 62 wird Kleidung erwähnt; jährliche Neubekleidung als Legatsgegenstand wird auch bspw. bei D. 34,1,17 (Scaev. 19 dig.) diskutiert. Regelmäßig wird auch Nahrung (*cibaria*) in diesem Kontext vom Erben geschuldet[182], dazu auch Trinkwasser, sofern das nötig ist[183], und zumeist auch ein bestimmter Geldbetrag[184], der ausweislich Z. 64 lebenslang zustehen[185] und jeweils zu Jahresbeginn[186] ausgezahlt werden soll. Derartige Legate wurden als für das jeweilige Jahr bedingt mit dem Überleben des Begünstigten und damit als eine Vielzahl von Legaten qualifiziert[187].

180 Siehe nur D. 34,1,3 (Ulp. 2 de off. cos.): [...] *multi testamentis suis praestari libertis iubent necessaria* [...].

181 Siehe die wörtlichen Zitate aus Testamenten im Digestentitel D. 31,1 (*De alimentis vel cibariis legatis*): Typischerweise wendet sich der Erblasser an den/die Erben (häufig ist *peto*) bzw. wird ausdrücklich darauf Bezug genommen, dass der Unterhalt durch Fideikommiss hinterlassen wird (z. B. bei D. 34,1,22pr. [Valens 1 fideicomm.]) oder die Fideikommissklage erwähnt (z. B. bei D. 34,1,2pr. (Marc. 8 inst.)).

182 Vgl. bspw. D. 34,1,5 (Mod. 11 resp.).

183 Siehe D. 34,1,1 (Ulp. 5 de omn. trib.).

184 Für den Fall, dass kein Betrag festgesetzt wird, war ausweislich D. 33,1,14 (Ulp. 2 fideicomm.) Mela der Ansicht, dass nichts geschuldet sei, doch Nerva meinte (und Ulpian ebenso), es solle das geschuldet sein, was der Erblasser selbst dem Begünstigten zu Lebzeiten gewöhnlich gewährt habe. Habe der Begünstigte bisher keine Rente vom Erblasser bezogen, so sei Ulpians Ansicht nach das geschuldet, was der *dignitas* des Begünstigten angemessen erscheine. In D. 34,1,22pr. (Valens 1 fideicomm.) wird ebenfalls primär auf das abgestellt, was der Erblasser selbst dem Begünstigten zu Lebzeiten gewöhnlich gewährt habe, in zweiter Linie darauf, was er anderen desselben Ranges hinterlassen habe. Wenn auch das nicht zu einem eindeutigen Betrag führe, so sei subsidiär auf die Vermögensverhältnisse des Erblassers und dessen Zuneigung (*caritas*) für den Begünstigten zu blicken.

185 Zu den Vermächtnissen von monatlicher Verpflegung und jährlicher Neubekleidung vgl. Paulus 2018, 189 mwN. (= Paulus 1992, 204).

186 Vgl. D. 36,2,12,1 (Ulp. 23 ad Sab.). Rudorff 1845, 362–363 erwägt, ob die dort überlieferte Kontroverse dazu, ob ein jährliches Vermächtnis jeweils zu Beginn oder zum Ende eines jeden Jahres geleistet werden müsse, den Testator bewogen haben könnte, die Auszahlung jeweils für den Beginn des Jahres (also im Vorhinein) festzulegen.

187 D. 33,1,4 8 (Paul. 62 ad ed.); vgl. dazu weiters D. 33,1,11 (Paul. 21 quaest.); D. 33,2,22 (Ulp. 15 ad leg. Iul. et Pap.); D. 36,2,10 (Ulp. 20 ad Sab.); D. 36,2,12 (Ulp. 23 ad Sab.). Zur Wertberechnung für die Steuererhebung siehe Frier 1982, 214–226.

Z. 67–86: Legate wertvoller Gegenstände

Es schließen sich Legate bestimmter Gegenstände an, vermutlich in Form eines Damnationslegats (arg. Z. 67: *dare infra scriptis*) und eher nicht mehr zugunsten der Freigelassenen, die zuvor mit den Alimentationslegaten bedacht wurden, denn es geht nun um Gegenstände von erheblichem Wert. Möglicherweise sollen auch die Z. 67–78 genannten Vermächtnisse der Tante mütterlicherseits zukommen, die sodann Z. 79 und 83 als Begünstigte verschiedener Legate, die ebenfalls insbesondere Sklaven betreffen, wiederholt genannt wird. Das wird besonders mit Blick auf die Z. 75 vermachten *imagines* plausibel sein, die von der Begünstigten öffentlich aufgestellt werden sollen, worum sie fideikommissarisch gebeten wird[188]; möglicherweise handelt es sich um die *imagines maiorum*, die vorliegend in weiblicher Linie weitergegeben würden, was ein weiteres Argument für eine weibliche Erblasserin wäre. Z. 68 wird ein goldener Gegenstand, genauer gesagt: der größte dieser Art im Vermögen des Erblassers/der Erblasserin, vermacht.

Namentlich erwähnt werden ein Kammerdiener (Z. 69), ein Depilator[189] (Z. 70) und ein Schuster (Z. 71); ihre testamentarische Freilassung ist zwar nicht auszuschließen, aber ihre Erwähnung mit deutlichem Abstand nach der Bestimmung im Zusammenhang mit der Freilassungssteuer deutet eher darauf hin, dass sie selbst Vermächtnisgegenstand sind. Außerdem soll der/die Begünstigte Maultiere auswählen (Z. 72); vermutlich sind auch die damit beschäftigten Sklaven (Maultiertreiber) mitvermacht[190], denn es schließen sich Namen weiterer vermutlich vermachter Sklaven an, darunter der Mediziner Philocyrius (Z. 74), der dann wohl eher nicht mit dem im Kodizill Z. 129 erwähnten *medicus* ident sein wird (es sei denn, er wurde zwischenzeitlich doch noch zu Lebzeiten vom Testator freigelassen). Weiters werden sämtliche goldenen und silbernen Gegenstände einer bestimmten Gattung, die nicht erhalten ist, vermacht, außerdem die bereits erwähnten, öffentlich auszustellenden *imagines*. Der Schatzmeister (*dispensator*[191]) soll wohl nach Rechnungslegung freigelassen werden; in Ansätzen erhalten ist weiters eine Verfügung einen Kammerbesorger namens Eutyches betreffend. Zwei Sklaven, welche der Tante mütterlicherseits vermacht werden, soll jene im Dienst haben, solange sie leben[192]; auch ein Bote und ein Verwalter werden ihr vermacht.

---

188 Rudorff 1845, 368 vermutet, die öffentliche Ausstellung solle in der Heimatstadt der Erblasserin erfolgen, sodass das *municipium* aus dem Fideikommiss begünstigt wäre.

189 *Dropacatorem* v. *dropax*, der Salbe, mit welcher Haare entfernt zu werden pflegten: Rudorff 1845, 366.

190 Vgl. zur Notwendigkeit der expliziten, gesonderten Anführung etwa Paul. sent. 3,6,91.

191 Zum *dispensator* unter Auswertung der epigraphischen Evidenz eingehend Carlsen 1995, 145–158.

192 Rudorff 1845, 369 geht aufgrund seiner Ergänzungen davon aus, dass die Sklaven auch dieselben Aufgaben wie bisher übertragen bekommen sollen: (*ut in eodem o*)*pere*.

Z. 87–116: Bestimmungen im Zusammenhang mit einem Grundstück: Bestattung des Testators/der Testatorin und Versorgung der Freigelassenen

Das Grundstück, um welches es ab Z. 87 des Testaments geht, hat eine zentrale Bedeutung für den Testator/die Testatorin. Es wurde offenbar aufgrund eines (wohl kaiserlichen) *beneficium* erworben (arg. Z. 87: *quod beneficio* [...]). Die Angabe von 6 Millionen Sesterzen dürften sich auf den Kaufpreis bzw. Wert beziehen[193]. Innerhalb von zwei Jahren (Z. 88: *intra biennium quam mo*[...) soll diesbezüglich irgendetwas geschehen; diese Frist könnte für die Fertigstellung des Grabmonuments gesetzt worden sein (wobei die von Rudorff geäußerte Annahme, dass dieselbe Frist auch für die Übergabe an die Freigelassenen anzunehmen sei[194], nicht überzeugt; vielmehr wird – da es schließlich um ihre Versorgung geht – eine sofortige Bereitstellung zu ihren Gunsten notwendig sein); auch die fideikommissarische Verfügung der Z. 89 könnte sich darauf beziehen. Ausweislich Z. 90–91 sollen die Überreste des Testators dorthin gebracht und dort verwahrt werden[195].

Von der nun folgenden Klausel ist nur erhalten, dass ein gewisser Hymnus, der sich schlecht verhalten hatte (Z. 92), ausgenommen wird; vermutlich wird eine bestimmte Gruppe von Freigelassenen, zu welcher Hymnus an sich zählen würde, hier begünstigt. So könnte verfügt worden sein, dass den *liberti* ein Bestattungsrecht (*ius sepulchri*) am Grundstück zukommen solle[196] und/oder, dass sie am Grundstück wohnen sollen[197] und für die Grabpflege zuständig sind. Es dürfte – wie auch bspw. bei Iunia Libertas[198] und

193 Darauf, dass die Summe aufgrund ihrer Höhe nicht für das Grabmal vorgesehen gewesen sein wird, hat Rudorff 1845, 380–381 hingewiesen.

194 Rudorff 1845, 384.

195 Zu den römischen Bestattungsritualen siehe zusammenfassend (samt Wiedergabe der zentralen epigraphischen und literarischen Quellen sowie mwN.) rezent Riso 2023, 6–19, die in der Folge insbesondere das Beispiel von Mutina in einer multi-disziplinären Perspektive bearbeitet.

196 Dazu zuletzt Babusiaux 2024, 115 mit Fn. 213 unter Hinweis darauf, dass mitunter einzelne Freigelassene wegen Undanks ausgeschlossen wurden; so in dem Fall, welcher der Grabinschrift CIL VI 13732 = EDCS-15500161 (1.–2. Jh. n. Chr.), Z. 5–9 zugrunde liegt: [...] *consecrarunt sibi et/ C(aio) Caecilio Rufino et C(aio) Caecilio Materno et/ libertis libertabusque posterisque eorum,/ excepta Secundina liberta, impia/adversus Caecilium Felicem patronum suum.* [...] Vgl. auch CIL VI 11027 = ILS 8285, Z. 8–10: [...]/ *excepto Hermete lib(erto), quem veto/ propter delicta sua aditum ambitum ne/ ullum accessum habeat in hoc monumento.* Dazu auch Liebs 2010, 61 mit Fn. 80.

197 Zum Phänomen zuletzt Babusiaux 2024, 116. Eine entsprechende, in einem Kodizill formulierte Klausel, welche in D. 33,2,34pr. (Scaev. 18 dig.) im Wortlaut referiert wird, besagte: ‚*libertis libertabusque meis et quos in codicillis manumisi fundum, ubi me humari volui, dari volo, ut qui ab his decesserit, portio eius reliquis adcrescat, ita ut ad novissimum pertineat: post cuius novissimi decessum ad rem publicam Arelatensium pertinere volo. hoc amplius libertis libertabusque meis habitationes in domo, quamdiu vivent: Pactiae et Trophimae diaetas omnes, quibus uti consuevit: habitet quam domum post mortem eorum ad rem publicam pertinere volo.*‘

198 Zu diesem Dokument (AE 1940, 94) eingehend Babusiaux 2022, 45–77.

anderen, in den Digesten belegten Fällen[199] – eine doppelte Nutzung dieses Grundstücks vorgesehen worden sein: Es sollte hier das Grabmonument errichtet werden und außerdem das Grundstück der Versorgung von Freigelassenen dienen, die auch die Grabfürsorge übernehmen[200]. Hymnus will der Erblasser/die Erblasserin damit nicht betrauen und auch sonst nicht begünstigen. Liebs hat beobachtet, dass freigelassene Sklaven besonders häufig von Frauen für Grabfürsorge und Totenkult eingesetzt wurden[201]; diese Bestimmung wäre also wiederum durchaus typisch für eine Frau.

Hinzu gesetzt wird weiters ein Veräußerungs- und Belastungsverbot[202]: So lange es noch einen der begünstigten bzw. mit der Grabfürsorge betrauten Freigelassenen gibt, darf das Grundstück samt Wäldern und Zubehör[203] nicht veräußert, verpfändet oder sonst weggegeben werden (Z. 93–94). Möglich wäre eine flankierende Strafbestimmung[204], von welcher sich allerdings keine Spur erhalten hätte. Ohne erkennbare Begünstigungsabsicht wäre ein testamentarisches Veräußerungsverbot als *nudum praeceptum* wirkungslos[205]. Ist jedoch immerhin erkennbar, wer davon profitieren soll, so wird die Verfügung, die dafür gedacht ist, den zunächst Erwerbenden zugunsten anderer Personen in seiner Verfügungsfreiheit zu beschränkenden, nach einem Reskript des Septimius Severus und Caracalla als Fideikommiss zugunsten der davon profitierenden Person(en) wirksam[206]. Voraussetzung ist entweder eine ausdrückliche Bezeichnung des oder der Begünstigten durch den Erblasser selbst oder ein immerhin

199 Zu D. 33,2,34pr. (Scaev. 18 dig.) bereits oben Fn. 197.

200 Vgl. D. 2,15,8,1 und 15 (Ulp. 5 de omn. tribun.); D. 7,1,7,2 (Ulp. 17 ad Sab.); D. 34,1,12 (Paul. 14 resp.); D. 33,2,34 (Scaev. 18 dig.); D. 32,38,4–5 (Scaev. 19 dig.); D. 34,1,4pr. (Mod. 10 resp.). Zum Themenkomplex dieses Grundstücks ausführlich Rudorff 1845, 371–380. Zur Versorgung durch einen fundus cum instrumento vgl. Kehoe 1997, 97–136; Bürge 2000, 575–576.

201 Liebs 2010, 60.

202 Vgl. die entsprechende Bestimmung bei Iunia Libertas, AE 1940, 94, Z. 4–10: [...] *usum fructumqu[e]/ dedit concessit libertis libertabusque suis quive ab i[is]/ posterisque eorum manumissi manumissaeve sun[t]/ eruntve et ne qui ex is usum fructumve portionis/ suae vendidisse aut alienasse aut ali concessisse/ velit donec ad unum unamve usus fructus/ perveniat* [...]. Sowie zu D. 31,87,2 (Paul. 14 resp.) sogleich unten S. 70.

203 Dazu, dass die Wälder durchaus weiter entfernt gelegen und dem Grundstück nur zugewiesen sein könnten, siehe Rudorff 1845, 385.

204 Vgl. für eine solche etwa CIL VI 10219 = ILS 8226, Z. 2–16: [...] *hoc moni/[mentum et arca]m comparavit virgin<e>/[ae suae Ma]rciae Helpidi libertae/ idem coniugi carissimae et sibi et/ C(aio) Marcio Victori et libertis liberta/busque suis posterisque eorum, ne de/ nomine meo exiat. Quod si quis id mo/nimentum partenve eius vendere quis vo/let vel donationis causa cui mancipare/ voluerit aliove quo nomine eius monimenti/ partem alienare temptaverit, dare damnas esto/ aerario populi Romani HS XV (milia) n(ummum) et collegio/ pontificum HS XV m(ilia) n(ummum) et emptor et venditor./ Comparatu autem est de HS VIIII m(ilia) n(ummum)./ H(uic) m(onimento) d(olus) m(alus) a(besto). H(oc) m(onumentum) ext(erum)/ h(eredem) n(on) s(equetur).*

205 So D. 32,38,4 (Scaev. 19 dig.); dazu Babusiaux 2017, 405–435, 414–419; dies. 2018, 117; siehe zum Thema im Kontext des Gnomon des Idios Logos überdies Alonso 2016.

206 Vgl. Kaser 1977, 11–31 (= Kaser 1986, 187–191); Desanti 2003, 269–273; Babusiaux 2018, 117–120; dies. 2019, 43–63.

konkludent zum Ausdruck gebrachter Wille, wer der Begünstigte sein soll; so kann etwa der Zweck des Veräußerungsverbotes auf eine bestimmte Personengruppe weisen. Nach Papinian[207] ist die Formulierung *,ad familiares relinquere'* ausreichend, um Angehörige in Abstufung nach dem Verwandtschaftsgrad zu begünstigen. Ursprünglich lag eine der vielen Erleichterungen des Fideikommissrechts den Legaten gegenüber darin, dass das Verbot, *ad incertas personas* zu vermachen, hier nicht zur Anwendung kam. Ab Hadrian wurden die Regeln über ,unbestimmte Personen' jedoch auch auf Fideikommisse erstreckt[208], wobei aber keine Hinweise darauf vorliegen, dass es zuvor eine besonders verbreitete derartige Praxis gegeben hätte, welcher dadurch begegnet wurde[209]. Dennoch erfolgte gerade für Fideikommisse anschließend eine Weiterentwicklung dessen, wer n i c h t als ,unbestimmt' galt: Das Recht der Familienfideikommisse[210] ist hierbei richtungsweisend. Etabliert hat sich dieses Phänomen, um eine Verstetigung von Familienvermögen und damit auch der Erinnerung an den Erblasser zu erreichen. Nachlassgegenstände wurden nicht nur mit Unveräußerlichkeit belegt, sondern auch über die nächste Generation hinaus an die Familie gebunden; damit wurde auch die Testierfreiheit der Erben durch den Erblasser beschränkt, der zumindest den Kreis für weitere Nachfolger bestimmte.

Es wäre also auch im vorliegenden Fall daran zu denken, dass diese Verfügung als Familienfideikommiss Wirksamkeit erlangt haben könnte. Babusiaux hat allerdings im Kontext der ebenfalls in das frühe 2. Jh. n. Chr. zu datierenden Stiftungsinschrift der Iunia Libertas darauf hingewiesen, dass eine derartige Umdeutung erst ab der Severerzeit möglich gewesen sein dürfte[211] und hat die Verfügungen der Iunia Libertas aus Besonderheiten des Nießbrauchslegats und Anwachsungsregeln heraus erklärt, was für den Fall des sogenannten Testaments des Dasumius zumindest nicht gesichert ist. Möglich bleibt daher, dass diese Anordnung vorliegend ggf. als bloße Auflage anzusehen wäre, die per se nicht durchsetzbar war. Vielleicht ist es dem/der Testator/in gerade deshalb so wichtig, das gesamte Testament als Inschrift am Grabmonument angebracht zu wissen (Z. 115), denn das hätte zumindest einen starken sozialen Druck erzeugt, den hier zum Ausdruck gebrachten letzten Willen selbst dann

---

207 Siehe D. 31,69,3–4 (Pap. 19 quaest.). Avenarius 2019, 1–25 zeigt auch anhand dieses Befundes die Funktion des Familienfideikommisses auf, welche weit über die Vermögensperpetuierung hinausgehend auf die Förderung der *memoria* abzielte.

208 Gai. 2,287: *Item olim incertae personae vel postumo alieno per fideicommissum relinqui poterat, quamvis neque heres institui neque legari ei possit. sed senatus consulto, quod auctore divo Hadriano factum est, idem in fideicommissis quod in legatis hereditatibusque constitutum est.* Vgl. dazu González Roldan 2014, 127–130. Siehe ibid. 129 dazu, dass das selbst für Soldatentestamente galt, obwohl diese einem Sonderrechtsregime unterlagen.

209 Johnston 1988, 88.

210 Dazu mit rechtsvergleichenden Überlegungen und einschlägiger weiterführender Lit. Rüfner 2022, 177–187; außerdem Babusiaux 2021, 282–284 mit den wichtigsten Quellenstellen.

211 Babusiaux 2022, 65 unter Hinweis auf D. 30,114,14 (Marcian. 8 inst.) sowie Johnston 1985, 272–281 (227: "fundamental changes" in dieser Zeit).

zu befolgen, wenn er nicht rechtlich bindend sein sollte[212]. Auch konnte auf diese Weise die Erinnerung an den Inhalt der Verfügungen verstetigt werden, weit über die Haltbarkeit der Holztäfelchen hinaus; vielleicht rechnete der/die Verfügende damit, dass es noch viele Generationen an Nachfahren geben würde, welche durch die mit dem Grundstück verbundenen Verfügungen begünstigt sein sollten (wenngleich dafür freilich nicht das gesamte Testament inschriftlich verewigt hätte werden müssen, sondern die betreffenden Bestimmungen wie bei Iunia Libertas ausgereicht hätten)[213]. Da das Testament eine ‚Verstärkungsklausel' (Z. 14) aufweist, konnten wohl alle in anderer Form unwirksamen Bestimmungen Fideikommisscharakter annehmen und insofern ‚umgedeutet' werden; das beträfe somit auch das Veräußerungs- und Belastungsverbot, welches als Fideikommiss zugunsten der dadurch Begünstigten gültig und durchsetzbar wäre.

Für den Fall, dass es keinen der bezeichneten Freigelassenen mehr gibt, wird ebenfalls etwas bestimmt (Z. 95 ff.); genau lässt sich nicht mehr eruieren, wie diese Bestimmung ausgesehen hat, aber es wird von einer Aufteilung in mehrere Teile gesprochen (Z. 98) bzw. davon, dass etwas im Ganzen besessen werden, mit dem ‚Übrigen' aber in irgendeiner Weise verfahren werden solle (Z. 99). Vielleicht wird hier zwischen den Wohnungen in dem Gebäude, in welchem die Freigelassenen leben sollen, und dem Rest des Grundstücks unterschieden[214]; auch denkbar ist, dass der Umstand, dass sich nach der Bestattung auf dem Grundstück ein Grab befindet, eine Rolle gespielt hat[215]. Wie die Z. 100 erwähnten Achilles, Heliopaes und Cym... zu diesen Anordnungen stehen, ist ungewiss; Rudorff scheint einen Zusammenhang mit der nachfolgenden Kuratorenbestimmung gesehen zu haben[216]. Jedenfalls Achilles und Heliopaes sind gemeinsam mit einem Terpnus auch unter den in Z. 63 mit Alimentenlegaten bedachten Freigelassenen, Heliopaes wird außerdem Z. 48 mit einem Geldlegat bedacht. Durchaus denkbar ist, dass ihnen das Grundstück in zweiter Linie zustehen soll, wie es auch im Testament der Seia in D. 31,87,2 (Paul. 14 resp.) vergleichbar angeordnet war (‚*fidei autem vestrae, Vere et Sapide, committo, ne eum fundum vendatis eumque qui ex vobis ultimus decesserit, cum morietur, restituat Symphoro liberto meo et successori et Beryllo et Sapido, quos infra manumisi, quive ex his tunc supervivent*'). In anderen vergleichbaren Fällen werden Grundstücke in letzter Instanz mitunter einer Stadt hinterlassen (so etwa in D. 33,2,34pr. (Scaev.

212 So führte etwa Plinius aus, dass er auch rechtlich unwirksame letztwillige Verfügungen beachte: Plin. epist. 2,16,2; ähnlich auch Plin. epist. 4,10,3.

213 Vgl. auch Jakab 2018, 73 dazu, dass jedes Testament nicht nur der „Spiegel des Charakters des Erblasser" (Plin. epist. 8,18), sondern auch Spiegel des sozialen Standes war, welchen unser/e Erblasser/in mit dieser Inschrift demonstriert haben wollen könnte.

214 So in D. 33,2,34pr. (Scaev. 18 dig.); siehe oben Fn. 198.

215 Vgl. etwa D. 10,2,30 (Modest. 6 resp.). Da das Grundstück im Eigentum der Erblasserin/des Erblassers stand und auf ihre/seine Anordnung hin die Bestattung stattfindet, wird es zur *res religiosa*: Gai. 2,6; D. 1,8,6,4 (Marcian. 3 inst.). Dazu Babusiaux 2024, 66.

216 Anders ist nicht erklärlich, warum Rudorff 1845, 379 meint, dass drei Testamentsvollstrecker eingesetzt seien.

18 dig.[217])), die sich dann um die Grabfürsorge kümmern soll (so ist es bspw. im Auszug des Testaments der Iunia Libertas vorgesehen[218]).

Es soll auch einen *curator* geben (Z. 101); er (allein) ist für die Berechnung der Versorgung der Freigelassenen zuständig. Dies könnte vor dem Hintergrund der in D. 34,1,3 (Ulp. 2 de off. cos.) geschilderten Vorgehensweise zu sehen sein, dass auch der Prätor die Freigelassenen davon entlasten würde, bei jedem Miterben die dem Erbteil entsprechende Quote ihres Unterhalts einzutreiben; er würde sie auf die Miterben verteilen bzw. jedem jeweils einem Miterben zuweisen, damit sie sich an einen einzelnen Verantwortlichen halten können. Hier dürfte allerdings eine Einzelperson für alle Freigelassenen allein zuständig sein; sie musste sich wohl ihrerseits an die Miterben halten. Ein *curator* wird in D. 33,2,34,1 (Scaev. 18 dig.) für einen ähnlichen Fall erwähnt: Er sollte dafür sorgen, dass das betreffende Landgut nicht veräußert wird, und dafür, dass die Erträge des Landguts für den Unterhalt verwendet werden (das Problem im dort diskutierten Fall bestand darin, dass der *curator* für einen *alumnus* unwirksam bestellt wurde). Fiel der *curator* aus, so wurde ein Ersatz für ihn bestimmt.

Seinen/ihren Erbinnen und Erben trägt der/die Erblasser/in schließlich in Z. 104 irgendetwas fideikommissarisch auf. Es folgt eine Reihe an Bestimmungen, die sich direkt an Einzelpersonen richtet, vermutlich an einzelne Erb(inn)en. Eine(r) der Miterb(inn)en oder sonst Begünstigten soll im Hinblick auf seine/ihre eigenen Freigelassenen irgendwie tätig werden (Z. 106: *libertorum tuorum*). Die anschließend genannten Thaumastus und Anatellon könnten zu dieser Gruppe zählen. Beide wurden bereits oben Z. 61 mit Alimentenlegaten bedacht. Es soll im Weiteren darauf ankommen, wer der/dem Angesprochenen am meisten geleistet hat (Z. 109: *plurimum tibi praestitis*). Von der Person, an welche sich der Erblasser/die Erblasserin daraufhin wendet, hat er/sie Ungemach erlitten bzw. sich davor gefürchtet (Z. 110*: a te passus sim aut timuer[im]*). Direkt angesprochen werden sodann auch Ursus Servianus und seine Nachkommen bzw. Freigelassenen (Z. 111 und 112)[219]. Sie sind einerseits für die Bestattung zuständig (Z. 112), andererseits für die Fertigstellung des Grabmonuments (Z. 113–114) und schließlich auch für die schon erwähnte Anbringung einer Ausfertigung des Testaments auf der Seite des Grabmonuments (Z. 115). Die Fideikommissworte in Z. 116 dürften noch zu dieser Bestimmung gehören.

217 Zum Text siehe oben Fn. 198.

218 Iunia Libertas wollte, dass in dem Fall, dass keine Freigelassenen mehr leben, die Stadt Ostia das Grundstück erhält und sich um die Grabfürsorge kümmert: AE 1940, 94, Z. 10–18: [...] *et si nemo ex familia superaverit,/ tunc eos hortos cum aedifici(i)s et tabernis/* [...]*/ proprietatis iurisque esse volo/ colonorum coloniae rei publicae Ostiensiu[m]/ ex quorum reditu ab re pu(b)lica Ostiensium/ inpendi volo in ornationem sepulchri/ et sacrificis die Parentaliorum HS C violae HS C rosae HS C./* [...].

219 Siehe Petron. 71, 5–12 zu einem Beispiel, in dem jemand, der nicht als Erbe eingesetzt wurde und von welchem auch offen bleibt, ob er sonst begünstigt wurde, direkt angesprochen (dort freilich noch unter Lebenden, eine besondere Geschmacklosigkeit) und um die Errichtung eines bombastischen Grabmales gebeten wird.

Z. 117–119: Bestimmungen hinsichtlich der Steuer

Der Testator bedenkt auch die Steuerpflicht der testamentarisch Begünstigten in seinen Anordnungen und sieht vor, dass in dieser Hinsicht irgendeine Form der Abrede zu treffen ist.

Die Ausführungen RUDORFFS zur Erbschaftssteuer, welche er anlässlich seines Kommentars zum sog. *testamentum Dasumii* anstellte[220], galten lange Zeit als die zentrale Literatur zum Thema. Einiges davon ist mittlerweile in Frage gestellt worden und auch die Deutung der konkreten Passage des Testaments erscheint zumindest diskussionswürdig.

Den historischen Hergang zur Entwicklung der Besteuerung an dieser Stelle beiseitelassend[221] darf immerhin die Vermutung aufgeworfen werden, dass es kein Zufall ist, dass diese Bestimmung im Kontext der *vicesima* ausgerechnet im direkten Anschluss an die Bestimmungen zu Bestattung und Grabmonument steht: Die Kosten für Begräbnis und Grab verringerten den für die Berechnung der Steuer herangezogenen Betrag[222].

Zugleich ist die Ergänzung des Textes, der Z. 115 zu dieser Bestimmung zieht und davon ausgeht, dass den testamentarisch Begünstigten fideikommissarisch die Verpflichtung auferlegt wird, mit den Steuerpächtern entsprechende Abreden zu treffen[223], nicht die einzig denkbare. Auch möglich wäre bspw., dass den Erben auferlegt wird, sich mit den Legataren wegen der Ansprüche der Steuerpächter einvernehmlich abzufinden, sodass die Einzelzuwendungen den Vermächtnisnehmern ohne Belastung blieben; das könnte etwa mit Blick auf die Alimentenlegate eine Rolle gespielt haben, welche nach D. 35,2,68pr. (Macer 2 ad leg. vic. hered.) gemäß der Wahrscheinlichkeit zu berechnen sind.

Geht es jedoch an dieser Stelle um die Steuerpflicht auch der Erben selbst, so wäre das ein Argument gegen die Identifikation der *pientissima* mit der Tochter des Testators: Sie wäre als nahe Angehörige generell von der Steuerpflicht befreit[224].

Z. 120–121: Bestätigungsklausel

Eine die Form, nicht mehr den Inhalt der Nachlassverteilung betreffende Klausel stellt jene dar, die gemeinhin als „Kodizillklausel" bezeichnet wird. Diese ist aber von den oben als ‚Verstärkungsklausel'[225] diskutierten, in der Literatur ebenfalls ‚Kodizillarklau-

220 RUDORFF 1845, 386–395.
221 Siehe dazu die oben Fn. 94 angeführte Lit.
222 GÜNTHER 2008, 54.
223 Auch ECK 1979, 141 Fn. 139 vermutete, dass mit den Steuerpächtern Abmachungen in *pactiones* getroffen wurden.
224 Zu den *exceptae personae* siehe WESENER 1958a, 2472.
225 Siehe oben S. 56.

seln' genannten Verfügungen zu unterscheiden: Sie wurde nach den substanziellen Bestimmungen des Testaments eingefügt und ermöglichte in erster Linie formbegünstigte nachträgliche Verfügungen; sie „verweist auf außerhalb der Testamentsurkunde Stehendes und hängt nicht systematisch mit den anderen Verfügungen zusammen"[226]. Das konnte auch dem Testament zeitlich vorangehende Kodizille betreffen[227]. Derart testamentarisch bestätigte Kodizille wurden durch diese Klausel gewissermaßen in das Testament ‚hineingezogen'; die Anordnungen waren so zu behandeln, als wären sie im Testament selbst verfügt worden[228]. Im Hamburger Musterformular[229] wird etwa darauf Bezug genommen, dass derartige Bestimmungen auf jedem beliebigen Beschreibmaterial getroffen werden können. Gaius Longinus Castor bspw. weist gegen Ende seines Testaments darauf hin, dass es sich um eigenhändig geschriebene zusätzliche Bestimmungen handeln würde[230]. Noch in klassischer Zeit begann diese Klausel offenbar, neben der Bestätigung von Kodizillen auch die Bestätigung von Schenkungen aufzunehmen, seien sie zu Lebzeiten oder von Todes wegen gemacht worden[231]. Von hier war es nur noch ein kleiner Schritt, auch die Bestimmungen des Testaments selbst nochmals zu bekräftigen, also auch die ‚Verstärkungsklausel' in sich aufzunehmen, woraus sich schlussendlich die Übung entwickelte, generell anzuordnen, das ganze vorliegende Testament solle im Unwirksamkeitsfall dennoch wirksam sein; und zwar im Ergebnis als Kodizill. Dadurch wurde auch diese Klausel zu einer ‚generellen Umdeutungsklausel', welche dementsprechend den gegenläufigen Effekt hatte, dass der Testamentsinhalt in ein Kodizill ‚herausgezogen' und dadurch gerettet wurde. Diese Bestimmung wanderte im Laufe der Zeit (wie auch die Datierungszeile sowie ggf. die Identifizierung des Schreibers) an den Beginn der Urkunde. Vorliegend aber schließt sie die Verfügungen ab, bevor die Errichtung des Testaments betreffende Klauseln folgen.

In Z. 121 nimmt der Text noch auf Ausstreichungen (*liturae*) Bezug, die möglicherweise als schon bei der Ausfertigung vorhanden genehmigt werden[232]. Ulpian führt in seinem Sabinuskommentar aus, dass Klauseln üblich seien, welche künftige Korrekturen des Testaments betreffen (D. 28,4,1,1 (Ulp. 15 ad Sab.): *lituras inductiones superductiones ipse feci*). Durch eine solche Bestätigung bringt der Testator zum Ausdruck, dass er sich die Möglichkeit vorbehalten möchte, an der Urkunde selbst noch Änderungen vorzunehmen, er aber dennoch will, dass es bereits ein wirksames Testament sei und bleibe, also kein bloßer Entwurf. Ulpian weist freilich darauf hin, dass auch bei Vorliegen dieser

226 Avenarius 2009, 23.

227 So ausdrücklich etwa D. 29,7,18 (Cels. 20 dig.).

228 Nach Rüfner 2023, Rn. 49 stellt eine solche Bestätigung zukünftiger Kodizille „die Einzelzuwendungen im Testament also unter einen allgemeinen Änderungsvorbehalt".

229 P.Hamb. I 72, Z. 9–16.

230 BGU I 326 r., Z. 23–25: εἴ τι ἐὰν ἐγὼ μετὰ ταῦτα γεγραμμένον καταλίπω τῇ ἐμῇ χειρὶ γεγραμμένον / οἵῳ δή[π]οτε τρόπῳ βέβα[ιό]ν μοι εἶναι θέλω.

231 Vgl. nur P.Hamb. I 72, Z. 13–14.

232 So Mommsen 1953, 821.

Klausel nur willentliche, nicht aber versehentliche nachträgliche Änderungen des Testators zu berücksichtigen sind, selbst wenn er in der Urkunde versehentlich Veränderungen vorgenommen und diese danach auch noch außen auf der Urkunde – insofern wohl unwissentlich – bestätigt hatte.

Z. 122: Manzipationsklausel

Hinsichtlich des Abschlusses der testamentarischen Verfügungen argumentierte Champlin[233] überzeugend, dass ein römisches *testamentum per aes et libram* typischerweise mit einer Bestätigung zukünftiger Kodizille endet, woran sich noch eine *dolus-malus*-Klausel, eine Manzipationsklausel sowie die Angabe von Ort und Datum anschließen. Da Bestätigungsklausel und Datum im sogenannten *testamentum Dasumii* erhalten sind, sei auch die *dolus-malus*-Klausel und die Manzipationsklausel zwischen diesen beiden Eckpunkten zu erwarten, was auch aufgrund des zur Verfügung stehenden Platzes möglich wäre. Auch Eck[234] hatte darauf hingewiesen, dass die Eingangsformel nach seiner Rekonstruktion derjenigen des Testaments des Antonius Silvanus entspricht, daher also dem typischen Aufbau eines *testamentum per aes et libram* folge. Dem ist die Beobachtung Kunkels[235] hinzuzufügen, dass der in der folgenden Zeile erwähnte Schreiber kein einfacher *testamentarius*, sondern ein Fachmann ersten Ranges gewesen ist, der in der folgenden Zeile identifiziert wird.

Z. 123: Identifikation des Schreibers

Der als Schreiber angeführte Campanus ist ein in den Digesten bezeugter Jurist[236] oder sogar Senator (Sex. Hermetidius Campanus, 93 n. Chr. *legatus pro pr.* von Judäa[237]). Vollständigkeit und Korrektheit des Testaments sind also zu erwarten. Identifiziert wurde der Schreiber wohl auch vor dem Hintergrund der verbotenen Selbstzuschreibung[238].

---

233 Champlin 1986, 254.

234 Eck 1978, 287.

235 Kunkel 1967, 147–150.

236 Namentlich erwähnt bei D. 38,1,47 (Valens 6 fideicomm.); D. 40,5,34,1 (Pomp. 3 fideicomm.); in beiden Fällen also im Zusammenhang mit dem Fideikommissrecht.

237 CIL XVI App. Nr. 12 p. 146 (= EDCS-12500247).

238 Verboten wurde dies insbes. durch die *lex Cornelia* (D. 34,8,1 [Iul. 78 dig.]), wobei auch ein anderes SC ein entsprechendes Verbot statuiert und mit Erbschleicherei begründet hat (D. 28,5,71 [Pap. 6 resp.]). Dazu, dass die verbotswidrige Klausel gestrichen, das übrige Testament aber aufrechterhalten wurde, siehe Kocher 1965, 34–41. Vgl. auch Babusiaux 2016, 519.

Z. 124: Datierung

Die Datierungszeile befindet sich ganz klassisch am Ende des Testaments (späterhin wanderte diese üblicherweise an den Beginn der Urkunde[239]). Das Datum wird nach dem Konsulat und dem römischen Kalender angegeben, wobei vorliegend nur das Konsulat erhalten geblieben ist. Sohin kann das Testament in das Jahr 108 n. Chr. datiert, nicht aber der genaue Tag bestimmt werden.

Z. 125–133: Nachträgliches Kodizill mit Geldlegaten

Vom Text des ebenfalls in die Inschrift mit aufgenommenen Kodizills ist nur ein deutlich schmälerer Teil erhalten (siehe Abb. 1 oben S. 36). Es handelt sich um Einzelzuwendungen, die sowohl als Vindikations-, als auch Damnationslegate ausgesetzt werden (Z. 125: [...] *do lego damnasq*[*ue* —]). Zumindest im erhaltenen Teil werden ausschließlich Geldsummen genannt, daher wäre die *do-lego*-Form unpassend; möglicherweise war an der Abfassung des Kodizills der Jurist nicht mehr beteiligt und der Erblasser/die Erblasserin war bemüht, möglichst alles richtig zu machen, weswegen alle ihm/ihr bekannte Formen verbunden werden.

Der zuerst genannte Begünstigte ist Kaiser Trajan. Da Plinius berichtet, dass es zu seiner Zeit nicht mehr nötig gewesen sei, den Kaiser in seinem Testament zu bedenken, wird die Zuwendung ihren Grund in einer persönlichen Beziehung zwischen Kaiser und Testator/in haben[240]. Weiters wird Sosius Senecio begünstigt, ein Brieffreund des Plinius[241], der zuletzt 107 v. Chr. Konsul war, und Otacilius, der sich auch in der ersten Gruppe von großteils prominenten Legataren findet, welchen im Testament Geldlegate zugewendet wurden (Z. 26). Der Z. 129 begünstigte *medicus* wird vermutlich nicht ident mit dem Z. 74 vermachten Philocyrius sein, es sei denn, es ist zwischenzeitlich zu einer Freilassung gekommen[242]. Eurotas (Z. 131) ist ein bereits zu Lebzeiten Freigelassener, dem bereits Z. 49 ein Geldlegat ausgesetzt wurde.

5 Zusammenfassung

Das Testament beginnt ganz klassisch mit der Errichtungsklausel, welche jedoch leider so fragmentarisch auf uns gekommen ist, dass der Name vollständig ausgefallen ist.

239 Nowak 2015, 118–119.

240 So auch Rudorff 1845, 390–391.

241 Für den Hinweis danke ich Jack Schropp (Zürich).

242 Was Rudorff 1845, 391–392 annimmt.

Die Erbeinsetzung ist so aufgebaut, wie Marcian es musterhaft beschreibt (D. 28,6,36pr. (Marcian. 4 inst.)): Es werden Erben erster Stufe eingesetzt, Erben zweiter Stufe, an letzter Stelle hilfsweise ein Sklave als Zwangserbe und Erbe dritter Stufe. ‚Verstärkungsklauseln' ermahnen die Erben zur Erfüllung der letztwilligen Verfügungen. Es gibt verschiedene Legate, z. T. als Vindikationslegat ausgestaltet mit einer zusätzlichen anschließenden Verstärkung in Damnationslegatsform bzw. Fideikommisse. Sklaven werden freigelassen und verschiedentlich bedacht, zumeist aber eine Rechnungslegung durch sie zur Bedingung erhoben. Es werden auch umfassende Anordnungen im Hinblick auf die Bestattung getroffen. Zukünftige Kodizille, von welchen zumindest eines tatsächlich errichtet und ebenfalls inschriftlich festgehalten werden sollte, werden testamentarisch bestätigt. Und auch die Manzipationsklausel fehlt nicht. Nach der Identifikation des Schreibers sowie der Angabe von Ort und Datum des Testaments folgt noch eine Abschrift des Kodizills, welches Legate enthält, darunter eines zugunsten des Kaisers Trajan.

Umfassend begünstigt werden insbesondere Frauen: die erste Haupterbin (*pientissima*); zwei weitere Erbinnen (von insgesamt vier); als Vermächtnisnehmerinnen die zuerst genannte Iulia Paulina, die Amme Dasumia Tyche und schließlich die Tante mütterlicherseits, Septuma Secundina (oder Ehefrau des Secundinus). Daneben steht ein Mann, dem eine zentrale Rolle zukommt: Iulius Servianus, der sich auch um die Bestattung kümmern soll. Ein *amicus rarissimus* könnte, sollte er nicht mit Iulius Servianus ident sein, den besonders engstehenden Personenkreis vervollständigen und wäre überdies durch die Führung des Namens besonders mit dem/der Erblasser/in verbunden.

Herausragende Bedeutung kommt einem Grundstück zu, welches aufgrund eines besonderen (wohl kaiserlichen) *beneficium* erworben wurde und im Ergebnis doppelt genutzt werden sollte: *ad sepulturam* und *ad alimenta*. Hinzu gesetzt wird ein Veräußerungs- und Belastungsverbot, welches als Fideikommiss Wirksamkeit erlangt haben dürfte, offenbar zugunsten der Freigelassenen des/r Testators/in – nur nicht des Hymnos, der sich dem/r Erblasser/in gegenüber schlecht verhalten hatte.

Insgesamt macht dieses Testament – neben den erwähnten prominenten Persönlichkeiten und auch den zahlreichen Berufsbezeichnungen für Sklaven eines Hausstandes – besonders bedeutend, dass in keinem anderen erhaltenen Dokument eine solche Fülle an Klauseln im ursprünglichen Zusammenhang überliefert ist. Sowohl der Aufbau des Testaments als auch die Ausgestaltung einzelner Klauseln erlauben Rückschlüsse auf das geltende Testamentsrecht zum Anfang des 2. Jh. n. Chr. Der mögliche ‚Gender-Aspekt' ist eine zusätzliche faszinierende Facette dieses einzigartigen Dokuments.

Bibliographie

ALBANA 1987: M. ALBANA, La vicesima libertatis in età imperiale, *QC* 9, 1987, 42–76.

ALONSO 2016: J. L. ALONSO, ἀκαταχρηματίστος: the aporia of Gnom. § 2, in: K. HARTER-UIBOPUU/TH. KRUSE (Hg.), Studien zum Gnomon des Idios Logos, Wien 2025.

AMELOTTI 1966: M. AMELOTTI, Il testamento romano attraverso la prassi documentale I: Il testamento romano attraverso la prassi documentale, Firenze 1966.

ARANGIO-RUIZ 1943: V. ARANGIO-RUIZ, Nr. 48: Testamentum P. Dasumii Tusci nobilis viri, in: Fontes Iuris Romani Antejustiniani III, Firenze 1943, 132–142.

AVENARIUS 2005: M. AVENARIUS, Der pseudo-ulpianische liber singularis regularum. Entstehung, Eigenart und Überlieferung einer hochklassischen Juristenschaft. Analyse, Neuedition und deutsche Übersetzung, Göttingen 2005.

AVENARIUS 2009: M. AVENARIUS, Formularpraxis römischer Urkundenschreiber und ordo scripturae im Spiegel testamentsrechtlicher Dogmatik, in: M. AVENARIUS/R. MEYER-PRITZL/C. MÖLLER (Hg.), Ars iuris. Festschrift für Okko Behrends zum 70. Geburtstag, Göttingen 2009, 13–41.

AVENARIUS 2012: M. AVENARIUS, L'adizione dell'eredità e la rilevanza della volontà nella prospettiva di Gaio, *AUPA* 55, 2012, 9–40.

AVENARIUS 2017: M. AVENARIUS, Stellung des Sklaven im Privatrecht III: Erbrecht. Aktive Stellung, Personeneigenschaft und Ansätze zur Anerkennung von Rechten, in: T.J. CHIUSI/J. FILIP-FRÖSCHL/ J. M. RAINER (Hg.), Corpus der römischen Rechtsquellen zur antiken Sklaverei IV, Stuttgart 2017.

AVENARIUS 2019: M. AVENARIUS, Gentilnamen, Grundstücke und Gedächtnis. Die Förderung der memoria als Zweck römischer Familienfideikommisse an Immobiliarvermögen, in: G. D'ANGELI/M. DE SIMONE/ M. VARVARO (Hg.), Scritti per il novantesimo compleanno di Matteo Marrone, Torino 2019, 1–25.

AVENARIUS 2022: M. AVENARIUS, Gesetzessprache und Erbeinsetzung. Der Ausdruck der Gesetzeswirkung als Schlüssel zum Wortformalismus der heredis institutio, in: L. ISOLA (Hg.), Klauselgestaltungen in römischen Testamenten. Akten einer Internationalen Tagung zum Römischen Testamentsrecht (6.–7. November 2020, Wien/online), Berlin 2022, 13–44.

AVENARIUS 2024: M. AVENARIUS, Ordo testamenti. Pflichtendenken, Familienverfassung und Gemeinschaftsbezug im römischen Testamentsrecht, Tübingen 2024.

BABUSIAUX 2016: U. BABUSIAUX, Rez. Benedikt Strobel, Römische Testamentsurkunden aus Ägypten vor und nach der Constitutio Antoniniana, *ZRG RA* 133, 2016, 517–533.

BABUSIAUX 2017: U. BABUSIAUX, Il valore della terra e il fideicommissum familiae relictum. Una configurazione giuridica motivata da fattori economici?, *Atti dell'Accademia Romanistica Costantiniana* 22, 2017, 405–435.

BABUSIAUX 2018: U. BABUSIAUX, Römisches Erbrecht im Gnomon des Idios Logos, *ZRG RA* 135, 2018, 108–177.

BABUSIAUX 2019: U. BABUSIAUX, Mentions emphatiques et louanges à l'intention du souverain, À propos d'une stratégie des jurisconsultes du temps des Sévères, in: E. CHEVREAU/C. MASI DORIA/J. M. RAINER (Hg.), Liber amicorum. Mélanges en l'honneur de Jean-Pierre Coriat, Paris 2019, 43–63.

BABUSIAUX 2021: U. BABUSIAUX, Wege zur Rechtsgeschichte. Römisches Erbrecht, 2. Aufl. Köln 2021.

BABUSIAUX 2022: U. BABUSIAUX, Zum Testament der Iunia Libertas aus Ostia (AE 1940, 94), in: L. ISOLA (Hg.), Klauselgestaltungen in römischen Testamenten. Akten einer Internationalen Tagung zum Römischen Testamentsrecht (6.–7. November 2020, Wien/online), Berlin 2022, 45–77.

BABUSIAUX 2023: U. BABUSIAUX, § 8, II: Epigraphische Quellen (Inschriften auf Holz, Stein, Metall), in: U. BABUSIAUX/CH. BALDUS/W. ERNST/F.-ST. MEISSEL/J. PLATSCHEK/TH. RÜFNER (Hg.), Handbuch des Römischen Privatrechts I, Tübingen 2023, 276–317.

BABUSIAUX 2024: U. BABUSIAUX, Dis manibus. Zum römischen Grabrecht, *ZRG RA* 141, 2024, 61–133.

BÄTZ 2012: A. BÄTZ, Sacrae virgines: Studien zum religiösen und gesellschaftlichen Status der Vestalinnen, Paderborn 2012.

Backhaus 1981: R. Backhaus, Casus perplexus. Die Lösung in sich widersprüchlicher Rechtsfälle durch die klassische römische Jurisprudenz, München 1981.

Balestri Fumagalli 2008: M. Balestri Fumagalli, L'incapacità successoria delle adgnatae non consanguinee e la lex Voconia, in: Studi in onore di Remo Martini I, Milano 2008, 157–179.

Bürge 1987: A. Bürge, Fiktion und Wirklichkeit: Soziale und rechtliche Strukturen des römischen Bankwesens, *ZRG RA* 10, 1987, 465–558.

Bürge 2000: A. Bürge, Rez. Maria Antonietta Ligios, Interpretazione giuridica e realtà economica dell' 'instrumentum fundi' tra il I sec. a.C. e il III sec. d. C, Neapel 1996, *TR* 68, 2000, 573–576.

Calore 1988: A. Calore, La rimozione del giuramento: condicio iurisiurandi e condicio turpis nel testamento romano, Milano 1988.

Canto 1991: A. M. Canto, CIL VI 10229: ¿El testamento de Licinio Sura?, *Chiron* 21, 1991, 277–324.

Carlsen 1995: J. Carlsen, Vilici and Roman Estate Managers until AD 284, Rome 1995.

Castelló 2005: J. J. Castelló, Licinio Sura y la adopción de Hadriano, in: G. Bonamente/M. Mayer (Hg.), Historiae Augustae Colloquium Barcinonense, Bari 2005, 99–105.

Castillo García 1982: C. Castillo García, El famoso testamento del Cordubes Dasumio, in: Actas del I Congreso Andaluz de Estudios Clásicos, Jaén 9–12 diciembre. Año 1981, Jaén 1982, 159–163.

Champlin 1985: E. Champlin, Munificence and municipia. Bequests to Towns in Classical Roman Law, *JRS* 75, 1985, 105–125.

Champlin 1986: E. Champlin, Miscellanea Testamentaria, *ZPE* 62, 1986, 247–255.

Champlin 1991: E. Champlin, Final Judgements. Duty and Emotion in Roman Wills 200 B.C.–A.D. 250, California 1991.

Chioffi 2015: L. Chioffi, Death and Burial, in: Ch. Bruun/J. Edmondson (Hg.), The Oxford Handbook of Roman Epigraphy, Oxford 2015, 627–648.

Colella 2024: L. Colella, I testamenti dei cittadini romani d'Egitto tra storia sociale e prassi giuridica: Dal I secolo d.C. a Severo Alessandro, Wiesbaden 2024.

David 1930: M. David, Studien zur heredis institutio ex re certa im klassischen römischen und justinianischen Recht, Leipzig 1930.

De Ruggiero 1901: R. De Ruggiero, Due papiri giuridici di Antinoe, *BIDR* 14, 1901, 285–293.

Desanti 2003: L. Desanti, Restitutionis post mortem onus. I fedecommessi da restituirsi dopo la morte dell'onorato, Milano 2003.

Di Vita-Evrard 1989: G. Di Vita-Evrard, Le testament dit de Dasumius, in: C. Castillo (Hg.), Novedades de Epigrafía Jurídica Romana en el ultimo decenio, Pamplona 1989, 159–174.

D'Ors 1977: X. D'Ors, Liberum esse volo, *IVRA* 28, 1977, 95–141.

Eck 1978: W. Eck, Zum Neuen Fragment des sogenannten testamentum Dasumii, *ZPE* 30, 1978, 277–295.

Eck 1979: W. Eck, Die staatliche Organisation Italiens in der hohen Kaiserzeit, München 1979.

Eck 1997a: W. Eck, s.v. Dasumius [1], in: H. Cancik/ H. Schneider (Hg.), Der Neue Pauly III, Stuttgart 1997, 332.

Eck 1997b: W. Eck, s.v. Cn. D. Tullus = Cn. D. Afer Titius Marcellus Curvius Tullus [II 25], in: H. Cancik/ H. Schneider (Hg.), Der Neue Pauly III, Stuttgart 1997, 759.

Eck 2006a: W. Eck, s.v. Domitia [7], in: Der Neue Pauly, Online https://doi-org.uaccess.univie.ac.at/10.1163/1574-9347_dnp_e322350 (Stand 2006; zuletzt abgerufen 2024).

Eck 2006b: W. Eck, s.v. Domitia [8], in: Der Neue Pauly Online https://doi-org.uaccess.univie.ac.at/10.1163/1574-9347_dnp_e322350 (Stand 2006; zuletzt abgerufen 2024).

Eck 2022: W. Eck, Dasumius Hadrianus, Konsul und Prokonsul von Asia in traianischer Zeit: Ein wissenschaftliches Phantom, *ZPE* 223, 2022, 219–222.

Eck/Heinrichs 1993: W. Eck/J. Heinrichs, Sklaven und Freigelassene in der Gesellschaft der römischen Kaiserzeit, Darmstadt 1993.

Fayer 1994: C. Fayer, La familia romana. Aspetti giuridici ed antiquari, Parte prima, Roma 1994.

Ferrua 1976: A. Ferrua, Ultime Scoperte a S. Callisto, *RACr* 52, 1976, 201–219.

FRIER 1982: B. FRIER, Roman Life Expectancy: Ulpian's Evidence, *Harvard Studies in Classical Philology* 86, 1982, 213–251.

FRIER 1983: B. FRIER, Roman Life Expectancy: The Pannonian Evidence, *Phoenix* 37, 1983, 328–344.

GEORGES 1913: K. E. GEORGES, Ausführliches Lateinisch-Deutsches Handwörterbuch III, Hannover 1913.

GONZÁLEZ ROLDAN 2014: Y. GONZÁLEZ ROLDAN, Il diritto ereditario in età adrianea. Legislazione imperiale e senatus consulta, Bari 2014.

GRANINO CECERE 1997: M. G. GRANINO CECERE, Nr. 87, Testamentum detto di Dasumius, in: Antike Skulpturen und Inschriften im Institutum Archaeologicum Germanicum, Wiesbaden 1997, 152–159.

GÜNTHER 2005: S. GÜNTHER, Die Einführung der römischen Erbschaftssteuer (vicesima hereditatium), *MBAH* 24, 2005, 1–30.

GÜNTHER 2008: S. GÜNTHER, Vectigalia nervos esse rei publicae. Die indirekten Steuern in der Römischen Kaiserzeit von Augustus bis Diokletian, Wiesbaden 2008.

HEILEN 2015: ST. HEILEN, Hadriani genitura: die astrologischen Fragmente des Antigonos von Nikaia. Edition, Übersetzung und Kommentar, Berlin 2015.

ISOLA 2022: L. ISOLA, Überlegungen zur tabula cerata von Trawsfynydd (AE 2004, 852), *ZRG RA* 139, 2022, 97–122.

ISOLA 2023: L. ISOLA, § 66: Interdikte, in: U. BABUSIAUX/CH. BALDUS/W. ERNST/F.-ST. MEISSEL/J. PLATSCHEK/TH. RÜFNER (Hg.), Handbuch des Römischen Privatrechts II, Tübingen 2023, 1808–1867.

JAKAB 2018: É. JAKAB, Ein fideicommissum aus der Praxis des Javolenus Priscus: D. 36,1,48(46), in: TH. Finkenauer/B. SIRKS (Hg.), Interpretationes Iuris Antiqui. Dankesgabe für Shigeo Nishimura, Wiesbaden 2018, 67–84.

JOHNSTON 1985: D. JOHNSTON, Prohibitions and Perpetuities: Family settlements, *ZRG RA* 102, 1985, 220–290.

JOHNSTON 1988: D. JOHNSTON, The Roman Law of Trusts, Oxford 1988.

KARLOWA 1901: O. KARLOWA, Römische Rechtsgeschichte II, Leipzig 1901 (NDr. Goldbach 1997).

KASER 1977 (= KASER 1986): M. KASER, Rechtsgeschäftliche Veräußerungsbeschränkungen im römischen Recht, in: F. BAUER (Hg.), Beiträge zur europäischen Rechtsgeschichte und zum geltenden Zivilrecht. Festgabe für Johannes Sontis, München 1977, 11–31 (= Römische Rechtsquellen und angewandte Juristenmethode [RRQ], Graz 1986, 173–196).

KASTEN 1998: H. KASTEN, Cicero, Marcus Tullius: Atticus-Briefe. Lateinisch-Deutsch, Sammlung Tusculum, 5. Aufl. München 1998.

KEHOE 1997: D. P. KEHOE, Investment, Profit and Tenancy. The Jurists and the Roman Agrarian Economy, Ann Arbor 1997.

KNÜTEL/KUPISCH/RÜFNER/SEILER (KUPISCH) 2012: R. KNÜTEL/B. KUPISCH/TH. RÜFNER/H. H. SEILER, Corpus Iuris Civilis. Text und Übersetzung, Vol. V: Digesten 28–34, Heidelberg 2012 (Vorübersetzung von Buch 32 der Digesten durch B. KUPISCH).

KOCHER 1965: E. KOCHER, Überlieferter und ursprünglicher Anwendungsbereich der Lex Cornelia de falsis, München 1965.

KÖSTNER 2018: E. KÖSTNER, Geschlechterrollen im römischen Erbrecht im Spiegel des zeitgenössischen Gerechtigkeitsverständnisses und am Beispiel der lex Voconia, in: O. HEKSTER/K. VERBOVEN (Hg.), The Impact of Justice on the Roman Empire, Leiden 2018, 177–195.

KUNKEL 1967: W. KUNKEL, Die Römischen Juristen. Herkunft und soziale Stellung, Unveränderter Nachdruck der 2. Auflage von 1967 mit einem Vorwort von D. LIEBS, Köln 2001.

KUNST 1996: CH. KUNST, Adoption und Testamentsadoption in der Späten Republik, *Klio* 78, 1996, 87–104.

KUNST 2005: CH. KUNST, Römische Adoption: zur Strategie einer Familienorganisation, Hennef 2005.

LABOULAYE 1845: É. M. LABOULAYE, Testament de Dasumius, Paris 1845.

LIEBS 2002: D. LIEBS, Rez. Carsten Zülch, *ZRG RA* 120, 2003, 243–262.

LIEBS 2010: D. LIEBS, Ewiges Gedenken durch freigelassene Sklaven. Römisches Recht und römische Sitten, in: A. GULCZYNKSI (Hg.), Leben nach dem Tod: rechtliche Probleme im Dualismus: Mensch: Rechtssubjekt, Graz 2010, 49–65.

Lohsse 2008: S. Lohsse, Ius adcrescendi, Köln 2008.
Manthe 2002: U. Manthe, Agere und aio: Sprechakttheorie und Legisaktionen, in: M. J. Schermaier/J. M. Rainer/L. C. Winkel (Hg.), Iurisprudentia universalis. Festschrift für Theo Mayer-Maly, Köln 2002, 431–444.
Manthe 2016: U. Manthe, Geschichte des römischen Rechts, 5. Aufl. München 2016.
Meinhart 1967: M. Meinhart, Die Senatusconsulta Tertullianum und Orfitianum in ihrer Bedeutung für das klassische römische Erbrecht, Graz 1967.
Meinhart 1973: M. Meinhart, Die bedingte Erbeinsetzung des Haussohnes, in: D. Medicus (Hg.), Studien im römischen Recht. Max Kaser zum 65. Geburtstag, gewidmet von seinen Hamburger Schülern, Berlin 1973, 111–136.
Mekacher 2006: N. Mekacher, Die vestalischen Jungfrauen in der römischen Kaiserzeit, Wiesbaden 2006.
Migliardi Zingale 1980: L. Migliardi Zingale, Il testamento di Dasumio alla luce di una recente scoperta epigrafica, *IVRA* 31, 1980, 145–148.
Mommsen 1895: Th. Mommsen, Zum römischen Grabrecht, *ZRG RA* 16, 1895, 203–220.
Mommsen 1953: Th. Mommsen, Die Quellen des römischen Rechts, Wien 1953.
Monaco 2000: L. Monaco, Hereditas e mulieres. Riflessioni in tema di capacità successoria della donna in Roma antica, Napoli 2000.
Nardi 1982: E. Nardi, Poteva la donna, nell'impero romano, adottare un figlio?, in: Studi in onore di Arnaldo Biscardi I, Milano 1982, 197–210.
Nörr 2005: D. Nörr, Römisches Recht. Geschichte und Geschichten; der Fall Arescusa et alii (Dig. 19.1.43 sq.); vorgetragen in der Sitzung vom 3. Mai 2002; Sitzungsberichte der Bayrischen Akademie der Wissenschaften, Heft 1/2005, München 2005.
Noll 1954: R. Noll, Frühes Christentum in Österreich. Von den Anfängen bis um 600 nach Chr., Wien 1954.
Noll 1963: R. Noll, Eugippius. Das Leben des heiligen Severin, Berlin 1963.
Novitskaya 2024: A. Novitskaya, Agere und actio im römischen Recht. Vom Sprechakt zur standardisierten Rechtsdurchsetzung, Berlin 2024.
Nowak 2015: M. Nowak, Wills in the Roman Empire. A Documentary Approach, Warsaw 2015.
Otto/Schilling/Sintenis 1831: C. E. Otto/B. Schilling/C. F. F. Sintenis, Das Corpus iuris civilis in's Deutsche übersetzt von einem Vereine Rechtsgelehrter III, Leipzig 1831.
Paulus 1992: Ch. Paulus, Die Idee der postmortalen Persönlichkeit im römischen Testamentsrecht. Zur gesellschaftlichen und rechtlichen Bedeutung einzelner Testamentsklauseln, Berlin 1992.
Paulus 2018: Ch. Paulus, Auf der Suche nach Unsterblichkeit. Zur mentalitätsgeschichtlichen, sozialen und rechtlichen Bedeutung des Testaments im antiken Rom, Berlin 2018.
Pavese 2012a: M. P. Pavese, Testamentum P. Dasumii Tusci nobilis viri (?) (Roma, 108 d.C.), in: G. Purpura (Hg.), Revisione ed integrazione dei Fontes Iuris Romani Anteiustiniani (FIRA). Studi preparatori II: Auctores: Negotia, Torino 2012, 147–152.
Pavese 2012b: M. P. Pavese, Capita ex testamentis ad rem alimentariam pertinentia: Ex testamento mulieris Hispalensis (Hispalis, sc. II d.C.), in: G. Purpura (Hg.), Revisione ed integrazione dei Fontes Iuris Romani Anteiustiniani (FIRA). Studi preparatori II: Auctores: Negotia, Torino 2012, 191–192.
Plepelits 1980: K. Plepelits, s.v. ōrnātor, Thesaurus Linguae Latinae, Vol. 9/2, Berlin 1980, 1016–1017 (online: https://tll-degruyter-com.uaccess.univie.ac.at/article/9_2_7_ornator_v2007, abgerufen 2024).
Riso 2023: F. M. Riso, Funerary Rituals in Mutina (Modena, Italy), Oxford 2023.
Rudorff 1845: A. F. Rudorff, Das Testament des Dasumius, *ZGR* 12, 1845, 301–392.
Rüfner 2022: Th. Rüfner, Das römische Familienfideikommiss, in: L. Isola (Hg.), Klauselgestaltungen in römischen Testamenten. Akten einer Internationalen Tagung zum Römischen Testamentsrecht (6.–7. November 2020, Wien/online), Berlin 2022, 177–187.
Rüfner 2023: Th. Rüfner, § 18: Das testamentum per aes et libram und andere Formen letztwilliger Verfügungen, in: U. Babusiaux/Ch. Baldus/W. Ernst/F.-St. Meissel/J. Platschek/Th. Rüfner (Hg.), Handbuch des Römischen Privatrechts I, Tübingen 2023, 518–553.

RUPRECHTSBERGER 1977: E. M. RUPRECHTSBERGER, Der Grabstein CIL III 13529 der Christin VRSA aus Ovilava/ Wels, Oberösterreich, *Jahrbuch Museum Linz* 122, 1977, 9–23.
RUSSO RUGGIERO 1990: C. RUSSO RUGGIERO, Ancora sulla donna adottante, *Labeo* 36, 1990, 57–75.
SCHANBACHER 2022: D. SCHANBACHER, Umgehungsstrategien zur lex Voconia, in: L. ISOLA (Hg.), Klauselgestaltungen in römischen Testamenten. Akten einer Internationalen Tagung zum Römischen Testamentsrecht (6.–7. November 2020, Wien/online), Berlin 2022, 189–209.
SCIORTINO 2006: S. SCIORTINO, Sull'adozione da parte delle donne, *AUPA* 51, 2006, 308–348.
SETTIPANI 2000: CH. SETTIPANI, Continuité gentilice et continuité familiale dans les familles sénatoriales romaines à l'époque impériale. Mythe et réalité, Oxford 2000.
SIMONIS 2017: M. SIMONIS, Cum servis nullum est conubium. Untersuchungen zu den eheähnlichen Verbindungen von Sklaven im westlichen Mittelmeerraum des Römischen Reiches, Hildesheim 2017.
SIRKS 1994: B. SIRKS, Sacra, Succession and the lex Voconia, *Latomus* 53, 1994, 273–296.
SIRKS 2012: B. SIRKS, The purpose of the Lex Fufia Caninia, *ZRG RA* 129, 2012, 549–553.
STROBEL 2014: B. STROBEL, Römische Testamentsurkunden aus Ägypten vor und nach der Constitutio Antoniniana, Münchener Beiträge zur Papyrusforschung und antiken Rechtsgeschichte, München 2014.
STROBEL 2023: B. STROBEL, § 56: Anfall, Antritt und Ausschlagung der Erbschaft, in: U. BABUSIAUX/CH. BALDUS/ W. ERNST/F.-ST. MEISSEL/J. PLATSCHEK/TH. RÜFNER (Hg.), Handbuch des Römischen Privatrechts I, Tübingen 2023, 1418–1436.
STURM 1976: F. STURM, Rez. Studien im römischen Recht, Max Kaser gewidmet von seinen Hamburger Schülern, hg. von DIETER MEDICUS und HANS HERMANN SEILER, *ZRG RA* 93, 1976, 470–480.
SYME 1985: R. SYME, Testamentum Dasumii, *Chiron* 15, 1985, 41–63.
TATE 2005: J. C. TATE, New Thoughts on the Will of Dasumius, *ZRG RA* 122, 2005, 166–171.
TELLEGEN-COUPERUS/TELLEGEN 2006: O. E. TELLEGEN-COUPERUS/J. W. TELLEGEN, Nihil hoc ad ius, ad Ciceronem, *RIDA* 53, 2006, 381–408.
VOCI 1963: P. VOCI, Diritto Ereditario Romano II: Parte Speciale, Successione ab intestato, successione testamentaria, 2. Aufl. Milano 1963.
VOGEL 1951: K.-H. VOGEL, Über die bedingte Erbeinsetzung von sui heredes nach ius civile, *ZRG RA* 68, 1951, 490–502.
VOLTERRA 1941: E. VOLTERRA, Sulla capacità delle donne a far testamento, *BIDR* 48, 1941, 74–87.
WEISHAUPT 1999: A. WEISHAUPT, Die lex Voconia, Köln 1999.
WEISS 1931: E. WEISS, s.v. Substitutio, in: Paulys Realencyclopädie der classischen Altertumswissenschaften II/7, Stuttgart 1931, 505–509.
WESENER 1958a: G. WESENER, s.v. vicesima hereditatium, in: Paulys Realencyclopädie der classischen Altertumswissenschaften VIII/A2, Stuttgart 1958, 2471–2477.
WESENER 1958b: G. WESENER, s.v. vicesima manumissionum, in: Paulys Realencyclopädie der classischen Altertumswissenschaften VIII/A2, Stuttgart 1958, 2477–2479.
WILDFANG 2006: R. L. WILDFANG, Rome's Vestal Virgins. A study of Rome's Vestal priestesses in the late Republic and early Empire, London/New York 2006.
WOESS 1911: F. VON WOESS, Das römische Erbrecht und die Erbanwärter. Ein Beitrag zur Kenntnis des römischen Rechtslebens vor und nach der Constitutio Antoniniana, Berlin 1911.
ZÜLCH 2001: C. ZÜLCH, Der liber singularis responsorum des Ulpius Marcellus, Berlin 2001.

Ulrike Babusiaux

Fideikommisse auf Stein

Zur Funktion der inschriftlichen Wiedergabe formloser letztwilliger Verfügungen

Abstract: This paper examines the frequent epigraphic attestations of *fideicommissi formulae* (*volo, rogo, peto, fidei committo*) in the Roman imperial period. Such inscriptions record both funerary dispositions—regulating burial practices, maintenance, or ritual observances—and provisions directing communities, associations, or individuals to honor or commemorate a benefactor. The evidence suggests multiple functions for the inscription of these clauses: to reinforce the binding force of conditions imposed by a *fideicommissum* through publicity; to effect a form of self-obligation by the *disponens*; and, in some cases, to fulfill statutory requirements of imperial legislation mandating inscriptions in honor of benefactors.

1 Rechtliche und inschriftliche Voraussetzungen

Ein Fideikommiss (*fideicommissum*) ist eine formlose letztwillige Anordnung, mit der ein Erblasser denjenigen, die aus seinem Nachlass einen Vorteil erhalten – sei es als Erbe, Legatar oder auch als Fideikommissar –, auferlegt, 'etwas' von diesem Vorteil an einen Dritten (den Fideikommissar) 'herauszugeben'[1]. Die ursprünglich nur sittlich verpflichtende letzte Bitte, die meist mit *peto, rogo, volo, fideicommitto* eingeleitet wird[2], ist seit Augustus eine in der *cognitio extra ordinem* einklagbare Verpflichtung, die das formelle republikanische Erbrecht konkurrenziert und in verschiedener Hinsicht außer Kraft setzt[3]. Spätestens seit Hadrian versucht die kaiserliche Gesetzgebung daher, das form- und weitgehend regellose Fideikommissrecht einzuhegen, indem sie es an das Legatsrecht des *ius civile* anpasst[4]. Unverändert bleibt aber die generell formlose Errichtung von Fideikommissen:

> D. 32,21pr. (Paul. 4 sent.)
>
> *Nutu etiam relinquitur fideicommissum, dummodo is nutu relinquat, qui et loqui potest, nisi superveniens morbus ei impedimento sit*[5].

---

1 Vgl. zuletzt Rüfner 2023b, Rn. 1 („Treuhandgedanke").

2 Gai. 2,249; UE 25,2, dazu Johnston 1988, 156–157 und 163–164.

3 Rüfner 2023b, Rn. 2–4.

4 Überblick bei Babusiaux 2021, 284–298.

5 Übersetzung: „Auch durch einen Wink wird ein Fideikommiss hinterlassen, wenn es nur derjenige durch einen Wink hinterlässt, der auch sprechen kann, wenn ihm nicht eine unvermutet über ihn

https://doi.org/10.1515/9783111694634-004

Danach kann ein Fideikommiss nicht nur durch Sprechen, sondern auch durch eine Geste, d. h. hier einen „Wink“, wirksam begründet werden[6]. Entsprechend kann auch ein kurzzeitig Sprachunfähiger wirksam ein Fideikommiss hinterlassen[7]. Voraussetzung für eine erfolgreiche Geltendmachung ist allein, dass sich ein entsprechender Wille des Verstorbenen beweisen lässt, d. h. seiner Geste durch Auslegung ein entsprechender Erklärungswert zugemessen werden kann[8].

Die von Rechts wegen bestehende Formfreiheit des Fideikommisses steht in Kontrast zu der Tatsache, dass Fideikommisse vielfach auf Inschriften[9] überliefert sind. Auch wenn seit langem bekannt ist, dass die Dauerhaftigkeit des steinernen Materials die tatsächliche Bedeutung von Steininschriften zum Nachteil von anderen Textträgern (Ton, Holz, Pergament) verzerrt[10], bleibt der Befund, dass ein nicht an die Schriftlichkeit gebundener Rechtsakt auf Stein geschrieben wurde und so überdauert hat. Offenbar sollten also diese Fideikommisse durch die Einmeisselung auf Stein „sichtbar präsentiert“ und „dauerhaft bewahrt“ werden[11] – sie sind damit Teil der als „Selbstdarstellung“ beschriebenen epigraphischen Kultur[12]. Es erstaunt daher nicht, dass die meisten inschriftlich überlieferten Fideikommisse im Kontext sog. ‚Stiftungen‘ stehen. Damit sind lebzeitige oder letztwillige Verfügungen bezeichnet, durch die jemand dauerhaft Angehörigen seiner *familia*, Vereinen, Stadtgemeinden oder bestimmten Gruppen innerhalb dieser Gemeinde etwas unter genauer Angabe der Zweckbestimmung zuwendet. Hinter der Wohltat für andere steht dabei das Motiv, die Erinnerung an den Wohltäter wachzuhalten und die eigene *memoria* zu garantieren. Eine umfassende Würdigung dieser Zeugnisse aus Perspektive des römischen Rechts ist bisher unterblieben, was auch damit zusammenhängen dürfte, dass sowohl der Religionshistoriker Gabriel Le Bras als auch der Rechtshistoriker Eberhard Bruck die bis heute wirkmächtige Idee begründet haben, derartige ‚Stiftungen‘ seien vorran-

kommende Krankheit hinderlich ist“ (Alle Übersetzungen stammen von Ulrike Babusiaux und Thamar Xandry).

6 Johnston 1988, 178–179.

7 Zu weiteren Ausprägungen der geringen Förmlichkeit, vgl. Gai. 2,281, dazu Johnston 1988, 155 und Rüfner 2023b, Rn. 6 mit Fn. 10: „Gebrauch von Fremdsprachen“.

8 Überlegungen dazu bei Johnston 1988, 179.

9 Zuletzt Babusiaux 2024a, 100–104 mwN.

10 Vgl. Hartmann 2015, 44–45 zu Holztafeln; zu Stein, vgl. ferner Balke/Keil/Opdenhoff/Stroth 2015, 257–258.

11 So die griffige Formel von Walser 2023, 120–121.

12 MacMullen 1982; Meyer 1990; Alföldy 1991, 310–311 zur Rolle des Augustus; Beltrán Lloris 2014; Alföldy 2018, bes. 55–56: Die epigraphische Kultur „kann […] als eine Methode der Selbstdarstellung durch auf Dauer ausgerichtete Monumente definiert werden, welche mit einem eingemeißelten oder eingravierten Text versehen waren und das Ziel hatten, den darin erwähnten, häufig mit lobenden Worten versehenen Menschen durch die Nennung seines vollen Namens, seiner Stellung und Funktion in der Gesellschaft, außerdem oftmals auch mit Hinweis auf seine Tugenden und Meriten zu verherrlichen“.

gig aus sakralen Gründen errichtet worden[13]. Diese These kann vor allem seit der grundlegenden Untersuchung von JEAN ANDREAU als widerlegt gelten, denn letzterer hat gezeigt, dass zwischen selbst- und fremdnütziger Zuwendung („*prestation réflexe*" – „*prestation non-réflexe*")[14] zu unterscheiden ist: Als selbstnützige Zuwendung qualifiziert ANDREAU Anordnungen, die allein der *memoria* des Verstorbenen dienen, ohne dass für den Beschwerten ein eigener Nutzen erkennbar ist; fremdnützige Zuwendungen sind hingegen diejenigen, bei denen der Verstorbene einem Dritten einen Vorteil gewährt, der gleichzeitig dem Verstorbenen zum Ruhm gedeiht. Jedenfalls die auch Dritten nützliche Zuwendung ist damit nicht auf einen sakralen Zweck zu reduzieren, wobei an dieser Stelle nur erwähnt sei, dass die von ANDREAU formulierte Differenzierung der Stiftungszwecke eine rechtstechnische Entsprechung im Erbrecht hat[15]. Schon diese Übereinstimmung spricht dafür, die ‚Stiftungen' nicht – wie BRUCK – als „Produkt des Vulgarrechts" anzusehen, dem „das Parfüm von Chianti und Salami" anhafte[16], sondern als Institut der römischen Kautelarpraxis.

Eine Auseinandersetzung mit den inschriftlich überlieferten Fideikommissen muss zunächst unterscheiden, ob das Fideikommiss selbst Anlass der steinernen Publikation ist, also dauerhaft bekannt gemacht werden soll, oder ob es nur im Zusammenhang mit einer anderen auf Stein präsentierten rechtlichen Anordnung steht und daher annexhaft Erwähnung findet. Da die Zwecksetzung der Inschrift auch deren Kontext erschließen lässt, erscheint es sinnvoll, die Fideikommisse in Grabinschriften von denjenigen in Ehreninschriften getrennt zu untersuchen.

---

13 Im Einzelnen mit unterschiedlichen Akzenten (vor allem zum Verhältnis von griechischem und römischem Recht), vgl. LE BRAS 1936, 28: „La fonction principale des fondations est d'ordre réligieux."; BRUCK 1954, 46–47, 70–72, der sich 53 von LE BRAS distanziert. Die These von der vorrangig sakralen Bedeutung setzt sich im einflussreichen Werk von KASER 1971, 310 fort.

14 Vgl. ANDREAU 1977, 180–181: „Si […] on envisage les rapports du fondateur et du bénéficiaire, les prestations sont de deux sortes: - celles qui sont fournies au fondateur lui-même et à ses proches, en sorte que le bénéficiaire et le fondateur ne font qu'une seule et même personne. Si la collectivité fondée a à garnir de roses la tombe du fondateur, la prestation matérielle coûteuse qui, sans la fondation, n'aurait pu être fournie, est fournie au fondateur lui-même (fût-ce à titre posthume). En ce cas, je dirai qu'il s'agit d'une prestation réflexe. – celles qui sont fournies au fondé ou à ses proches, ou à des tierces personnes, en sorte que le bénéficiaire ne se confond pas avec le fondateur. Si le fondé a, chaque année, à organiser un repas public le jour anniversaire du fondateur, la prestation matérielle que fournit le fondé avec les intérêts des biens ou de l'argent offerts par le fondateur, ne bénéficie pas au fondateur, - mais par exemple à l'ensemble des citoyens de la cité. Le fait que le repas soit organisé le jour anniversaire du fondateur et en souvenir de lui ne change rien à l'affaire. En ce cas, je dirai que la prestation est non-réflexe".

15 Vgl. D. 32,38,4 (Scaev. 19 dig.) = D. 32,93pr. (Scaev. 3 resp.) und D. 30,114,14 (Marcian. 8 inst.); die Frage bedarf neuer Bearbeitung.

16 BRUCK 1954, 72.

2 Zur Publikation von Fideikommissen im Grabkontext

Auf Grabinschriften finden Fideikommisse zunächst im Rahmen der sog. Denkmalsklausel Anwendung; ferner sind Veräußerungsverbote oft mit den für Fideikommisse typischen *verba precativa* formuliert; den Hauptanwendungsbereich bilden hingegen ‚Stiftungen', die den Begünstigten die *memoria* der Verstorbenen auferlegen.

2.1 Die Erwähnung der Denkmalsklausel in Inschriften zum *ius monumenti*

Als Denkmalsklausel wird die an Erben, Legatare oder Fideikommissare gerichtete Bitte des Erblassers bezeichnet, ihm ein Grabmal (*monumentum*) zu errichten[17]. Diese Bitte begründet auch zu Pomponius' Zeit nur eine sittliche Pflicht des Beschwerten.

D. 33,1,7 (Pomp. 8 ad Quint. Muc.)

[...] *Pomponius. In testamentis quaedam scribuntur, quae ad auctoritatem dumtaxat scribentis referuntur nec obligationem pariunt. Haec autem talia sunt. Si te heredem solum instituam et scribam, uti monumentum mihi certa pecunia facias: nullam enim obligationem ea scriptura recipit, sed ad auctoritatem meam conservandam poteris, si velis, facere. Aliter atque si coherede tibi dato idem scripsero: nam sive te solum damnavero, uti monumentum facias, coheres tuus agere tecum poterit familiae herciscundae, uti facias, quoniam interest illius: quin etiam si utrique iussi estis hoc facere, invicem actionem habebitis.* [...][18]

Bei Erörterung eines von Quintus Mucius überlieferten Falls[19] hält Pomponius allgemein fest, dass bestimmte Anordnungen im Testament nur aufgrund der *auctoritas* des Errichtenden befolgt würden, ohne rechtsverbindlich zu sein. Als Beispiel führt er die dem Alleinerben auferlegte Bitte des Testators an, für einen bestimmten Betrag (aus dem Nachlass) ein Grabmal zu errichten. Eine Rechtswirkung komme der Anordnung nur bei

17 Vgl. grundlegend dazu Paulus 1992, 183–213 mwN.

18 Übersetzung: „[...]. Pomponius: In Testamenten wird einiges geschrieben, was nur aus der Autorität des Schreibenden Kraft erhält und keine Obligation hervorbringt. Dies aber ist so beschaffen: Wenn ich dich zum Alleinerben einsetze und schreibe, dass du mir ein Grabmal für einen bestimmten Geldbetrag errichtest, erhält dieses Schriftstück zwar keine Obligation, wenn du es aber zur Erhaltung meiner Autorität [tun willst], kannst du es, wenn du willst, machen. Anders aber, wenn ich dir dasselbe geschrieben habe, nachdem ich dir einen Miterben gegeben hatte: Denn wenn ich dich allein verpflichtet habe, dass du das Grabmal errichtest, kann dein Miterbe gegen dich die *actio familiae erciscundae* erheben, damit du es tust, weil es ja in seinem Interesse ist. Wenn aber euch beiden befohlen worden ist, dies zu tun, werdet ihr gegeneinander die Klage haben. [...]".

19 Der Fall des Quintus Mucius betraf die Auflage an die Kinder, sich dort aufzuhalten, wo es die Mutter anordne, vgl. auch D. 35,1,72pr. (Pap. 18 quaest.) zum Legat *si a liberis non discesserit*.

Miterben im Rahmen der Erbteilungsklage (*actio familiae erciscundae*) zu, weil es in deren Interesse sei, dass das Denkmal errichtet werde[20]. In Grabinschriften wird in der Regel lediglich erwähnt, dass das *monumentum* errichtet worden sei, um der Bitte des Testators zu entsprechen (*testamento fieri iussit*)[21] oder um darzulegen, dass der Errichtende sogar mehr als vom Testator vorgesehen in das Denkmal investiert habe[22].

2.1.1 AE 1945, 136

Die Abschrift einer Denkmalsklausel findet sich in der bekannten Inschrift vom Grabbau des Popilius Heracla[23]:

AE 1945, 136 = EDCS-15000127 (Rom, 117–138 n. Chr.)

D(is) M(anibus). | Ex codicillis triplicibus Popili | Heraclae: | C(aius) Popilius Heracla heredib(us) salut(em). | Vos heredes mei rogo iubeoque |[5] fideique vestrae committo uti | monumentum mihi faciatis in Vatic(ano) | ad circum, iuxta monumentum Ulpi | Narcissi, ex HS ((sestertiis)) $\overline{VI}$ *((milibus)) n(ummum). In quam rem | numerabit Novia Trophime HS ((sestertios))* $\overline{III}$ *((milia)) n(ummum) |[10] et coheres eius HS ((sestertios))* $\overline{III}$ *((milia)) n(ummum). Ibique reliquias | meas et Fadiae Maximae uxoris meae, | si quid ei humanitus acciderit, poni volo. |* [...][24].

Der Text ist als Teilabschrift aus einem Kodizill ausgewiesen, d. h. eines Nachtrags zum Testament. Ein solcher Nachtrag zum Testament ist, wie dies schon der Begriff *codicilli* aussagt, als Brief stilisiert, in dem sich der Verfügende an seine (im Testament eingesetzten) Erben wendet. In seinem Schreiben bittet er sie mit drei für das Fideikommiss typischen *verba precativa* (*rogo, iubeo, fideique vestrae committo*), ihm ein Grabmal (*monumentum*) an einem genau bezeichneten Ort für den Betrag von 6'000 Sesterzen zu errichten. Dabei sollen je 3'000 Sesterzen von einer namentlich benannten

20 Üblich ist auch die Erbeinsetzung unter der Bedingung, dem Erblasser ein Denkmal/Grabmal zu errichten, vgl. z. B. D. 28,5,45 (Alfen. 5 dig.); erfüllt der Eingesetzte die Bedingung nicht, kann er nicht erben.

21 Vg. z. B. AE 1928, 77 = EDCS-16200723 (Rom, 71–Mitte 2. Jh. n. Chr.); CIL VI 2454 = EDCS-18800390 (Rom, 1. Hälfte 2. Jh. n. Chr.); CIL VI 12133 = EDCS-14800352 (Rom, 1. Hälfte 1. Jh. n. Chr.); CIL VI 3443 = EDCS-19600241 (Rom, Mitte 2.–Mitte 3. Jh. n. Chr.); CIL VI 3657 = EDCS-19800415 (Rom, 2. Jh. n. Chr.).

22 Vgl. z. B. CIL VI 24321 = EDCS-13800568 (Rom, 2.–3. Jh. n. Chr.); ILS 8269 = EDCS-65400049 (Latium, 71–130 n. Chr.); CIL VI 21458 = EDCS-12600519 (Rom, 2.–3. Jh. n. Chr.).

23 Zander 2014, 185–187; Nachweise zum Schrifttum bei Babusiaux 2024a, 80 Fn. 86.

24 Übersetzung: „Aus dem Kodizill, einem Triptychon, des Popilius Heracla. Gaius Popilius Heracla grüsst seine Erben. Euch, meine Erben, bitte ich und befehle euch und vertraue eurer Glaubwürdigkeit an, dass ihr mir ein Grabmal errichtet beim Vatikanischen Hügel, in der Nähe des Circus, neben dem Denkmal des Ulpius Narcissus zum Preis von 6'000 Sesterzen, für welche Angelegenheit Novia Trophime 3'000 Sesterzen und ihr Miterbe 3'000 Sesterzen zahlen wird. Und ich will, dass dort meine sterblichen Überreste und die von Fadia Maxima, meiner Frau, falls sie ums Leben gekommen sein wird, abgelegt werden. [...]".

Erbin Novia Trophime sowie von einem nicht benannten „Miterben" bezahlt werden. Auch die Grablege wird durch Fideikommiss geregelt, indem der Erblasser darum bittet, neben seiner Ehefrau Fadia Maxima in diesem Grabbau bestattet zu werden (*poni volo*). Diesbezüglich ist zu beachten, dass der (zivile) Erbe schon von Gesetzes wegen, d. h. aufgrund der XII-Tafeln, zur Bestattung des Erblassers verpflichtet ist[25], so dass die beiden Miterben schon gesetzlich gehalten sind, den Erblasser zu bestatten. Somit ist die Bitte des Popilius Heracla um seine eigene Bestattung nicht als Beschwer anzusehen; die Bitte um Bestattung der Ehefrau hingegen ist Ausdruck der ihr jedenfalls sittlich geschuldeten Vorsorge und stellt aus Sicht der Erben eine nicht durchsetzbare Verpflichtung dar.

Warum die Abschrift des Kodizills angefertigt wurde, ist dem Text nicht zu entnehmen; da die Gestaltung auf dem Stein nahelegt, dass das die Bestattung anzeigende *D(is) M(anibus)* erst nachträglich angefügt wurde[26], erscheint es wahrscheinlich, dass der Erblasser die Abschrift selbst anfertigen ließ, also ein Vorauskodizill vorliegt, das durch das mit dem Tod des Erblassers eintretende Testament Wirksamkeit erhielt[27]. Dazu passt auch, dass der Hauptzweck der Inschrift darin liegen dürfte, das *ius monumenti* dauerhaft zugunsten der Freigelassenen des Erblassers wie derjenigen der Novia Trophime festzuhalten. Wie der Text bezeugt, ist ihnen das *ius monumenti* per Vindikationslegat übertragen worden[28]. Diese Grabrechtsübertragung soll nicht nur die bereits Freigelassenen, sondern auch die zukünftig zur Freiheit Gelangenden begünstigen; zudem sollen auch die Nachkommen dieser Freigelassenen das *ius monumenti* innehaben, das damit somit generationsübergreifende Wirkung erhält. Es liegt nahe, dass die Publikation des Kodizills gerade für diese langfristige Perspektive des Erblassers von Bedeutung war und den Grabrechtsinhabern Schutz geben sollte[29]. So ist zwar bekannt, dass die Inschrift selbst – wie ein berühmtes Fragment aus dem *Codex Iustinianus* betont – nicht ausreicht, um den Freigelassenen das *ius monumenti* zu übertragen[30]; der durch die Inschrift erbrachte **Beweis** der Berechtigung kann aber bei Prüfung der *praescriptio longi temporis* berücksichtigt werden[31], so dass die Freigelassenen dank der in der Inschrift angezeigten Berechtigung das im Besitz befindliche Grab(grundstück) nach Fristablauf behalten können, falls jemand von ihnen die Herausgabe verlangt.

---

25 Vgl. D. 11,7,33 (Ulp. 68 ad ed.); D. 36,1,43,1 (Paul. 20 ad ed.), dazu Babusiaux 2024a, 106–107.

26 DM ist auf den Rand des Steins eingraviert.

27 Babusiaux 2024b, 154.

28 Vgl. C. 6,37,14 Diocl./Maxim. (a. 286), dazu Babusiaux 2024a, 82–84.

29 Anders Champlin 1991, 172, der vorrangig die Rechenschaft des Erben betont.

30 C. 3,44,6 Alex. Sev. (a. 224), dazu schon Babusiaux 2024a, 103–104.

31 Zu diesem zweiten Teil von C. 3,44,6 Alex. Sev. (a. 224) und D. 11,8,4 (Ulp. 2 resp.), vgl. De Visscher 1963, 73–82 mwN., der allerdings verkennt, dass die einfachste Deutung der beiden Fragmente dahingeht, dass die Freigelassenen die Inschrift als Beleg für das Behaltendürfen im Rahmen der *longi praescriptio temporis* anführen können, nicht aber als Grundlage einer Klage auf Herausgabe des Grabes oder des Grabgrundstücks. Zur Sperrwirkung der *longi temporis praescriptio*, vgl. Baldus 2023, Rn. 146.

Für die zu untersuchende Denkmalsklausel folgt hieraus, dass sie zwar auch in der Inschrift aufgenommen worden ist, vermutlich aber nicht den primären Anlass für die inschriftliche Verstetigung des Kodizills bildet.

2.1.2 AE 1977, 31

Eine ähnliche Interessenlage dürfte hinter der an der Grabanlage der Claudia Saturnina angebrachten Inschrift zu vermuten sein[32]:

AE 1977, 31 = EDCS-45400121 (Rom, 1. Hälfte 2. Jh. n. Chr.)

D(is) M(anibus) | M(arcus) Ulp(ius) Hermadio Aug(usti) lib(ertus) voluntate Cl(audiae) | Saturninae uxoris suae sanctissumae monimentum coepit | viba ea, quod effectum est post obitum eiusdem Saturninae, |[5] cuius monimenti ius liberi eorundem habebunt liberti | quoque libertaeque p(osterique) e(orum), in quo ipsa parum posita e[s]t, eo quod non | peracto opere monimenti vita functa sit iusseritque se verbis | testamenti in atrio praetorii e[t ---- p]oni; ad cuius moniment(um) | pertinebit tam atrium ta(m) cubiculum qu[od e]st contra sarcofagum |[10] item ali(u)t cubiculum adplicatum cum cellariolis duobus iuxta dimi(dium) | in parte sinistra, quae sunt in conpluvio, item ad ius monimenti se[q(uentur)] | et sarcofagi, quod et in atrio pe[rt]enebunt membra X, et triclinius | seposito solario, quae sunt adsce(n)su sinistro a cubiculis s(upra) s(criptis) et di(midia) | ana scala prima, item scala breviore superiore adscensu sinistro et mo|[15]nimenti atri etiam super eadem cubicula et atrium, sed et porticus; quorum | omnium menbrorum itum ambitum ius habebunt personae s(upra) s(criptae), cuius monumenti et atri(i) ante faciem | terrae p(edes) XXX pertinebunt ad personas s(upra) s(criptas)[33].

32 Palmieri 1982, 264.

33 Übersetzung: „Den Totengöttern. Marcus Ulpius Hermadio, ein kaiserlicher Freigelassener, hat nach dem Willen der Claudia Saturnina, seiner äußerst tugendhaften Ehefrau, [den Bau] eines Grabmals zu ihren Lebzeiten begonnen, das nach dem Tod derselben Saturnina vollendet worden ist; das Recht an diesem Grabmal werden die Kinder derselben [sc. beiden] innehaben, auch die männlichen und weiblichen Freigelassenen und deren Nachkommen. In diesem [Grabbau] ist sie selbst nicht recht bestattet worden, deswegen, weil sie ihr Leben vollendet habe, als der Bau des Grabmals nicht beendet worden war, und deswegen, weil sie angeordnet habe, dass sie nach den Worten des Testaments im Atrium des *praetorium* [—] bestattet werde. Zu deren [sc. Saturninas] Grabmal wird sowohl ein Atrium gehören, als auch ein Schlafzimmer, das sich gegenüber dem Sarkophag befindet, ebenso ein anderes angebautes Schlafgemach mit zwei Kämmerchen unmittelbar nach der Hälfte auf der linken Seite, die sich im *compluvium* befinden. Ebenso werden dem Recht am Grab (*ius monumenti*) auch die Sarkophage zufallen, wie viele auch im Atrium dazugehören werden, nämlich zehn Räume, und ein Esszimmer, wobei eine Terrasse abgesondert worden war, die sich beim linken Treppenaufgang von den vorher beschriebenen Schlafzimmern aus befinden, und die Hälfte (bei?) der ersten Treppe, ebenso [sc. die Hälfte] (bei?) der kürzeren oberen Treppe beim linken Treppenaufgang, und auch oberhalb derselben Schlafzimmer des Grabmals und des Atriums ein Atrium, aber auch eine Säulenhalle; von all diesen Räumen werden die oben beschriebenen Personen das Wegerecht und das Umgehungsrecht als Berechtigung haben; vor der Vorderseite dieses Grabbaus und dieses Atriums werden dreißig Fuß [Abstand] den oben beschriebenen Personen zustehen.“, Einzelheiten bei Laubry 2016, 76–77.; Babusiaux 2024a, 84–86.

Die Inschrift bezeugt zunächst, dass der Grabbau vom Ehemann der Verstorbenen zu ihren Lebzeiten und nach ihren Wünschen begonnen und erst posthum vollendet wurde (Z. 1–4); sodann werden die gemeinsamen Kinder der Eheleute wie die Freigelassenen als Träger des *ius monumenti* festgehalten (Z. 5–6). Auf die Bestattung der Verstorbenen bezieht sich die in Z. 7 mit *iusserit* eingeleitete Anordnung, *se verbis testamenti in atrio praetorii* [...] *poni* (Z. 8), die von den meisten Editoren dahingehend ergänzt wird, dass nicht nur sie selbst, sondern auch der Ehemann im Atrium des Grabmals (*praetorium*)[34] bestattet werden soll. Aus rechtlicher Sicht ist die Kombination von *iubere*, das als Verb für die Anordnung von Fideikommissen bezeugt ist und hier die Bestattungsbitte einleitet, und *verbis testamenti* zu beachten. Der Ablativ *verbis testamenti* verweist darauf, dass die Bestattungsbitte erst durch die Worte des Testaments ihre Wirksamkeit erhält[35], was man so verstehen kann, dass es sich auch hier – wie bei der Inschrift am Grabbau des Popilius Heracla – um ein (durch das Testament bestätigtes) Kodizill der Verstorbenen handelt[36]. Anders als bei Popilius Heracla bezeugt die Inschrift selbst, dass sie nicht von der Verstorbenen, sondern von ihrem Ehemann angefertigt wurde.

Auch in diesem Fall dürfte der Hauptzweck der inschriftlichen Verstetigung der letztwilligen Anordnung im Schutz der Grabrechtsinhaber zu sehen sein: So wird einerseits detailliert geregelt, welche Teile der Anlage zum Grab gehören sollen, d. h. den Grabberechtigten zustehen sollen (Z. 8–15 eingeleitet mit *ad cuius moniment(um) pertinebit*[...])[37]; andererseits werden die den Nachbargrundstücken auferlegten Servituten, wie Abstandsregeln, auf dem Stein fixiert, was ebenfalls zugunsten der (jeweiligen) Grabberechtigten wirkt. Der ausführliche Bericht über den letzten Wunsch der Verstorbenen, im Atrium der noch nicht vollständig fertiggestellten Grabstätte bestattet zu werden, dient hingegen der Darlegung, dass dem Willen der Verstorbenen genüge getan wurde, der Ehemann also seiner sittlichen Pflicht einer ordnungsgemäßen Bestattung seiner Ehefrau nachgekommen ist. Die Nennung des Fideikommisses mit der Bestattungsanordnung (Z. 7) rechtfertigt dieses Vorgehen, ohne dass die inschriftliche Publikation einen darüberhinausreichenden Zweck verfolgte. Zentraler Zweck der Inschrift ist die Wiedergabe der auf Dauer angelegten Bestimmungen zum Grabrecht aus dem Testament der Verstorbenen[38], die erneut allerdings nicht als Fideikommiss, sondern als Legat ausgestaltet sind.

---

34 Zur Bedeutung *praetorium* in diesem Kontext, vgl. Cavuoto 1974, 245; Zucca 1992, 628, der dies plausibel auf den Grabbau selbst bezieht, der offenbar ein größeres Gebäude (mit weiteren Räumlichkeiten) umfasste.

35 *Ablativus instrumentalis* oder *causae*.

36 Vgl. auch CIL III 653 = EDCS-24200003 (Philippi, 1.–3. Jh. n. Chr.) [...] *ex codicillis eius testa*|*[menti*].

37 Zu diesem Aspekt, vgl. Laubry 2016, 70–71.

38 Vgl. auch Cavuoto 1974, 242–243.

2.1.3 CIL Suppl. Italica 1884, Nr. 181

Eine doppelte Zwecksetzung hat hingegen die inschriftliche Bekanntmachung der Hinterlassung eines Wohnhauses zugunsten der *familia libertorum*:

CIL Suppl. Italica 1884, Nr. 181 = EDCS-01401164 (Aquileia, 3. Jh. n. Chr.)

D(is) M(anibus). | M(arcus) Anton(ius) | Valens vet(erani) | filius |5 horiundus | Fab(ia) Veruto | titulum pos(ui) | mihi et co(n)iugi | meae Flaviae |10 Crescentinae. | Hoc titulo meo | inserui domum | meam, in qua multos | annos habitavi, sicut testa|15mento meo sanxi ut lib(ertis) | libertab(us)q(ue) meis posterisq(ue) eor(um) | quem reliquero, ne veneat, ne(ve) fi|ducietur, ex qua reditus eius ut de(n)tur | decuriae meae XXV Maron(ianae) colleg(ii) fabr(um) XXXV |20 ad Parentalia, XXII s(emis) sicuti mihi et co(n)iugi meae | ponatis, sic tamen ut decuria mea ut vinum quod accipim(us) | de Marciani in vic(o) provi(n)c(iali) IIII Idus Mai(as) ut | ad sepulc(rum) meum profundatis mi(hi) et co(n)iugi me(ae) | et ipsi epulet(is). Quod si non fecer(itis), dunc XXV dec(uria) |25 Apol(linaris) mi(hi) faciet[39].

Die Grabstele wurde von Marcus Antonius Valens für sich und seine Ehefrau aufgestellt; der Stifter erklärt gleichzeitig, dass er „in diesen Titel auch sein Haus aufgenommen" habe (*hoc titulo meo inserui domum meam*, Z. 11–12). Der Sinn dieser Aussage ergibt sich aus dem Fortgang der Inschrift, in der Marcus Antonius Valens erklärt, sein Wohnhaus seinen männlichen und weiblichen Freigelassenen und deren Nachkommen im Testament mit der Maßgabe hinterlassen zu haben, dass sie es weder verkaufen noch verpfänden dürfen[40]. Er zitiert also aus den Bestimmungen seines Testaments, wobei *reliquero* eher ein (förmliches) Legat als ein Fideikommiss anzeigt (Z. 17).

Die Begünstigen sind ihrerseits verpflichtet, das Haus nicht zu veräußern oder zu verpfänden, um aus seinen Erträgen (*ex qua reditus eius*, Z. 18) der 25. *decuria Maroniana* des *collegium* der Handwerker 35 Denare zu geben für Totenopfer an den Parentalia. Die *decuria* ist ihrerseits gehalten, für 22 ½ Denare Totenopfer am Grab niederzulegen und Wein zu kaufen, und zwar bei einem bestimmten Marcianus in

39 Übersetzung: „Den Totengöttern. Ich, Marcus Antonius Valens, Sohn eines Veteranen, meine Abstammung herleitend aus der Tribus Fabia der Stadt Berytos, habe die Inschrift aufgestellt für mich und meine Ehefrau Flavia Crescentina. In diese meine Inschrift habe ich mein Haus aufgenommen, in dem ich viele Jahre lang gewohnt habe, so wie ich in meinem Testament unverbrüchlich festgesetzt habe, dass ich dieses [Haus] für meine männlichen und weiblichen Freigelassenen und deren Nachkommen hinterlassen haben werde, dass es nicht verkauft werde [und] nicht verpfändet werde, dass von dessen Einkünften aus diesem [Haus] meiner 25. *decuria Maroniana* des *collegium* der Handwerker 35 gegeben werden für die Parentalia, 22 ½, so wie ihr für mich und meine Ehefrau [sc. ein Totenopfer] niederlegt, dass ihr, meine *decuria*, auf solche Weise dennoch, dass ihr den Wein, den wir vom [Grundstück bzw. Wirtshaus] des Marcianus erhalten im *vicus provincialis* am 4. Tag vor den Iden des Mai (= 12. Mai), dass ihr [ihn] bei meinem Grabmal für mich und für meine Ehefrau ausgießt, und dass ihr selbst [dort] speist. Wenn ihr es nun nicht getan haben werdet, dann wird die 25. *decuria Apollinaris* es für mich tun".

40 Hierzu bereits Amelotti 1966, 25 Nr. 31.

einem *vicus provincialis*[41]. Neben dem rituellen Ausgießen des Weines auf dem Grab des Stifters und seiner Ehefrau[42] sollen die Mitglieder der *decuria* auch am Grab speisen. Für den Fall, dass die 25. *decuria Maroniana* sich nicht an diese Vorgaben hält, entzieht Marcus Antonius Valens ihr die Zuwendung der Erträge des Hauses und setzt die 25. *decuria Apollinaris* an ihre Stelle, wobei auch dieser *decuria* die entsprechenden Opferhandlungen auferlegt sind. Es wird vermutet, dass es sich bei beiden *decuriae* gleicher Ordnungszahl um parallele Unterabteilungen des *collegium fabrum* von *Aquileia* handelt[43].

Das zu Lasten der *familia libertorum* angeordnete Veräußerungsverbot hat durch die wiederkehrende Auflage, die Erträge an die *decuria* des *collegium* zu zahlen, drittschützenden Charakter und ist damit als Fideikommiss (zugunsten der *decuria*) anzusehen[44]. Gleichfalls ist die *decuria Maroniana* mit einem Fideikommiss zugunsten ihrer Mitglieder, die zur Speisung geladen sind, beschwert; die Durchsetzung der Beschwer wird erneut durch *translatio fideicommissi* gesichert[45], wobei auch die zweitrangig begünstigte *decuria Apollinaris* mit Opferhandlungen zu Gunsten des Erblassers beschwert ist.

Der Text ist schon deshalb von Interesse, weil der Grabstifter selbst einen Bezug zwischen Inschrift und letztwilliger Verfügung herstellt. Nach seiner Erklärung soll die steinerne Abschrift dazu dienen, die Bestimmungen des Testaments – und zwar sowohl die Begünstigungen (Vermächtnis des Hauses an die *familia libertorum*, Zuwendung der Erträge an die *decuria*) als auch die Beschwer (Verbot der Veräußerung an Familienfremde, Verwendung der Erträge für Totenopfer und Speisung am Grab) – für nachfolgende Mitglieder der Personenmehrheit (*familia libertorum*, *decuria* des *collegium*) präsent zu halten und Verstöße gegen diese Anordnungen zu sanktionieren.

Mit dieser Abschrift aus dem Testament auf der Inschrift sollen also sowohl der Schutz der Legatare als auch die Details der fideikommissarischen Beschwer bekannt gemacht werden, auch wenn die *domus*, d. h. der Gegenstand des Legats, als Anknüpfungspunkt für das Zitat genannt wird.

41 Anders Boscolo 2009/2010, 418 Fn. 14.

42 Zu diesem rituellen Akt, vgl. Scheid 1984, 132–133.

43 Boscolo 2009/2010, 418–419.

44 Vgl. v. a. D. 30,114,14 (Marcian. 8 inst.), dazu Johnston 1985b, 273–274 (mit übertriebener Textkritik).

45 Es ist jedoch rechtlich fehlerhaft, wenn es in der Ghent Database of Roman Guilds heißt: „Inscription on a funeral monument recording a servitude imposed on a house for the benefit of the 25th decuria Maroniana of the craftsmen", vgl. https://gdrg.ugent.be/guilddocuments/536. Eine Servitut würde ein dingliches Recht voraussetzen, das hier offensichtlich nicht begründet worden ist.

2.2 Fideikommissarische ‚Stiftungen' im Grabkontext

Von diesen Zeugnissen, in denen die Publikation der fideikommissarischen Denkmalsklausel lediglich im Zusammenhang anderweitiger testamentarischer Anordnungen erfolgt, sind Grabinschriften zu unterscheiden, die vorrangig dazu dienen, das Fideikommiss auf Stein zu verewigen.

2.2.1 CIL XI 6520

Eine ausführliche Abschrift einer fideikommissarischen ‚Stiftung' findet sich zunächst in dem „Auszug aus dem Testament" auf dem Grabaltar der Cetrania Severina.

CIL XI 6520 = AE 1999, 616 = EDCS-23200816 (Sarsina, 112–138 n. Chr.)

D(is) M(anibus) | Cetraniae | P(ubli) f(iliae) Severinae | sacerdoti |⁵ divae Marcian(ae) | T(itus) Baebius Gemelli|nus August(alis) | coniugi sanctiss(imae). | |

Caput ex testamento | Cetraniae Severinae | collegi(i)s dendropho|rorum fabrum cento|-⁵nariorum munic(ipii) Sassi(natis) | HS sena milia n(ummum) dari | volo fideiq(ue) vestrae col| legiali committo uti | ex reditu HS quatern(orum) m(ilium) |¹⁰ n(ummum) omnibus annis prid(ie) | Idus Iun(ias) die natalis | mei oleum singulis | vobis dividatur ei | ex reditu HS binum |¹⁵ milium n(ummum) Manes | meos colatis hoc | ut ita faciatis fidei | vestrae committo[46].

Nach einer Ehrung der Verstorbenen auf der Frontseite des Altars durch ihren Ehemann, ist auf der rechten Seite der Basis ein Auszug aus dem Testament der Cetrania Severina im Wortlaut zitiert[47]. Danach hat die Erblasserin ihrem Erben mit Fideikommiss auferlegt, drei Vereinen der Stadt Sarsina je 6'000 Sesterzen zu geben (*dari volo*) und mit weiteren *verba precativa* von den Mitgliedern der Vereine verlangt, aus dem Ertrag von 4'000 Sesterzen an ihrem Geburtstag Öl unter den Anwesenden zu verteilen[48]; der Ertrag aus den verbleibenden 2'000 Sesterzen soll hingegen zur Ehrung ihrer Manen verwendet werden.

Die von dem Ehemann erstellte Abschrift des Testamentsauszugs dürfte dazu dienen, die Vereine dauerhaft an den Verwendungszweck der Erträge zu mahnen, um auch bei einem Mitgliederwechsel die Vorgaben präsent zu halten und dadurch die

---

46 Übersetzung: „[Frontseite] Den Totengöttern. Der Cetrania Severina, der Tochter des Publius, der Priesterin der göttlichen Marciana, (sc. hat) Titus Baebius Gemellinus, der (*sevir*) *Augustalis*, für die ehrwürdigste Gattin (sc. errichtet). [rechte Seite] Kapitel aus dem Testament der Cetrania Severina: Ich will, dass den Sassinatischen *collegia dendrophororum*, *fabrum* und *centonariorum* der Gemeinde je 6'000 Sesterzen gegeben werden, und eurer kollegialen Treue vertraue ich an, dass aus dem Ertrag der je 4'000 Sesterzen jedes Jahr am Vortag der Iden des Juni (= 12. Juni) am Tag meines Geburtstags Öl für jeden einzelnen von euch verteilt werde und dass ihr aus dem Ertrag der je 2'000 Sesterzen meine Manen verehrt; dass ihr dies auf diese Weise vornehmt, vertraue ich eurer Treue an".

47 Zur Priesterschaft, vgl. Magioncalda 1994a, 135; Granino Cecere 2014, 56.

48 Zur Verteilung von Öl, vgl. Mrozek 1987, 44.

Verehrung der Manen zu sichern. Nicht geklärt werden kann, wie die Vereine die Erträge erzielen und ob der mit dem primären Fideikommiss beschwerte Erbe an dieser Ertragssicherung beteiligt ist. Festzuhalten bleibt, dass die inschriftliche Verstetigung der Fideikommisse zugunsten der Vereinsmitglieder – genau wie die Grabinschriften zum generationsüberschreitenden *ius monumenti* – aus der intendierten Dauerhaftigkeit der Anordnungen zu erklären ist, also dem Vergessen der erblasserischen Vorgaben entgegenwirken soll.

2.2.2 AE 1955, 126

Eine ähnliche Intention verfolgt die Aufnahme einer fideikommissarischen Anordnung in der Abschrift aus dem Testament auf der Grabstele des Volcius Messor aus Simitthus[49]:

> AE 1955, 126 = AE 1993, 1759 = EDCS-13700356 (Simitthus, 2.–3. Jh.)
>
> *D(is) M(anibus) s(acrum) | Volcius Messor | testamento meo lega|tum dedi curiae Germani|[5]cae do lego X̶ (denarios) CCL curiae Mar|tiae do lego X̶ (denarios) CCL a vobis curi|ales optimi peto fideique vestr(a)e | committo uti mihi quodan|nos in annos si(n)gulos non |[10] minus quinqu(i)es parentetis | quod ipsum facturos vos re|promisi mihi vix(it) an(nos) XX | h(ic) s(itus) e(st) | Volcius Maurus lib(ertus) de suo | patrono suo fecit*[50].

Die ausweislich der Inschrift von einem Freigelassenen des Verstorbenen errichtete Grabstele zitiert den Verstorbenen, der berichtet, in seinem Testament ein Vindikationslegat (*do lego*) von 250 Denaren zugunsten der *curia Germanica* und der *curia Martia* ausgesetzt zu haben[51]. Sodann zitiert sie eine an die *curiales* gerichteten Bitte des Volcius Messor, jedes Jahr (*quodannos*), für jeweils ein Jahr (*in annos singulos*) nicht weniger als fünf Totenopfer zu erbringen.

Die Bitte ist mit *verba precativa*, die für das Fideikommiss typisch sind, formuliert[52]: *peto fideique vestrae committo* (Z. 7–8), und knüpft an eine moralische Verpflichtung der Mitglieder der beiden *curiae* gegenüber dem Verstorbenen an. Die Nennung von *quodannos* und *in annos singulos* nebeneinander ist auf den ersten Blick redundant, denn beide Formulierungen ordnen ein jährlich wiederkehrendes Ver-

49 Magioncalda 1994b, 1153.

50 Übersetzung: „Den Totengöttern geweiht. Ich, Volcius Messor, habe in meinem Testament ein Vermächtnis ausgesetzt: Der *curia Germanica* gebe und vermache ich 250 Denare, der *curia Martia* gebe und vermache ich 250 Denare. Von euch, beste Kuriengenossen, erbitte ich und vertraue eurer Treue an, dass ihr mir jedes Jahr für jeweils ein Jahr nicht weniger als fünfmal ein Totenopfer bringt; dass ihr gerade dies für mich machen werdet, habe ich mir von euch versprechen lassen. Er hat 20 Jahre lang gelebt. Hier liegt er begraben. Der Freigelassene Volcius Maurus hat (sc. diesen Grabaltar) aus eigenen Mitteln für seinen Patron errichtet".

51 Zum Vindikationslegat, vgl. bereits Magioncalda 1994b, 1153; zum Marskult, vgl. Chaouali 2017, 577.

52 Wie hier: Magioncalda 1994b, 1154.

mächtnis an, das – nach Anschauung der römischen Juristen – als Kette von jährlich anfallenden Vermächtnissen anzusehen ist[53]. Eine eigene Bedeutung könnte *in annos singulos* aber haben, wenn man es als Klarstellung auf *non minus quinqu(i)es parentetis* bezieht, weil dann gemeint sein könnte, dass **fünf** Parentalfeiern[54] pro Jahr geschuldet sind und diese Verpflichtung jährlich wiederkehrt. In der Literatur ist dieser Deutung mit der Begründung widersprochen worden, dass der zur Verfügung gestellte Betrag viel zu gering sei, um fünf „Speisungen" pro Jahr zu finanzieren, weshalb manche *quinquies* als Begrenzung der zeitlichen Verpflichtung sehen wollen[55]. Diese Argumentation trägt allerdings nicht: Anders als die Feiern der Parentalia[56] müssen die vom Erblasser verlangten Totenopfer nicht unbedingt mit kostspieligen Gastmählern verbunden sein, weshalb die Summe auch für fünf jährlich wiederkehrende Kulthandlungen ausgereicht haben könnte[57].

Aus rechtlicher Sicht ist vor allem hervorzuheben, dass sich der Erblasser nicht mit der fideikommissarischen Bitte an die *curiales* begnügt hat, sondern sich die Einhaltung seiner Vorgaben durch Stipulation hat versprechen lassen. Zwar steht in Z. 11–12 *repromisi*, was auf eine Stipulation von Seiten des Erblassers selbst verweisen würde; da aber *mihi* direkt danach steht, liegt es nahe, *repromisi* zu *repromisistis* zu ergänzen, und damit von einer Stipulation der Vereinsmitglieder oder Vereinsvorsteher auszugehen[58]. Ein Stipulationsversprechen ist – wie bei Schenkung oder Legat mit Auflage – das sicherste Vorgehen, um den vom ‚Stifter' vorgesehenen Verwendungszweck durchzusetzen[59]. Wie das Stipulationsversprechen bei einer Personenmehrheit vorzunehmen ist und ob das Versprechen auch die Rechtsnachfolger der bei Vornahme des Versprechens anwesenden *curiales* bindet, ist nicht vollständig geklärt: Zuletzt hat Zahn vorgeschlagen, dass das Versprechen als Gesamtakt von allen zurzeit der Eingehung der Verpflichtung existierenden Mitglieder abgegeben werden müsse[60]; der Übergang auf ihre Nachfolger könnte im Rahmen der Erbfolge geschehen, wenn man – wie die jüngere Literatur gezeigt hat – Stipulationsverpflich-

53 Vgl. D. 33,1,6 (Mod. 11 resp.).

54 *Parentare* bezeichnet den Vollzug verschiedener Erinnerungshandlungen, vgl. Magioncalda 1994b, 1156–1157.

55 Zu dieser Interpretation (*quinquies* soll sich nicht auf *singulos annos* beziehen), vgl. Wesch-Klein 1990, 172; dagegen bereits Magioncalda 1994b, 1555–1556.

56 Parentalia wurden zwischen dem 13. und 21. Februar gefeiert und beinhalteten den Schmuck des Grabes, Entzündung von Lampen und Weihrauch sowie anderen Duftstoffen und ein anschließendes gemeinsames Essen mit Wein, vgl. Schrumpf 2006, 100–104 mwN.

57 Wie hier Magioncalda 1994b, 1158–1159; Briand-Ponsart 2020, 462.

58 Vgl. Magioncalda 1994b, 1164; zur Stipulationsverpflichtung durch Vereinsmitglieder, vgl. Zahn 2021, 150–157.

59 Vgl. AE 2000, 344b = EDCS-19800650 (Misenum, 149 n. Chr.), dazu Nachweise bei Babusiaux 2023, 309–315.

60 Zahn 2021, 150–153, dazu Babusiaux 2023, 315.

tung für aktiv und passiv vererblich hält[61]. Fehlt es an einer Erbfolge zwischen den verschiedenen Generationen der *curiales*, bleibt später Eintretenden die Möglichkeit, die *verba precativa* des Volcius Messor als Fideikommiss durchzusetzen, d. h. ein gemeinsames Mahl der *curiales* aus Mitteln des Nachlasses zu verlangen.

Unter diesen Prämissen dient auch der Testamentsauszug auf der Grabstele des Volcius Messor dazu, den Verwendungszweck der Erträge und damit das Fideikommiss an die einzelnen Mitglieder dauerhaft präsent zu halten.

2.2.3 CIL VI 9626

Auch eine Marmortafel, die als Grabinschrift für einen Gaius Turius Lollianus diente, publiziert eine durch Fideikommiss errichtete ‚Stiftung'.

CIL VI 9626 = ILS 7267= EDCS-19301168 (Rom, Mitte 2.–Mitte 3. Jh. n. Chr.)

D(is) M(anibus). | C(aius) Turius C(ai) f(ilius) Lollianus. | quitquit ex corpore mensorum | machinariorum funeratici nomi|[5]*ne sequetur, reliqu(u)m penes r(em) p(ublicam) s(upra) s(criptam) | remanere volo, ex cuius usuris | peto a vobis, colleg[a]e, uti susci|pere dignemini, ut diebus sollem|nibus sacrificium mi[h]i faciatis, |*[10] *id est IIII Id(us) Mart(ias), die natalis | mei, usque ad X̶ (denarios) XXV, parentalis | X̶ (denarios) XII s(emis), flos rosa X̶ (denarios) V; si facta non | fuerint, tunc fisco stationis | annonae duplum funeraticium |*[15] *dare debebitis*[62].

Das Teilzitat aus der Verfügung des Verstorbenen setzt unmittelbar nach seiner Namensnennung ein, wobei die Form „*volo*" für ein Fideikommiss spricht. Hiermit bestimmt der Verstorbene, dass der Rest dessen, was als *funeraticium* vom *corpus mensorum machinariorum* gezahlt worden ist, in der Kasse des *collegium* (*res publica*) verbleiben soll. Da das *funeraticium* – wie andere Inschriften zeigen[63] – regelmäßig dem Testamentserben ausgezahlt wurde, der das verstorbene Vereinsmitglied zu bestatten hatte (s. o. 2.1.1), ist der (in der Inschrift nicht genannte) Erbe des Gaius Turius Lollianus als Beschwerter dieses Fideikommisses anzusehen. Gleichzeitig verlangt der Verstorbene von den Begünstigten, die Erträge dieser Summe für Erinnerungsopfer zu seinen Ehren zu verwenden, wobei er genau bestimmt, zu welchen Zwecken das

61 Finkenauer 2010, 23–48; anders noch Magioncalda 1994b, 1165.

62 Übersetzung: „Den Totengöttern. Gaius Turius Lollianus, Sohn des Gaius. Was auch immer aus dem Verein der Feldmesser (*mensores machinarii*) als Leichengeld (*funeraticium*) folgen wird, so will ich, dass der Rest beim oben genannten Gemeinwesen (*res publica*) verbleibt; ich bitte Euch, Vereinsgenossen (*collegae*), dass ihr es für würdig erachtet, auf euch zu nehmen, aus dessen Zinsen an den Feiertagen mir ein Opfer darzubringen, d. h. am 4. Tag vor den Iden des März (= 12. März), an meinem Geburtstag, bis hin zu 25 Denaren, an den Parentalia 12½ Denare, für die Blumen an den Rosalia fünf Denare. Wenn dies nicht getan werden wird, dann werdet ihr dem Fiskus der Getreide-Ausgabestelle (*statio annonae*) das doppelte Leichengeld (*funeraticium*) geben müssen".

63 Vgl. namentlich die *lex collegii Lanuvini*: CIL XIV 2112 = ILS 7212 = EDCS-54601010 (Lanuvium, 136 n. Chr.), Sp. 1, Z. 21–Sp. 2, Z. 5–6, dazu zuletzt Zahn 2021, 262–266.

Geld an seinem Geburtstag, an den Parentalia und an den Rosalia zu verwenden ist. Auch diese Zweckbestimmung wird mit einem *verbum precativum*, das für Fideikommisse Verwendung findet (*peto*, Z. 7), auferlegt; gleichzeitig bestimmt er, dass die Vereinsmitglieder bei Missachtung dieser Vorgabe dem *fiscus stationis annonae* das Doppelte des *funeraticium* herauszugeben haben.

Die Abschrift auf Stein verfolgt offensichtlich nicht den Zweck, die Beschwer des Erben anzuordnen – diese Anordnung ist letztwillig erfolgt; vielmehr soll das *collegium* dauerhaft an die Verpflichtungen gegenüber dem Verstorbenen, aus den Erträgen seines *funeraticium* Opferfeste abzuhalten, erinnert werden. Auch die im Fall des Zuwiderhandelns vorgesehene Strafe, d. h. die Herausgabe der geschuldeten Summe an den *fiscus stationis annonae,* soll allgemein präsent bleiben und zur Befolgung der Vorgaben anhalten. Dabei ist die Herausgabe des Doppelten als letztwillig angeordnete *translatio fideicommissi* zugunsten des *fiscus stationis annonae* zu konstruieren, d. h. als Übertragung der fideikommissarischen Zuwendung auf einen Dritten im Fall des Fehlverhaltens des Erstbegünstigten[64].

2.3 Diverse Publikationszwecke in Grabinschriften

Die Durchmusterung der längeren Zeugnisse von Inschriften mit Fideikommissen im Grabkontext zeigt, dass die wörtliche Wiedergabe einer fideikommissarischen Beschwer nicht den Hauptzweck der inschriftlichen Publikation bildet. Vielmehr soll das Zitat aus dem Testament in der Grabinschrift in der Regel die Legatare, namentlich Empfänger des *ius monumenti*, schützen; die Fideikommisse wie sie im Rahmen der Denkmalsklausel oder der Bestattungsbitte erscheinen, sind insoweit nur als Annex zu diesem vorrangigen Publikationszweck anzusehen.

Nur bei den im Grabkontext auf Stein abgeschriebenen letztwilligen Zuwendungen an Dritte, die gleichzeitig dazu dienen, den eigenen Grab- und Opferkult sicher zu stellen, steht hingegen die Sicherung der fideikommissarische Anordnung im Vordergrund. Die Inschrift soll mithin dazu dienen, die Verwendungsbestimmungen dauerhaft, auch über mehrere Generationen, in Erinnerung zu halten und dem bei Verstößen subsidiär Berechtigten eine Information über seine Berechtigung zu geben.

Die meisten umfangreichen Inschriften mit Fideikommissen finden sich in munizipalen Ehreninschriften, d. h. lebzeitigen und posthumen Würdigungen von Wohltätern eines Gemeinwesens.

---

64 Babusiaux 2025 (im Druck).

3 Ehreninschriften mit Fideikommissen

Inschriftliche Zeugnisse munizipaler Munifizenz sind aus verschiedenen Blickwinkeln gesammelt und beschrieben worden[65]. Mit Blick auf die Publikation von Fideikommissen sind die Inschriften, die das die Ehrung begründende Fideikommiss nur erwähnen, von denjenigen zu unterscheiden, die neben der meist frontal angebrachten Ehrung das Fideikommiss im Detail auf einer Seite der Statuenbasis wiedergeben[66].

3.1 Ehrungen mit schlichter Erwähnung der Fideikommisse

In vielen Fällen wird das Fideikommiss in der Ehrung kurz erwähnt. Ein typisches Beispiel bildet der Text auf der Basis der Statue[67], die der Sohn Lucius Cornelius Quietus seinem Vater errichtet hat:

CIL VIII 26275 = AE 1908, 266 = EDCS-25601484 (Uchi Maius, 2. Jh. n. Chr.)

L(ucio) Cornelio Quieto | h(onestae) m(emoriae) v(iro) qui testamen|to suo rei publicae colo|niae Marianae Aug(ustae) Ale|⁵xandrianae Uchitanor(um) | [Ma]iorum per fidei commissum | HS decem mil(ia) n(ummum) reliquit ex cuius | summae usuris quotannis die na|tali eius decurionibus sportulae et |¹⁰ [po]pulo ludi darentur | L(ucius) Cornelius Quietus fl(amen) p(er)p(etuus) filius eius pa|[r]emti optimo sua pecunia fecit et | impetrato ab ordine loco dedicavit[68].

Ausweislich der Inschrift hat der Vater Lucius Cornelius Quietus der Bürgerschaft von Uchi Maius in seinem Testament ein Fideikommiss in Höhe von 10'000 Sesterzen hinterlassen und verlangt, aus den Erträgen dieser Summe jährlich an seinem Geburtstag *sportulae*[69] an die Dekurionen zu geben und Spiele für das Volk der Stadt auszurichten. Während die Statue vom Sohn errichtet wurde, wurde der Ort für die Errichtung vom *ordo decurionum* der Stadt zugewiesen.

65 Zusammenstellungen finden sich bei Andreau 1977, 191–208 (Italien); Cramme 2001 (*Asia*); Goffin 2002 (Oberitalien); Engfer 2017, Katalog (Mittel- und Süditalien); aus juristischer Sicht, vgl. vor allem Magioncalda 1994a; zuletzt Beltrán Lloris 2014, 132–139.

66 Vgl. bereits Le Bras 1936, 26–27.

67 Es handelt sich um eine Statuenbasis, vgl. Merlin/Poinssot 1908, 60.

68 Übersetzung: „Dem Lucius Cornelius Quietus, einem Mann von ehrenwertem Andenken, der in seinem Testament der Gemeinde der *colonia Mariana Augusta Alexandriana* der Einwohner von Uchi Maius durch ein Fideikommiss 10'000 Sesterzen (an Münzen) hinterlassen hat; aus den Zinsen dieser Summe sollen jedes Jahr an seinem Geburtstag den Dekurionen *sportulae* und dem Volk Spiele gegeben werden. Lucius Cornelius Quietus, *flamen perpetuus*, sein Sohn, hat dem besten Vater (sc. diese Statue) aus seinem eigenen Geld errichtet und hat sie nach der Erlangung des Standorts beim Stand der Bürger geweiht." Merlin/Poinssot 1908, 61; Wesch-Klein 1990, 251–252.

69 Zu *sportulae*, vgl. Duncan-Jones 2008; Vössing 2010, 723–739.

Knapp gefasst sind auch die Ehrungen zugunsten der im jungen Alter verstorbenen Kinder des Senators Lucius Baburius Juvenis aus Hippo[70], die ebenfalls auf Statuenbasen angebracht waren[71]:

AE 1958, 137 = EDCS-13500234

L(ucio) Baburio Iuveni | c(larissimo) p(uero) L(uci) Baburi Iuve|nis c(larissimi) v(iri) fil(io) patro|no col(oniae) ordo Hipp(onensium) |[5] Regg(iorum) de sportulis | fidei commisso|rum suorum sta|tuam decrevit | idemq(ue) dedicavit[72].

AE 1958, 138 = EDCS-13500235

C(aio) Baburio Hercula|nio c(larissimo) p(uero) L(uci) Baburi Iuve|nis c(larissimi) v(iri) fil(io) patrono col(oniae) | [o]rdo Hipp(onensium) Regiorum |[5] [d]e sportulis fidei | commissorum suo|rum statuam de|crevit idemque | dedicavit[73].

Die beiden Inschriften berichten von den Entscheiden des *ordo decurionum*, für Lucius Baburius Iuvenis und Gaius Baburius Herculanius eine Statue zu errichten. Die Begründung für diese Ehrung lautet in beiden Fällen: *de sportulis fideicommissorum suorum*. Damit wird auf Fideikommisse verwiesen, aufgrund derer *sportulae*, vermutlich an die Dekurionen selbst, ausgezahlt werden sollten. Da beide Söhne mit dem Rangprädikat *puer clarissimus* bezeichnet werden und der Vater offenbar noch lebt, ist davon auszugehen, dass er diese Fideikommisse selbst im Namen seiner Söhne (Pupillartestament) ausgesetzt hat[74].

Wie Forbis gezeigt hat, beruhen die meisten städtischen Ehreninschriften auf einer finanziellen Zuwendung des Geehrten, d. h. meist auf der Spende von oder für Bauten oder regelmäßig wiederkehrenden Ausgaben zum Wohl der Gemeinde, ihrer Bürger oder Bewohner[75]. Diese Verbindung zwischen Wohltat und Ehrung erklärt sich daraus, dass die öffentliche Ehrung einer besonderen Rechtfertigung bedurfte, die sich in der Regel aus Verdiensten des Geehrten um das Gemeinwesen, namentlich aus Zuwendungen, ergab. Derartige Wohltaten konnte der Geehrte schon zu Lebzeiten vornehmen, z. B. durch Schenkungen (mit oder ohne Auflage) oder durch öffentli-

---

70 Zum Rangprädikat *clarissimus*, vgl. Hirschfeld 1901, 582; Eck 1981, 132–133.

71 AE 1958, S. 34–35.

72 Übersetzung: „Dem Lucius Baburius Iuvenis, dem *clarissimus puer*, dem Sohn des Lucius Baburius Iuvenis, des *clarissimus vir*, dem Patron der Kolonie, hat der *ordo decurionum* von Hippo Regius wegen der *sportulae* aus seinen Fideikommissen ein Standbild beschlossen und derselbe [*ordo*] hat es geweiht".

73 Übersetzung: „Dem Gaius Baburius Herculanius, dem *clarissimus puer*, dem Sohn des Lucius Baburius Iuvenis, des *clarissimus vir*, dem Patron der Kolonie, hat der *ordo decurionum* von Hippo Regius wegen der *sportulae* aus seinen Fideikommissen ein Standbild beschlossen und derselbe [*ordo*] hat es geweiht".

74 Zur Testamentserrichtung des Vaters für den unmündigen Sohn (Pupillarsubstitution), vgl. Rüfner 2023a, Rn. 37–42.

75 Forbis 1996, 29–33 mwN.

che Leistungsversprechen (*pollicitatio* / *rei publicae polliceri*)[76]. Die Zuwendung konnte auch von Todes wegen erfolgen, wobei neben Fideikommissen auch Legate in Betracht kamen[77]. Ein Vorteil zugunsten der Gemeinde war aber nur anzunehmen, wenn die Zuwendung nicht vorrangig den Zwecken des Erblassers diente.

D. 30,122pr. (Paul. 3 reg.)

Civitatibus legari potest etiam quod ad honorem ornatumque civitatis pertinet: ad ornatum puta quod ad instruendum forum theatrum stadium legatum fuerit: ad honorem puta quod ad munus edendum venationemve ludos scenicos ludos circenses relictum fuerit aut quod ad divisionem singulorum civium vel epulum relictum fuerit. Hoc amplius quod in alimenta infirmae aetatis, puta senioribus vel pueris puellisque, relictum fuerit ad honorem civitatis pertinere respondetur[78].

So betont Paulus, dass Legate zugunsten von Gemeinden nur wirksam sind, wenn sie entweder zur Ehre (*ad honorem*) oder zum Schmuck (*ad ornatum*) der Gemeinde beitragen. Als Beispiele für Schmuck nennt er Vermächtnisse zur Ausstattung des *forum*, eines Theaters oder Stadions, d. h. jedes Bauwerks, das im Bereich der Gemeinde angesiedelt ist[79]; Vermächtnisse zur Ehre des Gemeinwesens sind hingegen Zuwendungen für die Veranstaltung von Spielen, Tierkämpfen, Schauspielen oder Wagenrennen oder zur Verteilung unter den Bürgern sowie für ein öffentliches Gastmahl; schließlich gehören hierher auch Leistungen für bestimmte Personengruppen (Alimentarstiftungen)[80].

Vor allem hinsichtlich der Vermächtnisse *ad honorem* der Gemeinde ist eine Abgrenzung zur Selbstdarstellung des Verstorbenen notwendig. So führt Pomponius im Fortgang seines Exkurses zu lediglich sittlich verpflichtenden testamentarischen Anordnungen aus:

D. 33,1,7 (Pomp. 8 ad Quint. Muc.)

[...] *Ad auctoritatem scribentis hoc quoque pertinet, cum quis iussit in municipio imagines poni: nam si non honoris municipii gratia id fecisset, sed sua, actio eo nomine nulli competit.* [...][81].

76 Lepore 2012, 277–313 mwN.; knapp dazu auch Falcon 2020, 5.

77 Eine gute Übersicht über verschiedene Gestaltungsmöglichkeiten bildet die Inschrift zur Ehrung des Plinius, vgl. CIL V 5262 = AE 1999, 747 = EDCS-05100416 (Comum, 111–114 n. Chr.), dazu Eck 2001, 225–235.

78 Übersetzung: „Gemeinden kann auch etwas vermacht werden, das zur Ehre und zum Schmuck der Gemeinde gehört, zum Schmuck zum Beispiel, was für die Ausstattung eines Marktplatzes, eines Theaters oder Stadions vermacht worden ist; zur Ehre zum Beispiel, was zur Veranstaltung eines öffentlichen Festspiels oder eines Tierkampfes und zur Veranstaltung von Bühnenschauspielen oder Wagenrennen hinterlassen worden ist oder was zur Verteilung unter den einzelnen Bürgern oder für ein öffentliches Gastmahl hinterlassen worden ist. Darüber hinaus gehört, wie respondiert wird, auch das zur Ehre der Gemeinde, was für den Unterhalt derjenigen in einem schwachen Lebensalter, zum Beispiel für Alte oder Knaben und Mädchen, hinterlassen worden ist".

79 Thomas 1998, 264, 274; zur Rekonstruktion der Fora verschiedener Städte, vgl. Zimmer 1989, 9–12.

80 Zu den sog. Alimentarstiftungen, vgl. Duncan-Jones 1964; Mrozek 1973.

81 Übersetzung: „Zur Autorität des Schreibenden gehört auch das, wenn jemand befohlen hat, im *municipium* Bilder aufzustellen, denn wenn er es nicht zur Ehre des *municipium* gemacht hatte, sondern zu seinen, steht die Klage deswegen niemandem zu".

Genau wie die Denkmalsklausel (s. o. 2.1) ist die Bitte des Testators, in einer Gemeinde Bildnisse aufzustellen (*imagines poni*) nur dann verpflichtend, wenn ein Drittinteresse besteht, d. h. wenn die Bildnisse zu Ehren des *municipium* und nicht (allein) zur Ehrung des Verstorbenen aufgestellt werden.

Angesichts dieser Rechtslage war es aus Sicht einer um ihren Nachruhm bedachten Person zielführender, nicht direkt die eigene Ehrung von Erben oder Vermächtnisnehmern zu verlangen, sondern durch Zuwendungen *ad honorem* oder *ad ornatum* einer Gemeinde als Wohltäter derselben ein öffentliches Interesse an der eigenen Ehrung zu schaffen[82]. Der Einbezug des Gemeinwesens verschaffte dem ‚Stifter' also nicht nur gesellschaftliches Ansehen, sondern erhöhte die Chance auf eine städtische Ehrung[83]. Wie die Beispiele zeigen, erfolgt die öffentliche Ehrung für Verdienste der Stadt nicht nur aus öffentlichem, sondern auch aus privatem Anlass, indem die Statue von Nachkommen oder Freigelassenen des Geehrten finanziert wird, der Aufstellungsort hingegen durch Dekret der Dekurionen zugewiesen wird[84]. Der so beschriebene Konnex zwischen der Zuwendung an die Stadt und der eigenen Ehrung expliziert eine Ehreninschrift aus Axati (heute Lora del Rio) bei Sevilla:

CIL II 1055 = EDCS-05501061 (Axati, nach 138 n. Chr.)

L(ucio) Lucretio Severo | Patriciensi | et in municipio | Flavio Axatitano | ex incolatu decurioni | statuam quam testamento | s(uo) poni sibi iussit | datis sportulis | decurion[ibus m(unicipum)] | m(unicipii) F(lavi) Axatitani [---] | [---]simus XII[[85]

Der aus Córdoba stammende Lucius Lucretius Severus wird entsprechend seines testamentarischen Wunsches mit einer Statue geehrt, weil er *sportulae* für die *decuriones* gestiftet habe. Die zitierte Anordnung zeigt, dass der als *decurio* tätige *incola* der Stadt Axati die Wohltat als Rechtfertigung für die Ehrung verwendet[86]. Er geht mithin davon aus, dass die Bitte, ihn als Wohltäter der *decuriones* zu ehren, geeignet ist,

82 Vgl. Zimmer 1989, 31–32: „Neben den Statuen von Kaisern und göttlichen Personifikationen standen auf dem Forum von Djemila Bildnisse von Privatleuten, die sich besondere Verdienste um das Gemeinwesen erworben hatten".

83 Anders Wesch-Klein 1990, 6: „Den Stiftern der römischen Kaiserzeit dürfte unbeschadet anderer Motive zumindest eines gemeinsam gewesen sein, nämlich die Absicht, durch ihre Aufwendungen dem gesellschaftlichen Erwartungshorizont gerecht zu werden und somit gesellschaftliches Ansehen zu erlangen oder zu vergrößern".

84 Falcon 2020, 2–3 unterscheidet hinsichtlich der *dicatio ad patriam* die „*statuae decretae*, ossia quelle collocate per decisione del senato locale" und die „*statuae* che potremmo definire quasi *publicatae*, cioè poste in un luogo pubblico da parte di privati beneficiari (evergeti)".

85 Übersetzung: „Dem Lucius Lucretius Severus aus der *Colonia Patricia Cordubensis* [Cordoba] und, als ein Einwohner, *decurio* im flavischen *muncipium* von Axati, eine Statue, von der er in seinem Testament angeordnet hat, dass sie für ihn errichtet werde, weil er *sportulae* an die *decuriones* des flavischen *municipium* von Axati gegeben hatte [...]".

86 Zur Unterscheidung von *origo* und *incola*, vgl. Moatti 2014, 145.

um – genau wie in AE 1958, 137 und AE 1958, 138 – ein Interesse der Stadt an seiner Ehrung zu begründen und dadurch die eigene *memoria* zu sichern[87].

Über diese, die Ehrung lediglich erklärende Nennung von Fideikommissen hinaus überliefern einige Inschriften ausführliche Abschriften der fideikommissarischen Anordnung, in denen die Verwendungsbestimmungen im Detail wiedergeben werden[88].

3.2 Ausführliche Abschriften von Fideikommissen auf Statuenbasen

Die bedeutendsten Zeugnisse bilden die bekannten Ehreninschriften für Manius Megonius Leo aus Petelia; sie sind hier nur mit Blick auf die vom Testator ausgesetzten Fideikommisse zu behandeln[89]. Dabei ist zunächst zu erwähnen, dass die ausführlichen Abschriften fideikommissarischer Anordnungen lateral neben der frontalen Ehreninschrift angebracht sind, die den Patron der Stadt ob *merita eius* auszeichnet[90].

3.2.1 AE 1894, 148 und CIL X 114

Zunächst ist eine inschriftliche Publikation eines Fideikommisses zugunsten der *res publica* der Bürger von Petelia zu würdigen[91], die sich auf der rechten Seite einer Statuenbasis befindet. Auf der Front dieser Basis ehren *decuriones*, *Augustales* und der *populus* ihren Wohltäter.

AE 1894, 148 = ILS 6468 = EDCS-17100222 (Petelia, 138–161 n. Chr.), Z. 11–23:

Kaput ex testamento | Rei p(ublicae) municipium meorum, si mihi statua pedestris, | in foro superiore, solea lapidea, basi marmorea, ad exemplum basis | quam mihi Augustales posuerunt, prope eam quam mihi municipes |[15] *posuerunt, posita fuerit, HS ((sestertia)) C m(ilia) n(ummum), quae eis me vivo pollicitus sum, dari volo. | Ea autem condicione HS ((sestertia)) C m(ilia) n(ummum) q(uae) s(upra) s(cripta) s(unt) dari volo ut ex usuris semissibus | eius pecuniae omnibus annis die natalis mei, qui est X Kal(endas) April(es), | distributio fiat decurionibus epulantibus ((denario-*

---

87 Anders Johnston 1985a, 108, der den privatrechtlichen Charakter der Anordnung leugnet, etwa in D. 35,1,39,1 (Iav. 1 ex post. Lab.): *Cum ita in testamento scriptum erat "ut aliquid in foro fiat" neque adscriptum erat in quo foro, Labeo ait, si non appareat, quid mortuus senserit, in eius municipii foro faciendum, in quo is qui testamentum fecerit domicilium habuerit: quam sententiam ego quoque probo*; wie hier: Falcon 2020, 80–82.

88 Magioncalda 1999, 180–181.

89 Einzelheiten zu Manius Megonius Leo bei Babusiaux 2024b, 145–146.

90 CIL X 113 = EDCS-11400199 (Petelia, 138–161 n. Chr.).

91 AE 1894, 148 überliefert einen ersten Auszug aus dem Testament des Manius Megonius Leo auf einer Statuenbasis, die ihn als Patron der Gemeinde und Inhaber verschiedener Ämter feiert und von den *decuriones*, den *Augustales* und dem *populus* der Stadt Petelia errichtet wurde (Frontinschrift der gleichen Basis).

rum)) CCC, deducto ex his | sumptu strationis; reliqui inter eos qui praesentes ea hora erunt |[20] dividantur. Item Augustalibus eadem condicione ((denarios)) CL dari volo | et municipibus Petelinis utriusque sexus ex more loci ((denarium)) I om|nibus annis dari volo, item in cena parentalicia ((denarios)) L et hoc | amplius sumptum hostiae, prout locatio publica, fuerit dari volo. |[92]

Die rechter Hand angebrachte Inschrift hebt durch Einrücken und Buchstabengröße als Titel des Textes *Kaput ex testamento* hervor und zitiert sodann wörtlich aus den Bestimmungen des Testators. Er erklärt, dem Gemeinwesen 100'000 Sesterzen geben zu wollen (Z. 15 *dari volo*), wenn die Gemeindebürger ihm auf dem oberen Forum eine Statue, die ihn zu Fuß darstellt, errichten, wobei die Basis aus Marmor sein soll und derjenigen entsprechen soll, welche die *Augustales* bereits (zu seinen Lebzeiten) errichtet haben. Das Fideikommiss verweist auf eine *pollicitatio* zu Lebzeiten, die durch die letztwillige Anordnung bestätigt oder in Wirksamkeit gesetzt wird[93].

Die Summe soll der Gemeinde nicht zur freien Verfügung stehen. Vielmehr formuliert der Testator genaue Vorgaben zur Verwendung (Z. 16–23), wobei *condicio* hier nicht im Sinne einer Bedingung zu verstehen ist, sondern eine mit *verba precativa* (*dari volo*) formulierte Auflage. So verlangt Manius Megonius Leo zunächst, die Zinsen von 6%, d. h. 6'000 Sesterzen, an seinem Geburtstag so zu verwenden, dass 300 Denare unter den *decuriones* verteilt werden, die zur Speisung erschienen sind, wobei von dieser Summe vorab die Kosten für die Herrichtung des Speisezimmers abgezogen werden sollen; unter der gleichen Bedingung sollen die Augustales 150 Denare erhalten. Schließlich ordnet er (mittels sich wiederholendem *dari volo*) an, jedem Bürger oder jeder Bürgerin von Petelia jährlich einen Denar zu geben, sowie fünfzig Denare für die Speisung an den Parentalia und für die Kosten des Opfertieres.

Die der Stadt als primärem Fideikommissar auferlegten sekundären Fideikommisse begünstigen verschiedene Gruppen aus Petelia, die *sportulae* erhalten sollen; auch das Aufkommen für die Speisung (*cena parentalicia*) und das Opfertier an den

92 Übersetzung: „Kapitel aus dem Testament: Wenn für mich eine Statue, die mich zu Fuß abbildet, auf dem oberen Forum mit steinernem Fundament und einem Marmorsockel aufgestellt worden sein wird nach dem Vorbild des Sockels, den mir die *Augustales* aufgestellt haben, in der Nähe derjenigen [Statue], die mir die Bürger errichtet haben, so will ich, dass dem Gemeindevermögen meiner Mitbürger die 100'000 Sesterzen gegeben werden, die ich ihnen zu meinen Lebzeiten versprochen habe. Unter dieser Bedingung aber will ich, dass die 100'000 Sesterzen gegeben werden, die oben beschrieben worden sind, damit aus den Zinsen von 6 Prozent dieses Geldes jedes Jahr am Tag meines Geburtstages, der am 10. Tag vor den Kalenden des April (23. März) ist, eine Verteilung von 300 Denaren stattfinde, während die Dekurionen speisen, nachdem die Kosten für die Herrichtung des Speisezimmers abgezogen worden sind; die restlichen Geldstücke sollen unter denjenigen aufgeteilt werden, die zu dieser Zeit anwesend sein werden. Ebenso will ich, dass den *Augustales* unter derselben Bedingung 150 Denare gegeben werden, und ich will, dass den Bürgern von Petelia beiderlei Geschlechts nach örtlicher Sitte ein Denar in jedem Jahr gegeben werde, ebenso will ich, dass bei der Mahlzeit an den Parentalia fünfzig Denare und darüber hinaus die Kosten für das Opfertier gegeben werden, so wie es die öffentliche *locatio* ergeben hat".

93 Details dazu bei Magioncalda 1999, 179; Babusiaux 2024b, 148.

Parentalia ist fremdnützig. Der Eigennutz des Testators ergibt sich nur indirekt aus der Wahl seines Geburtstages für die *divisiones* der sportulae sowie aus der Tatsache, dass die Finanzierung von Speisung und Opfer an den Parentalia auch seiner *memoria* dient[94]. Vor allem aber legitimiert seine Großzügigkeit gegenüber der Gemeinde die ihm zuteil werdende öffentliche Ehrung durch die verschiedenen Begünstigten.

Diese Beobachtung gilt auch für ein weiteres Kapitel des Testaments des Manius Megonius Leo, das im Volltext auf der Basis der Statue, die ihm die *Augustales* errichtet haben, überliefert wird; auch diese Inschrift steht auf der rechten Seite der Basis, deren Front die Ehrung des Patrons durch die Augustales enthält. Auch hier wird die Abschrift durch eine einleitende und herausgehobene Überschrift *kaput ex testamento* angezeigt.

CIL X 114 = ILS 6469 = EDCS-11400200 (Petelia, 138–161 n. Chr), Z. 9–34:

Kaput ex testamento. |[10] *Hoc amplius rei p(ublicae) Petelinorum dari volo | HS X (milia) n(ummum) item vineam Caedicianam cum | parte{m} fundi Pompeiani ita uti optima maxi|maq(ue) sunt finibus suis qua mea fuerunt. Volo au|tem ex usuris semissibus HS X (milia) n(ummum) comparari Augus|*[15]*talium loci n(ostri) ad instrumentum tricliniorum du|um, quod eis me vibo tradidi, candelabra et lucerna[s] | bilychnes arbitrio Augustalium, quo facilius strati[o]|nibus publicis obire possint. Quod ipsum ad utilitate[m] | rei p(ublicae) n(ostrae) pertinere existimavi, facilius subituris onus Augu[s]|*[20]*talitatis dum hoc commodum ante oculos habent. | Ceterum autem temporum usura[s] semisse[s] HS X (milia) n(ummum) ad instr[u]|mentum Augustalium arbitrio ipsorum esse volo, qu[o] | facilius munus meum perpetuum conservare possint, | neque in alios usus usuras quas ita a re p(ublica) acceperint tra(ns)|*[25]*ferri volo quam si necesse fuerit in pastinationem. | Vineam quoq(ue) cum parte fundi Pompeiani sic ut su|pra dixi hoc amplius Augustalibus loci n(ostri) dar[i] | volo. Quam vineam vobis, Augustales, idcirco dari | volo quae est Aminea, ut si cogitationi meae, qua pro|*[30]*spexisse me utilitatibus vestris credo, consenseritis, | vinum usibus vestris, dumtaxat cum publice epulas ex|ercebitis, habere possitis. Hoc autem nomine relevati in| pendi(i)s facilius prosilituri hi qui ad munus Augustalit[a]|tis conpellentur.* [...][95]

94 Weitere Nachweise bei Engfer 2017, Katalog 195.

95 Übersetzung: „Kapitel aus dem Testament: Darüber hinaus will ich, dass dem Gemeindevermögen der Einwohner von Petelia 10'000 Sesterzen gegeben werden, ebenso ein Caedicianischer Weinberg mit einem Teil des pompejanischen Anwesens, so wie sie, die meine waren, frei von Lasten Dritter in ihren Grenzen sind. Ich will aber, dass aus den Zinsen von 6 Prozent 10'000 Sesterzen aufgebracht werden für die Ausrüstung der zwei Speisezimmer der *Augustales* unseres Ortes, die ich ihnen zu meinen Lebzeiten übergeben habe, für Kandelaber und zweiflammige Öllampen nach dem Ermessen der *Augustales*, damit sie leichter an öffentliche Gastmähler gehen können. Ich habe geglaubt, dass gerade das zur Nützlichkeit für unser Gemeinwesen gehört [und dass] es leichter sei für diejenigen, die die Last der *Augustalitas* auf sich nehmen werden, während sie dies als Vorteil vor Augen haben. Ich will, dass in der restlichen Zeit aber die Zinsen von 6 Prozent der 10'000 Sesterzen für die Ausrüstung der *Augustales* nach ihrem persönlichen Ermessen zur Verfügung stehen, damit sie mein Geschenk umso leichter als beständig bewahren können; und ich will nicht, dass die Zinsen, die sie auf diese Weise von der Gemeinde erhalten haben werden, auf andere Verwendungen übertragen werden als, wenn es nötig gewesen sein wird, auf die Umgrabung des Bodens des Weinbergs. Ich will, dass auch der Weinberg mit einem Teil des pompejanischen Anwesens so, wie ich es oben gesagt habe, darüber hinaus an die *Augustales* unseres Ortes gegeben wird. Ich will, dass dieser Weinberg,

Das mit *hoc amplius* einsetzende Zitat aus dem Testament des Wohltäters zeigt, dass der Text an ein bereits ausgesetztes Vermächtnis anschließt, womit das in AE 1894, 148 niedergelegte Fideikommiss gemeint sein könnte[96]. Auch diese weitere Zuwendung an die *res publica* von Petelia erfolgt durch Fideikommiss (*dari volo*), die ihrerseits durch sekundäre Fideikommisse beschwert wird. In diesem weiteren Vermächtnis legt der Testator seinem oder seinen Erben auf, der *res publica* von Petelia weitere 10'000 Sesterzen und einen Weinberg mit einem Grundstück in Pompeji herauszugeben *uti optima maximaq/ue* (Z. 12–13), d. h. frei von Lasten Dritter[97]. Von der *res publica* verlangt er sodann, das Geld anzulegen und aus den Zinsen von 6% die beiden Speisezimmer der *Augustales* auszustatten, die er (der Testator) den *Augustales* bereits zu Lebzeiten überlassen habe. Der Testator legt Wert darauf zu erklären, dass auch dieses Fideikommiss der Stadt nützlich sei, weil es die Last der *Augustalitas* erleichtere und somit den Zulauf zu dieser erhöhe[98]. Da der Testator offenbar davon ausgeht, dass die 6% Zinsen durch die Ausstattung des Speisezimmers nicht ausgeschöpft sind, verfügt er weiter (Z. 21–25), dass die *Augustales* den Rest des Ertrags nach freiem Ermessen zum Erhalt der Speisezimmer und zur Pflege des Weinbergs verwenden dürfen, nicht aber zu anderen Zwecken. Wie sich im Fortgang des Textes herausstellt, sollen die *Augustales* den Weinberg und das pompejanische Grundstück gemeinsam mit der Stadt innehaben und den Wein aus dem Weinberg für ihre Gastmähler erhalten (Z. 26–34). Auch diese Zuwendung rechtfertigt Manius Megonius Leo aus der Überlegung, dass Anwärtern auf diese Weise die Übernahme des Amtes der *Augustalitas* erleichtert werde, was wiederum der Stadt zugute komme. Es folgen weitere Bestimmungen dazu, welche Ausrüstung die Erben der Stadt und den *Augustales* zur Bewirtschaftung des Weinbergs jährlich zur Verfügung zu stellen haben (Z. 36–40).

Beide Abschriften der Fideikommisse des Manius Megonius Leo sind auf seine ausdrückliche Bitte hin publiziert worden. So hat er mit mit Blick auf das der Gemeinde auferlegte Fideikommiss verlangt:

AE 1894, 148 = ILS 6468 = EDCS-17100222 (Petelia, 138–161 n. Chr.), Z. 24–30:

A vobis, optimi municipes, peto et rogo, per salutem sacratissimi principis |[25] Antonini Augusti Pii liberorumque eius, hanc voluntatem meam et dis|positionem ratam perpetuamque habeatis, totumque hoc caput tes|tamenti mei basi statuae pedestris, quam supra a vos peti, ut mihi po|natis,

---

der aus aminäischer Rebe besteht, euch, *Augustales*, deshalb gegeben wird, damit ihr, wenn ihr mit meiner Überlegung übereingestimmt haben werdet, mit der ich, wie ich glaube, für eure Vorteile vorgesorgt habe, den Wein für eure Bedürfnisse haben könnt, wenigstens wenn ihr öffentliche Mahlzeiten veranstalten werdet. Aus diesem Grund aber von den Kosten befreit, werden diejenigen leichter hervorstürmen, die zukünftig zum Amt der *Augustalitas* gedrängt werden. […]".

96 Einzelheiten bei Babusiaux 2024b, 146–147.

97 Nachweise Babusiaux 2024b, 152 Fn. 42.

98 Vgl. Babusiaux 2024b, 152.

inscribendum curetis, quo notius posteris quoque nostris | esse possit vel eis quoque, qui munifici erga patriam suam erint, ad|[30]*moniat*[99].

Die Bitte wurde im Anschluss an den Testamentsauszug auf die rechte Seite der Statuenbasis, welche die Bürgerschaft für den Stifter errichtet hat, eingemeißelt. Es ist auffällig, dass diese Bitte mit einem Appell an das Wohlergeben des Antoninus Pius und seiner Kinder verbunden wird, was an Justinians Bericht zur Einführung der Klagbarkeit der Fideikommisse beim Wohl des Kaisers erinnert[100]. Die Bitte führt auch ein Motiv für die Publikation an: *quo notius posteris quoque nostris esse possit vel eis quoque, qui munifici erga patriam suam erint, admoniat* (Z. 28–30). Die Bekanntgabe soll also dazu dienen, den Willen des Manius Megonius Leo präsent zu halten und andere zur Nachahmung seiner Wohltätigkeit zugunsten der Stadt anzuspornen[101].

Die zweite Publikationsbitte des Manius Megonius Leo richtet sich an die *Augustales*; sie ist auf der linken Seite der Statuenbasis angebracht, die ihm von den *Augustales* errichtet wurde.

CIL X 114 = ILS 6469 = EDCS-11400200 (Petelia, 138–161 n. Chr.), Z. 41–46:

[A v]obis autem, Augustales, peto hanc voluntatem | meam ratam habeatis et ut perpetua forma obser|vetis curae vestrae mandetis. Quo facilius autem | nota sit corpori vestro haec erga vos voluntatem |[45] *totum loco kaput quod ad vestrum honorem perti|net*[102].

Auch diese Bitte ist mit *peto*, d. h. einem für Fideikommisse typischen Verb, eingeleitet. Als Motive nennt der Erblasser erstens, seinen Willen zu wahren, zweitens, die Kenntnis von seiner Anordnung in der Körperschaft (mit wechselnden Mitgliedern) zu erhalten. Während also die an die Gemeinde gerichtete Bitte, den Testamentsauszug zu publizieren, die Bindung des beschwerten Gemeinwesens betont, scheint die Publikation des Testamentteils durch die *Augustales* eher den Zweck zu verfolgen, die ihnen zustehenden Rechte für alle, auch spätere Mitglieder der Vereinigung, sichtbar zu überliefern[103].

Die vom ‚Stifter' klar artikulierten Publikationszwecke – Verpflichtung des primären Fideikommissars (AE 1894, 148) und Schutz des sekundären Fideikommissars (CIL

99 Übersetzung: „Von euch, allerbeste Bürger, erbitte und erfrage ich, beim Wohl des vergöttlichten Kaisers Antoninus Augustus Pius und seiner Kinder, dass ihr diesen meinen Willen und meine Anordnung für gültig und beständig haltet, und dass ihr dafür sorgt, dieses ganze Kapitel meines Testaments auf den Sockel des Standbildes, dessen Errichtung ich oben von euch erbeten habe, einzumeißeln, damit es auch unseren Nachkommen umso besser bekannt sein kann oder damit es auch diejenigen anspornt, die ihrer Heimat gegenüber freigiebig sein werden."

100 Einzelheiten bei Babusiaux 2024b, 149–151.

101 Zu dieser Funktion, vgl. Forbis 1996, 34–42 (*munificentia*).

102 Übersetzung: „Von euch aber, *Augustales*, erbitte ich, dass ihr diesen meinen Willen für gültig haltet und dass ihr ihn eurer Obhut anvertraut, damit ihr ihn in beständiger Form bewahrt. Damit dieser Wille euch gegenüber aber eurer Gemeinschaft umso leichter bekannt sei, [steht] das ganze Kapitel, das sich auf eure Ehrung bezieht, an diesem Ort".

103 Zur Urheberschaft der Inschrift, vgl. Babusiaux 2024b, 153.

X 114) – sind zwei Seiten einer Medaille, indem sie die Durchsetzung des Fideikommisses auch dann sichern sollen, wenn in der Personenmehrheit der beschwerten Stadt wie auf Seiten des begünstigten Vereins neue Personen zuständig und verantwortlich sind.

3.2.2 AE 2018, 879

Vergleichbares dürfte auch für die Ehreninschrift gelten, die den Wortlaut einer Alimentarstiftung überliefert, die von einer Frau senatorischen Rangs aus Hispalis (Sevilla) errichtet wurde.

AE 2018, 879 = EDCS-05501178 (Hispalis, 138–161 n. Chr.; Lesart der AE[104])

Fabiae Q(uinti) f(iliae) H[---]|lae consularis [filiae] | senatoris sorori, senatoris matri [--- pueri] | ingenui Iuncini item puellae i[ngenuae --- |[5] kaput ex testamento] | quodannis in annos singulos HS L mili[um usuras] | dari volo, quam summam bis in ann[o natali fili mei] | k(alendis) Maias et meo VII k(alendas) Maias in aliment[orum nomine] | accipian[t] pueri ingenui HS XXX nummos pu [ellae ingenuae XX n(ummos)] |[10] quam summam sufficere credo si tamen numerus [pueror(um) puellar(um)q(ue)] | maior erit pro por ⌜t⌝ ione qua inter masculos [femellasque cavi] | distribui omnibus volo quod si amplius er[ogabitur ex reditu] | ue inter eos distribuant[ur alimenta ---][105].

Das Gros der Inschrift ist aus früheren Abschriften rekonstruiert[106]; trotz des unklaren Fundkontextes erscheint es plausibel, dass die Inschrift auf der Basis einer Ehrenstatue für die ‚Stifterin' angebracht war[107]. Urheber der Ehrung sind freigeborene Jungen und Mädchen, die offenbar durch die Alimentarstiftung begünstigt worden waren[108]. Wie der Auszug auf Stein zeigt, hat die Erblasserin mit den für ein Fideikommiss typischen Worten *dari volo* angeordnet, die jährlichen Zinsen von 50'000 Sesterzen dazu zu verwenden, freigeborenen Jungen je 30 Sesterzen und freigeborenen Mädchen je 20 Sester-

104 D. h. nach der Rekonstruktion von Navarro Caballero/Hernando Sobrino 2018.

105 Übersetzung: „Für Fabia H [—]la, Tochter des Quintus, [Tochter] eines Konsulars, Schwester eines Senators, Mutter eines Senators, [—] die freigeborenen [Jungen sc. aus der gens der] *Iuncini* sowie die [freigeborenen] Mädchen [—]. [Kapitel aus dem Testament?]: Ich will, dass jedes Jahr für jedes einzelne Jahr [die Zinsen] von 50'000 Sesterzen ausgezahlt werden; diese Summe sollen sie zweimal im Jahr, [am Geburtstag meines Sohnes], an den Kalenden des Mai (= 1. Mai), und an meinem Geburtstag, am 7. Tag vor den Kalenden des Mai (= 25. April), als Unterhalt annehmen, nämlich die freigeborenen Jungen 30 Sesterzen und die [freigeborenen] Mädchen [20 Sesterzen]. Diese Summe halte ich für ausreichend, wenn nur die Zahl [der Jungen und Mädchen] größer sein wird, so will ich, dass sie für alle verteilt werde nach dem Verhältnis, nach dem ich unter den Jungen [und den Mädchen dafür gesorgt habe]; wenn also mehr aus[gegeben werden wird aus den Einkünften], sollen die Unterhaltszahlungen unter ihnen verteilt werden".

106 Magioncalda 1994a, 89; neue Ergebnisse bei Navarro Caballero/Hernando Sobrino 2018, 5, 9.

107 So auch Navarro Caballero/Hernando Sobrino 2018, 11–12.

108 Navarro Caballero/Hernando Sobrino 2018, 4, 14–15.

zen als Alimente auszuzahlen. Weiter hat sie festgelegt, dass die Auszahlung dieser Summe an zwei verschiedenen Tagen im Jahr erfolgen soll, wobei unklar bleibt, ob die Zinsen nur einmal geschuldet (6%)[109] und in zwei Tranchen ausgezahlt werden sollten[110], oder ob die Zinsen zweimal ausgezahlt werden sollten (12%)[111].

Bemerkenswert ist, dass die Stifterin auch Vorsorge für den Fall trifft, dass die zur Verfügung stehende Summe nicht ausreicht, weil mehr Kinder versorgt werden müssen als ursprünglich geplant. Sie hält zunächst fest, dass eine Erhöhung der Summe ausscheidet und ordnet sodann eine anteilsmäßige Kürzung der Begünstigungen an, wobei die Jungen entsprechend dem ursprünglichen Verhältnis von 30:20 mehr erhalten sollen als die Mädchen[112]. Wenn umgekehrt die Erträge den Bedarf übersteigen, soll anteilsmäßig mehr an die einzelnen Kinder verteilt werden.

Offen bleiben muss, wer (als Erbe, Legatar oder Vermächtnisnehmer) mit dem Fideikommiss der Erblasserin beschwert wurde; es ist möglich, dass es sich um die Stadt selbst handelte[113]; in jedem Fall sollte die Inschrift den Beschwerten öffentlich dazu anhalten, die Vorgaben zur Verwendung einzuhalten und das Geld entsprechend der Anordnungen der ‚Stifterin' zu verteilen.

3.2.3 CIL VIII 1641

Eine Alimentarstiftung bezeugt auch die auf einer Statuenbasis linkerhand angebrachte Abschrift aus letztwilligen Anordnungen des Publius Licinius Papirianus. Er wurde ausweislich der Front der Basis durch den angesehendsten Stand der Bürger von Sicca Veneria durch Statue und Inschrift geehrt.

CIL VIII 1641 = AE 1991, 1685 = EDCS-18300020 (Sicca Veneria, 175–180 n. Chr.)[114], Z. 17–35:

Municipibus meis Cirthensibus | Siccensibus carissimis mihi dare | volo HS MCCC (milia) vestrae fidei committo |²⁰ municipes carissimi ut ex usuris | eius summae quincuncibus quodan|nis alantur pueri CCC et puellae CC pueris | ab annis tribus ad annos XV et accipiant | singuli pueri X̶ (denarios) II (binos) s(emissem) menstruos puellae |²⁵ ab annis tribus ad annos XIII X̶ (denarios) II (binos) legi | autem debebunt municipes item in|colae dumtaxat incolae qui intra | continentia coloniae nostrae ae|dificia morabuntur quos, si vo|³⁰bis videbitur, optimum erit, per | IIviros cuiusque anni legi, cura|ri autem oportet, ut in locum ad|ulti vel demortui cuiusque sta|tim substituatur, ut semper ple|nus numerus alatur[115].

109 So Liebenam 1900, 109; Sanz Palomera 2010, 59.

110 Navarro Caballero 2017, Nr. 100.

111 Navarro Caballero/Hernando Sobrino 2018, 27–28 mwN.

112 Navarro Caballero/Hernando Sobrino 2018, 30–31.

113 Magioncalda 1994a, 90.

114 Lit.: Wesch-Klein 1990, 168–170; Christol/Magioncalda 1991.

115 Übersetzung: „Meinen mir allerliebsten Mitbürgern der Stadt Cirtha-Sicca will ich 1'300'000 Sesterzen geben. Ich vertraue eurer Treue an, liebste Mitbürger, dass aus den Zinsen von 5 Prozent dieses Geldbetrags jährlich 300 Jungen und 200 Mädchen ernährt werden, die Jungen im Alter von drei bis

Der Auszug aus den letztwilligen Verfügungen des Geehrten, die nicht unbedingt in einem formellen römischen Testament enthalten gewesen sein müssen[116], setzt ohne Überschrift ein, indem unmittelbar der Wortlaut der Verfügung einsetzt. Mit seiner an die Mitbürger gerichteten Ansprache, hält Publicus Licinius Papirianus einerseits fest, dass er der *res publica* die Summe von 1'300'000 Sesterzen „geben will" (*dare volo*), andererseits legt er seinen Mitbürgern durch sekundäres Fideikommiss (*vestrae fidei committo*) auf, aus den Zinsen des Betrags jährlich 300 Jungen und 200 Mädchen[117] zu alimentieren. Dabei bestimmt er, dass Jungen im Alter von drei bis 15 Jahren je 2,5 Denare monatlich, Mädchen im Alter von drei bis 13 Jahren hingegen 2 Denare monatlich erhalten sollen. Die Begünstigung soll nicht nur für Kinder von Bürgern, sondern auch für solche von Einwohnern (*incolae*) gelten[118]. Schließlich hält er fest, dass die Duumvirn die Kinderzahl auffüllen sollen, *ut semper plenus numerus alatur*[119].

Hinsichtlich dieser Verfügungen ist zunächst zu fragen, ob *dare volo* anstelle des üblichen *dari volo*[120] tatsächlich ein Fideikommiss anordnet[121]. In den Digesten ist *dare volo* nur einmal überliefert:

D. 31,43,1 (Pomp. 3 ad Q. Muc.)

Quod si ita fuerit: "quantum unus heres habebit, tantum Tithaso heredes meos dare volo", minor pars erit accipienda, quae venit in legato[122].

Im Lichte dieses Fragmentes könnte man auch in CIL VIII 1641 *heredes* oder *heredem* ergänzen, womit man auch für diesen Text von einem Kodizill ausgehen müsste, das

15 Jahren, und dass empfangen soll jeder einzelne Junge 2,5 Denare monatlich, die Mädchen im Alter von drei bis 13 Jahren: 2 Denare. Bürger werden aber ausgewählt werden müssen, ebenso Einwohner, freilich nur die Einwohner, die sich innerhalb der unmittelbar angrenzenden Gebäude unserer Kolonie aufhalten werden. Wenn es euch gut erscheinen wird, wird es am besten sein, dass diese durch die Duumvirn eines jedes Jahres ausgewählt werden; dass dafür gesorgt werde, ist aber nötig, damit an die Stelle eines jeden Erwachsenen oder Wegverstorbenen sofort [jemand] eingesetzt werde, damit immer die volle Anzahl ernährt wird".

116 Anders Toutain 1890, 79 Fn. 1 mit zahlreichen Zusatzhypothesen; ihm folgend Kallala 2004, 111.

117 In der Literatur wird dies aufgrund der genannten Summen meist in 300 Mädchen korrigiert, vgl. bereits ILS 6818; ferner Christol/Magioncalda 1991, 325. Die Frage kann hier außer Betracht bleiben.

118 Zum (ungewöhnlichen) Einbezug der *incolae*, vgl. Kallala 2004, 112–113; zu den in Alimentarstiftungen divergierenden Kriterien hinsichtlich Alter und Status der Begünstigten, vgl. zuletzt Engfer 2017, 233–240 mwN.

119 Zu diesem Zweck wird auch der Zinsertrag genau berechnet und aufgeteilt: 65'000 Sesterzen = 16'250 Denare, vgl. Christol/Magioncalda 1991, 324.

120 Technisch ist *do, lego* oder *do* oder *lego* allein. Eindeutig ein Vindikationslegat enthält z. B. AE 1955, 126 = AE 1993, 1759 = EDCS-13700356, d. h. das Vermächtnis des Volcius Messor.

121 So Christol/Magioncalda 1991, 323; Magioncalda 1999, 180.

122 Übersetzung: „Wenn dies so gewesen ist: ‚wieviel einer der Erben haben wird, soviel will ich, dass meine Erben Tithasus geben'. Es wird anzunehmen sein, dass der geringere Teil in das Legat gefallen ist".

vorherige Erbeinsetzungen voraussetzt (s. o. 2.1.1). Verzichtet man auf diese Ergänzung, bezeichnet *dare volo* eine zukünftige Zuwendung des Stifters selbst, deren Verwendung durch *verba precativa* gesteuert würde (s. u. 3.2.4). Aufgrund der Dauerhaftigkeit der Anordnung, die auch nach seinem Tod fortgeführt werden soll, ist die Ergänzung im Sinne von D. 31,43,1 durchaus plausibel, so dass erneut ein primäres Fideikommiss mit sekundärer Beschwer vorläge. Entgegen mancher Stimmen in der Literatur verstößt ein derartiges Fideikommiss auch nicht gegen das Verbot des Vermächtnisses *ad incertas personas*[123]: Da der Testator nicht nur die Auswahlkriterien (Alter, Geschlecht), sondern auch die Gruppe, aus der die Personen ausgewählt werden sollen (Bewohner der Stadt), im vorhinein festgelegt hat, hat er einen ausreichend bestimmten Willen mit Blick auf die Begünstigten gebildet[124]. Nicht auszuschließen ist aber auch eine lebzeitige Zuwendung, wobei vor allem die ungewöhnliche Höhe der Summe für das Bedürfnis nach einer lebzeitigen Kontrolle des ‚Stifters' sprechen könnte (s. u. 3.2.4).

In jedem Fall dient auch hier die Publikation auf Stein dazu, die ‚Stiftung' dauerhaft in Erinnerung zu halten und die Gemeinde zur Einhaltung der Vorgaben des Fideikommisses anzuhalten.

3.2.4 CIL XII 4393

Noch weitergehender publiziert eine aus Narbonne überlieferte Inschrift nicht nur die Verwendungsbestimmungen des Fideikommisses; vielmehr liefert sie eine Beschreibung des gesamten, schon zu Lebzeiten begonnenen Vorgangs der Zuwendung und der mit ihr verfolgten Zwecke. Auch diese Abschrift eines gesamten „Zuwendungsdossiers" findet sich auf der (linken) Seite einer Statuenbasis, auf deren Front das *collegium fabrum subaedianorum* der Stadt seinen Wohltäter ehrt[125].

CIL XII 4393 = EDCS-09301557 (Narbo, 2. Jh. n. Chr.), Z. 12–28:

Exemplum epistulae | Sex(ti) Fadi Pap(iria) Secundi Musae | in verba infra scribta: |[15] *[Fadi]us Secundus collegio fabrum Narbone(n)sium salutem. | [et(?)] plurimis et adsiduis erga me meritis vestris referre gratiam | [quam]quam difficile est, quo tamen amori vestro gratissimum sciam | [fore] modo largitionis inter liberos et clarissimum nepotem Iucundum | [seste]rtia sedecem mil{l}ia nummum V K(alendas) Maias primas die natali meo |*[20] *[ar]cae vestrae inferam eaque die usuras totius anni computatas | [ass]e octono pernumerabo. quo vel gratius sit munusculum meum | [porro] a pietate vestra peto, ut usuras eius summae ea die | [hones]tissimo habitu inter*

123 Anders Toutain 1890, 73–74.

124 Vgl. Gai. 2,238 und Gai. 2,239 zum Legat und Gai. 2,287 zu den Fideikommissen, zu allem Corbo 2012, 55–64.

125 CIL XII 4393 = EDCS-09301557 (Narbo, 2. Jh. n. Chr.), Z. 1–10; zur Art des *collegium*, vgl. Bouet 2001, 232: „Le rôle des *subaediani* n'est pas professionnel mais mutualiste, leur but premier étant d'assurer une sépulture décente à leurs membres".

praesentes et epulantes in perpetuum | [divi]datis, neque ea summa in ullum alium usum convertatur, |[25] [cum et] ha[c] epistula caveam et de[i]nceps tabulis meis cauturus | [sim, ut] si condicio [supra scripta(?)] mutata vel omissa fuerit, | [ea pequnia ad --- per]tineat vel si in petenda pequnia | [ii diff]erant, ad fiscum maximi principis. |[126]

Das Dossier besteht aus einer *epistula*, die Sextus Fadius Secundus Musa an das *collegium* gesendet hat und in der er um die Publikation dieses Briefes bittet (Z. 29–33), sowie einem – wie auf dem Stein vermerkt – von ihm selbst angebrachten Zusatz, der die Annahme des Briefes und seiner Bedingungen durch das *collegium* vermerkt (Z. 34–41). Der Brief selbst lässt sich in drei Teile gliedern: (1) In Z. 12–21 kündigt der Wohltäter eine geplante Zuwendung an das *collegium fabrum Narbonensium* an. (2) In Z. 21–24 bittet er die Mitglieder des *collegium* unter Appell an ihr Pflichtgefühl (*a pietate vestra peto*), jährlich an seinem Geburtstag den Zinsbetrag aus der Zuwendung unter den Mitgliedern aufzuteilen[127], und er verbietet, das Geld für einen anderen Zweck zu verwenden. (3) In Z. 25–28 stellt er schließlich fest, durch seinen Brief und bald auch in seinem Testament (Z. 25 *deinceps tabulis meis*) dafür zu sorgen, dass das Kapital im Fall eines Verstoßes einer anderen Personenmehrheit zustehe und, wenn diese mit der Einforderung zögere, dem Fiskus. Im Folgenden sind nur die Fragen, die mit der Publikation des Fideikommisses verbunden sind, zu erörtern; die Frage des rechtlichen Verhältnisses von lebzeitiger Zuwendung und Fideikommiss bleibt dabei – soweit möglich – außer Betracht[128].

3.2.4.1 Die lebzeitige Zuwendung mithilfe des Enkels

Hinsichtlich der Ankündigung einer zukünftigen Zuwendung (Z. 12–21) stellt sich zunächst die Frage, wie die Aussage *inter liberos et clarissimum nepotem Iucundum* (Z. 18)

---

126 Übersetzung: „Kopie des Briefes des Sextus Fadius Secundus Musa aus der Tribus Papiria gemäss den unten aufgeschriebenen Worten: ‚Fadius Secundus grüsst das *collegium fabrum* von Narbonne. Obwohl es schwierig ist, für eure sehr zahlreichen und fortwährenden Wohltaten mir gegenüber Dank zu erweisen, werde ich dennoch wissen, dass es für eure Zuneigung äußerst angenehm sein wird wegen der Art und Weise der Schenkung, [die ich] mithilfe meiner Kinder und meines höchst angesehenen Enkels Iucundus [machen werde]: Ich werde 16'000 Sesterzen in Münzen am fünften Tag vor den Kalenden des Mai, am Tag meines Geburtstags, eurer Kasse bezahlen und ich werde an diesem Tag die Zinsen des gesamten Jahres, berechnet auf das achte As, auszahlen. Damit euch mein kleines Geschenk auch noch dankenswerter erscheine, erbitte ich [ferner?] von eurem Pflichtgefühl, dass ihr auf ewig die Zinsen dieser Summe an diesem Tag bei ehrenwertester Präsenz zwischen den Anwesenden und den Speisenden aufteilt, und dass diese Summe nicht zu irgendeinem anderen Zweck verwendet werde, [weil] ich sowohl in diesem Brief vorsorgen werde als auch demnächst in meinem Testament dafür sorgen werde, dass, wenn die oben beschriebene Bedingung verändert oder ausgelassen worden sein wird, dieses Geld dem [...] gehöre oder, wenn diese bei der Eintreibung des Geldes zögern, es dem Fiskus des höchsten *princeps* gehöre.‘ [...]“.

127 Zu *epulum*, vgl. Wesch-Klein 1990, 34–37; zum Kriterium *inter praesentes*, vgl. Magioncalda 1999, 183.

128 Vgl. hierzu Babusiaux 2026 (im Druck).

zu verstehen ist. Die Mitwirkung der Nachkommen des Sextus Fadius Secundus Musa an der Zuwendung an das *collegium* könnte auf eine Gestaltung hinweisen, die als *divisio inter liberos* bekannt ist[129]. Durch eine derartige Teilung sorgt der spätere Erblasser bereits zu Lebzeiten dafür, dass bestimmte Vermögensgüter einzelnen Abkömmlingen zukommen; ihre Rechtsfolgen bestimmen sich nach der gewählten Verfügungsart[130]. Nimmt man an, dass Sextus Fadius Secundus Musa durch die Zuwendung an das *collegium* gleichzeitig seinem Enkel etwas zuwenden wollte, könnte man die ungewöhnliche Einzahlung des Kapitals wie der in Münzen abgezählten „Zinsen eines gesamten Jahres" (*totius anni*, Z. 20) plausibel erklären. Zinsen für die Überlassung von Geld werden üblicherweise vom Empfänger, nicht vom Geber gezahlt[131], weshalb die Zinszahlung mit der Auszahlung des Kapitals darauf hinweist, dass letzteres nicht beim *collegium* verbleibt, sondern an jemand anderen weiterfließt. Man könnte mithin vermuten, dass der Enkel Iucundus das Kapital von seinem Großvater erhalten soll und dafür der Kasse des *collegium* einen Zins zu zahlen hat. Für diese Erklärung spricht, dass – wie die Digesten zeigen – der Geber selbst (Sextus Fadius Secundus Musa) das hingegebene Geld nicht sogleich vom Empfänger als Darlehen zurücknehmen kann, sondern dass ein Darlehen nur bei Weitergabe an einen Dritten angenommen werden kann[132]. Geht man von einer solchen Konstruktion aus, wäre Sextus Fadius Secundus Musa als Kapitalgeber und damit Darlehensgeber anzusehen[133], der Erstempfänger, d. h. das *collegium* könnte als Zahlstelle fungieren[134], während der Enkel, dessen Beteiligung in der *epistula* hervorgehoben wird, als Darlehensnehmer fungierte.

Als weitere Voraussetzung ist zu unterstellen, dass das „Darlehen" nicht als unentgeltliches *mutuum* (ohne Zinszahlung), sondern als (unregelmäßige oder offene) Hinterlegung (*depositum irregulare*) gedacht war, bei der *ex fide bona* Zinsen geschuldet sein können[135]. Für die Hinterlegung spricht auch, dass das *depositum*, auch wenn es als *depositum irregulare* einem Darlehensvertrag nahe kommt, als Hauptzweck

129 Grundlegend Rabel 1907, 524–526; vgl. auch Gaudemet 1963, 147–151.

130 Es gibt hingegen keinen Anlass, die Wortfolge *modo largitionis* als Hinweis auf eine *pollicitatio* anzusehen, vgl. zur Diskussion der Abgrenzung: Lepore 2012, 363–387, der zu Recht betont, dass ein einseitiges Versprechen (*pollicitatio*) materiell als *donatio* angesehen werden konnte. Das bedeutet aber nicht, dass im Umkehrschluss alle bezeugten *donationes* als Ergebnis einer *pollicitatio* zu deuten seien.

131 Eine andere Möglichkeit wäre der Verzug mit der Auszahlung, für den aber keine weiteren Anhaltspunkte (*pollicitatio*) bestehen; zur Zinspflicht bei verspäteter Errichtung von versprochenen Statuen, Bildern oder Gebäuden, vgl. D. 50,10,5pr. (Ulp. lib. sing. de off. curat. rei publicae), dazu Lepore 2012, 334–338.

132 Vgl. D. 12,1,20 (Iul. 18 dig.), dazu Kleňová 2023, 72–75.

133 Zur *datio, ob dotem daret*, vgl. D. 23,3,5,9 (Ulp. 31 ad Sab.), dazu Kleňová 2023, 95–98.

134 Wenn das *collegium fabrum* das in die *arca* eingebrachte Geld im Anschluss sofort auf Anweisung des Gebers an den ihm nahestehenden Iucundus auszuzahlen hat, liegt keine Schenkung (*donatio*) im eigentlichen Sinn vor, sondern – wie zuletzt Kleňová 2023, 69–70 ausführlich begründet hat – eine *datio ob rem*.

135 Vgl. D. 16,3,28 (Scaev. 1 resp.), dazu zuletzt Walter 2023, Rn. 61–65.

weiterhin die Verwahrung der hinterlegten Sachen („la garde d'objets“) verfolgt[136], ein Zweck, der gut zu der Situation des *collegium* passt, dem die Last der Aufbewahrung des Kapitals genommen und stattdessen ein Zinsanspruch für die Verwendung des Geldes zugestanden würde[137]. Die Schwierigkeiten, die eine Personenmehrheit haben kann, das überlassene Geld nicht zu verlieren und sogar gewinnbringend anzulegen, sind aus Plinius‘ Empfehlung an seinen Freund Caninius, wie zu verfahren sei, um eine Verschwendung des für eine Stiftung vorgesehenen Geldes durch die Gemeinde zu vermeiden, gut bekannt[138].

Mit der Annahme eines *depositum* im Verhältnis *Iucundus* – *collegium* könnte man auch erklären, warum der ‚Stifter‘ Wert darauf legt, dass das Geld in die Kasse des *collegium* eingezahlt wird, denn nur wenn das *collegium* Eigentum an den Münzen erhalten kann, kann anschließend ein Realvertrag zwischen dem Enkel und dem *collegium* begründet werden[139]. Für das Verhältnis zwischen Iucundus und seinem Großvater wäre hingegen eine die Erbfolge vorwegnehmende Schenkung anzunehmen. Zu klären bleibt, wie die Auszahlung des Geldes durch den ‚Stifter‘ an das *collegium* zu qualifizieren ist. Dabei ist zu beachten, dass Sextus Fadius Secundus Musa dem *collegium* das Geld nicht zur freien Verfügung, sondern mit einer bestimmten Zweckbestimmung hinterlässt, namentlich sollen die Mitglieder die Zinserträge „auf ewig“ zwischen sich aufteilen (Z. 23–24). Vor allem behält sich der Geber vor, das Kapital einer anderen Personenmehrheit bzw. dem Fiskus zuzuwenden (Z. 26–28), also von den Empfängern herauszuverlangen, wenn sie seine Vorgaben zur Verwendung des Geldes verletzen. Die ersichtliche Widerruflichkeit der Zuwendung lässt keinen anderen Schluss zu, als dass es sich um eine *datio ob rem* handelt, d. h. um eine Leis-

136 Litewski 1974, 217: „Comme élément fondamental, il faut reconnaître le but juridique, qui était la garde d'objets dans le dépôt irrégulier de même que dans chaque autre dépôt. Ceci constituait la fonction économico-sociale du contrat.“; Hintergrund ist das fehlende Bankwesen, vgl. Bürge 1987, 508 mit Verweis auf den parallelen Fall der Anlage von Mündelgeld: D. 26,7,7,4–7 (Ulp. 35 ad ed.).

137 Dieser Aspekt bedürfte der Untersuchung für die meisten inschriftlichen ‘Stiftungen’, die ohne weiteres von Zinserträgen ausgehen, ohne dass über die Möglichkeit, diese Zinsen erzielen zu können, gesprochen würde.

138 Vgl. Plin. epist. 7,18,1–5. Dieser Zweck findet sich auch in CIL XI 379 = ILS 6664 = EDCS-24600980 (Ariminum; 3. Jh. n. Chr.), Z. 11–16: [...] *et praeterea singulis | vicis munificentia sua HS XX(milia) n (ummum) ad | emptionem possessionis cuius de | reditu die natalis sui sportular(um) |*[15] *divisio semper celebretur | largitus sit* [...]; vgl. auch CIL X 5853 = ILS 6271 = EDCS-20500078 (Ferentinum, Anfang 2. Jh. n. Chr.), Z. 8–10: [...] *Hic ex s(enatus) c(onsulto) fundos Ceponian(um) | et Roianum et Mamian(um) et pratum Exosco ab r(e) p(ublica) redem(it) | HS LXX m(ilibus) n(ummum) et in avit(um) r(ei) p(ublicae) reddid(it) ex quor(um) reditu* [...]; zu Plinius, vgl. Le Bras 1936, 38; Bürge 1982, 139–140; Mrozek 1987, 56–57; Magioncalda 1999, 186; Lepore 2012, 374–383.

139 Natürlich kann auch dies nicht ausgeschlossen werden, weil – wie Bürge gezeigt hat – in einer liquiditätsarmen Gesellschaft oftmals eine Naturalerfüllung erfolgt und Geldsummen nur als Berechnungsgröße dienen, vgl. Bürge 1982, 140–142; die hier vorgeschlagene Rekonstruktion versucht aber im Sinne von *Ockham's razor* mit so wenigen Zusatzhypothesen wie möglich auszukommen, vor allem, wenn diese keinen Anhaltspunkt im Text finden.

tung zu einem zukünftigen Zweck, die den Geber bei Verstoß des Empfängers gegen die Zweckbestimmung zur Rückforderung mittels *condictio* berechtigt[140].

3.2.4.2 Das Fideikommiss unter Lebenden und die Übersetzung in das Testament

Mit den *verba precativa a pietate vestra peto* (Z. 21–24) bittet der ‚Stifter' das *collegium* darum, die Zinserträge des in die *arca* eingezahlten Kapitals unter den anwesenden und speisenden Mitgliedern am Tag des Geburtstags des ‚Stifters' *in perpetuum* (Z. 23) zu verteilen[141]. Die Worte explizieren die Erwartung, die bereits in den ersten Zeilen der *epistula* formuliert worden sind (Z. 16–18): *plurimis et adsiduis erga me meritis vestris referre gratiam | [quam]quam difficile est, quo tamen amori vestro gratissimum sciam | [fore] modo largitionis, inter liberos et clarissimum nepotem Iucundum* | [...]. Die Formulierung *gratissimum sciam* verweist auf die auch in den Juristenschriften vorkommende Verwendung von *scire* für ein vom Empfänger erwartetes Verhalten, wobei die Enttäuschung dieser Erwartung als Fideikommiss gedeutet wird, mit dem das erwartete Verhalten verlangt wird[142]. Die in der *epistula* des Sextus Fadius Secundus Musa ausgesprochene Erwartung, dass sich das *collegium* dankbar erweisen werde mit Blick auf seine Schenkung, verweist auf die Zuneigung der Vereinsmitglieder gegenüber ihrem Patron und kann bei Enttäuschung der Erwartung, d. h. bei Nichteinhaltung der Schenkungsbestimmungen, eine Restitutionspflicht begründen.

Dass der Stifter genau eine solche Herausgabepflicht gemeint hat, ergibt sich aus dem dritten Teil (Z. 25–28) seiner *epistula*: |[25] *[cum et] ha[c] epistula caveam et de[i]nceps tabulis meis cauturus | [sim, ut] si condicio [supra scripta(?)] mutata vel omissa fuerit, | [ea pequnia ad — per]tineat vel si in petenda pequnia | [ii diff]erant, ad fiscum maximi principis*. Liest man diese Bestimmung ohne Berücksichtigung der Z. 16–18, könnte der Eindruck entstehen, der Entzug der Zuwendung zugunsten einer weiteren Personenmehrheit bzw. zugunsten des *fiscus* sei nur im Testament aufgenommen worden[143]; in Wahrheit gilt das Rückforderungsrecht schon für die lebzeitige *datio ob rem*, d. h. aus *quo tamen amori vestro gratissimum sciam* (Z. 17)[144].

---

140 Zur *datio ob rem*, vgl. Ernst 2005, 30–31; Kleňová 2023, 41–70; eine alternative Lösung (Stipulationsversprechen der Auflage) zeigt CIL XIV 367 = ILS 6164 = EDCS-05700367 (Ostia, 182 n. Chr.), dazu Zahn 2021, 169–171.

141 Das Vermögen des Vereins ist von den Individualvermögen zu trennen, vgl. Zahn 2021, 262 zu CIL VI 33885 = ILS 7214 = EDCS-24100398 (Rom, 117–138 n. Chr.); Zahn 2023, Rn. 38: „Die Vereine haben ein eigenes Vermögen (*res communes*)" und Rn. 46: „Die Berechtigung der Personenmehrheit an ihrem Vermögen wird allerdings nicht dahingehend verstanden, dass die Personenmehrheit als eine abstrakte Einheit Inhaberin des Vermögens ist".

142 D. 30,118 (Nerat. 10 reg.); D. 32,39pr. (Scaev. 20 dig.), dazu Johnston 1988, 159; vgl. auch D. 31,67,10 (Pap. 19 quaest.), dazu Babusiaux 2011, 142–152.

143 Zu diesem Sicherungsmittel, vgl. Magioncalda 1999, 198–200.

144 (Z. 21–24): [...] *quo vel gratius sit munusculum meum | [porro] a pietate vestra peto, ut usuras eius summae ea die | [hones]tissimo habitu inter praesentes et epulantes in perpetuum | [divi]datis, neque*

Genau diese Doppelung – d. h. die Widerruflichkeit der lebzeitigen wie der testamentarischen Zuwendung – hält Sextus Fadius Secundus Musa ausdrücklich fest, wenn er betont, dass die *epistula* bereits dafür gesorgt habe (*caveam*), dass das *collegium* seinen Willen befolge, und dass er auch in seinem Testament dafür sorgen werde (*cauturus sim*). Der (geplante) Widerruf der Zuwendung unter Zuweisung an die andere Personenmehrheit bzw. an den *fiscus* ist als *translatio fideicommissi* unter negativer Potestativbedingung anzusehen[145]. Diese testamentarische Gestaltung übersetzt die lebzeitige *datio ob rem*, d. h. die Zuwendung des Geldes mit der Zweckbestimmung, seine Erträge zwischen den Mitgliedern aufzuteilen, in das Erbrecht[146]. Bemerkenswert daran ist, dass die lebzeitige und die letztwillige Planung des ‚Stifters' in einer Urkunde verbunden sind, also von vornherein als einheitliches Geschäft gedacht werden, was sich am deutlichsten darin zeigt, dass auch die lebzeitige Zweckbestimmung mit Worten eingeleitet wird, die dem Fideikommissrecht entlehnt sind[147].

3.3.4.3 Die Publikationsbitte des Sextus Fadius Secundus Musa

Auch Sextus Fadius Secundus Musa hat das begünstigte *collegium* um die Publikation seiner Zuwendung und ihrer Bedingungen gebeten. Diese Bitte wurde ebenfalls in den Stein eingemeißelt.

> CIL XII 4393 = ILS 7259 = EDCS-09301557, Z. 29–41:
>
> *[hanc vo]luntatem meam, si modo probaveritis, et vestram |30 [adsen]sionem uti aereae tabulae inscalptam ante aedem | [publice(?)] proponatis et in basi statuae quam mihi posuistis | [latere de]xtro scribatis, impensissime peto, | [quo cer]tior futurae observationis in desiderio meo probatio sit. | [deinde(?)] manu Fadi Secundi subnotatum erat: |35 [acta(?) it]a e mandato. scribsi Kalendis Octobribus Orfito et | [Prisco c]o(n)s(ulibus). epistulam pro perfecto instrumento retinebitis. | [val]ere vos cupio, domini optimi et karissimi mihi. | [huius liber]alitatis in perpetuum conservandae et | [celebr]andae gratia fabri subaediani Narbone(n)ses |40 [exemplum cu]m tabula aerea conlatum ante aedem loco | [celeberr]imo ponendum censuerunt*[148].

---

ea summa in ullum alium usum convertatur | […]. Eine vergleichbare lebzeitige Stiftung ist CIL XI 126 = EDCS-20000025 (Ravenna, 2. Hälfte 2. Jh. n. Chr., so Goffin 2002, A-292–293).

145 Einzelheiten hierzu bei Babusiaux 2025 (im Druck); Beispiele auch bei Zahn 2021, 168–172.

146 D. 32,37,3 (Scaev. 18 dig.), dazu ausführlich Kleňová 2019; vgl. auch Zahn 2021, 173, der zutreffend erkennt, dass die Kautelarpraxis Schenkung und Fideikommiss als parallel oder verbunden auffasst. Einzelheiten bei Babusiaux 2026 (im Druck).

147 Zu weitgehend daher Zahn 2021, 258: „In Rechtsgeschäften unter Lebenden ist die Verwendung von *verba precativa* funktionslos, da das Fideikommiss ein Geschäft von Todes wegen darstellt".

148 Übersetzung: „‚Ich bitte euch inständigst, dass ihr diesen meinen Willen, wenn ihr ihn gebilligt haben werdet, und eure Zustimmung, auf einer bronzenen Tafel eingraviert, vor dem Tempel aufstellt und dass ihr [beides] auf der Statuenbasis, die ihr mir errichtet habt, auf der rechten Seite hinschreibt, damit der Beweis für eine zukünftige Einhaltung bezüglich meines Wunsches umso sicherer sei.' [Hierauf?] war von der Hand des Fadius Secundus unten angemerkt worden: ‚[Geschehen?] auf diese Weise auf meine Anordnung hin. Ich habe es geschrieben an den Kalenden des Oktobers, als Orfitus und Priscus Konsuln waren. Ihr werdet den Brief als vollkommenen Beweis bei Euch behalten.

Auch die Publikationsbitte wird mit einem *verbum precativum* formuliert (Z. 32 *peto*). Deutlicher als Manius Megonius Leo formuliert der Stifter aus Narbonne, dass er die Publikation zum Beweis nehmen werde, dass das *collegium* gewillt sei, die Vorgaben einzuhalten. Die steinerne Abschrift erwähnt daher auch die von der Hand des Gebers dem ursprünglichen Dokument hinzugefügte Zustimmung des *collegium*, den Willen des ‚Stifters' ewig zu wahren (Z. 38 *in perpetuum conservandae*), die – wie der angefügte Beschluss des *collegium* zeigt – durch Anfertigung einer bronzenen Abschrift der *epistula* öffentlich bekannt gemacht werden soll.

Das Dossier des Sextus Fadius Secundus Musa zeigt erstens, dass die steinerne Abschrift neben einer (jedenfalls geplanten) bronzenen Abschrift erstellt wurde[149]. Zweitens ergibt sich, dass die Publikation nicht nur vom ‚Stifter' gewünscht war, sondern auch die Zustimmung des *collegium* zu den Verwendungsbestimmungen anzeigen sollte, weshalb auch der Beschluss der Mitglieder, d. h. die Zustimmung zur Publikation der *epistula* des Wohltäters, auf den Stein abgeschrieben wurde. Beide Beobachtungen führen zu dem Schluss, dass die Publikation des Dossiers nicht nur Ausdruck der Selbstdarstellung des ‚Stifters' war, sondern jedenfalls von den Parteien selbst auch als Annahme der Zuwendungsbestimmungen gedeutet wurde. Die Publikation diente mithin nicht allein dazu, die Verwendungsmodalitäten publik zu machen und präsent zu halten, um Streitigkeiten zu vermeiden[150]; vielmehr sollte dadurch auch eine Art „Konsens" über die Zweckverwendung des Geldes dargelegt werden. Dabei mag es von Bedeutung sein, dass die ‚Stiftung' des Sextus Fadius Secundus Musa nicht – wie die zuvor betrachteten Anordnungen – über eine Zuwendung an die *res publica* errichtet wurde, sondern direkt mit einem begünstigten (wie beschwerten) *collegium*, d. h. einer privaten Vereinigung.

Nach diesen Überlegungen bleibt abschließend zu untersuchen, ob die öffentliche Publikation der Fideikommisse auf Stein tatsächlich geeignet war, die Chancen auf Durchsetzung des jeweiligen Fideikommisses zu erhöhen.

3.3 Die Durchsetzung der Verwendungsbestimmungen

Hinsichtlich dieser Frage erscheint es ratsam, die der Gemeinde auferlegten Verwendungsbestimmungen von denjenigen, die privaten Vereinigungen vorgegeben werden, zu unterscheiden.

Ich wünsche mir, dass es Euch gut geht, beste und mir allerliebste Herren.' Zur Bewahrung dieser Zuwendung auf ewig und zu ihrer allgemeinen Bekanntmachung haben die Kunsttischler (*subaediani*) von Narbonne entschieden, dass eine Abschrift, auf einer bronzenen Tafel eingetragen, vor dem Tempel am allerbelebtesten Ort aufgestellt werden müsse".

149 Magioncalda 1992, 472.

150 Christol/Magioncalda 1991, 322.

3.3.1 Fideikommisse in Gemeindefinanzen

Soweit erkennbar, wurden der Gemeinde zugewandte ‚Stiftungsgelder' nur im Ausnahmefall durch einen *curator*, und damit getrennt von den übrigen Finanzen der Stadt, verwaltet[151]. Die zweckgebundene Verwendung der Gelder durch die Gemeinde selbst wurde allerdings durch die Kaiser überwacht[152].

> D. 50,8,6 (Valens 2 fideicomm.)
>
> *Legatam municipio pecuniam in aliam rem quam defunctus voluit convertere citra principis auctoritatem non licet. [...]*[153] *sed municipio pecuniam legatam, ut ex reditu eius venatio aut spectacula edantur, senatus in eas causas erogari vetuit: et pecuniam eo legatam in id, quod maxime necessarium municipibus videatur, conferre permittitur, ut in eo munificentia eius qui legavit inscriptione notetur*[154].

Nach diesem Auszug aus der Schrift des Aburnius Valens zu Fideikommissen[155] darf die Gemeinde vermachtes Geld nur dann zu einem anderen Zweck als vom Erblasser festgesetzt verwenden, wenn dies vom *princeps* genehmigt wird[156]. Ausnahmen gelten nur dann, wenn der Erblasser eine Verwendung verlangt hat, die – wie Tierhetzen und Schauspiele – vom Senat verboten worden ist[157]; die für diese unzulässigen Zwecke hinterlassenen Gelder können notwendige Ausgaben der Gemeinde decken: *ut in eo munificentia eius qui legavit inscriptione notetur*. Das Fragment stellt damit einen Bezug zwischen der Umwidmung des hinterlassenes Geldes und der Inschrift her, indem es von der Gemeinde verlangt, das Lob der Freigiebigkeit des Erblassers auch mit Blick auf die neue Zweckverwendung in einer Inschrift aufzunehmen. Die epigraphische Praxis zeigt, dass diese Vorgabe beachtet wurde[158]. Auf diese Weise bezeugen die Inschriften nicht nur den ursprünglichen Verwendungszweck; vielmehr ist ihnen

---

151 MAGIONCALDA 1999, 215.

152 JOHNSTON 1985a, 120; PAULUS 1992, 195–196; vgl. auch LICANDRO/PALAZZOLO 2021, 82–83.

153 Der ausgelassene Mittelteil behandelt das hier nicht zu verfolgende Problem der *lex Falcidia*.

154 Übersetzung: „Es ist nicht erlaubt, das einer Gemeinde vermachte Geld ohne die Ermächtigung des Kaisers einer anderen Sache zuzuwenden, als der Verstorbene wollte. [...]. Aber der Senat hat verboten, dass das einer Gemeinde vermachte Geld, damit aus dessen Einkünften eine Tierhetze oder Schauspiele veranstaltet werden, für diejenigen Gründe ausgegeben werde. Und es wird erlaubt, das deswegen vermachte Geld für das, was den Bürgern am allernötigsten erscheint, aufzuwenden, und dass dabei die Freigiebigkeit desjenigen, der es vermacht hat, durch eine Inschrift kenntlich gemacht werde".

155 Zu dem in den Digesten selten zitierten Juristen (unter Hadrian), vgl. LIEBS 2010, 38–39.

156 Vgl. PAULUS 1992, 195–196 unter Verweis auf Suet. Tib. 31,1.

157 Vgl. auch D. 50,12,13,1 (Pap. Iust. 2 de const.), dazu MAGIONCALDA 1999, 195; LICANDRO/PALAZZOLO 2021, 4–5, 11–28.

158 Ein Überblick zu den *regiones* X und XI bei ZACCARIA 1990, bes. 133–134; vgl. z. B. CIL V 969 = EDCS-01600246 (Aquileia, 2. Jh. n. Chr.); CIL V 6513 = EDCS-05101678 (Novaria, 2. Jh. n. Chr.); CIL V 1008a = EDCS-62900325 (Aquileia, 1. Jh. n. Chr.); ferner CIL X 829 = EDCS-11400913 (Pompei, 80–60 v. Chr.); zu literarischen Zeugnissen, vgl. WESCH-KLEIN 1990, 192.

auch die vom erblasserischen Willen abweichende Verwendung durch die Gemeinde zu entnehmen. Somit diente die Inschrift der Gemeinde auch dazu, Rechenschaft über die Verwendung von Geldern abzulegen, wobei durch die steinerne Abschrift dauerhaft nachgewiesen werden konnte, dass die *res publica* grundsätzlich bereit war, den Vorgaben ihrer Wohltäters zu folgen.

3.3.2 Testamentsurkunden und fideikommissarische Stiftungen

Für die Fideikommisse zugunsten und zu Lasten privater Vereinigungen war hingegen die *petitio fideicommissaria* anzuwenden[159]. Mit dieser privatrechtlichen Klage konnte sowohl Erfüllung des Verwendungszweckes, z. B. die Verteilung von Geld, als auch die Herausgabe des Kapitals, d. h. Übertragung der primären Zuwendung auf einen neuen Berechtigten (*translatio fideicommissi*), verlangt werden.

Im Rahmen dieser Klage konnte die durch die Wahl eines *collegium* als Beschwerten bzw. Begünstigten angestrebte ‚ewige' Dauer der fideikommissarischen ‚Stiftung' zu Beweisschwierigkeiten führen[160]. Zwar ist sowohl für Rom als auch für die Provinzen von Archiven auszugehen[161], die auch noch nach längerer Zeit zu Details der Zuwendung konsultiert werden konnten[162]; genauso wie bei privater Verwahrung, für die das prätorische Edikt entsprechende Offenbarungspflichten vorsah[163], musste aber die durch den Verwendungszweck oder im Wege der *translatio* sekundär Begünstigten überhaupt ahnen können, dass die Verfügung entsprechende Bestimmungen enthielt. Der oder die primär Begünstigten (und mit der Verwendungs- oder Entzugsbestimmung Beschwerten) hatten wenig Interesse, diese Informationen offenzulegen. Nur wenn die entfernteren Begünstigten überhaupt Anlass hatten, entsprechende Verfügungen zu ihren Gunsten zu vermuten, bestand Grund, um eine Abschrift beim Archiv zu ersuchen bzw. die Rechtsmittel des prätorischen Edikts zur Vorlage und Herausgabe von Testamentsurkunden zu ergreifen[164]:

---

159 Zur *petitio fideicommissaria*, vgl. Babusiaux 2019, 141–151 mwN.

160 Zur Dauerhaftigkeit, vgl. Le Bras 1936, 41–42; Magioncalda 1999, 176–177, vgl. auch Chevreau 2009, 230: „la permanence des cités épouse parfaitement la vocation perpétuelle de l'obligation"; 231: „Le droit romain a perçu la supériorité des entités comme les cités et les universalités [...] à travers le prisme de la permanence, dans le temps, de ce type de groupement".

161 Zur Archivierung als typischem Merkmal römischer Herrschaft, vgl. Dolganov 2025, bes. 3–6 (Rom), 11–12 (Provinzen); zu den Archiven in Ägypten, vgl. Burkhalter 1990, bes. 203–208 (zu den Privaturkunden).

162 Zur – nicht auf Ägypten beschränkten – Archivierung von Testamenten, vgl. Dolganov in diesem Band.

163 D. 29,3,1pr.–1 (Gai. 17 ad ed. prov.), dazu Lenel 1927, 362–363. Zur *editio* des Testaments, vgl. Lenel 1927, 363; Bürge 1995, 25–26, der auf die Vorgabe einer *editio sine die et consule* hinweist, die Fälschungen vermeiden soll.

164 Weitere Belege bei Vidal 1965, 550.

D. 43,5,1pr. (Ulp. 68 ad ed.)

Praetor ait: "Quas tabulas Lucius Titius ad causam testamenti sui pertinentes reliquisse dicetur, si hae penes te sunt aut dolo malo tuo factum est, ut desinerent esse, ita eas illi exhibeas. [...][165].

So konnte man denjenigen, gegen den man vorbrachte, er halte Testamentstafeln eines Dritten arglistig zurück, mit dem *interdictum de tabulis exhibendis* zur Vorlage zwingen[166]; ebenso konnte der Prätor eine Person zur Duldung der Einsicht und Abschrift eines Testaments verpflichten, von der bekannt war, dass sie die (fremden) Tafeln bei sich aufbewahrte:

D. 29,3,2,8 (Ulp. 50 ad ed.)

Si quis non negans apud se tabulas esse non patiatur inspici et describi, omnimodo ad hoc compelletur: si tamen neget penes se tabulas esse, dicendum est ad interdictum rem mitti quod est de tabulis exhibendis[167].

Bei alldem ist zu beachten, dass gerade bei den ‚Stiftungen' die Einsicht in die Testamentsurkunde nicht nur im Moment der Testamentseröffnung, sondern auch später notwendig sein konnte[168]. Auch wenn ein einmal eröffnetes Testament, das durch die Befragung der Testamentszeugen in seiner Authentizität bestätigt worden war[169], nicht ein weiteres Mal eröffnet werden musste[170], ist vorstellbar, dass die Bedingungen eines Fideikommisses, das einer Personenmehrheit auferlegt worden war, mit der Zeit in Vergessenheit geraten konnten: Einerseits wurden die Mitglieder der Vereinigung schrittweise erneuert; andererseits verblasste die persönliche Erinnerung an

---

165 Übersetzung: „Der Prätor sagt: ‚Wenn diese Tafeln, von denen angenommen wird, dass Lucius Titius sie zu dem Zweck hinterlassen hat, dass sie zu seinem Testament gehören, bei dir sind oder durch deine Arglist bewirkt wurde, dass sie nicht mehr bei dir sind, so musst du diese jenem vorlegen.'".

166 Vgl. Nisoli 1949, 56–57 mwN.; zum *interdictum de tabulis exhibendis*, vgl. Isola 2023, Rn. 44–45.

167 Übersetzung: „Wenn jemand, der nicht bestreitet, dass die Tafeln bei ihm sind, nicht zulässt, dass sie eingesehen und abgeschrieben werden, wird er in jedem Fall dazu gezwungen werden. Aber wenn er bestreitet, dass die Tafeln bei ihm sind, muss man sagen, dass die Sache an das Interdikt über die Vorlage von Testamentstafeln verwiesen wird".

168 Hierzu fügt sich bestens, dass – wie Dolganov in diesem Band zeigt – einmal eröffnete Testamente (ebenfalls) aufgezeichnet und archiviert wurden.

169 Vgl. D. 29,3,4 (Ulp. 50 ad ed.); D. 29,3,5 (Paul. 8 ad Plaut.), dazu zuletzt Nowak 2015, 73–94. Dies ist – wie Nowak 2015, 88 zutreffend festhält – eine Folge des Manzipationstestaments: „Witnesses were an essential element of the opening procedure, for they safeguarded the authenticity of the will. Their role was especially important in the opening of Roman wills, which were composed without the intervention of any official and deposited privately; their authenticity thus depended almost entirely on the declarations of the sealers".

170 Einzelheiten zur öffentlichen Testamentsapertur bei Günther 2007, 75–76; Paul. sent. 4,6,1. Der zeitliche Bezugspunkt des Textes bleibt umstritten, vgl. zuletzt Ruggiero 2017, 177 Fn. 90: „il frammento [...] conferma la prassi di depositare l'originale del testamento in un luogo pubblico, ai fini di garantire la veridicità del suo contenuto"; Arcaria 2013, 174–175; vgl. auch Ruggiero 2017, 339–376.

den Wohltäter. Zwar waren Fideikommisse (anders als Legate) auch ohne Testament zulässig; soweit sie allerdings im Testament angeordnet worden waren, hing ihre Wirksamkeit genau wie diejenige der Legate vom Eintritt der testamentarischen Erbfolge ab[171]; zudem finden sich auch Intestatfideikommisse, deren Existenz und Inhalt ebenfalls zu beweisen war, wie z. B. durch die *epistula* in CIL XII 4393.

Aus Perspektive des beschwerten *collegium* wie der begünstigten Mitglieder stellte die Publikation auf Stein sicher, dass jederzeit Klarheit über die Zwecke der Zuwendung gewonnen werden konnte; gleichzeitig reduzierte die steinerne Abschrift die Abhängigkeit der Zuwendungsempfänger vom Altruismus der Beschwerten und erhöhte damit die Wahrscheinlichkeit, dass der vom ‚Stifter' gesetzte Verwendungszweck auch auf lange Sicht beachtet wurde.

4 Rechtsschutz aufgrund Publikation

Die inschriftlich überlieferten Fideikommisse stehen neben epigraphisch bezeugten Schenkungen mit Auflage, *dationes ob rem* und/oder Modallegaten, die ebenfalls die Zuwendungsbedingungen für Beschwerte wie Begünstigte dauerhaft festhalten[172]. Im Kontext der ‚Stiftungen' ist vor allem die direkte Klagbarkeit des Fideikommisses im Vergleich zur Schenkung oder zum Legat mit Auflage als vorteilhaft hervorzugeben[173]. Zwar bleibt es dabei, dass die Abschrift auf Stein keine Bedingung für die Rechtwirksamkeit der formlosen Verfügung darstellte. Es liegt aber auch keine bloße Selbstdarstellung des Wohltäters oder eine mehr oder weniger erzwungene *memoria* der Gemeinde oder der begünstigten Personenmehrheit vor. Vielmehr dient die inschriftliche Publikation der Effektivität des Rechtsschutzes für den Fideikommissar (und damit den Zwecken des Erblassers): Die Inschrift garantierte die dauerhafte Bekanntheit der Verwendungsbedingungen und erlaubte damit auch nach Zeitablauf die gerichtliche wie die kaiserliche Kontrolle über die zutreffende Verwendung des ‚Stiftervermögens'.

Bibliographie

ALFÖLDY 1991: G. ALFÖLDY, Augustus und die Inschriften. Tradition und Innovation. Die Geburt der imperialen Epigraphik, *Gymnasium* 98, 1991, 289–324.

ALFÖLDY 2018: G. ALFÖLDY, Die epigraphische Kultur der Römer: Die Ausbreitung eines Kommunikationsmediums und seine Rolle bei der kulturellen Integration, in: A. CHANIOTIS/CH.

171 Einzelheiten BABUSIAUX 2021, 275–277 mwN.

172 Zutreffend LE BRAS 1936, 40–42.

173 DI SALVO 1973, 238–271 zeigt, dass die Umdeutung von Auflagen in Fideikommisse nur begrenzt möglich war.

Witschel (Hg.), G. Alföldy, Die epigraphische Kultur der Römer. Studien zu ihrer Bedeutung, Entwicklung und Erforschung, Stuttgart 2018, 53–72.

Amelotti 1966: M. Amelotti, Il testamento romano attraverso la prassi documentale I. Le forme classiche di testamento, Firenze 1966.

Andreau 1977: J. Andreau, Fondations privées et rapports sociaux en Italie romaine (Ier: IIIe s. ap. J.-C.), *Ktèma: civilisations de l'Orient, de la Grèce et de Rome antiques* 2, 1977, 157–209.

Arcaria 2013: F. Arcaria, I testamenti pubblici romani: una chimera?, *KOINΩNIA* 37, 2013, 167–202.

Babusiaux 2011: U. Babusiaux, Papinians Quaestiones. Zur rhetorischen Methode eines spätklassischen Juristen, München 2011.

Babusiaux 2019: U. Babusiaux, Zum Rechtsschutz von Fideikommissen im Prinzipat, *ZRG RA* 136, 2019, 140–213.

Babusiaux 2021: U. Babusiaux, Wege zur Rechtsgeschichte. Römisches Erbrecht, Wien/Köln/Weimar 2021[2].

Babusiaux 2023: U. Babusiaux, Bekanntes und Neues zum römischen Vereinsrecht, *ZRG RA* 140, 2023, 298–323.

Babusiaux 2024a: U. Babusiaux, Dis Manibus. Zum römischen Grabrecht, *ZRG RA* 141, 2024, 61–133.

Babusiaux 2024b: U. Babusiaux, Les inscriptions en l'honneur de Manius Megonius Leo de Petelia et l'histoire du fidéicommis, in: RHDFE, Actes des Journées Internationales de la Sociétè d'Histoire du Droit, Bonn (2–5 juin 2022), "Les empereurs et le droit. Unité et diversité de la science juridique européenne", Paris 2024, 141–157.

Babusiaux 2025 (im Druck): U. Babusiaux, Grabschutz durch Privatrecht. Strafbewehrte Veräußerungsverbote in stadtrömischen Grabinschriften, in: K. Harter-Uibopuu/K. Wiedergut (Hg.), Beiträge zur Tagung 'Vorsorge, Verbote und Sanktionen. Grabschutz in der griechisch-römischen Antike im Spiegel der epigraphischen Quellen', Hamburg, 12.–14. Oktober 2022, 2025 (im Druck).

Babusiaux 2026 (im Druck): U. Babusiaux, *Datio ob rem* und Fideikommiss: Überlegungen zu CIL XII 4393, in: U. Babusiaux/B. Gsell/Th. Rüfner (Hg.), Festschrift für Wolfgang Ernst, 2026 (im Druck).

Baldus 2023: Ch. Baldus, § 59: Herausgabeklage des Eigentümers (rei vindicatio), in: U. Babusiaux/Ch. Baldus/W. Ernst/F.-S. Meissel/J. Platschek/Th. Rüfner (Hg.), Handbuch des Römischen Privatrechts II, Tübingen 2023, 1537–1631.

Balke/Keil/Opdenhoff/Stroth 2015: T.E. Balke/W.E. Keil/F. Opdenhoff/F. Stroth, Stein, in: Th. Meier/M.R. Ott/R. Sauer (Hg.), Materiale Textkulturen. Konzepte: Materialien: Praktiken, Berlin 2015, 247–267.

Beltrán Lloris 2014: F. Beltrán Lloris, The ‚Epigraphic Habit' in the Roman World, in: Ch. Bruun/J. Edmondson (Hg.), The Oxford Handbook of Roman Epigraphy, Oxford 2014, 131–148.

Boscolo 2009/2010: F. Boscolo, Alcuni esempi di 'fondazioni' dall'Italia Romana, in: Atti e Memorie dell'Ateneo di Treviso, nuova serie, 27, 2009/2010, 413–426.

Bouet 2001: A. Bouet, Les collèges dans la ville antique: le cas des subaediani, *Revue archéologique* 2, 2001, 227–278.

Briand-Ponsart 2020: C. Briand-Ponsart, Fondations funéraires, fondations évergétiques: propositions pour une typologie, in: S. Aounallah/A. Mastino (Hg.), L'epigrafia del Nord Africa: novità, riletture, nuove sintesi, Faenza 2020, 457–467.

Bruck 1954: E.F. Bruck, Die Stiftungen für die Toten in Recht, Religion und politischem Denken der Römer, in: E.F. Bruck (Hg.), Über römisches Recht im Rahmen der Kulturgeschichte, Berlin/Göttingen/Heidelberg 1954, 46–100.

Bürge 1982: A. Bürge, Geld- und Naturalwirtschaft im vorklassischen und klassischen römischen Recht, *ZRG RA* 99, 1982, 128–157.

Bürge 1987: A. Bürge, Fiktion und Wirklichkeit. Soziale und rechtliche Strukturen des römischen Bankwesens, *ZRG RA* 104, 1987, 465–558.

Bürge 1995: A. Bürge, Zum Edikt *de edendo*. Ein Beitrag zur Struktur des römischen Zivilprozesses, *ZRG RA* 112, 1995, 1–50.

Burkhalter 1990: F. Burkhalter, Archives locales et archives centrales en Egypte romaine, *Chiron* 20, 1990, 191–216.

Cavuoto 1974: P. Cavuoto, L'epigrafe testamentaria di Claudia Saturnina, *Vichiana* 3, 1974, 239–249.

Champlin 1991: E. Champlin, Final Judgments. Duty and Emotion in Roman Wills 200 B.C.–A.D. 250, Berkeley 1991.

Chaouali 2017: M. Chaouali, Le culte de Mars Auguste à Mustis e Simitthus (Tunisie), *MEFRA* 129–2, 2017, 569–581.

Chevreau 2009: E. Chevreau, Quelques remarques sur la continuité des 'personnes juridiques' en droit romain classique, in: B. d'Alteroche/F. Demoulin-Auzary/O. Descamps/F. Roumy (Hg.), Mélanges en l'honneur d'Anne Lefebvre-Teillard, Paris 2009, 217–231.

Christol/Magioncalda 1991: M. Christol/A. Magioncalda, La fondazione di Publio Licinio Papiriano da Sicca Veneria (CIL VIII 1641). Nota preliminare, in: A. Mastino (Hg.), L'Africa Romana. Atti dell' VIII convegno di studio, Cagliari, 14–16 dicembre 1990, Sassari 1991, 321–330.

Colella 2024: L.C. Colella, I testamenti dei cittadini romani d'Egitto tra storia sociale e prassi giuridica. Dal I secolo d.C. a Severo Alessandro, Wiesbaden 2024.

Corbo 2012: Ch. Corbo, Incertae personae e capacità successoria. Profili di una società e del suo diritto, Napoli 2012.

Cramme 2001: S. Cramme, Die Bedeutung des Euergetismus für die Finanzierung städtischer Aufgaben in der Provinz Asia, Köln 2001.

De Visscher 1963: F. De Visscher, Le droit des tombeaux romains, Milano 1963.

Di Salvo 1973: S. di Salvo, Il legato modale in diritto romano, Napoli 1973.

Dolganov 2025: A. Dolganov, Archives and imperial power: archival destruction in the Roman context, *Archival Science* 25.23, 2025, 1–15.

Duncan-Jones 1964: R.P. Duncan-Jones, The Purpose and Organisation of the Alimenta, *Papers of the British School at Rome* 32.1, 1964, 123–146.

Duncan-Jones 2008: R.P. Duncan-Jones, Payment of Dinner-Guests at Rome, *Latomus* 67.1, 2008, 138–148.

Eck 1981: W. Eck, Altersangaben in senatorischen Grabinschriften: Standeserwartungen und ihre Kompensation, *ZPE* 43, 1981, 127–134.

Eck 2001: W. Eck, Die große Pliniusinschrift aus Comum: Funktion und Monument, in: G. Angeli Bertinelli/A. Donati (Hg.), Varia Epigraphica. Atti del Colloquio Internazionale di Epigrafia, Bertinoro, 8–10 giugno 2000, Faenza 2001, 225–235.

Engfer 2017: K. Engfer, Die private Munifizenz der römischen Oberschicht in Mittel- und Süditalien. Eine Untersuchung lateinischer Inschriften unter dem Aspekt der Fürsorge, Wiesbaden 2017.

Ernst 2005: W. Ernst, Die *datio ob rem* als Austauschgeschäft: ein Beitrag zu einseitig geregelten Geschäftsvorgängen im Verkehrsrecht, in: W. Ernst/É. Jakab (Hg.), Usus Antiquus Juris Romani. Antikes Recht in lebenspraktischer Anwendung, Berlin/Heidelberg 2005, 29–58.

Falcon 2020: M. Falcon, 'Dicatio ad patriam'. La collocazione in pubblico di beni privati nella riflessione dei giuristi romani, Napoli 2020.

Finkenauer 2010: Th. Finkenauer, Vererblichkeit und Drittwirkungen der Stipulation im klassischen römischen Recht, Tübingen 2010.

Forbis 1996: E. Forbis, Municipal Virtues in the Roman Empire. The Evidence of Italian Honorary Inscriptions, Stuttgart/Leipzig 1996.

Gaudemet 1963: J. Gaudemet, Perseverantia voluntatis, in: Mélanges Philippe Meylan I. Droit romain, Lausanne 1963, 139–157.

Goffin 2002: B. Goffin, Euergetismus in Oberitalien, Bonn 2002.

Granino Cecere 2014: M.G. Granino Cecere, Il flaminato femminile imperiale nell'Italia romana, Roma 2014.

Günther 2007: S. Günther, Das Regelungswerk der *lex <Iulia de> vicesima hereditatium* und seine Modifikationen in späterer Zeit, in: S. Günther/K. Ruffing/O. Stoll (Hg.), Pragmata. Beiträge zur Wirtschaftsgeschichte der Antike im Gedenken an Harald Winkel, Wiesbaden 2007, 74–88.

HARTMANN 2015: B. HARTMANN, Die hölzernen Schreibtafeln im Imperium Romanum: ein Inventar, in: M. SCHOLZ/M. HORSTER (Hg.), Lesen und Schreiben in den römischen Provinzen. Schriftliche Kommunikation im Alltagsleben. Akten des 2. Internationalen Kolloquiums von DUCTUS: Association internationale pour l'étude des inscriptions mineures, RGZM Mainz, 15.–17. Juni 2011, Mainz 2015, 43–58.

HIRSCHFELD 1901: O. HIRSCHFELD, Die Rangtitel der römischen Kaiserzeit, Sitzungsberichte Preußische Akademie der Wissenschaften, Berlin 1901, 579–610.

ISOLA 2023: L. ISOLA, § 66: Interdikte, in: U. BABUSIAUX/CH. BALDUS/W. ERNST/F.-S. MEISSEL/J. PLATSCHEK/TH. RÜFNER (Hg.), Handbuch des Römischen Privatrechts II, Tübingen 2023, 1808–1867.

JOHNSTON 1985a: D. JOHNSTON, Munificence and Municipia: Bequests to Towns in Classical Roman Law, *The Journal of Roman Studies* 75, 1985, 105–125.

JOHNSTON 1985b: D. JOHNSTON, Prohibitions and Perpetuities: family settlements in Roman law, *ZRG RA* 102, 1985, 220–290.

JOHNSTON 1988: D. JOHNSTON, The Roman Law of Trusts, Oxford 1988.

KAISER 2024: W. KAISER, Depositum/παρακαταθήκη und Vertrag zugunsten Dritter. Zu D. 32,37,5–6 (Scaev. 18 dig.) und C.3,42,8 (Diocl.; a. 293), *ZRG RA* 141, 2024, 134–243.

KALLALA 2004: N. KALLALA, A propos de la fondation de P.Licinius Papirianus de Sicca Veneria (CIL, VIII,1641). Quelques mises au point, *Africa* 20, 2004, 109–120.

KASER 1971: M. KASER, Das Römische Privatrecht. Erster Abschnitt: Das altrömische, das vorklassische und klassische Recht, München 1971^{2}.

KLEŇOVÁ 2019: V. KLEŇOVÁ, Scaevola D. 32,37,3: Fideicommissum a debitore oder a donatario relictum, *ZRG RA* 136, 2019, 345–357.

KLEŇOVÁ 2023: V. KLEŇOVÁ, Die Schenkung unter Auflage im römischen Recht, Wien/Köln 2023.

LAUBRY 2016: N. LAUBRY, La désignation de la postérité. Autour de la formule libertis libertabusque posterisque eorum dans les inscriptions funéraires romaines, in: M. DONDIN-PAYRE/N. TRAN (Hg.), Esclaves et maîtres dans le monde romain. Expressions épigraphiques de leurs relations, Rome 2016, 65–79.

LE BRAS 1936: G. LE BRAS, Les fondations privées du Haut Empire, in: Studi in onore di Salvatore Riccobono nel XL anno del suo insegnamento III, Palermo 1936, 22–67.

LENEL 1927: O. LENEL, Das Edictum perpetuum. Ein Versuch zu seiner Wiederherstellung, dritte, verbesserte Auflage, Leipzig 1927.

LEPORE 2012: P. LEPORE, Rei publicae polliceri. Un'indagine giuridico-epigrafica, seconda edizione riveduta e ampliata, Milano 2012.

LICANDRO/PALAZZOLO 2021: O. LICANDRO/N. PALAZZOLO, Papirius Iustus. Libri XX de constitutionibus, Roma 2021.

LIEBENAM 1900: W. LIEBENAM, Städteverwaltung im römischen Kaiserreiche, Leipzig 1900.

LIEBS 2010: D. LIEBS, Hofjuristen der römischen Kaiser bis Justinian. Vorgetragen in der Sitzung vom 14. November 2008, München 2010.

LITEWSKI 1974: W. LITEWSKI, Le dépôt irrégulier, *RIDA* 21, 1974, 215–262.

MACMULLEN 1982: R. MACMULLEN, The Epigraphic Habit in the Roman Empire, *American Journal of Philology* 103.3, 1982, 233–246.

MAGIONCALDA 1992: A. MAGIONCALDA, Epigrafia e 'fondazioni' dalla Narbonense: un aspetto dell'evergetismo, Atti Acc. Ligure Scienze e Lettere 49, Genova 1992, 471–498.

MAGIONCALDA 1994A: A. MAGIONCALDA, Documentazione epigrafica e 'fondazioni' testamentarie. Appunti su una scelta di testi, Torino 1994.

MAGIONCALDA 1994B: A. MAGIONCALDA, Osservazioni su un'epigrafe da Simitthus riguardante le curie (AE 1955, 126), in: A. MASTINO/P. RUGGERI (Hg.), L'Africa romana. Atti del X convegno di studio, Oristano, 11–13 dicembre 1992, Sassari 1994, 1153–1167.

Magioncalda 1999: A. Magioncalda, Donazioni private a fini perpetui destinate alla città. Esempi dalla documentazione latina in età imperiale, in: AAVV, Il capitolo delle entrate nelle finanze municipali in Occidente ed in Oriente. Actes de la Xe rencontre franco-italienne sur l'épigraphie du monde romain (Rome, 27–29 mai 1996), Rome 1999, 175–216.

Merlin/Poinssot 1908: A. Merlin/L. Poinssot, Les inscriptions d'Uchi Majus d'après les recherches du capitaine Gondouin, in: Notes et documents publiés par la direction des antiquités et arts II, Paris 1908.

Meyer 1990: E.A. Meyer, Explaining the Epigraphic Habit in the Roman Empire: The Evidence of Epitaphs, *The Journal of Roman Studies* 80, 1990, 74–96.

Moatti 2014: C. Moatti, Mobility and Identity between the Second and the Fourth Centuries: The 'Cosmopolitization' of the Roman Empire, in: C. Rapp/H.A. Drake (Hg.), The City in the Classical and Post-Classical World: Changing Contexts of Power and Identity, Cambridge 2014, 130–152.

Mrozek 1973: S. Mrozek, Zu der kaiserlichen und privaten Kinderfürsorge in Italien im 2. und 3. Jh., *Klio* 55, 1973, 281–284.

Mrozek 1987: S. Mrozek, Les distributions d'argent et de nourriture dans les villes italiennes du Haut-Empire romain, Bruxelles 1987.

Navarro Caballero 2017: M. Navarro Caballero, Perfectissima femina. Femmes de l'élite dans l'Hispanie romaine, Bordeaux 2017.

Navarro Caballero/Hernando Sobrino 2018: M. Navarro Caballero/M. del R. Hernando Sobrino, À l'ombre de Mommsen: retour sur la donation alimentaire de Fabia H [-]la, *Revue des études anciennes* 120, 2018, 3–35.

Nisoli 1949: E. Nisoli, Die Testamentseröffnung im römischen Recht, Diss. Bern 1949.

Nowak 2015: M. Nowak, Wills in the Roman Empire. A documentary approach, Warsaw 2015.

Palmieri 1982: R. Palmieri, Funerarie (S–Z), in: G. Barbieri/M.G. Granino Cecere (Hg.), Il Lapidario Zeri di Mentana, Roma 1982, 243–270.

Paulus 1992: Ch. Paulus, Die Idee der postmortalen Persönlichkeit im römischen Testamentsrecht. Zur gesellschaftlichen und rechtlichen Bedeutung einzelner Testamentsklauseln, Berlin 1992.

Rabel 1907: E. Rabel, Elterliche Teilung, in: Festschrift zur 49. Versammlung deutscher Philologen und Schulmänner, Basel 1907, 521–538.

Rüfner 2023a: Th. Rüfner, § 53: Testamentarische Erbfolge, in: U. Babusiaux/Ch. Baldus/W. Ernst/F.-S. Meissel/J. Platschek/Th. Rüfner (Hg.), Handbuch des Römischen Privatrechts I, 2023, 1311–1328.

Rüfner 2023b: Th. Rüfner, § 98: Fideikommisse und ihre Durchsetzung, in: U. Babusiaux/Ch. Baldus/W. Ernst/F.-S. Meissel/J. Platschek/Th. Rüfner (Hg.), Handbuch des Römischen Privatrechts II, 2023, 2691–2712.

Ruggiero 2017: I. Ruggiero, Ricerche sulle Pauli Sententiae, Milano 2017.

Sanz Palomera 2010: G. Sanz Palomera, La Annona y la política agraria durante el Alto Imperio romano, Oxford 2010.

Scheid 1984: J. Scheid, Contraria facere: renversements et déplacements dans les rites funéraires, Annali dell'Istituto Universitario Orientale di Napoli, Dipartimento di Studi del mondo classico e del Mediterraneo antico, Sezione di archeologia e storia antica VI, 1984, 117–139.

Schrumpf 2006: S. Schrumpf, Bestattung und Bestattungswesen im Römischen Reich. Ablauf, soziale Dimension und ökonomische Bedeutung der Totenfürsorge im lateinischen Westen, Göttingen 2006.

Thomas 1998: Y. Thomas, Les ornements, la cité, le patrimoine, in: C. Auvray-Assayas (Hg.), Images romaines. Actes de la table ronde organisée à l'École normale supérieure (24–26 octobre 1996), Paris 1998, 263–284.

Toutain 1890: J. Toutain, L'inscription alimentaire de Sicca (Le Kef), in: M.R. De la Blanchère (Hg.), Collections du Musée Alaoui, 1ere série, Paris 1890, 69–84.

Vidal 1965: H. Vidal, Le dépôt 'in aede', *RHDFE* 43, 1965, 545–587.

Vössing 2010: K. Vössing, Die sportulae, der Kaiser und das Klientelwesen in Rom, *Latomus* 69.3, 2010, 723–739.

Walser 2023: A.V. Walser, Epigraphik und Wirtschaftsgeschichte, in: S. von Reden/K. Ruffing (Hg.), Handbuch Antike Wirtschaft, Berlin/Boston 2023, 119–135.

Walter 2023: T. Walter, § 85: Klage aus Verwahrung (actio depositi), in: U. Babusiaux/Ch. Baldus/W. Ernst/F.-S. Meissel/J. Platschek/Th. Rüfner (Hg.), Handbuch des Römischen Privatrechts II, Tübingen 2023, 2441–2470.

Wesch-Klein 1990: G. Wesch-Klein, Liberalitas in rem publicam. Private Aufwendungen zugunsten von Gemeinden im römischen Afrika bis 284 n. Chr., Bonn 1990.

Zaccaria 1990: C. Zaccaria, Testimonianze epigrafiche relative all'edilizia pubblica nei centri urbani delle Regiones X e XI in età imperiale, in: La Città nell'Italia settentrionale in età romana. Morfologia, strutture e funzionamento dei centri urbani delle Regiones X et XI. Atti del convegno di Trieste (13–15 marzo 1987), Roma 1990, 129–162.

Zahn 2021: B. Zahn, Si quid universitati debetur. Forderungen und Schulden privater Personenvereinigungen im römischen Recht, Wien/Köln 2021.

Zahn 2023: B. Zahn, § 32: Vertretung von Personenmehrheiten, in: U. Babusiaux/Ch. Baldus/W. Ernst/F.-S. Meissel/J. Platschek/Th. Rüfner (Hg.), Handbuch des Römischen Privatrechts I, Tübingen 2023, 806–826.

Zander 2014: P. Zander, La Necropoli di San Pietro. Arte e fede nei sotterranei della Basilica Vaticana, Napoli 2014.

Zimmer 1989: G. Zimmer, Locus datus decreto decurionum. Zur Statuenaufstellung zweier Forumsanlagen im römischen Afrika. Mit epigraphischen Beiträgen von G. Wesch-Klein, München 1989.

Zucca 1992: R. Zucca, Un'iscrizione monumentale dall'Oristanese, in: A. Mastino (Hg.), L'Africa romana: Atti dell 9. convengo di studio, Nuoro 13–15 dicembre 1991, Sassari 1992, 595–636.

Veronika Kleňová

Die „vertragliche" Substitution in den lateinischen Inschriften auf Stein

Abstract: A large group of inscriptions demonstrates the widespread practice of benefactions, from the income of which the recipients had to commemorate the benefactor or his relatives in perpetuity. To enforce the arrangement, the benefactor ordered a substitution, according to which the first recipient is to hand over the object of the "donation" to a third party if he failed to observe the memorial banquets. The inscriptions provide a rich illustration of the forms in which the substitution could be imposed and show how this restitution in favour of the substitute could be enforced in a legal system that was unfriendly to contracts in favour of third parties. However, they also show that the legal practice did not always go hand in hand with the law that we know from the legal sources.

1 Einleitung

Einer Substitutionsanordnung, wonach der Beschenkte das Geschenk in einem bestimmten Fall einem Dritten herausgeben solle, begegnet man in den Quellen zum römischen Recht[1] selten. Ein anderes Bild ergibt sich aus den inschriftlichen Quellen auf Stein; dort kommt eine Substitution insbesondere bei den Zuwendungen unter einer Gedenk- und Feierauflage häufig vor, und zwar in der Form, dass ein Dritter im bestimmten Fall nicht nur das Zuwendungsobjekt, sondern auch die Gedenkauflage übernimmt.

2 Zuwendungen unter Gedenk- und Feierauflage

Die Zuwendungen unter einer Gedenk- und Feierauflage stellten in den ersten Jahrhunderten n. Chr. eine verbreitete Erscheinung dar: Jemand übereignete einer oder

1 Gemeint sind schenkungsartige Zuwendung außerhalb der *fiducia cum amico contracta*. Vgl. etwa Kleňová 2023, 124 ff., 127 ff., 289 ff.

https://doi.org/10.1515/9783111694634-005

mehreren Personen eine Geldsumme[2] oder eine Liegenschaft[3], damit die Empfänger an bestimmten Tagen aus den Erträgen ein Festmahl veranstalteten und des Gebers gedachten. Bei Geldzuwendungen dieser Art bestand die Bereicherung der Empfänger nicht nur im zugewandten Kapital, sondern auch in einem Teil der erwirtschafteten Zinsen; denn es war möglich – nach MROZEK[4] sogar die Regel –, das zugewandte Kapital zu einem höheren Prozentsatz, als vom Geber für die Gedenkbankette vorgesehen, auszuleihen und auf diesem Wege Gewinne zu erzielen[5].

Unter den Empfängern der Zuwendungen sind Freigelassene des Gebers überliefert[6], für die die mit der Gedenkauflage verbundene Zuwendung oft die Grundversorgung darstellte; dies insbesondere dann, wenn ein Grundstück mit Wohnhaus zugewandt wurde, so dass neben der Ernährung auch die Wohnsituation der *familia*

2 Statt vieler: EDCS-11400193: ... *Caius Futius Onirus iterum IIvir item dedit decurionibus HS X(milia) nummum ut ex usuris eorum quod/quod annis VII Idus Apriles natale filiae meae epulantes confrequentetis HS CCCC nummum et in profusionibus HS CC nummum neque in alios usus convertatis;* EDCS-24200071: ... *idem Bithus donavit thiasis Liberi Patris tasibasteni denarios CC et Rufus denarios ex quorum reditu annuo rosalibus ad monumentum eorum vescentur*; hierzu PILHOFER 2000, 512–513.

3 Etwa: EDCS-04700242: *Dis Manibus Claudia Corneliana quae ad memoriam suam in perpetuo colendam colonis vici {VI} Ariciagi donavit vallem ex colonia Augusta Brixia immunem ita ut rosalibus et vindemiarum et parentalium diebus omnibus celebrentur solemnia.* Hierzu TODISCO 2001, 239–250; ferner EDCS-20500078 = FIRA III 114: *A(ulo) Quinctilio ... Prisco ... hic ex s(enatus) c(onsulto) fundos Ceponian(um) et Roianum et Mamian(um) et pratum Exosco ab r(e) p(ublica) redem(it) HS LXX m(ilibus) n(ummum) et in avit(um) r(ei) p(ublicae) reddid(it) ex quor(um) reditu de HS IV m(ilibus) CC quod annis VI Id(us) Mai(as) die natal(i) suo perpet(uo) daretur praesent(ibus) municipib(us) et incol(is) et mulierib(us) nuptis crustul(i) p(ondo) I mulsi hemin(a) et circa triclin(ia) decurionibus mulsum et crust(ulum) et sportul(a) HS X n(ummum) item puer(is) curiae increment(is) et VIvir(is) Aug(ustalibus) quibusq(ue) u(na) v(esci) i(us) e(st) crust(ulum) mulsum et HS VIII n(ummum) et in triclin(io) meo ampl(ius) in sing(ulos) h(omines) HS I n(ummum) ...* . „Für Aulus Quinctilius ... Priscus ... . Dieser kaufte, gemäß eines Beschlusses des Senats, die Landgüter bei Ceponianum und Roianum und Mamianum sowie die Wiese bei Exosco von der Stadtgemeinde für 70,000 Sesterzen an und gab sie in das Stammgut (*in avitum*) der Stadtgemeinde zurück. Aus dem Ertrag (der Landgüter und der Wiese) von 4,200 Sesterzen soll jedes Jahr am 10. Mai, seinem Geburtstag, in Ewigkeit (*perpetuum*) für die anwesenden Stadtbürger und Einwohner und verheirateten Frauen ein Pfund Kuchen und ein Viertelchen Honigwein gegeben werden; und, um die Speisesofas herum, (wird) den Dekurionen Honigwein und Kuchen und ein Geldgeschenk (*sportula*) von 10 Sesterzen (gegeben), ebenso den Knaben (der Dekurionen) und den Ergänzungen des Senates; auch den *seviri Augustales* und denen, die das Recht haben, mit diesen zu essen, (wird) Kuchen, Honigwein und 8 Sesterzen (gegeben); und an meinem Speisesofa (wird) ferner jedem Mann (*homo*) ein Sesterz (überreicht); ...“. Die Übersetzung folgt SCHULTE 2019, 7 Fn. 32.

4 MROZEK 2001, 84.

5 Vgl. MROZEK 2001, 84, wonach für die Geldverteilungen und den Schmaus in der Regel 6% oder weniger vorgesehen waren, das Kapital der Stiftung aber zu 12% ausgeliehen werden konnte.

6 Vgl. EDCS-16100470, wonach die Freigelassenen der Freigelassenen das Denkmal, um das man sich in der Zwischenzeit nachlässig gekümmert hat, sogar nach mehr als 100 Jahren (!) wieder hergestellt haben.

libertorum abgesichert war[7]. Die häufigsten Empfänger waren jedoch Städte und Vereine; indem ihr Fortbestand, und damit auch die Trägerschaft der Gedenkauflage durch natürliche Rotation der Mitglieder gesichert war, konnten sie die „ewige" Erinnerung an den Geber besser bewahren. Außerdem waren die Städte in der Lage, dem Andenken an den Geber einen öffentlichen Charakter zu verleihen, was in vielen Fällen auch das Motiv der Zuwendung war; ein Beispiel von vielen bietet die Zuwendung von Aulus Plutius Epaphroditus an die Stadt Gabii.

EDCS-05800773 = FIRA III 96 (anno 168; Gabii)

... A(ulus) Plutius Epaphroditus ... HS X m(ilia) n(ummum) rei publ(icae) Gabinor(um) intulit, ita ut ex / usuris eiusdem summae quod annis IIII K(alendas) Octobr(es), die natalis Plutiae Verae / filiae suae decur(iones) et VIvir(i) Aug(ustales) publice in triclinis suis epulentur: quod si / facere neglexserint, tunc ad municipium Tusculanor(um) HS X m(ilia) n(ummum) pertineant, / quae confestim exigantur[8].

Epaphroditus wollte das Festmahl zum Gedenken seiner Tochter Plutia Vera zu einem wiederholten öffentlichen Ereignis der sozialen städtischen Elite machen. Die öffentliche Veranstaltung des Mahles mit Teilnahme von Dekurionen und *seviri Augustales* erregte die Aufmerksamkeit der Stadtbewohner und verlieh dem Erinnerungsakt einen kollektiven Charakter.

Die Anordnung, wonach die Gemeinde Gabii die zugewandte Geldsumme bei Nichteinhaltung der Gedenkauflage an die Stadt Tusculum herauszugegeben hatte, spiegelte die Erfahrung wider, dass die Städte bei fehlendem Druck die Auflage oft vernachlässigten[9]. Um die Aufrechterhaltung der Erinnerung abzusichern, pflegten daher die Geber das Geld oder Grundstücke nicht einem, sondern mehreren Städten, beziehungsweise Kollegien zuzuwenden, damit diese die Erinnerung unabhängig von-

7 Das bekannteste Beispiel einer solchen Zuwendung ist die *„donatio Flavii Syntrophi"* (EDCS-16100466): Die von Syntrophus Freigelassenen, ihre Nachkommen und auch die Freigelassenen seiner Freigelassenen konnten, solange sie lebten, Anteil an den zugewandten Liegenschaften haben. Wenn jemand von ihnen dort wohnen wollte, konnte er das mit gemeinsamer Zustimmung aller oder des größeren Teils von ihnen. Die Früchte der Gärten und der wohl durch Vermietung der freien Zimmer erzielte Ertrag waren nach Abzug der Kosten unter den Freigelassenen zu gleichen Teilen zu verteilen; zur *„donatio Flavii Syntrophi"* siehe unten in Kap. 6.

8 Übersetzung: „Aulus Plutius Epaphroditus hat (in die Stadtkasse) der Stadt Gabii 10,000 Sesterze so eingebracht, dass aus den Zinsen dieser Summe alljährlich am 4. Tag vor den Kalenden des Oktober, am Geburtstag der Plutia Vera, seiner Tochter, die Dekurionen und *seviri Augustales* öffentlich in seinen (ihren?) Speisesofas speisen. Sollten sie aber dies zu machen vernachlässigt haben, dann sollen die 10,000 Sesterze der Stadtgemeinde Tusculum zukommen und sogleich eingefordert werden." Zu *„in triclinis suis"* vgl. Rüpke 2004, 75 mit Fn. 8: *„suis* ist syntaktisch doppeldeutig, doch legt das vorangehende *filiae suae* den Bezug auch der Speisesofas auf das Subjekt des Hauptsatzes (*intulit*), also Plutius, nahe".

9 Vgl. D. 33,2,17 (Scaev. 3 resp.), wo die Stadtgemeinde die auferlegten *ludi* vier Jahre hintereinander nicht veranstaltete. Auch Plin. epist. 7,18,1: *numeres rei publicae summam: verendum est, ne dilabatur; des agros: ut pubici neglegentur*. Hierzu Johnston 1985, 117 ff.; Magioncalda 1999, 196 ff.

einander bewahrten[10]. Bei Epaphroditus handelte es sich nicht um eine derartige Mehrung nebeneinanderstehender Empfänger, sondern um eine sukzessive Zuwendung, bei der die Nichterfüllung der Auflage zum Verlust der Zuwendung zugunsten des Substituten führte. Die Inschrift überliefert zwar nicht ausdrücklich, dass die Tusculaner das Geld zusammen mit der Auflage übernehmen sollten, eine Reihe von epigraphischen Quellen, in denen eine Stadt an Stelle einer anderen substituiert wurde, spricht aber dafür.

Die Inschriften belegen die verschiedensten Substitutionsvarianten: Eine Dekurie als Nachfolger einer anderen Dekurie desselben Vereins[11]; öffentliche Sklaven als Substituten für einen Verein[12]; eine Stadt- oder Dorfgemeinde für einen Verein[13] oder umgekehrt, ein Verein für eine Gemeinde[14]. Eine längere Reihe als drei nacheinander folgende Empfänger war nicht üblich. Da für den letzten Substituten keine weitere Substitution angeordnet war, konnte er, wenn bei der Restitution nichts anderes vereinbart wurde, den Zuwendungsgegenstand auch dann behalten, wenn er die Gedenkauflage nicht erfüllte.

Diese Art der Substitution, die in den epigraphischen Quellen bei den Zuwendungen unter Gedenkauflage reichlich überliefert ist, zieht die Frage nach sich, auf welcher Grundlage die zugunsten des Substituten auferlegte Restitution durchsetzbar

---

10 So etwa Valeria Ursa in Brixia (EDCS-04203541), die je ein Stück des Landes an zwei verschiedene Kollegien manzipierte; oder Albucia Magiana in Mediolanum (EDCS-05100995), die eine Geldsumme sogar drei verschiedenen Kollegien zuwandte. Hierzu Hemelrijk 2015, 192.

11 Statt vieler: EDCS-20000029 (Ravenna): Claudius Iustus schenkte (*liberalitate donavit*) zum Andenken seines Vaters der VII. Dekurie des Kollegiums der Handwerker von Ravenna 1000 HS unter der Auflage (*sub hac condicione*), dass die Mitglieder des Vereins jedes Jahr am Grabmal seines Vaters Rosen ausstreuen und dort am 15. Juli speisen. Für den Fall, dass sie dies vernachlässigten, sollte das geschenkte Geld der VIII. Dekurie desselben Vereins unter derselben Auflage zukommen (*quod si neglexerint tunc ad decuriam VIII eiusdem collegii pertinere debebit condicione supra scripta*).

12 EDCS-21500300 (a. 101 bis 200; Ameria); hierzu Hemelrijk 2015, 194.

13 Etwa EDCS-05101062: Die Eltern der verstorbenen Ursilia Ingenua, um das Andenken an sie zu bewahren, gaben (*dederunt*) den *Iuvenae* von Corogenna (offenbar einem Verein der Mädchen und jungen Frauen in oder in der Nähe von Milano) 400 HS, aus deren Ertrag die *Iuvenae* jährlich an den Parentalien je drei Rosenkränze auf das Grab der Tochter legen und an ihrem Geburtstag Trankopfer ausgießen sollten. Für den Fall, dass die *Iuvenae* dies nicht tun, „werden sie (die Geldsumme) den Bewohnern von Corogenna restituieren müssen und diese werden die Auflage befolgen" (*si iuvenae non fecerint restituere debebunt vicanis Corogennatibus et illi id observabunt*). Hierzu Hemelrijk 2015, 192. Ein weiteres Beispiel: EDCS-20403130.

14 Statt vieler: EDCS-12401124 (Beneventum); ähnlich EDCS-70200182 (Kalamonas): Dort schenkte (*donavit*) ein Thrake Bacchanius Bizes den Bewohnern des Dorfes Harpaliani 250 Denare unter der Auflage (*condicione ita*), dass sie aus den Zinsen jedes Jahr am Tag des Rosenfestes bei seinem Grabmal opfern (*adalant*) und ein Festmahl veranstalten. Für den Fall, dass sie die Auflage in irgendeinem Jahr vernachlässigen, sollen sie das Geld den Verehrern des Jupiter Optimus Maximus geben (*quot si condicionis aliquo anno non paruerint pecunia sanctis cultoribus Iovis Optimi Maximi reddentur*). Die Annahme von Nigdelis 2016, 640 ff., dass der Text aus „excerpts of a testament" besteht, überzeugt nicht, zumal die Worte „*vivus ... donavit*" in der Inschrift gut erhalten sind.

war, in einem Rechtssystem, das den Verträgen zugunsten Dritter unfreundlich gesinnt war wie das römische. Denn aus einem zwischen A und B geschlossenen Vertrag konnte ein Dritter grundsätzlich keine Klage erwerben. Die Vertragspartei, die sich die Leistung an den Dritten versprechen ließ, hatte nur dann eine Klage, wenn sie an der Leistung an den Dritten ein eigenes schutzwürdiges Interesse hatte[15]. Die Inschriften lassen unterschiedliche Konstruktionen zur Umgehung dieser Begrenzung erkennen.

3 Durch Beschluss der Dekurionen selbstauferlegte Restitution

Keine Vereinbarung über die Leistung an den Substituten (und somit kein Vertrag zugunsten Dritter) lag der Substitution zugrunde, wenn sich die Dekurionen einer Stadt als Empfänger der Zuwendung die Restitution an den Dritten durch einen Beschluss selbst auferlegten.

EDCS-05800775 (anno 140; Gabii)

In honorem memoriae domus Domitiae Augustae Cn(aei) Domiti Corbulonis | fil(iae) Domitii Polycarpus et Europe loc(o) dat(o) decreto ordinis decur(ionum) aedem | fecerunt et exornaverunt statuis et reliquis rebus pecunia sua eiusdem|que tutelam[16] *in perpetuum rei publicae dederunt sub inscriptione infra scripta |*[5] *Imp(eratore) Caes(are) T(ito) Aelio Hadriano Antonino Aug(usto) Pio III M(arco) Aelio Aurelio Caes(are) co(n)s(ulibus) VIIII K(alendas) Maias Gabi(i)s in municipio in curia Aelia Augusta scribendo adfuit universus ordo| decurionum referentibus L(ucio) Vipstano L(uci) f(ilio) Cl(audia) Publicola Messalla L(ucio) Setrio L(uci) f(ilio) Pal(atina) Prisco IIIIvir(is) q(uin)q(uennalibus) Cn(aeum) Domitium Polycarpum nomine suo et Domitiae Europes coniugis suae | offerre ordini decurionum et sevir(or)um Augustalium HS X m(ilia) n(ummum) qu(i) iam pridem extruxisset templum in honorem ac memoriam Domitiae Corbulonis fil(iae) et hoc pietatis suae adfectu | exornet et meliorem faciat ordinem n(ostrum) singulis etiam universisque prodesse festinet at quos ex reditu eius pecuniae fructum semper desideret pervenire confugiendo at | aeternam rem publ(icam) n(ostram) petendo ut secundum exemplum codicillorum Cl(audi) Vitalis stipulatione interposita desiderio suo talis condicio decerneretur ut ex reditu eius pecuniae |*[10] *III Idus Febr(u)ar(ias) natale Domitiae praesentibus decurionib(us) et sevir(is) discumbentibus in publico aequis portionibus fieret divisio item hoc amplius in tutela et ornationibus | templi HS V m(ilia) n(ummum) sub eadem condicione inferret q(uid) d(e) e(a) r(e) f(ieri) p(laceret) d(e) e(a) r(e) it(a) c(ensuerunt) | placere universis secundum relationem s(upra) s(criptam) pecuniam accipi praestarique in per(pe)tuum ut celebraretur natalis dies ac memoria Domitiae Corbulonis fil(iae) et ex reditu HS X m(ilia) n(ummum) | divisionibus factis discumberetur in publ(ico) et si ullo tempore intermissum esset quominus praestaretur it quot ordo decrevisset aut si ordo rescidisset decretum |*

15 D. 50,17,73,4 (Q. Muc. lib. sing.): *Nec paciscendo nec legem dicendo nec stipulando quisquam alteri cavere potest*; D. 44,7,11 (Paul. 12 ad Sab.): *et ideo neque stipulari neque emere vendere contrahere, ut alter suo nomine recte agat, possumus*; Gai. 3,103; D. 13,5,5,5 (Ulp. 27 ad ed.); D. 45,1,38,17 (Ulp. 49 ad Sab.); C. 5,12,19pr Diocl./Maxim (a. 294). Hierzu mwN. Finkenauer 2023a, Rn. 58.

16 Zur *tutela* siehe Mrozek 1968, 283–288.

suum mutassetve condicionem tum omnis summa quae in hanc rem accepta esset eadem condicione municipibus Tusculanis confestim renumeraretur | [15] *hoc decretum post tres relationes placuit in tabula aerea scribi et proponi in publico unde de plano recte legi possit*[17].

Die Inschrift enthält das Protokoll aus der Sitzung der Dekurionen der Stadt Gabii im Jahr 140 n. Chr. Im Rahmen dieser Sitzung stellten die *quattuorviri quinquennales*[18] dem Dekurionenrat folgendes Anliegen des Gnaeus Domitius Polycarpus zur Abstimmung:

17 Übersetzung: „Zu Ehren des Andenkens an das Haus der Domitia Augusta, der Tochter von Gnaeus Domitius Corbulo, haben Domitius Polycarpus und Europe an dem durch Dekret des *ordo* der Dekurionen zur Verfügung gestellten Ort einen Tempel errichtet, mit Statuen und sonstigen Gegenständen ausgeschmückt mit eigenem Geld und dessen (bauliche) Erhaltung (*tutela*) auf immer der *res publica* gegeben unter der unten geschriebenen Inschrift. Unter dem Konsulat des Imperator Caesar Titus Aelius Hadrianus Antoninus Augustus Pius (III) und des Marcus Aelius Aurelius Caesar am 9. Tag vor den Kalenden des Mai in der Stadt Gabii im Rathaus Aelia Augusta.

Beim Schreiben anwesend war der ganze *ordo* der Dekurionen, wobei Lucius Vipstanus Publicola Messalla, der Sohn des Lucius, aus der *tribus* Claudia und Lucius Setrius Priscus, der Sohn des Lucius, aus der *tribus* Palatina, *quattuorviri quinquennales*, den Antrag vorbrachten: Gnaeus Domitius Polycarpus bietet im eigenen Namen und (im Namen) der Domitia Europe, seiner Frau, dem *ordo* der Dekurionen und der *seviri Augustales*, 10,000 Sesterze an, (Gnaeus Domitius Polycarpus,) der schon früher einen Tempel zu Ehren und Andenken an die Domitia, Tochter von Corbulo, errichtet hatte, und diesen, angetan mit dankbarer Liebe, ausschmückt und besser macht unseren *ordo*, (Gnaeus Domitius Polycarpus,) der sich beeilt, den einzelnen wie der Gesamtheit zu nützen, an die, wie er verlangt, der Genuss aus dem Ertrag dieses Geldes für immer gelangen soll. Er nimmt Zuflucht zu (= er verlässt sich auf) unserer ewigen *res publica* und bittet, dass nach dem Beispiel des Kodizills von Claudius Vitalis, nach Abschluss einer Stipulation auf sein Verlangen hin, eine solche *condicio* beschlossen werde, dass aus dem Ertrag dieses Geldes am 3. Tag vor den Iden des Februars, am Geburtstag von Domitia, eine Verteilung zu gleichen Teilen an die anwesenden und in der Öffentlichkeit zu Tische liegenden Dekurionen und *seviri* stattfinde. Ebenso weiters dies: zur Erhaltung und für die Ausstattungen des Tempels brächte er 5,000 Sesterze unter derselben Bedingung ein. Was in dieser Angelegenheit geschehen solle, haben sie folgendermaßen beschlossen: Mit Zustimmung aller, im Sinne des oben beschriebenen Antrages, wird das Geld angenommen und auf ewig zur Verfügung gestellt, damit der Geburtstag und das Andenken an die Domitia, die Tochter des Corbulo, gefeiert wird und aus dem Ertrag der 10,000 Sesterze in der Öffentlichkeit zu Tische gelegen wird, wobei die Aufteilungen geschehen, und falls irgendwann unterlassen werden sollte, dass das geleistet wird, was der *ordo* (*decurionum*) beschlossen hatte, oder (wenn) der *ordo* seinen Beschluss aufheben oder die Zweckbestimmung (des Geldes) ändern sollte, dann soll die ganze Summe, die in dieser Sache angenommen wurde, unter derselben Auflage sogleich den Bürgern von Tusculum ausgezahlt werden. Es ist gebilligt, dass dieses Dekret nach drei Wiederholungen in einer Bronzetafel eingraviert und in der Öffentlichkeit aufgestellt wird, wo es auf ebener Erde einfach gelesen werden kann."

18 Die obersten Beamten der Stadt bildeten in der Kaiserzeit entweder zwei Kollegien, nämlich die *duumviri iure dicundo* und die *duumviri aediles*, oder, wie in Gabii, ein Kollegium von *quattuorviri*, das beide Duumvirate verband. Aus der Bezeichnung *quinquennales* ist zu schließen, dass Messalla und Priscus das Amt der *quattuorviri* in dem Jahr ausübten, in dem der alle fünf Jahre abzuhaltende Census stattfand, und sie diesen neben ihren sonstigen Aufgaben durchzuführen hatten. Hierzu Karlowa 1885, 590, 600; Liebenam 1900, 255 ff.

3.1 Gnaeus Domitius Polycarpus *offert et petit* (Z. 6–11)

Polycarpus biete (*offerre*) im eigenen Namen und im Namen seiner Frau Domitia Europe den Dekurionen und den *seviri Augustales* 10,000 und 5,000 Sesterze an; und er bitte (*petendo*), dass nach dem Beispiel des Kodizills von Claudius Vitalis und nach Abschluss einer Stipulation auf sein Verlangen hin eine solche *condicio* beschlossen werde, dass aus dem Ertrag der Summe zum Geburtstag der Patronin Domitia Augusta[19] eine Verteilung der Zinsen an die anwesenden und in der Öffentlichkeit zu Tische liegenden Dekurionen und *seviri Augustales* stattfinde.

Polycarpus verlangte also ein Doppeltes: erstens, den Beschluss der Dekurionen, mit dem das empfangene Geld als zweckgebunden festgestellt wird (*petendo ut talis condicio decerneretur, ut*), und zweitens, den Abschluss einer Stipulation (*stipulatione interposita desiderio suo*). Da hier als Vorlage für die Stipulation das Kodizill eines bestimmten Claudius Vitalis dienen sollte[20], handelte es sich wahrscheinlich – wie es bei den letztwilligen Auflagen üblich war – um eine Kautionsstipulation, dass die Dekurionen den Betrag zu keinem anderen Zweck als zur Erfüllung der Zweckbestimmung verwenden. Wie AE 2000, 344b[21] zeigt, konnte eine solche Stipulation sehr umfangreich sein und neben der *quanti ea res erit*-Klausel[22] auch ein Strafversprechen mit einer *clausula doli* einschließen, so dass das Versprechen letztlich auf ein Vielfaches des Zugewandten ging.

Beim Stand unserer Quellen ist nicht klar, wie und durch welche Personen eine Stipulation bei den Stiftungen zugunsten von Gemeinden abgeschlossen wurde[23]. Das ältere Schrifttum zweifelte daran, dass in EDCS-05800775 (CIL XIV 2795) und ähnlichen

19 Domitia Longina (53–126/8) war in den Jahren 70–83 mit dem von 81 bis 96 regierenden Kaiser Domitian verheiratet. Im Jahr 81, als Domitian Kaiser geworden ist, wurde ihr der Titel *Augusta* verliehen. Nach Fraser 2015, 255 waren Gnaeus Domitius Polycarpus und seine Frau Europe Freigelassene der Domitia. Der Name Gnaeus Domitius lässt jedoch auch die Möglichkeit zu, dass Polycarpus vom Vater der Domitia, dem Gnaeus Domitius Corbulo freigelassen war, von dem er den Prä- und Gentilnamen ableitete. Zu Domitia Longina weiterführend: Varner 1995, 187–206.

20 Doch ist es nicht zwingend, das Kodizill des C. Vitalis als *exemplum* auch für die Stipulation zu sehen. Die Abl.-abs.-Konstruktion „*stipulatione interposita desiderio suo*“ lässt es zu, die Stipulation als eine zusätzliche Bitte des Polycarpus zu sehen, so dass die Kodizill-Vorlage lediglich den Beschluss der Dekurionen betreffen würde, etwa in dem Sinne: „Bei Vitalis habt ihr per Dekret die Zweckgebundenheit des Geldes beschlossen, ich aber bitte euch, zusätzlich zum Dekret auch eine Stipulation abzuschließen“.

21 In AE 2000, 344b vermachte der Erblasser den *Augustales* von Misenum 10,000 Sesterze und bedingte das Vermächtnis dadurch, dass die *Augustales* seiner Erbin Sicherheit dafür leisten, den vermachten Betrag zu keinem anderen Zweck als zur Erfüllung der testamentarischen Auflage zu verwenden. Zu AE 2000, 344b: D'Arms 2000, 135 ff. und zuletzt ausführlich Zahn 2021, 139 ff.

22 Zur Klausel: Kaser 1973, 184 ff. und Finkenauer 2023a, Rn. 24.

23 Vgl. Zahn 2023, Rn. 24, dort auch ein Überblick der inschriftlichen Quellen, in denen eine Stipulation bei Stiftungen zugunsten von Gemeinden vorkommt.

Fällen eine Stipulation im eigentlichen Sinne abgeschlossen war. Nach MITTEIS[24] kann in solchen Fällen an einen eigentlichen Verbalakt nicht gedacht werden; die Auferlegung der Stiftungspflicht könne an die zur Verwaltung berufene Körperschaft „stets nur so erfolgt sein, dass der Stifter seine Bedingungen bei der Widmung diktierte und diese alsdann in einem Beschluss des Kollegiums akzeptiert wurden; dieses Übereinkommen ist es, was in Inschriften wiederholt als eine ‚Stipulation' bezeichnet wird". Wie sich aus den Worten *petendo ut ... decerneretur* in Z. 9 ergibt, verlangte Polycarpus tatsächlich einen Beschluss der Dekurionen. Dies bedeutet aber nicht, dass die Worte *stipulatione interposita* hier nur eine Floskel darstellen, wie dies MITTEIS[25] für ähnliche Fälle annahm. ZAHN[26] hat neulich in Bezug auf die Vereine gezeigt, dass die Praxis eine Stipulation bei den „Stiftungen" unter Lebenden kannte: Die Stipulation wurde in solchen Fällen durch die von der Körperschaft ermächtigten[27] Mitglieder abgeschlossen. Aus der Stipulation haftete nicht die Körperschaft selbst, sondern die *promissores* als Einzelpersonen. In unserem Fall wäre es auch nicht der regelmäßig aus 100 Mitgliedern bestehende Dekurionenrat[28], der mit Polycarpus die Stipulation abschlösse. Denkbar wäre vielmehr, dass zum Abschluss der Stipulation die *duumviri iure dicundo* Messala und Priscus befugt waren, die über das Angebot des Polycarpus vor den Dekurionen berichteten. Es lag in der Macht dieser Duumviren, die Verträge für die Gemeinde abzuschließen[29].

---

24 MITTEIS 1908, 415–416 im Bezug auf CIL XIV 353, 2795, 367; X 476, 477; mit ihm LE BRAS 1936, 44. Gegen die Annahme, dass hier ein mündliches Versprechen vorlag auch: SIMON 1964, 28, der in Bezug auf CIL XIV 353 bestritt, dass der *ordo decurionum* „stipuliert haben dürfte". Gegen SIMON bereits NÖRR 1965, 401 Fn. 13: „In CIL XIV 353, 367, 431 kann tatsächlich eine Stipulation – etwa durch einen Beamten – stattgefunden haben, da die Klausel *stipulatione interposita* nichts über die Partner der Stipulation aussagt". Nach KAISER 1991, 178 konnten für eine Stadt die zuständigen Beamten handelnd auftreten. Nur für den Fall, dass für die Stadt der Rat „handelnd auftreten" würde, meint er, dass die Stipulation dann „ihre rechtliche Kontur" verliert, „da neben dem Beschluss des Gemeinderats" wohl keine andere Erklärung nötig ist, „es also an zwei wechselbezüglichen Erklärungen fehlt".

25 MITTEIS 1908, 380 Fn. 15.

26 ZAHN 2021, 136 ff., 150.

27 Wie etwa die *curatores nominati* der *Augustales* von Misenum (AE 2000, 344b); vgl. hierzu BABUSIAUX 2023, 315: „Indem die Vereinsmitglieder die *curatores* ermächtigten, eine Stipulation mit Wirkung für das Vereinsvermögen gegenüber Dritten vorzunehmen, könnte eine satzungsmäßige Verpflichtung der Mitglieder und des Vorstandes eingetreten sein, sich auch in Zukunft nach Maßgabe dieser Stipulation zu verhalten. Die Verpflichtung aus der Stipulation (im Außenverhältnis gegenüber der Gläubigerin) bestünde somit natürlich nur für die Person des *curator*; im Innenverhältnis wäre aber eine entsprechende Bindung durch die Bestimmung oder Entsendung der *curatores* zur Kautionsleistung durchaus vorstellbar."

28 Zur Zahl der Ratsmitglieder siehe: LIEBENAM 1900, 229; KARLOWA 1885, 586.

29 In der Inschrift steht nur, dass Messala und Priscus *quattuorviri quinquennales* (siehe oben in Fn. 18) waren; dass es sich um die *duumviri iure dicundo* (und nicht um die *duumviri aediles*) handelte, ist daraus zu schließen, dass es den Duumviren *iure dicundo* oblag, den Dekurionenrat zu berufen und diesem vorzusitzen. Zu den Befugnissen der *duumviri iure dicundo*: LIEBENAM 1900, 256–257.

3.2 Der Beschluss der Dekurionen (Z. 11–15)

Nach der *relatio* der Vorsitzenden beschlossen die Dekurionen, das Geld anzunehmen und das Andenken an Domitia zu feiern; zugleich fassten sie den Beschluss, dass, wenn der Dekurionenrat die Auflage der Gedenkbankette nicht erfüllt oder seinen Beschluss aufhebt[30] oder die Zweckbestimmung (des Geldes) ändert, die ganze Summe[31], die in dieser Sache angenommen wurde, unter derselben Auflage den Bürgern von Tusculum ausgezahlt werden soll. Die Dekurionen haben somit beschlossen, das empfangene Geld bei Nichterfüllung der Auflage an die Stadt Tusculum herauszugeben, obschon das in den Z. 9–11 erhaltene *petere* des Polycarpus eine solche Sanktion nicht vorsieht[32]. Es ist weniger wahrscheinlich, dass die Dekurionen nach diesem Beschluss mit Polycarpus noch die von ihm verlangte Stipulation abschlossen, die das zusätzliche Risiko mit sich brächte, bei Nichterfüllung der Auflage nicht nur die ganze, von Polycarpus empfangene Summe an die Stadt Tusculum herauszugeben, sondern gleichzeitig auch an Polycarpus aus der Stipulation zu leisten. Die Überlegung der Dekurionen war vielmehr die, dass die Stipulation nach dem Beschluss redundant geworden sei[33]; sie werden bei Nichterfüllung der Gedenkauflage die gesamte Zuwendung auch mit der damit verbundenen Auflagenverpflichtung an die Gemeinde Tusculum übertragen und die Tusculaner sollen dann auch für die Auflagenerfüllung sorgen.

---

30 Zur Möglichkeit, das Dekret der Dekurionen aufzuheben, vgl. D. 50,9,5 (Call. 2 cogn.); Lex Irnit. 42.

31 Vgl. EDCS-14804168 (Corfinium); dort sollte, wenn die Dekurionen der Auflage nicht folgten und die Zinsen der zugewandten Summe am Geburtstag des Gebers nicht wie auferlegt verteilten, nur die an diesem Tag zu verteilende Summe an die Bürger einer anderen Stadt herausgegeben werden.

32 Ähnliche Selbstauferlegung einer Sanktion für den Fall, dass die Auflage nicht befolgt wird, kommt auch bei den Vereinen vor. Vgl. EDCS-16100462 = FIRA III 36 (a. 153, Roma), wo der *ordo collegii Aesculapi et Hygiae* beschloss, das von Salvia Marcellina und Zeno geschenkte Geld (*dedit donavit*) anzunehmen und die Zinsen der geschenkten Summe auf die von den Schenkern bestimmte Weise zu verwenden. Für den Fall, dass die Auflage nicht erfüllt wurde, beschloss der *ordo*, dass der *quinquennalis* oder die *curatores* des Kollegiums, die zu dieser Zeit amtieren werden, in die Kollegiumskasse eine Strafe (*poenae nomine*) von 20,000 Sesterzen einzahlen sollen. Ähnlich in AE 1993, 468. Hierzu mwN.: Zahn 2021, 272 ff., 276–277.

33 In der Inschrift fehlt eine ähnliche Klausel wie etwa in EDCS-05700353, wo ausdrücklich bemerkt wird, dass die Dekurionen den Beschluss in Anwesenheit des Stifters gefasst haben, wobei zugleich eine Stipulation abgeschlossen wurde: EDCS-05700353 (Ostia antica; 138 bis 150): *In aede Romae et Augusti placuit ordini decurionum praesente Fabio patre uti sportulas die natali Hermogenis filii eius praesentibus in foro ante statuas ipsius dividi stipulatione interposita*. Übersetzung: „Im Tempel für Roma und Augustus hat der Dekurionenrat in Anwesenheit des Vaters Fabius beschlossen, die *sportulae* am Geburtstag des Hermogenes, seines Sohnes, im Forum unter Anwesenden vor dessen Statuen zu verteilen, unter Abschluss einer Stipulation.“

3.3 Die Effektivität der Auflagenabsicherung

Das Dekret der Dekurionen wurde Teil des Stadtrechtes, das auch die Dekurionen einzuhalten hatten, möglicherweise sogar unter Androhung einer Strafe[34], die jeder Bürger der Stadtgemeinde einklagen konnte[35], wenn die Dekurionen ihren Beschlüssen nicht folgten. In dieser Hinsicht war es wichtig, dass die Dekurionen das Dekret in eine Bronzetafel eingravieren und an einem öffentlichen Ort aufstellen ließen (Z. 15[36]). Durch die „Veröffentlichung" des Beschlusses wurde den Bürgern die Möglichkeit eingeräumt, die wiederholte Veranstaltung der Gedenkbankette zu kontrollieren und bei Nichteinhaltung der Auflage die Popularklage auf Bußzahlung anzustellen. Gemäß dem Beschluss (Z. 12–*fin.*) konnten die Dekurionen allerdings erst dann wegen Verstoßes gegen das Dekret angeklagt werden, wenn sie das Geld nicht an die Gemeinde Tusculum restituierten; allein die Unterlassung der Gedenkbankette erfüllte die Verfallsbedingung der Strafe nicht, da der Dekurionenbeschluss an die Unterlassung der Gedenkbankette eine andere Rechtsfolge knüpfte, nämlich die Restitution an die Tusculaner.

Mit der Möglichkeit, bei Verstoß gegen das Dekret die Bußzahlung einzuklagen, ist allerdings nicht das Recht zu verwechseln, die Restitution des „Stiftungskapitals" an die Tusculaner zu fordern. Indem die Restitution nur durch den Beschluss der Dekurionen auferlegt wurde, hatten weder Polycarpus noch die Tusculaner eine privatrechtliche Klage, mit der sie die Restitution auch durchsetzen konnten. Dies war aber nicht der einzige Grund, aus dem die beschlossene Restitution, welche die von Polycarpus verlangte Kautionsstipulation ersetzte, für ihn wohl weniger befriedigend war. Hätten die Gabiner das Geld an die Tusculaner restituiert, so stünde dem Polycarpus gegen die Stadt Tusculum keine Klage zu, mit der er die Erfüllung der Gedenkauflage erzwingen könnte, da zwischen ihm und der Stadt Tusculum keine rechtliche Verbindung bestand. Ob die Stadt Gabii bei der Restitution an Tusculum die Mittel dazu hatte, die Dekurionen in Tusculum zu zwingen, einen ähnlichen Beschluss zu fassen, oder sich etwa auf andere Weise zur Erfüllung der Gedenkauflage zu ver-

---

34 Zu den Bußverordnungen der Stadtrechte und der für sie vorgesehenen Popularklage: Wolf 2012, 239 ff.

35 Vgl. die Bestimmung CXXIX der *Lex Ursonensis* (EDCS-20200004 = FIRA I 21): *IIvir(i) aediles praef(ectus) c(oloniae) G(enetivae) I(uliae) quicumqu(e) erunt decurionesq(ue) c(oloniae) G(enetivae) I(uliae) quicumq(ue) erunt ii omnes d(ecurionum) d(ecretis) diligenter parento optemperanto s(ine) d(olo) m(alo) faciuntoque uti quot quemq(ue) eor(um) decurionum d(ecreto) agere facere o(portebit) ea omnia agant faciant u(ti) q(uod) r(ecte) f(actum) e(sse) v(olent) s(ine) d(olo) m(alo) si quis ita non fecerit sive quit atversus ea fecerit sc(iens) d(olo) m(alo) is in res sing(ulas) HS X(milia) c(oloniae) G(enetivae) I(uliae) d(are) d(amnas) e(sto) eiusque pecuniae cui eor(um) volet rec(iperatorio) iudic(io) aput IIvir(um) praef(ectum)ve actio petitio persecutioque ex h(ac) l(ege) ius potestasque e(sto).* Zur *Lex Ursonensis* (*lex coloniae Genetivae*) mit Kommentar und englischer Übersetzung: Crawford 1996, 393–454.

36 Vgl. D. 14,3,11,3 (Ulp. 28 ad ed.).

pflichten[37], ist fraglich. Schließlich stellt sich auch eine praktische Frage: Die Tusculaner sollten zwar substitutionsweise die Bankette zum Gedenken der Domitia veranstalten; da aber diese ihre letzten Jahre in Gabii[38] verbrachte, war es nicht selbstverständlich, dass sie zu Tusculum eine nähere Verbindung hatte[39]; erst diese würde aber dem Bankett zum Andenken an sie den eigentlichen Sinn verleihen.

4 Durch Fideikommiss auferlegte Restitution

Eine andere Art der Absicherung der Auflage wählte Sextus Fadius Musa in Narbo. Die Inschrift überliefert Inhalt des von ihm an die Zimmerleute von Narbo adressierten Briefes und im Anschluss an diesen den Beschluss der Zimmerleute, wohl in einer verkürzten Fassung.

EDCS-09301557 (anno 149; Narbo)

Sex(to) Fadio P[ap(iria)] | Secundo Mu[sae] | omnibus ho[norib(us)] | ^{5} *in colonia N[arbo]* | *nens[i fu]ncto [curat(ori?)] | primo [templi Aug(usti)] | novi Narbo[ne Mart(io?)]* | *fabri subaedia[ni] | Narbonenses |* ^{10} *patrono ob merita | eius l(ocus) d(atus) d(ecreto) d(ecurionum) | | Exemplum epistulae | Sex(ti) Fadi Pap(iria) Secundi Musae | in verba infra scripta |* ^{15} *[Fadi]us Secundus collegio fabrum Narbone(n)sium salutem | [et(?)] plurimis et adsiduis erga me meritis vestris referre gratiam | [quam]quam difficile est quo tamen amori vestro gratissimum sciam | [fore] modo largitionis inter liberos et clarissimum nepotem Iucundum | [seste]rtia sedecim mil{l}ia nummum V K(alendas) Maias primas die natali meo |* ^{20} *[ar]cae vestrae inferam eaque die usuras totius anni computatas | [ass]e octono pernumerabo quo vel gratius sit munusculum meum | [porro] a pietate vestra peto ut usuras eius summae ea die | [hones]tissimo habitu inter praesentes et epulantes in perpetuum | [divi]datis neque ea summa in ullum alium usum convertatur* | ^{25} *[cum et] ha[c] epistula caveam et de[i]nceps tabulis meis cauturus | [sim ut] si condicio [supra scripta(?)] mutata vel omissa fuerit | [ea pecunia ad ... per]tineat vel si in petenda pecunia | [ii diff]erant ad fiscum maximi principis | [hanc vo]luntatem meam si modo probaveritis et vestram |* ^{30} *[adsen]sionem uti aereae tabulae inscalptam ante aedem | [Augusti(?)] proponatis et in basi statuae quam mihi posuistis | [latere de]xtro scribatis impensissime peto | [quo cer]tior futurae observationis in desiderio meo probatio sit | [deinde(?)] manu Fadi Secundi subnotatum erat |* ^{35} *[acta(?) it]a e mandato scripsi Kalendis Octobribus Orfito et | [Prisco c]o(n)s(ulibus) epistulam pro perfecto instrumento retinebitis | [val]ere vos cupio domini optimi et karissimi mihi* | *[huius liber]alitatis in perpetuum*

37 Etwa so, dass sich die Dekurionen bei der Herausgabe an die Tusculaner die Einhaltung der Erinnerungsfeier von diesen versprechen ließen, oder sich für den Fall der Nichteinhaltung das Rückforderungsrecht vorbehielten.

38 Fraser 2015, 255.

39 Obwohl die Städte nur circa 12 km voneinander entfernt lagen. Die Dekurionen folgten hier wohl einem Usus; vgl. etwa EDCS-05800773, wo der Zuwendende selbst die Stadt Tusculum als Substituten für Gabii bestimmte.

conservandae et | [celebr]andae gratia fabri subaediani Narbone(n)ses | [40] [exemplum cu]m tabula aerea conlatum ante aedem loco | [celeberr]imo ponendum censuerunt[40].

4.1 Das *petere* des Fadius Musa

Fadius Musa erklärte, er werde zu seinem Geburtstag in die Vereinskasse auf freigebige Weise 16,000 Sesterze samt einjähriger Zinsen einbringen. Ähnlich wie bei Polycarpus ist auch hier die „Auflage" mit einem „*petere*" ausgedrückt, das bei Fadius sogar zweimal begegnet. Fadius bat die Zimmerleute (erstes *petere*), die Zinsen der zugewandten Summe alljährlich zu seinem Geburtstag unter Anwesenden und Speisenden aufzuteilen und die Geldsumme niemals zu einem anderen Gebrauch zu verwenden. Falls die Zimmerleute diesen seinen Willen billigten, bat er sie (zweites *petere*), ihre Zustimmung zur Zweckbestimmung in eine Bronzetafel einzugravieren und vor dem Augustustempel auszustellen. Der Grund dafür wird von Fadius ausdrücklich genannt: „damit umso gewisser die Überprüfung der künftigen Befolgung nach meinem Wunsch ist". Ähnlich wie bei Polycarpus schließt die Inschrift mit einem *censuerunt*, hier der Zimmerleute, die beschlossen haben, die Abschrift des Briefes zusammen mit der bronzenen Tafel vor dem

---

40 Übersetzung: „Dem Sextus Fadius Secundus Musa aus der *tribus* Papiria, der in der Narbonensischen Kolonie alle Ehrenämter bekleidet hatte, dem ersten Kurator des neuen Augustustempels in der Kolonie Narbo Martius.

Die Zimmerleute von Narbo ihrem Patron für seine Verdienste, der Standort wurde per Dekret der Dekurionen zur Verfügung gestellt. Die Abschrift des Briefes von Sextus Fadius Secundus Musa aus der *tribus* Papiria nach den unten geschriebenen Worten: Fadius Secundus begrüßt das Kollegium der Zimmerleute von Narbo. Obwohl es schwer ist, euren so vielen und unablässigen Wohltaten mir gegenüber, Dank abzustatten, weiß ich (mich) dennoch umso mehr eurer Liebe sehr dankbar und werde auf freigebige Weise in Anwesenheit der Kinder und des hervorragenden Enkels/Neffen Iucundus 16,000 Sesterze am 5. Tag vor den Kalenden des Mai, dem Tag meines Geburtstages, in eure Kasse einbringen und ich werde am selben Tag die Zinsen für das ganze Jahr berechnet mit achtem As auszahlen, damit umso willkommener sei mein kleines Geschenk. Und von eurer Pflichttreue erbitte ich, dass ihr die Zinsen von dieser Summe an diesem Tag auf die ehrenhafteste Weise unter Anwesenden und Speisenden auf immer aufteilt und dass diese Geldsumme nicht zu irgendeinem anderen Gebrauch verwendet werde, zumal ich es sowohl mit diesem Brief bestimme als auch sodann in meinem Testament bestimmen will, dass, wenn die oben geschriebene Bedingung geändert oder unbeachtet gelassen wird, das Geld den ... gehört, oder, wenn sie es verzögern, das Geld einzufordern, dem Fiskus des größten Kaisers. Vorausgesetzt, dass ihr diesen meinen Willen überhaupt gutheißt, bitte ich euch eindringlichst, auch eure Zustimmung, wie sie in der Bronzetafel eingraviert ist, vor dem Augustustempel auszustellen und an dem Sockel der Statue, die ihr mir errichtet habt, auf der rechten Seite aufzuschreiben, damit umso gewisser die Überprüfung der künftigen Befolgung nach meinem Wunsch ist. Sodann, durch die Hand des Fadius Secundus unten angemerkt: So geschehen nach Auftrag habe ich geschrieben an den Kalenden des Oktober unter dem Konsulat von Orfitus und Priscus. Den Brief werdet ihr als vollständige Urkunde behalten. Dass ihr gesund seid, wünsche ich, beste und mir sehr liebe Herren! Um diese Freigebigkeit auf ewig zu bewahren und zu feiern, haben die Zimmerleute von Narbo beschlossen, dass diese Abschrift zusammen mit der bronzenen Tafel vor dem Tempel an der meistbesuchten Stelle aufzustellen sei."

Tempel an der meistbesuchten Stelle aufzustellen, damit die Freigebigkeit von Fadius auf ewig bewahrt und gefeiert wird.

4.2 Das *cavere* des Fadius Musa

Um das erste *petere* abzusichern, griff Fadius zu einem doppelten *cavere*: Er bestimme in diesem Brief (*hac epistula caveam*) und er werde auch in seinem Testament bestimmen (*tabulis meis cauturus sim*), dass bei Nichteinhaltung der Zweckbestimmung die ganze Summe einem Dritten herauszugeben sei und, wenn dieser das Geld nicht rechtzeitig einfordere, dem Fiskus. Das testamentarische *cavere* bestand wohl in der beabsichtigten Einräumung eines bedingten Fideikommisses[41] an den Dritten und substitutionsweise an den Fiskus[42]. Der Name des ersten Fideikomissars ist nicht erhalten. Da Fadius das Geld an erster Stelle dem Kollegium der Zimmerleute zuwandte, ist es wohl denkbar, dass es sich auch beim Substituten um einen Verein handelte. Zwar hatte ein Verein eine wechselnde Mitgliedschaft, dies bedeutet jedoch noch nicht, dass das Fideikommiss am Verbot testamentarischer Zuwendungen an *personae incertae*[43] scheiterte; denn das Fideikommiss wurde nicht zugunsten der wechselnden und somit unbestimmten Vereinsmitglieder, sondern zugunsten des *corpus* als Gesamtheit gemacht[44]. Dies würde erklären, warum auch Legate zugunsten von Gemeinden (*civitates, municipia* und sogar *vici*) gültig[45] und nicht vom Verbot betroffen waren[46]. Da es aber nach Paul. D. 34,5,20(21) erst durch ein unter Mark Aurel (161–180) ergangenes SC gestattet wurde, Vermächtnisse zugunsten von Vereinen zu hinterlassen (*permiserit collegiis legare*), gab es im Jahr 149, als Fadius Musa die Zuwendung

41 Vgl. zu dieser Bedeutung von *cavere* D. 30,123pr. (Marcell. lib. sing. resp.): *Lucius Titius cum duos filios heredes relinqueret, testamento ita cavit: "quisquis mihi liberorum meorum heres erit, eius fidei committo, ut ...*“; D. 32,37,2 (Scaev. 18 dig.); D. 33,1,13,1 (Scaev. 4 resp.): *Uxore herede scripta ita cavit: "libertis meis omnibus alimentorum nomine singulis annuos denarios duodecim ab herede dari volo, si ab uxore mea non recesserint*“.

42 Ein Fideikommiss zugunsten des Dritten unter der Bedingung, dass das Kollegium der Zimmerleute die Auflage nicht erfüllt, und ein zweites Fideikommiss zugunsten des Fiskus unter der Bedingung, dass der Dritte es verzögert, das Geld vom Kollegium einzufordern. Nicht klar ist, ob die Fideikommissare das Geld unter einer Auflage oder auflagenfrei erlangen sollten, da die Klausel „unter derselben Auflage“ bei der Substitutionsanordnung fehlt. *Eadem condicione*, bzw. *sub condicione supra scripta* ist ausdrücklich überliefert in AE 1987, 198 und 199 (siehe unten im Kap. 5); ähnlich im Beschluss der Dekurionen bei Polycarpus (EDCS-05800775; Z. 14; siehe oben im Kap. 3).

43 Gai. 2,238; Gai. 2,287.

44 Anders jedoch Zahn 2021, 240 (siehe unten in Fn. 46).

45 Die *civitates* hatten die passive Legatsfähigkeit bereits seit Nerva; vgl. UE 24,28; D. 30,73,1 (Gai. 3 de leg. ad ed. pr.); D. 36,1,27 (Paul. lib. sing. de sen. cons.). Vgl. hierzu Avenarius 2005, 400 ff., 470–471; ferner Nörr 2010, 62, der sich gegen die Identifizierung von *incertum corpus* (UE 22,5) mit *incerta persona* (UE 22,4) ausspricht.

46 Ferrini 1976, 144–145.

machte, offenbar noch einen anderen Grund, warum Vermächtnisse an Vereine unwirksam oder zumindest umstritten waren. Unklar ist, ob das unter Mark Aurel ergangene SC auch die Fideikommisse zugunsten von Vereinen zuließ, die zwar im Wortlaut des Senatsbeschlusses nicht ausdrücklich genannt, im Sinne von *in maiore minus est* aber mitgedacht werden konnten, oder ob es zur Gültigkeit der Fideikommisse keines SC bedurfte, da diese zugunsten von Vereinen bereits gültig waren[47]. Urteilt man nach den überlieferten Testamentsurkunden[48], so neigt man eher zu Letzterem; die Rechtspraxis scheint schon in der Regierungszeit von Antoninus Pius (138–161) die Fideikommisse an Vereine als gültig anzusehen.

Fraglich ist jedoch, ob Fadius die Zimmerleute von Narbo mit einem Fideikommiss beschweren konnte[49]. Fadius wollte das Geld in Anwesenheit seiner Kinder persönlich in die Vereinskasse einbringen, die Zuwendung an die Zimmerleute erfolgte somit *inter vivos*[50]. Eine unter Lebenden erbrachte *liberalitas* ließ die Belastung mit einem Fideikommiss nicht zu[51]. Mit einem Fideikommiss konnte der Erblasser nur

47 Dafür Zahn 2021, 240 ff., nach dem die Vereine aber unter die Kategorie der *personae incertae* fielen. Zahn meint, dass der Senatsbeschluss von Hadrian, der das Verbot testamentarischer Zuwendungen *ad incertas personas* auf Fideikommisse erstreckte (Gai. 2,287), ausdrücklich private Personenvereinigungen von seinem Anwendungsbereich ausgenommen habe. Das auf Initiative Hadrians gefasste SC *de collegiis tenuiorum* spreche dafür, dass Hadrian eine weniger restriktive Politik mit Blick auf die Vereine betrieben habe.

48 Zu den einzelnen Belegen siehe Zahn 2021, 240–241.

49 Das Fideikommiss wäre nicht etwa als ein strafweise hinterlassenes Fideikommiss ungültig (Gai. 2,288). Es sieht zwar so aus, als verlören die Zimmerleute strafweise, was sie bekamen, wenn sie die Gedenkbankette nicht einhielten, doch stellt sich das Problem eines *fideicommissum poenae nomine relictum* hier deswegen nicht, weil die Zimmerleute alles restituieren sollten, was sie durch die Zuwendung erlangten, und darin liegt nur die Anlehnung an eine auch sonst anerkannte *translatio* an einen anderen Begünstigten. Vgl. D. 30,81,2 (Iul. 32 dig.); D. 34,4,3,4 (Ulp. 24 ad Sab.); D. 35,1,67 (Iav. 11 epist.).

50 Mit dem Futur *inferam* (*arcae vestrae*) äußerte Fadius zunächst nur die Absicht, das Geld zuzuwenden; es ist davon auszugehen, dass er sein Vorhaben zu seinen Lebzeiten auch realisierte. Die Zuwendung, d. h. die Übergabe des Geldes an die Zimmerleute, erfolgte nur einmal, am kommenden Geburtstag des Fadius. Wenn Fadius erklärte, nicht nur die 16,000, sondern auch „die Zinsen für das ganze Jahr berechnet mit achtem As“ auszuzahlen, so meinte er etwa: „Da es noch ein paar Monate dauern wird, bis ich das Geld an meinem Geburtstag in eure Kasse einbringe, sorge ich bis dahin auch für die Erwirtschaftung der Zinsen, die ich euch ebenso zuwenden will“. Aus dem Inschriftentext ergibt sich dagegen nicht, dass Fadius auch in den darauffolgenden Jahren für die Erwirtschaftung der Zinsen sorgen wollte, indem er sich die 16,000 etwa als Darlehen von den Zimmerleuten auszahlen ließe, um das Kapital weiter auszuleihen.

51 Für eine generelle Annahme, dass ein Beschenkter allein aufgrund der Schenkung mit einem Fideikommiss belastet werden konnte, fehlen Belege. In D. 32,37,3 (Scaev. 18 dig.) konnte der Beschenkte nicht deswegen mit einem Fideikommiss belastet werden, weil er beschenkt war, sondern weil er aufgrund der Stipulation die Stellung eines Nachlassschuldners hatte; hierzu mwN. Kleňová 2019, 345–357. In Bezug auf D. 31,87,4 (Paul. 14 resp.) nahm Rüger 2011, 81 ff. an, Paulus habe eine fideikommissarische Belastung des Beschenkten zugelassen. Trifft die Meinung von Rüger zu, so gilt dies nur für den speziellen Fall, dass der Erblasser den Nachlass durch Schenkungen *inter vivos* so weit leer

jene Personen beschweren, denen er auf den Todesfall mindestens ebenso viel hinterließ[52]. Eine *donatio mortis causa* zugunsten der Zimmerleute, welche die Belastung mit einem Fideikommiss zuließe, ist im betreffenden Fall auszuschließen, da Fadius sich – so wie die Inschrift lautet – nicht das Rückforderungsrecht für den Fall vorbehielt, dass er eine bestehende Gefahr übersteht[53]. Ein Rückforderungsrecht war aber das Merkmal, das aus einer einfachen Schenkung eine auf den Todesfall machte, da erst das Erlöschen des Rückforderungsrechtes beim Tod des Schenkers bedeutete, dass der Beschenkte das Geschenk endgültig behalten konnte und somit dieses auf den Todesfall erwarb[54]. Allerdings konnte der Erblasser mit einem Fideikommiss auch seinen Schuldner beschweren[55], indem angenommen wurde, in solchem Fall sei auch der Erbe fideikommissarisch gebeten worden, den Schuldner von seiner Schuld zu befreien. Durch das Befreiungsfideikommiss erlangte der Schuldner aus der Erbschaft einen Vorteil, so dass seine fideikommissarische Belastung möglich war. Versucht man die Rechtsfigur des Fideikommisses zulasten des Schuldners in unserem Fall anzuwenden, so stößt man sich daran, dass Fadius gegen das Kollegium der Zimmerleute keine klagbare Forderung hatte. Die Zimmerleute hatten sich zwar bereit erklärt, die mit der Zinsenaufteilung begleiteten Bankette zu veranstalten (Z. 38–41), diese Kombination von brieflichem *petere* des Fadius und dem Beschluss der Zimmerleute vermochte aber wohl keine Verpflichtung zu begründen[56]. Außerdem vermittelt der Wortlaut der Inschrift den Eindruck, dass Fadius gar nicht vorhatte, in der Zu-

---

gemacht hat, dass den Noterben nicht einmal ein Viertel ihres Intestaterbteils blieb. Die auf diesen Beleg gestützte Gültigkeit des Fideikommisses setzt zugleich voraus, dass das Fideikommiss zugunsten der Noterben selbst hinterlassen wurde.

52 D. 30,114,3 (Marcian. 8 inst.); Gai. 2,261.

53 Dafür, dass die Zimmerleute das Eigentum am Geld erst mit dem Tod von Fadius, und somit erst nach der Eintragung in die Vereinskasse erwerben sollten (eine suspensivbedingte *donatio mortis causa*), bietet die Inschrift keinerlei Hinweise.

54 D. 39,6,27 (Marcian. 5 reg.); D. 39,6,35,2–3 (Paul. 6 ad leg. Iul. et Pap.); D. 39,5,1pr. (Iul. 60 dig.); hierzu mwN. Kleňová 2023, 193 ff.

55 Die *constitutio divi Pii*, welche das Fideikommiss zulasten des Schuldners nach D. 30,77 (Ulp. 5 disp.) in einem konkreten Fall zuließ, hat wohl die bereits geläufige Praxis bestätigt, so dass die fideikommissarische Belastung des Erbschaftsschuldners in unserem Fall auf jeden Fall in Betracht käme. D. 30,77 (Ulp. 5 disp.): *Si pecunia fuit deposita apud aliquem eiusque fidei commissum, ut eam pecuniam praestet, fideicommissum ex rescripto divi Pii debebitur, quasi videatur heres rogatus remittere id debitori: nam si conveniatur debitor ab herede, doli exceptione uti potest: quae res utile fideicommissum facit. quod cum ita se habet, ab omni debitore fideicommissum relinqui potest.*

56 Sähe man den Brief an die Zimmerleute als eine *pollicitatio* an, so würde ein solches einseitiges, formloses Versprechen des Fadius nur seine Verpflichtung gegenüber den Zimmerleuten begründen. Damit aber Fadius die Zimmerleute von Narbo mit einem Fideikommiss beschweren konnte, müssten diese entweder zur Erfüllung der Gedenkauflage oder zur Restitution des Stiftungskapitals an den Dritten verpflichtet werden.

kunft auf Erfüllung der Gedenkauflage klagen zu können[57]. Vorgesehen war nur die durch die Vernachlässigung der Bankette bedingte Restitution an den Dritten, die aber lediglich einseitig durch das Fideikommiss auferlegt wurde. Nähme man an, dass zwischen Fadius und dem Kollegium keine klagbare Obligation bestand[58], so wäre auch das Fideikommiss unwirksam. Es ist aber möglich, dass diese scharfen juristischen Konstruktionen in der Praxis des Rechtslebens lockerer gehandhabt wurden. Die Überzeugung des Fadius, eine ausreichende Grundlage für die fideikommissarische Belastung zu haben, könnte ein Hinweis in diese Richtung sein. Es wäre nicht der einzige Fall, in dem die Rechtspraxis des Alltags und die juristischen Quellen nicht Hand in Hand gingen[59].

4.3 AE 1979, 140 = EDCS-08900841

Ein fideikommissarischer Anspruch des Dritten auf Restitution bei Nichterfüllung der Gedenkauflage durch den ersten Empfänger kommt vielleicht auch in EDCS-08900841[60] vor: Flavius schenkte eine Geldsumme an die *sodales iuvenum*, damit diese alljährlich an seinem Geburtstag untereinander *sportulae* verteilen. Der darauffolgende Text ist schlecht erhalten; mit *quod si di{a}e suo divis(a)e non fuerint tunc [testamento] meo dividentur sub ea condicione* kann er aber verstanden werden: „wenn sie an seinem (Geburts)tag nicht verteilt werden sollten, dann sind sie nach meinem Testament unter der Auflage zu verteilen". *Meo* in *testamento meo* steht für *suo* und ist wohl als direktes Zitat des Zuwendenden zu erklären. Das Umschwenken von der dritten zur ersten Person kommt in einem *quod si*-Satz häufiger vor[61].

57 Aus diesem Grund scheint auch die Möglichkeit, dass durch die Übergabe des Geldes in die Vereinskasse eine mit der *actio praescriptis verbis* durchsetzbare Obligation zur Erfüllung der Gedenkauflage zustande kam (*re obligari*), weniger wahrscheinlich.

58 Eine Lösung wäre – wie diese Babusiaux in die Debatte brachte (siehe Babusiaux im vorliegenden Band unter 3.2.4) – die Auszahlung des Geldes an die Zimmerleute als eine *datio ob rem* zu sehen. Dies setzte freilich voraus, dass sich Fadius bei der Auszahlung des Geldes an das Kollegium das Rückforderungsrecht für den Fall vorbehielt, dass die Zimmerleute die Gedenkauflage nicht erfüllten. In diesem Fall hätten die Zimmerleute gegenüber Fadius eine bedingte Rückgabeschuld, so dass Fadius sie mit einem Fideikommiss beschweren konnte.

59 Vgl. etwa die rechtlichen Beschränkungen des Begräbnisrechtes für Freigelassene (insb. D. 11,7,6 (Ulp. 25 ad ed.)), die im alltäglichen Leben nicht beachtet wurden; hierzu Eck 2008, 79; vgl. auch Liebs 2010, 60.

60 Fabrateria Vetus; a. 259.

61 Vgl. sogleich unten in AE 1987, 198 und 199 und in EDCS-10800445.

5 Die stipulierte Restitution

Eine Vereinbarung zugunsten Dritter lag vor, wenn sich der Geber die Restitution an den Dritten vom Empfänger durch Stipulation versprechen ließ. In folgenden zwei Fällen ist der Zuwendende derselbe Cocilius Hermes[62].

AE 1987, 198 (a. 256; Ostia antica)

C(aius) Iul(ius) C(ai) f(ilius) Cocil(ius) Hermes | patr(onus) et q(uin)q(uennalis) | p(er)p(etuus) col(legii) | den(drophorum) Ost(iensium) |⁵ signum M(atris) M(agnae) ex argent(o) p(ondo) III et | (semissis) et HS | VI m(ilia) n(ummum) d(...) d(...) ut VI | Kal(endas) Iun(ias) die natalis sui de |¹⁰ | (denariis) CLXXX usuras eorum epu|lentur et discumbentes | sportulas partiantur | quod si obser-vatum non | erit tunc s(ummas) s(upra) s(criptas) honoratis |¹⁵ coll(egii) fabr(um) tig(nuariorum) Ost(iensium) dari | volo sub condicione s(upra) s(cripta) | stipulatus est Cocilius | Hermes {i}spe-pond(it) plebs[63] *| dedicat(um) Idib(us) Ianuari(i)s |²⁰ Maximo et Glabrione | co(n)s(ulibus) ob cuius d(edicationem) d(ecurionibus) dedit {i}spor(tulas) |(denarios) II*[64]

AE 1987, 199 (a. 254 bis 257; Ostia antica)

C(aio) Iulio [C(ai) f(ilio) Pal(atina) Cocil(io) Hermeti(?)] | [...] | [... de] |(denariis) | [... spor]tul| [as partiantur quod si observatum n]on erit | [tun]c s(ummam) s(upra) s(criptam) ho[no]ratis c[oll(egii) f]abr(um) t[ig(nuariorum) O]st(iensium) dari | volo suc(!) condicione s(upra) s(cripta) st[ipul]atus est Co|cilius Hermes spepond[it(!) pl]ebs C(aius) Iulius C(ai) f(ilius) | Pal(atina) Corne-[lianu]s(?) [...]T[...] coi|[...] | | Dedic(atum) VIII Kal(endis) Iun(iis) | dd(ominis) nn(ostris) Valeriano Aug(usto) | [...] et Gallieno [... co(n)s(ulibus)][65]

---

62 Andere Belege aus Ostia: EDCS-05700431 = CIL XIV 431 (a. 201 bis 300): ... *HS L m(ilia) n(ummum) arcae eorum [intulit] excepta stipulatione ut ex usuris [...]M II s(ummae) s(upra) [s(criptae)] quodannis Idibus Iuni(i)s natali suo in [c]onventu inter praesentes hora II usque ad asse(m) dividatur deducta ornatione statuae HS C n(ummum) quodsi ita factum non erit tunc ea HS L m(ilia) n(ummum) dari rei p(ublicae) Ostiens(ium) sub eadem condicionem stipulatus est.* In EDCS-05700367 = CIL XIV 367 = FIRA III 44 (a. 182) ist nicht deutlich, ob auch der Satz „*quotsi ita factum non erit tum ea HS XL m(ilia) n(ummum) dari rei Ost(iensium) sub eadem condicione qua s(upra) s(criptum) est*" Inhalt der Stipulation bildete; der Vergleich mit CIL XIV 431 macht dies aber wahrscheinlich; dafür auch Zahn 2021, 170.

63 Zu *spepondit plebs* siehe unten in Fn. 68.

64 Übersetzung: „Gaius Iulius Cocilius Hermes, Sohn des Gaius, Patron und lebenslänglicher *quinquennalis* des Kollegiums der *dendrophori* von Ostia, hat eine Statue der Großen Mutter aus drei und halb Pfund Silber und 6,000 Sesterze gegeben, damit sie am 6. Tag vor den Kalenden des Juni, seinem Geburtstag, von den 180 Denaren, den Zinsen dieser Summe, speisen und bei Tische liegend die *sportulae* aufteilen. Wenn dies nicht befolgt wird, dann will ich, dass die oben genannten Summen den *honorati* des Kollegiums der Zimmerleute von Ostia unter der oben genannten *condicio* gegeben werden. Dies hat sich Cocilius Hermes durch Stipulation versprechen lassen und die Gesamtheit der Mitglieder hat es versprochen. Geweiht an den Iden des Januar unter dem Konsulat des Maximus und des Glabrio. Anlässlich dieser Weihung gab er den Dekurionen 2 Denare als *sportulae*."

65 Übersetzung: „Dem Gaius Iulius Cocilius Hermes, Sohn des Gaius, aus der *tribus* Palatina, ... damit sie ... von ... Denaren ... *sportulae* aufteilen. Wenn dies nicht befolgt wird, dann will ich, dass die oben genannte Summe den *honorati* des Kollegiums der Zimmerleute von Ostia unter der oben genannten *condicio* gegeben wird. Dies hat sich Cocilius Hermes durch Stipulation versprechen lassen und die Gesamtheit der Mitglieder hat es versprochen. Gaius Iulius Cornelianus, Sohn des Gaius, aus der *tribus*

Die erste Inschrift ist besser lesbar, der *quod si*-Satz ist aber in beiden Inschriften wortgleich[66]. Cocilius Hermes hat dem Verein der *dendrophori*[67] eine Geldsumme gegeben[68], damit die Vereinsmitglieder aus den Zinsen alljährlich zu seinem Geburtstag ein Bankett veranstalteten und Geldgeschenke verteilten. Für den Fall, dass sie dieser Vorgabe nicht folgten, ließ er sich von der Gesamtheit der Vereinsmitglieder versprechen[69], dass die Geldsumme dem Verein der Zimmerleute von Ostia gegeben wird. Der erste Verein[70] versprach, bei Nichterfüllung der Gedenkauflage das Geld unter derselben Auflage an den zweiten Verein herauszugeben. Vorgesehen war wohl, dass der erste Verein bei der Weitergabe des Geldes zugleich dafür sorgt, dass der zweite Verein die Auflagenverpflichtung auf sich nimmt. Es ist denkbar, dass er sich bei der Weitergabe der Geldsumme die Auflagenerfüllung vom zweiten Verein durch eine Stipulation versprechen ließ[71].

5.1 Die Klagbarkeit der Stipulation

Die Antwort auf die Frage, ob Cocilius Hermes bei Nichterfüllung der Gedenkauflage die Restitution an den zweiten Verein aus der Stipulation einklagen konnte, hängt davon ab, ob er ein Eigeninteresse daran hatte. Ein Haftungsinteresse im Sinne von D. 45,1,38,20 ff.[72] (Ulp. 49 ad Sab.), das die Gültigkeit einer Stipulation „zugunsten eines Dritten" rechtfertigte, ist hier auszuschließen. Folgt man aber der in jüngerer Zeit vertretenen Meinung[73], dass das schutzwürdige Interesse des Gläubigers nicht nur in seinem Haftungsinteresse gesehen, sondern weiter und flexibler nach den Besonderhei-

---

Palatina ... . Geweiht am 8. Tag vor den Kalenden des Juni unter dem Konsulat unserer Herren Valerianus Augustus und Gallienus."

66 Bis auf die unterschiedliche Auflösung von „S S S" einmal als Plural (*summas supra scriptas*), einmal als Singular (*summam supra scriptam*).

67 Zum Verein der *dendrophori* siehe Gordon 1997, 477–478.

68 Zur Auflösung der Abkürzung „D D" siehe unten bei Fn. 121.

69 In der Klausel *„spepondit plebs"* sieht Zahn 2021, 150 ff., 155–156, einen Versuch, mit der Vornahme eines Gesamtaktes durch sämtliche Mitglieder der Körperschaft die Körperschaft selbst zur Schuldnerin aus der Stipulation zu machen. Ein *collegium* könne jedoch nur dann wirksam zum Schuldner gemacht werden, wenn die Klausel keine „Floskel" gewesen sei, sondern die Gesamtheit der Mitglieder den Verbalakt auch tatsächlich vorgenommen habe.

70 Durch die vom Verein ermächtigten Mitglieder (siehe oben bei Fn. 26–27).

71 Zum Erwerb der Forderungen aus der Stipulation durch einen Verein siehe: Zahn 2021, 117 ff., zusammenfassend 364–365. Denkbar wäre auch, dass die Herausgabe des „Stiftungskapitals" an den zweiten Verein als eine *datio ob rem* erfolgte, indem sich der erste Verein für den Fall, dass die Gedenkauflage vom zweiten Verein nicht eingehalten wird, das Rückforderungsrecht (*condictio ob rem*) vorbehielt.

72 Bestand ein Haftungsinteresse, so konnte der Gläubiger den Ersatz desjenigen Schadens verlangen, „für den er selbst dem Dritten einstehen" musste; hierzu Kaser 1975, 75 ff., zit. 77.

73 Finkenauer 2018, 178 ff., 256 ff.

ten des Falles betrachtet wurde, so könnte man das schutzwürdige Interesse in unserem Fall darin sehen, dass der zweite Verein die Geldsumme unter derselben Auflage erlangen sollte. Cocilius Hermes ging es darum, dass die Bankette alljährlich aus den Zinsen der Geldsumme veranstaltet würden, wenn nicht von dem ersten, dann substitutionsweise von dem zweiten Verein. Das *dari sub eadem condicione* an den zweiten Verein war zugleich ein *facere* für Cocilius Hermes und damit ein *incertum*[74] der Stipulation, so dass er bei Nichterfüllung der Auflage mit der *actio ex stipulatu incerti* auf das Interesse, das er daran hatte, dass die Geldsumme an den zweiten Verein herausgegeben wurde[75], klagen konnte.

Unproblematisch wäre die Klagbarkeit der Stipulation dann, wenn das Versprechen nicht nur die bedingte Restitution an den zweiten Verein, sondern auch die Veranstaltung der Bankette einschlösse, so dass eine Doppelstipulation vorläge, etwa: „Versprecht ihr jedes Jahr an meinem Geburtstag ein Gedenkbankett zu veranstalten? Wenn ihr das nicht tut, versprecht ihr das Geld dem Verein der Zimmerleute von Ostia zu geben?[76]“ Wäre der zweite Teil der Stipulation („wenn ihr das nicht tut ... zu geben“) wegen des Verbotes des „*alteri stipulari nemo potest*“ ungültig, so würde zumindest die hier selbständig promittierte Veranstaltung der alljährigen Bankette aufrechterhalten[77]. Bei Nichterfüllung der Gedenkauflage könnte Cocilius Hermes sein Erfüllungsinteresse mit der *actio ex stipulatu incerti* fordern[78].

---

74 D. 45,1,75,7 (Ulp. 22 ad ed.): *Qui id, quod in faciendo aut non faciendo consistit, stipulatur, incertum stipulari videtur.* Aus der Sicht des Gläubigers war die Zahlung an den Dritten immer ein *incertum*; vgl. D. 45,1,118,2 (Pap. 27 quaest.).

75 Vgl. C. 8,38(39),3,1 Diocl./Maxim. (a. 290): ... *super stipulatu tuo adi praesidem provinciae, ut examinatis partium adlegationibus, quantum constituerit interesse tua, iuxta placiti fidem dotis portionem Iuliano restitutam fuisse, ob incertae actionis effectum concludat condemnationem taxatae quantitatis.* Zur prozessualen Wertbestimmung des Interesses siehe Grzimek 2001, 68 ff.

76 Bei einer Doppelstipulation konnte jede Obligation eingeklagt werden; hierzu mwN. Finkenauer 2023b, Rn. 2, Rn. 8.

77 Dies bereits nach der Regel „*tot stipulationes sunt, quot res*“ (D. 21,2,32pr. (Ulp. 46 ad Sab.); D. 45,1,1,5 (Ulp. 48 ad Sab.); D. 45,1,75,9 (Ulp. 22 ad ed.); D. 45,1,86 (Ulp. 79 ad ed.) u. a.). Das Versprechen, die Bankette zu veranstalten, wäre wohl auch dann als gültig anzusehen, wenn Cocilius Hermes erst (und nur) nach dem zweiten Satz („*quod si observatum non erit, tunc ...*“) die Frage (*spondes*?) gestellt hätte; vgl. D. 45,1,97pr. (Cels. 26 dig.): *Si ita stipulatus fuero: “te sisti? nisi steteris, hippocentaurum dari?” proinde erit, atque “te sisti” solummodo stipulatus essem*; D. 45,1,126,3 (Paul. 3 quaest.). Hierzu Knütel 1976, 74–79.

78 Eine gültige Stipulation böte Cocilius Hermes zusätzlich die Möglichkeit, den ersten Verein als Schuldner aus der Stipulation mit einem Fideikommiss zu belasten und ihm auf diese Weise die bedingte Restitution der Geldsumme an den zweiten Verein aufzuerlegen. Doch allein die Tatsache, dass Cocilius Hermes die Restitution mit einem für das Fideikommiss üblichen Verb (*volo*) anordnete (Gai. 2,249), rechtfertigt noch nicht die Annahme, Hermes habe den ersten Verein tatsächlich mit einem Fideikommiss beschwert. Im gegebenen Zusammenhang kann das *volo* auch nur die Einseitigkeit widerspiegeln, mit welcher der Geber bei den Zweckzuwendungen (*dationes ob rem*) und Schenkungen unter Lebenden die Zweckbestimmungen auferlegte. Dagegen, dass die Restitution nur letztwillig angeordnet wurde, spricht das *stipulatus est Cocilius Hermes spepond(it) plebs*. „*Dari volo*“ bei

5.2 *Actio utilis* des zweiten Vereins?

In beiden erörterten Varianten wäre es Cocilius Hermes, der aus der Stipulation klagen könnte. Mit Hinweis auf Frag. Vat. 286 zog neulich Zahn die Möglichkeit in Erwägung, dass auch dem zweiten Verein aus der Stipulation eine Klage auf Restitution zustehen konnte[79]. Frag. Vat. 286 überliefert ein Reskript von Diokletian und Maximian zur Schenkung unter der Auflage, das Geschenk nach einer bestimmten Frist an einen Dritten herauszugeben.

Frag. Vat. 286 = Codex Gregorianus libro XIII[80] (21. September 290 | Honoré 1632 | 19[81])

Divi Diocletianus et Maximianus Iuliae Marcellae

pr.[82]*: Quoties donatio ita conficitur, ut post tempus id quod donatum est alii restituatur, veteris iuris auctoritate rescriptum est, si is in quem liberalitatis compendium conferebatur stipulatus non sit, placiti fide non servata, ei qui liberalitatis auctor fuit vel heredibus eius condicticiae actionis persecutionem competere.*

§ 1: *Sed cum postea benigna iuris interpretatione divi principes ei qui stipulatus non sit utilem actionem iuxta donatoris voluntatem decernendam esse admiserint, actio, quae sorori tuae, si in rebus humanis ageret, potuit decerni, si quae proponis vera sunt, tibi adcommodabitur*[83].

Die Konstitution dokumentiert zwei Stufen der Entwicklung: Nach dem alten Recht konnte bei Nichteinhaltung der Restitutionsauflage nur der Schenker oder seine

einer Zuwendung unter Lebenden auch in EDCS-10800445 = FIRA III 97: *Pro salute domus divin(ae) I(ovi) O(ptimo) M(aximo) Iunon(i) Regin(ae) aram Q(uintus) Ael(ius) Aunus IIIIIvir Aug(ustalis) de suo item donavit vican(is) Minnodunens(ibus) (denarios) DCCL ex quorum us{s}ur(is) gymnasium in derect(o) tempor(e) per tridu(u)m eisdem vican(is) dedit in aevum quod si in alios us{s}us transferr(e) voluerint hanc pecun(iam) incol(is) col(oniae) Aventicensium dari volo* … .

79 In Bezug auf CIL XIV 431 und 367; Zahn 2021, 171 ff. Die in Frag. Vat. 286 dem Drittbegünstigten gegen den Beschenkten gewährte Klage konnte nach Zahn den Versuch darstellen, durch diese Klage „einen der Klage aus Fideikommiss entsprechenden Rechtsbehelf für das Recht der Schenkungen *inter vivos* zu schaffen". Ein Indiz dafür sieht er in den für das Fideikommiss charakteristischen *verba precativa „dari volo"*, die bei den Stiftungen unter Lebenden verwendet wurden.

80 FIRA II, S. 527.

81 Die Zahl vor dem Schrägstrich bezeichnet die Nummer in der Palingenesia of Latin Private Rescripts von T. Honoré; die Zahl nach dem Schrägstrich die Nummer des Sekretärs; https://iuscivile.com/materials/honore/rescripta/.

82 Gliederung des Reskripts folgt der Doppelüberlieferung in C. 8,54(55),3 Diocl./Maxim (a. 290).

83 Übersetzung: „pr.: Sooft eine Schenkung so errichtet wird, dass nach Ablauf einer Zeit das, was geschenkt worden ist, einem anderen restituiert werden solle, so ist nach dem alten Recht reskribiert, dass, wenn der, an den der Vorteil der Freigebigkeit zu übertragen ist, sich nicht versprechen lassen habe, sobald die Zusage nicht eingehalten wird, dem, der Urheber der Freigebigkeit gewesen ist, oder seinen Erben die Rechtsverfolgung einer *actio condicticiae* zustehe. § 1: Da aber nachher die vergöttlichten Kaiser durch eine wohlwollende Rechtsauslegung gestattet haben, dass dem, der sich nicht versprechen lassen habe, eine zweckdienliche Klage gemäß dem Willen des Schenkers zuzuerkennen ist, wird die Klage, die deiner Schwester, wenn sie noch am Leben wäre, zuerkannt werden konnte, dir gewährt, vorausgesetzt, dass wahr ist, was du vorbringst."

Erben mit der Kondiktion die Rückgabe des Geschenks verlangen; der Dritte hatte keine Klage. Später haben die nicht näher bestimmten *divi principes* dem Dritten gegen den ersten Beschenkten eine *actio utilis* gewährt, deren Grundlage in der Literatur umstritten ist[84]. Am besten überzeugt jene Erklärung, wonach der *actio utilis* eine Zessionskonstruktion[85] zugrunde lag; gemäß dem Willen des Schenkers[86] wurde die Kondiktion, die dem Schenker nach dem alten Recht zustand, als konkludent an den Dritten zediert verstanden, etwa mit dem Gedanken: Will der Schenker die Restitution an den Dritten, so will er nun genaugenommen viel eher seinen Rückforderungsanspruch an den Dritten abtreten, als selbst wieder die Sache zurückhaben.

Bei näherem Hinsehen ist man jedoch geneigt zu zweifeln, dass Frag. Vat. 286 tatsächlich eine Grundlage für eine analoge Anwendung der *actio utilis* bei der Zuwendung von Cocilius Hermes bilden könnte. Die dem Dritten in Frag. Vat. 286 gewährte *actio utilis* war ein ausnahmsweise gewährter Rechtsbehelf, bei dem sich beim Stand unserer Quellen keine einheitliche Regelung erkennen lässt; wohl, weil es keine solche Regelung gab[87]. Außerdem bestehen zwischen Frag. Vat. 286 und der Zuwendung

---

84 Zum Überblick der Meinungen: Kleňová 2023, 290.

85 Harke 2016, 296–297; Kleňová 2023, 290 ff.

86 In der Konstitution steht *„iuxta donatoris voluntatem"*: die hier statt der gebräuchlicheren Präposition *„secundum"* verwendete Präposition *„iuxta"* im Sinne von „nahe bei" deutet darauf hin, dass die Abtretung nicht ausdrücklich vom Schenker gewollt war, sondern auf der Willensauslegung beruht, etwa: die *divi principes* gaben dem Dritten eine Klage, weil sie sahen, dass dies „ganz nahe bei dem Willen des Schenkers" war.

87 Man würde erwarten, dass eine *actio utilis* nach ähnlichem Prinzip wie in Frag. Vat. 286 auch bei einer *dos*-Bestellung dem Dritten gewährt wurde, etwa wenn der Vater mit dem Schwiegersohn vereinbarte, die *dos* solle, wenn die Tochter in aufrechter Ehe stirbt, an ihren Bruder oder andere Personen restituiert werden; auch hier war die Restitution an den Dritten als eine unentgeltliche Zuwendung beabsichtigt, und dennoch hat man dem Dritten eine Klage noch im 3. Jh. wiederholt versagt. C. 5,12,26 Diocl./Maxim. (a. 294): *Si genero dotem dando pro filia pater communis eam reddi tibi extraneo constituto stipulatus est, nec sibi cessante voluntate nec tibi prohibente iure quaerere potuit actionem.* C. 5,12,19pr. Diocl./Maxim. (a. 294). Abgelehnt wurde die Klage des Dritten auch in der Originalfassung des in C. 5,14,7 Diocl./Maxim. (a. 294) überlieferten Reskripts; dass der Schlusssatz *„tamen utilis eis ex aequitate accommodabitur actio"* eine justinianische Interpolation ist, ist allgemein angenommen; siehe hierzu Harke 2016, 292–293; Schnabel 2015, 159 ff.; Stagl 2009, 153–154. Zu D. 45,1,45,2 (Ulp. 50 ad Sab.) vgl. Stagl 2009, 141 ff., der entgegen der im Schrifttum überwiegend vertretenen Interpolation des Textes meint, bei *„post mortem meam filiae meae dari?"* handle es sich um eine Stipulation zugunsten Gewaltunterworfener (ähnlich wie in D. 23,4,9 (Pomp. 16 ad Sab.) in Bezug auf den *filius*); der Vater könne sich für seine Tochter *in potestate* wirksam stipulieren lassen, da er selbst kraft seiner *patria potestas* die aus der Stipulation herrührende Position erwerbe (D. 45,1,39 (Paul. 12 ad Sab.)). Wenn der Vater sterbe, falle seine aus der Stipulation erlangte Rechtsposition weg, mit der Folge, dass die der Tochter auflebe. Es sei keine Stipulation zugunsten Dritter, da das Hauskind kein Dritter sei. Daher liege hier eine gültige, auf den Tod des Vaters bedingte Stipulation zugunsten der Tochter vor. Da aber gleichzeitig doch der Fall einer Stipulation *post mortem* gegeben sei, welcher Typ von Stipulation grundsätzlich unwirksam sei, habe Ulpian keine *actio ex stipulatu*, sondern eine *actio utilis* gewährt. Zu D. 45,1,45,2 (Ulp. 50 ad Sab.) ferner Harke 2016, 287–288; Finkenauer 2010, 205–206. Zu D. 24,3,45 (Paul. 6 quaest.) siehe unten in Fn. 87.

von Cocilius Hermes mehrere Unterschiede. In Frag. Vat. 286 handelte es sich um eine sukzessive Zuwendung an Einzelpersonen. Die Auflage, mit der der erste Beschenkte die Sache erlangte, bestand nur in der Verpflichtung, die empfangene Sache nach Fristablauf weiterzugeben. Die Restitution an den Dritten sollte nach Fristablauf auf jeden Fall erfolgen, da die Schenkung von vornherein nur als eine temporäre Zuwendung der Zwischenvorteile beabsichtigt war. Bei der Zuwendung von Cocilius Hermes sollte die auferlegte Restitution den ersten Verein gerade umgekehrt motivieren, die Gedenkauflage zu erfüllen, damit er die Geldsumme behielt. Ein noch bedeutenderer Unterschied bestand in der Tatsache, dass sich Cocilius Hermes die Restitution an den Dritten vom ersten Verein stipulieren ließ. Hätte man den Anspruch des Dritten auf die Stipulation zwischen Hermes und dem ersten Verein stützen wollen, so stünde der Drittwirkung bereits das formale Hindernis entgegen, dass der zweite Verein bei Abschluss der Stipulation nicht anwesend und somit „*ob absentiam*" keinen Anspruch aus der Stipulation erwerben konnte[88]. Versucht man dagegen, nach dem Vorbild von Frag. Vat. 286, die Konstruktion anzuwenden, wonach der Anspruch des Gebers gemäß dessen Willen an den Dritten „umzuleiten" ist, so stößt man auf die Frage, ob dies auch dann in Betracht kam, wenn der Geber statt eines kondiktionsgeschützten Rückforderungsanspruchs[89] eine auf *incertum* gerichtete Stipulationsklage hatte[90]. Im Falle einer Stipulation war es sogar dann problematisch, dem Dritten eine *actio utilis* zu gewähren, wenn sich der Gläubiger auch *reddere* (und nicht nur *restituere* an den Dritten) versprechen ließ[91].

88 Vgl. noch unter Diokletian: C. 8,38(39),3,1 Diocl./Maxim. (a. 290).

89 In Frag. Vat. 286 lag zwischen dem Schenker und dem ersten Beschenkten keine Stipulation vor, dem Schenker stand lediglich eine Rückforderung für den Fall zu, dass der Beschenkte nicht an den Dritten restituiert.

90 Aus den *dos*-Fällen (siehe oben in Fn. 86) lässt sich hierfür keine Antwort gewinnen; der Unterschied, ob die Restitution zwischen dem *dos*-Besteller und dem Schwiegersohn stipuliert oder nur durch ein formloses *pactum* vereinbart wurde, scheint keine Rolle gespielt zu haben; Diokletian und Maximian lehnten die Klage des Dritten in beiden Fällen ab.

91 Dies zeigt D. 24,3,45 (Paul. 6 quaest.), wo Paulus zunächst sagt, dass die Stipulation in der Person der Dritten (der Seia) *inutiliter esse concepitur*; eine eigene Klage hatte die Dritte somit nicht, sie konnte aber die Leistung empfangen, wenn sie als *stipulationis causa adiecta* angesehen wurde. Ob der widersprüchliche Schluss „*sed permittendum est ... decurrendum est*", wonach der Seia doch eine *actio utilis* zusteht, paulinisch ist, ist umstritten; gegen die Echtheit mwN. Harke 2016, 291 ff.; nicht ohne Bedenken, aber im Ergebnis für echt halten den Schluss: Schnabel 2015, 156 ff.; Stagl 2009, 146 ff. (157: der *favor dotis* sei so stark gewesen, dass er den Grundsatz *alteri nemo stipulari potest* durchbrechen konnte); und neulich Finkenauer 2018, 249 Fn. 426.

6 ‚*Donatio*‘ Flavii Syntrophi

Eine Restitutionsauflage enthält auch die Zuwendung des Flavius Syntrophus.

EDCS-16100466 = FIRA III 94 (69 bis 100[92] | 2. bis. 3. Jh.[93]; Roma)

T. Flavius Syntrophus, priusquam hortulos Epagathianos Dadu[chianos[94] — — ianosque] | cum aedificio et vineis maceria clusis, ita uti instructi sunt, qui sunt via Labic[ana inter miliarium II et III] | euntibus ab urbe parte laeva ad viam, Aithale liberto suo mancipio daret, test[atus est se in hanc condi]|cionem mancipare, ut infra scriptum est: Si tibi hortos Epagathianos Dadu[chianos — — ianosque], | qu(ibus) d(e) a(gitur), q(ui) s(upra) s(cripti) s(unt), mancipio dedero vacuamque possessionem tradidero, tum per te no[n fieri factumve iri neque] | | per heredem tuum eumve, ad quem ea res q(ua) d(e) a(gitur) pertinet pertinebit[95], quo minus ii ho[rti aedificiumve sit com]|mune tibi cum conlibertis tuis utriusque sexus, qui a me testamento codicillisv[e honorati erunt, cumque iis fru]|aris, parique portione inter vos reditum eius custodiatis ita, ut die parentali [meo, item XI k(al.) Apr(iles) die viola]|tionis, item XII k(al.) Iunias die rosationis, item III k(al.) Ianuar(ias) die natali meo, cu[m mortuus ero, tum ut] | quisque vestrum vivet, quive ex vobis geniti erunt, aut a quo vestrum quis ma[numissus erit, ad quem unum] | | pluresve portio similiter huius loci aedificiive pertinebit, id ex formula su[pra scripta dividatis: et si quis] | ibi inhabitare volverit, ex communi omnium consensu maiorisve partis [eorum qui vivent id ei liceat]: | quae autem membra aedificii vacabunt, in reditu sint ita, ut huic volunta[ti parentes, deducta summa] | impensae et quod ad tutelam aedifici opus erit, quod reliquom erit, inter v[os dividatis, et sic horti cum aedi]|ficis instrumentoque omni, quod die mortis meae ibi habuero, usui vestro [deserviant quamdiu vivetis]: | | quive ex vobis novissimus morietur eodem modo testamento suo [caveat ut horti s(upra) s(cripti) per eos q(ui) s(upra) s(cripti) s(unt), quive] | ex iis prognati erint, aequaliter in familia <<m>> nominis mei permanea[nt eodemque semper iure sint. Et] | ab hac re promissioneque dolus malus cuius vestrum, de quibus agitur, a[bsit. Si adversus ea f(actum) erit, q(uanti) e(a) r(es) e(rit),] | tantam pecuniam dari, et amplius poenae nomine (sestertium) L m(ilia) n(ummum) stipulatu[s est T. Flavius Synthrophus], | spopondit T. Flavius Aithales libertus. Tum hortulos cum aedificio e[t vineis maceria clusis, ita ut] | | empti sunt[96], et quae postea iis accesserunt, mancipio accepit T. Flavius Aitha[les de T. Flavio Synthropo (sestertio) n(ummo) I], | libripende Ti. Claudio Phileto, antestatus est T. Flavium Theopom[pum. Et in vacuam possessionem horto]|rum, q(ui) s(upra) s(cripti) s(unt), ex causa supra scripta ire aut mittere iussit[97] T. Flavius Sy[ntrophus T. Flavium Aithalem, seque] | inde excessisse desisseque possidere <<que>> dixit, salva volu[ntate[98] si qua ossa deinceps supra dictis] | hortis inferri consacrarive voluerit. Act(um) III [— —]s M[art(ias) — — —

92 EDCS-16100466.

93 FIRA III 94.

94 Die Vorbesitzer der Gärten waren womöglich Epagathus und Daduchus; hierzu Frass 2006, 281.

95 Die Klausel „*is, ad quem ea res pertinet pertinebit*“ bezeichnet die Rechtsnachfolger samt Adrogierten; vgl. D. 44,7,53,1 (Mod. 3 reg.).

96 So, wie sie sich (im rechtlichen und faktischen Zustand) beim Manzipationskauf befunden haben (= „wie sie stehen und liegen“).

97 Ein Akt der Besitzergreifung: *ire* – selbst gehen; *mittere* – einen anderen schicken (um durch diesen die faktische Kontrolle über die Gärten zu erlangen).

98 Unbeschadet des aufrechterhaltenen Willens = er behält sich das Recht vor, dort zu bestatten.

cos.]. | | M. Clodi Saturnini, A. Cascelli Doryphori, T. Flavi Pii, T. St[— — — —, T. Flavi Theopompi], Ti. Claudi Phile[ti][99].

99 Übersetzung: „T. Flavius Syntrophus, bevor er die epagathianischen, daduchianischen und ... Gärten mit dem Gebäude und den mit einer Lehmmauer umgebenen Weinbergen, so wie sie ausgestattet sind und die sich an der *via Labicana* zwischen dem 2. und dem 3. Meilenstein befinden, wenn man von der Stadt aus geht auf der linken Seite der Straße, dem Aithales, seinem Freigelassenen manzipierte, erklärte vor Zeugen, dass er diese unter der Bedingung manzipiere, wie unten geschrieben ist: Wenn ich dir die epagathianischen, daduchianischen und ... Gärten, um die es geht und die oben beschrieben sind, durch Manzipation gegeben und den von Rechten Dritter freien Besitz übertragen habe, dann wird es weder durch dich geschehen oder geschehen sein, noch durch deinen Erben oder denjenigen, den die Sache, um die es geht, betrifft und betreffen wird, dass nicht die Gärten oder das Gebäude dir gemeinsam ist mit deinen Mitfreigelassenen beiderlei Geschlechts, die von mir im Testament oder im Kodizill bedacht sein werden, und dass du nicht gemeinsam mit ihnen die Früchte ziehst, und dass ihr nicht ihren Ertrag unter euch zu gleichen Teilen so aufbewahrt, dass am Tag der Parentalien, ebenso am 11. Tag vor den Kalenden des April, dem Tag des Veilchenfestes, ebenso am 12. Tag vor den Kalenden des Juni, dem Tag des Rosenfestes, ebenso am 3. Tag vor den Kalenden des Januar, meinem Geburtstag, wenn ich tot sein werde, wer von euch leben wird, oder welche von euch geboren sein werden, oder wer von einem von euch freigelassen sein wird, und wem als einem oder mehreren auf ähnliche Weise ein Teil dieses Grundes oder des Gebäudes gehören wird, dass ihr das nach der oben beschriebenen Regel verteilt; und wenn jemand dort wohnen wollen wird, soll es ihm erlaubt sein mit gemeinsamer Zustimmung aller oder der Mehrheit derer, die leben werden. Die Teile des Gebäudes aber, die leer stehen werden, sollen so in der Nutzung sein, dass ihr, diesem Willen gehorchend, das, was übrig sein wird nach Abzug der Summe des Aufwandes und dessen, was zur Erhaltung des Gebäudes erforderlich sein wird, unter euch verteilt und auf diese Weise sollen die Gärten mit den Gebäuden samt allem Inventar, das ich dort am Tag meines Todes haben werde, eurem Gebrauch dienen, solange ihr leben werdet. Wer von euch als letzter sterben wird, soll auf die gleiche Weise in seinem Testament dafür sorgen, dass die oben beschriebenen Gärten, durch die, die oben genannt sind, oder welche von ihnen geboren werden, gleichmäßig in der Familie meines Namens bleiben und immer dieses Rechtes sind. Und von dieser Angelegenheit und Versprechen soll Arglist von Seiten irgendeines von euch, um die es geht, fern sein. Wenn dagegen verstoßen worden sein wird, dass so viel Geld gezahlt wird, wie viel diese Sache wert sein wird, und darüber hinaus als Strafe 50,000 Sesterze, hat sich T. Flavius Syntrophus durch Stipulation versprechen lassen, und hat der Freigelassene T. Flavius Aithales versprochen. Dann hat T. Flavius Aithales die Gärten samt Gebäude und den mit einer Lehmmauer umgebenen Weinbergen, so, wie sie gekauft worden sind, und was diesen nachher angewachsen ist, in sein *mancipium* empfangen, von T. Flavius Syntrophus um einen Sesterz unter Mitwirkung des Waagehalters Ti. Claudius Philetus, und er hat zum Zeugen aufgerufen den T. Flavius Theopompus. Und T. Flavius Syntrophus hieß den T. Flavius Aithales in den freien Besitz an den Gärten, die oben beschrieben sind, aus dem oben beschriebenen Grund zu gehen oder zu schicken, und hat erklärt, dass er von dort weggegangen sei und zu besitzen aufgehört habe; unter dem beibehaltenen Willen, dass, wenn er es wollen wird, irgendwelche Gebeine später einmal in die oben beschriebenen Gärten eingebracht oder diese den Göttern geweiht werden. Geschehen am ... des März ... . M. Clodius Saturninus, A. Cascellius Doryphoros, T. Flavius Pius, T. ..., T. Flavius Theopompus, Ti. Claudius Philetus.“

T. Flavius Syntrophus manzipierte seinem Freigelassenen Aithales[100] mehrere Gärten und Weinberge. Vor der Manzipation, aber bereits in der Gegenwart von Zeugen (*testatus est*)[101], sprach Syntrophus drei Bestimmungen aus, unter denen er die Manzipation vornahm (*se in hanc condicionem mancipare*): Erstens, nach dem Tod des Syntrophus[102] solle Aithales jenen Freigelassenen, die Syntrophus in seinem Testament oder Kodizill bedenken werde, das Miteigentum an den manzipierten Gärten einräumen, so dass diese mit Aithales Miteigentümer zu gleichen Teilen werden. Zweitens, den aus den Liegenschaften erwirtschafteten Ertrag sollen die Freigelassenen aufbewahren und untereinander am Geburtstag des Syntrophus und an drei Totengedenktagen[103], wohl im Rahmen einer direkt am Grab des Syntrophus veranstalteten Gedenkfeier, verteilen. Und drittens, jener von den Freigelassenen, der als letzter sterbe, solle in seinem Testament dafür sorgen, dass die Liegenschaften auf immer in der Familie *nominis Flavii Syntrophi* bleiben. Daraufhin schlossen Syntrophus und Aithales eine Stipulation ab, mit der Aithales versprach, dass weder durch ihn noch durch die Mitfreigelassenen die Erfüllung der Zweckbestimmungen arglistig vereitelt wird. Zusätzlich (*amplius*) zur *stipulatio doli*[104], die auf Leistung des Geldinteresses (*quanti ea res erit*) gerichtet war, versprach Aithales für den Fall des Zuwiderhandelns eine Strafe von 50,000 Sesterzen. Im Anschluss an die Stipulation nahm Syntrophus die Manzipation der Gärten und der Weinberge vor und übertrug an Aithales auch deren Besitz.

Die Stipulation ist in der Literatur fast einstimmig für unwirksam gehalten worden, da sie die Testierfreiheit der Freigelassenen einschränke und somit an der Sittenwidrigkeit scheitern müsse[105]. Damit die Gärten auf immer in der Familie des Flavius Syntrophus blieben, war es ja notwendig, dass jeder von den Freigelassenen seinen Miteigentumsanteil letztwillig den anderen *conliberti* hinterließ. Dennoch hat die angenommene Ungültigkeit der Stipulation keine Unterstützung in den Quellen; denn

---

100 Wohl auf denselben T. Flavius Aithales bezieht sich auch eine zweite Inschrift aus Rom: EDCS-00600989: *D(is) M(anibus) Flavio Aithaleti Flavia Secunda coniugi carissimo fecit posterisque eorum.*

101 So richtig PERNICE 1892, 100; LÜBTOW 1966, 417.

102 Da Syntrophus die Freigelassenen erst in seinem Testament bestimmen wollte (Z. 7), konnte Aithales die Auflage erst nach dem Tod des Syntrophus erfüllen.

103 Am Tag der Parentalien, der Rosalien und am Violentag.

104 Die Kumulation war hier möglich; vgl. FINKENAUER 2023b, Rn. 8 mit Fn. 56.

105 HUSCHKE 1838, 19–20; LEWIS 1868, 6; ferner BRUCK 1954, 79, wonach die für Syntrophus wichtigste Bestimmung, nämlich die Sicherung seines Kults auf Dauer, durch die Stipulation rechtlich nicht gedeckt war. Vgl. auch JOHNSTON 1988, 86: „It must have been a failure, because the praetor would not enforce the *stipulatio*: it was regarded as immoral to attempt to dictate the provisions of somebody else's will". In diesem Sinne auch ARANGIO-RUIZ in FIRA III 94, 299: „*... nemo autem per stipulationem cogi poterat, ut testamento aliquid ordinaret*"; mit ihm KNÜTEL 1976, 282 Fn. 3 und neulich AVENARIUS 2019, 15 Fn. 79: „mit der (zivilrechtlich unwirksamen) *condicio*".

nur die Freiheit, einen Erben einzusetzen, konnte nicht eingeschränkt werden[106]. Die Sittenwidrigkeit betraf nicht jene Fälle, in denen sich die Verpflichtung, auf eine bestimmte Weise zu testieren, nur auf einzelne Sachen bezog, und von demjenigen auferlegt wurde, der diese Sachen dem Empfänger zuwandte[107]. Auch bei Syntrophus betraf die Restitutionsauflage lediglich die „geschenkten" Gärten und Weinberge; um die Auflage zu erfüllen, war es daher nicht notwendig, die anderen Mitfreigelassenen zu Erben einzusetzen; geeignet war vielmehr ein Fideikommiss, mit dem jeder Freigelassene seinen Miteigentumsanteil den anderen Mitfreigelassenen hinterließ.

Anders als Cocilius Hermes[108] hat sich Syntrophus nicht direkt ein *dare* an die Dritten versprechen lassen, sondern nur Strafe und Interessenersatz für den Fall, dass die Restitution an die Dritten[109] nicht erfolgt. Da beide Leistungen an Syntrophus zu erbringen waren, war das Problem *alteri stipulari nemo potest* hier nicht berührt. Indem Aithales auch dafür einstand, dass die Auflage von den Freigelassenen erfüllt werde[110], hatte er ein starkes Motiv, die Mitfreigelassenen nach dem Tod des Syntrophus dazu zu bringen, dass alle gemeinsam an den Gedenkbanketten teilnahmen und die Restitution an die nächsten Generationen wie auferlegt vollzogen[111]. Aithales tat am besten daran, wenn er sich die Erfüllung der Auflage bei der Einräumung des Miteigentums von jedem der Mitfreigelassenen versprechen ließ[112].

Nun hat aber Syntrophus die perpetuierte Einhaltung seines Totenkultes womöglich noch weitergehender abgesichert. Nach den Z. 6–7 sollte Aithales die Gärten gemeinsam mit jenen Freigelassenen teilen, „die von Syntrophus in seinem Testament oder Kodizill [...]"; das Verb liegt in dem rechten, fehlenden Teil der Inschrift. Folgt

---

106 Vgl. D. 45,1,61 (Iul. 2 ad Urs. Fer.); C. 8,38(39),4 Diocl./Maxim. (a. 293); D. 17,2,52,9 (Ulp. 31 ad ed.); C. 2,3,15 Valer./Gall. (a. 259).

107 Vgl. etwa D. 45,1,135,3 (Scaev. 5 resp.); D. 40,8,8 (Pap. 9 resp.) und D. 24,1,49 (Marcell. 7 dig.). Auf die Frage kann hier nicht näher eingegangen werden; die *„donatio Flavii Syntrophi"* bildet den Gegenstand einer selbständigen Untersuchung.

108 Siehe oben Kapitel 5.

109 Die im Zeitpunkt der Stipulation namentlich noch gar nicht feststanden.

110 Für den Fall, dass ein Dritter etwas tut, konnte man sowohl die Strafe als auch das Interesse gültig versprechen: D. 45,1,38,2 (Ulp. 49 ad Sab.): *At si quis velit factum alienum promittere, poenam vel quanti ea res sit potest promittere.* Hierzu Knütel 1976, 283.

111 Dies entspricht der Weise, wie Celsus und Ulpian das Versprechen des *factum alienum* auslegten: Wer verspricht, dass ein anderer etwas tut, der verspricht, seinerseits dafür zu sorgen, dass der andere dies tut. D. 45,1,81pr. (Ulp. 77 ad ed.): *et verum est, quod Celsus ait: nam qui alium sisti promittit, hoc promittit id se acturum, ut stet.* Vgl. auch EDCS-24200064, wo Cintis Scaporenus seinen Erben eine Geldsumme gab, damit sie unter der Aufsicht eines Dritten namens Zipas an den Rosalien zu seinem Grab gehen; hierzu Pilhofer 2000, 497–498.

112 Hätte Aithales die Manzipation nur unter einer *lex dicta* vorgenommen, so würde dies womöglich noch nicht genügen, um einen klagbaren Anspruch auf Auflagenerfüllung gegen die Freigelassenen zu erzeugen. Hierzu mit Literatur- und Quellenbelegen Kleňová 2023, 241–242. Für die Wiederholung der mit Syntrophus abgeschlossenen Stipulation bei Teilmanzipation der Gärten auch Pernice 1892, 149 und mit ihm Finkenauer 2010, 110.

man der heute breit angenommenen Ergänzung in CIL mit „*honorati erunt*"[113], so lässt sich das Verb in dem Sinne deuten, dass Syntrophus die Freigelassenen mit einem Vermächtnis oder Fideikommiss bedenken[114] wollte. Das Objekt des Fideikommisses konnten die Miteigentumsanteile an den Gärten bilden, die Syntrophus zuvor an Aithales manzipierte. Dem stünde nicht entgegen, dass dem Syntrophus die Gärten bei der Testamentserrichtung nicht mehr gehörten, denn auch eine fremde Sache konnte durch Fideikommiss hinterlassen werden[115]. Aithales mit einem Fideikommiss zugunsten der Freigelassenen zu beschweren, war nach der Rechtsfigur des *fideicommissum a debitore relictum* möglich, da er aus der Stipulation Schuldner des Syntrophus war. Durch Fideikommiss würden die *conliberti* gegen Aithales einen direkten, mit der *petitio fideicommissi* durchsetzbaren Anspruch auf Einräumung des Miteigentums erlangen[116].

---

113 CIL, Vol. VI, pars 2, Berlin, 1882, S. 1359. Anders vorher Huschke 1838, 5 für „*manumissi erunt*“.

114 Vgl. etwa D. 48,10,15pr. (Callist. 1 quaest.): *legato honoratur*; C. 7,7,2pr. Just. (a. 530): *legato honorari.*

115 Gai. 2,261.

116 Die Frage, ob den Mitfreigelassenen gegen Aithales eine Klage auf Eigentumseinräumung zustand, hat bereits früh Beachtung gefunden. Huschke 1838, 20–21, bejahte sie mit dem Hinweis auf Frag. Vat. 286 und D. 45,1,122,2 (Scaev. 28 dig.) („*dici potest ... eique, cui rem restitui oportet, actionem competere*“). Ob die in Frag. Vat. 286 ausnahmsweise gewährte *actio utilis* tatsächlich in allen verwandten Fällen der auferlegten Restitution an einen Dritten anwendbar war, wurde im Kapitel 5 bereits in Frage gestellt. Trifft die Annahme zu, dass sich die *actio utilis* des Dritten in Frag. Vat. Restitution an einen Dritten anwendbar war, wurde im 286 auf den Willen des Schenkers stützte, dem die Konstruktion einer konkludenten Zession seiner Rückforderungsklage am besten entsprach, so bestehen im Syntrophus-Fall triftige Gründe, die *actio utilis* in Zweifel zu ziehen. Denn Syntrophus hat mit Aithales eine *stipulatio doli* und *stipulatio poenae* abgeschlossen. Dass er bereit wäre, seine auf Geldinteresse und Leistung der Strafe gerichtete Klage den Freigelassenen abzutreten, ist nicht selbstverständlich. Unklar ist außerdem, ob die Anwendung der in Frag. Vat. 286 überlieferten Konstitution im Syntrophus-Fall überhaupt in Betracht kam. Wir kennen weder die genaue Datierung der *donatio Syntrophi* noch die Namen der Kaiser, die dem Dritten nach Frag. Vat. 286 die *actio utilis* gegen den Beschenkten gewährten. Stimmt aber die früheste Datierungseinschätzung der *donatio Syntrophi* mit 69 bis 100 n. Chr., so war die Konstitution der *divi principes* womöglich erst nach der „Schenkung“ des Syntrophus erlassen. Der andere Text, den Huschke, 21 Fn. 34 anführte, um die Klage der Freigelassenen gegen Aithales zu unterstützen, ist D. 45,1,122,2 (Scaev. 28 dig.): Ein Sklave wurde geschenkt und manzipiert mit der *lex dicta*, dass ihn der Beschenkte freiließ. Für den Fall, dass die Auflage nicht erfüllt wird, versprach der Beschenkte dem Schenker eine Strafe. Wenn Huschke auf diesen Fall verwies, so wohl mit dem Blick auf die dritte an Scaevola gestellte Frage, die lautete: Wenn der Erbe des Schenkers nicht gegen den Erben des Beschenkten aus der Stipulation klagen will, muss dann der Erbe des Beschenkten dem freizulassenden Stichus aus der zwischen Schenker und Beschenktem getroffenen *conventio* die Freiheit gewähren? Scaevola bejahte die Frage, was heißt, dass der aus der Schenkung begünstigte Dritte (der Sklave) die Auflagenerfüllung (die Freilassung) vom Beschenkten verlangen konnte, wenn der Schenker oder seine Erben an der Durchsetzung der Strafe kein Interesse zeigten. Ähnlich könnten, so wohl Huschke, auch die Freigelassenen von Aithales die Auflagenerfüllung verlangen, wenn die Erben des Syntrophus nicht den mittelbaren Druck durch die Stipulationsklage ausübten. Hier ist jedoch zu beachten, dass es sich in D. 45,1,122,2 (Scaev. 28 dig.) um eine Frei-

Hinterließ Syntrophus den *conliberti* ein Fideikommiss zulasten des Aithales, so konnte er dieses wohl mit der fideikommissarischen Bitte verbinden, dass die Grundstücke für immer in der Familie seines Namens bleiben; aus dem Familienfideikommiss würden auch die nächsten Generationen der Freigelassenen einen klagbaren Anspruch und zusätzlich einen Schutz durch die *missio in possessionem*[117] erlangen[118].

7 Die Rückgabe an den Zuwendenden oder an seine Erben

Vollständigkeitshalber ist noch eine kleine Gruppe von Inschriften zu erwähnen, in denen der Zuwendungsempfänger bei Nichteinhaltung der Gedenkauflage eine Leistung an die Erben des Zuwendenden zu erbringen hatte. Da die Erben als Universalsukzessoren lediglich an die Stelle des Gebers traten, war das Problem einer Vereinbarung zugunsten Dritter hier nicht berührt. Als Beispiel diene folgende Inschrift aus Philippi:

> EDCS-24200074 (a. 1 bis 300; Philippi)
>
> *s]ub cura(tione) [...] | [S]aturn[ini ...] | ma[...] | viva [donavit thiasis] | Bacc[hi |(denarios) ... ex] | quo[r(um) redit(u) ad monu]|ment[um ...] | rosa[libus ...] | vesc[antur quod si non] | fecerin[t ... da]|bunt here[dibus*[119]

Eine Frau zahlte eine Geldsumme an die Verehrer des Bacchus, damit diese an den Rosalien aus den Zinsen bei ihrem Grabmal ein Mahl abhalten. Für den Fall, dass sie

lassungsauflage handelte, die nicht auf die gleiche Ebene wie die Restitutionsauflage im Syntrophus-Fall zu stellen ist. Die Freilassungsauflage unterlag, um der Begünstigung der Freiheit willen, einem besonderen Schutz des Prätors. Wenn Scaevola in D. 45,1,122,2 (Scaev. 28 dig.) sagt „*Sticho libertas ... ab herede Claudii praestari debeat*“, so weist er damit wohl auf das „Recht“ des Sklaven hin, aufgrund der Freilassungsauflage Hilfe beim Prätor zu suchen. Ein entsprechender Schutz ist bei einer Restitutionsauflage nicht ohne Weiteres anzunehmen. Zu D. 45,1,122,2 (Scaev. 28 dig.) mwN. Kleňová 2023, 242 ff.

117 Der Schutz bestünde darin, dass, wenn Aithales oder später die Freigelassenen die *horti cum aedificio* an einen Dritten veräußert hätten, die *liberti* auch gegenüber Dritten die Einzelvollstreckung in die hinterlassene Sache verlangen könnten. Zur *missio in possessionem* bei den Fideikommissen: Klingmüller 1924, 211–223.

118 Erfolgte die Zuwendung von Syntrophus tatsächlich zwischen den Jahren 69–100 n. Chr. und starb er kurz danach, so war das Familienfideikommiss vom Verbot der erbrechtlichen Zuwendungen an *personae incertae* noch unberührt, da dieses auf die Fideikommisse erst unter Hadrian (117–138) erweitert wurde (Gai. 2,287).

119 Übersetzung: „Unter der Aufsicht des Saturninus ... hat ... zu ihren Lebzeiten den Anhängern des Bacchus ... Denare geschenkt; von den Zinsen dieser Summe sollen sie bei dem Grabmal ... an den Rosalien ... ein Mahl abhalten. Wenn sie dies nicht getan haben, sollen sie den Erben ... (Denare) geben.“ Übersetzt von Pilhofer 2000, 520.

dies nicht tun, sollten sie den Erben ... geben. Den in der Inschrift nicht erhaltenen Gegenstand bildete wohl ein Geldbetrag, so dass die *thiasoi Bacchi* entweder die zugewandte Geldsumme zurückzugeben oder eine Geldstrafe zu zahlen hatten. Auf welche Weise die Verpflichtung der *thiasoi* begründet wurde, erfährt man aus der Inschrift nicht. Sollten diese tatsächlich die zugewandte Geldsumme zurückgeben, so wäre die Hingabe als eine Zweckzuwendung (*datio ob rem*) denkbar, so dass die *thiasoi* bei der Zweckverfehlung (bei Nichteinhaltung der Gedenkbankette) das Geld zurückzugeben hatten[120].

8 Schlussbemerkungen

Um die perpetuierte Einhaltung der Gedenk- und Feierauflage abzusichern, bestimmte der Geber oft auch die nachfolgenden Empfänger der Zuwendung; damit versuchte er eine Substitution nachzubilden, die bei letztwilligen Verfügungen bekannt war. Da bei einem Rechtsgeschäft unter Lebenden eine einseitige Bestimmung des Nachfolgers keine Rechtswirkungen entfalten konnte, musste der Geber entweder tatsächlich zu einer letztwilligen Verfügung greifen, oder die Substitution durch eine Vereinbarung mit dem ersten Empfänger begründen. Eine letztwillige Verfügung nützte Fadius Musa[121], der den ersten Empfänger mit einem Fideikommiss zugunsten des Nachfolgers beschwerte. Aus dem Fideikommiss konnte der Nachfolger eine Klage erlangen und die Restitution vom ersten Empfänger selbst verlangen. Wollte der Geber dem Dritten einen klagbaren Anspruch auf Restitution einräumen, so war jener Weg unsicher, auf den sich Cocilius Hermes[122] begab, wenn er sich die Restitution an den Nachfolger vom ersten Empfänger durch Stipulation versprechen ließ; denn aus einer Vereinbarung zugunsten Dritter konnte der Dritte nur in Ausnahmefällen eine Klage erwerben. Die sicherste Form, eine „vertragliche“ Substitution zu begründen, bestand in der Kombination einer Stipulation mit der letztwilligen Verfügung, wie sie etwa bei Flavius Syntrophus[123] begegnet. Der Geber konnte sich vom ersten Empfänger für den Fall, dass dieser die Restitution an den Dritten nicht vornimmt, eine Strafsumme versprechen lassen. Zwar erwarb aus der *stipulatio poenae* nur der Geber (und nicht auch der Dritte) eine Klage, indem aber der erste Empfänger aus der Stipulation Schuldner des Gebers wurde, konnte ihn der Geber mit einem Fideikommiss zugunsten des Nachfolgers beschweren und auf diese Weise dem Nachfolger einen direkten Anspruch gegen den ersten Empfänger verschaffen.

120 Läge eine *datio ob rem* vor, so wäre die Zuwendung an die *thiasoi Bacchi* nach dem klassischen römischen Recht keine Schenkung; zu den Gründen: Kleňová 2023, 61 ff.

121 EDCS-09301557.

122 AE 1987,198 u. 199.

123 EDCS-16100466.

Die Zuwendungen unter einer Gedenkauflage werden in der Literatur häufig als Schenkungen bezeichnet. Am deutlichsten etwa die Zuwendung von Flavius Syntrophus, die in der Fachliteratur als *„donatio Flavii Syntrophi“*[124] bekannt ist; dies, obwohl der Inschriftentext kein einziges Mal eine *„donatio“* erwähnt; im ganzen Text finden sich konsequent nur *„mancipio daret“*, *„mancipio dedero“*, *„mancipio accepit“* ohne Angabe der Erwerbs-*causa*[125]. Ähnlich enthält auch die Zuwendung von Polycarpus[126] keinen Begriff, der zum Ausdruck brächte, dass Polycarpus die Zuwendung für eine *donatio* hielt. Vielmehr ging es ihm primär, wenn nicht ausschließlich, um die Patronin selbst, die alljährlich durch die Gedenkfeier geehrt werden sollte. Der Geldbetrag stellte nur ein Kapital dar, dessen wiederholten Erträge für die Dekurionen einen Anreiz bildeten, die Festmahle zu veranstalten. Bei Cocilius Hermes[127] steht in der Inschrift die Abkürzung D D, die man mit *„donum|dono dedit“*, oder, was in unserem Fall passender erscheint[128], als *„dedit dedicavit“* auflösen kann. In dem letztgenannten Sinn lautet die Übersetzung: „hat 6,000 Sesterze gegeben und zu dem Zweck bestimmt, dass sie ... von den Zinsen ... speisen und bei Tische liegend die *sportulae* aufteilen“. Damit ließe sich auch hier der Schenkungscharakter der Zuwendung nicht aus dem Wortlaut der Inschrift herleiten. Man tut daher besser daran, wenn man die Zuwendungen nicht unter den Schenkungsbegriff zwingt. Der Schenkungsbegriff des klassischen römischen Rechts, der sich auf eine negative Weise entwickelte[129], war enger als der heutige.

Bibliographie

Avenarius 2019: M. Avenarius, Gentilnamen, Grundstücke und Gedächtnis. Die Förderung der *memoria* als Zweck römischer Familienfideikommisse an Immobiliarvermögen, in: G. D'Angelo/M. De Simone/M. Varvaro (Hg.), Scritti per il novantesimo compleanno di Matteo Marrone, Torino 2019, 1–25.

Avenarius 2005: M. Avenarius, Der Pseudo-Ulpianische liber singularis regularum, Göttingen, 2005.

Babusiaux 2023: U. Babusiaux, Bekanntes und Neues zum römischen Vereinsrecht, *SZ* 140, 2023, 298–323.

124 FIRA III 94, 298 ff.

125 *„Empti sunt“* in der Z. 21 meint Manzipationskauf *nummo uno.*

126 EDCS-05800775.

127 AE 1987, 198.

128 Siehe Ehmig 2017, 20.

129 Wenn das Risiko bestand, dass ein Rechtsgeschäft von einem der Schenkungsverbote erfasst wurde, suchten die römischen Juristen eher nach Gründen, warum es keine Schenkung war, um das Rechtsgeschäft aufrecht zu erhalten. Hierzu mwN. Kleňová 2023, 31 ff. Andererseits fehlt es auch nicht an solchen Inschriften, in denen der Geber seine Zuwendung mit *„donavit“* bezeichnet (etwa EDCS-70200182; 20403130; 20000029; 04700242; 08900841). Für die Frage, ob diese Zuwendungen den strengen Anforderungen, die das klassische Juristenrecht an eine *donatio* stellte, entsprachen, wäre es hilfreich zu wissen, ob und auf welche Weise die beigefügte Gedenk- und Restitutionsauflage verpflichtend war. Leider lässt die kurze Fassung der genannten Quellen dies nicht erkennen.

Bruck 1954: E. F. Bruck, Über römisches Recht im Rahmen der Kulturgeschichte, Berlin/Göttingen/Heidelberg 1954.

Crawford 1996: M. H. Crawford, Roman Statutes I, London 1996.

D'Arms 2000: J.H. D'Arms, Memory, Money, and Status at Misenum: Three new Inscriptions from the Collegium of the Augustales, *The Journal of Roman Studies* 90, 2000, 126–144.

Eck 2008: W. Eck, Römische Grabinschriften als Rechtsquelle, in: M. Avenarius (Hg.), Hermeneutik der Quellentexte des Römischen Rechts, Baden-Baden 2008, 67–93.

Ehmig 2017: U. Ehmig, Donum dedit. Charakteristika einer Widmungsformel in lateinischen Sakralinschriften, Gutenberg 2017.

Ferrini 1976: C. Ferrini, Teoria generale dei legati e dei fedecommessi, Roma 1976.

Finkenauer 2010: Th. Finkenauer, Vererblichkeit und Drittwirkungen der Stipulation im klassischen römischen Recht, Tübingen 2010.

Finkenauer 2018: Th. Finkenauer, Drittwirkende pacta im klassischen Recht, *SZ* 135, 2018, 178–260.

Finkenauer 2023a: Th. Finkenauer, § 21: Stipulation (Verbalkontrakt), in: U. Babusiaux/Ch. Baldus/W. Ernst/F.-S. Meissel/J. Platschek/Th. Rüfner (Hg.), Handbuch des Römischen Privatrechts I, Tübingen 2023, 564–624.

Finkenauer 2023b: Th. Finkenauer, § 74: Strafstipulationen, in: U. Babusiaux/Ch. Baldus/W. Ernst/F.-S. Meissel/J. Platschek/Th. Rüfner (Hg.), Handbuch des Römischen Privatrechts II, Tübingen 2023, 1965–1971.

Fraser 2015: T.E. Fraser, Domitia Longina: an underestimated Augusta, *Ancient Society* 45, 2015, 205–266.

Frass 2006: M. Frass, Antike römische Gärten. Supplementband X der Zeitschrift für die klassische Altertumswissenschaft, Horn/Wien 2006.

Gordon 1997: R. Gordon, Dendrophoroi, in: H. Cancik/H. Schneider (Hg.), Der Neue Pauly III, Stuttgart/Weimar 1997, 477–478.

Grzimek 2001: Ph. Grzimek, Studien zur Taxatio, München 2001.

Harke 2016: J.D. Harke, Actio utilis. Anspruchsanalogie im römischen Recht, Berlin 2016.

Hemelrijk 2015: E.A. Hemelrijk, Hidden Lives, Public Personae. Women and Civic Life in the Roman West, Oxford 2015.

Huschke 1838: Ph.E. Huschke, T. Flavii Syntrophi donationis instrumentum ineditum, Vratislava 1838.

Johnston 1985: D. Johnston, Munificence and Municipia: Bequests to Towns in Classical Roman Law, *The Journal of Roman Studies* 75, 1985, 105–125.

Johnston 1988: D. Johnston, The Roman Law of Trusts, Oxford 1988.

Kaiser 1991: W. Kaiser, Streit wegen einer satisdatio für ein Fideikommiss: Bemerkungen zu einer Inschrift aus Prusias ad Hypium (IK 27,139), *Zeitschrift für Papyrologie und Epigraphik* 86, 1991, 163–181.

Karlowa 1885: O. Karlowa, Römische Rechtsgeschichte I, Leipzig 1885.

Kaser 1973: M. Kaser, Die Stipulationsklausel „quanti ea res erit", *SZ* 90, 1973, 184–219.

Kaser 1975: M. Kaser, Zur Interessebestimmung bei den sog. unechten Verträgen zugunsten Dritter, in: H. Hübner/E. Klingmüller/A. Wacke (Hg.), Festschrift für Erwin Seidl zum 70. Geburtstag, Köln 1975, 75–87.

Kleňová 2019: V. Kleňová, Scaevola D. 32,37,3: Fideicommissum a debitore oder a donatario relictum?, *SZ* 136, 2019, 345–357.

Kleňová 2023: V. Kleňová, Die Schenkung unter Auflage im römischen Recht, Wien/Köln 2023.

Klingmüller 1924: F. Klingmüller, Ius ad rem? *SZ* 44, 1924, 211–223.

Knütel 1976: R. Knütel, Stipulatio poenae, Köln/Wien 1976.

Le Bras 1936: G. Le Bras, Les fondations privées du haut empire, in: Studi in onore di Salvatore Riccobono nel XL anno del suo insegnamento III, Ristampa dell´edizione di Palermo 1936, Darmstadt 1974, 21–67.

Lewis 1868: W. Lewis, Das Recht des Familienfideicommisses, Berlin 1868.

Liebenam 1900: W. Liebenam, Städteverwaltung im römischen Kaiserreiche, Leipzig 1900.

LIEBS 2010: D. LIEBS, Ewiges Gedenken durch freigelassene Sklaven. Römisches Recht und römische Sitten, in: A. GULCZYNSKI (Hg.), Leben nach dem Tod: Rechtliche Probleme im Dualismus: Mensch – Rechtssubjekt, Graz 2010, 49–65.

LÜBTOW 1966: U. LÜBTOW, Die Bestellung einer Eigentümerservitut oder eines Eigentümernießbrauchs im römischen Recht, in: E. SEIDL (Hg.), Aktuelle Fragen aus modernem Recht und Rechtsgeschichte. Gedächtnisschrift für Rudolf Schmidt, Berlin 1966, 413–420.

MAGIONCALDA 1999: A. MAGIONCALDA, Donazioni private a fini perpetui destinate alle città, in: Actes de la Xe Rencontre franco-italienne sur l'épigraphie du monde romain (Rome, 27–29 mai 1996), Rome 1999, 175–216 (https://www.persee.fr/doc/efr_0223-5099_1999_act_256_1_5481).

MITTEIS 1908: L. MITTEIS, Römisches Privatrecht bis auf die Zeit Diokletians I, Leipzig 1908.

MROZEK 1968: S. MROZEK, Zur Frage der tutela in römischen Inschriften, *Acta Antiqua Academiae scientiarum Hungaricae* XVI, Budapest 1968, 283–288.

MROZEK 2001: S. MROZEK, Faenus. Studien zu Zinsproblemen zur Zeit des Prinzipats, Stuttgart 2001.

NIGDELIS 2016: P.M. NIGDELIS, HARPALIANI: A new Village of the Roman Colony of Philippi, in: B. TAKMER/E.N. AKDOĞU ARCA/N. GÖKALP ÖZDIL (Hg.), Vir doctus Anatolicus. Studies in memory of Sencer Şahin, Istanbul 2016, 640–650.

NÖRR 1965: D. NÖRR, Rezension Dieter Simon, Studien zur Praxis der Stipulationsklausel, München 1964, *SZ* 82, 1965, 398–405.

NÖRR 2010: D. NÖRR, P.Haun. III 45 und der verlorene Traktat Modestins zum Vermächtnisrecht, *SZ* 127, 2010, 53–114.

PERNICE 1892: A. PERNICE, Labeo. Römisches Privatrecht im ersten Jahrhundert der Kaiserzeit III.1, Halle 1892 (Neudruck Aalen 1963).

PILHOFER 2000: P. PILHOFER, Philippi II, Katalog der Inschriften von Philippi, Tübingen 2000.

RÜGER 2011: D. RÜGER, Die donatio mortis causa im klassischen römischen Recht, Berlin 2011.

RÜPKE 2004: J. RÜPKE, Gestiftete Religion in der römischen Kaiserzeit, in: H. PIEGELER/I. PROHL/S. RADEMACHER (Hg.), Gelebte Religionen. Festschrift für Hartmut Zinser zum 60. Geburtstag, Würzburg 2004, 73–79.

SCHNABEL 2015: CH. SCHNABEL, Der solutionis causa adiectus im römischen Recht, München 2015.

SCHULTE 2019: F.H. SCHULTE, Städtische Politik im Kaiserzeitlichen Italien, in: F. BEUTLER/TH. PANTZER (Hg.), Sprachen – Schriftkulturen – Identitäten der Antike. Beiträge des XV. Internationalen Kongresses für Griechische und Lateinische Epigraphik. Einzelvorträge, Wiener Beiträge zur Alten Geschichte online 1, Wien 2019, 1–12 (https://doi.org/10.25365/wbagon-2019-1-20).

SIMON 1964: D. SIMON, Studien zur Praxis der Stipulationsklausel, München 1964.

STAGL 2009: J.F. STAGL, Favor dotis. Die Privilegierung der Mitgift im System des römischen Rechts, Wien/Köln 2009.

TODISCO 2001: E. TODISCO, Una vallis immunis nell'agro bresciano, *Zeitschrift für Papyrologie und Epigraphik* 134, 2001, 239–250.

VARNER 1995: E.R. VARNER, Domitia Longina and the Politics of Portraiture, *American Journal of Archaelogy* 2, 1995, 187–206.

WOLF 2012: J.G. WOLF, Lex Irnitana, Berlin 2012.

ZAHN 2021: B. ZAHN, Si quid universitati debetur. Forderungen und Schulden privater Personenvereinigungen im römischen Recht, Wien/Köln 2021.

ZAHN 2023: B. ZAHN, § 32: Vertretung von Personenmehrheiten, in: U. BABUSIAUX/CH. BALDUS/W. ERNST/F.-S. MEISSEL/J. PLATSCHEK/TH. RÜFNER (Hg.), Handbuch des Römischen Privatrechts I, Tübingen 2023, 806–826.

Éva Jakab

Frauen in letztwilligen Verfügungen: Die dokumentarische Überlieferung

Abstract: This paper examines the role of women as testators in the Roman Empire, exploring how they engaged with death and inheritance within the constraints of their legal and social status. Documentary sources attest that women of various social status issued *mortis causa* dispositions, raising questions about their priorities, gender-specific aims, and choice of legal forms. The study considers how women navigated restrictions on their legal capacity and guardianship to assert control over family and property after death. By situating the discussion within the broader context of *tabulae testamenti* – the forms and functions of wills in the imperial period – the paper highlights the strategies and concerns of women as active participants in Roman testamentary practice.

1 Einleitung

> Als ich zum Landhaus [...] bei Alsium kam, das eine Zeitlang dem Verginius Rufus gehört hatte, erneuerte schon der Ort selbst in mir die schmerzliche Sehnsucht nach jenem vortrefflichen und bedeutenden Mann [...] Wohin ich mich auch begab, ihn suchten mein Herz und meine Augen. Ich hatte auch den Wunsch, sein Grabmal zu sehen, und ich bereute, es gesehen zu haben[1].

Im Jahre 107 fuhr Plinius der Jüngere zum Landgut seiner Schwiegermutter, Pompeia Celerina. Das Anwesen gehörte früher Verginius Rufus, der sein Vormund und Mentor war[2]. Plinius musste entdecken, dass das Grabmal des zehn Jahre davor Verstorbenen halbfertig und ungepflegt dahinkümmerte, obwohl er ein bedeutender Mann war. Er wurde dreimal zum Konsul gewählt, er diente sein Leben lang an der Spitze des römischen Staates. Erst in seinen alten Tagen zog er sich auf das Landgut in Alsium zurück. Sein hohes Ansehen in der Gesellschaft Roms zeichnete sich auch dadurch ab, dass Tacitus selbst seine Grabrede gehalten hat[3].

Plinius war es bekannt, dass Verginius Rufus in seinem Testament exakte Anweisungen über den Bau seines Grabmonuments hinterließ. Sogar seine Grabinschrift

1 Plin. epist. 6,10. Zum Kontext siehe Tellegen 1982.
2 Siehe Tellegen 2010, 186–187; Kierdorf 1998, 850.
3 Tellegen 2010, 186.

Anmerkung: Der vorliegende Beitrag ist Teil des Forschungsprojekts (no. K 147307), das vom Ministerium für Kultur und Innovation mit Unterstützung des Nationalen Fonds für Forschung, Entwicklung und Innovation unter dem OTKA_K_23 finanziert wird.

https://doi.org/10.1515/9783111694634-006

hatte er selbst gedichtet: *Hic situs est Rufus, pulso qui Vindice quondam | imperium adseruit non sibi, sed patriae*[4]. Die knappen Worte zeugen von Charakterstärke und Bescheidenheit des Verstorbenen: Die bedeutendsten Erfolge seiner Laufbahn sind nicht triumphal aufgelistet, eher nur angedeutet. Gewiss waren die Pläne für sein Grabmonument ähnlich rational und zurückhaltend[5]. Grab und Grabinschrift sollten dafür dienen, dass seine Seele unsterblich bleibe und die Erinnerung an sein Dasein nicht erlösche[6].

Die Pietätlosigkeit der Erben verletzte in gleicher Weise erbrechtliche, moralische und religiöse Normen[7]. Plinius zog daraus die Lehre, dass nicht einmal die reichsten und höchst anerkannten Mitglieder der römischen Elite ihren Erben vertrauen können. Er schlug vor, dass man bereits zu Lebzeiten sein eigenes Grabmonument aufstellen und die postmortale Pflege seiner Seele, den Vollzug der traditionellen Kulthandlungen, auch juristisch weitgehend sichern solle.

2 *Memoria* – Streben nach Unsterblichkeit

Religio bedeutet nach Cicero „die fromme Verehrung der Götter“: *Relegere* bezeichnet den regelmäßigen Vollzug von ritualen Handlungen, die den Römern Identität verliehen, den Platz des Individuums in der Gesellschaft absteckten und dadurch die Lebensführung regelten[8]. Unter den religiösen Handlungen nahmen Grabpflege und Totenkult eine zentrale Rolle ein. Die Sterblichen strebten nach Unsterblichkeit, nach Pflege ihrer *memoria* – sie wünschten, die Erinnerung an ihr Dasein durch *parentalia* und *rosaria*, durch jährliche Festlichkeiten, wach zu halten[9]. In den letztwilligen Verfügungen der Römer spielten solche Auflagen eine zentrale Rolle[10]. Die Anknüpfung an die Nachwelt zeigte sich auch in Dispositionen, die sich um das Wohl der Hinterbliebenen kümmerten: um die Mitglieder der *familia* im engeren und weiteren Sinne (Kinder, Ehepartner, Freigelassene und Sklaven).

Von *mortis causa* Verfügungen berichtet eine breite Palette von Texten aus der antiken Welt. Mein Beitrag beschränkt sich – um sich in das Gesamtkonzept des vorliegenden Bandes einzufügen – überwiegend auf die dokumentarischen Quellen.

---

4 Plin. epist. 9,19.

5 Als Gegenbeispiel wäre etwa der Protz des Trimalchio bei der Planung seines Grabmals zu erwähnen: Petron. 71. Vgl. dazu Purcell 1987, 25–41 und 35–36; Champlin 1991, 173–174.

6 Der Eigentümerwechsel war kein Hindernis in der Ausübung des Totenkultes. Den Nachkommen stand der *iter ad sepulchrum*, der Zugang zum Grab, seit der archaischen Zeit zu. Siehe auch Kaser/Knütel/Lohsse 2021, 182–183.

7 Avenarius 2024, 18–24.

8 Cic. nat. 1,117. Vgl. dazu Avenarius 2012, 10–11.

9 Kolb/Fugmann 2008, 11–14; Avenarius 2012, 18–21.

10 Champlin 1991, 169–182.

Dazu zählen insbesondere die auf Holztäfelchen, Papyri oder Stein überlieferten Testamente und Kodizille – vollständig erhalten oder nur in Auszügen. Daneben können Stiftungsurkunden, Grabinschriften und Ehreninschriften herangezogen werden, die oft relevante erbrechtliche Details enthalten. Es soll insbesondere eventuellen genderspezifischen Merkmalen nachgegangen werden: den Konturen der Frauenrollen, die aus den dokumentarischen Quellen der klassischen Periode nachgezeichnet werden können.

Eine schnelle Recherche bestätigt, dass die Aufgabe nicht unerfüllbar scheint: Frauen treten uns in den Quellen immer wieder als Akteure letztwilliger Verfügungen entgegen. Etwa 40% der Gräber auf der *Isola Sacra* in Ostia wurden von Frauen errichtet[11]: Freigeborene oder freigelassene Damen stellten Grabmäler für sich selbst, für ihre Verwandten und ihre *familia* im weiteren Sinne auf. Unter ihnen eine gewisse *Vibussia L. f. Sabina mater,* die ein Grabmal für ihren Sohn, ihren Mann und für sich selbst mit einer großen Inschrift auf Marmor errichtete[12]. ANNE KOLB legte bereits vor Jahrzehnten eine beeindruckende Sammlung von Grabinschriften vor, die bestätigt, dass sich zahlreiche Frauen großzügig um die *memoria* ihrer Nahestehenden kümmerten[13]. Es sind darunter tüchtige Damen mit ausgeprägtem Geschäftssinn, wie etwa Iunia Anthidis, die (gemeinsam mit einem Geschäftspartner) ein *columbarium* bauen ließ, um die Urnenplätze an Interessenten zu verkaufen. Zur selben Branche gehörten auch Nobia Helpis und Valeria Trophime, auch sie stiegen in das „Gräbergeschäft" ein[14]. Unser Interesse gilt jedoch in erster Linie den letztwilligen Verfügungen, die Frauen als Verfügende und Bedachte dokumentieren.

3 Frauen als *testatrices*

Letztwillige Verfügungen unter Ehegatten – darunter Verfügungen von Frauen – konnten in unterschiedlichen *mortis causa* aufgesetzten Rechtsurkunden getroffen werden. Am häufigsten vertreten sind darunter Testamente, Schenkungen von Todes wegen (*donationes mortis causa*) und Testamentseröffnungsprotokolle[15]. Aber auch Rechtsgeschäfte unter Lebenden enthielten nicht selten Verfügungen, die in Hinsicht des kommenden Todes abgeschlossen wurden: Eheverträge, Vermögensteilungen und Hinterlegungen von Geldsummen mit der Auflage, den Betrag an einen Dritten auszu-

11 HERZIG 1983, 77–92.

12 CIL XIV 166–167. Siehe dazu HERZIG 1983, 78. Weitere Beispiele sind auch in CIL XIV 671, 734, 864, 1027, 1270, 1720, 1721 und 1356 zu finden.

13 Siehe etwa die Grabinschrift für den Ritter Staberius Secundus; KOLB/FUGMANN 2008, 74–79 mit weiteren Texten.

14 KOLB/FUGMANN 2008, 21–22. Zu Frauen als Grabherrinnen siehe auch WIEDERGUT in diesem Band.

15 RUPPRECHT 1985, 291–295.

zahlen[16]. Daneben übermitteln auch Petitionen, die an eine Behörde gerichtet wurden, und Erbschaftsdeklarationen Informationen über den Inhalt von letztwilligen Verfügungen. Wenden wir uns zunächst der Gruppe der Testamente zu.

Vergleicht man die Präsenz von Frauen in den Grabinschriften damit, wie oft sie als Erblasserinnen in regulären Testamenten auftreten, bekommt man ein mageres Resultat. Die Anzahl der bisher veröffentlichten so genannten „römischen" Testamente ist eher überschaubar[17]. Dazu kommt, dass jene Testamente überwiegend aus den Provinzen des *Imperium Romanum* – meistens aus Ägypten – stammen. Der Großteil davon bewahrt nicht die originale Rechtsurkunde des Testaments selbst, sondern eine in griechischer Sprache errichtete Übersetzung davon: Es sind Kopien, die oft als Teil des Eröffnungsprotokolls abgeschrieben wurden[18]. Unter den 26 römischen Testamenten (Ägyptens) gibt es vier Urkunden (15 %), in denen eindeutig eine *testatrix* am Werk war: PSI XIII 1325, P.Princ. II 38, P.Lips. I 29 (=M. Chr. 318), P.Oxy. 104.

Aber simple statistische Angaben eignen sich nicht als Basis von sozial- und rechtshistorischen Feststellungen. Eine Kontextualisierung ergibt, dass in der „Gegengruppe", in der Hauptmasse der von Männern errichteten Testamente, oft Soldaten oder Veteranen involviert waren: in 14 von den 22 Urkunden, das macht 63 % aus, sind Angehörige des römischen Heeres anzutreffen. Jedes römische Militärlager verfügte über eine passende Infrastruktur zur korrekten Errichtung von Rechtsurkunden: Ausgebildete Schreiber und Rechtsexperten standen zur Verfügung, die sich auch gut in der notariellen Praxis privater Rechtsgeschäfte auskannten[19]. Nicht nur die in den Legionen dienenden römischen Bürger, sondern auch die Soldaten der Auxiliar-Truppen (die noch Anwärter auf das Bürgerrecht waren) bemühten sich, den Erwartungen des stadtrömischen Rechts Genüge zu tun[20]. Dazu kommt, dass die komplizierten familiären Verhältnisse der aktiven Soldaten wohl den Beistand eines Rechtsexperten erforderten; es reicht hier auf das Eheverbot zu verweisen[21]. Das verwirrende Geflecht von Verboten und Einschränkungen lässt sich – unter anderem – aus dem *Gnomon* des *Idios logos* nachzeichnen[22].

Wenden wir uns zunächst, in chronologischer Reihenfolge, den wenigen Testamenten zu, die letztwillige Verfügungen von Erblasserinnen überliefern.

---

16 Vgl. dazu Jakab 2021, 338–378.

17 Zur Form der römischen Testamente siehe vor Kurzem Colella 2024, 16–23; Meyer 2014, 112–120.

18 Strobel 2014, 57–59.

19 Zu Schreiber und Rechtsexperten in den Provinzen siehe Czajkowski 2017, 88–106; Dolganov 2020, 360–364.

20 Als gutes Beispiel kann man das Testament des Antonius Silvanus erwähnen. Siehe dazu Jakab 2016a, 498–509; Liebs 2000, 113–128. Zum Soldatentestament allgemein vgl. Stagl 2014, 129–157.

21 Vgl. dazu Friedl 1996, 239–244; Colella 2024, 142–147.

22 Vgl. dazu Jakab 2024, 188–190; Babusiaux 2018, 108–177.

Das erste Dokument ist ein fragmentarisch erhaltenes Schriftstück mit der letztwilligen Verfügung der Soeris, Tochter von Harpokras (P.Oxy. I 104)[23]. Die Protagonistin erschien zur Abfassung der Urkunde mit ihrem Mann Atres als Geschlechtsvormund (μετὰ κυρί[ου] τοῦ ἀνδρὸς Ἀτρευς, Z. 6) und ließ dokumentieren, dass ihr Sohn, Areotes[24], ihr Alleinerbe sein soll: Er, und nach seinem Tod seine Nachkommen, sollen Haus, Hof und Zubehör erhalten. Die *testatrix* trug ihrem Sohn auf, ihrem Ehemann Atreus ein lebenslanges Wohnrecht[25] zu gewähren, die Mieteinnahmen aus dem Haus zu überlassen und darüber hinaus jährlich 48 Drachmen zu zahlen – bis der Betrag von 300 Drachmen erreicht werde. Zum Sachverhalt gehört, dass die Erblasserin ihrem Gatten aus früheren Geschäften 600 Drachmen schuldete. Das Bestehen dieser Schuld wurde vor der Errichtung des Testaments in einer Bankurkunde – [διὰ τρ]απέζης ἀσφαλείας – festgehalten[26]. Diese Urkunde enthielt auch eine Einigung darüber, dass diese Schuld zum Teil durch jährliche Ratenzahlungen (wohl durch die im Testament erwähnten 48 Drachmen), zum Teil durch das lebenslange Wohnrecht des Ehemanns beglichen werden soll[27]. Mehrere Autoren verweisen auf einen antichretischen Charakter der Verfügung[28].

Die Erblasserin sorgte auch dafür, dass ihr Erbe nach dem Tod des Gatten einer gewissen Tnepheros, Tochter aus der Ehe mit Atreus, innerhalb von 30 Tagen eine einmalige Zahlung von 40 Silberdrachmen leisten und auch ihr ein Wohnrecht gewähren solle, falls sie sich von ihrem Mann trennen sollte. Schließlich wird ausdrücklich festgehalten, dass nach dem Tod des Gatten das Wohnrecht erlischt, d. h. von diesem Zeitpunkt an niemand mehr einen Anspruch gegen den Erben geltend machen könne. Diese Bestimmung spricht gegen eine rein geschäftliche Natur der Vereinbarung unter den Ehegatten[29].

---

23 P.Oxy. I 104, 26 (Dezember 96 n. Chr.), der Text ist zu umfangreich, um ihn hier zur Gänze abzudrucken. Vgl. dazu Kreller 1919, 262–271; Anagnostou-Canas 2006, 330–340.

24 Der Sohn trägt den Namen der Mutter: τοῦ υ[ἱ]οῦ μου Ἀρεώτου χρηματίζοντος μητρὸς ἐμαυτῆς τῆς Σοήριος – „meinem Sohn Areotes (...) Sohn der Mutter Thomis (alias) Soeris“. Das lässt darauf schließen, dass er aus einer früheren Ehe stammte. Vgl. dazu Steinsky 2004, 287.

25 In P.Köln II 100 (Oxyrhynchos, 133 n. Chr.) gewährt die *testatrix* ebenfalls ihrem Lebensgefährten ein lebenslanges Wohnrecht, mit dem Unterschied, dass sie, obwohl sie gemeinsame Kinder hatten, nicht verheiratet waren.

26 Vgl. Youtie 1963, 328 ff.

27 Vgl. dazu Steinsky 2004, 288–293.

28 Frese 1909, 17; Kreller 1919, 262. Gegen die von Kupiszewski betonte Variante eines Antichresis-Pfandes spricht, dass das Wohnrecht lebenslang bestimmt wurde. Vgl. Kupiszewski 1986, 143. Die lebenslange Dauer weist eher auf einen Nießbrauch-Charakter der Rechtsfigur hin.

29 Ein rein privatrechtlich-finanziell betrachtetes Rechtsverhältnis wäre vererblich gewesen. Anders Steinsky 2004, 291.

Das soeben behandelte Testament zeigt, dass die Versorgung des hinterbliebenen Ehepartners auch für Frauen mit Vermögen einen wichtigen Aspekt ihrer von Todes wegen getroffenen Verfügungen bilden konnte[30].

Das nächste Dokument überliefert die Eingabe von Marcus Antoninus Heliodoros und Marcus Antoninus Aper, zwei Erben, die sich an den *bibliophylax* der *bibliotheke enkteseon*[31] der Stadt Herakleopolis wenden:

PSI XIII 1325[32]

[Σα]βινία Ἀπολλωνάριον θυγάτηρ Σαβινίας Ἡρα̣[...] ... διαθήκην ἐποίησε. Μάρκος Ἀντωνίνος Ἡλιόδωρος καὶ Μάρκος Ἀντωνίνος |[10] [μέ]χρι ἀσσ̣αρίου ἐξ ἴσου μέρους κληρονόμοι μου ἔστωσ̣α̣ν· οἱ δὲ λοιπ̣[οὶ] πάντες ἀποκληρονόμοι μου ἔστωσαν. προσερχέσθωσαν τῇ κληρονομίᾳ μου ὁπόταν γνῶσι καὶ δύνωνται μαρτύρασθαι ἑαυτοὺς ἐμοῦ κληρονόμους εἶναι. κληρο[ν]όμος κληρονόμοι τε κατάκριτος ἔσται δῶναι ἀποδῶναι ὅσ[α ἐν ταύτῃ τῇ διαθήκῃ μου γεγραμμένα ἐστί, τοῦτό τε τῇ πίστει αὐτῶν παρακατατίθεμαι[33].

Es gibt Hinweise darauf, dass die Petenten vorher schon an den *exegetes* von Alexandria geschrieben hatten[34]. Auf dessen Anregung wurde die Kopie des Testaments ihrer verstorbenen Mutter Sabinia Apollonarion der eingereichten Petition angefügt. Unser Interesse gilt hier ausschließlich dieser Kopie. Die *testatrix* hinterließ ein Manzipationstestament (*testamentum per aes et libram*). Obwohl der Text nur in griechischer Sprache erhalten ist, folgt die Urkunde getreu dem verbreiteten Schema der lateinischen römischen Testamente. Sabinia war römische Bürgerin, auch ihre beiden Söhne trugen die römischen *tria nomina*[35]. Es liegt nahe, dass ihr Testament ursprünglich in lateinischer Sprache verfasst wurde[36]. Bereits die erste Wendung – διαθήκην ἐποίησε – entspricht dem üblichen Wortlaut römischer Testamente (*testamentum fecit*). Als „Waagehalter" (*libripens*) wirkte der Veteran Marcus Sabinius Rufus (Μᾶρκο̣ς Σαβῖνος Ῥοῦφος οὐατρανὸς) mit – ein klarer Hinweis auf die nahen Kontakte zum

30 Vgl. Steinsky 2004, 281–294.

31 Zur *bibliotheke enkteseon* siehe Kruse 2014, 62–65.

32 PSI XIII 1325 (= SB V 7630, Z. 9–13), Alexandria (?), 172–175. Vgl. Segré 1930, 430–432; Wilcken 1932, 93; Amelotti 1949, 34–59.

33 „Sabinia Apollonarion daughter of Sabinia Hera (...) has made this will: Marcos Antoninos Heliodoros and Marcos Antoninos Aper, my sons, shall be my heirs in equal parts up to one assarius. All others shall be disinherited. They shall enter upon my inheritance after they know and are able to testify that they are my heirs. Heir or heirs shall be obliged to give and hand over these things written in this my will, and I commit it to their trust (...)" (Übersetzung nach Nowak 2015, 361).

34 Wilcken 1932, 93. Amelotti 1949, 144 im Kommentar vermutet, dass der *exegetes* deshalb eingeschaltet werden durfte, weil die Erben (die Söhne) in Alexandria ansässige römische Bürger waren, aber die geerbten Immobilien in der Chora lagen. Vgl. auch Amelotti 1996, 45–53.

35 Vgl. Amelotti 1949, 144–145 im Kommentar zu PSI XIII 1325.

36 Amelotti 1949, 144 im Kommentar vermutet, dass ursprünglich auch das Protokoll über die Testamentseröffnung in lateinischer Sprache verfasst wurde.

römischen Militär. Als Erben wurden die Söhne der *testatrix*, Marcus Antoninus Heliodoros und Marcus Antoninus Aper, eingesetzt.

Anschließend folgt eine lange Liste von Immobilien in der Chora, wobei auch die Aufteilung der Grundstücke unter den Erben festgelegt wird. Die vom Erblasser vorgegebene faktische Vermögensteilung war in den lokalen, griechisch-ägyptischen Testamenten üblich[37]. Hingegen wurde die *heredis institutio ex re certa* im klassischen römischen Recht als unwirksam beurteilt[38]: Sabinus und Paulus vertreten die Ansicht, dass die betreffende Verfügung so anzusehen sei, als hätte der *testator* gar keinen *fundus* genannt[39]. Die von der *testatrix* vorgeschriebene Teilung kann auf den Einfluss lokaler notarieller Praxis zurückgeführt werden, die von hellenistischen Rechtsvorstellungen geprägt war. Man kann nur rätseln, wie eine solche Verfügung von einem römischen Rechtsexperten oder Gerichtsforum ausgelegt worden wäre. Nachdem die Protagonisten das römische Bürgerrecht besaßen, hätte ein eventueller Rechtsstreit vor dem Gericht des Statthalters ausgetragen werden müssen. Ähnliche Verfügungen wurden von den Juristen Roms oft als fideikommissarische Bitten an die Erben gedeutet[40].

Auf einem Papyrus aus der Sammlung der University of Princeton ist ebenfalls ein Frauen-Testament erhalten, dem wir uns nun zuwenden:

P.Princ. II 38

[Αὐ(ρηλία) Σε]ρηνίλλα ... διαθ(ήκην) ἐποίησεν γραφησομένην τε ὑπηγόρευσεν. Αὐ(ρηλία) Ἀσκλατάριον ἡ κα[ὶ] Κόπριλλα μήτηρ μου [κλη]ρονόμος μοι ἔστω. οἱ δ̣ὲ̣ υ̣ἱ̣οὶ <οἱ> ἐ̣μ̣ο̣ὶ ἀποκληρόνομοι ἔστωσαν. προσερχέσθω δὲ τῇ κληρονομίᾳ μου ἐν ἡμέραις ρ ταῖς ἐπι[σήμοις] μου ὅταν γνῷ καὶ δύνηται μαρτύρασθαι ἑαυτὴν εἶναί μοι κληρον[ό]μον. Αὐ(ρηλίῳ) Ἀχιλλεῖ τῷ καὶ Ἑρμίνῳ κοσμητ(ῇ) συμβίῳ μου [καταλεί]π̣ω περὶ Ἰβιῶ[ν]α Π̣ετεαφθὶ μαχιίμων συντάξεων ἐκ τοῦ Ναυβη κ̣λ̣ήρου[41].

Den leider nur fragmentarisch erhaltenen Text ließ eine gewisse Aurelia Serenilla (alias Demetria) anfertigen; ihr Ehemann Aurelios Herminos (alias Achilleus) wirkte

37 Amelotti 1949, 146. Siehe dazu auch noch Kreller 1919, 75–77.

38 Kaser 1971, 687–688.

39 Vgl. etwa D. 28,5,10 (Paul. 1 Sab.): *Si alterius atque alterius fundi pro partibus quis heredes instituerit, perinde habebitur, quasi non adiectis partibus heredes scripti essent: nec enim facile ex diversitate pretium portiones inveniuntur: ergo expeditius est quod Sabinus scribit, perinde habendum, ac si nec fundum nec partes nominasset.*

40 Vgl. etwa Jakab 2019, 155–167.

41 P.Princ. II 38 (Hermopolis, 264): „Aurelia Serenilla, also called Demetria, (...) (with her guardian Aurelius Herminos, also called Achilles, of the same city of Hermopolis and with a curator Aurelius Valerius Longus, veteran, of the same city of Hermopolis) had composed a will and dictated it to be written. Aurelia Asklaterion, also called Koprilla, my mother, shall be my heiress, my sons [all other persons?] being disinherited. She shall proceed to my inheritance in 100 designated days, counting from when she learned and became able to testify herself that she is my heiress. To my husband Aurelius Achilles, also called Herminos, *kosmetes*, I leave the plot of land by the assigned impost of the native troops by Ibyon Peteaphthi from the estate of Naube " (nach der Übersetzung des Editors).

dabei als *kyrios* und der Veteran Aurelius Valerius Longos als *curator* mit[42]. In den Zeilen 2–3 wird festgehalten, dass die Erblasserin ihren zunächst mündlich konzipierten Willen zur schriftlichen Beurkundung diktierte: διαθ(ήκην) ἐποίησεν γραφησομένην τε ὑπηγόρευσεν. Die objektiv stilisierte Wendung erlaubt einen Blick in das Prozedere, wie eine Testamentsurkunde bis zur Reinschrift entstand.

Die *testatrix* war römische Bürgerin, die jedoch stark in der Kultur und Gesellschaft der Provinz *Aegyptus* verwurzelt war. Auch ihr Testament wurde offenbar in griechischer Sprache aufgesetzt. Mit einer Konstitution des Severus Alexander wurde die Verwendung der griechischen Sprache in Testamenten auch den römischen Bürgern erlaubt[43]. Die erhaltenen Wendungen und das Anführen des Geschlechtsvormunds und des *curator* deuten darauf hin, dass die Vorschriften des römischen Rechts bei der Anfertigung dieser Urkunde weitgehend berücksichtigt wurden.

Der griechische Text folgt präzise dem lateinischen römischen Formular. Der erste Teil ist objektiv stilisiert: Zunächst wird die *testatrix* genannt und festgehalten, dass sie den Rechtsakt mit Beistand ihres Vormunds (des Ehemannes) vornahm. Alle Beteiligten waren in der Stadt Hermopolis, Ägypten, ansässig. Die Wendung διαθ(ήκην) ἐποίησεν ist die griechische Version von *testamentum fecit*; mit dieser Wendung wurden in den lateinischen Testamenten die nachfolgenden Verfügungen eingeleitet.

Serenilla setzte ihre Mutter Koprilla als Alleinerbin ein; alle anderen sollten enterbt sein. Der Schreiber verwendete die korrekte Enterbungsklausel, wie sie auch bei Gaius überliefert ist[44].

Es lässt sich nicht mit Gewissheit sagen, aus welchem Grund Serenilla allein ihre Mutter als Erbin einsetzte. Man muss dahinter nicht unbedingt einen Zwist in der Familie vermuten[45]: Eine allgemeine Enterbungsklausel, die in den römischen Testamenten meistens sogleich nach der *heredis institutio* stand, war ein typischer Bestandteil des Formulars[46]. Es liegt nahe, dass Serenilla grundsätzlich über ihre Mitgift verfügte, die sie an ihre ursprüngliche Familie, an die elterliche Linie, zurückführen wollte. Dafür spricht, dass die *testatrix* aus dem Kreis der „sonstigen Enterbten" ihren Ehemann doch herausnahm, indem sie ihm verschiedene, präzise aufgezählte Immobilien vermachte. Die Vermächtnisse dürften dazu gedient haben, ihrem Gatten sein gewohntes Leben abzusichern. Serenillas Testament ist ein weiteres Beispiel dafür,

42 Hier nicht abgedruckt. Zu *kyrios – kourator* siehe Mitteis/Wilcken 1912, 248. Arjava 1996, 114–115 hebt hervor, dass für junge Frauen im Alter von 12–25 Jahren seit dem frühen 3. Jh. auch ein *curator* bestellt wurde. Rowlandson 1998, 146; Burnet 2003, Text Nr. 155.

43 Die Anordnung kann für die Jahre zwischen 224–235 datiert werden. Siehe dazu Colella 2024, 4 und 9–10; Mitteis 1912, 247.

44 Gai. 2,127.

45 So bereits Champlin 1991, 107–111.

46 Vgl. etwa FIRA III 47, Z. 9–10; FIRA III 50, Z. 7–8 (griechische Fassung). Vgl. Nowak 2015, 153–159.

dass die Versorgung der Hinterbliebenen in den letztwilligen Verfügungen der Frauen eine wichtige Rolle spielte.

P.Lips. I 29[47] liegt in doppelter Anfertigung vor und enthält die letztwillige Verfügung der Aurelia Eustorgis[48]. In Z. 7 wird ausdrücklich betont, dass es sich um ein griechisches Testament handle: διὰ τοῦ[δε] τοῦ ἑλληνικοῦ βουλήματος. Das Dokument entstand am Ende des 3. Jahrhunderts; bekanntlich war es den römischen Bürgern seit einer Konstitution des Severus Alexander allgemein erlaubt, ihre Testamente in beliebigen Sprachen abzufassen[49]. Die Urkunde ist ein gutes Beispiel dafür, dass die Wahl der Sprache oft auch die Entscheidung für ein anderes Formular – und damit für eine andere Rechtskultur – bedeutete. Die ersten Zeilen richten sich nach dem lokalen Formular[50]. Auch im nachfolgenden Text zeigen mehrere Klauseln die enge Verwandtschaft mit lokalen, griechisch-ägyptischen *diathekai*[51]: Identifikation der Akteurin durch Narben; die Verwendung der Briefform; die *kyria*-Klausel und – juristisch sinnlos – eine angehängte Stipulation: καὶ ἐπε[ρωτ]ηθ(εῖσα) νοοῦσα καὶ φρονοῦσα ὡμολό(γησα) (Z. 17).

Die letztwillige Verfügung der Aurelia Eustorgis war offensichtlich emotional gesteuert. Ihr Hauptanliegen scheint gewesen zu sein, ihre Schwiegertochter aus jedem erdenklichen Genuss des Familienvermögens auszuschließen: Sie soll nichts erben und weder ihrer Bestattung noch dem Vollzug der Handlungen des Grab- und Totenkultes beiwohnen dürfen. Aus den einzelnen Verfügungen des Testaments lässt sich erahnen, dass Sarmates, der Sohn der *testatrix*, bereits früher (vielleicht erst kurz vor der Errichtung ihres Testaments) verstorben war[52]. Er hinterließ seine Witwe; ob auch Enkel vorhanden waren, bleibt offen. Die Erblasserin (Mutter und Schwiegermutter) war jedenfalls bemüht, die Witwe ihres Sohnes leer ausgehen zu lassen. Sie setzte ihre Tochter, Aurelia Hyperechion, als Alleinerbin ein.

Bei der *heredis institutio* wird der „gesunde Verstand", die uneingeschränkte Handlungsfähigkeit der *testatrix* betont. Die Wendung *sana mente* war ein typischer Bestandteil der lateinischen Testamente – obwohl in diesem Dokument ausdrücklich deklariert wird, dass es sich um ein griechisches Testament handle (Z. 6–7): καὶ δι' ἀφορμὴν ταύτην πάντα τὰ ἐ[μαυτῆς σοι] ἐπανεθέμην διὰ τοῦ[δε] τοῦ ἑλληνικοῦ βουλήματος νοο[ῦ]σα καὶ φρονοῦσα. Im Schlussteil wird erneut betont, dass das Testament in griechischer Sprache verfasst wurde (Z. 18–20): τὸ ἑλληνικὸν [βούλημα κύρι]ον ὃ καὶ δισσόν σοι π[ροηκ]άμην, ὡς ἐν δημοσίῳ ἀρχείῳ κατακεί[μενον, καὶ ἐπε[ρωτ]ηθ(εῖσα) νοοῦσα καὶ

47 P.Lips. I 29 (= M. Chr. 318), Hermopolis, 295.
48 Rowlandson 1998, 145.
49 Colella 2024, 7–11.
50 Zu den hellenistischen Testamenten in Ägypten siehe Kreller 1919, 313–327.
51 So bereits Mitteis 1912, 236–241.
52 Rowlandson 1998, 196–197.

φρονοῦσα ὡμολό(γησα)[53]. Es ist bemerkenswert, dass die *kyria*-Klausel mit dem Hinweis auf die in Ägypten übliche Archivierung ergänzt wurde: Die Urkunde, die in doppelter Anfertigung erstellt wurde, soll wirksam sein, als ob sie in einem öffentlichen Archiv deponiert worden wäre.

Die Enterbung wirkt merkwürdig, weil ausdrückliche *exheredationes* in den erhaltenen Testamenten kaum vorkommen[54]. Das römische Recht hat diese Befugnis auch erheblich eingeschränkt[55]. Letztwillige Verfügungen von Müttern bildeten jedoch auch im römischen Recht eine Ausnahme[56]. In den lokalen Rechtsvorstellungen Ägyptens war die Möglichkeit der Enterbung uneingeschränkt – und einige Gerichtsprotokolle belegen, dass diese Praxis auch von den römischen Gerichten toleriert wurde[57].

In der Gedankenwelt des antiken Menschen hatte die Beschäftigung mit dem Tod eine zentrale Bedeutung. Religion, Ethik und Philosophie boten nützliche moralische Hilfe zum sozialen Verhalten. Gesetzgeber, Richter und Juristen waren hingegen bemüht, die Sorge um Familie und Vermögen nach dem Ableben rechtlich zu schützen. Auf diversem Schreibmaterial (Holztäfelchen, Papyrus, Stein) sind letztwillige Verfügungen aus dem *Imperium Romanum* überliefert. Unter den Verfügenden sind auch Frauen reichlich vertreten.

Die dokumentarischen Quellen berichten von *mortis causa* Verfügungen, die verschiedenen gesellschaftlichen Schichten zugeordnet werden können. Es stellt sich die Frage, ob die Frauen als Verfügende genderspezifische Ziele (und dahinter typisch weibliche Sorgen) hatten. Welche Prioritäten setzten Frauen, wenn sie dem Tod ins Auge schauen mussten? Für welche juristischen Formen der Verfügung haben sie sich entschieden? Wie konnten sie dabei die Hindernisse ihres benachteiligten rechtlichen Status (beschränkte Handlungsfähigkeit, Frauentutel) überwinden?

Die römischen Testamente, die von Frauen als Verfügenden berichten, sind aus diesen Aspekten nicht sehr aussagekräftig. Das dürftige Resultat ist gar nicht so verwunderlich, wenn man bedenkt, dass die römischen Bürgerinnen zur Anfertigung

53 „On account of this reason, I have devolved upon you all my property through this Greek testament, being of sound intention and mind. The Greek testament which I have issued to you in double copy, is valid as if deposited in a public archive, and having been asked the formal question, being of sound intention and mind, I have agreed" (Übersetzung nach Nowak 2015, 379–380).

54 Zur Enterbung vgl. Wurm 1972, 47. Zur Hinterlegung der Testamente in Archiven siehe den Beitrag von Dolganov in diesem Band.

55 Kaser/Knütel/Lohsse 2021, 463; Inst. 2,13,1.

56 Vgl. Inst. 2,13,7 *Mater vel avus maternus necesse non habent liberos suos aut heredes instituere aut exheredare, sed possunt eos omittere. nam silentium matris aut avi materni ceterorumque per matrem ascendentium tantum facit quantum exheredatio patris.*

57 Vgl. P.Oxy. XXXVI 2757, Col. II (nach 79 n. Chr.), Verhandlungsprotokoll des *praefectus Aegypti*: Nachdem T. Iulius Lupus den *nomikos* über die lokalen Rechtsgewohnheiten befragt hatte, stellte er fest, dass es keine Vorschriften über Sprache und Form der Testamente gab und dass auch Enterbungen nicht eingeschränkt waren. Vgl. Jakab 2016b, 251–262; Sanchez-Moreno Ellart 2015, 361–367.

eines regulären römischen Testaments der Mitwirkung mehrerer Männer bedurften: Vormund, Zeugen usw. Dazu kommt, dass die wenigen erhaltenen Dokumente aus Ägypten stammen. Unter den Akteuren, die in den Frauen-Testamenten vor uns treten, sind immer wieder Angehörige des römischen Militärs anzutreffen. Man hat den Eindruck, dass auch die Frauen-Testamente bezüglich Schriftlichkeit und Fachkenntnisse auf die Expertise der Schreiber und Notare der Militärlager angewiesen waren. Das Gender-spezifische könnte eher darin gesehen werden, dass auffallend wenige römische Frauen-Testamente überliefert sind. Der bekannte Zufall der Überlieferung verbietet jedoch, aus dem Mangel an Quellen Schlüsse zu ziehen.

4 Frauen im Spiegel von Männer-Testamenten

Im Folgenden soll der Frage nachgegangen werden, wie Frauen in den letztwilligen Verfügungen ihrer männlichen Angehörigen behandelt wurden. Es gibt eine reiche Fülle von Testamenten, in denen Frauen (Ehegattinnen, Konkubinen, Töchter, Freigelassene und Sklavinnen) als Bedachte vor uns treten.

In manchen Testamenten setzt der Familienvater seine Ehefrau als Alleinerbin ein. In anderen werden Frau und Tochter zu gleichen Teilen zu Erbinnen ernannt (P.Oxy. LII 3692; P.Mich. VII 439; P.Strasb. IV 277). Wieder andere letztwillige Verfügungen erwecken den Eindruck, dass der Verfügende bereits verwitwet war, als er sein Testament aufsetzte. In solchen Fällen war es nicht selten, dass er seine Tochter als *heres ex asse* einsetzte und sie darum bat, sich um seine Bestattung standesgemäß zu kümmern (BGU VII 1655, ähnlich PSI VI 696). Wenn der verfügende Vater Söhne und Töchter hatte, wurden die Kinder testamentarisch oft zu gleichen Teilen als Erben eingesetzt (siehe etwa P.Oxy. VI 907 = FIRA III 51).

In CPR VI 76 setzte der Vater seine Töchter zu Erbinnen ein, seiner Gattin vermachte er die beträchtliche Summe von einem Talent Silber. In P.Diog. 10 (= P.Coll. Youtie I 64) wird der Gattin, Lucretia Octavia, ein Landgut und Nießbrauch am Haushalt vermacht[58]. Die Versorgung der überlebenden Ehefrau erfolgte am häufigsten durch das Vermächtnis eines *usus fructus* – das bekannteste Beispiel dafür ist FIRA III 47 mit dem Testament des Antonius Silvanus.

In P.Oxy. LII 3692 wird die Ehefrau mit den drei Söhnen zu gleichen Teilen als Erbin eingesetzt. In ChLA X 412 (= CPL 220) werden zwei Frauen, Diodora und Longina, als *heredes* genannt. Sie sollen sich innerhalb der (auch sonst üblichen) Frist von hundert Tagen entscheiden, ob sie das Erbe antreten. Das Testament bestellt für die

58 Als Erbe wurde hier der Bruder des Erblassers eingesetzt. Ob dabei gesetzliche Einschränkungen eine Rolle gespielt haben, muss dahingestellt bleiben. Weitere Testamente mit Bestellung eines Nießbrauchs zugunsten der Ehefrau sind P.Diog. 10; CPR VI 76; P.Oxy. VI 907 (= FIRA III 51); P.Oxy. XXVII 2474.

beiden einen Vormund und auch einen *procurator*. Das spricht dafür, dass Diodora und Longina die Töchter des Erblassers waren – obwohl diese verwandtschaftliche Beziehung nicht explizit genannt wird. In anderen Testamenten verfügt der Erblasser ausdrücklich über die Rückerstattung der Mitgift: P.Diog. 9; P.Diog. 10; P.Oxy. VI 907 (= FIRA III 51); P.Oxy. XXVII 2474. Man kann darüber nur rätseln, ob der Erblasser in diesen Fällen eine Notwendigkeit sah, den auch sonst bestehenden Anspruch der hinterbliebenen Gattin auch durch eine *actio ex testamento* zu verstärken. Es ist denkbar, dass es sich um eine zweite (oder dritte) Ehe handelte und die Witwe(n) mit Kindern aus früheren Ehen konkurrieren musste(n).

Bemerkenswert sind weiterhin die Testamente, in denen der Testator die Freilassung einer oder zwei Sklavinnen anordnet, mit denen er zu Lebzeiten offenbar ein eheähnliches Verhältnis geführt hat. In P.Select 14 werden zwei Sklavinnen freigelassen und zu Erbinnen eingesetzt[59]; für seine unehelichen Kinder bestellt der Verfügende Vermächtnisse. Es ist wahrscheinlich kein Zufall, dass es sich dabei um das Testament eines Veteranen handelt. In BGU I 326 (= M.Chr. 316, P.Select I 85, FIRA III 50) verfügt der Veteran Gaius Longinus Castor ebenfalls über die Freilassungen seiner zwei Sklavinnen, die er auch zu Erbinnen einsetzt[60]. In PSI X 1040 (FIRA III 10) setzt der Testator seinen Sohn als Erben ein. Er wünscht aber von ihm, dass er seine Sklavin freilässt, wobei er auf die Patronatsrechte verzichten und der Dame auch ihr *peculium* belassen soll.

Die oben angeführten Beispiele zeigen, dass die Versorgung der hinterbliebenen Partnerin (auch wenn sie keine wirksame Ehe geführt hatte) zum *officium* des Erblassers zählte. Es wurde für Witwen und Waisen konsequent und gewissenhaft Sorge getragen. Die weiblichen Nachkommen wurden meistens (auch wenn nicht immer) nicht benachteiligt: Die Frauen scheinen in Sachen Erbschaft eine gewisse Gleichberechtigung genossen zu haben.

Das rosige Bild wird jedoch durch ein Fragment des *Gnomon* des *Idios logos* getrübt. In BGU V 1210 § 14 liest man die strenge Anordnung: „Es ist einem Stadtbürger nicht erlaubt, Freigelassenen mehr zu vermachen als 500 Drachmen oder monatlich 5 Drachmen". Die strikten Vorschriften, die die Grenzen zwischen den verschiedenen Bevölkerungsgruppen absteckten, behandelten die Frauen hart, die nicht in legitimen Ehen lebten.

Die Auswirkungen des komplizierten Familienlebens der Soldaten sind in mehreren Testamenten greifbar. Etwa Antonius Silvanus (FIRA III 47) vermachte „der Mutter seines Sohnes", Antonia Thermoutha, 500 Silberdenare[61]. Das Vermächtnis wurde offensichtlich mit Berücksichtigung der gesetzlich festgelegten Wertgrenzen ausgesetzt: Als guter Lebensgefährte konnte er für die Frau, mit der er keine wirksame Ehe

59 Vgl. auch BGU I 326; PSI IX 1040.
60 Vgl. dazu Strobel 2014, 110–150.
61 Liebs 2000, 8–9.

führen durfte, nur diesen Betrag hinterlassen. Seine Hände waren gebunden: Der *Gnomon* des *Idios logos* schränkte die *testamenti factio* erheblich ein, wenn der Testator und die Bedachte nicht demselben Status angehörten[62].

P.Oxy.Hels. 26 (Oxyrhynchos, 13. Juni 296) enthält die Petition einer Frau, Aurelia Tapammon. Sie wendet sich an die *nyktostrategoi* (lokale Sicherheitsorgane) von Oxyrhynchos und trägt vor, dass sie und ihre Schwester nach dem Tod der Eltern den Sklaven Sarmetes geerbt haben. Es handelt sich um einen Hausgeborenen, dessen Mutter bereits als Sklavin im Besitz der Familie war. Sarmetes wird von ihr „Sklave" genannt (δοῦλον ὀνόματι Σαρμάτην οἰκογενῆν, Z. 10). Es ist aber auch denkbar, dass es sich um einen Freigelassenen handelt, der von ihr und ihrer Schwester (gemäß dem Testament der Eltern) in die Freiheit entlassen wurde[63]. Für dieses Verständnis des Textes würde sprechen, dass Sarmetes den Erbinnen regelmäßig einen gewissen Beitrag (ἀποφοράς, Z. 11) leistete. Verfügungen über solche Leistungen sind bei Freilassungen typisch. Für den freigelassenen Status spricht weiterhin, dass die Petentin gerade das „Bleiben" (παραμένειν, Z. 13) des Sarmetes durchsetzen will. Die Auferlegung der *paramone*-Pflicht war der übliche Bestandteil griechischer Freilassungen. Für das vorliegende Thema ist relevant, dass die Petentin und ihre Schwester im Testament der Eltern als Erbinnen bedacht wurden. Die Petentin reicht die Eingabe im eigenen Namen ein und bezieht sich dabei auf das *ius liberorum*.

5 Jenseits von Testamenten

Es gibt außer den regulären Testamenten eine breite Palette von Rechtsgeschäften, die ebenfalls zur Festlegung gewisser Verfügungen von Todes wegen geeignet waren. Eine Gruppe davon bilden die Schenkungen von Todes wegen (*donationes mortis causa*), die unter der Bedingung des Überlebens getroffenen Zuwendungen[64]. Die einseitige Willenserklärung des Schenkenden eignete sich gut dafür, den letzten Willen eines Dahinscheidenden festzuhalten. Ein gutes Beispiel dafür ist SB VIII 9642 (Tebtynis, ca. 133 n. Chr.). Der Papyrus ist zwar fragmentarisch erhalten, verspricht aber für das vorliegende Thema relevante Auskünfte[65].

Es ist bemerkenswert, dass etwa in einem Drittel der Schenkungen von Todes wegen Frauen als Verfügende auftreten[66]. Der Grund für die hohe Anzahl der Frauen dürfte darin liegen, dass Verfügungen in dieser Form nicht unter den archaischen

62 Jakab 2024, 196–107 und 203.
63 Vgl. Rowlandson 1998, 194–195.
64 Rüger 2011, 26–30; Kleňová 2023, 191–199.
65 Rowlandson 1998, 198.
66 Rowlandson 1998, 199. Eine Liste wurde in P.Mert. III 105 A von J.D. Thomas im Jahre 1967 zusammengestellt.

und umständlichen Formzwang des Testaments fielen. Die Erfordernisse der Errichtung von *tabulae testamenti* machte zudem das römische Testament zu einer kostspieligen Sache, nicht zuletzt deshalb, weil die *testatores* bei der Beurkundung auf professionelle Hilfe angewiesen waren. Überdies galten Geschäfte *per aes et libram* als reine „Männersache": Der Testator brauchte fünf römische Bürger als Zeugen, dazu noch einen *familiae emptor* und einen Waagehalter als Mitwirkenden. Zum wirksamen Testieren nach diesem Muster hätten die Römerinnen bis zum 4. Jh. die Mitwirkung eines Geschlechtsvormunds gebraucht[67].

Die erheblichen Vorzüge und den praktischen Charakter des Schenkungsformulars zeigt auch P.Diog. 11–12 (Ptolemais Euergetis, 213): Die auf dem Sterbebett liegende Isidora, Ehefrau des Marcus Lucretius Diogenes, verfügte über das Schicksal ihres Vermögens durch eine faktische Teilung. Das Schriftstück ist in der ersten Person Singular formuliert, obwohl es vom Dorfschreiber niedergeschrieben wurde. Isidora setzt ihren Sohn als Erben ein, indem sie ihm die Immobilien und Schmuck, Teile ihrer Mitgift, zuteilt. Weiter verfügt sie, dass ihr Ehemann, mit Hinweis auf eine frühere Verabredung, zwei Sklaven und 500 Drachmen erhalten soll.

In P.Mert. III 105a (Tebtynis, 164) verfügt die betagte Taorsenouphis in Form einer Homologie, dass ihr Vermögen nach ihrem Tod zwischen ihren Kindern (aus erster Ehe) geteilt werden soll. Die Kinder werden ausdrücklich Erben genannt. Der Papyrus ist schlecht erhalten, der Text bricht in Zeile 9 ab. Es scheint, dass die erhaltenen Zeilen der Verfügung *mortis causa* einen (unfertigen) Entwurf verkörpern[68]. Die eher unprofessionelle Schrift und der skizzenhafte Zustand des Dokuments zeigen, dass eine letztwillige Verfügung, die in keinem regulären Testament festgehalten wurde, oft rasch und skizzenhaft entstand, ohne einem festen Formular zu folgen. Bereits J.D. Thomas, der Editor des Papyrus hebt hervor, dass der Anteil von Frauen in solchen formlosen Verfügungen auffallend groß ist[69].

6 Frauen und Stiftungen

Bernhard Laum stellte in seinen „Stiftungsurkunden der griechischen und römischen Antike" fest, dass von den damals bekannten 244 griechischen Inschriften achtundzwanzig von Frauen errichtet wurden. Die Stifterinnen lebten überwiegend in Kleinasien und auf den griechischen Inseln[70]. Von den damals bekannten 44 römischen Ur-

67 Zur *tutela mulierum* siehe Du Plessis 2017, 175–188. Ein Geschlechtsvormund stand der verfügenden Frau auch in P.Oxy. I 104 und P.Princ. II 38 bei. Siehe dazu Fn. 24 und 42.

68 J.D. Thomas in seinem Kommentar, auf S. 16.

69 Vgl. die Liste des Editors, J.D. Thomas, auf S. 16, und die Zusammenstellung von Avogadro 1935, 132–137.

70 Laum 1915.

kunden stammten dreiundzwanzig von Damen; davon achtzehn aus Italien und weitere fünf aus verschiedenen Provinzen[71]. Inzwischen vermehrte sich die Anzahl der Funde erheblich, aber die Relation dürfte weiterhin stimmen[72].

Die Errichtung einer Stiftung erfüllte den Wunsch nach *memoria* und nach einer rühmlichen Selbstdarstellung des oder der Verstorbenen[73]. Es ist auffällig, wie oft sich auch Frauen mit Vermögen diesen Luxus leisteten[74].

Von dem modernen Begriff abweichend verstehe ich unter Stiftung (mit LAUM) einen – nicht mit Rechtspersönlichkeit ausgestatteten – Vermögenkomplex, den der Stifter einer öffentlichen Institution zur Verwirklichung eines von ihm bestimmten, dauernden Zwecks überlässt[75]. Ein solches Rechtsinstitut erscheint etwa in der Verfügung einer Frau aus Kos:

IG XII,4,4,3300 (Kos, 1. Jh.)

C[a]put ex testame[nto] | C[o]ssiniae Tertyll[ae]: civitat[ti] Coon patria[e me]ae domum meam pat[er]nam quae est in ea civi[ta]te prope Meropeum | conlocari volo u[ti] ex fa[e]nor[e] ... M[.]S[...]A | ho ... quo | mag[i]s pu|blico [...] dari volo e[x d]ote sum|mam publice faenerari | usuramque erogari | in refectionem eius | domus uti filios nepotes posterosque sibi ...[76].

Eine gewisse Cossinia Tertylla überließ (das Verbum wurde nicht mit exzerpiert) ihrer Stadt (der *civitas* der Koer) ihr väterliches Haus, um die Feierlichkeiten für ihre *memoria* zu finanzieren[77]. Sie bestimmte, dass das Gebäude verpachtet werden soll (*conlocari*). Durch die Wendung *uti ex faenore* wird angeordnet, dass die *civitas* der Koer (wohl die jeweiligen Amtsträger) die Einnahmen aus dem Pachtzins verzinslich anlegen soll, damit daraus ein Stiftungskapital in Geld gebildet werden kann. Die Wendung *uti ex faenore* dürfte die Verwendung der jährlich eingetrieben Zinsen eingeleitet haben. Es liegt nahe, dass davon einerseits die Instandhaltung des Anwesens, andererseits die Verwirklichung des persönlichen Stiftungszwecks, die postmortale Pflege der *memoria* der Cossinia Tertylla, ausgeführt werden sollte. Die Wendungen *conlocari volo* und später *dari volo ... faenerari* (Geld aus der Mitgift anlegen) zeigen,

71 Übersicht nach LAUM 1915.

72 Eine Übersicht über die griechischen Stiftungen von Frauen bietet TAEUBER 1994, 199–219.

73 D'ARMS 2000, 129–130; HARTER-UIBOPUU 2015, 178.

74 Vgl. dazu etwa HARTER-UIBOPUU 2015, 178; TAEUBER 1994, 208–214.

75 LAUM 1915, 1–2. Eine detailliertere Definition schlägt HARTER-UIBOPUU 2015, 180 vor: „Das vom Stifter Versprochene wurde einer Stadt, einer ihrer Unterorganisationen oder einem Heiligtum mit der Auflage übergeben, es anzulegen und den Ertrag für einen vom Stifter bestimmten Zweck zu verwenden". Zu den römischen Stiftungen siehe insb. JOHNSTON 1988a und JOHNSTON 1975, 105–125. Einen gelockerten, nicht streng juristisch-technischen Begriff der Stiftung wählt auch PAULUS 1992, 41 ff.

76 „Auszug aus dem Testament der Cossinia Tertylla: [Ich übergebe? ...] der *civitas* der Koer, meinem Vaterland, mein Vaterhaus, das in dieser Stadt beim Meropeum liegt. Ich will, dass es verpachtet werde, damit aus dem Zins ...".

77 Für den Hinweis bedanke ich mich bei KAJA HARTER-UIBOPUU. Die Deutung der gesamten Inschrift ist noch in Diskussion.

dass die Formulierungen der in Stein gemeißelten Urkunde juristisch präzis sind: Das Verbum *volo* ist der typische Wortlaut fideikommissarischer Verfügungen[78]. In der ersten Zeile wird auch versichert, dass es um einen Auszug aus dem Testament der Cossinia Tertylla geht.

Eine Inschrift aus dem Jahre 148 aus der Hafenstadt Misenum belegt ebenfalls, wie souverän und geschäftstüchtig Frauen der oberen Mittelschicht agierten, wenn es um die Errichtung von Stiftungen für die Pflege der *memoria* ging:

AE 2000, 344b, Z. 1–8

Quod constabat Cominium Abascantum testamento institu|isse heredem Nymphidiam Monimen, legasseque Augustalib(us) | corporatis Misenensium sestertia decem milia nummorum | sub ea condicione, si cavissent heredi eius eam summam se in |[5] nullo alio usu erogaturos, sed reditus eius quod annis ita dis|pensaturos ut testamento cavisset, et desideraretque Nymphidia | Monime dari sibi reos, qui nomine Augustalium corporatorum | ob eam rem q(ua) d(e) a(gitur) caverent ...[79].

Die hochtechnische juristische Sprache bestätigt, dass hier ein erfahrener Rechtsexperte am Werk war. Auf die umfassende Darstellung des langen, juristisch interessanten Textes muss hier verzichtet werden[80]. Im Folgenden wird allein die Rolle der darin involvierten Frau, der Witwe des Verstorbenen, kommentiert. Es handelt sich um das Testament des Cominius Abascantus, eines ehemaligen Mitglieds und *curator* des *collegium Augustalium* in Misenum[81]. Als Erbin setzte er seine Ehefrau, Nymphidia Monime, ein (Z. 1–3) und bestimmte, dass die Körperschaft der *Augustales* 10.000 Sesterzen erhalten soll, um seine *memoria* gebührend zu pflegen[82].

Im ersten Abschnitt (Z. 1–13) ist der Beschluss der Vereinsmitglieder über die Annahme der testamentarisch zugedachten Summe und der damit verbundenen Verpflichtungen festgehalten. Im zweiten Abschnitt folgt ein langes, wörtliches Zitat aus dem Testament des Erblassers (Z. 13–28). Im dritten Abschnitt sind die Kautionen erhalten, die Cominius in seinem Testament als Bedingung der Zuwendung bestimmte (objektiv stilisiert, in der dritten Person Singular)[83]. Sie wurden von den *curatores no-*

78 Zu fideikommissarischen Verfügungen auf Stein siehe Babusiaux in diesem Band.

79 „Da feststeht, dass Cominius Abascantus Nymphidia Monime im Testament als Erbin eingesetzt hat und er dem *collegium Augustalium* der Misenier zehntausend Sesterze unter der Bedingung vermacht hat, dass sie seiner Erbin Sicherheit leisteten, diese Summe zu keinem anderen Zweck zu verwenden, als deren Ertrag jährlich so auszugeben wie er im Testament angeordnet hatte, und Nymphidia Monime wünschte, dass ihr Verantwortliche gestellt würden, die für die Mitglieder der Augustales hierfür Sicherheit leisten mögen (...)".

80 Zu der Inschrift siehe vor kurzem Zahn 2021, 139–146; Babusiaux 2023, 309–315.

81 D'Arms 2000, 135. Zu den *ex testamento* zitierten Auszügen auf Grabinschriften siehe Kolb in diesem Band.

82 Es sind drei Inschriften über den Fall des Cominius überliefert. Siehe dazu D'Arms 2000, 126–144. Zu den Zuwendungen zugunsten der *Augustales* siehe Laird 2015, 183–212, zu der Person des Cominius Abascantus insb. 184–192.

83 Zahn 2021, 141–149; Babusiaux 2023, 308–309.

minati, Plaetorius Fortunatus und Aemilius Epagathio, als Vertreter des Vereins gegenüber der Witwe geleistet[84]. Anschließend folgt die Empfangsbestätigung des Cosmion, des Verwaltungssklaven des Vereins, über den Eingang der 10.000 in die Vereinskasse – als *chirographum*, subjektiv stilisiert. Am Schluss sind dann die Bestätigungen der *curatores* (*hypographai*?) vermerkt (*signavi*, *spopondi*), gefolgt von der Datierung[85].

In den Zeilen 13–28 wird die Verwendung des Geldes, der zehntausend Sesterzen, für die *memoria* des Cominius Abascantus detailliert geregelt. Zählt man die kleinlich aufgeführten Beträge zusammen, kommt man auf 600 Sesterzen, die genau den jährlichen gesetzlichen Zinsen des Kapitals entsprechen.

Die gut erhaltene Inschrift ist ein wertvolles Dokument, welches aufzeigt, wie die Errichtung von Stiftungen durchgeführt wurde. Sie wirft aber auch Fragen auf: War das *corpus/collegium* der *Augustales* erwerbsfähig? Konnten die Stipulationen zwischen der Erbin und den *curatores nominati* den ganzen Verein, alle gegenwärtigen und künftigen Mitglieder, verpflichten (Drittwirkung)? Auf diese Fragen kann in diesem Rahmen nicht eingegangen werden[86].

In den bisherigen Deutungen wird der Rolle der Witwe Nymphidia kaum Aufmerksamkeit geschenkt. Die Inschrift dürfte nicht zufällig mit jener Erbeinsetzung begonnen haben. Sie ist die Rechtsnachfolgerin des Cominius, die sich um die Umsetzung seines Willens – unter anderem – auch in der Sache der *Augustales* kümmert.

Cominius hat es seiner überlebenden Ehefrau übertragen, die Ausführung seines Wunsches in die Hand zu nehmen. Nymphidia hatte die dazu nötigen rechtlichen Handlungen tatkräftig vollzogen. Sie verhandelte mit dem Verein und sorgte für die Leistung der Kautionen. Eine weitere Inschrift aus Misenum spricht ebenfalls dafür, dass die Witwe bei der Stiftungserrichtung eine zentrale Rolle gespielt hat: Sie berichtet davon, dass Nymphidia Monime in die Körperschaft der *Augustales* als Mitglied aufgenommen wurde. Eine seltene Ehre für eine Frau[87].

7 *Memoria* und *familia*

In zahlreichen Inschriften bilden die Motive der *memoria*, die regelmäßige Verrichtung des Grab- und Totenkultes und die Versorgung der Hinterbliebenen eine bemerkenswerte Kombination. Die Erblasser lassen das Hausgesinde testamentarisch frei (oder manche von ihnen wurden bereits früher freigelassen) und sichern ihre Exis-

---

84 Zahn 2021, 142–143; Babusiaux 2023, 309–312.

85 Die Inschrift wurde vor Kurzem eingehend erklärt von Zahn 2021, 137–158. Siehe dazu Babusiaux 2023, 309–315.

86 Siehe dazu Zahn 2021, 144–145; Babusiaux 2023, 312–315.

87 Siehe dazu D'Arms 2000, 141–144.

tenzgrundlage durch Nutzungsrechte an Immobilien, die oft auch das Grab der Verfügenden beherbergen. In diesen Fällen ist ein gemischtes Interesse feststellbar: Die Versorgung der weiten *familia* als Wohltätigkeit und die Erwartung, dass sich die Hinterbliebenen um den Erhalt des *nomen*, des Gentilnamens, kümmern würden[88]. Es ist bekannt, dass die Freigelassenen und ihre Nachkommen den Namen ihres Patrons trugen, sie gehörten also zu der *familia* im weiteren Sinne[89]. Auf diese Weise konnte der Name – auch ohne eigene Kinder – durch Generationen weitertradiert werden[90]. Religion und Moral, oft durch testamentarische Verfügungen verstärkt, verpflichteten die Freigelassenen zur Pflege der *memoria* ihres Patrons. Diesem Zweck diente eine typische „Versorgungsklausel" – die einem „Familienfideikommiss" ähnelt[91]. Solche Verfügungen sind nicht unbedingt gender-spezifisch. Es fällt jedoch auf, dass diese Art der Versorgung relativ häufig von Frauen gewählt wurde.

Die Grabinschrift des Popilius Heracla, der für sich und seine Frau ein prunkvolles Monument wünschte, ist ein gutes Beispiel dafür, wie eng das Verhältnis zwischen *dominus* und *liberti* war. Es geht um die Verfügung eines Grabherrn, aber auch hier wird eine Frau mit der Ausführung der Wünsche des Scheidenden betraut[92].

FIRA III 56 = AE 1946, 136

D(is) M(anibus). | Ex codicillis triplicibus Popili | Heraclae. | C. Popilius Heracla heredib(us) salut(em). | Vos heredes mei rogo iubeoque | | fideique uestrae committo, uti | monumentum mihi faciatis in Vatic(ano) | ad circum iuxta monumentum Vlpi | Narcissi, ex HS VI (milibus) n(ummum). In quam rem | numerabit Nouia Trophime HS III (milia) n(ummum) | | et coheres eius HS III (milia) n(ummum) : ibique reliquias | meas et Fadiae Maximae uxoris meae, | si quid ei humanitus acciderit, poni uolo. | Cuius monumenti ius lego libertis liberta|busq(ue) meis et quos testamento manumisero | | siue quem in statu libertatis reliqui, et hoc amplius | Nouiae Trophime libertis libertabusq(ue) eius | posterisque supra scriptorum. Et itum aditum am|bitum sacrificique faciendi causa ad id monu|<men>tum uti ei liceat[93].

88 Champlin 1991, 132–136 und 177–178; Johnston 1988b, 81–87; Avenarius 2019, 6–9.

89 Zum Thema siehe Di Nisio 2014, 232–260; Liebs 2010, 49–65.

90 Avenarius 2024, 237–245, 405–406 und 418–423 mit weiterführenden Literaturhinweisen.

91 Zum Familienfideikommiss vgl. Johnston 1988b, 112–116; Rüfner 2022, 177–187; Avenarius 2019, 1–6; Rüfner 2023, Rn. 21–25.

92 FIRA III 56 = AE 1946, 136. Vgl. Toynbee/Perkins 1956, 9; Arangio-Ruiz 1960, 354–357; Böhm 1960, 338; de Visscher 1963, 295–309; Amelotti 1966, Appendix 4; Amelotti 1995, 1–5.

93 „To the gods of the underworld. From the three-page codicil of Popilius Heracla. Gaius Popilius Heracla greets his heirs. I ask you, I charge you, and trust in your common decency that you will erect a monument for me in the Vatican at the circus beside the monument to Ulpius Narcissus for those 6,000 sesterces of which Novia Trophime will pay 3,000 and her co-heir 3,000 and I want my remains and those of my wife, Fadia Maxima, to be placed there if something human should happen to her. I bequeath the right to this monument to my freedmen and freedwomen and to those whom I will manumit by my will or to those whom liberty is granted and further to the freedmen and freedwomen of Novia Trophime and to the descendants of the above-named persons so that he or she is permitted to approach, enter and visit this monument in order to bring an offering " (Übersetzung bei Tellegen 2010, 189).

Das Grab mit der Inschrift wurde auf dem Gebiet des Vatikans, in der Nähe der Apostelgräber gefunden[94]. Die erste Zeile ruft die Götter der Unterwelt an, die für die Seele der Verstorbenen sorgten, mit der traditionellen Wendung *Dis Manibus*[95]; dann folgt der Name des Errichters des Monuments. Die Wendung *ex codicillis* ... zeigt, dass es sich um ein Exzerpt aus seinen letztwilligen Verfügungen handelt, die in Form eines Triptychons als *codicilli*[96] sein Testament ergänzten[97].

Popilius Heracla wendet sich in Briefform an seine *heredes. Rogo iubeoque fideique committo* – die Terminologie zeigt, dass es sich um ein Fideikommiss handelt. Von seinen Erben erwartet der Testator die Errichtung eines Grabmonuments, aber die Grabpflege mit Wegerecht wird ausdrücklich der *familia* der Freigelassenen anvertraut. *Cuius monumenti ius lego*[98]: Diejenigen, die er bereits freigelassen hat und die er testamentarisch freilassen wird bzw. die er im freien Status hinterlässt, und die Freigelassenen der Novia Trophime beiden Geschlechts und ihre Nachkommen sind mit dem Recht und der Pflicht der Grabpflege betraut.

Das Kodizill bezieht sich nur insoweit auf das Testament, als Novia Trophime, die hier als Miterbin genannt ist, in erster Linie die Verantwortung für den Vollzug der Kulthandlungen zu tragen scheint. Es ist bemerkenswert, dass sie nicht die Ehefrau des Verfügenden war. Die Gemahlin des Popilius Heracla wurde erst weiter unten als Grabberechtigte erwähnt; sie hieß Fadia Maxima.

Die Verfügung der Phainia Aromation aus der Hafenstadt Gytheion ist ein weiteres Beispiel dafür, welche Motive Frauen zur Errichtung von Stiftungen bewegt haben (IG V 1, 1208, Gytheion, 42 n. Chr.). Die Stifterin war römische Bürgerin, aber die Stiftungsurkunde ließ sie in der griechischen Sprache ihrer Umwelt entwerfen. Sie trug den Gentilnamen der *familia* der Phaenii, die als wohlhabende Händler mit Ursprung in Italien bekannt sind[99]. Phainia Aromation dürfte deren Freigelassene gewesen sein, die mit einem Mitglied der *gens* der Ophellii (ebenfalls reiche Händler aus Delos) ver-

94 Die Bauten der betroffenen Nekropole sind bei von Hesberg 1987, 43–60 angeführt.

95 Vgl. Kolb/Fugmann 2008, 23–25.

96 Im Schrifttum wird zwischen *codicilli confirmati* und *codicilli non confirmati* unterschieden. Die Wirksamkeit der in *codicilli* festgehaltenen Verfügungen konnten von dem Erblasser *in praeteritum* oder *in futurum* bestätigt werden; das Kodizill musste also vor oder nach der Testamentserrichtung konfirmiert werden. Vgl. Voci 1963, 86–95.

97 Vgl. Böhm 1960, 342; Voci 1963, 87–89; Amelotti 1995, 2; Kaser/Knütel/Lohsse 2021, 461–462. Es liegt nahe, dass Popilius Heracla auch ein feierliches römisches Testament hinterließ. Zum Verhältnis zwischen Testament und Kodizill vgl. etwa D. 29,7,8pr.; Gai. 2,273. Zu den *codicilli* siehe Negri 1975. Ein gutes Beispiel für die Verwendung der *clausula codicillaria* ist das auf Griechisch überlieferte Testament des Tiberius Claudius Alexandros, worin ausdrücklich steht, dass, was immer später auf Papyrus oder in einer anderen Form vom Testator verfügt wird, wirksam sein soll: P.Oxy. XXXVIII 2857, 134 n. Chr.

98 Ähnlich in CIL VI 15840 (= ILS 8291a). Zur Abgrenzung von *ius monumenti* und *ius sepulchri* siehe Amelotti 1995, 3–4; Böhm 1960, 340–354; Tellegen-Couperis/Tellegen 1999, 455–461.

99 Harter-Uibopuu 2004, 2 Fn. 11.

heiratet war. Die Inschrift nennt einen gewissen P. Ophellius Crispus, vermutlich ihren Sohn, als ihren *phrontistes* und *kyrios*[100].

Der letzte Wille eines Bürgers wurde meistens dann in Stein gemeißelt, wenn der oder die Verfügende auch eine ‚Stiftung' errichtete[101]. Der Stifter verfügte über einen Teil seines Vermögens (Geld oder Grundstücke), damit dessen Ertrag zur Verwirklichung eines von ihm bestimmten Zweckes dienen soll. Bei den so genannten „öffentlichen Stiftungen" wurden als Empfänger eine Stadt, städtische Organe oder eine Gottheit bestimmt, bei den „privaten Stiftungen" ein gewisser Personenkreis[102]. Die Adressaten waren gehalten, mit der Zuwendung zu wirtschaften (das Kapital anzulegen, die Grundstücke zu bebauen usw.), um aus dem Gewinn den vom ‚Stifter' festgelegten Zweck durchzuführen[103]. Es handelte sich meistens um eine vom Erblasser bestimmte Art des Totenkultes bzw. der Grabpflege. Bei den öffentlichen Stiftungen kann beobachtet werden, dass die Polis bzw. die Polis-Verwaltung beim Einrichten der Stiftung mit einbezogen wurde. Der Stifter hat die Details mit den Betroffenen in einem umsichtigen Verfahren Punkt für Punkt ausgehandelt. Schließlich wurden die gemeinsam festgelegten Regeln der 'Stiftungsverwaltung' durch einen Beschluss der Boule in Kraft gesetzt[104].

Phainia Aromation schenkte ihrer Stadt Gytheion achttausend Denare und verfügte, dass die beträchtliche Summe angelegt werden soll, um aus dem Ertrag den jährlichen Ölbedarf des örtlichen *gymnasion* zu finanzieren[105]. Es wird betont, dass diese Körperpflege sowohl den Bürgern der Stadt als auch Fremden – und jährlich für sechs Tage sogar Sklaven[106] – zur Verfügung gestellt werden soll. Die Inschrift ist höchst interessant wegen der detaillierten Regelung der Stiftungsverwaltung und der angedrohten Sanktionen[107]. In unserem Kontext möchte ich die Zeilen 48–56 zitieren:

---

100 Harter-Uibopuu 2004, 3. Siehe auch Fn. 42.

101 Zu der umstrittenen Terminologie siehe Walser 2021, 403–404, der auf die Gefahren der anachronistischen Betrachtung aufmerksam macht. Siehe auch Fn. 74.

102 Walser 2021, 403–404. Ob die von Aneziri 2020, 15–19 eingeführte und von Harter-Uibopuu 2021, 369 ff. übernommene Definition *donatio sub modo* die trefflichste ist, soll hier dahingestellt bleiben.

103 Ein umfassendes Bild über die inschriftlichen Belege bietet Aneziri 2020, 15–33.

104 Zu den Stiftungen in der griechischen Welt siehe Wörrle 1988, 22–31; Harter-Uibopuu 2021, 370; Arnaoutoglou 2012, 59–85.

105 Zur Erbfähigkeit der städtischen Gemeinden nach römischem Recht siehe Johnston 1975, 105–125, zur schrittweisen Entwicklung insbesondere 106–110.

106 Die Begünstigung von Sklaven ist ungewöhnlich; es könnte ein weiteres Indiz für den freigelassenen Status der Stifterin sein.

107 Das Schrifttum beschäftigt sich vor allem mit den Sanktionen wegen Nichterfüllung. Siehe dazu Herrmann 1980, 147–171; vor kurzem auch Horster 2019, 215–234, 228. Dass die Umwidmungsverbote von den Stiftungsempfängern und nicht von den Stiftern angeregt wurden, wie von Horster 2019, 221 unterstellt, lässt sich aus den Digestentexten nicht nachweisen.

IG V 1, 108, Z. 48–56

παρακατατίθεμαι δὲ τῇ [πό|λει καὶ τοῖ]ς συνέδροις καὶ τοὺς θρεπτούς μου καὶ ἀπ[ε|λευθέρους] πάντας τε καὶ πάσας. ἐνεύχομαί τε ὑμεῖν θε[οὺς | πάντας] καὶ τὴν τῶν Σεβαστῶν Τύχην, καὶ ζώσης ἐμοῦ [καὶ ἐὰν | ἀνθρώπιν]όν τι πάθω, καὶ κατὰ ἄνδρα καὶ κοινῇ τὴν ἀρίστην [τῆς | βουλή-σεω]ς μου καὶ ὧν ἐγὼ τειμῶ καὶ τετείμηκα θρε[πτῶν | καὶ ἀπελε]υθέρων διὰ παντὸς ὑμᾶς ποιή-σασθαι πρόνο[ιαν | ὅπως αἰεὶ ἀν]επείλη<π>τοι διὰ τὴν ἁπάντων ὑμῶν εἰς ἐμὲ ε[ὔ|νοιαν καὶ ἀνενόχλ]ητοι φυλαχθῶσιν. ἀθάνατος γὰρ εἶναι δόξω [τοιαύτην ποιη]σαμένη δικαίαν καὶ συν-παθεστάτην ἐμοὶ παρ[α]- [<κατα>θήκην, ἧς οὐ μὴ καθυ]στεριῶ τῇ πόλει πεπιστευκυῖα[108].

Phainia Aromation hat ihre *threptoi* und *apeleutheroi* der Polis und den *synedroi* anvertraut. Das verwendete Verbum (*parakatatithemi*) bestätigt, dass die Stifterin das breite Bedeutungsfeld der griechischen *parakatatheke* im Sinne hatte. Unter *apeleutheroi* sind diejenigen Personen zu verstehen, denen die Stifterin „Ehrungen erweist oder bereits erwiesen hat“[109]. Es liegt nahe, dass sie damit die ihr besonders Nahestehenden auszeichnen wollte – die von ihr bereits freigelassen wurden oder künftig freizulassen waren. Mit dem Wort *threptoi* werden hausgeborene Sklaven, aber auch in dem Haushalt aufgezogene (manchmal auch adoptierte) Findelkinder bezeichnet[110]. Die technischen Wörter dürften also das Gesinde, die Mitglieder des Haushalts der Stifterin, bezeichnet haben, die mit ihrem Tod ihren persönlichen Schutz und ihre Fürsorge verlieren werden[111]. Die Stifterin hat die Schar ihrer Freigelassenen in die Obhut der Stadt gegeben[112].

Die Verwendung der Rechtsfigur der *parakatatheke* dürfte dazu gedient haben, dass die Betroffenen aus dem Vermögen der Stifterin bereits zu Lebzeiten ausgeschieden wurden; sie wurden nicht vererbt. Bei Freigelassenen könnte dadurch verhindert werden, dass die Erben von ihnen Dienste im Sinne der Patronatsrechte verlangen oder ihren freien Status anfechten konnten[113]. Weiterhin dürfte die Stifterin mit dem

108 „Ich vertraue der Stadt und den Ratsherren auch alle meine *threptoi* und meine Freigelassenen männlichen und weiblichen Geschlechts an. Ich flehe zu Euch bei allen Göttern und bei der Fortuna der Kaiser, mir, solange ich lebe, und noch, wann mich aller Menschen Los getroffen, sowohl einzeln als insgesamt das beste Andenken zu bewahren sowohl wie an all das, womit ich euch ehre und geehrt habe, dann die Sklaven in jeglicher Beziehung als Freie anzusehen und Sorge zu tragen, dass sie als solche betrachtet werden [...] denn ‚unsterblich zu sein‘, wird mein Glaube sein und, da meines Lebens Streben gerecht und mitempfindend war, möge man mir meine Wünsche gewähren, dass ich nicht von der Stadt, auf der ich fest vertraut, verlassen werde“ (Übersetzung nach Laum 1915, 14).

109 Laum 1915, 14 übersetzt: „Ich vertraue der Stadt und den Ratsherrn auch meine Sklaven an und lasse sie frei alle, Sklaven wie Sklavinnen“. Bereits Wilhelm 1951 (= Wilhelm 1974, 94) kritisiert, dass er zwischen *threptoi* und *apeleutheroi* nicht unterscheidet.

110 Zu den Belegstellen siehe Harter-Uibopuu 2004, 14 mit weiterführenden Quellen.

111 Anders Harter-Uibopuu 2004, 14. Sie meint, die Betroffenen sollen erst freigelassen werden.

112 Zur Hinterlegung im erbrechtlichen Kontext siehe Jakab 2021, 338 ff.; Jakab 2022, 95–128.

113 Anders Harter-Uibopuu 2004, 14. Sie stellt darauf ab, dass die *parakatatheke* hier keine rechtlichen Konsequenzen gehabt habe. Vgl. auch Wilhelm 1974, 93–97.

Anvertrauen ihres Gesindes in die Obhut der Polis die unbeschränkte Freiheit – und dadurch einen höheren sozialen Status – der Betroffenen untermauert haben[114].

Die Pflege der *memoria* der verfügenden Dame wird in diesem Fall durch die Versorgung der örtlichen Spiele und des Trainings mit dem teuren Olivenöl gesichert. Künftig soll die Stifterin bei jedem Spiel öffentlich gepriesen werden[115]. Als finanzielle Grundlage diente dafür das Stiftungskapital, das von den Amtsträgern der Polis verzinslich angelegt werden musste. Es liegt nahe, dass die Versorgung des Hausgesindes der Stifterin ebenfalls ein wesentliches Motiv war. Der Schutz ihrer *familia* im weiteren Sinne – die ihren Namen weitertradierten – sollte durch die Verkoppelung mit der Stiftungserrichtung besser gesichert sein.

In diese Reihe der testamentarischen Auflagen fügt sich auch die Inschrift der Iunia Libertas aus Ostia ein, die vom Anfang des 2. Jh. stammt[116]:

AE 1940, 94

Iunia D(ecimi) f(ilia) Libertas | hortorum et aedificiorum et tabernarum Hilaronianorum Iunianorum ita uti macerie sua propria clusi sunt quae iuris eius in his sunt usum fructumqu[e] |⁵ dedit concessit libertis libertabusque suis quive ab i[is] posterisque eorum manumissi manumissaeve sun[t] eruntve et ne qui ex is usum fructumve portionis suae vendidisse aut alienasse aut ali concessisse | velit donec ad unum unamve usus fructus |¹⁰ perveniat et si nemo ex familia superaverit | tunc eos hortos cum aedifici(i)s et tabernis | ita uti macerie clusi sunt finibus suis | proprietatis iurisque esse volo | colonorum coloniae rei publicae Ostiensiu[m] |¹⁵ ex quorum reditu ab re pu(b)lica Ostiensium | inpendi volo in ornationem sepulchri | et sacrificis die parentaliorum | HS C violae HS C rosae HS C | hanc voluntatem meam publicari volo |²⁰ ad lib(ertos) libertasq{ue) meos primo loco ius pertineat post eos ad posteros eor(um)[117].

114 Man kann hier auf die testamentarische Freilassung in PSI X 1040 (FIRA III 10) verweisen, worin der Erblasser seinem Erben aufträgt, eine ihm liebe Frau im Sklavenstand freizulassen, auf die Patronatsrecht über sie zu verzichten und auch ihr *peculium* unangetastet zu lassen. Siehe dazu Fn. 60.

115 Ähnliche Motive dürften die Stifterin Lalla bewegt haben, die mit einem Ehrendekret der Stadt Tlos in Lykien gepriesen wurde, weil sie eine Stiftung mit dem Kapital von 12.500 Denaren errichtete, um das örtliche Gymnasion zu unterstützen: SEG 27, 938 Z. 1–12. Vgl. dazu Harter-Uibopuu 2015, 185.

116 AE 1940, 94. Zum Text ausführlicher Babusiaux 2022, 45–77.

117 „Iunia Libertas, Tochter des Decimus, hat von den Gärten und Gebäuden und Läden Hilaroniani Iuniani, so wie sie durch eine Einfriedung als ihre eigenen Besitztümer eingeschlossen worden sind, was hinsichtlich dieser Dinge ihr Recht ist, den *usus fructus* (das Recht der Nutzung und Fruchtziehung) gegeben und abgetreten (eingeräumt) ihren männlichen und weiblichen Freigelassenen oder jenen, die von ihnen und ihren Nachkommen freigelassen worden sind oder freigelassen werden, und damit keiner von ihnen seinen Anteil am *usus fructus* verkaufe oder veräußere oder einem anderen einräume, solange bis der *usus fructus* an einen einzigen oder eine einzige gelange, und wenn niemand aus der Familie übriggeblieben sein wird, dann will ich, dass diese Gärten mit den Gebäuden und den Läden so, wie sie durch eine Einfriedung eingeschlossen sind in ihren Grenzen, als Eigentum gehören der Gemeinde der Kolonie und der Bewohner Ostias. Aus deren Ertrag will ich, dass von der Gemeinde der Einwohner Ostias für den Schmuck des Grabes bezahlt wird und für die Opfer am Tag der Totenfeier der Verwandten (*parentalia*) 100 Sesterze, für Veilchen 100 Sesterze, für Rosen 100 Sesterze. Ich will, dass dieser mein Wille bekannt gemacht wird. [Ich will], dass meinen männlichen und

Im Laufe der Ausgrabungen in Ostia fanden die italienischen Archäologen einen gut erhaltenen Stein mit dem oben abgedruckten, zwanzig Zeilen langen Text[118]. Die Marmortafel stand nicht auf ihrem ursprünglichen Platz, sondern wurde mehrmals als „Baumaterial" verwendet; zuletzt bildete sie einen Teil des Bodenbelages in einer Taberna.

Manche Autoren, die sich mit dem Text auseinandergesetzt haben, sahen darin eine gewöhnliche Grabinschrift[119]. Kremer stellte hingegen darauf ab, dass der Stein ursprünglich nicht auf dem Grabmonument der Iunia Libertas, sondern auf dem *fundus* gestanden haben musste, über den hier verfügt wurde[120]. Die Inschrift sollte also als Beweisstück gedient haben, um das Nutzungsrecht der Begünstigten für die Öffentlichkeit zu demonstrieren.

Zweifelsohne, im Text wird kein Grabmonument oder Bestattungsrecht erwähnt. Aber die Zeilen 15–18 regulieren den Vollzug der *parentalia* und die dafür anzuwendenden Beträge, die nach dem Aussterben der Sippe (der Freigelassenen) von der Gemeinde von Ostia (als Rechtsnachfolgerin) weitergeführt werden sollen. Es handelt sich um die *mortis causa* Verfügung einer Römerin, deshalb lohnt es sich, auf den Text näher einzugehen.

In der ersten Zeile ist der Name der Verfügenden gut lesbar: Iunia Libertas, die Tochter des Decimus. Die Zeilen 2–4 beschreiben das betroffene Objekt: Ein Anwesen, das unter dem Namen *Hilaroniani Iuniani* bekannt war und auf dessen Territorium Gärten, Gebäude und Läden standen. Es scheint, dass es sich um ein umschlossenes Gebiet handelte, das eine wirtschaftliche Einheit bildete[121]. Das Vorhandensein von Läden lässt darauf schließen, dass das Grundstück in der Stadt oder in deren Nähe lag. Die Wendung *quae iuris eius in his sunt* zeigt, dass das Anwesen zur Zeit der Verfügung zum Vermögen der Iunia Libertas gehörte. Es soll dahingestellt bleiben, ob sie das volle Eigentum oder nur einen Eigentumsanteil daran innehatte[122].

Die Formulierung *dedit concessit* (Z. 5) bezeichnet in einer präzisen juristischen Terminologie den dinglichen Akt. Im Schrifttum gilt als umstritten, ob damit bloß der Nießbrauch (*usus fructus*) oder auch das Eigentum am Grund und Boden an die ‚Sippe' der Freigelassenen übertragen wurde. Bretone stellt auf ein „temporäres Eigentum" ab[123]. Für diese Auffassung scheint zu sprechen, dass in Zeile 13 vom *ius pro-*

---

weiblichen Freigelassenen an erster Stelle das Recht zustehen soll, nach diesen ihren Nachkommen" (Übersetzung nach Babusiaux 2022, 48).

118 Calza 1939, 160 ff.

119 Siehe dazu Babusiaux 2022, 46–48 mit Literaturhinweisen.

120 Kremer 2013, 25 ff.

121 Babusiaux 2022, 50–51. Zum *fundus* als Fideikommiss für *liberti* siehe Di Nisio 2014, 249–255, zur Grabinschrift der Iunia Libertas insb. 253–255.

122 Siehe dazu Babusiaux 2022, 50–53. Gegen das Konzept eines Eigentumsanteils spricht die Bezeichnung des dinglichen Aktes mit *dedit concessit*; die Nutznießer hatten allerdings einen fest definierten Anteil am Grundstück (*portio sua*).

123 Bretone 1962, 197–203. Ihm folgt Bianchi 2013, 15–31.

prietatis die Rede ist: Die Gemeinde von Ostia soll nach dem Aussterben der Personengruppe das Eigentumsrecht erhalten. Manche Autoren schließen daraus, dass mit der Wendung *dare concidere* zugunsten der Freigelassenen bloß das Recht zur Nutzung und Fruchtziehung (*usus fructus*) eingeräumt wurde[124]. BRETONE geht trotzdem davon aus, dass den Freigelassenen in der Zwischenzeit (so lange auch nur ein Mitglied der *familia* noch lebt) ebenfalls Eigentumsrechte zustanden. Diese – noch nicht überzeugend gelöste – Problematik soll hier ausgeklammert bleiben.

Die Inschrift ist interessant, weil sie einen weiteren Beleg für die Rolle der Freigelassenen in der postmortalen Pflege der Persönlichkeit liefert[125].

Bereits AMELOTTI machte darauf aufmerksam, dass der rechtsgeschäftliche Inhalt an typische Verfügungsmerkmale der römischen Testamente anknüpft[126]. BLANCH NOUGUÉS hob insbesondere die Stiftungsmerkmale der Inschrift hervor[127]. Vor Kurzem beschäftigte sich BABUSIAUX ausführlich mit dem Text[128]. Sie sieht darin zwei verschiedene Auszüge (Legate) aus dem Testament der Iunia Libertas verewigt: Im ersten Teil (Z. 2–10) werde ihr Erbe mit einem Legat des *usus fructus* (Nutzungsrecht) zugunsten ihrer Freigelassenen und deren Freigelassenen beschwert[129]. Im zweiten Teil folge das ebenfalls testamentarisch festgelegte Fideikommiss (Z. 10–20): Der Erbe der Iunia Libertas (nach mehreren Generationen) soll – nach dem Aussterben der Gruppe – die Eigentumsrechte an dem Anwesen an die Stadt Ostia übertragen[130]. Der Vollzug der jährlichen *parentalia* sei erst ab diesem Zeitpunkt geregelt gewesen[131].

Es würde den Rahmen dieses Beitrags sprengen, auf die Inschrift detailliert einzugehen. Fest steht, dass im ersten Teil – solange die *liberti* im Genuss der Immobilie bleiben –ein striktes Veräußerungsverbot den Erhalt der Einnahmequelle und der damit verbundenen Kulthandlungen sicherte[132]. *Et si nemo ex familia superaverit* (und wenn niemand mehr aus der *familia* übrigbleibt), tritt die Stadt an ihre Stelle. Es spricht einiges dafür, dass die *res publica Ostiensium* nicht nur bezüglich der Eigentumsrechte, sondern auch hinsichtlich der Pflege der *memoria* (Vollzug der Kulthandlungen) an die Stelle der Freigelassenen hätte treten sollen.

Inschriften mit einem vergleichbaren Inhalt aus anderen Teilen des *Imperium Romanum* zeugen davon, dass in solchen Fällen bei der Errichtung einer Stiftung mit der jeweiligen Stadtgemeinde (vertreten durch deren Amtsträger) immer ausführlich

---

124 BABUSIAUX 2022, 50.

125 AVENARIUS 2024, 418–423; CHAMPLIN 1991, 177 ff.

126 AMELOTTI 1966, 19–22.

127 BLANCH NOUGUÉS 2007, 197–218.

128 BABUSIAUX 2022, 53–55 und 71–74.

129 BABUSIAUX 2022, 49.

130 BABUSIAUX 2022, 47: „(...) während Z. 10–20 (*et si nemo*) in der ersten Person stilisiert ist und offenbar wörtlich aus dem Testament der Verstorbenen zitiert".

131 BABUSIAUX 2022, 47–49.

132 Anders BABUSIAUX 2022, weil sie die Rolle der Freigelassenen in der Grabpflege nicht besonders hervorhebt.

verhandelt wurde. Meistens wurde ein Beschluss des Rates erlassen, mit dem das Kapital (Immobilie oder Geld) angenommen und die Ausführung der damit verbundenen Pflichten ausdrücklich übernommen wird[133]. Ein ähnliches Vorgehen kann auch bei der Iunia Libertas angenommen werden.

Es liegt nahe, dass der Inschriftentext auch in diesem Fall aus Exzerpten von mehreren Rechtsurkunden mit *mortis causa* Verfügungen zusammengestellt wurde. In Z. 2–10 werden die Rechte des Hausgesindes als Begünstigte festgehalten: Die *familia libertorum* soll das *Hilaroniani Iuniani* genannte Anwesen nach dem Tod der Verfügenden innehaben. Der Umfang der ihnen eingeräumten Rechte wird *usus fructus* genannt und mit einem strikten Veräußerungsverbot eingeschränkt. Das spricht dafür, dass die Mitglieder der *familia* – so lange auch nur ein Nachkomme von ihnen lebte – die volle Befugnis der Verwertung innehatten. Nach dem Aussterben der Gruppe wird die Gemeinde von Ostia als Rechtsnachfolger festgelegt. Es liegt nahe, dass Ostia hier als eine Art „Nacherbe" angeführt wird. Iunia Libertas – und ihre Rechtsexperten – legten eine Rechtsnachfolge fest, die Merkmale eines Familienfideikommisses zeigt. Es fällt auf, dass die Pflicht des Grab- und Totenkultes erst im zweiten Teil der Inschrift thematisiert wird: Erst in diesem Abschnitt nimmt der Text die Charakteristika einer Stiftung an. Zweifelsohne wird erst jetzt die Stadt Ostia explizit mit dem jährlichen Schmuck des Grabes und dem Vollzug der *parentalia* beschwert. Aus dem Textzusammenhang scheint jedoch hervorzugehen, dass die Verrichtung des Grab- und Totenkults durch die *familia libertorum* so selbstverständlich war, dass sie keiner besonderen Erwähnung bedurfte.

8 Zusammenfassung

Zusammenfassend lässt sich feststellen, dass der vorliegende Beitrag einen ersten Versuch verkörpert, die rechtlichen Gepflogenheiten der römischen Bürgerinnen in der Abfassung ihrer letztwilligen Verfügungen zu beobachten. Das Thema verlangte, dass man sehr unterschiedliche Gattungen von Quellen unter einen gemeinsamen Nenner bringen musste. Die letztwilligen Verfügungen des antiken Menschen hatten starke Wurzeln in Religion und Moral. Eine rein juristische Betrachtung des Quellenmaterials würde an den echten Fragestellungen vorbeiführen: Recht, Religion, Moral, und die mit ihnen verbundenen starken gesellschaftlichen Erwartungen (*officia*) haben die Hand der Erblasser und Erblasserinnen geführt, wenn sie ihre postmortale Wünsche, Bitten und Befehle formuliert haben. Die Pflege der *memoria* spielte bei männlichen und weiblichen Verfügenden gleichfalls eine zentrale Rolle.

Diesem Pfad folgend hat der Beitrag versucht, sich der Problematik aus verschiedenen Richtungen anzunähern: Testamente, in denen römische Bürgerinnen als Ver-

133 Vgl. Harter-Uiboputu 2015, 182–185.

fügende agieren; Testamente ihrer männlichen Angehörigen, in denen die Frauen in irgendeiner Weise versorgt werden; Verfügungsformen jenseits von Testamenten; Errichtung von Stiftungen, in denen Frauen sich als Stifterinnen um die Pflege ihrer eigenen *memoria* kümmern oder als Beauftragte um den Vollzug der Kulthandlungen für die *memoria* ihres Partners die Verantwortung übernehmen. Die Vielfalt der Quellen stellt sich zu einem Mosaikbild zusammen: Es entstand ein buntes Resultat, das auch insofern den Mosaiken ähnelt, als dass es notgedrungen an der Oberfläche bleibt. Eine tiefergehende Auslegung der problematischen Quellen soll in nachfolgenden Publikationen erörtert werden.

Bibliographie

Amelotti 1949: M. Amelotti, Un nuovo testamento "per aes et libram", *SDHI* 15, 1949, 34–59.

Amelotti 1966: M. Amelotti, Il testamento romano attraverso la prassi documentale I, Le forme classiche di testamento, Firenze 1966.

Amelotti 1995: M. Amelotti, Una visita a Pietro … e a Popilio Eracla, in: R. Feenstra/A.S. Hartkamp/J.E. Spruit/P.J. Sijpesteijn/L.C. Winkel (Hg.), Collatio Iuris Romani. Études dédiées à Hans Ankum à l'occasion de son 65e anniversaire, Amsterdam 1995, 1–5.

Amelotti 1996: M. Amelotti, Scritti giuridici, Torino 1996.

Anagnostou-Canas 2006: B. Anagnostou-Canas, Effets juridiques de la filiation dans l'Egypte grecque et romaine, in: H.-A. Rupprecht (Hg.), Symposion 2003. Vorträge zur griechischen und hellenistischen Rechtsgeschichte, Rauischholzhausen, 30 September–3. Oktober 2003, Wien 2006, 323–340.

Aneziri 2020: S. Aneziri, Associations and Endowments sub modo in the Hellenistic and Roman period: a multifaceted relationsship, in A. Dimopoulou/A. Helmis/D. Karambelas (Hg.), Studies in Ancient Greek and Roman Law. Festschrift für Joulia Velissaropoulis, Athen 2020, 15–33.

Arangio-Ruiz 1960: V. Arangio-Ruiz, Postilla sull'epigrafe Vaticana, *Labeo* 6, 1960, 354–357.

Arjava 1996: A. Arjava, Women and Law in Late Antiquity, Oxford 1996.

Arnaoutoglou 2012: I. Arnaoutoglou, Donations, Endowments and "Foundations" in Graeco-Roman Antiquity, *EHHD* 44, 2012, 59–85.

Avenarius 2012: M. Avenarius, Römisches Erbrecht und Religion: Interdependenzen von Herrschafts- und Kultperpetuierung in Pontifikaljurisprudenz sowie Dogmatik und Praxis des ius civile, in: R. Zimmermann (Hg.), Der Einfluss religiöser Vorstellungen auf die Entwicklung des Erbrechts, Tübingen 2012, 7–78.

Avenarius 2019: M. Avenarius, Gentilnamen, Grundstücke und Gedächtnis. Die Förderung der memoria als Zweck römischer Familienfideikommisse an Immobilienvermögen, in: G. D'Angelo/M. De Simone/M. Varvaro (Hg.), Scritti per il novantesimo compleanno di Matteo Marrone, Torino 2019, 1–26.

Avenarius 2024: M. Avenarius, Ordo testamenti. Pflichtdenken, Familienverfassung und Gemeinschaftsbezug im römischen Testamentsrecht, Tübingen 2024.

Avogadro 1935: S. Avogadro, Le apographai di proprietà nell'Egitto greco-romano, *Aegyptus* 15, 1935, 131–206.

Babusiaux 2018: U. Babusiaux, Römisches Erbrecht im Gnomon des Idios logos, *ZRG RA* 135, 2018, 108–177.

Babusiaux 2022: U. Babusiaux, Zum Testament der Iunia Libertas aus Ostia (AE 1940, 94), in: L. Isola (Hg.), Klauselgestaltungen in Römischen Testamenten. Akten einer Internationalen Tagung zum Römischen Testamentsrecht (6.–7. November 2020, Wien/online), Berlin 2022, 45–77.

Babusiaux 2023: U. Babusiaux, Bekanntes und Neues zum römischen Vereinsrecht, *ZRG RA* 140, 2023, 298–323.

BIANCHI 2013: E. BIANCHI, Appunti in tema di inalienabilità di usufrutto. Il testamento di Iunia Libertas, *Annaeus* 10, 2013, 15–31.

BLANCH NOUGUÉS 2007: J.M. BLANCH NOUGUÉS, Nuevas consideraciones acerca de la fundación funeraria de Iunia Libertas en Ostia, *RIDA* 54, 2007, 197–218.

BRETONE 1962: M. BRETONE, La nozione romana di usufrutto I, Dalle origini a Diocleziano, Napoli 1962.

BURNET 2003: R. BURNET, L'Égypte ancienne à travers les Papyrus. Vie quotidienne, Paris 2003.

BÖHM 2022: R. BÖHM, Grabrechtsübertragung laut Kodizill, *Labeo* 6, 1960, 338–354.

CALZA 1939: G. CALZA, Epigrafe sepolcrale, *Epigrafica* 1, 1939, 160–162.

CHAMPLIN 1991: E. CHAMPLIN, Final Judgments. Duty and Emotion in Roman Wills, 200 B.C.–A.D. 250, Berkeley 1991.

COLELLA 2024: L. COLELLA, I testamenti dei cittadini romani d'Egitto tra storia sociale e prassi giuridica: Dal I secolo d.C. a Severo Alessandro, Wiesbaden 2024.

CZAJKOWSKI 2017: K. CZAJKOWSKI, Localized Law. The Babatha and Salome Komaise Archives, Oxford 2017.

D'ARMS 2000: J.H. D'ARMS, Memory, Money, and Status at Misenum: Three New Inscriptions from the Collegium of the Augustales, *JRS* 90, 2000, 126–144.

DE VISSCHER 1963: F. DE VISSCHER, Le droit des tombeaux romains, Milano 1963.

DI NISIO 2014: V DI NISIO, Libertis dari volo, *Index* 42, 2014, 232–260.

DOLGANOV 2020: A. DOLGANOV, *Nutricula causidicorum*: Legal Practitioners in Roman North Africa, in: K. CZAJKOWSKI/B. ECKHARDT/M. STROTHMANN (Hg.), Law in the Roman Provinces, Oxford 2020, 358–416.

DU PLESSIS 2017: P. DU PLESSIS, Once More on the Perpetual Guardianship of Women, in: U. YIFTACH/ M. FARAGUNA (Hg.), Ancient Guardianship: Legal Incapacities in the Ancient World, Trieste 2017, 165–174.

FRESE 1909: B. FRESE, Aus dem gräko-ägyptischen Rechtsleben. Eine papyrologische Studie, Halle 1909.

FRIEDL 1996: R. FRIEDL, Der Konkubinat im kaiserzeitlichen Rom, Stuttgart 1996.

HARTER-UIBOPUU 2004: K. HARTER-UIBOPUU, The Trust Fund of Phaenia Aromation (IG V,1 1208) and Imperial Gytheion, *Studia Humaniora Tartuensia* 5, 2004, 1–17.

HARTER-UIBOPUU 2015: K. HARTER-UIBOPUU, Stadt und Stifter: Rechtshistorische Einblicke in die Struktur und Verwaltung öffentlicher Stiftungen im Hellenismus und in der Kaiserzeit, in: S. VON REDEN (Hg.), Stiftungen zwischen Politik und Wirtschaft. Geschichte und Gegenwart im Dialog, Oldenburg 2015, 177–204.

HARTER-UIBOPUU 2021: K. HARTER-UIBOPUU, Die diatheke des Epikrates aus Nakrason. Ein Beitrag zur Verwaltung privater donationes sub modo, in: K. HARTER-UIBOPUU/W. RIESS (Hg.), Symposion 2019. Vorträge zur griechischen und hellenistischen Rechtsgeschichte (Hamburg, 26.-28. August 2018), Wien 2021, 367–402.

HERRMANN 1980: P. HERRMANN, Kaiserliche Garantien für private Stiftungen, Ein Beitrag zum Thema «Kaiser und städtische Finanzen», in: W. ECK (Hg.), Studien zur antiken Sozialgeschichte: Festschrift für Friedrich Vittinghoff, Köln 1980, 339–356.

HERZIG 1983: H.H. HERZIG, Frauen in Ostia. Ein Beitrag zur Sozialgeschichte der Stadt Rom, *Historia* 32, 1983, 77–92.

HORSTER 2019: M. HORSTER, Stiftungssicherung im römischen Osten: „Römische" Sanktionen und ökonomische Interessen, in: K. HARTER-UIBOPUU (Hg.), Epigraphische Notizen. Zur Erinnerung an Peter Herrmann, Stuttgart 2019, 215–234.

JAKAB 2016a: É. JAKAB, Inheritance, in: P. DU PLESSIS/C. ANDO/K. TUORI (Hg.), The Oxford Handbook of Roman Law and Society, Oxford 2016, 498–510.

JAKAB 2016b: É. JAKAB, Lokales Recht und das Recht Roms, in: D. LEAO/G. THÜR (Hg.), Symposion 2015. Vorträge zur griechischen und hellenistischen Rechtsgeschichte (Coimbra, 1.–4. September 2015), Wien 2016, 251–262.

JAKAB 2019: É. JAKAB, Der letzte Wille eines Sonderlings?, in: G. D'ANGELO/M. DE SIMONE/M. VARVARO (Hg.), Scritti per il novantesimo compleanno di Matteo Marrone, Torino 2019, 155–168.

JAKAB 2021: É. JAKAB, Parakatatheke und letztwillige Verfügungen: Zum Hintergrund von D. 32,37,5, *ZRG RA* 138, 2021, 338–378.

JAKAB 2022: É. JAKAB, Kaiserliche Rechtspflege und provinziale Praxis. Überlegungen zu C. 3.42.8pr.–1, in: L. ISOLA (Hg.), Klauselgestaltungen in Römischen Testamenten, Akten einer Internationalen Tagung zum Römischen Testamentsrecht (6.–7. November 2020, Wien/online), Berlin 2022, 95–128.

JAKAB 2024: É. JAKAB, Testamente, Soldaten und der Idios Logos, in: TH. KRUSE (Hg.), Studien zum Gnomon des Idios Logos, Wien 2024, 187–209.

JOHNSTON 1975: D. JOHNSTON, Munificence and municipia: Bequests to Towns in Classical Roman Law, *JRS* 85, 1975, 105–125.

JOHNSTON 1988a: D. JOHNSTON, The Roman Law of Trusts, Oxford 1988.

JOHNSTON 1988b: D. JOHNSTON, Trusts and Tombs, *ZPE* 72, 1988, 81–87.

KASER 1971: M. KASER, Das altrömische, das vorklassische und klassische Recht, München 1971[2].

KASER/KNÜTEL/LOHSSE 2021: M. KASER/R. KNÜTEL/S. LOHSSE, Römisches Privatrecht, München 2021[22].

KIERDORF 1998: W. KIERDORF, C. Plinius Caecilius Secundus. Sämtliche Briefe, Stuttgart 1998.

KLEŇOVÁ 2023: V. KLEŇOVÁ, Die Schenkung unter Auflage im römischen Recht, Köln 2023.

KOLB/FUGMANN 2008: A. KOLB/J. FUGMANN, Tod in Rom. Grabinschriften als Spiegel römischen Lebens, Mainz 2008.

KRELLER 1919: H. KRELLER, Erbrechtliche Untersuchungen aufgrund der Graeco-Aegyptischen Papyrusurkunden, Leipzig/Berlin 1919.

KREMER 2013: D. KREMER, Un conflit de propriété à Ostie au milieu du IIe siècle de n.è. Nouvelles considérations sur la supposée fondation funérarire de Iunia Libertas, *IVRA* 61, 2013, 25–45.

KRUSE 2014: TH. KRUSE, Archives and Registration in Roman Egypt, in: J.G. KEENAN/J.G. MANNING/U. YIFTACH-FIRANKO (Hg.), Law and Legal Practice in Egypt from Alexander to the Arab Conquest. A Selection of Papyrological Sources in Translation, with Introductions and Commentary, Cambridge 2014, 62–83.

KUPISZEWSKI 1986: H. KUPISZEWSKI, Antichrese und Nutzpfand in den Papyri, in: H.-P. BENÖHR/K. HACKL/R. KNÜTEL/A. WACKE (Hg.), Iuris professio. Festgabe für Max Kaser zum 80. Geburtstag, Wien 1986, 133–149.

LAIRD 2015: M.L. LAIRD 2015, Civic Communities and the Augustales in Roman Italy, Cambridge 2015.

LAUM 1915: B. LAUM, Stiftungen in der griechischen und römischen Antike. Ein Beitrag zur antiken Kulturgeschichte, Berlin 1915.

LIEBS 2000: D. LIEBS, Das Testament des Antonius Silvanus, römischer Kavallerist in Alexandria bei Ägypten aus dem Jahr 142 n. Chr., in: K. MÄRKER/C. OTTO (Hg.), Festschrift für W. Fricke zum 70. Geburtstag, Freiburg 2000, 113–128.

LIEBS 2010: D. LIEBS, Ewiges Gedenken durch freigelassene Sklaven. Römisches Recht und römische Sitten, in: A. Gulzcinsky (Hg.), Leben nach dem Tod: rechtliche Probleme im Dualismus: Mensch: Rechtssubjekt, Graz 2010, 49–65.

MEYER 2014: E.A. MEYER, Legitimacy and Law in the Roman World. Tabulae in Roman Belief and Practice, Cambridge 2014.

MITTEIS/WILCKEN 1912: L. MITTEIS/U. WILCKEN, Grundzüge und Chrestomathie der Papyruskunde, Leipzig/ Berlin 1912.

NEGRI 1975: I. NEGRI, La clausola codicillare nel testamento inofficioso, Milano 1975.

NOWAK 2015: M. NOWAK, Wills in the Roman Empire. A Documentary Approach, Warsaw 2015.

PAULUS 1992: CH. PAULUS, Die Idee der postmortalen Persönlichkeit im römischen Testamentsrecht: Zur gesellschaftlichen und rechtlichen Bedeutung einzelner Testamentsklauseln, Berlin 1992.

PURCELL 1987: N. PURCELL, Tomb and Suburb, in: W. Eck (Hg.), Römische Gräberstraßen: Selbstdarstellung, Status, Standard: Kolloquium in München vom 28. bis 30. Oktober 1985, München 1987, 25–42.

ROWLANDSON 1998: J. ROWLANDSON, Women and Society in Greek and Roman Egypt, Cambridge 1998.

RUPPRECHT 1985: H.-A. RUPPRECHT, Zum Ehegattenerbrecht nach den Papyri, *BASP* 22, 1985, 291–295.

RÜFNER 2022: TH. RÜFNER, Das römische Familienfideikommiss, in: L. ISOLA (Hg.), Klauselgestaltungen in Römischen Testamenten. Akten einer Internationalen Tagung zum Römischen Testamentsrecht (6.–7. November 2020, Wien/online), Berlin 2022, 177–187.

RÜFNER 2023: TH. RÜFNER, § 98: Fideikommisse und ihre Durchsetzung, in: U. BABUSIAUX/CH. BALDUS/W. ERNST/F.-S. MEISSEL/J. PLATSCHEK/TH. RÜFNER (Hg.), Handbuch des römischen Privatrechts II, Tübingen 2023, 2691–2712.

RÜGER 2011: D. RÜGER, Die donatio mortis causa im klassischen römischen Recht, Berlin 2011.

SANCHEZ-MORENO ELLART 2015: C. SANCHEZ-MORENO ELLART, Zur Gerichtsbarkeit des Praefectus annonae in D. 14.5.8 (Paul 1 *decr.*), in: S. PANZRAM/W. RIESS/CH. SCHÄFER (Hg.), Menschen und Orte der Antike. Festschrift für Helmut Halfmann zum 65. Geburtstag, Rahden 2015, 361–376.

SEGRÉ 1930: A. SEGRÉ, Tre papiri giuridici inediti, in: Studi in onore di Pietro Bonfante nel XL anno d'insegnamento III, Milano 1930, 419–436.

STAGL 2014: J.F. STAGL, Das "testamentum militare" in seiner Eigenschaft als "ius singulare", *Revista Estudios Histórico-Juridicos* 26, 2014, 129–157.

STEINSKY 2004: P. STEINSKY, Ein Beitrag zum Erbrecht des Mannes nach seiner Gattin, *RIDA* 51, 2004, 281–294.

STROBEL 2014: B. STROBEL, Römische Testamentsurkunden aus Ägypten vor und nach der Constitutio Antoniniana, München 2014.

TAEUBER 1994: H. TAEUBER, Stifterinnen im griechischen Osten, in: E. SPECHT (Hg.), Frauenreichtum: die Frau als Wirtschaftsfaktor im Altertum, Wien 1994, 199–219.

TELLEGEN 1982: J.W. TELLEGEN, The Roman law of succession in the letters of Pliny the Younger, Zutphen 1982.

TELLEGEN 2010: J.W. TELLEGEN, The Immortality of the Soul and Roman Law, in: C. RUSSO RUGGERI (Hg.), Studi in onore di Antonio Metro IV, Milano 2010, 181–221.

TELLEGEN-COUPERUS/TELLEGEN 1999: O. TELLEGEN-COUPERUS/J.W. TELLEGEN, Le caractère hybride du fideicommis romain, in: J.-F. GERKENS (Hg.), Mélanges Fritz Sturm offerts par ses collègues et ses amis à l'occasion de son soixante-dixième anniversaire, Liège 1999, 453–476.

TOYNBEE/PERKINS 1956: J. TOYNBEE/J.W. PERKINS, The Shrine of St. Peter and the Vatican Excavations, London 1956.

VOCI 1963: P. VOCI, Diritto ereditario romano II, Milano 1963[2].

VON HESBERG 1987: H. VON HESBERG, Planung und Ausgestaltung der Nekropolen Roms im 2. Jh. n. Chr., in: H. VON HESBERG/P. ZANKER (Hg.), Römische Gräberstraßen. Selbstdarstellung: Status: Standard, München 1987, 43–60.

WALSER 2021: A.W. WALSER, Menschen und Götter: Zu den Rechtsgrundlagen griechischer Stiftungen. Antwort auf KAJA HARTER-UIBOPUU, in: K. HARTER-UIBOPUU/W. RIESS (Hg.), Symposion 2019. Vorträge zur griechischen und hellenistischen Rechtsgeschichte (Hamburg, 26.–28. August 2019), Wien 2021, 403–416.

WILCKEN 1932: U. WILCKEN, Urkundenreferat, *Archiv für Papyrusforschung* 10, 1932, 93–176.

WILHELM 1974: A. WILHELM, Kleine Schriften, Abteilung III: Schriften aus Adolf Wilhelms Nachlass. Teil I: Bereits publizierte Schriften, 1939–1951, Leipzig 1974 (= Erstpublikation: A. WILHELM, Griechische Inschriften rechtlichen Inhalts, Athen 1951).

WURM 1972: M. WURM, Apokeryxis, Abdicatio und Exheredatio, München 1972.

WÖRRLE 1988: M. WÖRRLE, Stadt und Fest im kaiserzeitlichen Kleinasien. Studien zu einer agonistischen Stiftung aus Oinoanda, München 1988.

YOUTIE 1963: H.C. YOUTIE, Notes on Papyri, *TAPA* 94, 1963, 328–345.

ZAHN 2021: B. ZAHN, Si quid universitati debetur. Forderungen und Schulden privater Personenvereinigungen im römischen Recht, Göttingen 2021.

Elsemieke Daalder

Motus et aequitate rei et verbis testamenti

Interpretation of Wills by the Roman Emperors in the First Two Centuries CE

Abstract: Due to their significant financial and societal implications, testamentary disputes were frequently brought before the Roman emperor acting as judge. This paper focuses on a specific subset of such cases, namely, disputes concerning the interpretation of wills. It examines the various techniques emperors employed to determine the meaning of particular phrases or provisions within these documents. The imperial judgments on this topic can broadly be divided into two groups: those that adhere to traditional interpretive frameworks developed in Roman legal practice, and those which are, in some way, the result of an extra-legal imperial intervention. Both types are analysed in this paper, while its final section relates the imperial interpretative practices to their political and social context.

1 Introduction

Due to its often-significant financial implications, the law of testamentary succession unquestionably stood out as one of the most important areas of Roman law from the Early Republic onwards. Consequently, the Roman emperors regularly judged legal disputes related to the execution of last wills[1]. As in other areas of private law, imperial adjudication of testamentary disputes occasionally touched upon fundamental legal questions, often resulting in the creation of new legal rules, particularly in the field of *fideicommissa*. Examples of these imperial rules of testamentary law issued in the form of a judgment can be found all over the Digest[2]. This paper will, however,

1 There can be no doubt that testamentary disputes frequently reached the imperial courtroom and made up a substantial part of the emperor's judicial workload. This can, for example, be inferred from the *Decreta* and *Imperiales Sententiae* of the Roman jurist Paul, on which most recently Daalder 2018; Brutti 2020 and Daalder 2022. Of the 38 fragments of Paul's works on 37 cases transmitted through the Digest, fourteen concern the law of succession: D. 10,2,41 = D. 37,14,24; D. 28,5,93(92); D. 29,2,97; D. 32,27pr., 1 and 2; D. 32,97; D. 35,1,113; D. 36,1,76pr. and 1; D. 36,1,83(81); D. 40,5,38; D. 49,14,48pr. and 1.

2 See for example D. 22,3,26 (Pap. 20 quaest.) (Commodus – a *fideicommissum* which has not been claimed by its beneficiary during their lifetime is to be considered waived and is therefore not subject to set-off), D. 28,3,3,2 (Ulp. 3 Sab.) (Marcus Aurelius – a posthumously born child has to be disinherited in the same way as a living son) and D. 36,1,1,13 (Ulp. 3 fideicomm.) (Septimius Severus – a pupil required to pay out a *fideicommissum* to his tutor cannot do this with the assistance of said tutor). On the legal force of imperial judgments, see Gai. 1,5 and D. 1,4,1pr. (Ulp. 1 inst.).

https://doi.org/10.1515/9783111694634-007

deal with a different type of testamentary dispute heard by the emperor as a judge, namely disputes concerning the interpretation of wills. As noted in modern literature, questions concerning the interpretation of wills seem to have been at the heart of Roman legal practice[3] and probably also made up a significant part of the imperial caseload in this field of law[4]. This paper will discuss the various techniques the emperor employed to determine the meaning of a certain phrase or provision. After giving a concise overview of the general rules concerning interpretation of wills and the procedural particulars of imperial court hearings in this kind of case (sections 2 and 3), examples of different types of imperial decisions will be discussed[5]. The discussed judgments can be divided into two groups: decisions that fit within the traditional framework of interpretation, discussed in section 4, and judgments which are in some way the result of an extra-legal imperial intervention, which are the subject of section 5. Finally, in section 6, the imperial practices concerning the interpretation of last wills will be summarized and related to their political and social context.

2 Interpretation of Last Wills: Definition and General Legal Framework

Disputes on the interpretation of a will or a certain provision or statement included in it, usually arise when the testator has formulated his last wishes ambiguously or when the parties involved in the execution of the will attribute a different meaning to the wording of a certain disposition or statement. These disagreements could – as we will see – concern all aspects of the will, such as the institution of heirs or substitute heirs, the beneficiary of a legacy or a *fideicommissum*, the (legal) nature of a disposition, conditions related to a certain disposition etc.

The Roman rules of testamentary interpretation emphasize the intention of the testator, the *voluntas testatoris*[6]. In other words, the focus is on determining what the

3 Babusiaux 2021, 299.

4 The imperial interest in testamentary interpretation is at first sight reflected in Paul's *Decreta* and the *Imperiales Sententiae*, in which most of the included testamentary cases concern the interpretation of wills (ten out of fourteen cases in total). Given the propagandic purposes of the *Decreta* and *Imperiales Sententiae* (on which most recently Daalder 2022), the number of interpretation cases included in these works might have been slightly higher than it was in the daily imperial legal practice. Nevertheless, there can be no doubt that the emperor often judged this kind of dispute.

5 Since Paul's *Decreta* and *Imperiales Sententiae* are our most important sources regarding imperial judicial activity, most of the examples have been derived from these writings.

6 For an overview of the Roman rules on the interpretation of wills, see most recently Babusiaux 2021, 299–326. This paragraph draws heavily on her work. For other relatively recent general discussions of the topic, see Wieling 1972 and Harke 2012.

testator would have meant or would have wanted under the given circumstances[7]. Under the rules of the traditional *ius civile*, the first reference point to determine the *voluntas testatoris* was the wording used in the will (*scriptum*). In this context, the *ius civile* was familiar with two maxims of interpretation which allowed for the correction of errors in the wording to some extent: the possibility to supplement the written will based on what had been said by the testator at its oral declaration ('*plus nuncupatum quam scriptum*'), and the correction of erroneous descriptions of persons, characteristics or motives in the formulation of legacies (*legata*) on the basis of the maxim '*falsa demonstratio non nocet*'[8]. However, it was of course also possible that the words of the will were not erroneous or incomplete, but that the heirs simply disagreed on their meaning. In that case, other arguments based on the circumstances and general testamentary praxis could be brought forward to determine the exact meaning of a testamentary disposition in the given context[9]. In addition, the Roman jurists sometimes employed a *benigna interpretatio* or a *humanior interpretatio* of the will or arguments based on the *favor heredis* to determine the intention of a testator, which had been inadequately expressed by the wording of the will[10].

The imperial interventions in the law of succession which took place from the first century CE onwards also affected the interpretation of wills. As mentioned above, the emperors created new testamentary institutions such as the *fideicommissum* and the codicil, which – in contrast to the *ius civile* testament itself – were not subject to any formalities and indeed, did not even have to be written down[11]. They therefore allowed for more possibilities to give effect to the testator's last will. Although the determination of the *voluntas testatoris* remained at the heart of interpretational issues, we can detect a shift in imperial law (or the *ius novum*) from the written will as a basis for the determination of the *voluntas testatoris* to an (even) more holistic approach which takes all circumstances of the case into account to interpret the will or a provision included in it. Moreover, material interpretational concepts

---

7 Babusiaux 2021, 302–303. See also 304, in which she argues that even arguments based on the wording of the will serve to prove the intention of the testator.

8 *Plus nuncupatum quam scriptum*: D. 28,5,1,5 (Ulp. 1 ad Sab.); *falsa demonstratio non nocet*: D. 35,1,17pr.–1 (Gai. 2 de legat. ad ed. praet.), D. 35,1,33pr. (Marcian. 6 inst.) and D. 35,1,34pr. (Florent. 11 inst.).

9 An early example of this is the famous *Causa Curiana*, in which the jurist Quintus Mucius Scaevola defended a grammatical interpretation of a provision in a will (cf. Cic. Brut. 196), while the orator Lucius Licinius Crassus pleaded for an interpretation based on the purpose of the provision (cf. Cic. Brut. 187). See on the case Babusiaux 2021, 302–304 with references to other literature.

10 See for examples from the Roman jurists D. 28,2,2 (Ulp. 6 reg.) and D. 35,1,112,2 (Pomp. 12 epist.) (both discussed by Babusiaux 2021, 304–306). For discussions of the use and application of the concepts of *benignitas* and *humanitas* in the works of the Roman jurists, see for example Wubbe 1972; Hausmaninger 1981; Palma 1992; Palma 1997; Kleiter 2010 and Avenarius 2010.

11 E.g. D. 40,5,47,4 (Iul. 42 dig.) and D. 42,1,5,1 (Ulp. 59 ad ed.). Consequently, the intention of the testator takes an even more central position in their interpretation, cf. Babusiaux 2021, 312.

such as *humanitas, benignitas* and *pietas* are sometimes employed as arguments to modify the provisions of the will in accordance with the circumstances at the time of the death of the testator[12] or even render a possibly ineffective will or disposition valid, often by means of a reinterpretation of the problematic provision into a *fideicommissum*[13]. As we will see, this approach is especially visible in the judgments of the emperors themselves.

3 Disputes over Last Wills in the Imperial Court Room

Cases concerning last wills were probably brought to the emperor's attention in the same way as other legal disputes, i. e. by means of a petition (*supplicatio*) submitted with the imperial chancery[14]. If the case was selected for a hearing, the parties were summoned to appear at a specific time, either at a public location or in the imperial palace[15]. The hearing at the imperial court was not subject to *leges Iuliae iudiciariae* and consequently took place *extra ordinem*, meaning that the emperor could shape the procedure at his court in any way he saw fit. However, it is likely that the proceedings at the imperial court usually consisted of the same elements as the procedures in the lower imperial law courts, revolving around a hearing in front of the emperor and his *consilium*[16]. During this hearing, parties were usually given the opportunity to assert their claims and defences, plead their case and present legal and factual evidence, such as witnesses and documents. Documents relevant to the case were sometimes read out loud during the proceedings[17]. More generally, it seems that the emperor probably took note of such documents on the spot, i. e. during the hearing or during the subsequent deliberations with his *consilium*[18]. This suggests that prior to the hearing, the parties did not submit any documents to the chancery other than the *supplicatio* itself.

12 E.g. D. 35,1,102 (Pap. 9 resp.).

13 E.g. D. 36,1,78 (Scaev. 19 dig.). See for a discussion of this case and other examples Babusiaux 2021, 314–318.

14 See for example D. 28,5,93(92) (Paul. 1 imp. sent. in cogn. prolat. seu decret. 2) and D. 49,5,5,1 (Ulp. 29 ad ed.). Also Mommsen 1887–1888, 965; Millar 1992, 525 and Kaser/Hackl 1996, 449. The petition was subsequently processed by the department *a cognitionibus*. For a full discussion of the process of bringing a case at the imperial court, see Daalder 2018, 72–75.

15 On the location of imperial court hearings, see Bablitz 2007 and Färber 2014.

16 Kaser/Hackl 1996, 448.

17 D. 36,1,76(74),1 (Paul. 2 decret.). For the meaning of the word *recitare* in this context, see Heumann/Seckel 1958, 494.

18 See for example the case of D. 46,1,68,1 (Paul. 3 decret.), in which the emperor gave judgment '*lecta subscriptione fideiussionis*'.

It seems likely that in disputes over the interpretation of wills, the contested will (or codicil) must have been present in the courtroom to be read or recited from. This is also suggested in a passage of a speech of Marcus Cornelius Fronto, cited by Marcus Aurelius in a letter to his teacher:

> Front. Ad Marc. 1,6,5
>
> *Qui mos si fuerit inductus, ut defunctorum testamenta ex provinciis transmarinis Romam mittantur, indignius et acerbius testamentorum periculum erit, <quam> si corpora <huc mitti mos esset> eorum qui trans maria testantur*[19].

In this speech, Fronto is urging the emperor not to allow provincial litigants, who are fighting over the validity and opening of a will, a hearing in his court, since this would probably be used as a delaying tactic for the execution of wills in the provinces[20]. In support of his argument, he states that the acceptance of these cases would also introduce the custom of shipping litigious wills to Rome (presumably the original version), which Fronto finds extremely undesirable[21]. From this statement, we can infer that in this type of case the original document itself was supposed to be present in the court room to be investigated by the emperor. It seems only reasonable to assume that the same applied to cases in which the interpretation of the wording of the will itself was at issue. This impression is to some extent supported by the case reports included in Paul's *Decreta*, in which the jurist regularly cites testamentary provisions central to the dispute verbatim, such as D. 28,5,93(92) and D. 36,1,76(74)pr.[22], suggesting that he somehow had access to the disputed document. We cannot conclude with certainty from these citations whether Paul noted down or transcribed the passages during the proceedings (he was present at the hearing as a member of Septimius Severus' judicial *consilium*[23]) or made use of the minutes of the hearing to draft his report[24]. It is also possi-

---

19 Translation: "If this custom were to be introduced, that the wills of the deceased are sent to Rome from the oversea provinces, the danger posed to these wills would be more discreditable and distressing than if it were the custom for the bodies of the deceased, who make their wills oversea, to be sent to Rome." (LCL 112 – C.R. HAINES with modifications).

20 This aspect of the text will be discussed in section 6 *infra*. See in addition on this particular speech VAN DEN HOUT 2018, 27–28.

21 Judging from the papyrological evidence, the original tablets of Roman wills usually remained with the heirs, while further copies were furnished in Latin or even in Greek, cf. NOWAK 2015, 97. In addition, a protocol of the opening of the will was made. On this topic, see the contribution of STROBEL in this volume.

22 '*Quia heredes, quos volui habere mihi contingere non potui, Novius Rufus heres esto*' resp. 'ἐντέλλομαί σοι μὴ διατίθεσθαι, πρὶν τέκνα σοι γενέσθαι.'. Both texts concern disputes over the interpretation of the will and are discussed below.

23 The *Decreta* and *Imperiales Sententiae* are certainly a product of his activities as member of the *consilium*. For a broader discussion of (the composition of) Severus' judicial *consilium*, see DAALDER 2018, 88–95 and DAALDER 2022, 131–134.

24 As is for example assumed by SCHULZ 1961, 181; VOLTERRA 1971, 990 and 996 and CORIAT 2014, 300.

ble that he had a copy of the disputed will at his disposal as part of the dossier on the case, which was filed at the imperial chancery or imperial archive after the case had been decided[25].

4 Interpretation of Wills by the Emperor within the Traditional Legal Framework

4.1 Interpretation and the *voluntas testatoris*: different types of approaches

This section will discuss several examples of cases and judgments in which the emperor construes a will which was validly drafted but contained a provision giving rise to a dispute amongst the beneficiaries. These disputes can therefore be regarded as traditional interpretation cases, which were solved within the margins of the normal legal framework for interpretation and did not require any special imperial intervention. Accordingly, some of the imperial decisions are completely by the book. However, as we will see, even in this type of case, the emperor sometimes stretched the margins of what was (legally) possible to accommodate the interest of one of the parties involved.

In some cases, the emperor simply determined the intention of the testator on the basis of the wording and content of the will, just like any jurist would do. A good illustration of this practice can be found in D. 36,1,83(81), in which the emperor Septimius Severus used the wording and content of a *fideicommissum* to determine the exact intention of the testator[26].

D. 36,1,83(81) (Paul. imp. sent. in cogn. prolat. 1 seu decret. 2)

Iulius Foebus testamento facto, cum tres liberos heredes institueret, Foebum et Heracliam ex eadem matre, Polycraten ex alia aequis portionibus, petit a Polycrate minore fratre, ut accepto certo praedio hereditatem fratribus concederet: et invicem eos, qui ex eadem matre erant, si qui eorum heres non fuisset, substituerat. Polycrati, si intra pubertatem decessisset, secundas tabulas fecit, quas matri eius commendavit aperiendas, si inpubes obisset. deinde petit a prioribus, ut, si quis eorum sine liberis decederet, portionem suam exceptis bonis maternis eorum et avitis ei vel eis qui superessent restitueret. Heraclia soror mortua sine liberis fratrem Foebum heredem instituit: Polycrates fideicommissum petierat et optinuerat apud Aurelium Proculum proconsulem Achaiae: appellatione facta, cum solus Foebus egisset μονομερῶς, victus est, quia "ei vel eis" verba

25 It seems likely that jurists working at the imperial court had access to the imperial archives, VARVARO 2006, sub 4.

26 For other examples of imperial judgments in which the emperor adheres to the wording of the will or codicil, see D. 32,27pr. (Paul. 2 decret.) (Septimius Severus) and D. 49,14,48pr. (Paul. 2 decret.) (Septimius Severus).

utrosque fratres complecterentur. adqui invicem duos illos tantum substituerat: sed et voluntas haec patris videbatur, qui exceperat eorum bona materna, quia Polycrates aliam matrem et quidem superstitem habebat, cuius etiam fidei commissum erat, ut legata, quae ei dederat in testamento, moriens Polycrati filio suo restitueret[27].

Paul in the first book of the six books of Imperial Decisions Made in Judicial Proceedings or the second book of the Imperial Judgments. Julius Foebus, when he made his last will, had instituted as his heirs his three children, Foebus and Heraclia, who were born of the same mother, and Polycrates, who was born of a different mother. He gave them equal shares and requested of Polycrates, the younger brother, that he should accept a certain estate for himself and cede [his share in] the inheritance to his brother and sister. And he had appointed those born of the same mother as each other's substitute heirs, if either of them not be heir. He made a second will for Polycrates, should he die before reaching the age of puberty, and had ordered his mother to open it, if he should die underaged. Finally, he requested of his elder children, if either of them died without children, that they restore their share, with exception of those goods which had come to them from their mother and from their grandparents, to him or them who should survive[28]. Heraclia, the sister, died without children and instituted her brother Foebus as her heir. Polycrates claimed the *fideicommissum* and succeeded before Aurelius Proculus, the *proconsul* of Achaia. There was an appeal, and although only Foebus appeared for the procedure, he lost the case, since the words 'to him or them' included both brothers. But he had appointed those two as each other's substitute heirs? But this appeared to be the intention of the father, who had excluded the maternal goods, because Polycrates had a different mother, who was indeed still alive, and on whom he had imposed a *fideicommissum*, that on her death she should restore to her son Polycrates the legacies which he had given her in his will[29].

The protagonist of D. 36,1,83(81), a man named Julius Foebus, had been married twice[30]. With his first wife he had two children, Foebus and Heraclia. After she had died, her estate and her dowry devolved upon Foebus as her heir or in the capacity of the *pater familias* of her children. He subsequently remarried and had a son named Polycrates with his second wife. At this point Julius Foebus had made a will, appointing his three children for equal shares as his heirs, but at the same time ordering his youngest son Polycrates by means of a *fideicommissum* to give up his share of the inheritance in exchange for a certain *praedium*. In addition, he appointed Foebus and Heraclia as each other's substitute heirs (*substitutio vulgaris*). To Polycrates' mother he left several legacies, asking her to restore these to her son Polycrates after her

27 Mommsen contends that the last part of the text is missing, since according to him the text does not contain a clearly formulated *decretum*, cf. Mommsen 1870, 258 ad loc. It has, however, been recently argued that this is not the case, see Daalder 2018, 424.

28 It is hard to translate the ambiguity of the words '*ei vel eis*' in English. The personal pronoun '*ei*' is the dative case of both '*is*' and '*ea*' and can therefore refer to either gender simultaneously.

29 The basis of all English translations of texts from the Digest is the translation by Watson 1998; translations of the texts from the Justinian Code have been taken from Frier 2016. I have, however, amended their translations at some points in accordance with my own interpretation of the Latin texts.

30 On this case, see Sanfilippo 1938, 94–96; Wankerl 2009, 165–172; Rizzi 2012, 294–298; Daalder 2018, 423–431 and Brutti 2020, 146–147.

death. Finally, he ordered his two oldest children (the '*priores*') to restore their share of the inheritance to their remaining sibling(s) ('*ei vel eis*') if they died without offspring (a *fideicommissum hereditatis si sine liberis decesserit*), with the exception of the goods they had inherited from their mother's side. Sometime later Julius Foebus died, and his wife and children carried out his will, Heraclia and Foebus both receiving half of Foebus' inheritance, which included both their father's assets and those of their deceased mother. Subsequently, Heraclia passed away as well without leaving any children and having appointed Foebus as her only testamentary heir. From him Polycrates claimed payment of the *fideicommissum*, i. e. half of Heraclia's share of the paternal inheritance (= a quarter of the entire inheritance), with the exception of the maternal assets. The debate between the half-brothers Foebus and Polycrates centred on the interpretation of the will and in particular of the words '*portionem suam* (. . .) *ei vel eis qui superessent restitueret*'. Polycrates argued that these words comprised both of Heraclia's brothers and made her, or rather her heir, liable to restore to him half of her share of the paternal inheritance. Foebus probably argued that their father had only meant the two older siblings[31]. Polycrates won the case in first instance in front of the *proconsul* of Achaia, named Aurelius Proculus. Foebus lodged an appeal with the emperor and even though Polycrates did not appear during the hearing[32], the emperor adhered to the clear and explicit wording of the testamentary disposition and ruled in Polycrates' favour: from the words '*ei vel eis*' as well as the fact that the maternal property (i. e. the property of the testator's first wife and the mother of the two oldest siblings) were expressly excluded from the *fideicommissum*, it could be inferred that it had been the intention to include Polycrates as a possible beneficiary of the *fideicommissum* as well. After all, if this had not been the case, the exclusion of the maternal goods would not have been necessary[33].

Besides the wording of the will, we also find examples of other types of arguments used by the emperor to construe the *voluntas testatoris*. For example, in D. 36,1,23(22) Ulpian cites a case reported by Scaevola in which Marcus Aurelius seemingly based his interpretation of a *fideicommissum* on the factual circumstances under which the will was drafted and, in particular, the character of one of the persons involved[34]:

---

31 It is usually assumed that the words '*adqui invicem duos illos tantum substituerat*' reflect Foebus' line of argument: he probably argued (wrongly) that because Julius Foebus had instituted Foebus and Heraclia as each other's substitute heirs, their father had not meant to include Polycrates as a beneficiary of the *fideicommissum post mortem*. Cf. Daalder 2018, 429–430 with references to other authors in n. 31.

32 Meaning that the case was heard *in absentia*. This did, however, not mean that the absent party would automatically lose the case, see D. 5,1,73pr. (Ulp. 4 de omn. trib.).

33 Cf. Sanfilippo 1938, 96; Wankerl 2009, 169; Rizzi 2012, 297–298 and Daalder 2018, 430. The legacies left to Polycrates' mother probably served a similar purpose and are therefore most likely a *legatum dotis* or *legatum pro dote*, see Daalder 2018, 430–441.

34 See on this text in particular Gardner 1987.

D. 36,1,23(22)pr. (Ulp. 5 disput.)

Mulier, quae duobus filiis in potestate patris relictis alii nupserat, posteriorem maritum heredem instituit eumque rogavit liberis suis post mortem patris eorum hereditatem suam restituere vel ei qui eorum superesset: eisdem emancipatis a patre suo vitricus restituisse hereditatem dicebatur, mox alter ex filiis vivo patre decessisse: quaerebatur, an is, qui supererat ex filiis, partem fratri suo restitutam petere possit quasi praemature datam. Scaevola divum Marcum in auditorio de huiusmodi specie iudicasse refert: Brasidas quidam Lacedaemonius vir praetorius, cum filiis suis ab uxore divortio separata, si morte patris sui iuris fuissent effecti, fideicommissum relictum esset, eos emancipaverat: post emancipationem fideicommissum petebant. decrevisse igitur divum Marcum refert fideicommissum eis repraestandum intellecta matris voluntate, quae quia non crediderat patrem eos emancipaturum, distulerat in mortem eius fideicommissum non dilatura id in mortalitatem, si eum emancipaturum sperasset. secundum haec dicebam et in proposita quaestione decretum divi Marci esse trahendum et recte fideicommissum utrisque solutum.

Ulpian in the fifth book of the Disputations. A woman who had left two sons in the power of their father and had married another man, appointed her second husband as her heir and asked him to restore her inheritance to her children after the death of their father or to the one of them who was still alive [at that time]. After they had been emancipated by their father, it was said that the stepfather had restored the inheritance to them and shortly after, one of the sons had died while the father was still alive. It was asked whether the survivor of the two sons could claim the share restored to his brother on the ground that it had been given to him too soon. Scaevola reports that the deified Marcus decided a similar case in his courtroom. A certain Brasidas, a Spartan and man of praetorian rank, had, when a *fideicommissum* had been left to his sons by his wife, who had been separated from him by divorce, which became payable if they became *sui iuris* by the death of their father, emancipated them. After the emancipation, they claimed the *fideicommissum* [from the heirs of their mother]. He therefore relates that the deified Marcus had held that the *fideicommissum* had to be paid to them based on his understanding of the mother's intention. Since she had not believed that the father would emancipate them, she had postponed the *fideicommissum* to his death, and she would not have postponed it to the end of a life if she had hoped that he would emancipate. I should accordingly hold that the judgment of the deified Marcus is to be extended to the case put forward, and that the *fideicommissum* was properly paid to both.

The imperial case mentioned by Scaevola probably concerns the Spartan Tiberius Claudius Brasidas and his wife Memmia Ageta[35]. Brasidas was a Roman senator, who lived together with his wife and their two sons, Antipater and Patrolaus, in Achaia. After they were divorced, Memmia Ageta made a will in which she left a (probably sizeable)[36] *fideicommissum* to her sons which they could only claim after they had become *sui iuris* through the death of their father and her ex-husband. This construction was used to ensure that her property would not fall into the hands of Brasidas, which would be the case if the sons would acquire the inheritance while they were still under the *potestas* of their father. Brasidas, however, emancipated the sons while still alive and the question arose whether they could claim the *fideicommissum* from the

35 Gardner 1987, 53.
36 On this point, see Gardner 1987, 53.

otherwise not mentioned heirs of the mother, since they had become *sui iuris* through emancipation instead of the death of their father. Marcus Aurelius decided that they could. He based this decision on his understanding of the intention of the mother (‘*intellecta matris voluntate*’)[37]. As Ulpian writes: ‘Since she had not believed that the father would emancipate them, she had postponed the *fideicommissum* to his death, and she would not have postponed it to the end of a life if she had hoped that he would emancipate’. In other words, according to the emperor she had not had any hopes, probably given the character of her ex-husband[38], that her sons would become *sui iuris* in any other way than through his death and she had therefore formulated the condition in this particular way. Would she have thought otherwise, she would probably have formulated her request differently and allowed for the acquisition after emancipation as well. Given these circumstances, it was therefore justified to interpret the *fideicommissum*'s current wording in a broader manner and allow the sons' claim[39].

In a case reported by Paul in his *Decreta* we come across several types of more objective argumentation employed by both the parties and the jurists in the *consilium* to determine the intention of the testator[40]:

D. 36,1,76(74),1 (Paul. 2 decret.)

Fabius Antoninus impuberem filium Antoninum et filiam Honoratam relinquens exheredatis his matrem eorum Iuniam Valerianam heredem instituit et ab ea trecenta et quasdam res filiae reliquit, reliquam omnem hereditatem filio Antonino, cum ad annum vicensimum aetatis pervenisset, voluit restitui: quod si ante annum vicensimum decessisset filius, eam hereditatem Honoratae restitui praecepit. mater intestata decessit utrisque liberis legitimis heredibus relictis. postea filius annum agens plenum nonum decimum et ingressus vicensimum necdum tamen eo expleto decessit filia herede Fabia Valeriana sua relicta, a qua amita fideicommissum et ex testamento patris portionem hereditatis petebat: et apud praesidem optinuerat. tutores Valerianae filiae Antonini egestatem eius praetendebant et recitabant divi Hadriani constitutionem, in qua quantum ad munera municipalia iusserat eum annum, quem quis ingressus esset, pro impleto numerari. imperator autem noster motus et aequitate rei et verbis testamenti "si ad annum vicensimum aetatis ", quamvis scire se diceret a divo Marco non excusatum a tutela eum qui septuagensimum annum aetatis ingressus fuisset, nobis et legis Aeliae Sentiae argumenta proferentibus et alia quaedam, contra petitricem pronuntiavit.

37 Cf. Gardner 1987, 52.

38 Or perhaps because she was ‘a bitter divorcée as suggested by Gardner 1987, 53.

39 One can wonder whether this interpretation really did justice to the mother's intention. It is possible that she did in fact consciously restrict the condition for payability to the death of Brasidas to make sure that he could under no circumstance get his hands on her inheritance. If, for example, he emancipated the sons while they were still minors, he would probably be appointed as their *curator* and thereby gain factual control over the inheritance, cf. Gardner 1987, 53.

40 On this case, see Sanfilippo 1938, 87–94; Wankerl 2009, 153–164; Rizzi 2012, 257–266; Daalder 2018, 411–422; Daalder 2022, 165–169 and Brutti 2020, 141–146.

> Paul in the second book of the Imperial Judgments. Fabius Antoninus left an underaged son, Antoninus, and a daughter, Honorata. He disinherited them and instituted their mother Iunia Valeriana as his heir. He charged her with a bequest of three hundred and certain possessions for their daughter and wanted that the whole remainder of the inheritance be restored to their son Antoninus, when he had reached his twentieth year of age; but should their son die before his twentieth year, he commanded that the same inheritance be restored to Honorata. The mother died intestate, leaving both the children as her intestate heirs. Then the son, having completed his nineteenth year and having begun but not completed his twentieth year, died leaving his daughter, Fabia Valeriana, as his heir. Her aunt claimed from her the *fideicommissum* and the share of the inheritance on the basis of the testament of her father. She had succeeded before the governor of the province. The tutors of Antoninus' daughter Valeriana pleaded her poverty and cited a constitution of the deified Hadrian, in which he had ordered with regard to *munera municipalia* that that year, which someone had started, should be regarded as completed. However, prompted by both the equity of the case and the words of the will, 'if he [has reached] his twentieth year of age', our emperor pronounced against the plaintiff, although he said that he knew that the deified Marcus had declined to excuse one who had begun his seventieth year from tutelage, and while we offered both arguments based on the *lex Aelia Sentia* as well as certain other arguments.

Fabius Antoninus had two children: a son named Antoninus, who was still a minor, and a daughter called Honorata. However, in his will he disinherited both of them and appointed their mother Iunia Valeriana as his only heir[41]. He also requested her to pay their daughter a sum of HS 300.000 and hand over some other possessions, while ordering that the remainder of his inheritance had to be restored to their son Antoninus 'if he has reached his twentieth year of age' ('*cum ad annum vicensimum aetatis pervenisset*'). If Antoninus did not live until that age, the testator added, the inheritance had to be restored to Honorata. After her husband had died first, Iunia Valeriana also passed away without leaving a will. In accordance with the *SC Orfitianum* Honorata and Antoninus each acquired half of her inheritance (and by extension, one half of the property of their father) as her legal heirs. Sometime after, Antoninus also died at the age of nineteen, leaving his daughter Fabia Valeriana, who was at the time still a minor, as his only heir. Since Antoninus had died before reaching the age of twenty, his sister Honorata argued that, according to the *fideicommissum hereditatis* included in the will of their father, she was entitled to her brother's share of the paternal inheritance[42]. The court of first instance, a *praeses* of an unmentioned province, decided in Honorata's favour. The proceedings at the imperial court focused

---

41 A so-called *exheredatio bona mente*, cf. D. 28,2,18 (Ulp. 57 ad ed.) and D. 38,2,12,2 (Ulp. 44 ad ed.). See for the reasons behind such a construction Daalder 2022, 166 n. 208.

42 Paul's description of Honorata's claim (*amita fideicommissum et ex testamento patris portionem hereditatis petebat*) leaves room for debate on its exact content. She was without doubt asking for her brother's half of the paternal inheritance (the other half was already in her possession), but Paul's formulation leaves room for the assumption that she might also be claiming payment of the *fideicommissum* of HS 300.000 and the other *res* as well. On the matter, see Daalder 2022, 166 n. 210.

on the interpretation of the clause '*si ad annum vicensimum aetatis pervenisset*' ('if he had reached his twentieth year of age').

As mentioned above, Honorata probably argued that Antoninus had not lived to the age of twenty years old, and that the inheritance therefore belonged to her. The tutors of Antoninus' daughter seemingly went along with her interpretation of the required age stipulated by the condition (i. e. twenty years old), but argued that this requirement was met by Antoninus, since in this context, a commenced year should be regarded as completed. To support this argument, they submitted a *constitutio* of Hadrian concerning the age restrictions on the admittance to the *munera municipalia*, in which Hadrian had decided regarding the minimum age for admission to certain honorary offices that, a commenced year could be considered as completed[43]. When this rule was applied to the case at hand, this meant that it was enough for Antoninus to have reached the age of nineteen and have started his twentieth year, since from a legal point of view the twentieth year of age had to be regarded as completed. In addition, the tutors also referred to the poverty (*egestas*) of the girl as a reason to interpret the condition in her favour – an argument that might make the emperor sympathetic for the girl's cause, but that has very little to do with the intention of the testator at the time of the conception of the will. According to Paul, the jurists in the *consilium*, on the other hand, seemed to have employed a similar reasoning to argue in the other direction: during the debate in the *consilium* they pointed out that the *lex Aelia Sentia* stipulated that regarding the age requirements for the manumission of a slave – the manumissor had to be at least twenty years old – a commenced but not yet completed twentieth year of age did not suffice[44].

Interestingly, both Valeriana's tutors and the jurists in the *consilium* based their interpretation of the litigious condition on relatively objective arguments, i. e. legislative documents and the personal circumstances of one of the litigants, having very little to do with Fabius Antoninus' intention itself[45]. This might be less surprising than it initially appears. The question whether the testator had intended the *fideicommissum* to be payable to Antoninus at the age of nineteen or twenty years old is somewhat arbitrary and therefore harder to answer on the basis of traditional arguments to determine the intention of the testator. Septimius Severus was, however, not moved by the arguments based on the mentioned laws. He explicitly based his interpretation and judgment on the words of the will (*verba testamenti)* as well as the *aequitas rei* and seemingly found a way to interpret the condition in favour of Valeriana without having to resort to arguments derived from public law legislation[46]. Although

43 The constitution itself has not survived. However, a paraphrase of the decision can be found D. 50,4,8 (Ulp. 11 ad ed.).

44 D. 40,1,1 (Ulp. 6 ad Sab.).

45 Cf. Wankerl 2009, 157.

46 The *constitutio* of Marcus Aurelius on the maximum age of tutors referenced by Septimius Severus is clearly not a ground for the imperial decision. On its function, see Daalder 2022, 168.

Paul does not expressly report the imperial reasoning, it seems likely that the emperor did not adhere as strictly to the traditional meaning of the condition (as the parties and the jurists seemingly did) and judged that its wording left room for a more equitable interpretation in favour of Valeriana. Indeed, the Latin word *ad* can be translated as 'until' in the context of periods of time, allowing a broader interpretation of the words *si ad annum vicensimum aetatis* and making the English translation of the passage '[if he has lived] until his twentieth year'[47]. The imperial judgment is therefore based on a mixed argumentation: moved by the circumstances of the parties, the emperor stretches the wording of the will to reach the most equitable outcome of the dispute and thereby do justice to what he perceived to be the Fabius Antoninus' intention under the given circumstances[48].

4.2 Interpretation against the testator's wishes

In case of Fabius Antoninus' will, an ambivalently formulated condition to a *fideicommissum* was interpreted by the emperor in the light of the circumstances to the advantage of the (underaged) granddaughter of the testator. It can therefore probably still be regarded as a case in which the emperor aimed at determining and giving effect to the intention of the testator. In one exceptional case, however, it seems that the emperor actually went against the testator's wishes.

D. 32,27,1 (Paul. 2 decret.)

Pompeius Hermippus filium Hermippum ex dodrante, filiam Titianam ex quadrante heredes instituerat et praedia certa singulis praelegaverat: praeterea, si sine liberis Hermippus moreretur, aliam possessionem filiae dari iusserat: post testamentum factis codicillis filiae certa praedia dederat eamque his contentam esse voluit pro omni hereditate et his, quae in testamento reliquerat: Hermippi bona ad fiscum pervenerant: Titiana soror fideicommissum petebat. quaerebatur, utrum pro hereditate tantum an et pro his, quae post mortem frater rogatus erat restituere, pater eam voluisset accipere ea quae codicillis reliquerat. mihi ab omni voluntate recessum videbatur. placuit humanius interpretari ea sola, quae vivente fratre acceptura erat, adempta videri, non etiam quae post mortem eius reliquerat, si sine liberis decederet, et ita pronuntiavit.

Paul in the second book of the Imperial Judgments. Pompeius Hermippus appointed his son Hermippus heir to three quarters and his daughter Titiana heiress to a quarter of his estate and had left each of them legacies, to be taken in advance, of certain lands. Besides this, he ordered that if Hermippus were to die without children, another possession should be given to his daughter. In codicils drafted after the will, he gave his daughter certain lands and wanted her to be content with these instead of the whole inheritance and the things he had left her in his will. Hermippus'

47 Oxford Latin Dictionary, s.v. *ad* under B.10. See for this interpretation of the condition also Wankerl 2009, 160 and Mantovani 2018, 82.

48 Cf. Mantovani 2018, 81–82. For a similar interpretation of a similar condition by Papinian on the basis of the *pietas*, see D. 35,1,102 (Pap. 9 resp.).

> [i. e. the son] estate passed to the imperial treasury. His sister Titiana claimed the *fideicommissum*. The question was whether her father had wanted her to accept what he had left in the codicils instead of her inheritance only, or also in place of that, which her brother had been asked to restore after his death. I thought that the father had entirely revised his first intention. It pleased him [the emperor] to interpret more humanely that she seemed to have been deprived only of what she would have received while her brother was alive and not of what he had left her after her brother's death if her brother should die without children, and he gave judgment accordingly.

D. 32,27,1 concerns the interpretation of a codicil drawn up by a testator named Pompeius Hermippus[49]. In his will, Pompeius Hermippus had appointed his daughter Titiana and son Hermippus as his heirs, awarding three quarters of the inheritance to Hermippus and one quarter to Titiana. In addition, he had requested that, if Hermippus died without children, another piece of land should be given to Titiana (a *fideicommissum si sine liberis decesserit*). In a later codicil he had seemingly changed his mind and stated that his daughter Titiana should only be given certain pieces of land instead of her share of the inheritance and the other things he had left to her in the will (*'eamque his contentam esse voluit pro omni hereditate et his, quae in testamento reliquerat'*)[50]. Pompeius Hermippus died and his children carried out the division of his estate in accordance with the will and the codicil. Soon after, the son was probably tried for high treason or some other serious criminal offence and executed, his property being forfeited to the *fiscus*[51]. At this point, Titiana claimed the other piece of land from the *fiscus*[52].

The procedure in the imperial court revolved around the interpretation of the codicil. Paul adhered to its rather clear wording, which left little room for doubt over the intention of the testator (*'pro omni hereditate et his, quae in testamento reliquerat'*). He

49 On this text, see more extensively Sanfilippo 1938, 75–77; Rizzi 2012, 175–179; Daalder 2018, 361–371 and Brutti 2020, 134–136. The protagonist of the case, Pompeius Hermippus, can probably be identified as Cn. Pompeius Hermippus (PIR^2 P 614), the patriarch of a rich and influential family from Ephesos. For a complete discussion of the prosopography of the text, see Daalder 2018, 363–366.

50 This provision seems to violate the principle that an inheritance cannot be given or taken away in a codicil (*'codicillis hereditas neque dari neque adimi potest'*), cf. Gai. 2,273. However, it was possible to include a *fideicommissum hereditatis* at the expense of the heirs to the inheritance in a codicil (l.c.). It seems likely that the provision included in the codicil of Pompeius Hermippus was interpreted by the emperor as such a *fideicommissum* at the expense of Titiana.

51 Paul does not mention the reason why the *fiscus* came in possession of Hermippus' estate, but there seems to be consensus in modern scholarship that his goods were confiscated by the *fiscus* as the result of some kind of criminal sentence, cf. Sanfilippo 1938, 76; Champlin 1987, 200 and Rizzi 2012, 176. Wubbe on the other hand seemingly argues that the estate came to the *fiscus* by way of inheritance, Wubbe 2003, 433. Either way, the fact that Titiana could claim the *fideicommissum* presupposes the death of Hermippus.

52 In case of confiscation, the imperial treasury was regarded as the universal successor of the convicted person, meaning that it became liable to perform the burdens attached to the confiscated estate, cf. Mommsen 1899, 1005–1006.

therefore argued that Hermippus had had the intention to completely revise his will and had therefore intended to strike all testamentary dispositions in favour of Titiana, including the arrangement in case of the childless death of the brother. However, the emperor Septimius Severus adopted a more 'humane' interpretation of the codicil ('*placuit humanius interpretari*'[53]) and decided in favour of Titiana, arguing that she only seemed to be deprived by the codicil of the things she would have received in her brother's lifetime and not of what he had left her after her brother's death if her brother should die without children.

The interpretation of the emperor in this case seems somewhat farfetched and does not have a solid or clear basis in the wording of the codicil, in which the testator stated that he wanted Titiana to accept the pieces of land in place of '*omni hereditate et his, quae in testamento reliquerat*'. On the contrary, the general and clear formulation of the disposition seems to exclude all doubt about the intention of the testator[54]. Consequently, Paul's understanding of the codicil is in line with the traditional interpretational practices, focusing on the *voluntas testatoris*. It seems that the emperor felt that a strict application of the traditional rules of interpretation would in this particular case not lead to a just outcome. He took the interests of Titiana to heart and ruled in her favour, basing his decision not on the traditional legal rules concerning interpretation, but on the extra-legal concept of *humanitas*[55]. It seems likely that the fact that the emperor was charging his own treasury with the burden of paying the *fideicommissum* instead of a private citizen was a factor in his decision-making process in this particular case.

4.3 Role of precedent?

When judging the case between Honorata and Iunia Valeriana of D. 36,1,76(74),1, Septimius Severus seems to have been unaware of the existence of a judgment given by Marcus Aurelius in Germania on the same topic, which is cited by Marcellus in D. 35,1,48 (Marc. 15 dig.)[56]. In this judgment, Severus' predecessor had decided that a *fideicommissum* due '*cum ad annum sextum decimum pervenisset*' could not be claimed if the beneficiary had commenced but not completed his sixteenth year of age. Why the *decretum* did not feature in the case discussed above cannot be said for

53 Kleiter 2010, 72 n. 312 infers from the words '*et ita pronuntiavit*' that the emperor was following the opinion of the majority of the members of his *consilium*.

54 Cf. Rizzi 2012, 178–179.

55 The decision is therefore often regarded as an 'equitable ruling', e.g. Volterra 1971, 987; Nörr 1974, 130 and Rizzi 2012, 179.

56 *Non putabam diem fideicommissi venisse, cum sextum decimum annum ingressus fuisset, cui erat relictum, cum ad annum sextum decimum pervenisset: et ita etiam Aurelius imperator Antoninus ad appellationem ex Germania iudicavit.*

certain, but it seems likely neither the parties nor the emperor and his *consilium* had a copy at their disposal[57]. However, if they had, the outcome of the case might have been different, since a text from the *Quaestiones* of Papinian seemingly suggests that imperial precedents might in some cases have played a role in the testamentary interpretations of the emperors as well. This text reads as follows:

> D. 36,1,56(54) (Pap. 19 quaest.)
>
> *Titius rogatus est, quod ex hereditate superfuisset, Maevio restituere. quod medio tempore alienatum vel deminutum est, ita quandoque peti non poterit, si non intervertendi fideicommissi gratia tale aliquid factum probetur: verbis enim fideicommissi bonam fidem inesse constat. divus autem Marcus cum de fideicommissaria hereditate cognosceret, his verbis: "quidquid ex hereditate mea superfuerit, rogo restituas" et viri boni arbitrium inesse credidit: iudicavit enim erogationes, quae ex hereditate factae dicebantur, non ad solam fideicommissi deminutionem pertinere, sed pro rata patrimonii, quod heres proprium habuit, distribui oportere. quod mihi videtur non tantum aequitatis ratione, verum exemplo quoque motus fecisse. cum enim de conferendis bonis fratribus ab emancipato filio quaereretur, praecipuum autem, quod in castris fuerat adquisitum militi, relinqui placeret, consultus imperator sumptus, quos miles fecerat, non ex eo tantummodo patrimonio, quod munus collationis pati debuit, sed pro rata etiam castrensis pecuniae decedere oportere constituit. propter huiusmodi tractatus Maevius fideicommissi nomine cautionem exigere debet: quod eo pertinet, non ut ex stipulatione petatur, quod ex fideicommisso peti non poterit, sed ut habeat fideiussores eius quantitatis, quam ex fideicommisso petere potuit.*
>
> Papinian in the 19th book of the Questions. Titius was asked to restore the remainder of an inheritance to Maevius. What has been alienated or has diminished in the meantime cannot be claimed thereafter, provided that it is not proved that any such act was done with the intention to defraud the *fideicommissum*; for it is clear that the words of *fideicommissum* imply good faith. Hence, the deified Marcus, hearing a case on a fideicommissary inheritance, took the view that the words "whatever shall remain of my inheritance I ask you to restore" imply the assessment of a *vir bonus*; for he decided that those amounts which were alleged to have been spent from the inheritance did not go merely in reduction of the *fideicommissum*, but were to be ratably apportioned according to the value of the patrimony which the heir had of his own. It seems to me, that his decision was influenced not merely by motives of equity, but by precedent; for when the extent of the obligation of the emancipated son to collate his goods in favor of his brothers was debated and it was accepted that what a soldier had acquired upon service should be left to him alone, the emperor ruled in answer to a consultation that the expenses which the soldier had incurred were not to be deducted merely from that property which was subject to collation, but also ratably from his military funds. Since this is the position, Maevius should require a *cautio* for the *fideicommissum*, which he should do not because he may demand anything under the stipulation which he could not demand under the *fideicommissum*, but so that he may have verbal sureties for the sum which he could demand under the *fideicommissum*.

The text discusses several cases. The first part of the text (*Titius rogatus . . . constat*) relates the central question Papinian is trying to answer and concerns the so-called *fideicommissum de residuo*. When an heir has been requested by way of a *fideicommissum* to restore 'the remainder' of an inheritance to a third person, what should be re-

57 Wankerl 2009, 159; Rizzi 2012, 261–262 and Daalder 2022, 168–169.

stored in case of such a *fideicommissum*? According to Papinian, property which has been alienated or other losses cannot be claimed under such a *fideicommissum*, as long as any such act was not done with the intention to deliberately diminish the *fideicommissum*. To strengthen his argument, he refers to a second case (*divus autem . . . oportere*), in which Marcus Aurelius was asked to interpret the testamentary formula '*quidquid ex hereditate mea superfuerit, rogo restituas*' ('I ask you to restore that what is left of my inheritance'). In his judgment, Marcus took the view that the question what was to be restored should be the subject of a *arbitrium boni viri*[58]. He therefore judged that the amount which had been spent from the inheritance should proportionally reduce the *fideicommissum* and the heir's own estate[59]. Interestingly, after discussing the interpretation of the emperor, Papinian explicitly states that he thinks Marcus' decision was not only prompted by reasons of equity (*aequitas*), but also by an imperial *exemplum* which provides a similar solution in a case concerning *collatio bonorum*[60]. Although we can infer from Papinian's words that he assumes ('*mihi videtur*') that Marcus is acting on the basis of a precedent in his decision concerning the *fideicommissum de residuo* and that Marcus probably did not explicitly refer to the case mentioned by Papinian in his judgment, the text does suggest that the emperors every now and then also used *exempla* of their predecessors when interpreting specific clauses in last wills.

5 Giving Effect to Unclear or Invalid Dispositions or Invalid Wills

5.1 Conversion of an unclear disposition into a *fideicommissum*

As we have seen in the last section, the emperor could use several interpretational techniques to interpret and sometimes even stretch dispositions in a will and thereby do justice to the intention of the testator as well as the beneficiaries under the will. However, the *ius novum* offered other, more radical, possibilities to give effect to the last wishes of a deceased testator, most notably the possibility to give legal effect to certain statements in the will by interpreting them as a *fideicommissum*. As is well known, *fideicommissa* were not subject to any formal requirements and did not have to be phrased in a particular way or in a particular language (in contrast to *legata*, which had to be introduced by certain words or phrases (*verba civilia*), such as '*do*

58 On the *arbitrium viri boni*, see most recently Giannozzi 2021.

59 In D. 5,3,25,16 (Ulp. 15 ed.) Ulpian relates the same case in more detail. See also D. 22,1,3,2 (Pap. 20 quaest.). For a more extensive discussion of both texts, see Desanti 2003, 141–151.

60 On the *collatio bonorum*, see Kaser 1971, 731–732 and Babusiaux 2023, Rn. 90–118. From the words '*consultus imperator*' we can infer that the decision in this case was probably a rescript issued in response to a *consultatio ante sententiam*.

lego' or '*damnas esto dare*'[61]). This lack of formal requirements created the possibility to interpret certain unclear comments or statements by the testator as a *fideicommissum*. In the Digest, we can find several examples of this technique being employed by the Roman jurists, presumably to give full effect to the intention of the deceased[62]. It therefore does not come as a surprise that litigants in the imperial court tried to persuade the emperor to undertake a similar action in their case as well. They were, however, not always successful:

D. 32,27,2 (Paul. 2 decret.)

Iulianus Severus decedens institutis quibusdam heredibus alumno suo quinquaginta legaverat eaque a Iulio Mauro colono suo ex pensionibus fundi debitis ab eo praestari voluerat eidemque Mauro quaedam legaverat: cum de hereditate fiscus quaestionem movisset, iussu procuratoris Maurus pecuniam fisco solverat: postea heres scriptus optinuerat fiscum: alumno autem mortuo heres eius fideicommissum ab herede Mauri petebat. Placuit imperatori non videri eius fidei commissum, sed demonstratum, unde accipere posset: et ideo heres Severi haec praestare debet.

Paul in the second book of the Imperial Judgments. Julianus Severus on his decease, having appointed certain heirs, had bequeathed fifty to his foster son (*alumnus*) and wanted these to be paid by his tenant Iulius Maurus out of the farm rent that he [Maurus] owed him [Severus]. He also left certain legacies to the same Maurus. When the imperial treasury brought a legal claim about the inheritance, Maurus paid the money to the imperial treasury by order of the procurator. Afterwards, the appointed heir won against the treasury. But the foster son had died, and his heir claimed the *fideicommissum* from Maurus' heir. The emperor decided that this should be held not to be a *fideicommissum*, but an indication of where the money could be found, and, therefore, the heir of Severus had to make the payment.

Julianus Severus had made a will in which he had appointed several heirs and had in addition included a bequest of HS 50.000 on behalf of his foster son (*alumnus*)[63]. He had stated in his will that he wanted the HS 50.000 to be paid by his tenant Iulius Maurus from the rent the tenant still owed him ('*eaque a Iulio Mauro colono suo ex pensionibus fundi debitis ab eo praestari voluerat*'). After an intervening procedure with the *fiscus*, which will not be discussed here, and the death of both the foster son and Iulius Maurus, the heir of the first claimed payment from the heir of Maurus of what he regarded as a *fideicommissum* at the expense of the latter[64]. In the procedure before his court, emperor Septimius Severus had to decide whether the statement in Julianus Severus' will that the HS 50.000 should be paid by Maurus from the rent he

61 Kaser 1972, 758 and Rüfner 2023b, Rn. 6. For the requirements for *legata*, see Gai. 2,193 and 201 as well as Kaser 1972, 743; Lohsse 2023, Rn. 13–15 and Wimmer 2023b, Rn. 1.

62 E.g. D. 32,39pr. (Scaev. 20 quaest.); D. 31,88,16 (Scaev. 3 resp.).

63 On the text, see more extensively Sanfilippo 1938, 77–81; Rizzi 2012, 315–321; Daalder 2018, 373–382; Daalder 2022, 158–161 and Brutti 2020, 136–137.

64 More specifically, the heir of the *alumnus* must have claimed that Julianus Severus had intended to create a *fideicommissum a debitore relictum* with this statement. On this point and the other details of this case not discussed here, see Daalder 2022, 160.

still owed, constituted a *fideicommissum* at the expense of Maurus (and by extension, his heir). In this particular case, the emperor denied such an interpretation of the statement of the testator, arguing that he had only wanted to give an indication of where the money for the payment of the bequest could be found[65]. It was therefore the heir of Julianus Severus himself and not Maurus' heir, from whom the heir of the *alumnus* should claim payment.

5.2 Conversion of an invalid disposition into a *fideicommissum*

Given the emperor's legal position, he could also go one step further in his endeavours to give effect to the intention of the testator by giving effect to a testamentary provision or even an entire will which was invalid on the basis of the *ius civile*. This could be achieved by reinterpretation of the invalid provision into a *fideicommissum*. An example of this can be found in a judgment of Septimius Severus, included in D. 36,1,76(74)pr.[66].

D. 36,1,76(74)pr. (Paul. 2 decret.)

Qui filium et filiam habebat, testamentum fecit et ita de filia sua caverat: ἐντέλλομαί σοι μὴ διατίθεσθαι, πρὶν τέκνα σοι γενέσθαι. pronuntiavit imperator fideicommissum ex hac scriptura deberi, quasi per hoc, quod prohibuisset eam testari, petisset, ut fratrem suum heredem faceret: sic enim accipiendam eam scripturam, ac si hereditatem suam rogasset eam restituere.

Paul in the second book of the Imperial Judgments. Someone, who had a son and a daughter, had made a will and had declared the following regarding his daughter: 'I command that you do not make a will until you have got children.' The emperor decided that a *fideicommissum* was due under this clause as if by prohibiting her to make a testament he had requested that she make her brother her heir; and that therefore, the clause was to be understood as if he had asked her to restore his inheritance.

A testator had appointed his son and daughter as his heirs in his will, while adding the request that his daughter should not make a will until children were born to her. The prohibition is cited by Paul in Greek: 'ἐντέλλομαί σοι μὴ διατίθεσθαι, πρὶν τέκνα σοι γενέσθαι'. There are several possible reasons why he chose to cite the Greek wording in his report. For one, it has been suggested that the case concerns a will made up in Greek[67]. It is, however, more likely that we are dealing with a *fideicommissum*

65 Cf. Sanfilippo 1938, 80; Rizzi 2012, 320 and Daalder 2022, 161. Another example of such an indication of a financial source for the payment of a bequest can be found in D. 30,96pr. (Iul. 39 dig.).

66 This case is discussed most extensively by Sanfilippo 1938, 84–87; Rizzi 2012, 288–294; Daalder 2018, 399–409; Brutti 2020, 139–141 and Mauer 2022, 182–188.

67 Mauer 2022, 182. This assumption seems unlikely, not in the least because this would probably render the whole will void, cf. Gai. 2,281 and Tit. Ulp. 25,9. The possibility of a Greek will has also been rejected by Häusler 2016, 429 n. 125.

which was drawn up in Greek[68] or that the text of the *fideicommissum* (and perhaps the rest of the will) was possibly translated into Greek at some point in time, either after the opening of the will or during the proceedings over its content. The fact that Paul cites the Greek text suggests the former option: it seems plausible that he copied the Greek words in his report to stay as close as possible as he could to the original wording and thereby the intention of the testator.

The background of the prohibition made by the father must have been the following: if his daughter did not have any children, the father wanted her to die intestate, which meant that her brother would be entitled to her estate based on intestacy law[69]. If she did bear children, they would be able to claim her inheritance on the basis of the *SC Orfitianum* (178 CE) in the case of intestate succession[70], while it was likely that she would appoint them as her heirs if she decided to dispose of her property by will[71]. The purpose of the testamentary request therefore seems to have been to ensure that the paternal inheritance would remain within the family one way or another[72]. Such a provision was, however, in flagrant contradiction with the *ius civile* principle of testamentary freedom: a testator could not limit the *testamenti factio* of his heirs in any way[73]. The request, which clearly limited the testamentary freedom of the daughter, was therefore in itself invalid[74] and could not be enforced, all the more since it did not only pertain to the daughter's share in the paternal inheritance, but also concerned the property she had acquired on her own.

---

68 Kübler 1908, 184 and Häusler 2016, 439. In contrast to the will itself (and *legata*), *fideicommissa* could be validly drafted in Greek as well, cf. Gai. 2,281. The word ἐντέλλομαι appears to be somewhat atechnical, but is also used in a contemporary papyrus containing a Greek translation of a Roman will drafted in Latin, cf. P.Oxy. XXII 2348, in which it clearly introduces a fideicommissary request to the heirs. Moreover, the Latin translation of this word, '*mando*', which is used by Papinian in a similar context in D. 31,77,24 (Pap. 8 resp.), is mentioned in the *Pauli Sententiae* as one of the words to introduce a *fideicommissum*, Paul. sent. 4,1,6. See also Kübler 1908, 184, who argues on the basis of the use of ἐντέλλομαι that the text concerns a 'Vermächtnis' and not an informal 'Rat'. On the basis of all of this, there is also no reason to assume that the case concerned a disposition based on local law instead of Roman law, as suggested by Sanfilippo 1938, 85 n. 1 and Spina 2012, 492.

69 Law of the XII Tables 5,4 and Gai. 3,10–11. On the law of intestate succession, see most recently Wimmer 2023a, in particular Rn. 10.

70 Inst. 3,4pr., on which Wimmer 2023a, Rn. 38–39.

71 If she decided to draft a will, she could not disregard or disinherit her children or brother without good reason. Both of them could in such a case bring a *querela inofficiosi testamenti*, cf. D. 5,2,1 (Ulp. 14 ed.) and D. 5,2,2 (Marcian. 4 inst.). Explicitly on the application of these rules in the case of female testators: D. 5,2,5 (Marcell. 3 dig.).

72 Paulus 1992, 177; Rizzi 2012, 291. Johnston 1988, 177 goes one step further and argues that the father wanted to ensure the daughter's entire estate would be transferred to her brother after her death.

73 The principle of testamentary freedom was already included in the Twelve Tables: Law of the XII Tables 5,3.

74 Sanfilippo 1938, 86; Johnston 1988, 178; Rizzi 2012, 289–290.

Although Paul does not mention the events which gave rise to the legal dispute heard by the emperor Septimius Severus, it is plausible that the father died after making the will, leaving his daughter and son as his heirs. Subsequently, the daughter had died without children, but leaving behind a will appointing one or more (external) heirs in violation of her father's wishes. Her brother presumably brought a legal action against the heir(s) to claim his sister's estate based on the request made by their father in his will. Even though the prohibition was clearly in violation of the *ius civile*, the emperor wished to uphold the intention of the father in his judgment. He therefore reinterpreted the prohibition as a *fideicommissum*, which required the daughter to restore her share in the father's inheritance to her brother in case she died without any children, a *fideicommissum hereditatis si sine liberis decesserit*. To this end, he first argued that the testamentary disposition could be compared with a fideicommissary request to the daughter to appoint her brother as her heir (*'quod prohibuisset eam testari, petisset, ut fratrem suum heredem faceret'*). After all, if the daughter had respected the testamentary prohibition, this would have been precisely its effect. Of course, such a request was still in contradiction with the prohibition against the limitation of the *testamenti factio*. However, according to an unnamed *senatus consultum* fideicommissary requests to appoint another person as one's heir should be interpreted as a *fideicommissum hereditatis post mortem*[75]. This way, the emperor ensured that the daughter, or rather her heir(s), was obliged to surrender her share of the father's inheritance, in case she died childless[76].

75 D. 30,114,6 (Marcian. 8 inst.) *Ut quis heredem instituat aliquem, rogari non potest: plane senatus censuit perinde habendum, atque si rogasset hereditatem restitui.* See also D. 36,1,18(17)pr. (Ulp. 2 fideicomm.). There has been debate about the chronological order of the imperial decision in this case and the *senatus consultum*, cf. Rizzi 2012, 292. However, the reasoning of the emperor, as described by Paul, forms a strong indication that the *senatus consultum* had already been issued when this case reached his court. See on this point more extensively Daalder 2018, 405–408.

76 The case is nearly identical to a *responsum* of Papinian in D. 31,77,24 (Pap. 8 resp.), in which Papinian refuses to reinterpret the prohibition to draft a will as a *fideicommissum hereditatis*. The apparent contradiction between the two texts can be solved in different ways. For starters, it is possible that Papinian's *responsum* predates the Severan decision and therefore does not follow the imperial precedent. It is also possible that the question whether such a prohibition should be converted depended on the circumstances of the case and in particular on the aim of said provision. Papinian explicitly mentions that the testator had added the prohibition, so his daughter could live without fear (*'ita enim poterit sine periculo vivere'*), which might have prompted the jurist to assume that other motives than the protection of the paternal/family estate were at play. Finally, it has been suggested by Mauer 2022, 182–188 that the different approaches might have been prompted by the Hellenistic context of the case heard by Severus.

5.3 Giving effect to dispositions in an invalid will based on *pietas* or *humanitas*

While the case of D. 36,1,76(74)pr. concerned an invalid bequest in an otherwise validly drafted will, there are also examples of cases in which the emperor gave effect to certain dispositions in an invalid will. An example of such a judgment can be found in D. 40,5,38[77].

D. 40,5,38 (Paul. 3 decret.)

In testamento, quod perfectum non erat, alumnae suae libertatem et fideicommissa dedit. cum omnia ut ab intestato egissent, quaesiit imperator, an ut ex causa fideicommissi manumissa fuisset: et interlocutus est, etiamsi nihil ab intestato pater petisset, pios tamen filios debuisse manumittere eam, quam pater dilexisset. pronuntiavit igitur recte eam manumissam et ideo fideicommissa etiam ei praestanda.

Paul in the third book of the Imperial Judgments. In a will which had not been completed a man gave his foster daughter (*alumna*) her freedom and several *fideicommissa*. When everything had been administered on the basis of intestate succession, the emperor explored whether she had been manumitted as if on the basis of a *fideicommissum*. And he gave an interlocutory judgment that, even though the father had made no request to the intestate heirs, nonetheless, dutiful sons were required to manumit her, who their father had loved dearly. Therefore, he pronounced that she was rightly manumitted and that consequently the *fideicommissa* were due to her as well.

The case concerns the manumission of a female slave and foster daughter (*alumna*) included in an unfinished will. Since the will had not been completed, it was, according to the rules of the Roman *ius civile*, null and void, implicating that all its dispositions, including the manumission of the female slave, were invalid as well[78]. Consequently, the inheritance was administered according to the law of intestate succession by the testator's sons. The woman petitioned the emperor for help, claiming both her manumission and the *fideicommissa* bequeathed to her by the testator[79].

The emperor dealt with her case on two separate occasions, resulting in an interlocutory (*'interlocutus est'*) and a final judgment[80]. During the first part of the procedure, Severus explored whether the manumission could be upheld as a fideicommissary manumission at the expense of the intestate heirs (*'quaesiit imperator, an ut ex*

77 Discussed by Sanfilippo 1938, 103–105; Johnston 1988, 130–131; Rizzi 2012, 195–205; Daalder 2018, 443–450; Brutti 2020, 150–152.
78 D. 28,1,29pr. (Paul. 14 resp.). Cf. Sanfilippo 1938, 104 and Rizzi 2012, 201.
79 Differently Sanfilippo 1938, 105–106, arguing that the girl only claimed her freedom and that Severus only gave one judgment in this case, the last sentence of the text being an interpolation. A different opinion is also defended by Johnston 1988, 130 and Negri 1975, 35–36, both contending that the heirs had manumitted the girl at their own accord and that the girl was therefore only claiming the payment of the *fideicommissa*.
80 Rizzi 2012, 199–200.

causa fideicommissi manumissa fuisset')[81]. Under Roman law, it was possible to charge intestate heirs with a *fideicommissum*[82], but only when the deceased had intended to die without a testament or had included a specific clause in his will (a so-called 'codicillary clause'), stating that all its dispositions had to be regarded as *fideicommissa* in the case of unexpected intestate succession, if the will proved to be invalid for some reason[83]. Since the testator of D. 40,5,38 had not included such a clause in his will (*'etiamsi nihil ab intestato pater petisset'*), the testamentary disposition could not be given effect via this legal route[84]. The emperor, however, decided that the sons had to manumit the *alumna* anyway[85]. He based his decision on the reasoning that the dutiful sons of the testator (*pii filii*) were obliged to set the girl free, since their father had loved her so dearly. In other words, his judgment was prompted by the requirements of *pietas* and the clear intention of the testator in this case[86]. Whether or not the emperor simply ordered the manumission or converted the testamentary disposition in a valid *fideicommissum* requiring the manumission, even though the father had not made such a request, is not completely clear. However, one can wonder whether such a construction was even necessary – an imperial order with an appeal to the *pietas* might have sufficed in this situation[87], even more so since the conduct of the emperor was also in line with the general principle of *favor libertatis*, i.e the tendency to render judgment in favour of manumission in doubtful or hard cases.

The sons complied with the imperial interlocutory judgment and manumitted the girl. The emperor now still had to judge on the girl's claim concerning the *fideicommissa*. He decided that since she had been freed validly (*'recte manumissa'*), the girl should be able to claim the *fideicommissa* that the testator had bequeathed to her as well. Like the first judgment, this second decision had no foundation in law. After all, the fact that the testator had not completed his will had rendered these *fideicommissa* invalid as well. It seems, however, that the emperor considered the manumission and

---

81 Sanfilippo 1938, 103–104 and Rizzi 2012, 201–202. The word *quaerere* does not refer to a question put forward by the emperor during the debate *in consilio*, as some have argued (Rizzi 2012, 201 with references to other authors), but simply to a judicial investigation. See for this interpretation and translation of *quaerere* Heumann/Seckel 1958, 481.

82 Gai. 2,270 and D. 29,7,8,1 (Paul. lib. sing. codicill.). For manumissions, see D. 40,4,43 (Mod. lib. sing. manumiss.).

83 D. 30,114,2 (Marcian. 8 inst.) (intention to die without a will); D. 29,7,1 (Ulp. 4 disput.) (codicillary clause).

84 Cf. D. 29,7,1 (Ulp. 4 disput.).

85 Interestingly, Antoninus Pius had declined to make a similar decision when hearing a case as a judge several decades earlier, see D. 32,11,1 (Ulp. 2 fideicomm.).

86 On the (legal) duties and obligations between family members arising from *pietas*, see Saller 2009, 105–114.

87 See in this sense also Sanfilippo 1939, 105: 'un caso insomma, in cui l'imperatore deliberamente vuol far prevalere l'equità al diritto, contrapponendo alla regola giuridica un precetto morale'.

the *fideicommissa* as two inseparable dispositions, which should both be honored by dutiful sons[88].

In the case of the *alumna*, Septimius Severus gave legal effect to several specific provisions in an invalid will because of existing family relationships and the personal feelings of the testator. There is, however, a famous decision along the same lines by Marcus Aurelius in which the emperor gives effect to all dispositions included in a (possibly) invalid will[89]. Marcellus gives us an unusually extensive report of this case in his Digest[90]:

D. 28,4,3 (Marcell. 29 dig.)

Proxime in cognitione principis cum quidam heredum nomina induxisset et bona eius ut caduca a fisco vindicarentur, diu de legatis dubitatum est et maxime de his legatis, quae adscripta erant his, quorum institutio fuerat inducta. plerique etiam legatarios excludendos existimabant. quod sane sequendum aiebam, si omnem scripturam testamenti cancellasset: nonnullos opinari id iure ipso peremi quod inductum sit, cetera omnia valitura. quid ergo? non et illud interdum credi potest eum, qui heredum nomina induxerat, satis se consecuturum putasse, ut intestati exitum faceret? sed in re dubia benigniorem interpretationem sequi non minus iustius est quam tutius. sententia imperatoris Antonini Augusti Pudente et Pollione consulibus. 'Cum Valerius Nepos mutata voluntate et inciderit testamentum suum et heredum nomina induxerit, hereditas eius secundum divi patris mei constitutionem ad eos qui scripti fuerint pertinere non videtur'. et advocatis fisci dixit: 'vos habetis iudices vestros'. Vibius Zeno dixit: 'rogo, domine imperator, audias me patienter: de legatis quid statues?' Antoninus Caesar dixit: 'Videtur tibi voluisse testamentum valere, qui nomina heredum induxit?' Cornelius Priscianus advocatus Leonis dixit: 'nomina heredum tantum induxit'. Calpurnius Longinus advocatus fisci dixit: 'Non potest ullum testamentum valere, quod heredem non habet'. Priscianus dixit: 'Manumisit quosdam et legata dedit'. Antoninus Caesar remotis omnibus cum deliberasset et admitti rursus eodem iussisset, dixit: 'Causa praesens admittere videtur humaniorem interpretationem, ut ea dumtaxat existimemus Nepotem irrita esse voluisse, quae induxit'. [. . .]

Marcellus in the 29th book of the Digest. Very recently in a procedure in front of the emperor, when someone had erased the names of his heirs and his goods were claimed as *caduca* by the imperial treasury, there was a long discussion about the legacies and especially about those legacies which had been bequeathed to those whose institution had been erased. The majority thought that the legatees also should be excluded. This, indeed, should be followed, I said, if he had stricken out all the writing in the will; but that some [jurists] think that by operation of law what has been erased is nullified but all the rest will remain valid. What then? Can't it sometimes be believed that someone who had erased the names of his heirs had thought that he would have done enough to bring about the intestate succession? But, in a doubtful matter, to follow the benevolent interpretation is not only more just, but also safer. The judgment of the Emperor Antoninus Augustus, in the consulship of Pudens and Pollio: 'As Valerius Nepos, having changed his mind, both cut open his will and erased the names of his heirs, in accordance with a constitution of my deified father, his inheritance is not regarded as belonging to those who were appointed

88 Cf. Johnston 1988, 131 and Rizzi 2012, 204.

89 The literature on this text is extensive. See for starters the discussion of the text in Rizzi 2012, 151–174 with many references to other literature in n. 27 and in addition Finkenauer 2010, 17–18; Avenarius 2012; Stagl 2014; Babusiaux 2021, 321–323.

90 See in addition D. 34,9,12 (Pap. 16 quaest.) and D. 34,9,16,2 (Pap. 8 resp.).

> heirs.' And he said to the advocates of the imperial treasury: 'You have your judges.' Vibius Zeno said: 'I ask, Lord Emperor, that you hear me patiently. What do you decide regarding the legacies?' The Emperor Antoninus said: 'Does it seem to you that someone who erased the names of his heirs intended his will to remain valid?' Cornelius Priscianus, advocate of Leo, said: 'He erased only the names of the heirs.' Calpurnius Longinus, advocate of the imperial treasury, said: 'It is not possible for any will to stand, which does not have an heir [appointed in it].' Priscianus said: 'He manumitted certain [slaves] and gave legacies.' The Emperor Antoninus, having sent everyone away, when he had considered the matter and had ordered [them] to be admitted again, said: 'The present case seems to admit of a more humane interpretation, in that we think that Nepos intended that only those provisions which he erased should be ineffectual.' [. . .]

A testator named Nepos had erased the names of the heirs appointed in his will. After his death, his inheritance had been claimed by the *fiscus* as *caduca*[91]. Several beneficiaries of the *legata* included in the will brought an action against the *fiscus*, claiming payment of the bequests. In the procedure in Marcus' court the question was raised and debated whether the *legata* and other individual dispositions, which had not been touched by the testator, should still be paid out or had lost their validity because of the erasure of the heirs of the will. The advocate of the imperial treasury, Calpurnius Piso, argued that the erasure of the names of the heirs rendered the will void and that the *legata* included in it automatically suffered the same fate[92]. In contrast, the advocates of the beneficiaries contended that Nepos had only erased the names of the heirs, which suggested that he had intended the rest of the will to survive. From a legal perspective, the parties were basically pleading for two different legal interpretations of Nepos' actions: while Piso argued that the erasure should be seen as an act that rendered the will invalid and bring about an intestate succession, the advocates of the parties seem to have pleaded to treat the case at hand as a case of *indignitas* of the heirs, which would probably have a different consequence. By the time of Marcus Aurelius, it had already been established in several cases of *indignitas* that if the *fiscus* had claimed goods as *caduca*, it would be required to perform the legacies and manumissions included in the will[93]. Although this seemingly is more of a legal question

91 Presumably with the argument that the erasure had led to the heirs being unworthy (*indignus*). This is usually deduced from fact that the two other texts which refer to the case, D. 34,9,12 (Pap. 16 quaest.) and D. 34,9,16,2 (Pap. 8 resp.), are excerpted into the title on *indignitas*. See in a similar sense for example Kaser 1971, 726 and Rüfner 2023a, Rn. 70, who include the case in their discussion of *indignitas*. In cases of *indignitas* of the heir or heirs, the inheritance was confiscated by the *fiscus* (*ereptio*) in a procedure which strongly resembled the *vindicatio caducorum*, cf. Rüfner 2023a, Rn. 76. However, it might also be possible that the *fiscus* had simply claimed the inheritance as *bona vacantia*, arguing that the erasure rendered the will void and that there were no intestate heirs to be found. In that case, the inheritance lapsed to the *fiscus* as *caducum* as well, cf. Kaser 1971, 726 and Rüfner 2023a, Rn. 46.

92 See for example Gai. 2,229.

93 D. 29,5,9 (Gai. 17 ed. prov.). See also slightly later D. 49,14,3,4 (Call. 3 de iur. fisc.) and D. 36,1,3,5 (Ulp. 3 fideicomm.). The more generally formulated version of the rule can be found in UE 17,3. In the light of these developments, the argument of the *fiscus* – given that it had claimed the inheritance as *ca-*

than a matter of interpretation, Marcus still intended to solve the matter by determining the intention of the testator: '*Videtur tibi voluisse testamentum valere, qui nomina heredum induxit?*' Or in other words, had Nepos intended to render the whole will void with his acts, while fully realising that this would bring about an intestate succession, or did he intend the rest of the will to remain in force[94]? In the end, Marcus decided that the case allowed for a more humane interpretation of the acts of the testator ('*causa praesens admittere videtur humaniorem interpretationem*') and concluded therefore that Nepos had intended that only the erased provisions (i. e. the appointment of the heirs) be without legal effect. In other words, the *fiscus* had to perform (and pay) all the *legata, fideicommissa* and manumissions included in the will, as seems to have been the custom in other cases where an inheritance had been claimed by the *fiscus* as *caduca* on the basis of *indignitas*[95]. Although legal precedent might have played a role in this decision, Marcus Aurelius' primary aim seems to have been to give effect to the intention of the testator, while at the same time coming to the aid of the beneficiaries of the will as well[96]. The similarities between this decision and the judgment of Severus in the case of Pompeius Hermippus (D. 32,27,1) are striking: in both cases, the emperor interprets the acts or words of the testator in accordance with the extra-legal concept of *humanitas*, resulting in a positive judgment for the beneficiaries of the litigious testamentary disposition(s) at the expense of the emperor's own *fiscus*[97].

duca – seems a bit illogical and therefore opportunistic. Incidentally, if we assume that the *fiscus* claimed the inheritance as *bona vacantia*, the result would be the same: D. 30,96,1 (Iul. 29 dig.) makes clear that in that case the same rule applied, meaning that the *fiscus* was bound to perform the legacies, *fideicommissa* and manumissions (although the latter are not expressly mentioned in D. 30,96,1) included in the will.

94 Cf. RÜFNER 2023a, Rn. 70, who suspects that in cases of erasure of the names of the heirs, the legal consequences (intestate succession or *indignitas*) depended on the intention of the testator.

95 BABUSIAUX gives a slightly different interpretation of the imperial judgment, which does not connect the decision with the rules concerning *caduca*. She argues instead that the whole will, including the *legata*, was reinterpreted into a *fideicommissum* and that the 'original' beneficiaries of this *fideicommissum*, who were charged with the payment of the other *fideicommissa*, had been replaced by the *fiscus*, BABUSIAUX 2021, 323.

96 The principle of *favor libertatis* possibly played a role as well, although the term is not mentioned by Marcellus as a ground for the decision.

97 On the role these decisions against the *fiscus* might have played in the imperial public image, see DAALDER 2018, esp. 178.

5.4 Changing the heir in a valid will on the basis of the intention of the testator

The cases discussed in the previous paragraph have one thing in common: in all of them, the emperor uses the intention of the testator as a means to give legal effect to dispositions which were (or could be) avoided on the basis of the *ius civile*. In other words, in both cases the emperor 'fixes' the consequences of a legally broken will. In one case excerpted from the works of Paul, Septimius Severus even goes one step further and amends a valid will to do justice to the testator's wishes[98]:

D. 28,5,93(92) (Paul. imp. sent. in cogn. prolat. 1 seu decret. 2)

Pactumeius Androsthenes Pactumeiam Magnam filiam Pactumeii Magni ex asse heredem instituerat, eique patrem eius substituerat. Pactumeio Magno occiso et rumore perlato, quasi filia quoque eius mortua, mutavit testamentum Noviumque Rufum heredem instituit hac praefatione: 'quia heredes, quos volui habere mihi contingere non potui, Novius Rufus heres esto'. Pactumeia Magna supplicavit imperatores nostros et cognitione suscepta, licet modus institutioni contineretur, quia falsus non solet obesse, tamen ex voluntate testantis putavit imperator ei subveniendum. igitur pronuntiavit hereditatem ad Magnam pertinere, sed legata ex posteriore testamento eam praestare debere, proinde atque si in posterioribus tabulis ipsa fuisset heres scripta.

Paul in the first book of the six books of Imperial Decisions Made in Judicial Proceedings or the second book of the Imperial Judgments. Pactumeius Androsthenes had instituted Pactumeia Magna, the daughter of Pactumeius Magnus, as his sole heir and had appointed her father as his substitute heir. When Pactumeius Magnus had been killed and a rumor had reached him [Androsthenes] that his daughter was also dead, he changed his will and instituted Novius Rufus as heir, prefacing the institution as follows: 'Because the heirs whom I wanted to have I could not have, let Novius Rufus be heir.' Pactumeia Magna petitioned our emperors and, having heard her case, the emperor was of the opinion that, nevertheless, she should be helped based on the testator's wishes, even though, even if a reason for an institution has been included, this does not affect the institution if it turns out to be false. Therefore, he gave judgment that the inheritance belonged to Magna but that she had to pay the legacies given in the later will, just as if she herself had been appointed heir in the later will.

D. 28,5,93(92) concerns the request of a woman named Pactumeia Magna. Her freedman Pactumeius Androsthenes[99] had initially appointed her as his sole heir in his will while instituting her father, the former *praefectus Aegypti* Pactumeius Magnus, as her substitute heir (*substitutio vulgaris*)[100]. After the rumor had spread that the emperor

98 The most extensive discussions of the text can be found in Sanfilippo 1938, 67–71; Rizzi 2012, 349–356; Daalder 2018, 327–337; Brutti 2020, 128–133.

99 PIR^2 P 35. The assumption that he was a freedman is based on his nomenclature, see Wieling 1972, 190 and Paulus 1992, 180.

100 Pactumeius Magnus can probably be identified as Titus Pactumeius Magnus, an *eques* who held the position of *praefectus Aegypti* from 176 until 179 CE (PIR^2 P 39), cf. Sanfilippo 1938, 67; Rizzi 2012, 350 n. 264; Coriat 1997, 300; Liebs 2010, 53. He was raised to the rank of senator by Commodus and held the office of consul in 183 CE, but was murdered by Commodus in 190 CE in the aftermath of the

Commodus had murdered Pactumeius Magnus and his daughter, Androsthenes changed his will and named a certain Novius Rufus as his heir, who is often identified as the governor of *Hispania Tarraconensis*, Lucius Novius Rufus[101]. From Paul's narrative it can be inferred that the freedman died soon afterwards, leaving his property to Novius Rufus. The latter supported Clodius Albinus during his revolt against Septimius Severus in 197[102]. This resulted in his execution and the confiscation of his property by the *fiscus*, which by then included the inheritance of Androsthenes[103]. Meanwhile, Pactumeia Magna resurfaced, having survived both the reign of Commodus and the subsequent civil wars. Trying to recover what was once hers, she petitioned the emperor and asked for the restitution of Androsthenes' inheritance[104]. Her claim had, however, no solid foundation in law: according to the *ius civile*, the creation of a new will nullified an earlier will and the first will of Androsthenes, naming Pactumeia as his heir, had therefore been replaced by the second will in favour of Novius Rufus[105]. It seems that she based her request on the fact that Pactumeius Androsthenes had included the following remark in his second testament: 'Since I could not get the heirs I wanted to have, let Novius Rufus be my heir'. During the deliberations in the imperial council, Paul argued that a testamentary disposition based on a wrong reason was still valid: *falsa causa non nocet*[106]. Consequently, based on the rules of the *ius civile*, the claim of Pactumeia Magna had to be rejected. The emperor, however, ruled in her favor and ordered the *fiscus* to hand Androsthenes' estate over to her, but also compelled her to pay out the legacies included in the second will. It is usually assumed that judgment was not based on existing law, but was a tailor-made imperial decision, which Severus expressly based on the *voluntas testatoris*[107]. Alternatively, it can be argued that the emperor interpreted, or perhaps even converted, the *causa* mentioned in the second will (*'quia heredes, quos volui habere mihi contingere non*

downfall of Cleander, according to the Historia Augusta (Hist. Aug. Comm. 7,6). Pactumeia Magna was his daughter (PIR^2 P 42).

101 Paulus 1992, 179 and Liebs 2010, 53. Novius Rufus was a senator of Italian origin, who had held the office of consul in 186 CE and was appointed governor of Hispania Tarraconensis in 192 or 193 CE, cf. PIR^2 N 188–189.

102 Birley 1999, 123–124.

103 Hist. Aug. Sept. Sev. 13,7. For the confiscation of the property of the executed supporters of Albinus by Septimius Severus and his *fiscus*, see Hist. Aug. Sept. Sev. 12,1, 13 and 14,1 and Herodian. 3,8,2 and 7.

104 Sanfilippo 1938, 67 argues that the emperor heard the case of Pactumeia Magna on appeal. However, the wording of the text gives no cause for such an assumption and the prosopography of the persons involved can be regarded as an indication that the emperor heard this case as a judge of first instance.

105 Gai. 2,144 and UE 23,2. The Romans regarded the modification of a will as the creation of a new will, cf. D. 28,1,21,1 (Ulp. 2 Sab.).

106 D. 35,1,17,2 (Gai. 2 de legat. ad ed. praet.) and Inst. 2,20,30–31. See in addition Voci 1963, 857–878 and Wieling 1970, 205–212.

107 Sanfilippo 1938, 68–71; Paulus 1992, 179; Rizzi 2012, 356.

potui, Novius Rufus heres esto') as a *fideicommissum hereditatis* at the expense of the heir of the second will, Novius Rufus (who had now been replaced by the *fiscus*)[108]. Either way, in his decision the emperor seems to have essentially combined the two wills made by Androsthenes: he decided that the heir of the first will, Pactumeia Magna, should from now on be regarded as the (*de facto*) heir and beneficiary of the second will, while leaving the rest of its provisions intact. The decision therefore did perfect justice to the last wishes of the testator: it benefitted Pactumeia Magna, but also made sure that the *legatarii* of the second will were not left empty-handed[109].

5.5 What about the emperor himself?

From the judgments discussed in the previous paragraphs, it becomes clear that the emperors had a lot of possibilities to interpret, convert or repair problematic dispositions in wills to give effect to the testator's intentions and did not hesitate to use this power to the advantage of their subjects. But what about the emperor himself? Just like any other private citizen, the emperors themselves could also be appointed as heir in a will or as a beneficiary of a bequest[110]. Indeed, this happened quite regularly[111]. However, it seems that precisely in this situation, they ought to use their powers more restrictively:

D. 32,23 (Paul. 5 sent.)

Ex imperfecto testamento legata vel fideicommissa imperatorem vindicare inverecundum est: decet enim tantae maiestati eas servare leges, quibus ipse solutus esse videtur[112].

Inst. 2,17,8

Eadem oratione expressit, non admissurum se hereditatem eius qui litis causa principem heredem reliquerit, neque tabulas non legitime factas in quibus ipse ob eam causam heres institutus erat probaturum, neque ex nuda voce heredis nomen admissurum, neque ex ulla scriptura cui iuris auctoritas desit aliquid adepturum. secundum haec divi quoque Severus et Antoninus saepissime rescripserunt: 'licet enim,' inquiunt, 'legibus soluti sumus, attamen legibus vivimus'[113].

108 Babusiaux 2021, 323–325.

109 The judgment resembles a judgment of Hadrian in a similar case (D. 5,2,28 (Paul. lib. sing. septemv. iud.)), in which a mother had passed over her son in her will, because she presumed he had died in battle as a soldier. In this case, Hadrian decided that her inheritance belonged to her son but that he had to pay the legacies included in the will too, thereby doing justice to all of the mother's last wishes.

110 See on this topic Rogers 1947 and Bund 1978.

111 For a full list of sources of emperors as heirs and legatees, see Champlin 1991, 203–204.

112 Translation: "Paul in the fifth book of the Sentences. It is improper for the emperor to claim legacies or *fideicommissa* on the basis of an invalid will. For it befits so great a majesty to observe the laws from which he is deemed to be himself exempt."

113 Translation: "In the same speech he [i. e. Pertinax] expressed that he would not accept an inheritance of him, who has left the emperor as his heir because of a legal procedure, nor that he would

C. 6,23,3 (Alex., a. 232)

Alexander A. Antigono. Ex imperfecto testamento nec imperatorem hereditatem vindicare saepe constitutum est. licet enim lex imperii sollemnibus iuris imperatorem solverit, nihil tamen tam proprium imperii est, ut legibus vivere. <a. 232 pp. XI k. Ian. Lupo et Maximo conss.>[114]

When the emperor was appointed as heir or had been awarded a legacy or *fideicommissum* in an invalid will, it befitted his position to refrain from claiming it, even though he had the power to do so. Evidently, the power to give legal effect to otherwise invalid testamentary dispositions should only be used to benefit private subjects, and not for purposes of imperial gain.

6 Concluding Remarks

Based on the examples discussed above, several observations can be made on the way emperors dealt with disputes over the interpretation of last wills.

First, giving effect to the *voluntas testoris* takes a central position in most of their decisions: only in one case, D. 32,27,1 on the interpretation of the codicil of Pompeius Hermippus, the emperor seemingly goes against the explicitly expressed wishes of the testator. To give effect to the testator's intention, the emperor regularly employed traditional interpretation techniques, construing the intention of the testator based on the wording of the will, the given circumstances or other relevant factors. Exemplary for this kind of interpretation are the decisions of Septimius Severus and Marcus Aurelius in the case of Polycrates (D. 36,1,83(81)) and the ex-wife of the Spartan Brasidas (D. 36,1,23(22)) respectively. Precedent might also play a role in the imperial interpretation of a certain provision. This is not very surprising, especially in the case of statements or provisions of a highly formulaic nature (which feature quite regularly in testaments): by following the *exempla* of their predecessors, the emperors created a certain amount of legal certainty about the interpretation of these provisions. In some of the cases discussed above, the imperial judgment extends the possibilities offered by the traditional interpretational framework, for example by stretching the wording

validate an invalidly drafted will, in which he was appointed as heir for this very reason, nor that he would accept an appointment as heir made only orally, nor that he would accept anything on the basis of any document which was not valid at law. And the deified Severus and Caracalla often rescribed as follows: 'even though we are not bound by the laws, we nevertheless live in accordance with them'."

114 Translation: "Alexander Severus to Antigonus. It has often been established that the emperor cannot claim an inheritance on the basis of an invalid will. Because even though the *lex imperii* has released the emperor of the formalities of the law, nothing is more becoming to sovereign authority as to live in accordance with the laws. < Issued on 22 December 232 > ."

of a disputed provision (D. 36,1,76(74),1) or by interpreting an unambiguously formulated provision in a way which deviates from the testator's clearly expressed intention (D. 32,27,1). It should be noted that in both these cases, the emperor's decision benefits a female beneficiary and family member (the impoverished granddaughter of the testator and the daughter of the testator respectively), while his interpretation is explicitly grounded on extra-legal concepts such as *aequitas* and *humanitas*. This indicates that such creative interpretations required extra support to be regarded as acceptable.

In another group of cases, the emperor went beyond the traditional legal framework and, making use of his imperial prerogative to solve a case in any way he saw fit, gave legal effect to an unclear or even invalid will or disposition by means of a reinterpretation of the litigious disposition or a decision based on extra-legal grounds. An important legal tool for this type of decision was the *fideicommissum*. As mentioned in section 2, the introduction of the *fideicommissum* in the law of testamentary succession created more flexibility and possibilities to give effect to a testator's intention. The emperors made full use of these possibilities, as is for example demonstrated by Septimius Severus' reinterpretation of a testator's legally invalid order to his daughter to refrain from drafting a will, transforming it into a *fideicommissum hereditatis*. But the emperors did not stop there. In some cases, they went above and beyond to give effect to the testator's last wishes, either by simply ordering the performance of one or more provisions included in an invalid will (D. 40,5,38 and D. 28,4,3pr.) or sometimes even by replacing the heir in a completely valid testament (D. 28,5,93(92)). In these cases, concepts such as *humanitas, pietas* and even the *voluntas testatoris* itself are again used to explicitly justify the extra-legal imperial intervention.

All of this demonstrates that cases on testamentary disputes were in essence a continuous balancing act. Taking the intention of the testator as his central guideline, the emperor had a multitude of interpretational techniques and instruments at his disposal. Consequently, these cases offered the emperor the opportunity to demonstrate both his compliance with the law and the customs of the traditional legal practice as well as his benevolence towards his subjects, especially in cases where the strict application of the law (*rigor iuris*) did not do justice to the intentions of the testator or where the circumstances of the case and the persons involved asked for a more equitable solution. Interestingly, these equitable solutions often came at the expense of the emperor himself: the involvement of the *fiscus* in the cases of D. 32,27,1, D. 28,4,3 and D. 28,5,93(92) likely influenced the emperor's decision to rule in favour of the claimant, compelling the *fiscus* to pay out the bequests to which the plaintiffs were not entitled under the law. This reluctance to enrich themselves at the cost of private citizens is also reflected by the explicit statement of various emperors that it is improper for them to claim an inheritance based on an invalid will. In other words, the imperial legal prerogative to give effect to invalid wills or provisions should only be used for the benefit of citizens, not to enrich the imperial treasury.

What about the litigants themselves? Why would private citizens go through the trouble of trying to get their case heard by the emperor? After all, an appeal procedure at the imperial court must have been time-consuming and costly[115]. At the same time, we have seen that a substantial part of the imperial judicial testamentary business concerned questions of interpretation. Why was it so attractive to bring this type of case (often on appeal) to the emperor? The Roman rhetorician and advocate Fronto paints a very dark picture of the litigant's motives in the speech cited in section 3 of this paper: he assumes that appeals to the emperor in cases over the opening of a will are mainly lodged as a delaying tactic, allowing the plaintiff to remain in possession of the inheritance until the case had been decided by the emperor[116]. Although such devious motives could surely be at play, it seems that getting your day in court and having the emperor's personal attention must have been reason enough for some civilians to petition the imperial chancery. Moreover, testamentary disputes often involved large estates and sometimes very personal interests, which might also have prompted parties to litigate their case in as many instances as possible. Finally, as has been demonstrated in this paper, having your case judged by the emperor did bring with it a great advantage, namely the possibility of having an ambiguous or even invalid will or disposition be effectuated despite its legal shortcomings. Surely, this must have made appealing to the emperor in these types of cases worth the trouble as well.

Bibliography

AVENARIUS 2010: M. AVENARIUS, *Benignior interpretatio*: Origin and Transformation of a Rule of Construction in the Law of Succession, *Roman Legal Tradition* 6, 2010, 1–21.

AVENARIUS 2012: M. AVENARIUS, Marc Aurel und die Dogmatik des römischen Privatrechts: Kaiserliche Rechtspflege im System der Rechtsquellen und die Ausfüllung von Gestaltungsspielräumen in einer Übergangszeit der Rechtsentwicklung, in: M. VAN ACKEREN/J. OPSOMER (Hg.), Selbstbetrachtungen und Selbstdarstellung. Der Philosoph und Kaiser Marc Aurel im interdisziplinären Licht, Wiesbaden 2012, 203–282.

BABLITZ 2007: L. BABLITZ, Actors and audience in the Roman courtroom, London 2007.

BABUSIAUX 2021: U. BABUSIAUX, Wege zur Rechtsgeschichte: Römisches Erbrecht, Köln/Weimar/Wien 2021².

BABUSIAUX 2023: U. BABUSIAUX, § 57: Nachlassbesitz (*bonorum possessio*), in: U. BABUSIAUX/CH. BALDUS/W. ERNST/F.-S. MEISSEL/J. PLATSCHEK/TH. RÜFNER (Hg.), Handbuch des Römischen Privatrechts I, Tübingen 2023, 1437–1518.

BIRLEY 1999: A.R. BIRLEY, Septimius Severus. The African emperor, London 1999.

BRUTTI 2020: M. BRUTTI, *Iulius Paulus. Decretorum libri tres. Imperialium sententiarum in cognitionibus prolatarum libri sex* (= *Scriptores Iuris Romani* 6), Roma 2020.

BUND 1978: E. BUND, Erbrechtliche Geldquellen römischer Kaiser, in: O. BEHRENDS/M. DIEẞELHORST/H. LANGE/D. LIEBS/J.G. WOLF/CH. WOLLSCHLÄGER (Hg.), Festschrift für Franz Wieacker zum 70. Geburtstag, Göttingen 1978, 50–65.

CHAMPLIN 1987: E.J. CHAMPLIN, *Miscellanea testamentaria*, *ZPE* 69, 1987, 197–206.

115 See for example HONORÉ 1994, 21.

116 Front. Ad Marc. 1,6,3–6.

Champlin 1991: E.J. Champlin, Final judgments: duty and emotion in Roman wills, 200 B.C.-A.D. 250, Berkeley 1991.

Coriat 1997: J.-P. Coriat, Le prince législateur. La technique législative des Sévères et les méthodes de création du droit impérial à la fin du Principat, Rome 1997.

Coriat 2014: J.-P. Coriat, Les constitutions des Sévères. Règne de Septime Sévère, Rome 2014.

Daalder 2018: E.S. Daalder, De rechtspraakverzamelingen van Julius Paulus. Recht en rechtvaardigheid in de rechterlijke uitspraken van Septimius Severus, Den Haag 2018 (open access available via https://hdl.handle.net/1887/66321).

Daalder 2022: E.S. Daalder, *Aequum putavit imperator*. Imperial representation and juristic self-fashioning in the *Decreta* and *Imperiales Sententiae* of Julius Paulus, *ZRG rom*. 139, 2022, 123–191.

Desanti 2003: L. Desanti, *Restitutionis post mortem onus*. I fedecommessi da restituirsi dopo la morte dell'onerato, Milano 2003.

Färber 2014: R. Färber, Römische Gerichtsorte. Räumliche Dynamiken von Jurisdiktion im Imperium Romanum, München 2014.

Finkenauer 2010: Th. Finkenauer, Die Rechtsetzung Marks Aurels zur Sklaverei, Stuttgart 2010.

Frier 2016: B.W. Frier (Hg.), The Codex of Justinian. A New Annotated Translation, with Parallel Latin and Greek Text, Based on a Translation by J.F.H. Blume, Cambridge 2016.

Gardner 1987: J. Gardner, Another family and an inheritance: Claudius Brasidas and his ex wife's will, *Liverpool Classical Monthly* 12, 1987, 52–54.

Giannozzi 2021: E. Giannozzi, Le *vir bonus* en droit romain, Liège 2021.

Harke 2012: J.D. Harke, *Verba* und *voluntas*: was bedeutet Testamentsauslegung für die Hochklassiker, in: J.D. Harke (Hg.), Facetten des römischen Erbrechts, Berlin/Heidelberg 2012, 55–77.

Häusler 2016: A. Häusler, Letztwillige Verfügungen in griechischer Sprache bei Q.C. Scaevola, Paulus und Modestinus, *ZRG rom.* 133, 2016, 420–444.

Hausmaninger 1981: H. Hausmaninger, "Benevolent" and "humane" opinions of classical Roman jurists, *Boston University Law Review* 61, 1981, 1139–1156.

Heumann/Seckel 1958: H.G. Heumann/E. Seckel, Handlexikon zu den Quellen des römischen Rechts, Graz 1958.

Honoré 1994: T. Honoré, Emperors and Lawyers, Oxford 1994^2.

van den Hout 2018: M.P.J. van den Hout, A commentary on the letters of M. Cornelius Fronto, Leiden/Boston 2018.

Johnston 1988: D. Johnston, The Roman law of trusts, Oxford 1988.

Kaser 1971: M. Kaser, Das römische Privatrecht. Erster Abschnitt: Das altrömische, das vorklassische und klassische Recht, München 1971^2.

Kaser/Hackl 1996: M. Kaser/K. Hackl, Das römische Zivilprozessrecht, München 1996^2.

Kleiter 2010: T. Kleiter, Entscheidungskorrekturen mit unbestimmter Wertung durch die klassische römische Jurisprudenz, München 2010.

Kübler 1908: B. Kübler, Griechische Tatbestände in den Werken der kasuistischen Literatur, *ZRG rom.* 29, 1908, 183–226.

Liebs 2010: D. Liebs, Hofjuristen der römischen Kaiser bis Justinian, München 2010.

Lohsse 2023: S. Lohsse, § 97: Klage aus Testament (*actio ex testamento*), in: U. Babusiaux/Ch. Baldus/W. Ernst/F.-S. Meissel/J. Platschek/Th. Rüfner (Hg.), Handbuch des Römischen Privatrechts II, Tübingen 2023, 2661–2690.

Mantovani 2018: D. Mantovani, *Legum multitudo*. Die Bedeutung der Gesetze im römischen Privatrecht, aus dem Italienischen übersetzt von U. Babusiaux, Berlin 2018.

Mauer 2022: Q. Mauer, Application, adaption and rejection. The strategies of Roman jurists in *responsa* concerning Greek documents, Den Haag 2022.

Millar 1992: F. Millar, The emperor in the Roman world, London 1992.

Mommsen 1870: Th. Mommsen, *Digesta Iustiniani Augusti*, Berlin 1870.

MOMMSEN 1887–1888: TH. MOMMSEN, Römisches Staatsrecht II.2, Leipzig 1887–1888³.
MOMMSEN 1899: TH. MOMMSEN, Römisches Strafrecht, Graz 1899.
NEGRI 1975: G. NEGRI, La clausola codicillare nel testamento inofficioso, Milano 1975.
NÖRR 1974: D. NÖRR, Rechtskritik in der römischen Antike, München 1974.
NOWAK 2015: M. NOWAK, Wills in the Roman Empire: A Documentary Approach, Warsaw 2015.
PALMA 1992: A. PALMA, *Humanior interpretatio.* "Humanitas" nell'interpretazione e nella normazione da Adriano ai Severi, Torino 1992.
PALMA 1997: A. PALMA, *Benignior interpretatio.* "Benignitas" nella giurisprudenza e nella normazione da Adriano ai Severi, Torino 1997.
PAULUS 1992: CH. PAULUS, Die Idee der postmortalen Persönlichkeit im römischen Testamentsrecht, Berlin 1992.
SALLER 2009: R.P. SALLER, Patriarchy, property and death in the Roman family, Cambridge 2009.
SANFILIPPO 1938: C. SANFILIPPO, *Pauli decretorum libri tres*, Milano 1939.
SCHULZ 1961: F. SCHULZ, Geschichte der römischen Rechtswissenschaft, Weimar 1961.
SPINA 2012: A. SPINA, Ricerche sulla successione testamentaria nei *responsa* di Cervidio Scevola, Milano 2012.
STAGL 2014: J.F. STAGL, Glanz der Rhetorik und Elend der Logik in einer Entscheidung Marc Aurels (Marcell. D. 28,4,3pr.–1), in: R. VAN DEN BERGH/G. VAN NIEKERK/P. PICHONNAZ/P. THOMAS/D. KLEYN/F. LUCREZI/J. MUTTON (Hg.), *Meditationes de iure et historia.* Essays in honour of Laurens Winkel II, Pretoria 2014, 871–880.
RIZZI 2012: M. RIZZI, *Imperator cognoscens decrevit.* Profili e contenuti dell'attività giudiziaria imperiale in età classica, Milano 2012.
ROGERS 1947: R.S. ROGERS, The Roman Emperors as Heirs and Legatees, *Transactions and Proceedings of the American Philological Association* 78, 1947, 140–158.
RÜFNER 2023a: TH. RÜFNER, § 52: Erbfähigkeit, in: U. BABUSIAUX/CH. BALDUS/W. ERNST/F.-S. MEISSEL/J. PLATSCHEK/TH. RÜFNER (Hg.), Handbuch des Römischen Privatrechts I, Tübingen 2023, 1280–1310.
RÜFNER 2023b: TH. RÜFNER, § 98: Fideikommisse und ihre Durchsetzung, in: U. BABUSIAUX/CH. BALDUS/W. ERNST/F.-S. MEISSEL/J. PLATSCHEK/TH. RÜFNER (Hg.), Handbuch des Römischen Privatrechts II, Tübingen 2023, 2691–2712.
VARVARO 2006: M. VARVARO, 'Note sugli archivi imperiali nell'età del principato', *ASGP* 51, 2006, 381–431.
VOCI 1963: P. VOCI, Diritto ereditario romano II, Milano 1963².
VOLTERRA 1971: E. VOLTERRA, Il problema del testo delle costituzioni imperiali, in: La critica del testo. Atti del II congresso internazionale della Società Italiana di Storia del Diritto, Firenze 1971, 821–1097.
WANKERL 2009: V. WANKERL, *Appello ad principem.* Urteilsstil und Urteilstechnik in kaiserlichen Berufungsentscheidungen (Augustus bis Caracalla), München 2009.
WATSON 1998: A. WATSON, The Digest of Justinian, Philadelphia 1998.
WIELING 1970: H.J. WIELING, *Falsa demonstratio, condicio pro non scripta, condicio pro impleta* im römischen Testament, *ZRG rom.* 87, 1970, 205–212.
WIELING 1972: H.J. WIELING, Testamentsauslegung im römischen Recht, München 1972.
WIMMER 2023a: M. WIMMER, § 54: Gesetzliche Erbfolge, in: U. BABUSIAUX/CH. BALDUS/W. ERNST/F.-S. MEISSEL/J. PLATSCHEK/TH. RÜFNER (Hg.), Handbuch des Römischen Privatrechts I, Tübingen 2023, 1329–1372.
WIMMER 2023b: M. WIMMER, § 60: Dinglich wirkendes Vermächtnis (*legatum per vindicationem*), in: U. BABUSIAUX/CH. BALDUS/W. ERNST/F.-S. MEISSEL/J. PLATSCHEK/TH. RÜFNER (Hg.), Handbuch des Römischen Privatrechts II, Tübingen 2023, 1632–1675.
WUBBE 2003: F.B.J. WUBBE, Benigna interpretatio als Entscheidungskriterium, in: F.B.J. WUBBE/P. PICHONNAZ (Hg.), *Ius vigilantibus scriptum*: Ausgewählte Schriften, Freiburg 2003, 415–440 (first published in: F. HORAK/W. WALDSTEIN (Hg.), Festgabe für Arnold Herdlitczka, München 1972, 295–314).

II Archivierung römischer Testamente

Benedikt Strobel

Römische Testamentseröffnung in Theorie und Praxis

Abstract: In order to enforce law in practice, it is not only necessary to draw up an effective will, but it must also be ensured that the will is followed after death. For this purpose, regulations regarding the opening of wills emerged in Roman law. The article compares these regulations with how they were handled in practice.

1 Einleitung

Dieser Beitrag, der die geringfügig überarbeitete Fassung eines Kapitels meiner Dissertation „Römische Testamentsurkunden aus Ägypten vor und nach der *Constitutio Antoniniana*"[1] ist, gibt einen Überblick über die römische Testamentseröffnung in Theorie und Praxis. Hierzu werden nach einigen einleitenden Worten (1.) die Fragen der Notwendigkeit einer formellen Testamentseröffnung (2.), der Zuständigkeit (3.) und des Verfahrens (4.) behandelt, bevor am Ende das weitere Schicksal der Testamentsurkunde (5.) angesprochen wird.

Festzuhalten sind zunächst einige Umgrenzungen des hiesigen Themas: Im Folgenden geht es um die Eröffnung römischer Testamente, d. h. von Testamenten, die jedenfalls im Grundsatz nach römischem Recht errichtet wurden[2]. Ferner ist unter dem Begriff der Testamentseröffnung eine solche im Sinne eines von Rechts wegen vorgeschriebenen oder zumindest erwarteten, formellen Verfahrens zu begreifen. Das versteht sich vor folgendem Hintergrund: Ursprünglich gab es wohl keine Vorschriften für die Eröffnung von Testamenten, jedenfalls aber ist nichts Näheres dazu erkennbar. Dennoch ist zu vermuten, dass von frühester Zeit an eine Einweisung der Erben in das Vermögen nach gewissen Gepflogenheiten erfolgte, schon aus Gründen der Publizität und um Fälschungsvorwürfen vorzubeugen (man denke an Caesars Testament, das im Hause des Antonius eröffnet wurde[3]). Zu vermuten ist für dieses Stadium eine Eröffnung in Gegenwart der – soweit bekannt – potentiell Betroffenen wie des gewillkürten Erben, der Intestaterben sowie der Testamentszeugen.

---

1 Strobel 2014, 54–64. Seither noch Nowak 2015, 73–103 und Colella 2024, 139–141.

2 Zu gräko-ägyptischen Testamenten siehe Arangio-Ruiz 1906, 156–162 und 239–241 sowie Kreller 1919, 395–406.

3 Schmitthenner 1973.

https://doi.org/10.1515/9783111694634-008

2 Notwendigkeit der formellen Testamentseröffnung

1. Ein formelles Verfahren der Testamentseröffnung ging aller Wahrscheinlichkeit nach erst mit der *lex Iulia de vicesima hereditatium* aus dem Jahre 6 n. Chr. einher[4]. Die *lex* diente bekanntlich steuerlichen Zwecken und sah eine zunächst fünfprozentige Erbschaftsteuer vor; ihre Einführung brachte nun eine formelle Testamentseröffnung mit sich. Nicht erkennbar, aber letztlich ohne große Bedeutung ist, ob das Steuergesetz selbst Vorschriften über eine formelle Testamentseröffnung enthielt; zumindest aber wurden entsprechende Vorschriften zeitnah eingeführt, was nachvollziehbar ist und weshalb die formelle Testamentseröffnung hauptsächlich wohl der effektiven Durchsetzung der Erbschaftsteuer diente (Paul. sent. 4,6,3): *nec enim oportet tam heredibus et legatariis aut libertatibus quam necessario vectigali moram fieri.*
2. Mit der Feststellung der Existenz eines formellen Verfahrens liegt es zwar nahe, dass dieser Weg auch notwendig einzuhalten war; zwingend ist der Schluss aber nicht und vor allem ist damit noch nichts über eine potentielle Sanktion für den Fall der Nichtbeachtung gesagt. Das Bild der Quellen ist dünn, weshalb man auf Plausibilitätsüberlegungen verwiesen ist:

   Auf der einen Seite legt die Vielzahl an Vorschriften zur Testamentseröffnung in D. 29,3 (*Testamenta quemadmodum aperiantur inspiciantur et describantur*) und C. 6,32 (*Quemadmodum aperiantur testamenta et inspiciantur et describantur*) ein vorgegebenes Verfahren nahe. Auf der anderen Seite[5] deutet aber eine Aussage des Ulpian, die allerdings zu den *SCta Silanianum* und *Claudianum* ergeht, vielleicht auf weiter praktizierte informelle Eröffnungen hin, indem in D. 29,5,3,19–20 (Ulp. 50 ad ed.) jegliche Eröffnung als verboten bezeichnet wird: 19. *Aperire autem hic ille videtur qui naturaliter aperit, sive sint signatae sive non sint legatae, sed tantum naturaliter clausae.* 20. *Aperire accipere debemus prohibitos nos vel palam publice vel secreto: omnis enim apertura prohibita est.*
3. In der Sache erscheint es ohne Weiteres denkbar, dass manche Personen die formelle Testamentseröffnung vermieden[6], etwa um Gebühren[7] zu sparen, so dass

4 Siehe Günther 2008, 23–94 sowie Eck 1979, 125–145, Demicheli 2006, 299–315 und Nowak 2015, 73–76.

5 Siehe auch Nisoli 1949.

6 Heute in Deutschland erfolgt übrigens eine automatische Testamentseröffnung nur dann, wenn das Testament in amtlicher Verwahrung war, was häufig nicht gegeben ist. Im Übrigen gilt, dass privat verwahrte Testamente beim Nachlassgericht einzureichen sind, § 2259 BGB. Ein indirekter, faktischer Eröffnungszwang ergibt sich daraus, dass in der Praxis oftmals ein Erbschein oder die Kombination aus (notariellem) Testament und Eröffnungsniederschrift notwendig ist, was wiederum eine Testamentseröffnung voraussetzt.

7 Siehe dazu Nowak 2015, 87.

sich die Frage nach einer Sanktion im Fall der Nichtbeachtung stellt. Die hiesigen Überlegungen sind, aus römisch-rechtlicher Perspektive, spekulativ:

Vorstellbar wäre einerseits, dass ein nicht formell eröffnetes Testament im Rechtsverkehr schlicht nicht anerkannt wurde. Allerdings findet sich in Paul. sent. 4,6,2a die Anordnung einer Strafe von 5000 Sesterzen für den Fall der nicht ordnungsgemäßen Eröffnung: *Qui aliter aut alibi, quam ubi lege praecipitur, testamentum aperuerit recitaveritve, poena sestertiorum quinque milium tenetur*. Angesichts dessen wäre eine Nichtanerkennung des Testaments eine wohl nicht zu erwartende doppelte Sanktion und vermutlich überschießend. Daher liegt es nahe, dass die Vorschrift, die die formelle Testamentseröffnung regelte, nicht die strenge Rechtsfolge der Nichtanerkennung des Testaments nach sich zog. Vielmehr wird die Strafandrohung, die gewissermaßen eine *lex minus quam perfecta* darstellt, einen mittelbaren Eröffnungszwang geschaffen und so hinreichend disziplinierend gewirkt haben.

Die Praxis im römischen Ägypten, die eine Vielzahl an Testamentseröffnungsprotokollen aufweist[8], zeigt, dass die römischen Bürger der Testamentseröffnung nachkamen. Einen zwingenden Rechtscharakter beweist – jedenfalls aus römischer Perspektive – indes auch die Häufigkeit der Fälle nicht.

3 Zuständigkeit für die Testamentseröffnung

Mit Blick auf die Testamentseröffnung[9] sprechen die *Pauli Sententiae* schlicht von *magistratus* (Paul. sent. 4,6,2), was für ihre Zwecke genügt und überdies möglicherweise widerspiegelt, dass je nach Reichsteil unterschiedliche Stellen zuständig waren. Für die Eröffnung römischer Testamente (nur um diese soll es im Folgenden gehen) ermöglichen die Eröffnungsprotokolle gewisse Rückschlüsse[10]:

1. Die Protokolle beginnen üblicherweise mit den Worten (sc. *hoc testamentum*) *apertum et recitatum* beziehungsweise (sc. ἡ διαθήκη) ἠνύγη καὶ ἀνεγνώσθη[11]. Sie beinhalten typischerweise neben der geographischen Ortsangabe (Metropolis oder κώμη) weitere – auf den ersten Blick verwirrende[12] – Angaben: Einerseits ist mitunter vom *Caesarium* (Καισαρεῖον)[13] oder vom *forum Augustum* (Σεβαστὴ ἀγορά) die Rede, andererseits findet sich im Anschluss an eine der beiden Alter-

8 Siehe STROBEL 2014, 63–64.
9 Siehe auch MEYER 1920, 57–58.
10 S. auch NOWAK 2015, 76–81.
11 Das Eröffnungsdatum steht am Ende.
12 Vergleiche auch AMELOTTI 1966, 188: „I tentativi di rintracciare una regola non sono riusciti".
13 Zum *Kaisareion* und seiner Funktion für kultische wie öffentliche Zwecke siehe STRASSI 2006, 218–243, insbesondere 228–229.

nativen die *statio vicesima hereditatium* (zum Teil auch: *statio vicesima hereditatium et manumissionum*) oder das λογιστήριον des Strategen.

2. Daraus lässt sich ableiten: Die Nennung von *Caesarium* und *forum Augustum* ist nur in geographischer Hinsicht relevant; sie geschah vielleicht deswegen, weil nach römischem Recht die Eröffnung *in foro vel basilica* zu erfolgen hatte (Paul. sent. 4,6,2). Die zweite Angabe (*statio vicesima hereditatium* beziehungsweise λογιστήριον des Strategen) hingegen gibt Hinweise auf die Zuständigkeit für die Testamentseröffnung, die, wie genannt, mit der Erhebung der Erbschaftssteuer verbunden war, weshalb zu überlegen ist, wie sich diesbezüglich die Zuständigkeit verhielt:
   a. Aufgrund des Nebeneinanders der verschiedenen Verwaltungsbereiche in der Kaiserzeit, der unterschiedlichen regionalen Untergliederungen sowie aufgrund von Verwaltungsreformen war die Zuständigkeit für die Verwaltung der Erbschaftsteuer lange Zeit in der Forschung umstritten[14]. SVEN GÜNTHER hat unlängst Näheres herausgearbeitet: Die Erbschaftsteuer, deren Erträge dem *aerarium militare* zukamen, wurde jedenfalls im 2. Jh. n. Chr. noch von privaten Steuerpächtern (*publicani*) erhoben, die mitunter den Titel *vicensumarii* = εἰκοστῶναι[15] trugen. Zunächst nur neben sie traten, wohl anfangs zur Überwachung, *procuratores XX hereditatium*, welchen ein starker Verwaltungsunterbau zuarbeitete[16].
   b. Für die hiesige Frage bedeutet dies: Wenn teilweise in den Protokollen steht, die Testamente seien in der *statio vicesima*[17] eröffnet worden, so zeigt dies zwar, dass es ab einem gewissen Zeitpunkt (jedenfalls seit Anfang des 2. Jh. n. Chr., vgl. P.Berol. inv. 7124 = Ch.L.A. X 412, II 10 ff. = *testamentum Marci Semproni Prisci*, 131 n. Chr.) Einrichtungen gab, die für die Erhebung der Erbschaftsteuer[18] zuständig waren, und dass in diesen Einrichtungen auch Testamente eröffnet wurden. Das bedeutet aber nicht zwingend, dass diese Stationen im technischen Sinne für die Testamentseröffnung zuständig waren; denn es erscheint möglich, dass die zuständige Stelle dort zweckmäßigerweise schlicht gleichfalls vor Ort war.
   c. Für Ägypten im Besonderen lässt der bekannte P.Ross.Georg. II 26, 7–8 aus dem Jahre 160 n. Chr. Weiteres erkennen: Οὐαλέριος Κάσσιος ὁ καὶ Γέμ[ι]νος καὶ Ἀτίνιο[ς ..].[.]ουμẹ[..εἰ]κ̣ọσ̣|τ̣ῶ̣ν̣α̣ι κλη[ρο]ν̣ομίων διὰ Ἰουλ̣ίου’ ἀδιούτορος Αἰλίῳ Ἐπαφροδίτῳ Σεβαστοῦ ἀπελευθέρῳ χαί[ρειν.]. Zwei εἰκοστῶναι (= *vi-*

14 Siehe die umfassenden Nachweise bei GÜNTHER 2008, 57 ff.
15 P.Ross.Georg. II 26, II 7, 160 n. Chr.
16 Siehe GÜNTHER 2008, 57 ff., 79.
17 Zum vielschichtigen Begriff *statio*, der sowohl Verwaltungsgebäude als auch die Verwaltung in einem abstrakten Sinn bedeuten kann, siehe NELIS-CLÉMENT 2006, 269–298 sowie BRUUN 1991, 195–196.
18 Manchmal waren diese auch für die Freilassungssteuer zuständig, vergleiche den Namen *statio vicesima hereditatium et manumissionum*.

censumarii), ein Valerius Cassius alias Geminus und ein Atinius, hatten vom kaiserlichen Prokurator Cosmus erfahren, dass in der Gegenwart eines kaiserlichen Freigelassenen namens Aelius Epaphroditus Testamente im arsinoitischen Gau eröffnet werden sollten. Nun bitten sie um zeitlichen Aufschub bis zum Eintreffen ihrer Gehilfen und wenden sich, wie aus dem nachfolgenden Text (P.Ross.Georg. II 26, 8 ff.) erkennbar ist, über den *adiutor* Iulius an ebenjenen Aelius Epaphroditus. Der Papyrus beweist demnach nicht nur die Existenz privater Steuereintreiber jedenfalls zu den Zeiten des Antoninus Pius und jedenfalls für Ägypten[19], sondern es zeigt sich eine organisatorische Trennung zwischen den Steuereintreibern und dem für die Eröffnung zuständigen Personal.

d. Wer für die Testamentseröffnung als solche hingegen zuständig war, ob es sich dabei um eine staatliche Einrichtung handelte oder um eine private Institution (mit der Folge, dass die dort Tätigen – modern gesprochen – als Beliehene tätig geworden wären), lässt sich nicht mit völliger Sicherheit sagen[20]. Nach hiesiger Sicht helfen aufgrund der strengen Trennung zwischen römisch-rechtlichen und gräko-ägyptischen Testamenten letztere nur sehr begrenzt weiter. Hier zeigt sich[21]: In P.Fouad. I 32 und in P.Lond. II 171b (= M.Chr. 309) ist der Adressat der Eingabe der Stratege[22]; in anderen Fällen ist eine mit lokalen Honoratioren besetzte Kommission (αἱρεθέντες πρὸς τῇ λύσει τῶν διαθηκῶν) erkennbar[23]. Später, im Jahre 307 n. Chr. (P.Oxy. LXIII 4354), ist der Logistes zuständig. Ferner gibt es Erklärungen über das Erbe, die vor dem *procurator usiacus* abgegeben wurden[24], was zeigt, dass dieser, jedenfalls im Bereich Alexandrias, mitunter zuständig war.

3. Das Zwischenfazit ist demnach ein dünnes: Offenbar war oftmals der Stratege zuständig, nach nicht mehr erkennbaren Gesichtspunkten mitunter auch andere Beamte bzw. Beauftragte. Ferner kann nicht ausgeschlossen werden, dass irgendwann einmal das Personal der *statio vicesima* neben der Erhebung der Steuer auch für die vorgeschaltete Testamentseröffnung zuständig war, gewiss ist dies aber ebenso wenig.

---

19 Die Funktion des Prokurators Cosmus bleibt ebenso im Unklaren wie die des Aelius Epaphroditus.

20 Siehe auch Eck 1979, 118 Fn. 37.

21 Diese sind in römischer Zeit: BGU I 135 (139–161 n. Chr.); CPR XVI 3 (138–161 n. Chr.); P.Fouad I 32 (174 n. Chr.); P.Mert. II 75 (181 bzw. 185 n. Chr.); P.Oxy. XLIV 3166 (187 n. Chr.); Stud.Pal. XX 14 (188 n. Chr.); P.Lond II 171b = M.Chr. 309 = Amelotti 1966, 276 = Appendix Nr. 16 (3. Jh. n. Chr.) sowie P.Oxy. LXIII 4354 (307 n. Chr.).

22 Wohl ebenso verhält es sich auch bei BGU I 135.

23 P.Mert. II 75 und P.Oxy. XLIV 3166.

24 P.Oxy. VIII 1114 (237 n. Chr.) = Sel.Pap. II 326 = ChLA III 216 = FIRA III 63 = C.Pap.Lat. 217; P.Oxy. X 1274 (Mitte 3. Jh. n. Chr.).

4 Verfahren der Testamentseröffnung

4.1 Voraussetzung und Frist

Notwendig musste der Tod des Testators eingetreten sein, was erforderlichenfalls zu beweisen war. Bei einem *non liquet* unterblieb die Testamentseröffnung (D. 29,3,2,4 (Ulp. 50 ad ed.)).

Die Frist für die Eröffnung betrug nach dem Tod drei oder fünf Tage (womit wohl drei *bis* fünf Tage gemeint waren), sofern die Testamentszeugen greifbar waren; anderenfalls lief die Frist ab dem Zeitpunkt, in dem die Zeugen zusammengekommen waren (Paul. sent. 4,6,3). Begründet wird die kurze Frist nicht so sehr mit dem Interesse der Erben, Legatare oder freizulassenden Sklaven als vielmehr mit dem öffentlichen Interesse an der Steuereintreibung.

4.2 Einleitung des Verfahrens

Das Verfahren wurde typischerweise von demjenigen eingeleitet[25], der das Testament verwahrt hatte und vom Testator um die Besorgung der Eröffnung gebeten worden war[26]. Der Verwahrer wird dies im Normalfall schon deshalb getan haben, weil er jedenfalls sozial dazu verpflichtet war. Denkbar ist außerdem angesichts des öffentlichen Interesses an einer schnellen Testamentseröffnung und Steuererhebung, dass der Staat Vorkehrungen zur Einleitung des Verfahrens traf. Im römischen Ägypten zeigen die Anträge auf Eröffnung des Testaments durch die Verwahrer der (allerdings gräko-ägyptischen) Testamentsurkunden, dass diese ihrer jedenfalls sozialen Pflicht zur Vorlage des Testaments nachkamen und dies offenbar, ohne dass eine besondere Aufforderung ergangen war.

Eine Testamentseröffnung war nur möglich, wenn das Originaltestament vorlag. Um dies zu erzwingen, gab es einen prätorischen Rechtsbehelf: das *interdictum de tabulis exhibendis*, mit welchem jeder Interessent (Erbe, Legatar usw.) die Herausgabe der Testamentsurkunde erzwingen konnte[27]. Bei mehreren Originalen mussten alle eröffnet werden, wohingegen die Eröffnung einer bloßen Kopie nicht genügte (siehe D. 29,3,10pr. (Ulp. 13 ad leg. Iul. et Pap.) und D. 29,3,12).

25 Siehe auch Nowak 2015, 81–97.

26 Vergleiche BGU I 361 = FIRA III 50, 170 ff. = Nr. 57: Im dort aufgeführten Prozessprotokoll war eröffnungswilliger Kläger derjenige, dem das Testament zu genau diesem Zweck anvertraut worden war.

27 Vergleiche D. 43,5 (*De tabulis exhibendis*).

4.3 Ablauf der Testamentseröffnung

a. Lag das Testament vor, waren die Zeugen[28] zusammenzurufen (rogieren), damit sie die Echtheit und Unversehrtheit des Testaments feststellen konnten; die Ladung geschah durch den zuständigen Magistrat[29]. Dieser Ladung musste Folge geleistet werden, gegebenenfalls konnte der Magistrat einen unwilligen Zeugen zwingen: *praetoris id officium est, ut cogat signatores convenire et sigilla sua recognoscere* (D. 29,3,4 (Ulp. 50 ad ed.)).

b. Am Tag der Testamentseröffnung – tagsüber, *inter horam secundam et decimam diei* (Paul. sent. 4,6,2) – wurde zunächst die Anwesenheit (und wohl auch Identität) der geladenen Testamentszeugen überprüft. An sich mussten alle Zeugen anwesend sein; es genügte allerdings auch die Mehrheit der Zeugen (*maxima pars*)[30]; unter Umständen konnte der Magistrat sogar die Heranziehung glaubwürdiger Männer (*optimae opinionis viri* < s >[31]) als Eröffnungszeugen bestimmen, wenn die sofortige Eröffnung notwendig erschien[32].

c. Neben den Testamentszeugen werden in der Praxis regelmäßig die potentiellen Erben (vgl. P.Laur. I 4, 10: διὰ Αὐρηλίου Ἀμμωνίου διαδόχο[υ]), sonstige Personen mit einem berechtigten Interesse (Legatare usw.) sowie der Schreiber des Eröffnungsprotokolls anwesend gewesen sein.

d. Danach erfolgte die Überprüfung und Anerkennung der Siegel durch die Zeugen. Ihnen wurde die Testamentsurkunde vorgelegt und sie wurden gebeten, ihr Siegel (und ggf. ihre *superscriptio*) anzuerkennen[33]. Anschließend wurde der Faden, der die Wachstafeln miteinander verband, durchgeschnitten und der Text des Testa-

---

28 NOWAK 2015, 88–94.

29 Zwar spricht D. 29,3,4 (Ulp. 50 ad ed.) vom *praetor*, jedoch kann dies nach den obigen Ausführungen nicht anders als weitergehend, das heißt im Sinne der jeweils zuständigen Beamten, verstanden werden.

30 D. 29,3,6 (Ulp. 50 ad ed.); Paul. sent. 4,6,1. Zur Handhabung in der Praxis vergleiche aber das *testamentum Gai Longini Castoris* (BGU I 326; 194 n. Chr.).

31 D. 29,3,7 (Gai. 17 ad ed. prov.). Siehe auch C. 6,32,2.

32 Wie aus D. 29,3,7 (Gai. 17 ad ed. prov.) folgt, war es anschließend erforderlich, das Testament erneut zu versiegeln und es dann den ursprünglichen Testamentszeugen zur Überprüfung ihrer Siegel zuzusenden. Es ist wohl nicht auszuschließen, dass die Notwendigkeit einer derartigen sofortigen Eröffnung auch mit fiskalischen Interessen (*vicesima hereditatium*) begründet werden konnte. Die rechtlichen Wirkungen traten in solchen Fällen aus hiesiger Sicht sogleich mit der Eröffnung unter Heranziehung der *optimae opinionis viri* ein.

33 Die Nichtanerkennung des Siegels durch einen oder mehrere der Zeugen sorgte übrigens nicht dafür, dass das Verfahren der Testamentseröffnung abgebrochen wurde, sondern – wie Gaius uns beschreibt in D. 29,3,1,2 (17 ad ed. prov.)) – lediglich dafür, dass die *tabulae* des Testaments als *suspectae* (verdächtig) galten. Dies ist auch nachvollziehbar, da mit dem Abbruch des Verfahrens nichts gewonnen gewesen wäre und es zudem wenig Sinn ergab, einer Einzelperson auf einen bloßen Verdacht hin die Möglichkeit zu geben, das Verfahren zu blockieren.

ments – mit Ausnahme des Datums[34], anstößiger Passagen sowie solcher, deren Verlesung der Erblasser verboten hatte – vorgelesen[35].

e. Am Ende wurde ein Protokoll über die erfolgte Testamentserrichtung erstellt, welches sich (jedenfalls) aus dem (wesentlichen) Testamentsinhalt im Wortlaut sowie dem schon oben erwähnten Eröffnungsvermerk zusammensetzte. Ob ein solches Protokoll zwingend notwendig war, ergibt sich nicht aus den Quellen; allerdings lässt die Häufigkeit der Testamentsprotokolle einen solchen Schluss mit gewisser Wahrscheinlichkeit zu[36]; in jedem Fall ergibt sich sein Nutzen von selbst, jedenfalls ab der Zeit, ab der das Originaltestament in öffentlichen Archiven verblieb. Auch hinsichtlich der Sprache der Testamentseröffnungsprotokolle enthalten die Quellen keine Vorschriften. Den Dokumenten der Praxis entnehmen wir, dass zwei Protokolle aus den Jahren 131 n. Chr.[37] und 147 n. Chr.[38] in lateinischer Sprache verfasst sind, während andere aus der Zeit nach der Verfügung des Alexander Severus, welche das Testieren in griechischer Sprache erlaubte, die griechische Sprache aufweisen[39]. Die scheinbar klare Schlussfolgerung (vor dem Erlass bestand die Pflicht zur lateinischen Sprache, danach war auch die griechische Sprache erlaubt) gerät jedoch dadurch ins Wanken, dass sich mit BGU VII 1655 (169 n. Chr.), P.L.Bat. XIII 14 (127–148 n. Chr.) und BGU I 326 (194 n. Chr.) drei frühere Eröffnungsprotokolle finden, die in griechischer Sprache verfasst sind. Da es sich dabei jedoch jeweils nur um ins Griechische übersetzte Kopien von im Original auf Latein verfassten Eröffnungsprotokollen handelt[40], spricht viel dafür, dass erst ab dem Zeitpunkt, ab dem die Errichtung römischer Testamente in griechischer Sprache erlaubt war, diese Sprache auch für die Protokolle gestattet war. Dafür lässt sich im Übrigen auch anführen, dass es schwer vorstellbar ist, dass die Römer, die vor der *Constitutio Antoniniana* so viel Wert auf die Einhaltung der lateinischen Sprache gelegt hatten und die um die Bedeutung der Testamentseröffnung für die tatsächliche Rechtsdurchsetzung wussten, ohne Not die Verwendung der griechischen Sprache erlaubt hätten.

f. Vom Testamentseröffnungsprotokoll konnten Abschriften, auch in griechischer Übersetzung, erworben werden. Für ein Beispiel und Einzelheiten vergleiche das *testamentum Gai Longini Castoris* (BGU I 326).

---

34 D. 29,3,2,6 (Ulp. 50 ad ed.).

35 Paul. sent. 4,6,1.

36 Amelotti 1966, 187 Fn. 5.

37 *Testamentum Marci Sempronii Prisci* (Ch.L.A. X 412 = P.Berol. inv. 7124).

38 P.Mich. VII 439.

39 Zum Beispiel das *testamentum Aurelii Hermogenis* (P.Oxy. VI 907, 276 n. Chr.).

40 Ebenso Amelotti 1966, 188–189. Teilweise a. A. Nowak 2015, 98–99.

5 Weiteres Schicksal der Testamentsurkunde

Über das Schicksal des Testaments wurde in der rechtshistorischen Literatur viel diskutiert[41], denn teils sprechen die Quellen von einer Aushändigung der Testamentstafeln an denjenigen, der den größten Teil des Nachlasses erhielt[42], teils aber von der Verwahrung im Gerichtsarchiv[43]. Im Ergebnis ist es wahrscheinlich, dass die widersprechenden Stellen auf einem unterschiedlichen Rechtsstand zu verschiedenen Zeiten beruhen, dass mit anderen Worten die geschichtliche Entwicklung vom erstgenannten hin zum zweitgenannten Konzept ablief und am Ende die Verwahrung im Gerichtsarchiv stand, wo allen Interessierten eine Einsichtnahme ermöglich wurde[44].

6 Schluss

Angesichts der recht dünnen Quellenlage bleiben mehr Fragen offen, als beantwortet werden können. Dennoch zeigen die vorstehenden Ausführungen, dass für die Eröffnung römischer Testamente genaue Vorschriften bestanden, die in der Praxis mit großer Sorgfalt umgesetzt wurden. Angesichts des praktischen Gespürs der römischen Juristen überrascht dies nicht, war ein Testament doch immer nur dann etwas wert, wenn es von der Nachwelt rechtlich und faktisch anerkannt wurde.

Bibliographie

Amelotti 1966: M. Amelotti, Il testamento romano attraverso la prassi documentale I, Le forme classiche di testamento, Firenze 1966.

Arangio-Ruiz 1906: V. Arangio-Ruiz, La successione testamentaria secondo i papiri greco-egizii, Napoli 1906.

Biondi 1954: B. Biondi, Diritto ereditario romano, Parte generale, Milano 1954.

Bruun 1991: Ch. Bruun, The water supply of ancient Rome. A study of Roman imperial administration, Helsinki 1991.

Colella 2024: L. C. Colella, I testamenti dei cittadini romani d'Egitto tra storia sociale e prassi giuridica. Dal I secolo d.C. a Severo Alessandro, Wiesbaden 2024.

Demicheli 2006: A. M. Demicheli, Emilio Macro e la vicesima hereditatium, *Minima Epigraphica et Papyrologica* IX, 2006, 299–315.

Eck 1979: W. Eck, Die staatliche Organisation Italiens in der hohen Kaiserzeit, München 1979.

41 Siehe hierzu die ausführlichen Nachweise bei Nisoli 1949, 56 ff.

42 Vergleiche D. 10,2,4,3 (Ulp. 19 ad ed.); D. 29,3,3 (Gai. 17 ad ed. prov.).

43 Paul. sent. 4,6,1.

44 So Biondi 1954, 602–603; Nisoli 1949, 56 ff.; Amelotti 1966, 190; siehe auch Nowak 2015, 97–99. Anders jetzt Dolganov in diesem Band.

GÜNTHER 2008: S. GÜNTHER, „Vectigalia nervos esse rei publicae". Die indirekten Steuern in der Römischen Kaiserzeit von Augustus bis Diokletian, Wiesbaden 2008.
KRELLER 1919: H. KRELLER, Erbrechtliche Untersuchungen auf Grund der gräko-ägyptischen Papyrusurkunden, Leipzig 1919.
MEYER 1920: P.M. MEYER, Juristische Papyri. Erklärung von Urkunden zur Einführung in die juristische Papyruskunde, Berlin 1920 [Nachdruck Chicago 1976].
NELIS-CLÉMENT 2006: J. NELIS-CLÉMENT, Les stationes comme espace et transmission du pouvoir, in: A. KOLB (Hg.), Herrschaftsstrukturen und Herrschaftspraxis. Konzepte, Prinzipien und Strategien der Administration im römischen Kaiserreich. Akten der Tagung an der Universität Zürich 18.–20.10.2004, Berlin 2006, 269–298.
NISOLI 1949: E. NISOLI, Die Testamentseröffnung im römischen Recht, Diss. Bern 1949.
NOWAK 2015: M. NOWAK, Wills in the Roman Empire. A Documentary Approach, Warsaw 2015.
SCHMITTHENNER 1973: W. SCHMITTHENNER, Oktavian und das Testament des Caesar, München 1973.
STRASSI 2006: S. STRASSI, Οἱ ἐκ τοῦ Καισαρείου. Diffusione e valore simbolico dei Kaisareia nell'Egitto romano, *AfP* 52, 2006, 218–243.
STROBEL 2014: B. STROBEL, Römische Testamentsurkunden aus Ägypten vor und nach der *Constitutio Antoniniana*, München 2014.

Lucia Consuelo Colella

Griechischsprachige römische Bürger aus Ägypten und das *testamentum per aes et libram*

Abstract: Egypt preserves the richest evidence for Roman wills, both in terms of writing materials (wooden tablets, papyri) and text types (originals, copies, drafts, templates). This documentation provides detailed insight into the processes of will creation and their recording in protocols of opening. In Egypt—as in other eastern provinces—many Roman citizens were Greek-speaking before 212 CE, necessitating the involvement of individuals capable of drafting wills (νομικοί) under *ius civile* in Latin and translating them into Greek for the testator and heirs. This paper examines the drafting of Roman wills in Egypt, highlighting new findings from the recent re-edition of the documentary evidence and shedding light on procedural, linguistic, and practical aspects of testamentary practice.

1 Einleitung

Im Rahmen der florierenden Studien über die römischen Bürger in den Provinzen vor der *Constitutio Antoniniana* sind Testamentsurkunden sowohl aus sozialgeschichtlicher als auch aus juristischer Sicht von besonderer Bedeutung. Sie können nämlich nicht nur Aufschluss über den *status civitatis* der Erblasser, Begünstigten und Zeugen[1] und (zum Teil) auch über deren Vermögen geben, sondern auch über die von ihnen gesprochene Sprache und den Grad ihrer Alphabetisierung.

Wie Amelotti feststellt, stammen die physisch überlieferten Testamente alle aus der Kaiserzeit und haben zumindest bis zum Beginn des 3. Jahrhunderts die Form des *testamentum per aes et libram*[2]; die meisten stammen aus Ägypten. Da das Libraltestament ein Akt des *ius civile* ist, muss es in lateinischer Sprache verfasst worden sein,

1 Eine Ausnahme bildet das so genannte *testamentum militis*, dessen Ausweitung auf Veteranen in Ägypten umstritten ist: s. insb. Amelotti 1966, 81–110 und neuerdings auch Babusiaux 2021, 186–191 und Jakab 2022. Über das *testamentum per aes et libram* ist die Literatur endlos, aber s. insb. Biondi 1955; Amelotti 1966; Voci 1982; Terranova 2011; Babusiaux 2021; Avenarius 2024; Babusiaux 2024.

2 Amelotti 1966. Vgl. Migliardi Zingale 1997; Strobel 2014; Nowak 2015.

Anmerkung: Für diese Arbeit wurden im Rahmen des ERC-Projektes NOTAE („Notae: not a written word but graphic symbols“, Finanzhilfevereinbarung Nr. 786572; P.I. Antonella Ghignoli) Fördermittel aus dem Programm der Europäischen Union für Forschung und Innovation „Horizont 2020“ bereitgestellt. Ich bin Gregor Albers für die Korrektur des deutschen Textes sehr dankbar.

https://doi.org/10.1515/9783111694634-009

zumindest bevor Severus Alexander die Möglichkeit einführte, ein römisches Testament in griechischer Sprache aufzusetzen[3].

Mein Beitrag wird sich daher auf diejenigen Texte beschränken, die aus der Zeit vor Severus Alexander stammen. Zu dieser Zeit mussten Testamente noch auf Latein verfasst werden. Kürzlich habe ich eine aktualisierte Ausgabe dieser Texte vorgelegt[4]. In diesem Beitrag möchte ich mich auf die Schwierigkeiten konzentrieren, die fehlende Lateinkenntnisse für einen Erblasser oder die Begünstigten eines Testaments mit sich bringen, und auf die Informationen, die uns die Dokumente der Praxis zu diesem Thema geben. Die Fokussierung auf den komplexen Prozess der Abfassung römischer Testamente und ihrer Eröffnungsprotokolle, der hier nur in groben Zügen verfolgt werden soll, zeigt die Notwendigkeit einer vertieften Klassifizierung der Dokumente.

Römische Testamente aus Ägypten lassen sich nämlich auf verschiedene Typen zurückführen. Eine erste wichtige Unterscheidung ist die zwischen den „Original"-Testamenten und ihren Abschriften, die in den Eröffnungsprotokollen enthalten sind.

Die grundlegenden Phasen der Abfassung römischer Testamente lassen sich nach dem heutigen Stand der Forschung wie folgt rekonstruieren: Vor der Zulassung von Testamenten in griechischer Sprache durch Severus Alexander wurden sie in der Regel in lateinischer Sprache auf gewachsten und versiegelten Tafeln abgefasst; nach der Öffnung wurden die Urkunden in den Eröffnungsprotokollen abgeschrieben, ebenfalls in lateinischer Sprache, aber (zumindest in Ägypten) auf Papyrus. Die griechischen Urkunden auf Papyrus wurden jedoch generell als direkte Übersetzungen aus dem Lateinischen eingestuft (Tab. 1)[5].

Wie bereits erwähnt, werden die in lateinischer Sprache auf Wachstafeln geschriebenen Urkunden als Original-Testamente identifiziert[6]. Obwohl diese Hypothese sich auf eine äußerst spärliche Dokumentation stützt (nur fünf Exemplare, von denen nur FIRA III 47 vollständig erhalten ist), scheint sie durch die Tatsache gestützt zu werden, dass einzig Testamente auf *tabulae ceratae* die eigenhändige Unterschrift des Erblassers[7] und die eigenhändigen *adscriptiones* der Zeugen[8] tragen, während sie in Papyrustexten von anderer Hand abgeschrieben sind[9].

Wir wissen nicht mit Sicherheit, ob die Verwendung von Tafeln Pflicht war oder ob die *tabulae* einfach als typisch römisches Schreibmaterial betrachtet wurden, und

3 Amelotti 1966, 217–226; Nowak 2015, 110–112.

4 Colella 2024.

5 Fettgedruckte Texte sind neue Dokumente, die in keinen früheren Gesamtwerken über römische Testamente in Ägypten (s. insb. Colella 1966; Migliardi Zingale 1997; Strobel 2014; Nowak 2015) enthalten waren.

6 S. insb. Amelotti 1966, 188–189.

7 FIRA III 47; BGU VII 1695.

8 BGU VII 1695.

9 Die einzige Ausnahme ist P.Oxy XXXVIII 2857, ein zweisprachiger Entwurf (§ 2), der die eigenhändige Unterschrift des Erblassers trägt.

Tab. 1: Römische Testamente aus Ägypten vor 235 n. Chr.

Tafeln (Lat.)	Papyri (Lat.)	Papyri (Gr.)	Papyri (Lat.; Gr.)
1. FIRA III 47 (142)	1. ChLA IX 399 (91)	1. P.Select 14 (127–148)	1. P.Oxy. XXXVIII 2857 (134)
2. BGU VII 1695 (157)	2. ChLA X 412 (131)	2. BGU VII 1655 (169)	
3. BGU VII 1696 (2. Jhd.)	3. P.Mich. VII 439 (147)	3. PSI XIII 1325, Z. 9–24 (172–175)	
4. P.Mich. VII 446 (2. Jhd.)	4. P.CtYBR inv. 4669 = (191)	4. BGU XIII 2244 (186)	
5. **BL Add. MS. 33999 f8 (2. Jhd.)**	5. P.Berol. inv. 13887 = ChLA X 427 (2. Jhd.)	5. P.Diog. 9 (186–210)	
	6. **P.Carlsberg inv. 671 A + C + P.Berol. inv. 14470 *b recto* (2. Jhd.; 139?)**	6. BGU I 326 (194)	
	7. P.Oxy. LII 3692 (2. Jhd.)	7. P.Hamb. I 73 (2. Jhd.)	
	8. P.Hamb. I 72 (2.–3. Jhd.)	8. CPR VI 76 (2.–3. Jhd.)	
	9. P.Diog. 10 (211)	9. P.Bagnall 5 (213)	
	10. **P.Vindob. inv. L 74 (212–235?)**	10. P.Oxy. XXII 2348 (224)	

deswegen für eine rechtsgültige römische Urkunde verwendet wurden. Die ägyptische Dokumentation ist sehr dürftig und lässt keine eindeutigen Schlussfolgerungen zu, aber im 3. Jahrhundert finden wir keine Testamente mehr, die auf Wachstafeln geschrieben sind. Viele haben diese Veränderung mit der Verfügung von Severus Alexander in Verbindung gebracht, welche die Verwendung der griechischen Sprache für römische Testamente erlaubte[10]. Der Jurist Ulpian behauptet aber, dass alle Schreibmaterialien als *tabulae testamenti* zulässig sind (D. 37,11,1pr.; D. 29,3,2,2)[11]; diese Fragmente zeugen von einer Diskussion über das geeignete Schreibmaterial für Testamente in der römischen Jurisprudenz, die wahrscheinlich vor Severus Alexander stattfand[12].

Die ägyptische Dokumentation ist die reichhaltigste, was die Vielfalt der Medien und Dokumenttypen angeht. Dies ermöglicht einen genaueren Blick auf die Vorgänge, die zur Errichtung eines römischen Testaments und nach dem Tod des Erblassers zu den entsprechenden Eröffnungsprotokollen führten. Insbesondere ermöglichen Urkunden aus dieser Provinz die wesentlichen Linien des Prozesses nachzuzeichnen, der in einem überwiegend griechischsprachigen Kontext dazu führte, dass eine Urkunde in lateinischer Sprache und in Übereinstimmung mit dem römischen Recht erstellt wurde. Im Vergleich zu den westlichen Reichsteilen ist für Ägypten zudem zu berücksichtigen, dass bereits vor 212 n. Chr. viele römische Bürger griechischsprachig waren, wie auch in anderen Ostprovinzen. Daraus ergibt sich die Notwendigkeit, auf Personen zurückzugreifen, die in der Lage waren, ein Testament nicht nur in lateinischer Sprache gemäß dem *ius civile* abzufassen, sondern es auch für den Erblasser und die Begünstigten ins Griechische zu übersetzen: Römische Bürger in Ägypten, welche die lateinische Sprache nicht beherrschten, begaben sich zu zweisprachigen „Urkundenschreibern“, die in einigen Quellen als νομικοί bezeichnet werden[13]. Wie

---

10 In einem Papyrustestament, das in die zweite Hälfte des 3. Jahrhunderts datiert wurde (P.Stras. IV 277), scheint der Erblasser außerdem anzugeben, dass er seinen letzten Willen auf Papyrus (ἐν χάρτῃ) geschrieben hat: [. .]αι ἐν χάρτῃ Ἑλ[ληνικοῖς γράμμασι διαθήκην ἐποίησεν γραφησόμενην τε ὑπηγόρευσεν], Z. 3. Obwohl diese Stelle im Text sehr lückenhaft ist, wurde dies als Beweis dafür gewertet, dass die kaiserliche Konstitution die Abfassung von Testamenten auf Papyrus statt auf Wachstafeln erlaubte, doch ist dies höchst zweifelhaft: s. unten Fn. 11–12.

11 D. 37,11,1pr. (Ulp. 39 ad ed.): *Tabulas testamenti accipere debemus omnem materiae figuram: sive igitur tabulae sint ligneae sive cuiuscumque alterius materiae, sive chartae sive membranae sint vel si corio alicuius animalis, tabulae recte dicentur.* D. 29,3,2,2 (Ulp. 50 ad ed.): *Ad causam autem testamenti pertinere videtur id quodcumque quasi ad testamentum factum sit, in quacumque materia fuerit scriptum, quod contineat supremam voluntatem: et tam principales quam secundae tabulae edicto continentur.*

12 S. schon Strobel 2014, 25–26. Honoré 2002, 158–176 datiert die Bücher 39 und 50 *ad edictum* auf die Zeit, als Caracalla alleiniger Kaiser war.

13 Die ägyptische Dokumentation gibt wenig Aufschluss über die Identität derjenigen, die die Testamente verfasst haben. Einige westliche Quellen sprechen speziell von *testamentarii* (CIL II 1734; CIL VIII 212; CIL X 3969; CIL X 4919; CIL XI 1037; CIL XII 5235; vgl. auch D. 28,5,9,3 (Ulp. 5 ad Sab.); D. 28,5,9,6 (Ulp. 5 ad Sab.); D. 29,6,1pr. (Ulp. 48 ad ed.); D. 36,1,3,5 (Ulp. 3 fideicomm.); D. 48,10,15,6 (Callistr. 1

wir noch sehen werden, muss zwischen mindestens zwei Arten von Übersetzungen unterschieden werden: derjenigen, die für den Erblasser gleichzeitig mit dem Testament angefertigt wurde (§ 2), und derjenigen, die später für die Begünstigten erstellt wurde (§ 4).

2 Die Vorbereitungsphase der Testamentserrichtung: Formulare und Entwürfe

Zwei wichtige Dokumente zum Verständnis der verschiedenen Phasen der Abfassung römischer Testamente sind P.Hamb. I 72 und P.Oxy. XXXVIII 2857, beide auf Papyrus geschrieben. Sie gehören weder in die Kategorie der Originale noch in die der Eröffnungsprotokolle.

P.Hamb. I 72 bewahrt ein Repertoire an Formeln für die Erstellung eines Libraltestaments[14]. Der Text verteilt sich auf zwei Kolumnen, aber wir haben nur noch wenige Reste der ersten; dagegen ist die zweite fast vollständig erhalten.

P.Hamb. I 72, Kol. II[15]:

mortis · ṃeae · natus · natave · erit ·, mihi hẹreṣ
esto · suntove ·. quod · si · unus · unave ex · his ·, quicuṇque
natus · natave · erit · eruntve ·, moriatur ·, erọgạ[tio]
hereditatis · pro portione maior · esto ·. vac.
cum autem sciam mihi non licere per testamentum [plus]
quam quod · in lege Fufia · Caninia · coṇprehensuṃ
sit · manụṃ[i]ṭṭ[ere], rogo, hẹṛẹs · karissiṃe ·, ṃạṇụṃ[ittas]
e . . ọbstet · fugitiṿọrum · servorum · eorum · nụmer[us].

si quid ego · post h[o]c ṭestamentum · meum nuncupatu[m]
codicillis · charta · ṃembrana · aliove quo generẹ [a me]
scṛip[tum signatum]q[ue re]l[i]q[uero, quo non recto tes-]
tameṇ[ti iure l]ẹgụṃ[v]ẹ dari quid · aut · fieri · iu[sse-]
ro, ạuṭ [si quid] vel viṿus · dedi · donavi · deder[o]
donaver[o vel] ḷ[i]berum liberamve · esse vetuer[o]

---

quaest.); D. 48,10,22,10 (Paul. lib. sing. ad SC Libon.)), während wir in Ägypten allgemein von νομικοί wissen, die für die Abfassung römischer Rechtsdokumente zuständig waren: s. insb. die νομικοὶ Ῥωμαικοί in BGU I 326 und SB VI 9298. Es muss unterschieden werden zwischen νομικοί als Urkundenschreiber oder Notare einerseits und als Rechtsexperten (häufig Experten des lokalen Rechts) andererseits: über die umstrittene Frage ihrer Funktion in verschiedenen Kontexten und die Entwicklung dieser Funktion im Laufe der Zeit s. zuletzt Urbanik 2023, mit Diskussion der Quellen und vorheriger Literatur.

14 Vgl. Migliardi Zingale 2003.

15 Text von Colella 2024, Nr. 22. Vorherige Ausgaben: Meyer 1918; P.Hamb. I 72; Amelotti 1966, Nr. 10; ChLA XI und XLVIII 496.

{au[t]} se{e}r[vum s]ẹ[rvam]ve, ratum · esto ac si · in hoc ṭ[es-]
t[a]ṃento cau[tu]ṃ cọṇprehensumve esset ·. vac.
h(uic) · t(estamento) · d(olus) m(alus) · aḅ[·]ẹṣto ·. vac.
fam(iliam) pecuniaṃ[q]ue · testam(enti) · f(aciendi) ‹causa› e(mit) · quis · (sestertio) I
librip(ende) vac. *q[u]ọ*
ant(estatus est) · vac. *quẹṃ.*

Das Vorhandensein von unpersönlichen Pronomen anstelle von Personennamen in der *mancipatio familiae* (Z. 18–20: *quis*; *quo*; *quem*) und von generischen Ausdrücken wie *heres* (Z. 7) zeigt, dass es sich um ein Formular handelt. Es ist wahrscheinlich, dass derartige Formelsammlungen von den Urkundenschreibern, die Testamente in schriftlicher Form verfassten, häufig verwendet wurden, um deren Übereinstimmung mit dem römischen Recht zu gewährleisten. Gerade wegen seiner Bedeutung für das Verständnis des Abfassungsprozesses sollte das bisherige Urteil über diesen Text überdacht werden. Nach der Meinung vorheriger Herausgeber gab es Fehler im Text, was für ein Musterformular merkwürdig ist. Besonders wichtig scheint die ungewöhnliche Formulierung der *mancipatio familiae* zu sein, weil es sich um eine feste Formel handelt, die in Testamenten wiedergegeben werden könnte. In Z. 19 ist das Wort *libripens* abgekürzt; als Indefinitpronomen las Meyer *quis*, im Nominativ, und dachte deswegen an die Formulierung *librip(endis) lo(co) quiṣ*, die wir aber in keinem der überlieferten Testamente finden. Dagegen kann man *quó* lesen, mit einem Apex (in der Form eines Akzents) über dem Buchstaben *o*[16]. Auf diese Weise ist auch in diesem Musterformular der normale *Ablativus absolutus libripende quo* belegt[17].

Jetzt kommen wir zu P.Oxy. XXXVIII 2857, einem zweisprachigen Entwurf: Dieser Papyrus enthält sowohl die lateinische (in Kolumne I, wo aber nur der erste Teil erhalten ist) als auch die griechische Fassung (in Kolumne II) desselben Testaments. Der Erblasser ist der Freigelassene Tiberius Claudius Alexander.

P.Oxy. XXXVIII 2857, Kol. I[18]

[Ti. · Claudius Ti. · l(ibertus) · Alexander] .. vac. *t(estamentum) f(ecit)·*
[Claudia Theanous colliberta mea omni]ụm bonoru[m] meo-
[rum mihi heres esto, c(eteri) · o(mnes) · ex·h(eredes) · sunto. eaque] · d(amnas) · e(sto) d(are) · facere ea
[omnia quae in hoc testamento scripta eru]nt · s(ine) · d(olo) · m(alo) [·]. cer-
[nitoq(ue) heredit(atem) meam in diebus C prox(imis) quibu]s sciet poteriṭq(ue) ·
[testari se mihi heredem esse. ni ita testata erit crev]eritquẹ · ex·[h(eres)] ·
[esto]. vac. *tụ[m]*

16 Der Apex ist ein Zeichen, das auch an anderer Stelle im Papyrus vorkommt (Kol. II, Z. 15: *hóc*; Z. 16: *essét*).

17 Ein weiterer, weniger wichtiger Fehler, den frühere Herausgeber im Papyrus erkannt haben, befindet sich in Z. 6: Da las man *in legem Fufia · Caninia* ·, aber meiner Meinung nach ist die vermutete Spur von *m* nur ein Interpunctum, wie man sieht, wenn man *Fufia* · mit *Caninia* · vergleicht.

18 Text von Colella 2024, Nr. 4. Vorherige Ausgaben: P.Oxy. XXXVIII 2857; ChLA XLVII 1413 (nur Kol. I).

[Ti. · Claudius Ptolemaeus illius filius sec]undo loco m[ihi]
[heres esto, c(eteri) o(mnes) ex·h(eredes) sunto. isque d(amnas) e(sto) d(are) face]ṛe ea omnịa
[quae primo gradu heredem meam eiusque] matrem
[d(are) facere oportebat. cernitoq(ue) heredit(atem) me]am in di[ebus]
[LX proximis s(ine) d(olo) m(alo). quisquis mihi h]eres er[it]
[illius fidei committo dare. Ti. · Claudi]o Theonạ[e]
[colliberto meo do lego drachmas centu]ṃ ·. Ti. · Clauḍ[io]
[Demetrio colliberto meo d(o) l(ego) drachmas c]ent[u]m. vac.
[corporis mei curam fidei heredis me]i com-
[mitto, in quod impendi volo ne minus drachmas centum].
[si quid autem post hoc testamentum meum pugillaribus]
[codicillis vel charta vel alio quo genere a me scriptum]
[vel subscriptum signatumque reliquero, per quod dari]
[fieri praestari aliquid iussero vel vetuero, id ita]
[valere volo ac testamentum meum]. vac.
[h(uic) t(estamento) d(olus) m(alus) abesto. vac. fam(iliam) pecuniam]q(ue)
[testam(enti) f(aciendi) c(ausa) e(mit) vac. s(estertio) n(ummo) I, lib(ripende) vac., ant(estatus) vac].
[testamentum factum Oxyrhyncho Thebaidis XVI Kalendas]
[Iunias L. Iulio Urso Serviano T. Ulpio Varo III co(n)s(ulibus) anno]
[XVIII Imp(eratoris) Caesaris Traiani Adriani Augusti Pachon XXII].

P.Oxy. XXXVIII 2857, Kol. II

Τ̣ι̣[βέ]ρ̣ι̣ο̣ς Κλαύδιος Τιβε[ρί]ου [ἀπ]ελεύθερος Ἀλέξανδρος διαθή-
vac. κην vac. ἔθ[ε]τ̣[ο].
Κ[λα]υδία Θεανοῦς ἡ συνεξελευθέρα μου πάντων τῶν ὑπαρχόντ(ων)
μοι ἐμοὶ κληρονόμος ἔστω· οἱ δὲ λοιποὶ πάντες ἀποκληρόνομο(ί)
μοι ἔστωσαν̣. αὐτή τε κατάδικος ἔστω διδόναι ποιεῖν πάντα ὅσα ἐν
ταύτῃ τῇ δ̣ιαθήκῃ ἐνγεγραμμένα ἔσονται χωρὶς δόλο(υ) πονηρο(ῦ).
ἀποφηνάσ̣[θ]ω τε τὴν κληρονομίαν μου ἐν ἡμέραις ρ̄ ταῖς ἔνγιστα
α[ἷ]ς γνώσε̣[ται] δυνήσεταί τε μαρτύρ[εσ]θαι ἑαυτήν μου κληρονόμο(ν)
[εἶνα]ι. ἐὰν [δὲ] μὴ ἀ̣ποφήνη[τα]ι̣ μήτ[ε μ]αρτύρητ(αι), ἀποκληρόνομο(ς) ἔσ̣τ̣ω̣.
.[. . .] Τ̣ιβ[έριο]ς Κλαύδιος Π̣τ[ολε]μαῖο̣[ς] ὁ ταύτης υἱὸς δευτέρῳ τόπῳ
[ἐμοὶ κλ]η̣ρ̣[ον]ό̣μος ἔστω̣· οἱ δ̣ὲ̣ λ̣[οιποὶ πά]ντες ἀποκληρόνομοι
ἔσ[τωσα]ν· ο[ὗτό]ς τε κ̣α̣τ̣ά̣δ̣ι̣κος ἔστω [δι]δόναι ποιεῖν πάντα ὅσα
[τὴν πρώτη]ν̣ μ̣ο̣υ̣ [κ]ληρ̣ο̣νόμ[ο]ν̣ μητέρα τε αὐτο[ῦ] διδόναι
π̣[ο]ι̣ε̣ῖ̣ν̣ ἐ̣δ̣[ει]· ἀποφηνά̣σ̣θ̣ω̣ τε τὴν [κλη]ρονομίαν μου ἐν [ἡ]μέραις
[ξ̄ ταῖς ἔ]νγι[σ]τ̣α̣ χ̣ω̣ρ̣ὶ̣ς̣ [δό]λου πονη[ρ]οῦ. vac. ὅστις μου κληρονόμος
ἀ̣ν̣ [γέν]ηται τῇ π̣[ί]σ̣τ̣ι̣ [αὐ]τ̣ο̣[ῦ π]α̣ρ̣α̣τίθεμαι δῶναι. Τιβερίωι
[Κλαυ]δ̣ίῳ Θεων⟦ι⟧ᾷ συν[εξελευθ]έρῳ μου δίδωμι καταλίπω (δραχμὰς) ἑκατόν·
Τιβερίῳ Κλαυδίῳ Δημ̣[η]τ̣ρ̣ί̣ῳ σ̣υ̣ν̣ε̣ξελευθέρ[ῳ] μου δίδωμι κα-
τ̣α̣λ̣ί̣π̣ω̣ δραχμὰς ἑκα̣[τ]ό̣ν. τοῦ σώματός μου [τ]ὴν ἐπιμέλειαν
τῷ κληρονόμῳ μου [κ]αταλείπω, εἰς ὃ δαπανηθῆναι θέλω
μὴ ἔλαττον δραχμῶ[ν] ἑκατόν. ἐὰν δέ τι μετὰ ταύτην μου
[τὴ]ν̣ διαθήκην πιν̣[α]κ̣είσι κωδικίλλοις χ[ά]ρτῃ ἢ ἄλλῳ τινὶ
[γέ]ν̣ει ὑπ' ἐμοῦ γεγραμμένον ἢ ὑπογεγραμμένον ἐσφρα[γισ]μένον
τε καταλε̣[ί]πω, δι' οὗ δοθῆναί τι ἢ γενέσθαι παρέ̣-
χειν τε ἐπιτρέψω κωλύσω τε, ⟦ι⟧έν ἴσῳ βέβαιον εἶναι θέλω
ὡς καὶ ταύτην μου τὴν διαθήκην. ταύτης τῆς διαθήκης

δọ́λος πονηρὸς ἀπίτω. vac. οἰκετείαν χρήματά τε διαθήκης
γεị[ν]ọμẹ́[ν]η(ς) ἐπρίατο vac. σηστ(ερτίῳ) νούμμ(ῳ) ⟦Ι⟧α
[ζ]ụγοστατοῦντος vac.
[ἀ]ṿτεμαρτύρατο vac.
ἡ δ[ι]αθήκη ἐγένετο ἐν Ὀξυρύγχ(ων) πόλ(ει) τῆς Θηβαίδος πρὸ ιϛ̄ Καλανδ(ῶν)
Ἰουνίων Λ̣ουκίῳ Ἰουλίῳ Οὔρσῳ Σερουιανῷ τὸ γ̄ Τίτο Οὐιβίῳ
Οὐ[ά]ρῳ ὑπάτοις (ἔτους) ιη Αὐτοκράτορος Καίσαρος Τραιανοῦ
Ἁ[δρι]ανοῦ Σε[βα]στοῦ Παχων κβ̅. m2 Τι{ι}βέριος Κλαύδιος
Ἀλέξανδρος ἀνέγνων μου τὴν δịạθήκην πρὸς
[ἣν] ἠθέλησα τὴν Ῥ̣ωμạϊκήν μọụ γ[ρ]ạφῆναι·
[συμ]φῳνῖ μοι [γ]ὰρ π̣ạ́ντα ὡ[ς πρ]ọ́κ[ιτ]αι.

Die griechische Fassung wurde vom Testator eigenhändig unterschrieben („Ich, Tiberius Claudius Alexander, habe mein Testament gelesen, danach wollte ich, dass mein lateinisches Testament geschrieben wird. Ich bin mit allem so einverstanden, was oben geschrieben steht", Z. 34–37): Es handelt sich also nicht um eine Übersetzung eines Eröffnungsprotokolls, sondern um eine vorläufige Übersetzung des Testaments, die vom Erblasser selbst bestätigt wurde. Beleg dafür ist auch, dass Personennamen in der *mancipatio familiae* fehlen (stattdessen finden wir nur Leerzeichen): Wahrscheinlich waren sie noch nicht bekannt. Dieser Papyrus beweist, dass nicht alle auf Griechisch verfassten römischen Testamente auf Papyrus Übersetzungen von Eröffnungsprotokollen sind.

Die ersten Herausgeber dachten, dass die griechische Fassung des Testaments direkt vom Testator diktiert worden und die lateinische eine spätere Übersetzung sei. Derselben Meinung war Amelotti[19] für P.Oxy. XXII 2348, eine griechische Übersetzung eines Testamentseröffnungsprotokolls. Jedoch ist es nicht wahrscheinlich, dass der Erblasser (der kein Latein konnte) seinen letzten Willen dem *ius civile* entsprechend dem νομικός auf Griechisch diktierte. Dagegen spricht auch das Layout: bei zweisprachigen Glossaren, die auf zwei Kolumnen verteilt sind, findet sich die Übersetzung normalerweise auf der rechten Kolumne. Viel wahrscheinlicher ist also, wie Adrian Häusler für P.Oxy. XXII 2348 vorgeschlagen hat, dass Urkundenschreiber den auf Griechisch mitgeteilten letzten Willen des Erblassers dem *ius civile* entsprechend auf Latein mit Hilfe von Formularen erstellten; schließlich wurde die lateinische Fassung ins Griechische zur Kenntnisnahme durch den Testator übersetzt[20].

Dieses Verfahren wird durch den Vergleich zwischen den zwei Papyri (P.Oxy. XXXVIII 2857 und P.Oxy. XXII 2348) erkennbar. In P.Oxy. XXII 2348 lesen wir nämlich zwei Unterschriften des Erblassers: Die eine unter dem lateinischen Testament („Kopie der Unterschrift: Ich, Aurelius Chairemon, Sohn des Herakleides, habe testiert, wie es oben geschrieben steht"[21]) und die andere unter dem griechischen Testament, das als

19 Amelotti 1949, 50–51; vgl. Strobel 2014, 173.
20 Adams 2003, 564; Häusler 2016, 423–424; Babusiaux 2016, 520.
21 Übersetzung: Strobel 2014, 155.

„griechische Kopie" (Ἑλληνικὸν ἀντίγραφον) bezeichnet ist („Kopie der anderen Unterschrift, die auf dem griechischen Testamentsentwurf steht. Ich, Aurelius Chairemon, Sohn des Herakleides, habe den vorliegenden griechischen Entwurf meines Testaments gelesen und ich bin mit allem so einverstanden, wie ich es diktiert habe"[22]).

Die Testamentserrichtung kann also folgenderweise rekonstruiert werden: Der Erblasser diktierte seinen letzten Willen einem νομικός, der mithilfe von Formularen einen lateinischen Entwurf verfasste. Der νομικός übersetzte dann das lateinische Testament ins Griechische, sodass der Testator den Inhalt verstehen konnte. Der Erblasser unterschrieb beide Versionen (P.Oxy. XXII 2348) oder zumindest die griechische Übersetzung (P.Oxy. XXXVIII 2857, wo aber die lateinische Version fragmentarisch ist), um seine Zustimmung zu geben.

Um den Inhalt seines Testaments zu überprüfen, „kollationierte" der Erblasser den lateinischen Text mit der griechischen Übersetzung: Dies ist wahrscheinlich die Bedeutung des Verbs ἀντιβάλλω, das wir in den griechischen Unterschriften von zwei Erblassern in ägyptischen Dokumenten finden, darunter die des Antonius Silvanus („Ich, der oben Bezeichnete, Antonius Silvanus, habe mein vorliegendes Testament kollationiert[23], es wurde mir vorgelesen und ich billige es so, wie es oben geschrieben steht"). Danach wurde der lateinische Text auf Wachstafeln kopiert, die als (rechtsgültige) Originalurkunden galten.

3 Die „originalen" lateinischen Testamente auf Wachstafeln

Das einzige völlig erhaltene Original ist das Testament des Reiters Antonius Silvanus (FIRA III 47). Es ist ein Polyptychon aus fünf Tafeln. Alle sind beidseitig beschrieben außer Tafeln 1 und 5, die auf den Außenseiten leer sind. Dieses Dokument kann dazu beitragen, fragmentarische Testamente wie BGU VII 1696 besser zu verstehen.

Diese Urkunde besteht aus zwei fragmentarischen Tafeln. Jede Tafel ist nur auf einer Seite lesbar. Die Materialität der Stücke ist zum Verständnis der Urkunde wichtig. Zudem sind einige Lesungsfortschritte möglich.

Vorherige Herausgeber sagten nämlich nur, dass die beiden Tafeln auf der Innenseite lesbar sind, ohne weiteres zu spezifizieren. Man sieht jedoch, dass Tafel A am oberen Rand gebrochen ist, wo es eines der Löcher für die Versiegelung gab, wie es das sogenannte *senatus consultum Neronianum* vorschrieb[24]. Da dieses Loch auf Tafel

22 Übersetzung: Strobel 2014, 156.

23 Vgl. Strobel 2014, 71: „Ich ... habe mein vorliegendes Testament in Augenschein genommen".

24 Suet. *Nero* 17: *Adversus falsarios tunc primum repertum, ne tabulae nisi pertusae ac ter lino per foramina traiecto obsignarentur; cautum ut testamentis primae duae cerae testatorum modo nomine*

A am oberen Rand zu sehen ist, während es sich auf Tafel B am unteren Rand befindet, können wir daraus schließen, dass wir heute die *pagina posterior* der Tafel A und die *pagina anterior* der Tafel B lesen. Das wird klarer, wenn man diese Urkunde mit dem völlig erhaltenen Testament des Antonius Silvanus vergleicht. Es wird auch durch den erhaltenen Text bestätigt, da am Ende von Tafel A und am Anfang von Tafel B von Legaten die Rede ist. Wahrscheinlich sind die beiden lesbaren *paginae* zwei aufeinanderfolgende Seiten und geben einen durchgehenden Text wieder. Die neue Transkription zeigt, dass die *heredis institutio* auf Tafel A erhalten ist, während die vorherigen Herausgeber dachten, sie sei auf einer vorherigen Tafel verloren gegangen.

Tab. A = tab. II pag. post.[25]

[--- C. (?) Numissi]us Gẹṃellus
[--- liberi (?)] mei omnes
[omnium bonorum meorum he]redes sunto. ce-
[teri omnes exheredes s]ụnto. cernito he-
[reditatem meam quis]que suo nomine
[in diebus C proximis. ni it]ạ creverit ex-
[heres esto. secundo gradu] Numissia Gemella
[--- mihi heres est]o. ceteri omnes
[exheredes sunto. cerni]to hereditatem me-
[am in diebus LX proximis] . . . . . heredita-
[---] . . . . . si Numissia
[Gemella ---] ṃiḥi hẹres non erit
[--- do l]ẹgo iugera frumen-

Tab. B = tab. III pag. ant., Z. 1–3

[taria --- circa vicu]m Philadelpheam iụ-
[gera --- circa vicum H]ephaestiadem iụ-
[gera --- iuger]ụm unum et dimidium

Das ist besonders wichtig in Bezug auf die Vorschrift des *senatus consultum Neronianum adversus falsarios*: Laut Suetonius sollten die ersten zwei Wachsseiten (*primae*

inscripto vacuae signaturis ostenderentur ac ne qui alieni testamenti scriptor legatum sibi ascriberet; Paul. sent. 5,25,6: *Amplissimus ordo decrevit eas tabulas, quae publici vel privati contractus scripturam continent, adhibitis testibus ita signari, ut in summa* < *et ima* MOMMSEN > *marginis ad mediam partem perforatae triplici lino constringantur atque impositae supra linum cerae signa imprimantur, ut exteriori scripturae fidem interior servet. Aliter tabulae prolatae nihil momenti habent.* Das *senatus consultum*, das traditionell auf das Jahr 61 datiert wird, wurde von CAMODECA auf die zweite Hälfte des Jahres 61 oder das Frühjahr 62 datiert: s. insb. CAMODECA 1993; vgl. auch CAMODECA 2022.

25 Text: COLELLA 2024, Nr. 18. Vorherige Ausgabe: BGU VII 1696; Korrekturen in MIGLIARDI ZINGALE 1990. Leider ist es zurzeit nicht möglich, das Original des Dokuments einzusehen, und es sind keine vollständigen Abbildungen verfügbar, abgesehen von den in MIGLIARDI ZINGALE 1990 veröffentlichten Fotos; deshalb bleibt die hier vorgeschlagene Rekonstruktion hypothetisch, bis die Tafeln eingesehen werden können.

duae cerae) nur den Namen des Testators enthalten, so dass seine letztwilligen Verfügungen nicht vor seinem Tod bekannt wurden[26]. Wenn Tafel A *pagina posterior* den ersten Teil des Testaments (mit der *heredis institutio*) enthält, können wir leicht vermuten, dass diese die *tabula secunda* des *codex* ist, und dass auf den ersten beiden Wachsseiten nur der Name des Testators zu finden war. Dies scheint durch einen Vermerk der ersten Herausgeber bestätigt zu werden, die festhalten, dass man auf der Rückseite der Tafel A „auf der oberen Hälfte noch Reste der Enden von vier Zeilen, in ziemlich großer Schrift" sieht; diese Reste könnten zum Namen des Erblassers gehören. Wäre diese Rekonstruktion richtig, müsste die Meinung von Arangio-Ruiz korrigiert werden: Der Gelehrte ging nämlich davon aus, dass auch die anderen römischen Testamente Ägyptens nicht mit den Vorschriften des *senatus consultum* übereinstimmten, da er sich auf das Testament des Antonius Silvanus stützte[27].

Eine vergleichbare Struktur hatte wahrscheinlich BGU VII 1695, ein Testament, das zusammen mit unserer Urkunde gefunden wurde.

4 Testamentseröffnungsprotokolle auf Papyrus, ihre Kopien und Übersetzungen

Die Eröffnungsprotokolle enthalten einen Vermerk über Ort und Datum der Testamentseröffnung sowie die Namen der anwesenden Zeugen zur Anerkennung ihrer Siegel (*agnitio sigillorum*); diesem Vermerk ist eine Kopie des Testaments vorangestellt. Alle erhaltenen Testamentseröffnungsprotokolle sind auf Papyrus, was darauf schließen lässt, dass diese Protokolle auf diesem Material geschrieben wurden, im Gegensatz zu den originalen Testamenten, die auf Wachstafeln geschrieben waren.

Die Testamentseröffnung erfolgte nach der *lex Iulia de vicesima hereditatum*[28]; in Ägypten fand die offizielle Zeremonie im Allgemeinen in Anwesenheit des στρατηγός oder seines Delegierten in einem öffentlichen Gebäude statt (im λογιστήριον, Sitz des Strategen; in der *statio vicesimae hereditatum*; im *forum Augusti*; im Καισάρειον)[29], meist in einer Metropole oder Polis; trotzdem wissen wir auch, dass einige römische Testamente im Kaisareion des Dorfes Philadelphia eröffnet wurden[30]. Die *signatores*,

26 Vgl. oben Fn. 24.

27 Arangio-Ruiz 1952.

28 S. insb. Paul. sent. 4,6; D. 29,3. Zum Thema s. Nisoli 1949; vgl. Biondi 1955, 601–611; Voci 1963, 107–108.

29 Arangio-Ruiz 1906, 156–162, 239–243; Kreller 1919, 395–406; Kunderewicz 1961; Amelotti 1966, 183–190; Strobel 2014, 54–64; Nowak 2015, 73–104.

30 BGU VII 1655; vgl. P.Hamb. I 73 (Colella 2024, Nr. 9 und 15).

oder zumindest die meisten von ihnen, mussten anwesend sein und die Echtheit ihrer Siegel beglaubigen[31].

Da das Testament in lateinischer Sprache verfasst werden musste, ist davon auszugehen, dass auch das Eröffnungsprotokoll (das, wie gesagt, eine Kopie des Testaments enthielt) ursprünglich in lateinischer Sprache verfasst und dann auf Wunsch der Begünstigten ins Griechische übersetzt wurde[32].

Aus juristischen Quellen wissen wir, dass das offizielle Protokoll archiviert wurde und auf Anfrage Kopien angefertigt werden konnten[33]. Allerdings wissen wir nicht viel über den Archivierungsprozess (auch nicht für Ägypten[34]) und vor allem kann keines der erhaltenen Exemplare mit Sicherheit als Originalprotokoll erkannt werden, wie wir sehen werden.

Da die Originaltestamente anscheinend, wie gesagt, auf Tafeln geschrieben wurden, werden die auf Papyrus geschriebenen römische Testamente im Allgemeinen automatisch als Eröffnungsprotokolle identifiziert[35]. Es gibt jedoch Fälle (wie die in § 2 erörterten), die zeigen, dass nur bei Vorliegen des eigentlichen Eröffnungsprotokolls (d. h. Ort und Datum der Eröffnung und *agnitio sigillorum*) eine sichere Identifizierung möglich ist. Angesichts der Bedeutung, die der Anerkennung der Siegel durch die Zeugen zukommt, ist das Vorhandensein von Verben wie *agnosco* (Gr. ἐπιγιγνώσκω), auch in Abkürzung, ein wichtiger Anhaltspunkt für die Einordnung eines Texts als Testamentseröffnungsprotokoll. Nach diesem Kriterium konnten wir bis vor kurzem nur zwei Texte mit Sicherheit als lateinische Eröffnungsprotokolle erkennen (ChLA X 412 und P.Diog. 10[36]); zwei neue Texte wurden inzwischen publiziert (P.Carlsberg inv. 671 + P.Berol. 14470 *b recto* und P.CtYBR inv. 4669[37]). Testamentseröffnungsprotokolle in griechischer Sprache sind sicherlich P.Select 14, BGU VII 1655, PSI XIII 1325, Z. 9–24, BGU I 326 und P.Oxy. XXII 2348[38].

Der Grund, warum keines der lateinischen Eröffnungsprotokolle mit Sicherheit mit dem archivierten „offiziellen“ Exemplar identifiziert werden kann, liegt in der Tatsache, dass keines der überlieferten Protokolle die eigenhändigen Unterschriften

31 D. 29,3,1 (Gai. 17 ad ed. prov.); D. 29,3,4 (Ulp. 50 ad ed.); D. 29,3,7 (Gai. 7 ad ed. prov.); C. 6,32; Paul. sent. 4,6; vgl. D. 29,5,3,19–20 (Ulp. 50 ad ed.).

32 S. die Diskussion von Amelotti 1966, 188–189; Nowak 2015, 98–99. Nowak bestreitet zu Recht, dass alle Protokolle in lateinischer Sprache Originale sind; nichts schließt aus, dass zumindest einige Kopien sind, wie P.Diog. 10, das viele „Fehler“ enthält. Nowak schließt nicht aus, dass einige Protokolle in griechischer Sprache (wie BGU I 326) Originale sind; ich vermute aber, dass es nicht nötig war, die Kopie des Testaments in einem Originalprotokoll ins Griechische zu übersetzen.

33 S. insb. Paul. sent. 4,6,1 (mit Arcaria 2007, 190 Fn. 79); vgl. Amelotti 1966, 183–190.

34 Zu den zentralen und lokalen Archiven Ägyptens s. Cockle 1984; Burkhalter 1990; Kruse 2014.

35 Vgl. Kap. 1.

36 Colella 2024, Nr. 3 und 23.

37 Colella 2024, Nr. 5 und 13.

38 Colella 2024, Nr. 2, 9, 10, 14 und 26.

der *signatores* enthält, im Gegensatz zu Dokumenten der lokalen Praxis[39]. Wir wissen daher nicht, ob im Gegensatz zu den lokalen Gepflogenheiten in den Eröffnungsprotokollen römischer Testamente keine eigenhändigen Unterschriften verwendet wurden[40], oder ob keines der vier erhaltenen lateinischen Protokolle ein Original ist.

Ich möchte mich aber auf griechische Übersetzungen von Testamentseröffnungsprotokollen konzentrieren. Angesichts der bereits erwähnten Schwierigkeiten vieler römischer Bürger in Ägypten mit der lateinischen Sprache kann man sich leicht vorstellen, dass von dem im Archiv aufbewahrten Protokoll nicht nur Kopien, sondern vor allem Übersetzungen angefertigt wurden, wie die erhaltenen Protokolle in griechischer Sprache bezeugen. Wir wissen nicht viel über diesen Vorgang im Detail, d. h. es ist unklar, ob die Übersetzungen aus dem offiziellen Protokoll oder aus Kopien davon angefertigt wurden (oder ob stattdessen von Fall zu Fall unterschieden werden muss); es scheint jedoch möglich zu sein, bei der Klassifizierung der verfügbaren Dokumentation einige Fortschritte zu erzielen.

Wie bereits erwähnt, ist zu unterscheiden zwischen Übersetzungen, die zugunsten des Erblassers angefertigt wurden (d. h. solchen, die wir in Entwürfen gesehen haben, wie z. B. P.Oxy. XXXVIII 2857[41]) und solchen, die zugunsten der Begünstigten angefertigt wurden; bei letzterem handelt es sich um Übersetzungen des Testamentseröffnungsprotokolls und nicht des Testaments selbst.

Die wissenschaftliche Literatur zu diesem Thema hat keine besonderen Unterschiede zwischen den erhaltenen griechischen Übersetzungen von römischen Testamenten festgestellt. Eine genauere Analyse zeigt jedoch, dass es sich bei einigen Dokumenten um direkte Übersetzungen aus dem Lateinischen handelt, bei anderen um Kopien von Übersetzungen; letztere sind zu erkennen dank bestimmter Anhaltspunkte paläographischer Art (z. B. das Vorhandensein von nicht eigenhändigen Unterschriften), linguistischer Art (das Vorhandensein signifikanter Fehler) und papyrologischer Art (der Text steht auf der Rückseite eines Papyrus).

Das auffälligste Beispiel für die geringe Aufmerksamkeit, die diesem Thema bisher zuteilwurde, ist das Testament von Gaius Longinus Kastor, das uns in der griechischen Übersetzung des Eröffnungsprotokolls überliefert ist (BGU I 326).

Der erste Herausgeber, Theodor Mommsen, hatte bemerkt, dass eine weitere fragmentarische Version desselben Textes auf einem anderen Berliner Papyrus erhalten war (P.Berol. 7047), bot aber keine Transkription desselben an[42]. Dies ist wahrscheinlich der Grund, warum diese Information in den zahlreichen Studien zu diesem Testament allmählich in Vergessenheit geraten ist. Dass zwei Exemplare der griechischen Übersetzung dieses römischen Testaments erhalten sind, gibt uns ein gutes Beispiel dafür, wie mehrere Übersetzungen desselben Textes nebeneinanderstehen können.

39 P.Köln II 100, 35–40; P.Oxy. III 494, 32–43.

40 Nowak 2015, 88–94.

41 Vgl. Kap. 2.

42 Mommsen 1894.

Man kann spekulieren, dass es in anderen Fällen auch verschiedene Übersetzungen desselben Textes gegeben haben könnte, die unabhängig voneinander von verschiedenen Übersetzern angefertigt wurden. In diesem Fall ist es aber offensichtlich, dass es sich um dieselbe Übersetzung in zwei Exemplaren handelt.

Die Übersetzung wurde von Gaius Lucius Geminianus angefertigt, der sich selbst als νομικὸς Ῥωμαικός bezeichnet und am Fuß des Dokuments eine Unterschrift anbringt: Γάιος Λούκκιος Γεμινι[ανὸ]ς νομικὸς Ῥωμαικὸς ἡρμήνευσα τὸ προκείμενον ἀντίγραφον καί ἐστιν σύμφω|νον τῇ αὐθεντικῇ διαθήκῃ („Ich, Gaius Lucius Geminianus, römischer Nomikos, habe die vorliegende Abschrift übersetzt und sie stimmt mit dem Originaltext überein")[43].

Weitere Anzeichen dafür, dass es sich bei einer griechischen Übersetzung um eine Kopie handelt, sind der Umstand, dass er auf dem Verso geschrieben ist, und das Vorhandensein von Fehlern.

Ein Beispiel ist BGU VII 1655, eine griechische Übersetzung eines Testamentseröffnungsprotokolls, die am Anfang verstümmelt ist.

Der interessanteste Teil ist die *mancipatio familiae* (Z. 45–50), die einige Fehler aufweist. Die Verwendung des Ausdrucks σηστ[ε]ρ[τί]ων νούμμων χειλίων anstelle von σηστερτίου νούμμου ἑνός (auf Latein, *sestertio nummo uno*) scheint kein Übersetzungsfehler aus dem Lateinischen zu sein, sondern ein Kopierfehler von einer griechischen Vorlage: Tatsächlich lässt er sich durch die falsche Auflösung des griechischen Zahlzeichens *alpha* erklären, das in seiner klein geschriebenen Form die Zahl 1, in seiner groß geschriebenen Form die Zahl 1000 bezeichnet; wahrscheinlich hat derjenige, der diesen Text kopiert hat, die Bedeutung des fiktiven Verkaufs für einen einzigen Sesterz nicht verstanden und dachte, es handele sich um die Zahl 1000.

Außerdem wird in der *mancipatio familiae* die lateinische Formel *libripende quo* (im *Ablativus absolutus*) falsch übersetzt. Das technische Verb, das die Beteiligung des *libripens* ausdrückt, lautet nämlich ζυγοστατοῦντος (im *Genitivus absolutus*), während die Form ἐπρίατο normalerweise als Übersetzung von *emit* verwendet wird, was die Beteiligung der *familiae emptor* anzeigt (in Zeile 47 wird ἐπρίατο korrekt als Übersetzung von *emit* verwendet). Auch hier handelt es sich nicht um einen Übersetzungsfehler aus dem Lateinischen, sondern um einen Kopierfehler: Wahrscheinlich hat der Schreiber ἐπρίατο aus der vorherigen Zeile falsch transkribiert und dann das Verb mit dem Subjekt im Nominativ konstruiert.

Andere Fehler, die sich eher durch einen Kopiervorgang als durch einen Übersetzungsvorgang erklären lassen, sind die im Datumsabschnitt: z. B. fehlen in Zeile 51 die Namen der Konsuln (während sie im Eröffnungsprotokoll in den Zeilen 63 ff. enthalten sind), die der Schreiber wahrscheinlich vergessen hat[44].

---

43 BGU I 326, 22–23 (Übersetzung: Strobel 2014, 115); vgl. P.Berol. 7047, 22–24.
44 S. Colella 2024, Nr. 9, Einführung.

Der Papyrus kann daher als (nicht sehr genaue) Kopie einer Übersetzung des Eröffnungsprotokolls eines römischen Testaments betrachtet werden. Dies und die Tatsache, dass die Übersetzung des Eröffnungsprotokolls des Testaments von Gaius Longinus Kastor in zwei Exemplaren erhalten ist, zeigen, dass nicht alle griechischen Zeugnisse direkte Übersetzungen aus dem Lateinischen sind.

5 Schlussfolgerungen

Die Analyse dieser Dokumente aus der ägyptischen Praxis erlaubt einige Rückschlüsse auf den komplexen Prozess der Abfassung eines römischen Testaments in Fällen, in denen der Erblasser und die Begünstigten die lateinische Sprache nicht beherrschten. Dies scheint in einer mehrheitlich griechischsprachigen Provinz wie Ägypten häufig der Fall gewesen zu sein, in der schon vor der *Constitutio Antoniniana* viele römische Bürger Griechisch sprachen (und schrieben)[45].

Der Abfassungsprozess kann wie folgt rekonstruiert werden: Der Verfügende teilt seinen letzten Willen einem Urkundenschreiber (z. B. einem νομικὸς Ῥωμαικός) mit, der für ihn ein Testament in lateinischer Sprache verfassen und ins Griechische übersetzen kann.

Der Urkundenschreiber, der möglicherweise Formulare verwendet (P.Hamb. I 72), fertigt einen Entwurf (auf Papyrus) mit dem lateinischen Text und der griechischen Übersetzung für den Erblasser an, den dieser unterzeichnet, um seine Zustimmung auszudrücken (P.Oxy. XXXVIII 2857).

Das „originale“ Testament wird in lateinischer Sprache auf einen Codex aus versiegelten Wachstafeln geschrieben; einige ägyptische Exemplare (BGU VII 1695–1696) zeigen eine mögliche Übereinstimmung mit dem *senatus consultum Neronianum* auch in Bezug auf die Geheimhaltung der Bestimmungen.

Wenn der Erblasser gestorben ist, wird das Testament eröffnet. Das „offizielle“ Eröffnungsprotokoll, das eine vollständige Abschrift der Urkunde enthält, wird in lateinischer Sprache auf Papyrus geschrieben.

Auf Wunsch der Begünstigten kann das Eröffnungsprotokoll ins Griechische übersetzt werden (auf Papyrus); es lassen sich sowohl direkte Übersetzungen aus dem Lateinischen erkennen, die vom Nomikos „beglaubigt“ wurden, als auch Abschriften von Übersetzungen, von denen einige möglicherweise für den persönlichen Gebrauch bestimmt waren (BGU I 326 und P.Berol. 7047; BGU VII 1655).

45 Van Minnen 2022; Nowak 2023.

Bibliographie

Adams 2003: J.N. Adams, Bilingualism and the Latin Language, Cambridge 2003.

Amelotti 1949: M. Amelotti, Un nuovo testamento *per aes et libram*, *SDHI* 15, 1949, 34–59.

Amelotti 1966: M. Amelotti, Il testamento romano attraverso la prassi documentale, Firenze 1966.

Arangio-Ruiz 1906: V. Arangio-Ruiz, La successione testamentaria secondo i papiri greco-egizii, Napoli 1906.

Arangio-Ruiz 1952: V. Arangio-Ruiz, Il testamento di Antonio Silvano e il senatoconsulto di Nerone, in: Studi in onore di Emilio Albertario I, Milano 1952, 203–212 (= Id., Studi epigrafici e papirologici, Napoli 1974, 382–389).

Arcaria 2007: F. Arcaria, Per la storia dei testamenti pubblici romani: il «testamentum apud acta conditum» ed il «testamentum principi oblatum», in: Studi per Giovanni Nicosia I, Milano 2007, 163–239.

Avenarius 2024: M. Avenarius, *Ordo testamenti*. Pflichtendenken, Familienverfassung und Gemeinschaftsbezug im römischen Testamentsrecht, Tübingen 2024.

Babusiaux 2016: U. Babusiaux, Rez. Benedikt Strobel 2014, ZRG rom. 133, 2016, 517–533.

Babusiaux 2021: U. Babusiaux, Wege zur Rechtsgeschichte: Römisches Erbrecht, Köln/Weimar/Wien 2021[2].

Babusiaux 2024: U. Babusiaux, The Roman Law of Inheritance. The Evolution of the Roman Law of Inheritance during the Principate, Edinburgh 2024.

Biondi 1955: B. Biondi, Successione testamentaria e donazioni, Milano 1955[2].

Burkhalter 1990: F. Burkhalter, Archives locales et archives centrales en Égypte romaine, *Chiron* 20, 1990, 191–216.

Camodeca 1993: G. Camodeca, Nuovi dati dagli archivi campani sulla datazione e applicazione del *S.C. Neronianum*, *Index* 21, 1993, 353–364.

Camodeca 2022: G. Camodeca, *Senatus consulta* e documenti della prassi giuridica campana, *Annali della Facoltà Giuridica dell'Università di Camerino – Studi* 11, 2022, 1–23.

Cockle 1984: W.E.H. Cockle, State Archives in Graeco-Roman Egypt from 30 BC to the Reign of Septimius Severus, *JEA* 70, 1984, 106–122.

Colella 2024: L.C. Colella, I testamenti dei cittadini romani d'Egitto tra storia sociale e prassi giuridica. Dal I secolo d.C. a Severo Alessandro, Wiesbaden 2024.

Häusler 2016: A. Häusler, Letztwillige Verfügungen in griechischer Sprache bei Q. C. Scaevola, Paulus und Modestinus, *ZRG rom.* 133, 2016, 420–444.

Honoré 2002: T. Honoré, Ulpian. Pioneer of Human Rights, Oxford 2002[2].

Jakab 2022: É. Jakab, Some Thoughts on Succession in Provincial Context, in: M. Capasso/P. Davoli/N. Pellé (Hg.), Proceedings of the 29th International Congress of Papyrology (Lecce, 28th July–3rd August 2019), Lecce 2022, 584–598.

Kreller 1919: H. Kreller, Erbrechtliche Untersuchungen auf Grund der gräko-ägyptischen Papyrusurkunden, Leipzig/Berlin 1919 (2. unveränderte Ausgabe 1970).

Kruse 2014: Th. Kruse, Archives and Registration in Roman Egypt, in: J.G. Keenan/J.G. Manning/U. Yiftach-Firanko (Hg.), Law and Legal Practice in Egypt from Alexander to the Arab Conquest. A Selection of Papyrological Sources in Translation, with Introductions and Commentary, Cambridge 2014, 62–66.

Kunderewicz 1961: C. Kunderewicz, Quelques remarques sur le rôle des ΚΑΙΣΑΡΕΙΑ dans la vie juridique de l'Égypte romaine, *JJP* 13, 1991, 123–129.

Meyer 1918: P.M. Meyer, III. Römischrechtliche Papyrusurkunden der Hamburger Stadtbibliothek, *ZVglRWiss* 35, 1918, 81–104.

Migliardi Zingale 1990: L. Migliardi Zingale, Note testamentarie: rileggendo BGU VII 1696, in: M. Capasso/G. Messeri Savorelli/R. Pintaudi (Hg.), *Miscellanea Papyrologica* in occasione del bicentenario dell'edizione della *Charta Borgiana* II.2, 1990, 437–440.

MIGLIARDI ZINGALE 1997: L. MIGLIARDI ZINGALE, I testamenti romani nei papiri e nelle tavolette d'Egitto, Torino 1997[3].

MIGLIARDI ZINGALE 2003: L. MIGLIARDI ZINGALE, Sull'uso dei formulari nella confezione di documenti giuridici: testimonianze dall'Egitto romano e bizantino, in: C. BASILE/A. DI NATALE (Hg.), Atti del VII Convegno Nazionale di Egittologia e Papirologia (Siracusa, 29 novembre: 2 dicembre 2001), *Quaderni del Museo del Papiro* 11, 2003, 99–106.

MOMMSEN 1894: TH. MOMMSEN, Aegyptisches Testament vom Jahre 189 n. Chr., in: Sitzungsberichte der königlich preussischen Akademie der Wissenschaften zu Berlin, 1894, 47–59 (Id., Gesammelte Schriften I, Berlin 1905, 429–442).

NISOLI 1949: E. NISOLI, Die Testamentseröffnung im römischen Recht, Diss. Bern 1949.

NOWAK 2015: M. NOWAK, Wills in the Roman Empire: A Documentary Approach, Warsaw 2015.

NOWAK 2023: M. NOWAK, Citizenship in Roman Egypt before 212 CE, in: J. FILONIK/CH. PLASTOW/R. ZELNICK-ABRAMOVITZ (Hg.), Citizenship in Antiquity. Civic Communities in the Ancient Mediterranean, London/ New York 2023, 611–622.

STROBEL 2014: B. STROBEL, Römische Testamentsurkunden aus Ägypten vor und nach der *Constitutio Antoniniana*, München 2014.

TERRANOVA 2011: F. TERRANOVA, Ricerche sul *testamentum per aes et libram* I, Il ruolo del *familiae emptor* (con particolare riguardo al formulario del testamento librale), Torino 2011.

URBANIK 2023: J. URBANIK, Nomikoi in (and out of) the Roman Courts, *JJP* 53, 2023, 125–191.

VAN MINNEN 2022: P. VAN MINNEN, Romans in Egypt before the *Constitutio Antoniniana*: When, Where, and Why?, in: M. Capasso/P. Davoli/N. Pellé (Hg.), Proceedings of the 29th International Congress of Papyrology (Lecce, 28th July–3rd August 2019), Lecce 2022, 1002–1025.

VOCI 1963: P. VOCI, Diritto ereditario romano II, Parte speciale: successione ab intestato, successione testamentaria, Milano 1963.

VOCI 1967: P. VOCI, Diritto ereditario romano I, Introduzione, parte generale, Milano 1967[2].

VOCI 1982: P. VOCI, Linee storiche del diritto ereditario romano: I. Dalle origini ai Severi, in: ANRW II 14, 1982, 392–448 (Id., Studi di diritto romano II, Padova 1985, 15 ff.).

Anna Dolganov

The Archiving of Wills in the Roman Empire: Archives and Administrative Knowledge

Abstract: This study investigates Roman archival practice and the archiving of wills. The first part examines the institutions of Roman archiving, at Rome and in the provinces; the second part analyzes the archival procedures applied to Roman and provincial wills and the organization of notarial practice. Contrary to broadly accepted scholarly opinion, this study demonstrates that wills were systematically archived by the Roman administration and that the administrative procedures applicable to Roman and provincial wills were fundamentally the same. This study also reexamines the practices of Roman testation and shows that Roman wills were not produced and stored in primarily private contexts, as widely believed, but were mostly drafted by professional notaries and frequently secured through double-drafting and archival registration. Overall, the results of this study showcase testation and inheritance as a domain of Roman state interest, subject to detailed regulation and administrative documentation, and underscore the importance of Roman archival institutions in creating centralized, publicly accessible and retrievable records, thereby making wills trusted instruments for the disposition of property and other legal acts throughout the Roman empire.

1 Introduction

There are times when life outpaces satire. In a famous scene of Trimalchio's dinner party, the resourceful freedman-turned-millionaire orchestrates a public announcement of his last will and testament. In proclaiming his intention to free all his slaves, Trimalchio intends for them to "love me even now as if I were dead"[1]. To make things yet more dramatic, he orders his will to be brought in and solemnly recited from beginning to end, accompanied by loud sobs of gratitude from his household. The will includes elaborate instructions for a monumental tomb featuring a seated statue of Trimalchio distributing largesse alongside his wife, son, and family pets in a bucolic setting of vines and fruit trees, with sculptural depictions of a trading fleet, a festive

1 Petron. 71,3: *ut familia mea iam nunc sic me amet tamquam mortuum.*

Note: The author would like to thank the Austrian Academy of Sciences for its APART-GSK Fellowship of Excellence (Project 11955) within the framework of which this study was researched and written. Further thanks to the editors of the volume for their feedback and exemplary efficiency in bringing an excellent conference to publication.

https://doi.org/10.1515/9783111694634-010

dinner for the local gentry, a sundial, and other intricate details[2]. This grandiose plan is not as outlandish as may seem at first glance. On the contrary, its satirical humor likely derived from real-life examples of testamentary arrangements in the Roman world. In fact, Trimalchio's ambitions pale in comparison with a funerary complex of a certain Sextus Iulius, a wealthy local grandee from *Gallia Belgica*, featuring a temple and tomb-altar "of the best Luna marble cut as excellently as possible" (*ex lapide Lunensi quam optimo sculpta quam optume*) and a seated statue "of the best imported marble or best quality bronze of the sort used for legislation" (*ex lapide quam optumo transmarino ubi aenea ex aere tabulari quam optumo*) situated on massive grounds with a fruit orchard and even an artificial lake. These and other specifications were enumerated in painstaking detail in the will of Iulius, a copy of which he had provided in advance (*exemplar quod dedi*). Like Trimalchio, Iulius evidently enjoyed the planning of his funerary monument and the gratitude of his slaves well before his death[3].

Wills occur with remarkable frequency in sources from the Roman empire. There are abundant references to wills, as well as direct citations and occasional full texts of wills attested in literary and legal sources, inscribed in stone, and surviving on organic materials (wooden tablets, papyri) in arid regions. Wills rarely occur in inscriptions from the Classical and Hellenistic periods[4], but such references become routine in inscriptions from the Roman era, which show buildings and monuments being financed from testamentary bequests (ἐκ διαθήκης, κατὰ τὴν διαθήκην, *ex testamento*) and epitaphs citing existing or future testamentary provisions[5]. Numerous documents

2 See Petron. 71; SCHMELING 2011, 290–303.

3 For the will of Sextus Iulius, see CIL XIII 5708 = ILS 8379 = FIRA III 49 (Andematunum, Germania superior, 2c. CE) with the critical edition and commentary of SAGE 1991 and other papers in the collected volume of LE BOHEC 1991 and REMESAL RODRÍGUEZ 1995. The will survives on a 10th century parchment, and it has been persuasively argued by SAGE 1989, 31–35, LE BOHEC 1991, 41–44 and REMESAL RODRÍGUEZ 1995, 99–10 that it does not transcribe an inscription but descends from an archival document. The *exemplar* mentioned in the will is translated by SAGE 1991, 19 and 25 as "plan" and interpreted as a model of the funerary complex. However, the phrase *perfici volo ad exemplar quod dedi* governs the entire detailed description of the complex and in my view could only plausibly refer to a document, i.e. the will itself. The reference to *aes tabulare,* translated by SAGE as "bronze en feuilles", more probably refers to high quality bronze used for inscribing legal documents on *tabulae.* This explains the apparently pleonastic *aenea ex aere tabulari,* where *aes tabulare* is a technical expression for the material, on which see PANGERL/LEHMANN forthcoming.

4 A rare case of a Hellenistic testamentary foundation is that of Epikteta of Thera, see IG XII 3,330 (ca. 225–175 BCE); WITTENBURG 1990; CAMPANELLI 2017. The foundation creates a private association and arranges for the appointment of an archivist (γραμματοφύλαξ, 279–280, 287) to keep the will and other records in a chest (γλωσσόκομος, 283) without any reference to public archives. This poses a stark contrast to the Roman context.

5 There are hundreds of examples spanning all Roman provinces. For buildings and monuments ἐκ διαθήκης/*ex testamento,* see e.g. I.Magn. 126 (early Roman); SEG XXVII 551 (Thasos, imperial); TAM V,2 828 (Attaleia, imperial); IvO 434 (Elis, after 95 CE); Aphrodisias XII 803 (1c. CE). Compare the Latin AE

mention testamentary gifts and endowments, the yearly interest income of which was to be used to fund festive events such as annual birthday dinners in honor of the testator[6]. And there is a multitude of testimonia for lawsuits pertaining to wills being litigated in Roman courts throughout the empire[7].

The sheer volume of epigraphic evidence for wills in the Roman context and its consistency across regional and linguistic boundaries – as illustrated by recurring formulae and corresponding Latin and Greek clauses such as ἐκ διαθήκης, *ex testamento*; διαθήκῃ συνχωρῶ, *testamento dedi/tribui/concessi*; διαθήκῃ διετάξατο, *testamento fieri iussit*[8] – convey the impression that the Roman imperial administration pursued coherent policies regarding testation and inheritance, which gave rise to widespread testamentary practices among the imperial population. For example: it is clear from epigraphic sources that testation was common in the Roman provinces, and that it acquired a performative dimension among provincial elites who exercised euergetism through testamentary bequests and advertised these in monumental form[9]. At the same time, individuals throughout the empire used testamentary provisions to finance and regulate access to their carefully curated grave plots[10]. This suggests something important about public institutions in the Roman empire. Citations of wills in documentary sources (e.g. *caput ex testamento,* κεφάλαιον τῆς διαθήκης) and especially cross-references to specific testamentary provisions (e.g. *quibus in testamento suo iusserat,* οἷς ἐν τῇ διαθήκῃ αὐτοῦ διετάξατο; *ut testamento suo scripserat,* ἐφ' οἷς ἡ διαθήκη αὐτοῦ περιέχει) imply that the texts of wills could be consulted over long

1947, 90 (Corinth, 2c. CE); IRT 525 (Lepcis Magna, 2/3c. CE); CIL XIII 6853 (Mogontiacum, 39–70 CE). For epitaphs referring to testamentary provisions, see e.g. I.Smyrna 208 and 226 (imperial); SEG XIX 714 (Sardis, imperial); CIL VI 7474 = ILS 8260 (Rome, 1–2c. CE); CIL VIII 4424 (Lambiridi, Numidia, 2–3c. CE).

6 See e.g. IG X,2 2 300 (Styberra, Macedonia, 95 CE) and CIL VIII 26239 = ILS 9398 (Uchi Maius, Africa Proconsularis, late 2c.–early 3c. CE).

7 See e.g. Cic. Flacc. 34–36; Cic. Verr. 2,2,19–24 and 35–45; BGU I 361 (Arsinoite, 184 CE); BGU II 592 (Arsinoite, ca. 160 CE); BGU I 19 = M.Chr. 85 (Arsinoite, 135 CE); BGU II 613 = M.Chr. 89 (Arsinoite, reign of Pius), just to cite a few examples. Hundreds of testamentary disputes are referenced in books 28–33 of the Digest, some clearly provincial, see e.g. D. 48,10,24 (Scaev. 22 dig.); D. 48,2,18 (Modest. 17 resp.).

8 For ἐκ διαθήκης and *ex testamento,* see the examples in n. 5. διαθήκῃ συνχωρῶ: TAM V,3 1729 (Philadelphia, 1–2c. CE); *testamento dedi tribui*: CIL VI 9545 (Rome, 1c. BCE), compare D. 29,4,6,1 (Ulp. 50 ad ed.) *quam ei testator concessit* and CIL VI 10229 = ILS 8379 (so-called will of Dasumius, Rome, 108 CE) *dent tribuant concedan[t*; διαθήκῃ διετάξατο: IGBulg III,2 1852 (Bizye, Thracia, imperial); *testamento fieri iussit*: CIL IX 1610 (Beneventum, 1c. BCE). For other corresponding Greek and Latin formulae, see n. 11 below.

9 See e.g. the triumphal arch dedicated to Hadrian *ex testamento* in Arabia (Gerasa 58, 130 CE) and the huge testamentary donation of 250,000 HS to the municipium of Theveste in Africa inscribed on a monumental arch (CIL VIII 1858, 213/214 CE).

10 See e.g. Aphrodisias XI 508 (Trajanic); I.Smyrna 208 (imperial); SEG XIX 714 (Sardis, imperial); CIL III 2125 (Salona, Dalmatia, 1–2c. CE); CIL III 5264 (Celeia, Noricum, 1–2c. CE); CIL XII 514 (Aquae Sextiae, Narbonensis, imperial). The evidence spans all Roman provinces.

stretches of time[11]. A natural explanation is that Roman administrators had effective methods of archiving wills and rendering these records retrievable in the long term, creating conditions for testation to become a widely trusted means of transferring wealth and other legal acts and dispositions, sometimes into the indefinite future.

And yet, the existing research overwhelmingly tends toward the opposite conclusion. There is a broad consensus that Roman archiving of wills was uncommon before the late third century CE, when archival procedures are described in Roman legal literature[12]. Such arguments have omitted literary and documentary evidence where the registration of wills and inheritances is attested several centuries earlier. The debate has been shaped by traditional notions of Roman wills as private legal acts as opposed to public deeds registered with official authorities. Research on Roman wills has tended to essentialize them as strictly private documents, leading to circular arguments about their private drafting and storage as a function of their strictly private nature, and vice versa[13]. Strong distinctions have been drawn between Graeco-

11 For the Latin and Greek formulae, see *caput ex testamento*: CIL XI 6520 = ILS 6647 (Sassina, Umbria, 2c. CE); κεφάλαιον τῆς διαθήκης: TAM V,2 828 (Attaleia, Lydia, imperial); *quibus in testamento suo iusserat*: CIL VI 39611 (Rome, 1c. CE); οἷς ἐν τῇ διαθήκῃ αὐτοῦ διετάξατο: IGBulg III,2 1852 (Bizye, Thracia, imperial); *ut testamento suo scripserat*: ILAlb 16 = AE 1978, 766 (Byllis, Macedonia, 1–2c. CE); ἐφ' οἷς ἡ διαθήκη αὐτοῦ περιέχει, I.Smyrn. 208 (imperial).

12 See Amelotti 1966, 190: "I documenti nulla aggiungono alle nostre conoscenze sulla sorte del testamento aperto"; "Al termine dell'età classica, come attesta Sent. Paul. 4.6.1, ha trionfato il principio della conservazione in un pubblico archivio, che permarrà per tutta l'età più tarda", echoed by Strobel 2014, 63–64; Nowak 2015, 99: "Wills were recorded in public archives perhaps as early as the late third century". The current consensus rests on the problematic study of Arcaria 2007, who examines mainly legal sources and attempts to argue away evidence for the archiving of wills before the late third century (188–192). A key text of Papinian (D. 28,4,4 (Pap. 6 resp.): *tabulas in publico depositas*) is interpreted as a provincial practice developing out of Hellenistic usage (181). The key passage of Paul. sent. 4,6 – which contains textual clues pointing to the Augustan *lex Iulia de vicesima*, see section 3.4 below – is dismissed offhand as postclassical: "sembra certo che la menzione del *redigere in archivum* non si trovasse nei testi paolini autentici utilizzati" (191). Arcaria's arguments are falsified by papyrological evidence for Roman wills (as well as Graeco-Egyptian wills) being protocolled and archived, see sections 3.1 and 3.4 below. Arcaria does not mention this evidence.

13 See e.g. Nowak 2015, 71: "The most important quality of a will was its private character" and 76: "since the Roman will was a private act, there is no reason to suppose it was opened in a public place before the introduction of *vicesima*"; Champlin 1991, 75: "the will was the most personal of documents: Romans expected or were expected to make their own wills, as far as possible". Babusiaux 2018, 135–139 calls this view into question and draws attention to the public law context of Roman testation, illustrated e.g. by Gai. 1,74: *quo tu iure testamentum facere possis secundum legem publicam* = "by your right to make a will according to public law", Inst. 3,174, and D. 29.3.2pr. (Ulp. 50 ad ed.): *tabularum testamenti instrumentum non est unius hominis, hoc est heredis, sed universorum, quibus quid illic adscriptum est: quin potius publicum est instrumentum* = "the document of a will does not belong to a single individual, that is the heir, but to all persons in whose favor anything is written in it, so it is more correct to say that it is a public document". Arcaria 2007, 185–186 makes a forced distinction between notarial documents and wills registered in the public records of officials (*insinuatio apud acta*): "questo procedimento, in realtà, era del tutto diverso dall'erezione di un documento pubblico

Egyptian wills, which were notarized and archived in the Roman period, and Roman wills, which were supposedly handled in an entirely different manner[14]. The archival registration of legal documents has been associated with Greek tradition as opposed to Roman practice[15]. The research has generally tended to minimize the role of archives and record-keeping in Roman administration. A negative assessment of the capabilities of Roman record-keeping reflects a still prevalent general skepticism about the capacity for effective information management in premodern administrative systems[16].

This chapter examines the evidence for the archiving of wills in the Roman empire with the aim of bringing greater clarity to the issue and its manifold implications. I will begin with an overview of Roman archival institutions, drawing attention to their systemic character, then discuss the evidence for Roman regulation of provincial testation and handling of provincial wills. I will then consider the evidence for the production, storage and handling of Roman wills, putting to the test widely accepted notions of their strictly private nature and the supposedly late and limited archival procedures applied to Roman testation. I also examine the organization of notarial activity in the Roman empire.

2 Roman Systems of Public Records: An Overview

Archives and archival records loom large in the Roman tradition. Archives had a monumental presence in the public spaces of the city of Rome, where the *aerarium*

---

da parte dell'organo pubblico" (186). Roman administration did not recognize such a distinction: archival registration transformed even a privately drafted χειρόγραφον into the equivalent of a notarial deed, see section 2.3 below on notarial production and the meaning of the Roman technical expression δημόσιος χρηματισμός.

14 See e.g. Nowak 2015, 74: "Local (as opposed to Roman) wills were notarial deeds, etc."; Nowak 2020, 111: "It is true that the Roman will was a private deed, which means that no official was involved at the moment of its composition. Moreover, no public deposition of wills was required" [. . .] "Testators, however, could entrust their wills with officials, who kept them in public buildings, such as *tabularia*. This guaranteed additional protection for the tablets, but did not make them a public deed", citing Arcaria 2007, 181. These views are reassessed in section 3 below.

15 See e.g. Arcaria 2007, 181: "Saremmo pertanto di fronte ad una precisa attività [. . .] consistente nella custodia dei testamenti redatti dai privati e depositati appunto presso i loro archivi pubblici, cioè in quei *tabularia* che [. . .] si svilupparono, questi sì, sul modello degli ἀρχεῖα cittadini greco-ellenistici". In fact, the public archives of Roman Egypt were Roman institutions, see sections 2.1 and 2 below.

16 See e.g. Kelly 2000, 115: "Roman government was hampered in its operation by unreliable communications and a limited ability (especially over long periods) either systematically to store or reliably to retrieve the information necessary for the administration of the Mediterranean world". See further Riggsby 2019, 203–216 with my critical remarks in Dolganov 2023c and 2024. For a different assessment of Roman record-keeping, see Dolganov 2021b.

Saturni, the Capitoline *tabularium*, and other central record offices towered over the Roman *forum*, and numerous temples served as repositories for different genres of records[17]. Archives occupied a similarly prominent place in the Roman imagination: in storytelling about Rome's origins and early history, archives are depicted as sources of arcane knowledge, jealously guarded by powerful men and occasionally revealed to the people in times of political upheaval; the power of archival knowledge meant that records could be hidden or destroyed for fear of their subversive potential[18]. To a striking degree unparalleled in the Greek world, entire branches of Roman cultural production notionally emanated from archival records, exemplified by pontifical records as the basis of Roman historiography and civil law[19].

The prominence of archives in the Roman context has been linked to several factors, such as the importance of writing in Roman religion due to its focus on divination and the precise execution of complex rituals and verbal formulae[20]. One may also highlight the role of written records as a form of public accountability in Rome's competitive political order[21]. Another factor shaping Roman archival culture was the role of Rome as an imperial power. Archaic Rome was a large city state in central Italy that progressively consolidated its sphere of influence and acquired a territorial empire[22]. The development of Roman record-keeping went hand in hand with territorial expansion and the growth of Roman public finances, as reflected by the census – a periodic inventory of the human and material resources of the *civitas* – and the creation of a public treasury (*aerarium*) that functioned as a central repository of fiscal and administrative records. The declarations of persons and property produced by the census were supplemented by cadastral records created through specialized Roman techniques of land measurement. These record-keeping technologies were implemented in territories under Roman power and became emblematic of the exten-

---

17 On the *aerarium Saturni*, see Díaz Fernández/Pina Polo 2021; on the *tabularium*, see Tucci 2005 and Coarelli 2010; on the *atrium libertatis*, see Purcell 1993. Other examples include the *regia* housing pontifical records, the temple of the Nymphs in the Campus Martius used as an archive for census records (Cic. Mil. 73), and the temple of Vesta attested as a repository for unopened wills, see Suet. Caes. 83; Cass. Dio 50,3; Plut. Ant. 16; Suet. Aug. 101; Cass. Dio 56,32. On Roman temples as archives and centers of documentary production, see Beard 1998.

18 Examples include the publication of Roman *leges regiae* during the foundation of the Republic, see Dion. Hal. 3,34,6; D. 1,2,2,2 (Pomp. lib. sing. enchir.); Smith 2020; and the revelation of the Roman *fasti* and *legis actiones* from the pontifical archives during the struggle of the orders, see D. 1,2,2,7 (Pomp. lib. sing. enchir.); Wolf 1980; Valgaeren 2012; Hartmann 2020, 1–3. On the pontifical suppression of Roman religious records, see Liv. 6,27 and 40,29; Willi 1998.

19 See, respectively, Rich 2018; Wieacker 1988, 310–342.

20 See Scheid 1990, 66–72; Scheid 1994, 173: "la religion traditionnelle des Romains était une religion de l'écrit"; Scheid 1998; Beard 1998. Like civil jurisprudence, divination entailed detailed knowledge of cases and precedents, necessitating written records, see Santangelo 2012.

21 See Hartmann 2020, 34, 98–99 and 110 on *tabulae publicae* as a means of public accountability.

22 On Roman imperialism in Italy, see Armstrong 2016.

sion of Roman rule[23]. By the first century BCE, Roman municipalities in Italy were obliged to conduct a census coordinated with the five-year cycle of the city of Rome[24]. Therefore, from early on, Roman hegemony was embodied by administrative procedures that produced masses of records used to police membership in the *civitas* and to extract resources from allies and subjects. There was a direct link between Roman *imperium* and the Roman record office.

The centrality of record-keeping to Roman governance and political culture manifested itself in a strong Roman notion of public records. References to "public" documents and records – *tabulae publicae, litterae publicae, instrumenta publica* – abound in Roman sources, including historiographical accounts of early Rome and documentary texts surviving from the second century BCE[25]. Roman *tabulae publicae* encompassed records of legislation and core administrative domains such as the census, cadastral records, military and judicial records, government contracts, state revenues and expenditures, and records of the activity of the senate, Roman magistrates and provincial officials. The *tabulae publicae* also included records of private legal transactions of public interest, such as property titles, mortgages, and loans and debts to the *civitas*[26]. In line with the etymological meaning of *publicus* as deriving from *populus*, the *tabulae publicae* (= *tabulae populi*) were understood to belong to the political community, constituting a source of public knowledge and collective memory – *memoria publica*, in the words of Cicero[27]. Various sources indicate that the *tabulae publicae* were meant to be accessible to ordinary citizens, and there is evidence for private individuals obtaining copies of archival records of legislation, census declarations, proceedings of assemblies, public finances, and judicial hearings. The principle of accessibility was also observed in the Roman provinces[28].

23 On the Republican census, see de Ligt 2012, 79–134; Dolganov 2021b, 187–189. On the *aerarium Saturni* see n. 17. On Roman land measurement (*centuriatio, scamnatio, strigatio*), see Campbell 2000, liv–lxi. The unambiguous perception of census and centuriation procedures as instruments of Roman imperialism is illustrated by fierce local resistance, see e.g. Joseph. Ant. Iud. 18,1, Acts 5:37; Tac. ann. 6,41; Dolganov 2025.

24 As documented by the *tabula Heracleensis*, see Crawford 1996, no. 24; Nicolet 1987; de Ligt 2012, 106–112.

25 See e.g. Liv. 6,27 and the *lex Acilia repetundarum*; Crawford 1996, no. 1 § 15: *is pr(aetor) omnis in taboleis puplicis scriptos in perpetuo habeto*, underscoring the permanence of the tabulae.

26 On the *tabulae publicae*, see Hartmann 2020, 31–44.

27 See Cic. Mil. 73; Sest. 129. The semantic link between *publicus* and *populus* is articulated in Cic. rep. 1,39 with regard to *res publica* = *res populi*.

28 See e.g. Cic. Att. 13,33 where Cicero seeks to obtain an archival copy of a *senatusconsultum* from 146 BCE; Cic. Att. 3,15,6 where Cicero awaits a copy of the *acta populi*; Cic. Flacc. 79–80 where Cicero is able to access the census returns of Decianus; Plut. Cat. Min. 18,5 where Cato sends his slaves to work in the *aerarium* and pays for a private copy of public financial records. SEG LVIII 1536 (Hyrgaleis, Asia, 2c. CE) records a petitioner at Rome receiving permission to copy out a judicial record of the emperor. P.Wisc. I 31 (Theadelphia, ca. 147 CE) contains a copy of official correspondence obtained by

The creation of *tabulae publicae* was a formal procedure in which information was entered by public scribes into registers kept under the authority of Roman magistrates. As denoted by the expression *referre in tabulas,* documents were redacted and transcribed into the *tabulae,* thereby effecting their physical transformation into permanent elements of the *memoria publica,* archived "for all time" and "for everlasting remembrance by posterity"[29]. Sensitive records such as the financial accounts of governors received additional protection by being archived in sealed form[30]. Roman *tabulae publicae* were by definition stored in public record offices, the general term for which was *tabularia publica* or simply *tabularia*[31]. The significance of these archives is highlighted by an episode during Cicero's investigation of the Catilinarian conspiracy, when he attempted to create an official record of testimony delivered by Gallic envoys before the Senate, but was compelled by tradition (*more maiorum*) to retain the record in his private possession[32]. Cicero tried to secure the record by having it taken down by the praetor and other reputable senators, immediately copied and disseminated. Still, Cicero's opponents called the integrity of the record into question.

---

a petitioner, see DOLGANOV 2021a, 368–369. In D. 49,14,45,5–6 (Paul. 5 sent.) we find a statement of general policy that the Roman *fiscus* issued copies of its records to private individuals.

29 Lucian. apol. 12: πρὸς τὸν ἀεὶ χρόνον, compare P.Oxy. II 237,8,40 (edict of a Roman governor of Egypt, 89 CE): ἵνα δ'οὖν βεβαία τε καὶ εἰς ἅπαν διαμένῃ = "to be maintained securely and for all time". Cic. Sest. 129: *idque ipsum tabulis publicis mandaretur ad memoriam posteri temporis sempiternam.* On the procedures of *relatio in tabulas,* see COUDRY 1994, 67–74; HARTMANN 2020, 32 and 40–44.

30 See Cic. Flacc. 21: *ne corrumpi tabulae facile possint, idcirco lex obsignatas in publico poni voluit,* with reference to the rules of the *lex Iulia de pecuniis repetundis* of 59 BCE (Cic. Rab. Post. 8 and 12; Vat. 29; Sest. 135); see FALLU 1973, 211–214.

31 The evidence does not support the frequently repeated claim that Republican public records were kept by officials in their private homes (see e.g. CULHAM 1989; COUDRY 1994, 91–94; HARTMANN 2020, 27–35). This reflects a broad misconception that the *acta/commentarii* of officials were not archived before the Principate. The sources suggest otherwise: in Cic. Verr. 2,1,119, Piso as successor of Verres to the urban praetorship "filled many *codices*" with reversals of judicial sentences issued by Verres against his own edict. Surely this implies that the judicial records of Verres were archived. References to the retention of personal copies of records (e.g. Cic. Balb. 11; Dion. Hal. 1,74,5; also implicit in Plut. Cat. min. 38,2–3) is not evidence of private archiving of public records but indicates that officials wanted to insure themselves in case the records were questioned. The same was practiced by officials under the Principate.

32 Cic. Sull. 40–44, especially at 42: *cum scirem ita esse indicium relatum in tabulas publicas ut illae tabulae privata tamen custodia more maiorum continerentur* = "since I knew that the testimony would be entered into the *tabulae publicae* in such a way that, according to custom, the *tabulae* would be safeguarded privately". This is a much-misunderstood passage that has been used to argue that Roman *tabulae publicae* were kept privately by magistrates, see the previous note. See *contra* BUTLER 2002, 90–91 and 144, who contends that official minutes of the Senate did not yet exist and Cicero was attempting something new. Cicero's account makes clear that it was highly irregular for *tabulae publicae* to be kept in private hands (hence his elaborate explanation of *privata tamen custodia*). It seems likely that he uses the term *tabulae publicae* proleptically and his record did not acquire this status until his consignment of his *commentarii* at the end of his consulship, see n. 31.

This episode highlights the perceived vulnerability of documents lacking the public authority of a *tabularium* — a key insight for our investigation into wills in the next sections.

The agency of archives is showcased by the Roman principle that official acts acquired public force at the moment of archival registration. Accordingly, the validity of Roman *leges* and *senatusconsulta* was synonymous with their entry into the *tabulae publicae*[33]. The idea that acts and documents were validated through archival procedures – a striking assertion of administrative control over information – was predicated on the completeness and accuracy of the archival records held in Roman record offices. If the claims of completeness and accuracy could be sustained, and there is evidence of concerted Roman efforts to do so, archival records could be used to determine not only the validity but the very existence of official acts, legal claims, documents, and anything else that could be expected to be registered[34]. It is telling that Roman sources repeatedly attest to miscreants trying to insinuate false documents into public archives, where their presence would constitute essential evidence of their validity. And it is no accident that the gravest criminal sanctions – including *maiestas*, high treason – applied to attempts to tamper with the public records[35].

The ambitions of Roman archiving were not confined to the imperial capital. That Cicero could justify the hasty registration of his provincial accounts at Rome with the argument that these had already been made public by virtue of being archived in Cilicia reflects an institutional vision encompassing the empire in its entirety[36]. The expostulations of Cicero about the importance of financial records archived at Rome and in the provinces to be identical gesture at an overarching aspiration of Roman imperial record-keeping: to generate consistent administrative knowledge across the immense geographical expanse of the empire[37].

---

33 As illustrated by Tac. ann. 3,51, where a delay in the *relatio* of *senatusconsulta* automatically delays their effects, see Coudry 1994, 66–67; Hartmann 2020, 35–36.

34 The principle of completeness is illustrated by the stringent demands of successive governors of Egypt that damaged local records spanning multiple decades be restored from master-archives at Alexandria, see P.Fam.Tebt. 15,53–54 and 83–85; P.Fam.Tebt. 24,29–35 (Tebtynis, early 2c. CE); Dolganov 2025.

35 On the insinuation of false documents into the public records, punishable under the *lex Cornelia de falsis* and the *lex Iulia de maiestate*, see e.g. Plut. Cat. min. 17,3; Hartmann 2020, 96–98; D. 48,10,13,1 (Pap. 5 resp.); D. 48,4,2 (Ulp. 8 disp.); Dolganov/Mitthof/Cotton/Ecker 2023, 52–53.

36 See Cic. fam. 5,20: *quamquam iustis de causis rationes referre properarim, tamen te exspectaturum fuisse, nisi in provincia relictas rationes pro relatis haberem* = "although for legitimate reasons I hurried to register my financial accounts, I would still have waited for you, if I were not convinced that leaving the accounts in the province was tantamount to registering them (at Rome)"; Fallu 1973. Cicero deliberately deprived his *quaestor* of the chance to calibrate his accounts with Cicero's before registration.

37 See Cic fam. 5,20: *quoniam lege Iulia relinquere rationes in provincia necesse erat easdemque totidem verbis referre ad aerarium* = "because as per the *lex Iulia* it was necessary to leave the accounts in the province and to register a verbatim copy in the *aerarium*".

2.1 Centralization of records

How was this imperial vision implemented in practice? The kingdoms and city-state cultures of the eastern Mediterranean that became the first Roman provinces were no strangers to archives and the sophisticated management of written records. At the same time, the new administrative landscape of the Roman empire generated new forms, standards, and patterns of record-keeping, which were in part superimposed on existing institutions and in part gave rise to new institutional structures[38]. The picture is clearest for Roman Egypt, where arid conditions have allowed for the preservation of large numbers of documents on papyrus and other organic materials, and this evidence resonates in significant ways with patterns attested in other provinces.

Roman record-keeping observed a number of working principles shaped by the exigencies of governing far-flung territories, the first of which was centralization. From the earliest documented instances, Roman administrative records were highly centralized, whereby records generated at the local level were routinely duplicated and submitted in full copy to central archives in the city of Rome. For example: land assignations in Roman colonies were recorded in lists and on bronze topographical maps (*formae agrorum*), both of which were archived locally with a second copy sent to Rome. Similarly, census records in Roman municipalities were deposited in local archives with a full copy sent to be recopied, processed, and archived by the censors at Rome[39].

In line with this pattern, the first step consistently taken by Roman officials in conquered territories was to institute a centralized flow of records to Roman administrative centers. Illustrative of this approach is Livy's account of the victorious Aemilius Paullus in 168 BCE convoking an assembly of Macedonian cities and instructing them to bring to him "all records archived in any location" (*litterasque omnis, quae ubique depositae essent*)[40]. Presumably, the goal was not only to centralize existing records but to establish a system in which copies of local records were submitted to Roman centers on a regular basis. Similar centralizing measures were implemented in Sicily, where in the age of Cicero detailed records of local tax collection (e.g. lists of local land cultivators, their annual declarations of landholdings and produce, cadas-

---

38 On archival institutions and practices in the Greek world, see the comprehensive study of Boffo/Faraguna 2021. In my view, the study underestimates the impact of the Roman conquest and the extent of Roman institutional intervention.

39 On records of colonial land assignations, see Buonapane 2015; Arnaud 2003; Moatti 1994; on census records, see Nicolet 1987; Dolganov 2021b and 2025. On centralized records as a technology of imperial government, see Moatti 2006, 126–136.

40 See Liv. 45,29. The discovery of incriminating correspondence with Greek states in the Macedonian royal archives shows that the staff of Paullus thoroughly combed the records. Presumably the documents conveyed by Macedonian cities were not only examined but also recopied, thereby merging the contents of local archives (or key portions of them) in the Roman center. I suspect that similar measures were taken during the provincialization of Egypt and elsewhere.

tral records, etc.) were archived locally in each Sicilian city and submitted to the provincial capital; records also traveled in the other direction, with copies of annual tax farming contracts generated by Roman governors kept in the capital, in each city, and on hand by the tax collectors[41]. By the time of Caesar, Roman governors were obliged to archive two complete copies of their financial accounts in two provincial cities before registering a third copy in the archives at Rome[42].

Papyrological sources attest to a dramatic centralization of records during the provincial organization of Egypt, where Augustan-era officials ordered all records of local administration and notarial production from the entire province to be regularly submitted in full copy to Roman archives at Alexandria[43]. The administrative vision behind this system is illustrated by an episode of archival mismanagement in the Egyptian hinterland, which prompted a series of governors to order the restoration of damaged local records from copies kept at Alexandria. This episode resulted in an additional backup measure, whereby notarial records from the affected regions were henceforth submitted to Alexandria in two copies kept in two separate archives[44]. That Roman administrators went to such great lengths to maintain multiple complete records of notarial documents – a manifestation of completeness and accuracy as key claims underpinning the authority of Roman archives, mentioned earlier – will be important in our discussion of wills in section 3 below.

2.2 Regulation of local archives and record-keeping

A key element of the centralized record-keeping systems favored by Rome were local archival institutions. Highly conscious of their importance, Roman officials pursued

41 See Cic. Verr. 2,3,112–120 and 171–181; ANDREAU 2007; BUTLER 2002, 35–45. I am not convinced that *litterae publicae,* used by Cicero with reference to the public records of Sicilian cities, originates as a Latin translation of δημόσια γράμματα (BUTLER 2002, 36–37). In Republican sources, the expression also appears in the *lex repetundarum* (123 BCE) = CRAWFORD 1996, no. 1 and the *lex Tarentina* (1c. BCE) = CRAWFORD 1996, no. 15 as well as Caes. Gall. 5,47,2 with reference to the *litterae publicae* of Gallic cities.

42 See Cic. Att. 6,7,2: *ego Laodiceae quaestorem Mescinium exspectare iussi, ut confectas rationes lege Iulia apud duas civitates possem relinquere*; FALLU 1973. The rule emanated from the *lex Iulia de repetundis* of 59 BCE, see n. 30.

43 On the requirement for nome officials, see BGU III 981,7–11 (Diopolite, 77 CE); SB XVII 13175 (ca. 194 CE); BURKHALTER 1990, 193–195. On the requirement for notaries, see BGU V 1210,221–226 (Gnomon of the Idios Logos, mid-2c. CE); BURKHALTER 1990, 201–207. The Augustan date of this policy is confirmed by the dossier of Satabous from the Arsinoite village of Soknopaiou Nesos, who in 15/16 CE was fined 500 *drachmai* for buying a house and failing to register the contract of sale at Alexandria. Satabous blamed his notaries = συναλλαγματογράφοι, the term used in the Gnomon, see SB I 5232 (Soknopaiou Nesos, 15 CE); JÖRDENS 2010, 162–165.

44 On the Arsinoite archive crisis, see n. 34. The imposition of an extra registration requirement may be deduced from P.Oxy. I 34 = M.Chr. 188,1,16–17 (127 CE), which generalizes it from the Arsinoite nome to the rest of the province.

various strategies to ensure that local archives fulfilled their intended function in imperial administration.

One strategy was to institute new archives on the Roman model. By the second century BCE, Roman *coloniae* and *municipia* in Italy had their own *tabulae publicae* kept in *tabularia publica* calqued on Roman record offices[45]. The same was true of *coloniae* and *municipia* in the provinces, as shown by references to *relatio in tabulas* and oaths for public scribes in charge of the *tabulae publicae* in Roman municipal laws[46]. Under the Principate, Latin inscriptions attest to the generalized presence of *tabularia publica* and public scribes and archival officials (*scribae, librarii, tabularii, curatores tabularum*) in the Roman provinces, both East and West. Expressions such as *tabularius civitatis, tabularius regionis* and *tabularius provinciae* indicate central repositories of records at the local, regional, and provincial level, in line with the Roman institutional models just discussed[47].

New Roman archives were also instituted throughout Egypt. At Alexandria, central provincial βιβλιοθῆκαι were established in the Patrika and Nana quarters, respectively, for administrative and notarial records. In addition, a separate Roman-style *tabularium* was created for the records of the provincial governor, including all records pertaining to Roman citizens and the Roman army[48]. In the hinterland, each of Egypt's forty-two administrative districts (nomes) received a central public archive (δημόσια βιβλιοθήκη or βιβλιοθήκη δημοσίων λόγων) and registry of real property

45 See e.g. the *tabulae publicae* of Larinum (Cic. Cluent. 41) and the *tabularium* of Heraclea (Cic. Arch. 8).

46 See e.g. the *lex Flavia municipalis* (Irni, Baetica, 74–96 CE): AE 1986, 333 = CILA II^4 1201 § 63 and § 73; the *lex coloniae Genetivae* (Urso, Baetica, 44 BCE) = Crawford 1996, n. 25 § 131.

47 See e.g. CIL VI 8580 = ILS 1497 (*tabularius regionis Piceni*, Rome, 68–120 CE); *Gallia Narbonensis*: CIL XII 525 (*tabularii publici curator*, Aquae Sextiae, imperial); *Hispania citerior*: CIL II 3235 = ILS 1555 (*tabularius XX hereditatium, tabularius provinciae Lugdunensis et Aquitanicae, tabularius provinciae Lusitaniae*, 98–117 CE); *Africa*: CIL VIII 16525 (*libertus tabularius*, Theveste, 2c. CE); *Pannonia inferior*: CIL III 10408 (*tabularius civitatis Eraviscorum*, Aquincum, 2c. CE); *Pannonia superior*: CIL III 3851 (*tabularius rei publicae*, Emona, 1c. CE); *Dacia*: CIL III 7955 (*tabularius provinciae Daciae*, Ulpia Traiana-Sarmizegetusa, 222–235 CE); *Macedonia*: AE 2003, 1582a (*publicus tabularius*, Dion, 1–2c. CE); *Asia*: IK Eph. 1564 (*tabularius provinciae Asiae*, 2c. CE); IK Eph. 2103 (*tabularium Ephesi*, imperial); IvP III 107 (*tabularius provinciae Asiae*, Pergamon, imperial); *Bithynia*: IK Klaud.136 (*tabularii provinciae Bithyniae*, imperial); BE 1972, 456 (*tabularius regionaris Ipsinae et Moetanae*, Prymnessos, imperial); *Arabia*: I.Gerasa 210 (*adiutor tabulariorum*, 2–3c. CE). For analogous Greek expressions, see e.g. CIG 4094 (δημόσιον γραμματοφυλάκιον, Pessinus, imperial); IG XII Suppl. 364 (τὸ τής πόλεως γραμματοφυλακεῖον, Thasos, imperial); TAM II 601 (διὰ τῶν δημοσίων γραμματοφυλακίων, Tlos, 140/141 CE); OGIS 669 (ἐν τοῖς δημοσίοις γραμματοφυλακίοις, Hibis/Alexandria, 68 CE); SEG XXVIII 1210 (βοηθὸς ταβλαρίων (sc. *adiutor tabulariorum*), Synnada, ca. 200 CE).

48 On the archives of governors, see Haensch 1992. On records pertaining to Roman citizens, see Dolganov 2021b. The Ῥωμαϊκὸν ταβουλάριον in P.Oxy. XVII 2116 (229 CE) seems a likely candidate for the *tabularium* of the governor.

(τῶν ἐγκτήσεων βιβλιοθήκη)[49]. The introduction of the nome archives was supervised by imperial freedmen sent out from Alexandria, presumably employees of the βιβλιοθῆκαι of the provincial capital[50]. The Roman nome archives did not have Ptolemaic precursors: in contrast to earlier archives attached to specific officials, temples and notarial centers, the nome βιβλιοθῆκαι were large central repositories of records issuing from *all* officials, notaries, and associations in the entire nome. A full copy of these records was sent to Alexandria, hence the nome βιβλιοθῆκαι functioned as intermediate nodes in the centralized flow of information that characterized the Roman system[51].

Roman influence on local archives is also visible elsewhere in the Greek East. The provincialization of Macedonia, Achaea and Asia in the second century BCE coincides with the emergence of epigraphic references to δημόσια γραμματοφυλάκια = "public archives", an appellation not attested before the Roman conquest[52]. There is also a proliferation of references to δημόσια γράμματα = "public records", a phrase that is relatively rare in Classical and Hellenistic sources, but becomes frequent in the Roman period and appears in Greek translations of Roman legislative texts with reference to *tabulae publicae*[53]. In similar terms, Cicero speaks of Greek cities in Sicily and Asia carefully managing their public records (*tabulae/litterae publicae*) and describes a civic decree at Syracuse being copied out (*perscriptum*), transferred onto *tabulae* (*in*

49 See Burkhalter 1990; Wolff 1978, 222–225; Jördens 2010 and my discussion in Dolganov 2025. Jördens 2010, 160 notes that the general term δημόσια βιβλιοθήκη probably preceded the more specific term βιβλιοθήκη δημοσίων λόγων, which likely emerged after the creation of the second branch of nome archives dedicated to real property.

50 As noted by Claytor 2020, 37–39, the first keepers of the Arsinoite registry of real property were Tiberius Logismos and Tiberius Antiochos (SB XVIII 13229, 69 CE). From the names, it is obvious that these were imperial freedmen from Alexandria. I would guess that they were apparitorial *scribae* or archival workers like Castor and Pollux, *tabularii* of the governor attested in P.Stras. V 340 (early 2c. CE).

51 On centralized flows of records, see Burkhalter 1990 with convenient diagrams.

52 Of the dated epigraphic testimonia listed in Boffo/Faraguna 2021, 760 s.v. δημόσιον γραμματοφυλάκιον, all postdate the Roman conquest: SEG XXXV 665 (Ambracia, ca. 160 BCE), where γραμματοφυ[λάκια] are mentioned but δημόσια is lacking; IPark 30 (Megalopolis, ca. 150–100 BCE); IG V 1, 1114 (Geronthrai, 1c. BCE); FD III 6,20 (Delphi, 20–1 BCE). There are numerous references to δημόσια γραμματοφυλάκια in inscriptions from the Roman period. I am not aware of any securely dated examples preceding the Roman conquest of the respective region.

53 The phrase δημόσια γράμματα appears in a handful of references in three speeches of the Attic orators (Aesch. *De falsa legat.*; *Ctesiph.*; Dem. *De corona*). Of the dated epigraphic testimonia in Boffo/Faraguna 2021, 759, all except for one Attic example (IG II^2 120,16–17, 353/352 CE) postdate the Roman conquest: IG XII,6 1:6 (Samos, after 167 BCE with reference to the Romans); CID IV 119 G (Phokis, 117/116 BCE); IG XII 7,391 (Amorgos, Aegiale, 1c. BCE); I.Priene^2 64 (129–100 BCE) 59–60: γράμματα | ἐν τοῖς δημοσίοις ὑπάρχοντ[α]; I.Priene^2 69 (after 84 BCE). In the phrase ἵνα/ὅπως ὑπάρχηι ἐν τοῖς δημοσίοις (I.Milet I 2,10 and I 3,33 [3c. BCE]), δημόσια refers to archives, not to the records themselves. For δημόσια γράμματα/γραμματοφυλάκια in Roman legislation, see e.g. Syll. 685,7 and 22 (Dyme, Achaea, 144/143 BCE); OGIS 669,23 (Egypt, Kharga Oasis, 69 CE).

tabulas relatum) and deposited in the city's treasury (*aerarium*). Evidently, the city of Syracuse had adopted both the documentary medium, the venue, and the procedures of recording and archiving Roman *senatusconsulta* in the *aerarium Saturni* at Rome[54].

In creating and configuring provincial archives, Roman officials articulated general standards for archival practice. For example: archivists were not permitted to accept documents with erasures or corrections, a rule cited in legal documents and repeatedly emphasized by Roman governors[55]. Archival records had to be collated, indexed, and complete to the point of being retrievable six or more decades later – standards spelled out by successive governors as they sorted out archival mismanagement in the hinterland of Egypt[56]. Roman regulations stipulated which records were to be kept in local archives and how these were to be managed, including strict rules for the maintenance of financial accounts. This is vibrantly expressed in an honorific decree from Messene extolling the achievements of the city's secretary (γραμματεύς), whose careful bookkeeping withstood an audit from the Roman governor – a true local hero[57]. In similar terms, a γραμματεύς in Priene is honored for financing at his own expense the recopying of the city's public records in duplicate on papyrus and parchment, including all civic decrees, official letters, and legal documents, thereby "securing the livelihood of the city and of every private citizen". These texts parrot Roman discourse on the essential role of archives in legal security, while at the same time reflecting the strain of the archival standards imposed by Roman administrators[58].

---

54 See Cic. Verr. 2,5,140 and 146–147: *primum mihi litteras publicas, quas in aerario sanctiore conditas habebant, proferunt [. . .] (senatusconsultum) perscriptum atque in tabulas relatum*, etc. = "first they brought out public records that they had hidden in the innermost room of the treasury [. . .] a *senatusconsultum* transcribed and entered into the *tabulae publicae*", etc.

55 See e.g. SEG XXXIII 1177,9–11 (Myra, Lycia, 43 CE): ὅτι οὐ χρὴ παρενγραφὰς | κ[αὶ ἀ]παλοιφὰς ἔχοντα πιττάκια τῶν οἱ|κ[ον]ομουμένων προσδέχεσθαι = "that documents of legal transactions containing alterations or erasures must not be accepted" and P.Oxy. I 34 = M.Chr. 188,1,14–15 (Alexandria/Oxyrhynchus, Egypt, 127 CE): ο[ἱ καλ]ούμενοι εἰκονισταὶ [. . .] παρασημιούσθ[ωσαν εἴ πο]ῳ ἀπ\αλ/ήλειπται ἢ ἐπιγέγραπταί τι | ὃ [ἑτέ]ρως ἔχει = "let the so-called registrars [. . .] make marginal notes where something has been erased or added that is different". Legal documents mentioning this policy include BGU II 266,31 (Arsinoite, 177 CE): καθαρὸν ἀπὸ ἀλείφατος (sc. *litura*) καὶ ἐπιγραφῆς (sc. *inductio*) = "free from erasure and correction"; D. 28,4,1 (Ulp. 15 ad Sab.): *testamento fuerit adscriptum: lituras inductiones superductiones ipse feci* = "to the will was added: any erasures, corrections, or additions I have made myself"; ChLA XIV 592,85–86 (Egypt, 5–6c. CE): *si que liturae uel caraxaturae in hoc test[a]|mento meo sunt, ego feci fierique praecipi* = "if there are erasures or corrections in this will, I have made them and ordered them to be made".

56 See n. 34.

57 See IG V,1 1432 (Messene, 39 BCE); Boffo/Faraguna 2021, 482–484. For Roman archival directives to Greek cities, see e.g. I.Aphr. 8,25 (Aphrodisias, text 38/39 BCE, inscription 2–3c. CE); I.Knid. I 34 = IG XII,3 174 (Cnidos/Astypalaea, 6 BCE), where Octavian/Augustus instructs the cities to enter his letter into their public records.

58 I.Priene 114,33,2,1,32: τόν τε κα<τ' ἰ>δίαν ἑκάσ[τ]ου καὶ τὸν τῆς πόλεως ἀσφαλισάμενος βίον. See I Priene 112–114 (after 84 BCE); Boffo/Faraguna 2021, 23 and 741. For the Roman discourse of archives

Taken together, the evidence points to a profound Roman impact on local archives and record-keeping in the provinces. The example of Egypt is significant, as it shows an advanced documentary culture undergoing sweeping institutional change under Roman rule. Step by step, we observe the implementation of a centralized, multi-tiered system of provincial archives in accordance with a distinctly Roman administrative vision. It seems likely that, as with the Roman δημόσιαι βιβλιοθῆκαι in the Egyptian hinterland, the emergence of δημόσια γραμματοφυλάκια in Greek cities reflects the creation of central record offices on the Roman model of the *tabularium publicum*. In some cases, already existing archives appear to have been adapted to Roman standards and administrative priorities[59]. It also seems likely that the systematic production of records in multiple copies and their flow from local archives to provincial centers, documented in detail in Italy and Egypt, were general features of Roman archival systems.

2.3 Regulation of local notarial production

Roman oversight of local record-keeping extended to private legal documents. Evidence from several provinces shows that notarial activity was licensed and leased out by the Roman imperial administration through renewable contracts[60]. It follows that Roman officials in each province disposed of detailed information about licensed

as a source of legal security, see Syll. 685,11–14 (Dyme, Achaea, 144/143 BCE), a Roman governor's announcement of the execution of local magistrates for setting fire to the city's archives accompanied by edifying remarks on archival records as essential for a well-functioning political community, see Dolganov 2025. Compare similar statements by governors in SEG XXXIII 1177,24–27 (Myra, 43 CE); P.Oxy. II 237,8,28–31 (Egypt, 89 CE).

59 One example is the καταλογεῖον at Alexandria, which was transformed from a Ptolemaic judicial archive to a notarial center and registry for legal documents from the entire province, see Wolff 1962, 75–82; Pierce 1968, 77–83; Burkhalter 1990, 203–212. Compare the so-called βασίλειον in Miletus, evidently a former royal archive, which served as a repository of notarial documents in the Roman period, see e.g. I.Milet. 677 (imperial).

60 On notarial leasing in Roman Egypt, see Oertel 1917, 112–115 and 332–335; Langelotti 2020, 44–49. P.Grenf. II 41 = M.Chr. 183 (Soknopaiou Nesos, 46 CE) is an application for the renewal of a sublease of a village γραφεῖον and P.Oxy. IX 1208 (Oxyrhynchus, 291 CE) mentions a lessee of the ἀγορανομεῖον. In PSI X 1105 (Ptolemais Euergetis, 173 CE) a notary (νομογράφος) of the metropolis is audited for his wealth rating (πόρος), indicating that notarial leases had a property qualification. New evidence from the Roman Near East shows that the notarial office of χρεωφύλαξ, attested in the Aegean islands, Asia, Cyprus, Iudaea, Syria and Mesopotamia, also operated by lease, see Dolganov/Mitthof/Cotton/Ecker 2023, 101–102 and 130. It is reasonable to infer that the leasing of notarial activity was a generalized phenomenon in the Roman empire well before the *tabelliones* of late antiquity.

scribes and notarial centers that were under contractual obligation to the Roman state[61].

Through legislation and notarial contracts, Roman administrators issued general rules for notarial production. These included strictures against erasures and corrections, as noted above. In the hinterland of Egypt, Roman rules prescribed the format of notarial documents and regulated which notaries were authorized to produce which types of deeds: while in the Ptolemaic era Greek notaries (ἀγορανόμοι) were active in the villages and Greek wills (διαθῆκαι) could be drafted there, in the Roman period the activity of ἀγορανόμοι was channelled toward the nome capitals and other major administrative centers[62]. A broad Roman impact on notarial activity is reflected by the emergence of new clauses and formulae in legal documents. For example: the fact of epitaphs employing standardized and corresponding Latin and Greek expressions signifies that notariates across the empire adhered to Roman formularies concerning the registration of burial rights. Another conspicuous change is visible in privately drafted documents (χειρόγραφα), which routinely specify that they have been composed "without erasures or corrections" (χωρὶς ἀλείφατος καὶ ἐπιγραφῆς) and are valid "as if registered in a public archive" (ὡς ἐν δημοσίῳ κατακεχωρισμένον), further highlighting the impact of Roman institutions on local documentary culture[63].

---

61 That administrators at Alexandria had lists of provincial notaries is implicit in P.Oxy. I 34 = M.Chr. 188,3,3–6 (edict of a Roman prefect of Egypt, 127 CE): οὐκ ἔλαθέ με ὅτι οἱ ἀπὸ τῆς Αἰγύπτου νομικοί [. . .] πανταχοῦ μᾶλλον καταχωρ[ί]ζουσι | τὰς ἀσφαλείας ἢ ἐν Ἀδριανῇ βιβλιοθήκῃ = "it has not escaped my notice that drafters of legal documents (νομικοί) from the hinterland of Egypt [. . .] are registering their deeds everywhere except in the archive of Hadrian", further on this text see section 3.3 below.

62 On erasures and corrections, see n. 55. On the format of γραφεῖον contracts in the Roman period, see Claytor 2020, 68–72. For agoranomic sales drafted in villages in the Ptolemaic era, see e.g. P.Adler 20 (Poinkoris, Diopolite, 98 BCE); UPZ II 180 = P.Par. 5 (Hermonthis, Pathyrite nome, 113 BCE). For Ptolemaic διαθῆκαι drafted in a village context, see e.g. P.Petr.I^2 6,27–47 (238/237 BCE, Arsinoite); P.Lond. II 219 (Thebaid, 2c. BCE). On the question of Ptolemaic wills as notarial documents, see Clarysse 1991 (P.Petrie I^2), 13–16. In the Roman period, evidence for agoranomic activity beyond the nome capitals appears to be limited to the Herakleopolite nome, where ἀγορανομεῖα are attested in the administrative centers of the toparchies of Tekmi (Stud. Pal. XX 26 = M.Chr. 200, 224 CE) and Phebichis (P.Heid. IX 301, 192 CE). The supposed reference to an ἀγορανομεῖον in the Arsinoite village of Tebtynis in PSI X 1117,28 (2c. CE) looks to me like a misreading: instead of δι' ἀγορα(νομείου) Τεπ(τύνεως) the text reads διὰ γρα(φείου) Τεπ(τύνεως) as in line 23. Interestingly, the document drafted through this γραφεῖον is a Greek διαθήκη, so this may be one of several examples of a διαθήκη drafted in a village and registered in the nome capital, see P.Köln II 100 (Oxyrhynchite, 133 CE); Nowak 2020, 118; BGU I 135 (Arsinoite, 138–161 CE); P.Oxy. XLIV 3166 (Oxyrhynchus, 187 CE).

63 Further illustrations of Roman influence on notarial practice include the emergence of *fideipromissio* clauses in Greek legal documents, see Nörr 1999, 270, and clauses in Greek inscriptions referring to archival registration, see Wörrle 1975, 257–272; Harter-Uibopuu 2010, 266–269 and 2014, 158–163; Wiedergut in this volume. For formulaic language in provincial epitaphs, see nn. 5, 8 and 11. For typical χειρόγραφα from the Roman period, see e.g. BGU III 717 (Arsinoite, 149 CE); P.Oxy. XVII 2134 (after 170 CE); many χειρόγραφα were drafted in duplicate (δισσὸν γραφέν) to facilitate future archival registration.

There were detailed Roman rules for the archiving of notarial documents. As noted, the Roman administrators of Egypt created centralized records of notarial production by requiring scribes and notaries to deposit copies of their records in Roman archives at Alexandria and in the nome capitals. A sublease of a village γραφεῖον in Egypt stipulates that every four months the notary would submit copies of all legal documents produced by his office, together with an index (ἀναγραφή) and list of abstracts (εἰρόμενα), to the primary lessee, who was responsible for delivering the records to the relevant provincial archives. From the reign of Hadrian, notarial records had to be submitted to Alexandria in two complete copies, deposited in two separate βιβλιοθῆκαι[64].

This degree of systematic centralized archiving of notarial production does not have known Hellenistic parallels but appears to have been a distinctly Roman ambition that was not limited to Egypt and constituted a broader imperial policy. One may recall the edict of Q. Veranius, governor of the new province of Lycia, punishing public archival workers in the city of Tlos for accepting documents with alterations. Interestingly, this problem was flagged to Veranius by a citizen of Patara, which suggests that the dubious documents had made their way to the provincial capital. In Egypt, notarial records submitted to Alexandria were meticulously checked by archival registrars (εἰκονισταί) who were instructed to make marginal notes where they noticed erasures or corrections – and it seems likely that a similar procedure is implied by the edict of Veranius[65].

A general Roman policy of archiving legal documents is expressed in a second-century imperial edict from the province of Asia: “it has also been decreed in many other provinces that all contracts must be registered in public archives”[66]. The reference to public archives (δημόσια γραμματοφυλάκια) underscores a key change in archival practice under Roman rule. Throughout the Hellenistic world, notarial centers had maintained records of documents, referred to by terms such as ἀναγραφή = “inscription, registration”, ἐγγραφή and καταχωρισμός[67]. From the Roman perspective,

64 For the notarial sublease, see P.Grenf. II 41 = M.Chr. 183 (Soknopaiou Nesos, 46 CE) mentioned in n. 60. See further P.Mich. II 122 (Tebtynis, 49 CE) containing a template for reporting transactions pertaining to real property by a village notariate. Further on Roman archival requirements for notaries, see n. 43.

65 Compare SEG XXXIII 1177,9–11 and 19–21 (Myra, Lycia, 43 CE) and P.Oxy. I 34 = M.Chr. 188,1,12–15 (127 CE), both cited in n. 55. On the creation of Hadrian’s archive at Alexandria and centralized double-archiving of notarial documents, see Burkhalter 1990, 203–207. On Hellenistic archiving of notarial documents, see n. 67 below.

66 SEG XIX 854,2–7 (Sibidunda, 2c. CE): [κ]αὶ ἐν ἄλ[λοις] πολλοῖς | [ἔ]θνεσιṿ [διατ]εταγμένο[ν | ἐσ]τὶν πάντα τὰ συμβό|[λ]αια διὰ τῶν δημοσίων | [γ]ραμματοφυλακείων | [ἀ]ναγράφεσθαι. This text is not mentioned in Boffo/Faraguna 2021.

67 On Hellenistic notarial practice, see Wolff 1978, 8–27 and 34–44. A Ptolemaic decree of 146 BCE prescribed entry into notarial registers (ἀναγραφή) for Demotic contracts (UPZ II 162,4,13–15) and presumably similar rules for Greek documents, see Wolff 1978, 36–40 and 45–46. A handful of Ptole-

however, the archival registration of legal documents was not fulfilled by record-keeping within notarial establishments: although notarial centers in Egypt (γραφεῖα, ἀγορανομεῖα) kept their own records, they were still obliged to submit copies of their documentary production in duplicate to δημόσιαι βιβλιοθῆκαι in the nomes and in the provincial capital[68]. It appears that the Roman idea of archival registration specifically involved documents being deposited in what Roman administrators recognized as public archival institutions, in line with the Roman notion of "entry into the public records" (*relatio in tabulas*).

Accordingly, sources from the eastern provinces speak of "public registries" (δημόσια χρηματιστήρια), "public registration" (διὰ τῶν δημοσίων χρηματίζειν), and "publicly registered documents" (δημόσιοι χρηματισμοί) – a standard expression for notarial deeds that is not attested before the Roman period and likely corresponds to *instrumenta publica* in Latin[69]. As the detailed evidence from Roman Egypt shows, the "public" nature of notarial documents was a function of their being registered in the provincial system of public archives. By extension, non-notarial documents lacking archival registration (such as χειρόγραφα) could be rendered "public" through the central provincial notariate (καταλογεῖον) and archive of legal documents (ναναῖον) at Alexandria. This procedure was called δημοσίωσις = "publication" – another term that emerges in the Roman period and probably corresponds to the Latin *publicatio*, which is attested with this meaning in Roman legal literature[70].

maic papyri from the Arsinoite nome mention the registration of marriage contracts and dowries in a public archive (τὸ δημόσιον) in the regional center, but the nature of this institution is unclear, see CPR XVIII 6, 8–9, 12–13, 17, 20 and 28 (Theogonis, Arsinoite, 3c. BCE), P.Freib. III 26, 29 and 30 (Philadelphia, Arsinoite, 2c. BCE) and Wolff 1978, 46. On Hellenistic evidence for the registration of sales of real property, mentioned in P.Hal. 1,11,234–259 (Apollonopolite, early 3c. BCE) and I.Milet I.3, 33, mid–3c. BCE among other documents, see Wolff 1978, 188–197 and 213–220 and Boffo/Faraguna 2021, 318–320. There is no indication that Hellenistic ἀναγραφή procedures involved anything like the Roman practice of centralized archiving of legal documents in multiple complete copies. As emphasized by Wolff 1978, 46: "zu den markantesten Institutionen des römischen Ägypten gehörten große amtliche Archive".

68 See n. 43.

69 For δημόσια χρηματιστήρια see SEG XXXIX 1243,3,43–44 (Colophon, 130–100 BCE); Milet I 2,3,53–54 (letter of a Roman governor, Miletus, 56/50 BCE); Boffo/Faraguna 2021, 462. For διὰ τῶν δημοσίων χρηματίζειν see IG XII Suppl. 347,3 (Thasos, 2c. CE). On δημόσιοι χρηματισμοί, a standard expression for notarial documents in Roman Egypt, see Wolff 1978, 139–140. For *instrumenta publica*, see Suet. Cal. 8 with reference to an archived letter of Augustus and the key passage of D. 48,19,9,5–6 (Ulp. 10 de off. procons.) with reference to sanctions against notaries (*tabelliones*) and other legal practitioners: *solet et ita interdici [. . .] ne eo loci sedeant, quo in publico instrumenta deponuntur, archio forte vel grammatophylacio* = "it is also common to prohibit them from [. . .] being in places where legal documents are publicly registered, such as an ἀρχεῖον or γραμματοφυλάκιον".

70 On the procedure of δημοσίωσις, see Wolff 1978, 129–135; Burkhalter 1990, 207–212. For *publicatio* with the meaning of archival registration, see C. 6,23,2 (225 CE): *publicati semel testamenti fides, quamvis ipsa materia, in qua primum a testatore scriptum relictum fuit, casu qui probatur intercidit, nihilo minus valet* = "once a will has been publicly registered, even if the material itself on which the writing

The Roman origins of δημόσιοι χρηματισμοί and δημοσίωσις have not, as far as I am aware, been recognized in existing research. It is therefore worth emphasizing that these procedures were part of a new Roman system of administrative documentation, maintained through a centralized network of public record offices established under Roman rule.

The Roman system of public records depended on the submission of extensive amounts of information by private individuals, necessitating measures to promote archival registration. The Roman discourse of archival records as a source of legal security meant that Roman administrators pledged to protect registered claims and, implicitly, reserved the right to deny or ignore claims that were not properly documented[71]. Registered documents (δημόσιοι χρηματισμοί) were required in a variety of legal procedures: to obtain a property title or claim an inheritance, it was necessary to submit a registered contract of sale or an official protocol of the opening of a will. The cumbersome process of δημοσίωσις requiring travel to Alexandria was intended to incentivize immediate registration of legal transactions through notarial deeds. To claim fiscal privileges, applicants were likewise obliged to submit dossiers of registered documents, typically in the form of authenticated copies of archival records. The procurement of archival copies is well-attested in Roman Egypt and elsewhere may be inferred from the proliferation of epigraphic references to archival documents. That manumissions in Delphi and epitaphs in Asia Minor start mentioning their archival registration in the Roman period reflects the rise of routine practices of consulting archival records as a means of authenticating legal claims[72].

---

was left by the testator has perished in a demonstrable accident, its validity remains intact". See also the text of D. 48,19,9,5–6 in the previous note.

71 On archival records as a source of legal security, see n. 55.

72 On the Roman requirement to produce registered documents (δημόσιοι χρηματισμοί) to acquire property titles, see Wolff 1978, 247–253; Burkhalter 1990, 203–208; Yiftach 2008. On the requirement to present authenticated copies of archival documents for claiming fiscal privileges, see Dolganov 2021b, 193–194 and 222–224. On references to archival registration in Greek inscriptions, see n. 63. These emerge at Delphi at the start of the Principate, see e.g. FD III 6,19 (early 1c. CE). The argument of Jördens 2010, 166–177 that the Roman state did not force archival registration is misleading: while individuals could try to avoid declaring purchased property to the Roman registries of acquisitions, this meant that the original owner did not lose title and continued to be fiscally responsible; if the new owner died, lack of legal title meant that the property could be reclaimed by the original owner or their heirs – as we see happen in P.Oxy. III 472 = M. Chr. 235 (130 CE); P.Oxy. III 486 = M. Chr. 59 (131 CE). The work of Yiftach 2008 shows that individuals often delayed the δημοσίωσις of real property purchases but did not evade it, and χειρόγραφα were often pre-formatted for δημοσίωσις. One should also not forget that the Roman state was not exclusively dependent on voluntary declarations but also proactively collected information, see e.g. the house inspection documented in P.Wash.Univ. I 3 (Oxyrhynchus, 3c. CE); Dolganov 2021b, 198.

3 Wills in the Context of Roman Public Records

What does all of this mean for our inquiry into the archiving of wills? The targeted Roman creation of centralized archival systems, regulation of notarial activity, and centralized archiving of notarial documents clearly have important implications for this question. In view of the masses of records produced and archived by the Roman imperial administration (e.g. in the context of the census, the Roman army, and other administrative domains) and considering the importance of testation as a vehicle for the transmission of wealth, one would expect to find developed practices of recording and archiving wills in the Roman provinces.

The research has been skeptical on this point, particularly as concerns the handling of Roman wills, traditionally regarded as strictly private legal acts documented and kept in private hands, and not notarial deeds drafted and archived in an official capacity. This question will be reexamined below.

3.1 Administrative handling of non-Roman wills

The so-called Gnomon of the Idios Logos is a manual of rules for a Roman procurator in Egypt, originally created under Augustus and surviving in epitomized form from the reign of Pius. The manual contains Roman regulations from different domains of provincial life that involve penalties of confiscation, the remit of the procurator of the Idios Logos. Several penalties concern the confiscation of property at the moment of inheritance, for example: if a citizen of a Greek city married an Egyptian and died childless, the Roman *fiscus* would confiscate all property acquired after the marriage (§ 45); any property bequeathed by freedmen under 30 or with a prior criminal record was confiscated by the *fiscus* (§ 20); the inheritance of anyone who died intestate and without a lawful heir fell to the *fiscus* (§ 4)[73]. The assertion of such claims by the Roman fiscal system was predicated on rigorous administrative monitoring of testation and inheritance.

73 On the Gnomon of the Idios Logos, see BGU V 1210 (Arsinoite, mid–2c. CE) with Dolganov 2020b and 2022 and the collected volume of Kruse 2024. See further Babusiaux 2018 on the Gnomon as a documentary source for Roman law. Using the case study of testamentary law, Babusiaux deconstructs common arguments against the Gnomon's significance, such as the claim that the text is an unreliable private compilation or that it reflects provincial usage influenced by Ptolemaic tradition. These arguments continue to be repeated, see e.g. Alonso 2023, 237–238 ("sondern lediglich die durch einen anonymen Kompilator gesammelten Zusätze [. . .] offensichtlich eine offiziöse Kompilation, etc.") repeating Alonso 2016, 58. The claim that the epitome is an "officious" compilation that adds new rules to the rulebook is incorrect: the preamble clearly states that the rulebook itself has been constantly updated with new legislation, BGU V 1210, 2–3: καὶ τῶν ὑπὸ χεῖρα αὐτῷ (= γνώμονι) | π̣[ρ]οσγεγονό̣τ̣[ω]ν̣.

Rule § 7 of the Gnomon states that "wills (διαθῆκαι) that are not drafted as publicly registered documents (κατὰ δημοσίους χρηματισμούς γείνωνται) are invalid"[74]. The origin and meaning of this rule have been debated. The prevailing consensus is that it only applied to local Graeco-Egyptian wills (because only these are presumed to be notarial deeds) and may have been a rule of Ptolemaic origin[75]. However, as noted, the expressions δημόσιοι χρηματισμοί and δημοσίωσις first emerge in the Roman period with reference to the registration of documents in the provincial system of public records. The formulation of the Gnomon rule was therefore clearly Roman. Its significance may be understood in light of the evidence for Graeco-Egyptian wills in the Roman period.

Whereas in Ptolemaic Egypt Greek wills (διαθῆκαι) could be drafted in hinterland villages, all surviving examples of Roman-era διαθῆκαι were notarized by ἀγορανόμοι in the regional capitals. There are a few instances of διαθῆκαι being drafted in villages and archived in the capital, which indicates that Roman administrators were primarily concerned with the archival registration of wills in major administrative centers. Accordingly, to make a Greek διαθήκη in Roman Egypt, residents of the hinterland had to travel to a regional center – or opt for alternative testamentary arrangements such as entailments or gifts that could be performed by a village notariate[76].

Greek wills from Roman Egypt resemble wills from the Ptolemaic era, but with several important differences. While Roman-era διαθῆκαι continue the Ptolemaic use of six witnesses, the witness signatures are accompanied by descriptions of seals, indicating that the wills were sealed immediately after drafting and deposited in the notarial archive in sealed form. The rigorous signing and sealing of wills appear to have been influenced by Roman testamentary practice. While the sealed original remained with the notariate for safekeeping, a notarial copy of the will (ἐκδόσιμον) was issued to the testator. This copy served to revoke and replace a will, or to claim an inheritance, as we will see in a moment[77].

---

74 BGU V 1210, 33–34 (Arsinoite, mid-2c. CE): ζ δ[ι]αθῆκαι, ὅσαι μὴ κατὰ δημοσίους χρηματισμοὺς γεί-νων|ται, ἄκυροί εἰσι.

75 Nowak 2015, 11 and 73–74 favors Ptolemaic continuity, as does Strobel 2014, 29–30 who sees notarial requirements as foreign to Roman testamentary law. Amelotti 1966, 115 notes the general phrasing of the Gnomon rule and entertains the possibility of provincial usage influenced by Graeco-Egyptian practice. Babusiaux 2018 departs from the established consensus and argues that this was a Roman rule of general application. However, her interpretation of κατὰ δημοσίους χρηματισμούς as "im Einklang mit öffentlich-rechtlichen Vorgaben" is not supported by the evidence, where δημόσιοι χρηματισμοί and related formulations (δημόσια χρηματιστήρια, διὰ τῶν δημοσίων χρηματίζειν, etc.) refer specifically to the archival registration of documents and transactions, see n. 69.

76 On alternative testamentary arrangements by village residents, see Nowak 2020. On διαθῆκαι drafted in villages and registered in the metropolis, see n. 62.

77 On the production and archiving of Greek wills in the Roman period, see Yiftach 2002, 160–164; Nowak 2015, 11, 56–59. It is noted by Nowak 2012, 248–249 that Ptolemaic wills typically contained lists and physical descriptions of witnesses, whereas signatures are a universal feature of διαθῆκαι from

Another new element in Greek διαθῆκαι from the Roman era are clauses stipulating the testator's right to make new provisions or to change or annul the will (e.g. ἐπιτελεῖν καὶ μεταδιατίθεσθαι καὶ ἀκυροῦν τήνδε τὴν διαθήκην). To perform an annulment, the testator had to obtain permission from an official (typically the *strategos*), then present the notarial copy and reclaim the original from the archive, replacing it with a new will as needed. The revocation of wills through an official instance is not known from Ptolemaic sources and was evidently a new Roman procedure that went hand in hand with the requirement that διαθῆκαι be archived in regional centers in sealed form[78]. These rules reflect Roman concerns to ensure authenticity and preclude conflicting claims arising from multiple wills – and presumably also to prevent wills from being suppressed after the testator's death[79]. Taken together, these procedures amount to a significant degree of Roman administrative oversight of provincial testation.

Epigraphic evidence suggests that similar rules concerning the notarial production and obligatory archival registration of wills existed in other provinces. Epitaphs from Roman Asia Minor routinely refer to their registration in public archives – *in archiis publicis* (AE 2017, 1488 [Hierapolis, 233 CE]), εἰς τὰ δημόσια ἀρχεῖα (Alt.v.Hierapolis 345, imperial), διὰ τῶν δημοσίων ἀρχείων (TAM II 881, imperial), indicating that concessions of burial rights were subject to Roman archival requirements[80]. Some epitaphs cross-reference testamentary clauses regulating access to the burial plot, which implies that the will could be consulted and was evidently registered as well. In cases

the Roman period. Nowak 2015, 59 claims that Ptolemaic wills were sealed but the evidence for this is unclear. Kreller 1919, 326 (cited by Nowak) argues this on the basis of the physical features of BGU I 86, which is from the Roman period, and P.Dryton 2, which Vandorpe 2002 identifies as an agoranomic copy but Nowak 2012 argues is an original. Sealing is not mentioned in the publications of Ptolemaic wills in Clarysse 1991 (P.Petr.^{2} I) and Vandorpe 2002 (P.Dryton). On Roman archiving of sealed documents, see n. 30.

78 On the revocation of Graeco-Egyptian wills in the Roman period, see El-Mosallamy 1970; Lewis 2005. The argument of Nowak 2012, 245–251 for this being a Ptolemaic procedure involves projecting evidence from the second century CE back onto the Ptolemaic context, where there is no trace of such a procedure.

79 The suppression of wills is a problem discussed by Fronto, M. Caes. 1,6; see further BGU I 361 (Arsinoite, 184 CE). A land tax register mentions a testamentary dispute based on a Greek will left unopened for a decade, presumably because its custodian had suppressed its existence (P.Vat.Gr. 1 = P.Marm. 5,1–5, Marmarica, ca. 191 CE). In BGU II 592 (Arsinoite, ca. 160 CE) a woman conceals the existence of her deceased father's will for twelve years to obtain a portion of his intestate inheritance. When the will materializes, she claims it is illicit and forged. Were these wills suppressed despite being deposited with a notariate, or do they illustrate exceptions to the Roman policy of notarial registration for Graeco-Egyptian wills – e.g. if a will was composed shortly before death? If so, we would have another point of similarity in the administrative handling of Graeco-Egyptian and Roman wills, see sections 3.2 and 3.4 below.

80 As noted by Wörrle 1975, 271 with reference to an implicit legal rule in TAM II 962,2 (Olympos, imperial): ἐννόμως βούλομαι, etc. On Greek epitaphs regulating burial rights, see Harter-Uibopuu 2010 and 2014; Wiedergut in this volume.

where epitaphs were composed during the testator's lifetime, testamentary provisions are cited in nonspecific terms, e.g. prescribing the payment of a fine "indicated in the will" (τὰ δηλούμενα πρόστειμα ἐν τῇ διαθήκῃ, CIG 2771,I,16 [Aphrodisias, 98–117 CE]) or conceding burial rights to "whoever else she wishes in her will" (καὶ οὓ<ς> ἂν θελήσῃ κατὰ διαθήκην αὐτῆς, IGLSyr,1,171,11 [Kara Mougara, 157 CE], with reference to a Roman will). An epitaph from Hierapolis states that "the freedmen indicated in my will shall take care of the funerary monument" (προνοήσουσιν δὲ τοῦ μνημίου οἱ ἀπελεύθεροί μου οἱ ἐν τῇ διαθήκῃ φερόμενοι, Alt.v.Hierapolis 323,b,5, imperial). Specific citations like these seem to presuppose the existence of a will with the relevant provisions, while still allowing for the possibility that the details of the provisions could change. It may be hypothesized that the unopened will was "on file" with a local notariate, possibly the same one that had composed and registered the epitaph.

In Roman Egypt, the opening of Greek wills was a public procedure that took place before a representative of the provincial administration – typically the *strategos* of the nome. To open a will, the custodian of the notarial copy (ἐκδόσιμον) had to file a formal request with the *strategos* and present the copy. The original was then retrieved from the notarial archive and its authenticity confirmed by a majority of witnesses, who formally recognized their seals and attested to the accuracy of the official copy taken from the unsealed will, which was resealed and archived once again. This copy served as the basis of the administrative protocol of the opened will. Every step of the process – the formal request for opening, the recognition of seals by a majority of witnesses, their attestation of the official copy, the resealing of the original – mirrors the procedure for opening Roman wills, to be discussed below in section 3.4[81].

Protocols of opened Greek wills were official documents that, like protocols of judicial hearings, were recorded in the administrative *acta* (ὑπομνηματισμοί = *commentarii*) of the presiding official. As noted, officials were obliged to deposit such records at regular intervals in the central public archive of each nome and to submit copies to central archives at Alexandria. The protocols of opened wills were also archived separately, as indicated by processing marks at the end of protocolled Oxyrhynchite wills, which give the month of the protocol's archival registration[82].

81 When the *strategos* was not available, he could appoint members of the local officeholding class to supervise the opening, see e.g. P.Mert. II 75 (Oxyrhynchus, 185 CE); P.Oxy. XLIV 3166 (187 CE). The similarity between Roman and Graeco-Egyptian opening procedures is rightly attributed to Roman regulations by Amelotti 1966, 186. The arguments of Nowak 2015 disassociating the two procedures and arguing for Ptolemaic continuity (56–59, 73–75, 127–128) are not persuasive, see n. 78.

82 For the opening of wills recorded in the *commentarii* of officials, see e.g. P.Oxy LX 4075 (Oxyrhynchus, 318 CE); P.Oxy. LIV 3758,133–213 (Oxyrhynchus, 325 CE). For opening protocols archived separately, see e.g. P.Köln II 100 (Oxyrhynchus, after August 133 CE),40–41: π̣α̣ρ̣ε̣τ̣έ̣θ̣[η (ἔτους) . . Αὐτοκράτορος] | Καίσαρος [- ca.25 - Πα]χ̣ὼ̣ν̣ [-ca.?-]; P.Oxy. III 494 (Oxyrhynchus, 165 CE),44: [παρ]ετέθη ς (ἔτους) Ἀθύρ. It is unclear to me why the edition of P.Köln attributes the witness statements to different hands, as the entire document displays the same handwriting. This was clearly a copy of the opening protocol. I have regrettably not been able to examine an image of P.Oxy. III 494.

The penalties of the Gnomon of the Idios Logos provide indirect evidence that opened wills were copied and scrutinized by officials to determine the soundness of the will, the eligibility of the prospective heir(s), and the applicability of fiscal sanctions. To cite two documented examples: a judicial case from the second century shows a man from Oxyrhynchus litigating with the city concerning the will of his brother, who seems to have forfeited a fourth of his property; the case went through multiple hearings before the heir could take possession of the estate[83]. Another document shows Alexandrian officials investigating the eligibility of a woman to claim an inheritance from an Alexandrian citizen. As the woman resided in the hinterland, documents pertaining to the inheritance had evidently been copied and sent to Alexandria[84]. It is clear from these examples that records of testation and inheritance were available to administrators, both locally in the nome and in the provincial capital.

In fact, the Roman practice of protocolling and archiving provincial wills is already documented in Sicily in the age of Cicero. We are told by Cicero that Verres, while still in Italy, was scouting out large inheritances that had recently come to wealthy Sicilians. His first alleged target was Dio of Halaesa, who had received an inheritance from a rich relative two years earlier. Cicero claims that Verres heard of the inheritance while still at Rome and even had access to the terms of the will, which contained a condition whose non-fulfilment was punishable with forfeiture of the inheritance to the sanctuary of Venus Erycina. Cicero states that Verres summoned Dio for an inquiry soon after landing in Messana, as evidence of Verres' premeditated scheme. The availability of detailed information about the will's conditions implies an official protocolling procedure[85]. Another case from the city of Agyrium concerned a paternal inheritance from more than two decades earlier, featuring a similar condition in the will. A further case pertained to a certain Heraclius of Syracuse, who had received a rich inheritance prior to Verres' governorship, where the will also contained a condition threatening forfeiture, this time to the gymnasium of Syracuse[86]. To highlight the ignominy of sabotaging the testator's wishes, Cicero emphasizes that the testator had drafted the will in favor of Heraclius well before his death (*aliquanto ante quam est mortuus*, Cic. Verr. 2,2,46), an important detail to which we will return. Tendentiousness aside, Cicero's narrative shows that opened wills were a matter of

83 See P.Oxy. VIII 1102 (Oxyrhynchus, 146 CE). It appears that a fourth of the brother's property was forfeited, possibly due to his evasion or mismanagement of the gymnasiarchy.

84 See P.Oxy. XVIII 2199 (Oxyrhynchus, 117–138 CE). The woman had attempted to claim the inheritance by presenting evidence of her birth, which was subsequently questioned and reinvestigated, since she did not produce a registered birth declaration (ἀπαρχὴ ἐπιγεννήσεως).

85 See Cic. Verr. 2,2,19–24; Schwameis 2019, 169–193. See esp. Cic. Verr. 2,2,21: *ad urbem cum esset, audivit Dioni cuidam Siculo permagnam venisse hereditatem* = "while at Rome he heard that a huge inheritance had come to a certain Sicilian named Dio" followed by the conditions of the will.

86 See, respectively, Cic. Verr. 2,2,25–26 and 2,2,35–48; Schwameis 2019, 193–200 and 231–273.

public knowledge in the province and that their texts were accessible more than two decades after opening. This implies that the wills were protocolled, copied, and archived.

Further evidence for the archiving of opened provincial wills may be found in epigraphic sources. An inscription from Mantinea refers to the exact date of the opening and recitation of a Greek will in which the testator had freed his female slave and their common child (διαθήκης ἀν|αγνωσθείσης ζ' μην|ὸς Τρίτου τριακάδι, IG V 2,274,I [Mantinea, 1c. BCE–16 CE]), which implies that an official protocol of the will was created. A decree from Aphrodisias implementing the testamentary bequests of a prominent citizen cross-references the text of the will (ὑφ' ὧν ἡ διαθήκη αὐτοῦ περιέχει, I. Aphr. 32,34, Roman period), which likewise implies that an official record could be consulted. An epitaph from Smyrna refers to testamentary arrangements prohibiting interference in a burial plot by certain members of the testator's family, stating that the provision has been "secured in the will through ἀρχεῖα" (ἠσφάλι|[σται διὰ τῶν] ἀ̣ρχ̣ε̣ί̣ω̣ν̣ ἐπὶ τῇ διαθήκῃ), meaning that the will was archivally registered[87]. These and other examples show that the registration, protocolling and archiving of wills were routine administrative procedures in the Roman provinces, in line with the detailed evidence surviving from Roman Egypt.

3.2 Administrative handling of Roman wills: drafting and storage before opening

How different was Roman administrative handling of Roman wills? It may be noted that the primary target of the legislation behind the fiscal penalties of the Gnomon of the Idios Logos were the inheritances of Roman citizens. Augustan laws governing marriage and manumission used inheritance sanctions as a means of enforcing barriers between the strata of Roman society and reining in the behavior of the wealthy, including their ability to bequeath property outside the family. From the Augustan age, the estates of Roman citizens also became subject to an inheritance tax of 5% (*vicesima hereditatium*). It seems clear that the imperial state was no less interested in

87 I.Smyrn. 226,10–11 (imperial). I take ἐπί to mean "in" (LSJ s.v. I 1) and see this as the most plausible interpretation, but ἐπί could conceivably mean "according to" (LSJ s.v. I 1 h) or "in the same archival location as" the will. For a different interpretation, see Wiedergut in this volume. For the meaning of ἀρχεῖα, compare I.Iasos 633,a,3–4 (Bargylia, imperial): καθὼς] ἠσφάλισται περὶ τούτων [διὰ τ]ῶν δημοσίων | [γραμματ]οφυλακ̣ίων and TAM II 881,4–6 (Akalissos, imperial): ἐνγράφως αὐτὸς δ̣ι|ὰ τῶν δημοσίων ἀρχεί|ων συνχωρήσῃ. The terms ἀρχεῖον and γραμματοφυλάκιον are treated as synonymous in D. 48,19,9,5–6 (Ulp. 10 de off. procons.) *quo in publico instrumenta deponuntur, archio forte vel grammatophylacio* = "in places where legal documents are publicly registered, such as an ἀρχεῖον or γραμματοφυλάκιον".

regulating testation and the transmission of property among Roman citizens than among the provincials just discussed[88].

And yet, scholars have tended to draw hard distinctions between the administrative procedures applied to Roman wills and those of non-Roman provincials. It is assumed that Roman testation did not have notarial requirements or rules of archival registration. Instead, it is supposed that Roman wills were primarily drafted and kept in private contexts[89]. I will test these assumptions by reexamining the evidence.

Although in theory a will under Roman *ius civile* could take the form of an oral declaration before witnesses, Roman testamentary dispositions were typically recorded in written legal instruments[90]. These were highly formal documents characterized by technical and somewhat archaic diction and involving rituals such as *mancipatio familiae*, a symbolic sale of the estate to a trustee, and solemn pronouncements (*nuncupationes*) confirming the contents of the written will. Only Roman soldiers in active service were exempt from these formalities[91]. A Roman will was traditionally drafted on waxed wooden tablets (although other documentary media were permitted) and had to be witnessed, signed and sealed by seven Roman citizens of age and legal capacity. A majority of witnesses was required to ascertain the authenticity of the will after the testator's death. These procedures served as the prototype of Roman rules for the sealing and opening of Greek διαθῆκαι in Egypt, as noted above[92]. Con-

---

88 On Augustan legislation and inheritance sanctions and their presence in the Gnomon, see DOLGANOV 2022, 656–680 with references to literature. On the *vicesima hereditatium*, see GÜNTHER 2008, 23–94.

89 See nn. 12–14.

90 The possibility of an oral will under Roman *ius civile* is described in Justinian, Inst. 2,10,13. However, in the potted history of Roman testation in Gai. 2,100–102 written wills are paradigmatic. The oral provisions described in D. 32,39,1 (Scaev. 20 dig.) illustrate lenient treatment of deathbed wills. On the debate over orality vs. writing in Roman testation, see STROBEL 2014, 291–293. The question whether legal documents had dispositive or probative value in the Roman context is a red herring of modern scholarship, see the remarks of WOLFF 1978, 141–144. The received notion that written documentation was not privileged with respect to other evidence (see e.g. AMELOTTI 1980, 387–389; SÁNCHEZ-MORENO ELLART 2010, 119) is inaccurate, as demonstrated in DOLGANOV 2021b.

91 On the testation of Roman soldiers, see MEYER-HERMANN 2012 with references to sources and literature.

92 On Roman testamentary procedures, see NISOLI 1949; AMELOTTI 1966, 173–182; STROBEL 2014, 15–64; RÜFNER 2023. On the eligibility of witnesses, see BERGER 1953 s.v. *testis ad testamentum*. The use of alternative documentary media such as papyrus and parchment are mentioned as permissible in both legal and documentary sources, see e.g. P.Hamb. I 72 = ChLA XI 496 (Latin template of a Roman will, Egypt, 2c. CE) and D. 37,11,1pr. (Ulp. 39 ad ed.). The sealing of wills and the number of witnesses were already regulated in the Roman praetor's edict, see Inst. 2,10: *signacula autem et numerus testium ex edicto praetoris*. The essential passage on the opening of wills is Paul. sent. 4,6, most probably deriving from the *lex Iulia de vicesima*, see section 3.4 below. Although a majority of witnesses was legally required (see Paul. sent. 4,6,1: *ut testes vel maxima pars eorum adhibeatur*), exceptions could be made, as illustrated by BGU I 326 (Ptolemais Euergetis, 194 CE) where it seems that only three witnesses were present. Contrary to NOWAK 2015, 91 the possibility of certifying a will in the presence of *honesti viri* if cerns with forgery led to laws prescribing harsh penalties for manipulating or falsifying a will, and stricter rules for sealed tablets to be perforated with a cord to ensure their integrity[93]. In terms of the sheer formality of their composition, Roman wills were subject to even more stringent policies than Greek διαθῆκαι in Roman Egypt.

It has been argued that, in contrast to the notarial character of Greek διαθῆκαι, Roman wills were composed in private settings and even drafted by testators or their friends and family members without recourse to professional scribes[94]. This argument is not supported by the evidence. References to the dictation of wills do not signify that testators had technical knowledge of testamentary formulae[95]. Nor do legal penalties against inserting testamentary provisions in one's favor constitute evidence of widespread private drafting of wills by relatives, especially since most of the recorded cases concern additions to existing wills through codicils[96]. Of the few sources that mention an entire Roman will being drafted by a friend or relative, most explicitly pertain to the Roman elite, who received legal training as part of their education and often engaged in legal practice[97]. Beyond this small percentage of the population,

one or more witnesses was absent on long-distance travel (D. 29,3,7) does not constitute evidence that "Roman law did not place such requirements (i.e. the presence of a majority of witnesses) on the wills of Roman citizens". The phrase *nec ad rem pertinet, unus absit an omnes* clearly refers to the majority ordinarily required. The need for an imperial *responsum* confirming recourse to *honesti viri* (C. 6,32,2, 256 CE) shows that this was regarded as an exception to the regular procedure.

93 Forgery of wills was a public crime under the *lex Cornelia testamentaria nummaria* (later called the *lex Cornelia de falsis*) of 81 BCE, see D. 48,10; Paul. sent. 5,25; Coll. 8; Cod. Theod. 9,19; C. 9,22–24; De Sarlo 1937; Archi 1941/1981, 1487–1588; Schiavo 2007, 117–153. The perforation and binding of sealed wills was prescribed by a *senatusconsultum* under Nero in 61 CE, see Suet. Nero 17; Paul. sent. 5,25,6; Amelotti 1966, 177–181.

94 This is forcefully argued by Champlin 199, 70–75, who contends that "jurists were not consulted and the scribes did no more than take dictation" and that Romans were generally "expected to make their own wills, as far as possible" (75). These claims go against the evidence, as already noted by Crook 1992, 233.

95 See e.g. D. 32,102,1 (Scaev. 17 dig.) where a testator dictates his will two days before his death. There is no reason to assume with Champlin 199, 72 that he was dictating the juridical formulae, as opposed to just stating his intentions. Similarly, the will "dictated in Greek" by Flavius Phoibammon was formulated by the notary Dioskoros, see P.Cair.Masp. II 67151–2 (Antinoupolis, 570 CE); Keenan 2020.

96 The relevant rubrics in Roman legal literature are D. 48,10 (*de lege Cornelia de falsis et de senatus consulto Liboniano*); C. 9.23 (*de his qui sibi adscribunt in testamento*); see also D. 34,8,1 (Iul. 78 dig.); D. 37,4,8,6 (Ulp. 40 ad ed.). From numerous cases, only D. 37,4,8,6; D. 48,10,1,8; C. 9,23,1 and C. 9,23,4 unambiguously refer to a family member composing the testator's will. The rest do not specify the identity of the drafter or involve either military wills or provisions added in codicils, which had no formal requirements and required no special legal competence.

97 On legal practice among the elite, see Lehne-Gstreinthaler 2019, 365–403; Dolganov 2020a and 2023a; on the late empire, see Jones 1964, 470–522; Humfress 2007, 62–134. On rhetorical training as a generalized phenomenon in the Roman empire and its implications for the legal sphere, see Bubb/Babusiaux 2023 and Babusiaux 2023. That a Roman senator was able to draft a Roman will (see e.g. Plin. epist. 6,22,3 cited by Champlin 1991, 72) should not surprise us.

there is no evidence to suggest that individuals relied on self-help in composing Roman wills. On the contrary, the formal strictures of Roman testation, where one error could invalidate the whole, naturally favored drafting by experts. That expert assistance was regarded as the norm is implicit in the sardonic remark of the Roman jurist Scaevola, who cites a Roman will proudly composed by the testator "without any legal expert" as an example of an intestate inheritance[98]. This is confirmed by surviving specimens of Roman wills, which were invariably drafted with professional assistance. Documentary sources show that even soldiers, formally exempt from the rules of Roman testation, preferred to have their wills professionally composed on waxed tablets observing all the formalities – evidently in the belief that when it came to disposing of one's property one could not be too careful[99]. It may be inferred from the evidence that professional drafting of Roman wills was predominant.

It has also been argued that Roman wills were privately drafted and stored because they were frequently revised, but this, too, cannot be substantiated[100]. There are a few literary testimonia for elite Romans who "often" composed a will and satirical depictions of wealthy men who replaced their wills multiple times a year[101]. But it cannot be inferred from this that frequent revision was common. Cicero, whose copious letters give insight into his legal affairs, tells us about only one new will, drafted as a legal necessity after his divorce and remarriage and the death of his daughter[102]. With the advent of *codicilli* and *fideicommissa* under the Principate, it was no longer necessary to replace a will in order to add or amend individual provisions. A multitude of references to *codicilli* in Roman sources indicate that many testators composed their wills well before their death and made alterations through codicils. Roman legal literature also cites numerous cases of wills retained despite testamen-

---

98 D. 31,88,17 (Scaev. 3 resp.). The claims of CHAMPLIN 1991, 71 that there is "almost no evidence that anybody turned to professional jurisconsults for guidance" and a "complete absence of recorded consultations of jurists by testators in all of the hundreds of testamentary cases in the Digest" are misleading. One would not expect cautelary advice to be anthologized among juristic *responsa*, typically delivered in relation to court cases. Still, some juristic discussions address abstract and hypothetical questions that may reflect private consultations, see e.g. D. 33,7,15 (Pomp. 6 ad Sab.) citing Servius responding to questions about the potential effects of different provisions: *si ita testamento scriptum sit*, etc.

99 On the documentary evidence for Roman wills, see COLELLA 2024.

100 While recognizing the importance of codicils ("the codicil could do everything but name an heir", 69), CHAMPLIN 1991, 68–76 insists that wills were frequently revised, hence privately drafted and stored in a casual manner: "the explanation for this casualness lies in what has gone before: frequency of revision must have discouraged repeated solemnity [. . .] preservation of the document itself was equally casual" (76). Even for imperial Rome, this is at best an argument from silence, as CHAMPLIN himself admits at 65.

101 See Cic. Arch. 1; Tac. ann. 15,55; D. 43,5,1,6 (Ulp. 68 ad ed.); for satirical depictions, see Petron. 117; Mart. 5,39; CHAMPLIN 1991, 67–68.

102 See Cic. Att. 12,18a. and 13,25. Occasions such as the birth and death of children probably accounted for the composition of most new wills among the general population.

tary provisions becoming otiose during the testator's lifetime[103]. This suggests a tendency to avoid replacing an existing will.

A specific situation in which a Roman will would have been composed in a private context is if the testator decided to make a new will in anticipation of death. While much of the evidence for deathbed dispositions involves codicils, there are documented cases of testators making last-minute wills – and even dying in the process. It is clear from Roman sources that the composition of a new will on the deathbed was regarded as problematic. Such acts are depicted as risky and precarious, with Sulla rushing to complete his will on his dying day, Horace just managing to name Augustus as heir before keeling over, and sad tales of testators in a vulnerable state falling victim to forgers, fraudsters and legacy-hunters[104]. Once opened, wills were subject to intensive scrutiny of their equity and decorum, with suspicious or "undutiful" provisions potentially resulting in litigation. Any shortfall in a will's authority was guaranteed to be exploited by those who stood to gain by its failure. To bolster the claims of an heir, Cicero emphasizes that a will was drafted well before the testator's death, which implies that the appointment of an heir in advance was more authoritative than a spontaneous choice on the deathbed[105]. Juridical discussions of problems arising from an imperfect or incomplete text of a deathbed will indicate that these tended to be treated with leniency by Roman courts – and this may be why some Roman wills explicitly mention illness[106]. It is noteworthy that deathbed wills comprise most of the documented cases of unopened Roman wills kept in private hands, as we will see in a moment.

It is generally assumed that, in contrast to notarial documents stored in archives, Roman wills were primarily kept in private settings such as the household of the tes-

---

103 On *codicilli*, see, Kaser 1971, 693–694; Rüfner 2023, 541–542; on *fideicommissa*, see Kaser 1971, 757–765; Babusiaux 2019. Recourse to *codicilli* in anticipation of death is illustrated by Tac. ann. 16,19: *ne codicillis quidem, quod plerique pereuntium, Neronem aut Tigellinum aut quem alium potentium adulatus est* = "nor did he praise Nero or Tigellinus or any other powerful man in his codicils, as did many of the dying". For otiose testamentary provisions being retained, see e.g. D. 40,4,18pr. (Iul. 2 ad Urs. Fer.) where one of two instituted heirs dies *vivo testatore*; D. 40,7,39,4 (Iav. 4 ex post. Lab.).

104 See, respectively, App. civ. 1,105; Suet. Hor.; Champlin 1991, 64–67. On forgers and fraudsters, see e.g. Cic. Cluent. 31 and 40; Fronto am. 1,14; on legacy hunters, see e.g. Plin. epist. 2,20. For further examples of death in the act of testation, see D. 29,1,40pr. (Paul. 1 resp.); D. 36,1,63 (Paul. 14 resp.).

105 On Roman criteria for honorable wills (*testamenta honesta*), see Champlin 1991, 19–21. On the *querela inofficiosi testamenti*, see Babusiaux 2021, 229–233; Wimmer 2023, 1373–1418. On the appointment of the heir in advance, see Cic. Verr. 2,2,46 on Heraclius of Syracuse, mentioned above in section 3.1.

106 For evidence of leniency toward deathbed dispositions, see e.g. D. 32,102,1 (Scaev. 17 dig.); D. 36,1,63 (Paul. 14 resp.). For references to illness in wills, see e.g. P.Col. VII 188 (Karanis, 320 CE); P. Diog. 10 (Philadelphia, 211 CE); D. 36,1,63 (Paul. 14 resp.); P.Ital. I 4 +5 = ChLA XVII 653 + ChLA XXIX 878 (Ravenna, 552–575) fr. B,3,5, 5,7 and 7,1.

tator or that of a friend or confidant serving as a custodian of the will[107]. However, the evidence does not support this assumption. Roman sources provide little explicit information about the storage of unopened wills, so the limited data must be carefully assessed.

Roman legal literature contains numerous references to custodians of wills, but it is by no means clear from phrases such as *tabulas testamenti apud se depositas* that the depositary is a private individual, as opposed to a notary or archival official, to whom several legal texts explicitly refer[108]. There are cases of wills being entrusted to custodians for overseas transport, but these reflect exceptional situations and are not a reliable guide to the handling of wills under ordinary circumstances. In one example, Cicero as outgoing governor of Cilicia is asked to witness, sign, and transport the will of a friend back to Rome. His involvement as a public official was evidently meant to bolster the will's authority, so it is questionable whether this qualifies as private custodianship. In a case documented in the *Codex Iustinianus*, a dying father instructs his son to transport his will to be opened in his home city; the son obtains imperial confirmation that the will may be opened in the absence of the original witnesses, evidently because he encountered difficulties in doing so, which highlights the exceptional nature of the case[109]. In 47 BCE, Cicero sought for his wife Terentia to deposit her will with Atticus as a person whose fate was not endangered by the ongoing civil war, but it is unclear whether this represents a common practice or an extraordinary situation: two years earlier, the will of Ptolemy Auletes had been placed in the

---

107 See e.g. Vidal 1965, 550; Amelotti 1966, 183–184; Champlin 1991, 76–77; Nowak 2015, 82–87.

108 Stern 2022, 125–127 notes the lack of information about the identity of the depositaries but assumes that these were private individuals. The legal sources commonly cited as evidence of private safekeeping are: D. 4,3,35 (Ulp. 30 ad ed.) *si quis tabulas testamenti apud se depositas post mortem testatoris delevit vel alio modo corruperit,* etc.; D. 9,2,41pr. (Ulp. 41 ad Sab.) *si quis tabulas testamenti apud se depositas deleverit vel pluribus praesentibus legerit,* etc.; D. 9,2,42 (Iul. 48 dig.) *qui tabulas testamenti depositas aut alicuius rei instrumentum ita delevit, ut legi non possit,* etc.; D. 16,3,1,38 (Ulp. 30 ad ed.) *si quis tabulas testamenti apud se depositas pluribus praesentibus legit, ait labeo depositi actione recte de tabulis agi posse,* etc.; D. 37,11,1,2 (Ulp. 39 ad ed.) *sufficit autem extare tabulas [. . .] apud eum, apud quem depositae sunt,* etc.; D. 43,5,3,4 (Ulp. 68 ad ed.) *si penes servum tabulae fuerint, dominus interdicto tenebitur.* None of these texts rule out safekeeping by a notary or in a temple or archive. Temple workers and archival officials (*aeditui, tabularii*) are explicitly mentioned as custodians of wills in D. 10,2,5 (Gai. 7 ad ed. prov.); D. 31,77,26 (Pap. 8 resp.); D. 43,5,3,3 (Ulp. 68 ad ed.); cf. D. 10,2,4,3 (Ulp. 19 ad ed.); D. 28,4,4 (Pap. 6 resp.); D. 43,5,5 (Iav. 13 ex Cass.). Unambiguous cases of private safekeeping are rare in the legal sources, and the circumstances are certainly (e.g. C. 6,32,2 (256 CE)) or likely (e.g. D. 22,4,6 (Ulp. 50 ad ed.); D. 43,5,4 (Paul. 69 ad ed.)) wills made in anticipation of death, see the discussion below.

109 See Cic. Att. 7,2,3, (50 CE) and C. 6,32,2 (256 CE), cited by Champlin 1991, 77 and Nowak 2015, 86–87. It seems unlikely that these wills were the only originals: on the practice of double-drafting in contexts of overseas travel, see D. 28,1,24 (Florent. 10 inst.) and further below at nn. 125–129.

custodianship of Pompey because civic unrest made it impossible to archive the will in the *aerarium Saturni*[110].

The documentary evidence for private safekeeping of Roman wills also deserves a closer look. In one case, a soldier who is summoned back to duty hastily drafts and leaves his sealed will with his wife, but this military context does not necessarily reflect broader testamentary practice[111]. Elsewhere, a testator on his deathbed makes a last-minute will and entrusts it to a relative, whose effort to have it opened is blocked by the man's family who claim that the will is forged – once again illustrating the vulnerability of deathbed provisions[112]. In two further cases, a dying man summons a civic councilor and entrusts him with his will, again eliciting the question whether the custodian acts in a private or official capacity. By contrast, in another deathbed case on the same papyrus, the notary who drafts the will deposits it with an archival official[113]. Elsewhere, a man anticipating death entrusts his will to a local athletic victor[114]. A fragmentary document from sixth-century Ravenna records the opening of multiple wills. Where the testator's identity and the *heredis institutio* are preserved, these are revealed to be clerics who name the church of Ravenna as heir. Of the five cases where a custodian is recorded, at least three are deathbed dispositions[115].

---

110 See Cic. Att. 11,24,2: *ut aliquoi committat cuius extra periculum huius belli fortuna sit.* Shackleton-Bailey 1966, 293 doubts that *committat* refers to custody of the will and presumes a secret transfer of Terentia's property to protect it from confiscation, but it seems equally plausible that Cicero was looking for an influential custodian and executor of Terentia's will. On the will of Auletes, see Caes. civ. 3,108 and Bell. Alex. 33. This will was drafted in two *exemplaria*, one sent to Rome and the other archived at Alexandria, a further indication that drafting multiple originals was a common strategy for securing wills, see below at nn. 125–129.

111 P.Lond. II 171b = M.Chr. 309 (Herakleopolite, 3c. CE). The soldier's subsequent death in service suggests that the context was a military emergency. Contrary to Amelotti 1966, 184, this case cannot be taken as representative of broader practice.

112 See BGU I 361 (Arsinoites, 184 CE); Schubert 2005. On the precariousness of last-minute testamentary provisions, see nn. 104–105.

113 See, respectively, P.Oxy LX 4075 (Oxyrhynchus, 318 CE); P.Oxy. LIV 3758,181–213 (Oxyrhynchus, 325 CE), where a testator summons a civic councilor to his deathbed (μετεκαλέσατο) and entrusts him with the will; P.Oxy. LIV 3758,133–180, where the will is handed by the notary (*tabellio*) to an archival official (βιβλιοφύλαξ) for safekeeping.

114 See P.Oxy. LXIII 4354 (Oxyrhynchus, 307 CE).

115 See P.Ital. I 4 +5 = ChLA XVII 653 + ChLA XXIX 878 (Ravenna, 552–575), cited by Nowak 2015, 79–86 as evidence of private safekeeping with no comment on these being inheritances of the clergy claimed by the church. Nowak 2015, 86 also cites the will of Flavius Phoibammon (P.Cair.Masp. II 67151 [Antinoupolis, 570 CE]), but this document states that it has been witnessed and signed in a public place (43–51) and that the will remains without seals so that the heirs may know and publish its contents (8–10). It is by no means clear that the original was kept exclusively by the heirs in their private possession – or that there was only one original, as opposed to multiple *exemplaria* (see further below at nn. 125–129). The surviving papyri (P.Cair.Masp. II 67151–2) are in fact copies kept by the notary Dioskoros who drafted the will, see Keenan 2020.

Allegations of forged wills in literary and legal sources raise the question whether the wills were kept in private hands. There are several cases where a wife is accused of tampering with her husband's will and similar charges by relatives against other members of the family or household[116]. The possibility of claiming forgery could imply that the wills had been entrusted to the accused persons. This would still not prove that private safekeeping was prevalent, especially since the circumstances of drafting (e.g. whether this was a deathbed will) are not revealed. Nor do these cases exclude the possibility of archival storage: in a recently published papyrus from the Roman Near East, individuals are accused of bribing a notary to tamper with archival records and falsify a registered notarial document[117].

The picture that emerges from the sources is not consistent with private safekeeping being the default method of storage of unopened Roman wills. Private custodianship is consistently mentioned in extenuating circumstances where the testator was driven by urgency, typically in anticipation of death, and custodians are frequently identified as individuals with an official rank or function, evidently because public authority was seen as desirable to bolster a deathbed will[118]. As noted, Roman sources indicate that deathbed dispositions were regarded as more precarious than wills made in advance, and there are numerous examples of deathbed wills and codicils being contested and litigated by family members[119]. Any weakness in the authority of testamentary dispositions was likely to be exploited by rival claimants – and this is precisely what the evidence shows.

Beyond context-specific cases of private safekeeping, primarily involving deathbed wills, Roman sources record various strategies employed by testators to secure their testamentary dispositions. One strategy attested in literary, legal and documentary sources is the storage of unopened wills in public archives or temples performing an archival function[120]. In the city of Rome, the temple of Vesta functioned as a repository for unopened wills, including those of prominent political figures such as Caesar,

116 For accusations against wives, see e.g. C. 9,22,4 (227 CE); C. 9,22,5 (230 CE); D. 22,1,48 (Scaev. 22 dig.). Charges against other family members are brought by a disinherited daughter (D. 45,1,135,4 (Scaev. 5 resp.)), by a patron against the heirs of a freedman (D. 38,2,19pr. (Ulp. 4 disp.)), by a daughter against the testator's former slave (D. 48,10,24 (Scaev. 22 dig.)), by a nephew against the heirs of his uncle (Apul. Apol. 2,10), and by a freedman's family against the patron's daughter (D. 38,2,6,1 (Ulp. 43 ad ed.) and D. 38,2,42,3 (Pap. 13 quaest.)).

117 See Dolganov/Mitthof/Cotton/Ecker 2023, lines 20–21, 31–38 and 60–65 with commentary.

118 This is consistent with Ulpian's advice that senior males of high status were the best custodians, see D. 22,4,6 (Ulp. 50 ad ed.).

119 On the contestation of wills and codicils, see n. 116 and the sources discussed in Champlin 1991, 82–102.

120 On the storage of unopened Roman wills in temples and archives, see Fronto, M. Caes. 1,6,5; D. 10,2,5 (Gai. 7 ad ed. prov.); D. 10,2,4,3 (Ulp. 19 ad ed.); D. 31,77,26 (Pap. 8 resp.); D. 43,5,3,3 (Ulp. 68 ad ed.) and D. 43,5,5 (Iav. 13 ex Cass.); Vidal 1965, 550–553.

Mark Antony, and Octavian[121]. Further insight is provided by Fronto in his argument against the transfer of inheritance disputes from overseas provinces to Rome. To highlight the deleterious effects of such a policy, Fronto imagines a future in which wills "formerly brought out from the most fortified temples, *tabularia*, treasuries, *archeia* or *opisthodomi*" would be "tossed among the cargo of merchandise and the packs of rowers". Fronto signals that archival storage of unopened wills was common in his time[122], and this is corroborated by Roman legal literature and documentary evidence. The opening of wills inside imperial cult temples in Egypt suggests that unopened wills were deposited there for safekeeping. In a case cited by Papinian, a woman entrusts a temple worker (*aedituus*) with a deed of gift accompanied by a letter expressing her wish for the deed to be transmitted to her son upon her death, which Papinian interprets as a *fideicommissum* in the son's favor[123]. Fronto sets up an implicit contrast between wills stored in archives vs. wills contested by family members who question their authenticity and try to prevent their opening – and this, too, is echoed by legal and documentary sources, where deathbed provisions and wills kept in private hands are overrepresented in the evidence for testamentary disputes[124].

An additional measure to secure a Roman will was to draft multiple originals (*exemplaria*), one of which could be stored in a temple or archive. The practice of drafting wills in several *exemplaria* is described as "common" (*ut volgo fieri solet*) and "occasionally necessary" (*interdum necessarium*) in Roman legal literature[125]. The will of Caesar is recorded as entrusted to his father-in-law L. Piso (App. civ. 2,19) and de-

---

121 See the sources in n. 17. There is no reason to suppose with Nowak 2015, 84 that these were exceptional cases, considering the variety of other evidence for Roman wills being deposited in temples, see the previous and following note. A corrupt passage of Cic. Att. 11,25 concerns Cicero's wishes regarding Terentia's new will: *quod ad te iam pridem de testamento scripsi, apud †epistolas velim ut possim adversas†*. Among possible alternative readings, *velim ut possit adservari* would refer to the will's storage and *apud epistolas* could be a corruption of *apud Vestales*.

122 Fronto, M. Caes. 1,6,5: *Olim testamenta ex deorum munitissimis aedibus proferebantur aut tabullariis aut thecis aut archieis aut opisthodomis, at iam testamenta proferunt sicut iactitarint inter onera mercium et sarcinas remigum.* For the force of *olim* in this context, see OLD s.v. 1. "before the present moment or the time in question, formerly, previously (opp. now)" – and not "once upon a time" (Champlin 1991, 76), since Fronto's frame of reference is a hypothetical future scenario where problems arise from a change in present policy.

123 On the legal sources for storage of wills in temples, see n. 120. For the opening of wills in imperial cult temples in Egypt, see ChLA X 412 (Ptolemais Euergetis, 131 CE); BGU VII 1655 (Philadelphia, 169 CE); P.Hamb. I 73 (2.c. CE); P.Laur. I 4 (246 CE) for Roman wills; P.Mert. II 75 (Oxyrhynchus, 185 CE) for a Graeco-Egyptian will; Kunderewicz 1961, 126 and 129; Strassi 2006, 229. A Roman will from Alexandria was opened in the Patrika quarter, the location of the central provincial archive, see BGU XIII 2244 (Alexandria, 186 CE). On the deed of gift, see D. 31,77,26 (Pap. 8 resp.).

124 Fronto, M. Caes.1,6,3: *filius exheredatum se suspicabitur: postulabit, ne patris tabulae aperiantur. idem filia postulabit*, etc. Precisely this sort of scenario is illustrated by BGU I 361, see n. 112 and further nn. 116 and 119.

125 See D. 28,1,24 (Florent. 10 inst.), mentioned in n. 109, where overseas travel is described as a context in which testators frequently drafted multiple originals, carrying one overseas. See further posited with the Vestal Virgins (Suet. Iul. 83), which suggests that two originals were drafted. This usage is also indirectly corroborated by a judicial record where a notary states that it is customary to compose Roman manumission tablets in two sealed *exemplaria*[126]. Legal sources neatly distinguish between *exemplar* (original) and *exemplum* (copy), whereby a copy could be opened without compromising the sealed original[127]. The unsealing of one of two originals meant that both were regarded as unsealed, whereas the destruction of one original did not affect the integrity of the other[128]. The emperor Tiberius is recorded composing a double will (*duplex testamentum*) containing the same text (*eodem exemplo*) and it is a plausible inference that one of the originals was deposited in a secure location such as the temple of Vesta – as attested for Augustus, whose will was drafted in two *codices* and archived with the Vestals[129]. A similar scenario is described by Papinian, who notes that if two wills were drafted *eodem exemplo* and one deposited in a public archive (*in publico*) and later removed and destroyed by the testator, this did not nullify the second original.

If drafting wills in multiple originals was a common practice, as literary, legal and documentary sources suggest, this means – quite significantly – that any evidence for wills being entrusted to private custodians is compatible with a second original being deposited in an archive. In other words, the archiving of Roman wills may have been even more prevalent than explicitly indicated in our sources.

The archival registration of wills is further illustrated by epigraphic references to testamentary provisions inscribed during the testator's lifetime. As noted above, the will of Sextius Iulius from *Gallia Belgica* orders the construction of a tomb according to an *exemplar* of the will that the testator had provided in advance (*exemplar quod dedi*)[130]. The inscribed testamentary provisions of a wealthy euergete in southern Italy reveal that these were engraved during his lifetime, which implies that he pre-registered the will and oversaw the erection of honorific statues for himself and his

---

D. 29,3,10pr. (Ulp. 13 ad leg. Iul. et Pap.); D. 31,47 (Proc. 6 epist.); D. 37,11,1,5 (Ulp. 39 ad ed.). On the drafting of wills in multiple *exemplaria*, see STERN 2022, 120–125.

126 BGU II 388 = M.Chr. 91,2,35–36 (Alexandria, ca. 157–159 CE): διπλαῖ ἔσθ' ὅ | τε γράφεσθαι εἰώθασι.

127 See D. 29,3,12 (Ulp. 13 ad leg. Iul. et Pap.). The fact of Trimalchio reciting from an *exemplar* (clearly, a copy) of his will (Petron. 71,4) reflects looser usage of the term. STERN 2022, 121–125 argues that *exemplum* and *exemplar* were fully interchangeable, but I have doubts about *exemplum* being used to refer to an original. The claim of STERN 2022, 124–125 that the will of Curius carried by Cicero to Rome (Cic. Att. 7,2) is called an *exemplum* appears to be a mistake. His claim that ἀντίγραφον in Greek exclusively refers to copies (STERN 2022, 125) also appears to be incorrect, see HARTER-UIBOPUU 2014, 161 on ἀντίγραφον as "Zweitschrift".

128 See, respectively, D. 37,11,1,5 (Ulp. 39 ad ed.) and D. 29,3,10pr. (Ulp.13 ad leg. Iul. et Pap.), mentioned in the previous note.

129 See Suet. Tib. 76 with n. 17. That Augustus composed his will in two *codices* written out by himself and his freedmen (Suet. Aug. 101) is suggestive of two originals, double-archived in the temple of Vesta. See however STERN 2022, 121–123, who argues that the two *codices* contained the long text of a single will.

130 See n. 3.

family members[131]. Pre-registration of the will is clearly implicit in the somewhat paradoxical phrase *vivus testamento faciendum curavit* and its variants in inscriptions from Italy, Pannonia and Dalmatia[132]. As argued above in section 3.1 on provincial wills, specific but open-ended references to testamentary clauses suggest that a will with the relevant provisions already existed "on file" with the local authorities – and this may have been a common means of securing testamentary arrangements, particularly those involving large financial bequests. The testamentary foundation of Titus Flavius Montanus, high priest of Asia and officeholder at Ephesos, was documented in a "public will recorded on tablets" (δημοσίᾳ δελτικῇ διαθήκῃ) and evidently registered in the Roman-style public records (δημόσιαι δέλτοι = *tabulae publicae*) of the provincial capital[133].

3.3 Roman wills and notarial activity: the identity of the drafters

Central to the question of the private or public nature of Roman wills is the status of the legal practitioners who drafted them. Latin sources from Italy and the West attest to wills being composed by public scribes (*scribae librarii*) and specialists in cautelary jurisprudence (*iurisperiti, iurisconsulti, iuris studiosi*). *Scribae librarii* (or simply *librarii*) were members of the *ordo scribarum*, an official status with formal qualifications that encompassed a multitude of salaried apparitorial posts, including the management of archives and public records. There were *scribae* on the staff of provincial governors, civic magistrates, military commanders and army units, termed *scribae/librarii legionis, municipii, rei publicae,* and so forth. Their activity composing, copying, and managing documents and records meant that some *scribae* possessed a nota-

131 On the dossier of Manius Megonius, see Belli 2014 and Babusiaux 2024. A *kaput ex testamento* is recorded on two honorific statue bases: CIL X 114 = ILS 6469 and ILS 6468 (Petelia, Bruttium et Lucania, reign of Pius). In ILS 6468, Megonius mentions that a statue has been erected to him by the *Augustales*, which corresponds to the monument of CIL X 114 = ILS 6469. Babusiaux 2024, 153–154. rightly infers that Megonius published the relevant testamentary chapters during his lifetime. Taking this a step further, I would argue that the inscription of testamentary provisions on public monuments necessarily implies that the will was registered in the local public records. The city would certainly have been interested in securing its huge legacy of 100,000 HS and other generous bequests. How much of the will was public knowledge before the death of Megonius we cannot know.

132 See CIL V 3371 (Verona, 1c. CE); Legio XV Apo 108 = AEA 2003 (Carnuntum, 41–68 CE); CIL III 8316 (Municipium Splonistarum, 171–300 CE); CIL III 8727 (Salona, 4–5c. CE).

133 See I.Eph. 2061 I–II (103/116 CE). Presumably this is a reference to the will being registered in the *tabularium* of the governor. Compare I.Smyrn. 226 10–11 (imperial): περί τε τούτου ἠσφάλι|[σται διὰ τῶν] ἀρχείων ἐπὶ τῇ διαθήκῃ, mentioned above in section 3.1 on provincial wills. Further on the registration of testamentary foundations, see Babusiaux in this volume.

ble degree of legal competence. *Scribae* are recorded serving as judicial advisors to governors, and one *scriba* is even celebrated on his gravestone as a *iuris prudens*[134].

An epitaph from Venafrum commends a *librarius* for composing wills for 25 years without recourse to a *iurisconsultus*[135]. Evidently, it was common to approach authoritative legal experts for cautelary advice, and Suetonius mentions the wills of wealthy men being composed by *iuris studiosi* at Rome[136]. Latin epitaphs feature apotropaic clauses for "evil intent and the legal expert to stay away" (*dolus malus abesto et iuris consultus/iuris studiosus*) – evidently because such experts were called to give their opinion when testamentary dispositions were contested, an activity amply documented in Roman legal literature[137]. It appears that the *librarius* from Venafrum had a successful career drafting Roman wills while avoiding *iurisconsulti* on both fronts.

The involvement of *scribae* in notarial activity is also documented by provincial sources. Papyri from Roman Arabia show *librarii* with Jewish and Latin names composing Greek marriage contracts, deeds of sale, and litigation documents, some featuring Greek translations of Roman legal formulae. The drafting of official documents such as court summons (P.Yadin I 25–26) suggest that the *librarii* were affiliated with the Roman administration[138]. In Egypt, *librarii* attached to the Roman army composed legal documents in both Latin and Greek, illustrated by a bilingual slave sale that

134 On *scribae* in the Roman empire, see PURCELL 2001; HARTMANN 2020, who does not examine Greek documentary sources, which await investigation. The *consilium* of a second-century proconsul of Africa included a *scriba quaestorius* and two *scribae librarii*, see ILAfr 591–592 = AE 1921, 38–39 (Thugga, 120/121 CE); HARTMANN 2020, 68. Similarly, we see a γραμματεὺς (sc. *scriba*) τοῦ καταλογείου on the *consilium* of the ἀρχιδικαστής at Alexandria in P.Mil.Vogl. I 25,4,24 (Tebtynis, 126/127 CE). A *scriba aedilium curulium* is commemorated as a *iuris prudens* in CIL VI 1853 (Rome, 1–2c. CE). The implausible claim of AMELOTTI 1980 that Rome lacked an organized notariate until the third century CE barely mentions *scribae* and speaks of *librarii* as mere "copyists". This is a subject for a separate paper.

135 CIL X 4919 = ILS 7750 (Venafrum, 1c. CE): *qui testamenta scripsit annos XXV sine iuris consult(o)*. I do not agree with AMELOTTI 1966, 115 that *sine iurisconsulto* refers only to the *librarius* avoiding litigation, it seems clear that drafting without legal advice is meant as well, compare *sine ullo iurisperito* in D. 31,88,17 (Scaev. 3 resp.), mentioned in n. 98.

136 Suet. Nero 32: *ac ne impune esset studiosis iuris, qui scripsissent uel dictassent ea* = "so that no legal expert who had written or dictated these things escape punishment", indicating that *iuris studiosi* had scribes to write out the provisions – was the *librarius* from Venafrum a former employee of a *iurisconsultus*?

137 See CIL VI 12133 = ILS 8365 (Rome, 1c. CE): *dolus mal(us) abesto et iuris consult()*; CIL VI 38585 (Rome, 1–2c. CE): *loco d(olus) m(alus) ab(esto) / iuris studiosus*. The *dolus* clause was a standard element in Roman wills, see STROBEL 2014, 49–50; COLELLA 2024, 21.

138 The signatures of *librarii* are attested in P.Yadin I 11, 15, 17–23 and 25–27 with the title λιβλάριος (sic) explicitly mentioned in 15, 17–18 and 20–22 (Arabia, early 2c. CE). These documents feature Roman *stipulationes* (17–18 and 20–22) and a Roman penalty *in duplum* for a deposit (18). I strongly suspect that the three copies of the Roman *formula tutelae* (P.Yadin 28–30) were generated by the *librarii* as well. CZAJKOWSKI 2017, 76–87 rightly suspects an administrative affiliation but seems unaware of *librarius* as an epithet of *scribae*.

translates the Roman legal text into the corresponding Greek terminology. A double document (δίπλωμα) composed by a λιβράριος named Marcus confirms the receipt of *bona castrensia* belonging to a deceased soldier. The Greek text contains numerous Latinisms and transliterations of Latin legal terms, which suggests that Marcus or another *librarius* had also composed the soldier's will, to which the receipt refers[139].

There is a handful of testimonia for *testamentarius* as a technical term for legal practitioners who drafted wills. Legal literature refers to *testamentarii* being urgently summoned to the deathbed, with criminal sanctions applicable against family members who hindered their access to the testator[140]. Latin inscriptions document three *testamentarii* who are Roman freedmen and one who is a freeborn Roman with names that do not suggest a military provenance. The fact of individuals calling themselves *testamentarii* on tombstones – in one case, alongside the civic office of *sevir Augustalis* – suggests that *testamentarius* was a recognized title and occupation[141]. In view of the multitude of epithets for *scribae* (e.g. *librarius, cerarius, armamentarius,* etc.), it is a plausible guess that *testamentarii* were *scribae* who specialized in the production of wills.

An epitaph from late Republican Capua commemorates a Roman freedman who had worked as a schoolmaster (*magister ludi litterari*) and "drafted wills with integrity and never refused anyone" (*idemque testamenta scripsit cum fide nec quoiquam pernegavit*). There are several testimonia for *scribae* as teachers and a large *schola* for *librarii* run by imperial freedmen in the Roman *forum*, so it is a distinct possibility that the Capuan *magister ludi* had the status of a *scriba*, but this question must remain open[142].

---

139 See, respectively, P.Oxy. XLI 2951 = ChLA. XLVII 1415 (Oxyrhynchus, 267 CE); P.Col. VIII 221 = SB X 10530 = ChLA XLVII 1448 (Thebes, 143 CE). Transliterated terms include πρινκιπίων, δηποσίτου, παπυλιῶνος and ληγᾶτα.

140 For *testamentarii* in the legal sources, see D. 28,5,9,3 (Ulp. 5 ad Sab.); D. 28,5,9,6 (Ulp. 5 ad Sab.); D. 29,6,1pr. (Ulp. 48 ad ed.); D. 36,1,3,5 (Ulp. 3 fideicomm.); D. 48,10,15,6 (Callistr. 1 quaest.); D. 48,10,22,10 (Paul. lib. sing. ad SC Libon.). These sources are dismissed as "colorless" and adding "nothing to the picture" by Champlin 1991, 71 but constitute highly significant evidence for notaries being summoned by dying testators. This runs contrary to Champlin's argument that most testators composed their own wills "with no mention of scribes or lawyers being hurriedly summoned" (72).

141 See CIL II 1734 = ILS 7749 (Gades, imperial); CIL XI 1037 (Brixellum, 1c. CE); CIL XII 5235 (Narbo, imperial) and possibly CIL XII 3538 (Nemausus, imperial) with references to literature in Colella 2024, 31. Amelotti 1966, 115 misinterprets *sevir* in CIL II 1734 as *sevir testamentarius* – he was clearly a *testamentarius* and a *sevir Augustalis*. On the significance of *testamentarius* as an appellation, compare the emergence of *advocatus* and *iurisperitus/iurisconsultus* in African inscriptions in the late second century CE in conjunction with the creation of official posts for legal practitioners, see Dolganov 2020a, 364–369, 382 and 387.

142 See CIL X 3969 = ILS 7763 (Capua, 1c. BCE). For *scribae* as teachers, see CIL XIII 444 = ILS 7752 (Eliumberrum, Aquitanica, 1c. CE): *doctori librario*; RAAN 1965, 141 (Beneventum, 2c. CE): *professor artis librar(iae) salariis publ(icis) honoratus*. The *schola* for *scribae librarii* is documented in CIL VI 103

In Egypt, drafters of Roman wills are referred to as νομικοί, a Roman technical term that corresponds to the Latin *iurisperitus/iurisconsultus/iuris studiosus* in bilingual sources[143]. In the evidence from Egypt, νομικός denotes two distinct categories of individuals: high-profile legal experts with Roman citizenship who advised Roman officials in their judicial activity, and notaries who drafted legal documents[144]. Some of the latter specialized in the production of Latin deeds and accordingly called themselves Ῥωμαικοί = "Latinate"[145]. Those Ῥωμαικοί whose nomenclature is known were Roman citizens, some with Latin names that suggest a military background[146]. In Egypt, their work was necessarily bilingual in nature and included the production of certified Greek translations of Latin deeds. As noted, bilingual notarial work was also performed by *librarii* associated with the Roman army. Could it be that νομικός, like *librarius* and *testamentarius* in Latin, functioned as an epithet for *scribae* who specialized in composing legal documents?

Important information is provided by two edicts of the governor Flavius Titianus concerning the establishment of a central archive of Hadrian at Alexandria. Titianus castigates νομικοί from the hinterland (οἱ ἀπὸ τῆς Αἰγύπτου νομικοί) for shirking the requirement to register copies of their documentary production in the new archive.

= ILS 1879 (Rome, early 1c. and early 3c. CE), see Hartmann 2020, 75 and 80 with references to literature. The supplement CIL VI 9446 (Rome, 4c. CE): *sc[ribae librario] grammatico* is uncertain.

143 On νομικοί in inscriptions and papyri, see Jones 2007. For a list of papyrological testimonia, see Urbanik 2023, 186–191, but add O.Narm. 74 (Narmouthis, 2–3c. CE) and P.Cair.Goods. 30,37,10 (Karanis, after May 192 CE). Urbanik's study is contradictory and misrepresents the evidence: νομικός is explained as a Roman meaning assigned to a common Greek term (183–184), but the substantive νομικός is not attested in Greek sources before the Roman period. In Strabo 12,2,9 νομικοί renders *iurisconsulti* as interpreters of the law at Rome (ἐξηγητης τῶν νόμων, καθάπερ οἱ παρὰ Ῥωμαίοις νομικοί), and yet Urbanik argues that the same phrase in a second-century papyrus referring to a Roman judicial advisor (ἐξη|γουμένου ̣τ̣ο[ὺς] ̣νόμους, P.Oxy. XLII 3015,9–10 [after 117 CE]) invents new terminology (147). And it is unclear why, given extensive evidence for νομικοί drafting and registering legal documents in the second century, Urbanik insists that their notarial function does not predate the late third century (163–168, 180–181). The sources offer no indication that these νομικοί were providing "professional consulting services" (172, Urbanik's main argument) as opposed to engaging in notarial activity (a natural corollary of which was to give cautelary advice).

144 It is essential to distinguish between the two spheres of activity – not doing so results in confusion in Urbanik 2023, who interprets all νομικοί pre-Diocletian as legal consultants. In papyri, the two categories of νομικοί are clearly distinguished by their onomastics: judicial advisors have names and titles indicating membership in the officeholding class of Alexandria, while notaries belong to the local elite of the hinterland and, in the case of Ῥωμαικοί, may have a military background, see n. 146.

145 Ῥωμαικός in this context does not signify "Roman" (so taken by Urbanik 2023, 168: "Roman", "of the Romans") but refers to the Latin language, compare IG VII 22 (Diocletian's edict of maximum prices, Megara, 301 CE) 16–17: γραμματικῷ Ἑλληνικῷ | ἤτοι Ῥωμαϊκῷ (= *grammatico Graeco sive Latino*) and CIG 2758,2,2,1,3 (Aphrodisias, imperial): ποιητῇ Ῥωμαϊκῷ; CIL IX 1663 = ILS 5179 (Beneventum 3c. CE): *poeta Latinus*.

146 See e.g. Flavius Iulius in BGU II 388 = M.Chr. 91,2,31–32 (Alexandria, ca. 157–159 CE); Gaius Lucius Geminianus in BGU I 326 (Ptolemais Euergetis, 194 CE). But the Aurelius Aegyptus of SB VI 9298 (Oxyrhynchus, 249 CE) was clearly not a military man.

In a related edict, Titianus refers to drafters of legal documents as νομογράφοι, a standard term for notaries that included the managers of the village γραφεῖα[147]. The signatures of νομικοί and νομογράφοι are attested in the same types of deeds and Ῥωμαικός and νομογράφος occur together in a list of payments for notarial services[148]. The appearance of a νομογράφος named Dioskoros with the title νομικός confirms that, with reference to notaries, the two terms were synonymous[149].

In addition to notaries who leased their business – a prevalent model in the Roman empire, as noted – there appears to have been a special category of νομογράφοι/νομικοί who were employed by the state. A few papyri attest to νομογράφοι ἀγορᾶς in the *forum* of Augustus at Alexandria, mirrored by testimonia for νομικοί in the Σεβαστή ἀγορά of the nome capitals[150]. The appellation νομογράφοι ἀγορᾶς is clearly an official title that points to a notarial association attached to a particular ἀγορά/*forum*. Such associations are documented in Italy and other Roman provinces under the name of *forenses* and ἀγοραῖοι (a Greek term calqued on *forenses*). In Diocletian's edict of maximum prices, ἀγοραῖοι are rendered in Latin as *tabelliones*, confirming their identification as notaries. Both *forensis* and *tabellio* are attested with reference to notaries who draft wills in documentary sources[151]. Like the *collegia* of *togati fori*

147 See P.Oxy. I 34 = M.Chr. 188 (127 CE) at 1,9 and 3,3. On νομογράφος as the title of lessees of village γραφεῖα, see e.g. P.Mich. V 353,2–3 (Tebtynis, 48 CE): Κρονίωνι Ἀπίωνος νομογράφωι | Τεβτύνεως.

148 See e.g. P.Ross.Georg. II 20,8 (Arsinoite, 146 CE): [γράψας τὴν οἰκ]ο̣νομίαν νομικός with reference to a deed of sale; BGU II 581,15–16 (Arsinoite, 133 CE): ἐγραφηι | διὰ Ἡρακ(λείδου) νομογρ(άφου). For Ῥωμαικός and νομογράφος in a payment list, see P.Cair.Goods. 30,37,10 (Karanis, after May 192 CE): Ῥωμαϊκῷ (δραχμαὶ) δ = "four drachmas to the Latin notary" and 38,3–4: (ἀναλωθεῖσαι) Ῥωμαϊκῷ ὑ(πὲρ) προφε[σσ](ίωνος) [(δραχμαὶ) -] | Τρύφωνι νομογράφῳ ὑ(πὲρ) οἰκ(ίας) ἀν[αγρ(αφομένης) [(δραχμαὶ) -] = "pay to the Latin notary X drachmas for the birth declaration and to Tryphon the notary (νομογράφος) X drachmas for the registration of a house".

149 See P.Diog. 29,27–28 (Philadelphia, 229 CE): Διόσκορος νομικὸς ἔ̣γρα|ψα ὑπὲρ αὐτοῦ ἀγραμμάτου; P.Gen. 2,1,42,32–33 (Philadelphia, 224 CE): Διόσκ[ο]ρος νομο̣γράφος ἔγραψα τὸ σῶμα | καὶ ὑπὲρ̣ [α]ὐ̣τῶν̣ γράμματα μὴ εἰδότων. The same notary appears in P.Diog. 49 (Philadelphia, 225/226 CE).

150 For νομογράφοι ἀγορᾶς, see P.Oxy. XIV 1654 (ca. 150 CE); BGU II 578 = M.Chr. 227 (Arsinoite, 189 CE); BGU III 888 = M.Chr. 239 (Arsinoite, 159/160 CE). For νομικοί associated with the ἀγορά, see SB XIV11853 (unknown provenance, 3–4c. CE), a private letter mentioning a legal document (οἰκονομία) left with a νομικός ἐν τῇ Σεβαστῇ ἀγορᾷ; BGU I 326 = M.Chr. 316 (Ptolemais Euergetis, 194 CE), where the opening and protocolling of a Roman will by a νομικὸς Ῥωμαικός takes place ἐν τῇ Σεβαστῇ ἀγορᾷ. Further documents produced by νομικοὶ Ῥωμαικοί in regional centers includes the bilingual *cretio* drafted and registered at Ptolemais Euergetis (M.Chr. 327, 170 CE) and the bilingual applications for *bonorum possessio* documented in P.Oxy. IX 1201 = ChLA IV 233 (Alexandria, 258 CE); P.Bagnall 3 (Oxyrhynchus, 2–3c. CE); P.Oxy. VIII 1114 (237 CE); P.Thomas 20 (Oxyrhynchus, 269/270 CE); SB XVIII 13610 (3c. CE); SB I 1010 = ChLA XI 486 (Oxyrhynchus, 249 CE) – signed by a νομικὸς Ῥωμαικός named Αὐρήλιος Αἴγυπτος.

151 For *collegia* of *forenses* and ἀγοραῖοι, see e.g. AE 1898, 99 (Caesarea, Mauretania, 3c. CE): [. . .] *aedili suo forenses* and IGBulg I^2 15,3,4–5 (Dionysopolis, Thrace, late 2–early 3c. CE): καὶ ἀγοραίοις, ἰ|α̣τροῖς, παιδευταῖς, etc. For the edict of maximum prices, see IG V,1 1406,16–17 (Asine, 301 CE): ἀγοραίοις γράφουσι λιβέλλα̣ | ἢ τάβλας στίχους = I.Strat. 1000,2 I 2 (Stratonikea, 301 CE): *tabellanioni in*

licensed to plead in a particular *forum*, the νομογράφοι ἀγορᾶς presumably had a special concession to set up their *stationes* in the *forum* of Augustus. The documents produced by them included applications for δημοσίωσις, which were also drafted by apparatorial *scribae* of the ἀρχιδικαστής[152]. A list of notarial expenses from Alexandria records νομογράφοι being hired to find and copy judicial records in the archives of imperial officials, including νομογράφοι ἀγορᾶς "called the woolly ones" (μαλλοῖς λεγομένοις) being paid to search the records of the ἀρχιδικαστής[153]. The reference to wool likely refers to a garment – and one may recall Tacitus mentioning wool cloaks (*paenulae*) as an obligatory uniform of *advocati* at Rome[154]. Clearly, the νομογράφοι ἀγορᾶς had access to the imperial archives and even seem to have worn distinctive clothing to mark their status. It seems highly likely that these νομογράφοι were apparitorial functionaries of the Roman administration, and that the same was true of the νομικοὶ Ῥωμαικοί who composed and registered bilingual *cretiones* for Roman testators and produced official Latin protocols and certified Greek translations of Roman wills in the *forum* of Augustus in the regional capitals[155].

This brings us to the next major question. If the legal practitioners who composed Roman wills (*scribae librarii, testamentarii, iurisperiti, tabelliones,* λιβράριοι, νομικοί) were licensed notaries – and some possibly apparatorial officials – does this mean that professionally drafted Roman wills were notarial documents? As argued above, accepted notions of Roman wills as strictly private deeds, composed and kept in private hands, do not have a firm evidentiary basis. In fact, the evidence is fully compatible with Roman wills, like Graeco-Egyptian διαθῆκαι, being composed κατὰ δημοσίους χρηματισμούς (Gnomon § 7) – i.e. by licensed notaries who kept records of their documentary production that were subject to archival registration, as spelled out in the edicts of Titianus. That νομικοὶ Ῥωμαικοί maintained systematic records of legal documents is illustrated by a judicial hearing where a νομικός testifies before the procura-

---

scriptura libelli uel tabularum in uersibus. For *tabellio* and *forensis* with references to notaries who draft wills see, respectively, P.Oxy. LIV 3758 (325 CE) 136–137 and 197; P.Ital. I 4 +5 = ChLA XVII 653 + ChLA XXIX 878 (Ravenna, 552–575) Fr. B,3 at 4,4, 5,8 and 7,2.

152 For *collegia* of *togati fori*, see e.g. CIL XIV 409 = ILS 6146 (Ostia, early 2c. CE): *et dendrophorum et togator(um) a foro*; CIL III 2659 (Salona, Dalmatia, 443 CE): *toc(ati) fori Dalm(atici)*. For the notarial payment list, see P.Oxy. XIV 1654 (ca. 150 CE). For δημοσίωσις applications drafted by a νομογράφος ἀγορᾶς, see BGU III 888 = M.Chr. 239 (Arsinoite, 159/160 CE); BGU II 578 = M.Chr. 227 (Arsinoite, 189 CE). For δημοσίωσις applications drafted by a γρα(μματεὺς) τοῦ καταλ(ογείου), clearly an apparitorial *scriba*, see SB XVI 12333 (189 CE); P.Oxy. IV 719 (193 CE); PSI XIII 1328 (201 CE); P.Oxy. XII 1474 (216 CE); P.Heid. IV 325 (258/259 CE).

153 For the notarial payment list from Alexandria, see P.Oxy. XIV 1654 (ca. 150 CE).

154 See Tac. dial. 39; Frier 2010.

155 On the activity of νομικοὶ Ῥωμαικοί, see in nn. 144–150. I undertake a more detailed study of this subject elsewhere. The νομογράφοι/νομικοὶ ἀγορᾶς were clearly precursors of the late Roman *tabelliones*, see e.g. νομικο(ῦ) ἀγορᾶ(ς) in P.Lond. IV 1550 (Aphrodito, 7c. CE). It is mysterious why this connection is rejected without explanation by Urbanik 2023, 176.

tor of the Idios Logos concerning Latin deeds drafted by him for a Roman veteran who has been recently murdered. The νομικός states that he has composed manumission tablets and a marriage contract and, many years later, still has copies in his possession. In a similar fashion, the notary Dioskoros of Aphrodito kept copies of wills drafted for various clients in the sixth century[156].

From the evidence, it appears that the elliptically phrased rule in Gnomon § 7 reflects a general Roman requirement of notarial drafting for both Roman and provincial wills, where exceptions might be observed under specific circumstances, e.g. if a will was composed in the face of imminent death. As noted above, there are cases of Graeco–Egyptian wills materializing after a decade, being disputed as inauthentic, and yet being taken seriously by Roman officials, which suggests that even for provincial wills notarial registration was not an absolute requirement and there could be exceptions[157].

The existence of notarial records of Roman wills may be inferred from legal texts that mention the fulfilment of testamentary provisions in spite of the removal or destruction of the will, the contents of which were evidently established from another source[158]. It is difficult to imagine that private copies would have been accepted as authoritative evidence of testamentary provisions, and it seems more plausible that notarial records were used. There are surviving Latin copies of Roman wills that preserve the diplomatic features of waxed tablets but show no traces of opening protocols. It seems highly likely that these were either copies retained by notaries, or notarial copies (ἐκδόσιμα) issued to testators, analogous to those of Greek διαθῆκαι in the Roman period[159].

Notarial records of Roman wills may also be directly illustrated by two surviving documents. A Greek translation of a Latin opening protocol transcribes the testator's

156 For the testimony of the νομικός, see BGU II 388 = M.Chr. 91,2,31–32 (Alexandria, ca. 157–159 CE): κ[αὶ ἔγραψα α]ὐτῷ καὶ ταβέλλας [ἐλευθε]ρώσεων καὶ δι|πλώματα γά[μων καὶ] ἔχω αὐτῶν ἀντί[γραφα] = "I drafted manumission tablets and a marriage contract for him and have copies of these". Evidently it was not the same νομικός who composed the Roman will mentioned at 3,3–5, since it is the ward of the murdered man who attests to its contents. For copies of wills retained by the notary Dioskoros, see P.Cair. Masp. III 67312 (567 CE); P.Cair.Masp. II 67151–2 (Antinoupolis, 570 CE); Keenan 2020.

157 See n. 79.

158 See e.g. D. 29,3,10,2 (Ulp. 13 ad leg. Iul. et Pap.); D. 37,11,1,2 (Ulp. 39 ad ed.), esp. the statement *nec enim opus est aperire eas, ut bonorum possessio secundum tabulas agnoscatur* = "nor is it necessary to open the will in order for *bonorum possessio* according to its terms to be recognized".

159 See ChLA XI 399 (unknown provenance, 91 CE), a Latin copy of a signed Roman will preserving its diplomatic features; P.Oxy. LII 3692 (Oxyrhynchus, 2c. CE), a Latin copy of a Roman will (labelled *exemplum testamenti* on the verso) preserving its diplomatic features; P.Mich. VII 439 (Oxyrhynchus, 147 CE), a Latin copy preserving diplomatic features and a transcript of the testator's signature; ChLA X 427 (unknown provenance, late 2c. CE), a Latin copy of a Roman will preserving its diplomatic features with a diagonal stroke in the top lefthand corner signaling an official copy (compare CPR I 18, Arsinoite, 124 CE); ChLA XLIV 1300 (unknown provenance and date), a Latin copy of a Roman will too fragmentary to detect diplomatic features. There are also Greek translations of Latin wills without

signature in his Latin will, as well as his signature in a separate Greek version of the will, which the testator affirms is in line with his intentions. Another document preserves the Latin and Greek text of a Roman will side by side on the same papyrus, with the testator's signature confirming that the Greek text, which he intends to be the template of his Latin will, accords with his wishes. A logical explanation for Greek templates signed by testators is that these were issued by notaries who wished to obtain the explicit consent of their clients to Greek texts they could understand, as a way of protecting the provisions and insuring the notaries against accusations of manipulation or forgery. That such signatures were occasionally included in opening protocols suggests that the notaries directly participated in the opening – as confirmed by other documentary evidence – and presented wills together with their Greek templates to the Roman provincial authorities[160].

3.4 Administrative handling of Roman wills: opening, protocolling, and archiving

The opening of Roman wills appears to have been performed in public settings already in the Republican era, well before the introduction of the Augustan inheritance

---

signs of an opening protocol that may be translations of notarial copies, see e.g. P.Diog. 9 (Arsinoite, late 2c./early 3c. CE); P.Bagnall 5 (Oxyrhynchus, 213 CE).

160 See, respectively, P.Oxy. XXII 2348,2,48–51 (224 CE): ὁμοίως ἑτέρας | ὑπογραφῆς τῆς ἐν τῷ Ἑλληνικῷ ἀντιγράφῳ Α[ὐ]ρήλιος Χαιρήμων Ἡρακλείδου | ἀνέγνων τὸ προκείμενον Ἑλληνικὸν ἀντίγραφον τῆς διαθήκης μου | καὶ συμφωνεῖ μοι πάντα καθὼς ἐγὼ ὑπηγόρευσα = "similarly another signature in the Greek version (of the will): "I, Aurelius Chaeremon son of Herakleides, have read the present Greek version of my will and it accords with everything that I dictated" and P.Oxy. XXXVIII 2857,2,35–37 (134 CE): ἀνέγνων μου τὴν διαθήκην πρὸς | [ἣν] ἠθέλησα τὴν Ῥωμαϊκήν μου γ[ρ]αφῆναι· | [συμ]φωνῖ μοι [γ]ὰρ πάντα ὡ[ς πρ]όκ[ιτ]αι = "I have read my will according to which I wanted my Latin will to be written, and everything set before me accords with my wishes". There is controversy whether the Greek or Latin version was composed first: Amelotti 1949, 50–51, followed by Strobel 2014, 173, argues for Greek, while Colella 2024, 25–29 opts for Latin followed by a Greek translation. Colella's argument entails the implausible claim that the testator's signature refers to a lost Greek preliminary draft on which the Latin will was based. But the testator clearly states in his *subscriptio* that he is signing the Greek will on the papyrus which is the template of the Latin. It seems entirely plausible that the testator's intentions were recorded by the notary using Greek terminology corresponding to Roman testamentary formulae, see my remarks on this phenomenon in Dolganov/Mitthof/Cotton/Ecker 2023, 76–79 and 131–151, and then translated into Latin. I take up this argument in more detail elsewhere. For the involvement of notaries (νομικοί, *forenses*) in the opening of wills, see e.g. BGU I 361 (Arsinoite, 184 CE), P.Ross.Georg. II 20 (Arsinoite? mid–2c. CE) and P.Oxy. LIV 3758,133–180 (Oxyrhynchus, 325 CE).

tax (*vicesima hereditatium*) in 6 CE[161]. The *lex Voconia* of 169 BCE limiting the size of legacies and the ability of women to inherit large estates was predicated on testation being subject to administrative oversight[162]. The Roman praetor's executive order for the display of a will after the testator's death (*interdictum de tabulis exhibendis*) – a measure to ensure that wills were not suppressed but duly opened – required that wills be presented before the praetor[163]. The speed with which precise information about testamentary provisions became known among the political class of the late Republic likewise suggests that wills were opened and copied in a public context[164]. Official procedures of opening and archiving may also be inferred in Republican Sicily, where opened wills quickly became public knowledge and remained accessible for decades, as noted above in section 3.1 on provincial wills.

A public procedure for opening a Roman will is described in the *Sententiae* of Paulus, a juristic compilation from the late third century CE. First, witnesses to the will or a majority of them (*testes vel maxima pars eorum*, Paul. sent. 4,6,1) were summoned to recognize their seals; then, the cord binding the will was cut, the tablets opened and recited, and an official copy (*exemplum*) taken, after which the tablets were resealed with a public seal and deposited in a public archive, where the original could be consulted if the official copy became damaged or lost. The same procedure is prescribed for wills drafted in a Roman *municipium, colonia, oppidum, praefectura, vicus, castellum* or *conciliabulum*, to be opened in a public place (*in foro vel basilica*, Paul. sent. 4,6,2) before municipal magistrates. This list of Roman municipalities, typical for Republican legislation but absent from later sources, is a telltale sign that the text is not contemporary with the third-century compilation but dates no later than

161 The frequently repeated claim that official opening procedures did not exist before the *lex Iulia de vicesima* (see e.g. Strobel 2023, 1435: "Die Testamentseröffnung (Apertur), verstanden im engeren Sinne als ein von Rechts wegen vorgeschriebenes, förmliches Verfahren, hat ihren Ursprung in der *lex <Iulia de> vicesima hereditatium*"; Amelotti 1966, 184: "Anche l'apertura dei testamenti deve essere stata dapprima libera da regole"; Nowak 2015, 76) has no evidentiary basis. Nisoli 1949, 74–76 insists that the *interdictum de tabulis exhibendis* postdates the *lex Iulia de vicesima* as part of an *a priori* argument that official opening procedures were first introduced with the *vicesima*. This requires him to extend the lifetime of Labeo (cited in D. 43,5,3,9 [Ulp. 68 ad ed.]) to 20 CE.

162 On the *lex Voconia*, see Weishaupt 1999.

163 See D. 43,5,3,9 (Ulp. 68 ad ed.) citing Labeo. The opening of Caesar's will in Antony's house "at the insistence of his father-in-law L. Piso" (Suet. Iul. 83) reflects an exceptional situation, as recognized by Amelotti 1966, 184.

164 See e.g. Cic. Att. 13,46,3 where Cicero at Tusculum obtains precise data about the provisions of a will of an acquaintance under which he receives a legacy. See further Cic. Att. 15,2, where Cicero asks for detailed information from Rome about a recently opened will and 15,3 where he says that he knows all the details of the opened will of a distant acquaintance. Further sources are cited in Champlin 1991, 18.

the Augustan age[165]. Since the text also mentions a *lex,* it may be plausibly inferred that it derives from the *lex Iulia de vicesima hereditatium* itself.

That the *lex Iulia de vicesima* of 6 CE established official procedures for opening, protocolling and archiving Roman wills (likely building on earlier practices, as noted above) is corroborated by surviving copies of opening protocols on papyrus. In the Egyptian hinterland, Roman wills were opened in public locations such as a *forum* or imperial cult temple (compare *in foro vel basilica,* Paul. sent. 4,6,2) in the presence of the nome *strategos* and representatives of the Roman fiscal administration, who oversaw the collection of the *vicesima* tax. It was prohibited to open a Roman will in any other context (μ]ηδαμοῦ λυεσθω[σα]ν ἢ ἐνθάδε, P.Ross.Georg. II 26,12, compare *qui aliter aut alibi, quam ubi lege praecipitur,* etc., Paul. sent. 4,6,2a). Opening protocols were drafted in Latin and included a full text of the will with a transcription of the testator's signature, followed by the date and location of the opening, sometimes noting that it took place in the presence of a majority of witnesses (*praes(ente) pl(urima) part(e) signat(orum),* P.Diog. 10, 20, compare *testes vel maxima pars eorum,* Paul. sent. 4,6,1). Their recognition of their signatures and seals was transcribed as well. The resulting Latin protocol was a master-text that served as the basis of certified copies and Greek translations. A surviving example of a certified translation preserves the signature of the νομικὸς Ῥωμαικός, who confirms that the Greek text accords with the original Latin will (BGU I 326 = M.Chr. 316,2,22–24). Special requests by heirs to submit a copy of the will and be allowed to keep the original indicate that the default procedure was for the original to be archived by administrators (compare *signo publico obsignatum in archivum redigatur,* Paul. sent. 4,6,1)[166]. The remarkable correspondence between the rules articulated in Roman legal literature and documentation from the

165 This is cogently argued by Eck 1979, 139–140. Such lists are a standard feature of Republican *leges* but are no longer attested under the Principate, and the term *conciliabulum* all but disappears from Roman sources after the Augustan age. A chronological clue may be gleaned from the late Republican *lex de Gallia Cisalpina* of 42/41 BCE; Crawford 1996, no. 28, which contains a nearly identical list featuring *oppidum, municipium, colonia, praefectura, forum, vicus, castellum, conciliabulum* and *territorium.*

166 See e.g. P.Oxy. LX 4075 (Oxyrhynchus, ca. 318 CE) *verso* 21–24: τὸ μὲν γραμματεῖον λυθ[ὲν [. . .] [παρα]δ̣οθήσεται π̣[ρ]ὸ̣ς τ̣ὸ εἶναι ἐ̣ν̣ τοῖς ἀρχ\ε/ίοις [. . .] ἀξιοῦμεν τὸ αὐθεντικὸν [λαβεῖν] [. . .] = "the opened will [. . .] will be submitted to be kept in the archives [. . .] we ask to keep the original [. . .]"; P. Oxy. LIV 3758 (Oxyrhynchus, 325 CE) 153–155: οἱ δὲ ἐνγεγραμμένοι κληρονόμοι φρον|τιοῦ[σ]ι̣ τὰ ἀντίγραφα δ̣ιδόντες τ̣ο̣ῦ̣ βουληματίου λ[α]μβάνειν τὸ αὐθ̣εντ̣ι|[κόν] = "the *heredes scripti* will take care to submit copies of the will and keep the original"; 207–209: ἀ̣ξ̣ι̣ο̣ῦ̣μεν δὲ τὰ | ἀντίγραφα [δ]ι̣δόντες λαβεῖν τὸ αὐθεντικὸν π̣ρ̣ὸ̣ς ἀσφάλιαν | τῶν κληρονόμων = "we submit copies and request to keep the original for the security of the heirs". In similar terms, Roman legal literature attests to heirs being allowed to submit a copy and keep the original (see e.g. D. 10,2,4,3 (Ulp. 19 ad ed.): *heredem enim exemplum debere dare, tabulas vero authenticas ipsum retinere aut in aede deponere*), which suggests that the rules of the *lex Iulia de vicesima* were relaxed with time. These texts are misinterpreted by Nowak 2015, 99–100 as indicating that wills were not rigorously archived, whereas they show just the opposite, plus the archiving of the original or copy took place in addition to that of the opening protocol.

hinterland of Egypt indicates that the procedures for opening Roman wills were implemented in a systematic fashion across the empire.

Papyrological evidence also furnishes clear proof that opening protocols were archived by the Roman administration. This is manifest from the fact that the protocols had the status of public records (δημόσιοι χρηματισμοί) that could be submitted to administrators as evidence of inheritance claims. Accordingly, we observe Roman heirs at Herakleopolis presenting a Greek translation of an opening protocol to the local registry of real property (τῶν ἐγκτήσεων βιβλιοθήκη) as proof of inheritance. The protocol is cited with a roll and column number, indicating that it was registered in the public records stored in the δημόσια βιβλιοθήκη of the Herakleopolite nome[167]. By virtue of the *vicesima* tax and the centralizing mechanisms of Roman record-keeping, the opening protocol would also have been archived at Alexandria and documented separately by the Roman fiscal administration[168].

The effects of systematic copying and archiving are illustrated by data from the sphere of testation entering the administrative knowledge of a Roman province. A vivid example is a land tax register from the region of Marmarica on the Libyan coast[169]. The register features entries where deceased owners are succeeded by their unnamed heirs (e.g. κλη(ρονόμων) Μαξίμου, 3,2), indicating either that the heirs had not yet entered upon the inheritance or that the inherited land was left undivided. Another entry mentions land belonging to a provincial who died without a legal heir (ἀκ[λη]ρ[ο]νομ(ήτου) τετελ(ευτηκότος), 2,17) being auctioned off and registered in the name of a new owner. A further entry specifies that ownership of certain parcels of land is being disputed on the basis of a will that has remained unopened for an entire decade (5,1–5). The local tax collectors are instructed from Alexandria by the procurator of the Idios Logos to confiscate the income of the land until the case is concluded. This tax list offers a glimpse into the centralized record-keeping apparatus through which the imperial state studiously monitored testation and the transmission of wealth in its quest to exact its due.

---

167 See PSI XIII 1325,2–3 (Herakleopolis, 176–180 CE): [τόμ(ου) -] | κολ(λήματος) θ. Compare P.Oxy. XIV 1649 (Oxyrhynchus, 280 CE) where ἐπισκ(εφθὲν) ὑπόμνη(μα) = “verified record” (9) refers to an authenticated copy of an archival record of the opening protocol.

168 For the archival indexing marks of opening protocols, see PSI XIII 1325,2–3 (Herakleopolis, 176–180 CE): [τόμ(ου) -] | κολ(λήματος) θ. Compare P.Oxy. XIV 1649 (Oxyrhynchus, 280 CE) where ἐπισκ(εφθὲν) ὑπόμνη(μα) = “verified record” (9) refers to an authenticated copy of an archival record of the opening protocol. The phenomenon of multiple documentation is illustrated by Roman manumissions, which were recorded in the *acta* of the presiding official, archived locally and in the provincial capital, and also documented by the fiscal administration, see DOLGANOV 2021b, 208.

169 P.Vat.Gr. 1 = P.Marm. 5,1–5 (Marmarica, ca. 191 CE) mentioned in n. 79.

4 Conclusion

By any standard, archives had an outsized presence in the Roman context. Far from exercising a silent role in the substructure of administration, Roman archives were the stuff of legends, prominent in storytelling about early Rome and consistently associated with political and imperial power. Public perception of the formidability of Roman record offices is showcased by stories and documented episodes of archival destruction in the Roman world[170].

A survey of the institutions of Roman record-keeping brings us closer to understanding why. Archives and archival systems were part of the critical infrastructure of Roman administration. The archival structures created or shaped by Roman rule involved centralized flows of information and local, regional, and central archives functioning as coordinated systems. Evidence from the Roman empire generally encourages us to imagine large amounts of documents constantly circulating between villages and regional centers, regional and provincial centers, provincial centers and the imperial capital. These archival systems were governed by distinctly Roman notions of public records stored in public record offices – *tabulae/litterae publicae, instrumenta publica, tabularia publica,* δημόσια γράμματα, δημόσιοι χρηματισμοί, δημόσια γραμματοφυλάκια, δημόσια ἀρχεῖα – terms and institutions that emerge across the empire in documentary sources from the Roman period. The scope of these records was amplified by Roman policies requiring archival registration for securing private legal claims and privileges. This enhanced the capacity of Roman institutions to engage in oversight of the empire's human and material resources.

As provincial sources illustrate in detail, Roman systems of public records were envisioned as integrated informational landscapes where records from the periphery were rigorously reduplicated at the center, and information entered at the center was regarded as published in the periphery and vice versa. Through documentary evidence from the empire, we observe precisely how the grand imperial ambitions of Roman record-keeping articulated by Cicero were put into practice.

Roman archives were also instrumental for the ideation of Roman government as rational, rule-bound, and notionally omniscient with regard to documentation. Centralized records and broad archival requirements created conditions whereby, if records pertaining to a claim could not be found, officials could question whether such a claim existed. In this respect, the furious Roman response to archival mismanagement in Flavian Egypt is not surprising. The failure of archival records undermined not only Roman administrative procedures, but also the ability of the imperial state to sustain key claims underpinning its enormously ambitious but inevitably fragile hold on infrastructural power.

170 See Dolganov 2025.

The sphere of testation and inheritance was logically a focal domain of Roman record-keeping, seeing that this was the principal mechanism for the transmission of private wealth, and documentary sources attest to stringent Roman efforts to exercise administrative surveillance of testation among provincial inhabitants. In the well-documented context of Egypt, Greek wills (διαθῆκαι) were subject to Roman rules prescribing obligatory sealing and archival registration in a major city or regional center. Any revision of wills took place through a controlled administrative procedure. Their opening was performed in a public setting in the presence of an official, and opened wills were protocolled, copied and archived. From their initial drafting to their ultimate opening, Greek wills in Roman Egypt were registered in the provincial system of public records (δημόσιοι χρηματισμοί = *instrumenta publica*) – and this is compatible with epigraphic evidence for the handling of provincial wills elsewhere.

A holistic view of the evidence does not justify the hard distinctions posited by modern scholars between the spheres of Roman and provincial testation. The imperial state was no less concerned with monitoring the transmission of wealth among Roman citizens than other imperial inhabitants, nor were Roman wills handled by administrators in fundamentally different ways. As illustrated by papyrological sources, the procedures for witnessing, sealing and opening Graeco-Egyptian wills were modelled on Roman testamentary practice. Like provincial wills, most Roman wills were composed by professional notaries who kept careful records of legal documents. A will could be composed in a private setting and entrusted to a friend or relative, particularly if death was near, but such cases are overrepresented in the evidence for wills being contested by family members. The inherent vulnerability of posthumous dispositions motivated both Roman and provincial testators to secure their wills through archival registration. The pre-registration of testamentary provisions – signalled by phrases such as οἷς ἂν διατάξηται διὰ τῶν ἀρχείων and *vivus testamento faciendum curavit* – is attested in documentary sources across the empire. As conveyed by the Roman fiscal manual known as the Gnomon of the Idios Logos, inheritance was a matter of Roman state interest. From the perspective of the empire's inhabitants, compliance with Roman rules for the notarial production and archiving of wills ensured the efficacy of testamentary provisions. Thus, archival registration – the critical technology enabling Roman administrators to gaze into the lives and livelihoods of individuals – was incentivized by considerations of legal security.

Contrary to prevailing opinion, documentary evidence clearly shows that opened Roman and provincial wills were systematically archived from at least as early as the *lex Iulia de vicesima* of 6 CE, likely building on earlier practices. Papyrological documentation shows wills being protocolled and archived "by the letter" of Roman legislation. The archiving of opened wills is also evidenced by hundreds of epigraphic cross-references to testamentary provisions (e.g. ἐφ' οἷς ἡ διαθήκη αὐ|τοῦ περιέχει, I.Smyrn. 208) and descriptions of wills being secured through archives and entered into the public records (e.g. δημοσίᾳ δελτικῇ διαθήκῃ, I.Eph. 2061 I–II [103/116 CE]).

One could argue that it was precisely the ability of Roman government to convert documents into administrative knowledge, embodied by centralized and publicly accessible records, that made testation a widely trusted means of transferring and allocating property, along with a variety of other legal acts and dispositions. That even provincials of modest means embraced testamentary arrangements for regulating their burial plots speaks eloquently for the perceived efficacy of Roman institutions[171].

For testators contemplating their mortality, Roman archives offered reassuring claims of permanence – to be maintained "securely and for eternity" in the words of a Roman governor[172]. One may recall Pliny's letter to Trajan concerning the construction of a bathhouse at Prusa on the site of a once beautiful mansion that a certain Polyaenus had left to the emperor Claudius in his will, of which Pliny enclosed a copy (*exemplar*)[173]. The mansion had since decayed, and Pliny wished to have the grounds cleared for the bathhouse with Trajan's permission. Thus, seventy years after the bequest, there was little left of the villa, but the public archives of Prusa still had a complete and intact copy of the will.

This brings us full circle to the intriguing case of Sextus Iulius from *Gallia Belgica*, with whose lavish funerary complex this investigation began[174]. The will of Iulius has survived on a piece of parchment from the 10th century that likely descends from an archival copy of the will that had been preserved in the local archives – an eloquent illustration of the longevity of Roman archival documents, and of the institutional ambitions of Roman government.

---

171 See e.g. IGR IV 633 (Pisidia, imperial): Γάϊος Ἰού|νιος Ἰοῦσ|τος οὐε|τρανὸς κατὰ διαθήκην; InscrIt 10,5,433 (Brixia, early 1c. CE) where a woman finances a small plot of 5 by 8 feet for herself and her husband in her will; CIL IX 5659 (Trea, Picenum, 1c. CE) where a freedman-farmer who has "happily lived by small means" writes a will in anticipation of death and arranges for his burial *ex testamento* on a plot of 16 by 14 feet. Compare TAM V 2,1385 (Magnesia on Sipylos, imperial): [T.] Φλάβιος Ἱέραξ <ζ>ῶν τὸ μνη|[μεῖ]ον κατεσκεύασεν ἑαυτῷ | [καὶ] οἷς ἂν διατάξηται | [διὰ] τῶν ἀρχείων = "T. Flavius Hierax has during his lifetime equipped his funerary monument for himself and whomever he should stipulate in his will registered through the ἀρχεῖα, etc.".

172 See P.Oxy. II 237,8,40 (89 CE) and the sources in n. 29; Dolganov 2025.

173 See Plin. epist. 10,70: *exemplar testamenti, quamquam mendosum, misi tibi.* Stern 2022, 124 takes the *exemplar* to be a double original but it seems more likely to be an official copy, which evidently contained errors. For an example of an archival copy corrected by the archivist in red ink, see CPR I 18 (Arsinoite, 124 CE).

174 See n. 3.

Bibliography

ALONSO 2016: J.L. ALONSO, Juristic Papyrology and Roman Law, in: P. DU PLESSIS/C. ANDO/K. TUORI (Hg.), The Oxford Handbook of Roman Law and Society, Oxford 2016, 56–69.

ALONSO 2023: J.L. ALONSO, § 8, I: Papyrologische Quellen, in: U. BABUSIAUX/CH. BALDUS/W. ERNST/F.S. MEISSEL/J. PLATSCHEK/TH. RÜFNER (Hg.), Handbuch des Römischen Privatrechts I, Tübingen 2023, 224–275.

AMELOTTI 1949: M. AMELOTTI, Un nuovo testamento per aes et libram, *SDHI* 15, 1949, 34–59.

AMELOTTI 1966: M. AMELOTTI, Il testamento romano attraverso la prassi documentale, Firenze 1966.

AMELOTTI 1980: M. AMELOTTI, Notariat und Urkundenwesen zur Zeit des Prinzipats, ANRW II.13, 1980, 386–399.

ANDREAU 2007: J. ANDREAU, Registers, account-books, and written documents in the de Frumento, in: J.R.W. PRAG (Hg.), Sicilia nutrix plebis Romanae: rhetoric, law, and taxation in Cicero's Verrines, London 2007, 81–92.

ARCARIA 2007: F. ARCARIA, Per la storia dei testamenti pubblici romani: il «testamentum apud acta conditum» ed il testamentum principi oblatum, in: Studi per Giovanni Nicosia I, Milano 2007, 163–239.

ARCHI 1941/1981: G. ARCHI, Problemi in tema di falso nel diritto romano, Pavia 1941 (= id., Scritti di Diritto Romano III, Milano 1981, 1487–1588).

ARMSTRONG 2016: J. ARMSTRONG, War and Society in Early Rome. From Warlords to Generals, Cambridge 2016.

ARNAUD 2003: P. ARNAUD, De Turris à Arausio: Les tabularia perticarum, des archives entre colonie et pouvoir central, in: P. DEFOSSE (Hg.), Hommages à Carl Deroux, Bruxelles 2003, 11–26.

BABUSIAUX 2018: U. BABUSIAUX, Römisches Erbrecht im Gnomon des Idios Logos, *ZRG RA* 135, 2018, 108–177.

BABUSIAUX 2019: U. BABUSIAUX, Zum Rechtsschutz von Fideikommissen im Prinzipat, *ZRG RA* 136, 2019, 140–213.

BABUSIAUX 2021: U. BABUSIAUX, Wege zur Rechtsgeschichte: Römisches Erbrecht, Wien/Köln/Weimar 2021[2].

BABUSIAUX 2023: U. BABUSIAUX, Rhetoric in legal writing: the ethos and pathos of Roman jurists, in: C. BUBB/M. PEACHIN (Hg.), Medicine and Law under the Roman Empire, Oxford 2023, 249–284.

BABUSIAUX 2024: U. BABUSIAUX, Les inscriptions en l'honneur de Manius Megonius Leo de Petelia et l'histoire du fidéicommis, RHDFE, Actes des Journées Internationales de la Sociétè d'Histoire du Droit – Bonn (2–5 juin 2022) "Les empereurs et le droit. Unité et diversité de la science juridique européenne", Paris 2024, 141–157.

BEARD 1998: M. BEARD, Documenting Roman religion, in: La mémoire perdue. Recherches sur l'administration romaine. Actes des tables rondes de Rome (mai 1994: mai 1995), Rome 1998, 75–101.

BELLI 2014: R. BELLI, Munificus erga patriam suam. Note sul gruppo bronzeo di Manio Megonio Leone e dei suoi famigliari a Petelia, in: R. SPADEA/M.L. LAZZARINI (Hg.), Kroton. Nuove ricerche nella polis achea e nel suo territorio, Roma 2014, 395–406.

BERGER 1953: A. BERGER, Encyclopedic Dictionary of Roman Law, Philadelphia 1953.

BOFFO/FARAGUNA 2021: L. BOFFO/M. FARAGUNA, Le poleis e i loro archivi: studi su pratiche documentarie, istituzioni e società nell'antichità greca, Trieste 2021.

BUBB/BABUSIAUX 2023: C. BUBB/U. BABUSIAUX, The ubiquity of rhetoric, in: C. BUBB/M. PEACHIN (Hg.), Medicine and Law under the Roman Empire, Oxford 2023, 231–248.

BUONAPANE 2015: A. BUONAPANE, Le formae publicae agrorum: alcuni aspetti, in: G.C. MARRONE (Hg.), Trans Padum . . . usque ad Alpes: Roma tra il Po e le Alpi: dalla romanizzazione alla romanità, Roma 2015, 55–65.

BURKHALTER 1990: F. BURKHALTER, Archives locales et archives centrales en Égypte Romaine, *Chiron* 20, 1990, 191–216.

BUTLER 2002: M.S. BUTLER, The Hand of Cicero, London 2002.

CAMPANELLI 2017: S. CAMPANELLI, Family cult foundations in the Hellenistic age: family and sacred space in a private religious context, in: M. HILGERT (Hg.), Understanding Material Text Cultures: A Multidisciplinary View, Boston 2017, 131–202.

CAMPBELL 2000: B. CAMPBELL, The Writings of the Roman Land Surveyors. Introduction, Text, Translation and Commentary, London 2000.

CHAMPLIN 1991: E. CHAMPLIN, Final Judgments: Duty and Emotion in Roman wills, 200 B.C.-A.D. 250, Berkeley 1991.

CLARYSSE 1991: W. CLARYSSE, The Petrie Papyri I, The Wills (P.Petr.^{2} I), Brussels 1991^2.

CLAYTOR 2014: W.G. CLAYTOR, Mechanics of Empire: the Karanis Register and the Writing Offices of Roman Egypt, Diss. Michigan 2014.

CLAYTOR 2020: W.G. CLAYTOR, Two papyri from the archive of Mikkalos and the establishment of the bibliothēkē enktēseōn, *BASP* 57, 2020, 19–42.

COARELLI 2010: F. COARELLI, Substructio et Tabularium, *PBSR* 78, 2010, 107–132.

COLELLA 2024: L.C. COLELLA, I testamenti dei cittadini romani d'Egitto tra storia sociale e prassi giuridica. Dal I secolo d.C. a Severo Alessandro, Wiesbaden 2024.

COUDRY 1994: M. COUDRY, Sénatus-consultes et acta senatus: rédaction, conservation et archivage des documents émanant du Sénat, de l'époque du César à celle des Sévères, in: C. NICOLET (Hg.), La mémoire perdue. À la recherche des archives oubliées, publiques et privées, Paris 1994, 65–102.

CRAWFORD 1996: M.H. CRAWFORD, Roman Statutes I, London 1996.

CROOK 1992: J.A. CROOK, Review of Edward Champlin, Final Judgments, *JRS* 82, 1992, 232–234.

CULHAM 1989: P. CULHAM, Archives and alternatives in Republican Rome, *CP* 84, 1989, 100–115.

CZAJKOWSKI 2017: K. CZAJKOWSKI, Localized Law: The Babatha and Salome Komaise Archives, Oxford 2017.

DE SARLO 1937: L. DE SARLO, Sulla repressione penale del falso documentale in diritto romano, *Riv. Dir. Proc. Civ.* 14, 1937, 317–353.

DÍAZ FERNÁNDEZ/PINA POLO 2021: A. DÍAZ FERNÁNDEZ/F. PINA POLO, Managing economic public information in Rome: the aerarium as central archive of the Roman Republic, in: C. ROSILLO-LÓPEZ/M. GARCÍA MORCILLO (Hg.), Managing Information in the Roman Economy, Cham 2021, 43–60.

DOLGANOV 2019: A. DOLGANOV, Reichsrecht and Volksrecht in theory and practice: Roman justice in the province of Egypt, *Tyche* 34, 2019, 27–60.

DOLGANOV 2020a: A. DOLGANOV, Nutricula causidicorum: legal practitioners in Roman North Africa, in: K. Czaikowski/B. Eckhardt (Hg.), Law in the Roman Provinces, Oxford 2020, 358–416.

DOLGANOV 2020b: A. DOLGANOV, A new date for the Oxyrhynchite epitome of the Gnomon of the Idios Logos (P.Oxy. XLII 3014), *Chiron* 50, 2020, 167–188.

DOLGANOV 2021a: A. DOLGANOV, A strategos on trial at the court of the provincial governor: a new look at a petition to the Roman prefect of Egypt (P.Wisc. I 33), *APF* 67, 2021, 354–391.

DOLGANOV 2021b: A. DOLGANOV, Documenting Roman citizenship, in: C. ANDO/M. LAVAN (Hg.), Imperial and Local Citizenship in the Long Second Century CE, Oxford 2021, 185–228.

DOLGANOV 2022: A. DOLGANOV, Imperialism and social engineering: Augustan social legislation in the Gnomon of the Idios Logos, *Klio* 104, 2022, 656–692.

DOLGANOV 2023a: A. DOLGANOV, Law as competitive performance: performative aspects of the legal process in Roman imperial courts, in: C. BUBB/M. PEACHIN (Hg.), Medicine and Law under the Roman Empire, Oxford 2023, 66–123.

DOLGANOV 2023b: A. DOLGANOV, Rich vs. poor in Roman courts: new editions of three judicial records from Roman Egypt, *Tyche* 37, 2023, 35–92.

DOLGANOV 2023c: A. DOLGANOV, Review Andrew M. Riggsby, Mosaics of Knowledge. Representing Information in the Roman World, Oxford 2019, *BMCR* 10,3, 2023 (https://bmcr.brynmawr.edu/2023/2023.10.03).

DOLGANOV 2024: A. DOLGANOV, Response to RIGGSBY on Review Andrew M. Riggsby, Mosaics of Knowledge. Representing Information in the Roman World, Oxford 2019, *BMCR* 1,2, 2024 (https://bmcr.brynmawr.edu/2024/2024.01.02).

DOLGANOV 2025: A. DOLGANOV, Archives and imperial power: archival destruction in the Roman context, *Archival Science* 25:23, 2025. (https://doi.org/10.1007/s10502-025-09492-y).

DOLGANOV/MITTHOF/COTTON/ECKER 2023: A. DOLGANOV/F. MITTHOF/H.M. COTTON/A. ECKER, Forgery and fiscal fraud in Iudaea and Arabia on the eve of the Bar Kokhba revolt: memorandum and minutes of a trial before a Roman official (P.Cotton), *Tyche* 38, 2023, 37–166.

ECK 1979: W. ECK, Die staatliche Organisation Italiens in der hohen Kaiserzeit, München 1979.

EL-MOSALLAMY 1970: A.H.S. EL-MOSALLAMY, Revocation of wills in Roman Egypt, *Aegyptus* 50, 1970, 59–73.

FALLU 1973: E. FALLU, Les rationes du proconsul Cicéron. Un exemple de style administratif et d'interprétation historique dans la correspondance de Cicéron, ANRW I.3, 1973, 209–238.

FRIER 2010: B.W. FRIER, Finding a place for law in the High Empire: Tacitus, Dialogus 39.1–4, in: F. DE ANGELIS (Hg.), Spaces of Justice in the Roman World, Leiden 2010, 67–87.

GÜNTHER 2008: S. GÜNTHER, Vectigalia nervos esse rei publicae. Die indirekten Steuern in der Römischen Kaiserzeit von Augustus bis Diokletian, Wiesbaden 2008.

HAENSCH 1992: R. HAENSCH, Das Statthalterarchiv, *ZRG RA* 109, 1992, 209–317.

HARTER-UIBOPUU 2010: K. HARTER-UIBOPUU, Erwerb und Veräußerung von Grabstätten im kaiserzeitlichen Kleinasien am Beispiel von Smyrna, in: G. THÜR (Hg.), Symposion 2009, Akten der Gesellschaft für griechische und hellenistische Rechtsgeschichte, Wien 2010, 247–269.

HARTER-UIBOPUU 2014: K. HARTER-UIBOPUU, Tote soll man ruhen lassen . . . Verbote und Strafen zur Sicherung von Gräbern am Beispiel der Inschriften von Ephesos, in: J. FISCHER (Hg.), Der Beitrag Kleinasiens zur Kultur-und Geistesgeschichte der griechisch-römischen Antike, Wien 2014, 157–180.

HARTMANN 2020: B. HARTMANN, The Scribes of Rome: A Cultural and Social History of the Scribae, Cambridge 2020.

HUMFRESS 2007: C. HUMFRESS, Orthodoxy and the Courts in Late Antiquity, Oxford 2007.

JONES 1964: A.H.M. JONES, The Later Roman Empire, 284–602. A Social Economic and Administrative Survey, Oxford 1964.

JÖRDENS 2010: A. JÖRDENS, „Öffentliche Archive und Römische Rechtspolitik", in: K. LEMBKE/M. MINAS-NERPEL/S. PFEIFFER (Hg.), Tradition and Transformation. Egypt under Roman Rule. Proceedings of the International Conference, Hildesheim, Roemer- and Pelizaeus-Museum, 3–6 July 2008, Leiden 2010, 159–180.

KASER 1971: M. KASER, Das Römische Privatrecht I: Das altrömische, das vorklassische und klassische Recht (2nd edition), München 1971.

KEENAN 2020: J.G. KEENAN, The will of Flavius Phoibammon, in: S.R. HUEBNER/E. GAROSI/I. MARTHOT-SANTANIELLO/M. MÜLLER/S. SCHMIDT/M. STERN (Hg.), Living the End of Antiquity, Berlin 2020, 109–117.

KELLY 2000: CH. KELLY, Ruling the Later Roman Empire, Oxford 2000.

KRELLER 1919: H. KRELLER, Erbrechtliche Untersuchungen auf Grund der graeco-aegyptischen Papyrusurkunden, Leipzig 1919.

KRUSE 2024: TH. KRUSE, Studien zum Gnomon des Idios Logos, Wien 2024.

LANGELOTTI 2020: M. LANGELOTTI, Village Life in Roman Egypt: Tebtunis in the First Century AD, Oxford 2020.

LE BOHEC 1991a: Y. LE BOHEC, Le testament du Lingon et le Lingon du testament, in: Y. LE BOHEC (Hg.), Le testament du Lingon. Actes de la Journée d'Etude du 16 mai 1990 organisée au Centre d'Etudes Romaines et Gallo-romains l'Université Lyon III, Lyon 1991, 41–55.

LE BOHEC 1991b: Y. LE BOHEC (Hg.), Le testament du Lingon. Actes de la Journée d'Etude du 16 mai 1990 organisée au Centre d'Etudes Romaines et Gallo-romains l'UniversitéLyon III, Lyon 1991.

LEHNE-GSTREINTHALER 2019: C. LEHNE-GSTREINTHALER, Iurisperiti et Oratores. Eine Studie zu den römischen Juristen der Republik, Wien/Köln/Weimar 2019.

LEWIS 2005: N. LEWIS, Revocation of wills in Roman Egypt, *SCI* 24, 2005, 135–138.

DE LIGT 2012: L. DE LIGT, Peasants, Citizens and Soldiers: Studies in the Demographic History of Roman Italy 225 BC–AD 100, Cambridge 2012.

Meyer-Herrmann 2012: J. Meyer-Hermann, Testamentum militis: das römische Recht des Soldatentestaments. Entwicklung von den Anfängen bis zu Justinian, Aachen 2012.

Moatti 1994: C. Moatti, Les archives des terres publiques à Rome (IIe s. av.–Ier s. ap J.C.). Le cas des assignations, in: S. Démougin (Hg.), La mémoire perdue I: à la recherche des archives oubliées, publiques et privées, de la Rome antique, Paris 1994, 103–120.

Moatti 2006: C. Moatti, Translation, migration, and communication in the Roman Empire: three aspects of movement in history, *CA* 25, 2006, 109–140.

Nicolet 1987: C. Nicolet, La Table d'Heraclée et les origines du cadastre romain, in: L'urbs, espace urbain et histoire: Actes du colloque international Rome 8–12 mai 1985 organisé par le CNRS, Rome 1987, 1–25.

Nisoli 1949: E. Nisoli, Die Testamentseröffnung im römischen Recht, Diss. Bern 1949.

Nörr 1999: D. Nörr, Zu den Xenokriten (Rekuperatoren) in der römischen Provinzialgerichtsbarkeit, in: W. Eck (Hg.), Lokale Autonomie und römische Ordnungsmacht in den kaiserzeitlichen Provinzen vom 1. bis 3. Jahrhundert, München 1999, 257–301.

Nowak 2012: M. Nowak, Dryton's wills reconsidered, *RIDA* 59, 2012, 241–251.

Nowak 2015: M. Nowak, Wills in the Roman Empire: A Documentary Approach, Warsaw 2015.

Nowak 2020: M. Nowak, Village or town? Did it matter for making wills in Roman Egypt?, *PBA* 231, 2020, 109–121.

Oertel 1917: F. Oertel, Die Liturgie: Studien zur ptolemäischen und kaiserlichen Verwaltung Ägyptens, Leipzig 1917.

Pangerl/Lehmann forthcoming: A. Pangerl/R. Lehmann, Focus on Roman bronzes: the first comprehensive metallurgical study of Roman military diplomas, in: XXVI Limes Conference, Batumi, Georgia, 8–14. September 2024, forthcoming.

Pierce 1968: R. Pierce, Grapheion, catalogue, and library in Roman Egypt, *SO* 43, 1960, 68–83.

Purcell 1993: N. Purcell, Atrium Libertatis, *PBSR* 61, 1993, 125–155.

Purcell 2001: N. Purcell, The ordo scribarum: a study in the loss of memory, *MEFRA* 113.2, 2001, 633–674.

Remesal Rodríguez 1995: J. Remesal Rodríguez, In perpetuum dicitur. Un modelo de fundación en el Imperio Romano. Sex. Iulius Frontinus, Iulius Sabinus y el Testamento del Lingón (CIL XIII 5708), *Gerión* 13, 1995, 99–126.

Rich 2018: J.W. Rich, Fabius Pictor, Ennius and the origins of Roman annalistic historiography, in: K. Sandberg/C.J. Smith (Hg.), Omnium Annalium Monumenta: Historical Writing and Historical Evidence in Republican Rome, Leiden 2018, 15–65.

Riggsby 2019: A. Riggsby, Mosaics of Knowledge. Representing Information in the Roman World, Oxford 2019.

Rüfner 2023: Th. Rüfner, § 18: Das testamentum per aes et libram und andere Formen letztwilliger Verfügungen, in: U. Babusiaux/Ch. Baldus/W. Ernst/F.S. Meissel/J. Platschek/Th. Rüfner (Hg.), Handbuch des Römischen Privatrechts I, Tübingen 2023, 518–553.

Sage 1989: P. Sage, Remarques sur le Testament du Lingon, in: La langue des inscriptions latines de la Gaule, Lyon 1989, 31–41.

Sage 1991: P. Sage, Le Testament du Lingon: remarques sur le texte et son interprétation, in: Y. Le Bohec (Hg.), Le testament du Lingon. Actes de la Journée d'Etude du 16 mai 1990 organisée au Centre d'Etudes Romaines et Gallo-romains l'Université Lyon III, Lyon 1991, 17–40.

Sánchez-Moreno Ellart 2010: C. Sánchez-Moreno Ellart, ὑπομνήματα ἐπιγεννήσεως: The Greco-Egyptian birth returns in Roman Egypt and the case of P.Petaus 1–2, *APF* 56, 2010, 91–129.

Santangelo 2012: F. Santangelo, Law and divination in the late Roman Republic, in: O. Tellegen-Couperus (Hg.), Law and Religion in the Roman Republic, Leiden 2012, 31–58.

Scheid 1990: J. Scheid, Romulus et ses frères. Le collège des frères arvales, modèle du culte public dans la Rome des empereurs, Rome 1990.

Scheid 1994: J. Scheid, Les archives de la piété, in: C. Nicolet (Hg.), La mémoire perdue. À la recherche des archives oubliées, publiques et privées, Paris 1994, 173–185.

SCHEID 1998: J. SCHEID, Les Livres Sibyllins et les archives des quindécemvirs, in: C. MOATTI (Hg.), La mémoire perdue. Recherches sur l'administration romaine, Rome 1998, 11–26.

SCHIAVO 2007: S. SCHIAVO, Il falso documentale tra prevenzione e repressione: impositio fidei criminaliter agere civiliter agere, Milano 2007.

SCHMELING 2011: G. SCHMELING, A Commentary on the Satyrica of Petronius, Oxford 2011.

SCHWAMEIS 2019: C. SCHWAMEIS, Cicero, De praetura Siciliensi (Verr. 2,2). Einleitung und Kommentar, Berlin 2019.

SCHUBERT 2005: P. SCHUBERT, BGU I 361 et P. Gen. inv. 69: retour sur l'encre rouge, *APF* 51, 2005, 228–252.

SHACKLETON-BAILEY 1966: D.R. SHACKLETON-BAILEY, Cicero's Letters to Atticus V, Books XI–XIII, Cambridge, 1966.

SMITH 2020: C.J. SMITH, Leges regiae and the nomothetic world of early Rome, *CEA* 57, 2020, 91–103.

STERN 2022: J. STERN, Aspects de la pratique sociale des testaments à Rome. Voluntas du testateur face aux institutions légales et aux normes sociales et transmission des patrimoines par voie testamentaire à l'époque républicaine et du principat, Napoli 2022.

STROBEL 2014: B. STROBEL, Römische Testamentsurkunden aus Ägypten vor und nach der *Constitutio Antoniniana*, München 2014.

STROBEL 2023: B. STROBEL, § 56: Anfall, Antritt und Ausschlagung der Erbschaft, in: U. BABUSIAUX/CH. BALDUS/W. ERNST/F.S. MEISSEL/J. PLATSCHEK/TH. RÜFNER (Hg.), Handbuch des Römischen Privatrechts I, Tübingen 2023, 1418–1436.

TUCCI 2005: P.L. TUCCI, Where high Moneta leads her steps sublime. The tabularium and the temple of Juno Moneta, *JRA* 18, 2005, 6–33.

URBANIK 2023: J. URBANIK, Nomikoi in (and out of) the Roman courts in Roman Egypt, *JJP* 53, 2023, 125–191.

VALGAEREN 2012: J.H. VALGAEREN, The Jurisdiction of the pontiffs at the end of the fourth century BC, in: O. TELLEGEN-COUPERUS (Hg.), Law and Religion in the Roman Republic, Leiden 2012, 107–118.

VANDORPE 1997: K. VANDORPE, "Seals in and on the papyri of Greco-Roman and Byzantine Egypt", in: M.F. BOUSSAC/A. INVERNIZZI (Hg.), Archives et Sceaux du monde hellénistique, Paris 1997, 231–291.

VANDORPE 2002: K. VANDORPE, The Bilingual Family Archive of Dryton, his Wife Apollonia and their Daughter Senmouthis (P.Dryton), Brussels 2002.

VIDAL 1965: H. VIDAL, Le dépôt in aede, *RD* 43, 1965, 545–587.

WEISHAUPT 1999: A. WEISHAUPT, Die *lex Voconia*, Köln 1999.

WIEACKER 1988: F. WIEACKER, Römische Rechtsgeschichte I, München 1988.

WILLI 1998: A. WILLI, Numa's dangerous books: the exegetic history of a Roman forgery, *MH* 55, 1998, 139–172.

WIMMER 2023: M. WIMMER, § 52: Testamentsanfechtung (querela inofficiosi testamenti), in: U. BABUSIAUX/CH. BALDUS/W. ERNST/F.S. MEISSEL/J. PLATSCHEK/TH. RÜFNER (Hg.), Handbuch des Römischen Privatrechts I, Tübingen 2023, 1373–1417.

WITTENBURG 1990: A. WITTENBURG, Il testamento di Epikteta, Trieste 1990.

WOLF 1980: J.G. WOLF, Die literarische Überlieferung der Publikation der Fasten und Legisaktionen durch Gnaeus Flavius, in: Nachrichten der Akademie der Wissenschaften in Göttingen. I. Philologisch-historische Klasse 2, Göttingen 1980, 11–29.

WOLFF 1962: H.J. WOLFF, Das Justizwesen der Ptolemäer, München 1962.

WOLFF 1978: H.J. WOLFF, Das Recht der griechischen Papyri Ägyptens in der Zeit der Ptolemäer und des Prinzipats II, Organisation und Kontrolle des privaten Rechtsverkehrs, München 1978.

WÖRRLE 1975: M. WÖRRLE, Zwei neue griechische Inschriften aus Myra zur Verwaltung Lykiens in der Kaiserzeit, in: J. Borchhardt (Hg.), Myra. Eine lykische Metropole in antiker und byzantinischer Zeit, Berlin 1975, 254–300.

YIFTACH 2002: U. YIFTACH, Deeds of last will in Graeco-Roman Egypt: a case study in regionalism, *BASP* 39, 2002, 149–164.

YIFTACH 2008: U. YIFTACH, The cheirographon and the privatization of scribal activity in early Roman Oxyrhynchos, in: G. Thür/E. Harris (Hg.), Symposion 2007, Wien 2008, 325–340.

Kaja Harter-Uibopuu

Die Grabsatzungen Kleinasiens und ihr Verhältnis zum Testament I: Unterschiede und Gemeinsamkeiten

Abstract: The study examines the legal character of funerary statutes (*Grabsatzungen*) inscribed on tombs in Hellenistic and Roman Asia Minor and reassesses their relationship to testaments. Through detailed epigraphic analysis, it demonstrates that such provisions constitute distinct, unilateral legal acts grounded in the private autonomy of the tomb owner, regulating burial rights, access restrictions, and sanctions, without addressing inheritance or property transmission. Particular attention is paid to the semantics of συγχώρησις and διατάσσεσθαι, and to regional epigraphic formulae. The paper argues that funerary regulations are not necessarily excerpts from testaments nor structurally dependent on them—though occasional intersections exist. In this regard, it complements WIEDERGUT'S contribution in the same volume, which focuses on the specific tradition in Aphrodisias.

1 Einleitung

In großer Anzahl finden sich auf Grabinschriften im hellenistischen und kaiserzeitlichen Kleinasien, sowie in geringerer Anzahl auch in Thrakien und Nordgriechenland, Anweisungen der Grabinhaber, seien sie Männer oder Frauen, auf die intendierte Verwendung der Grabstätte und ihren Schutz. Diese Regelungen zur Vorsorge sind oft komplex und umfangreich und legen beredt Zeugnis ab über die Wünsche der Grabinhaber und deren mögliche Umsetzung. Man wollte Vorkehrungen treffen und die

Anmerkung: Zunächst sei ULRIKE BABUSIAUX und ANNE KOLB für die Möglichkeit, die Grabsatzungen im Rahmen der Tagung zu Testamenten vorzustellen, sowie den Teilnehmerinnen und Teilnehmern für die ausführlichen Diskussionen herzlich gedankt. Für die Tagung in Zürich hatten KARIN WIEDERGUT und ich den entsprechenden Vortrag gemeinsam angekündigt und vorbereitet. Ihr gilt auch in diesem Beitrag herzlicher Dank für die unermüdliche Diskussionsbereitschaft. Wir haben uns dann dazu entschlossen, in der Publikation zwei getrennte schriftliche Beiträge vorzulegen, die aber in enger Abstimmung entstanden sind, und sind den Herausgeberinnen des Bandes für die Möglichkeit, die Forschungsergebnisse auf diese Art zu präsentieren, verbunden. Die Abkürzungen für die Editionen griechischer Inschriften folgen der GrEpiAbbr-Liste der AIEGL, ^{3}2024, https://www.aiegl.org/grepiabbr.html (4.1.2025). Alle Übersetzungen stammen (wenn nicht anders angegeben) von mir. Die Forschungsarbeiten für diesen Beitrag wurden von der Deutschen Forschungsgemeinschaft (DFG, German Research Foundation) im Rahmen der Exzellenzstrategie Deutschlands – EXC 2176 „Understanding Written Artefacts: Material, Interaction and Transmission in Manuscript Cultures", Projekt-Nr. 390893796, finanziell unterstützt und im Rahmen des Centre for the Study of Manuscript Cultures (CSMC) an der Universität Hamburg durchgeführt.

https://doi.org/10.1515/9783111694634-011

Belegung des Grabes regeln sowie eventuellen Missbrauch sanktionieren. Keine einzige dieser Inschriften aber enthält Verfügungen zum Vermögen der Grabinhaber, seien es Immobilien oder andere Werte, oder andere Vermächtnisse. Zudem fehlen wichtige formale Elemente, die üblicherweise in Testamenten vorhanden waren: Die Datierung, die klare Benennung des oder der Erben und die Liste der Zeugen. Dennoch hat die enge Verbindung einer derartigen persönlichen Anordnung zur Nutzung einer Grabstätte und zu den Rechtsverhältnissen nach dem Tod manchmal zu der Annahme geführt, dass die Inschriften auf Testamenten beruhten — auch wenn den Texten selbst kein entsprechender Hinweis zu entnehmen ist. Es würde sich also um Auszüge aus Testamenten handeln[1]. Im Zentrum des folgenden Beitrags steht die Frage, ob ein solcher Zusammenhang zwischen Grabinschrift und Testament zwingend anzunehmen, lediglich möglich oder gar auszuschließen ist.

In umfangreichen Studien zu den epigraphischen Quellen konnten wir deutlich machen, dass die entsprechenden Regelungen als „Grabsatzungen" anzusprechen sind. Daher sollen im folgenden Beitrag anhand einiger charakteristischer Beispiele zunächst diese Anordnungen vorgestellt (2.1) und die Unterschiede des spezifischen Rechtsgeschäfts zu den letztwilligen Verfügungen hervorgehoben werden (2.2). Zudem muss die Frage gestellt werden, ob die Inschriften selbst sogar einen Hinweis darauf geben, dass ein eventuelles Testament ein von der Grabsatzung getrennter Rechtsakt ist (2.3–4). Es gilt also zunächst, Grabsatzungen und Testamente voneinander zu trennen. In einem zweiten Schritt werden diejenigen Inschriften analysiert, in denen doch beide Rechtsakte vergemeinschaftet erscheinen, um aufzuzeigen, wie nahe sie — bei aller Unterschiedlichkeit — sein können (3).

2 Unterschiede zwischen Grabsatzungen und Testamenten

Einige allgemeine Beobachtungen seien der Analyse einer typischen Vorsorge-Grabinschrift mit Grabsatzung vorangestellt[2]: Diese Rechtstexte sind nicht in allen Be-

1 Huschke 1874, 321–326; Mitteis/Wilcken 1912, 240; vorsichtiger Chaniotis 2004, 401–402, der darauf verweist, dass das Formular in den Vorsorge-Grabinschriften aus dem für Testamente verwendeten beeinflusst sein dürfte. Wenig später vermutet er für Aphrodisias, dass es sich üblicherweise um Auszüge aus Testamenten handle, Chaniotis 2012, 352 und Smith/Chaniotis 2016, 305. Die Befunde aus Aphrodisias stehen im Mittelpunkt des Beitrags von Wiedergut in diesem Band.

2 Als Vorsorge-Grabinschrift werden Texte gezählt, in denen Elemente der Vorsorge vorkommen: a) rechtlich relevante Vorschriften (Verbot, Sanktion, Archivierungsvermerk), b) eine Liste (oder deren Reste) von Berechtigten, c) die Angabe ἑαυτῷ / ἑαυτῇ „für sich selbst". Dazu vgl. Wiedergut in diesem Band, bei Anm. 7. Die Vorsorgeregelungen und Grabsatzungen wurden in zwei Forschungsprojekten, finanziert vom österreichischen FWF, von 2010–2018 analysiert. Dabei wurde der epigraphische Befund in den Poleis Westkleinasiens sowie in ausgewählten Städten Lykiens (v. a. Olympos) und Pisi-

reichen Kleinasiens gleich verbreitet. Während sie im Südwesten (Lykien) bereits in klassischer Zeit in den epichorischen Inschriften, in lykisch-griechischen Bilinguen und dann in hellenistischer Zeit in griechischen Grabinschriften vorkommen, sind sie in allen anderen Gebieten ein Phänomen der Kaiserzeit. Ab dem 1. Jh. n. Chr. mit einem Höhepunkt am Anfang des 3. Jh. n. Chr. sind sie nachzuweisen, wobei die Evidenz im weiteren Verlauf des 3. Jh. n. Chr. deutlich zurückgeht. Stellt man die Vorsorgetexte in Relation zu den anderen Grabinschriften, die keine rechtlich relevanten Vorschriften enthalten, ergibt sich ein Süd-Nord-Gefälle[3]. So finden sich die entsprechenden Klauseln etwa in Termessos in Pisidien oder in Olympos in Lykien in über 80 % aller erhaltenen Grabinschriften, während sie in anderen lykischen Städten nur in der Hälfte vorkommen (so in Limyra, Telmessos oder Xanthos)[4]. Auch in den karischen Städten Aphrodisias und Herakleia Salbake ist diese Relation zu finden, wobei hier ein Einfluss des benachbarten Lykien anzunehmen ist. Bereits das karische Iasos scheint eher dem *epigraphic habit* in Ionien zu folgen, wo normalerweise nur ca. 20 % der Grabinschriften Grabsatzungen enthalten. Dabei ist einschränkend festzustellen, dass diese Differenzierung keine Aussagen über die tatsächlichen Zahlen von Grabsatzungen erlaubt. Hier kann lediglich der epigraphische Befund erfasst werden, also die Relation von Grabinhaberinnen und Grabinhabern, die die entsprechenden Satzungen auf ihrem Grab publizieren wollten, zu denjenigen, die sich für einfache Grabtexte entschieden[5]. Wie groß die Gruppe derjenigen Personen war, die zwar Vorschriften für die Nutzung eines Grabes erließen, diese aber nicht auf Stein, sondern möglicherweise lediglich auf vergänglichem Material aufzeichneten, ist nicht zu eruieren. Der entsprechende *epigra-*

diens (v. a. Termessos) erhoben. Einzelergebnisse wurden in Aufsätzen publiziert, die auch die Grundlage des vorliegenden Beitrags bilden: Harter-Uibopuu 2010; Harter-Uibopuu 2013; Harter-Uibopuu 2014; Harter-Uibopuu 2019; Harter-Uibopuu im Druck; Harter-Uibopuu/Wiedergut 2014; Harter-Uibopuu/Wiedergut im Druck 1; Rupp 2015; Lotz 2018; Wiedergut 2018; Wiedergut 2022b; Wiedergut 2024.

3 Grabinschriften, die vor allem auf die *memoria* des Bestatteten zielen, sind meist kurz und enthalten entweder nur den Namen des Verstorbenen, oder neben ihm einen Gruß, etwa TAM II 98 (Telmessos, Lykien): Εἰρήνη χαῖρε.

4 In Olympos finden sich Angaben zum Grabgründer, zur Belegung des Grabes und Verbote in 97 % der erhaltenen Grabinschriften (Wiedergut 2022a, 72); in Termessos sind es ca. 85 % (Lotz im Druck). Vgl. Harter-Uibopuu im Druck und Harter-Uibopuu/Wiedergut im Druck 1.

5 Die vielfach fehlenden intensiven Untersuchungen der Nekropolen West-Kleinasiens erlauben auch keine relevanten Aussagen darüber, an wie viel Gräbern überhaupt Grabinschriften angebracht waren und wie viele ohne Kennzeichnung der Grabstätte blieben. Mit diesen Überlegungen reduzieren sich die Anteile der Gräber, die die Vorsorge durch die Grabinhaber bezeugen, noch einmal. Lediglich für Städte wie Olympos oder Termessos, deren Nekropolen weitgehend geschlossen aufgenommen wurden, sind differenziertere Angaben möglich, da dort ein Großteil aller erhaltenen Grabmale Inschriften tragen. Insgesamt sind etwa 1200 Sarkophage erhalten, von denen über 800 Inschriften tragen (Lotz im Druck).

phic habit bezieht sich also nur auf die Publikation, nicht die mögliche Anzahl von Grabsatzungen[6].

2.1 Die Grundstruktur und Geltungsgrundlage der Grabsatzungen

Zur Illustration einer typischen Grabsatzung, wie sie in Grabinschriften gefunden werden, sei ein Text aus Isinda herangezogen. In der Nekropole am Nordwestabhang der Akropolis der kleinen lykischen Stadt, die zum Territorium von Aperlai gehörte, entdeckten R. Heberdey und E. Kalinka im Rahmen einer Forschungsreise drei Sarkophage, die Inschriften mit Regelungen zur Grabnutzung tragen und in die hellenistische Zeit datiert werden[7].

Grab des Demetrios, Isinda (Lykien): Heberdey – Kalinka, Südwestliches Kleinasien 31 Nr. 38, hellenist.[8]

Τὸ μνημεῖον Δημητρίου τοῦ Ἀπολλωνίου
Ἀπερλείτου καὶ τῆς γυναικὸς αὐτοῦ Ἰασονίδος
τῆς Ἰάσονος Ἀπερλείτιδος καὶ τοῖς τέκνοις αὐτῶν
καὶ τῶν(!) τούτων τέκνοις· ἄλλον δὲ μηδένα
ἐξεῖναι θάψαι· ἐὰν δέ τις θάψῃ τινά, ὀφειλέτω
Ἀπερλειτῶν τῷ δήμῳ < (δραχμὰς) χειλίας, τῆς πράξεως
οὔσης παντὸς τοῦ βουλομένου ἐπὶ τῷ ἡμίσει.

Das Grabmal des Demetrios, S.d. Apollonios, Bürger von Aperlai, und seiner Frau Iasonis, Tochter des Iason, Bürgerin von Aperlai, und für ihre Kinder und für deren Kinder. Niemand anderem

6 In Erythrai gibt es unter ca. 420 erhaltenen Grabtexten keinen einzigen Teil einer Grabsatzung, während in den anderen ionischen Städten (Ephesos, Smyrna, Milet, Teos et al.) ca. 15–20 % relevante Inschriften zu finden sind. Das muss nicht heißen, dass die Einwohner und Einwohnerinnen von Erythrai keine Vorsorge für ihre Gräber trafen. Vgl. Harter-Uibopuu im Druck, bei Anm. 10.

7 Heberdey – Kalinka, Südwestliches Kleinasien 31 Nr. 36–38. Da die näheren Angaben in der Edition fehlen, ist man auf die Skizzenbuchblätter der Reise angewiesen. Nr. 37 ist der größte Sarkophag: Der Kasten hat eine Breite von 247 cm, eine Höhe von 163 cm und ist auf einem einstufigen Hyposorion platziert. Die Inschrift, deren Buchstaben 4 cm groß sind, ist in einer *tabula ansata* eingeschrieben (B 187 cm, H 46 cm). Der Deckel des Sarkophags fehlt. Auch der Text auf Nr. 36, der auf einem vierstufigen Podest angebracht ist, steht in einer *tabula* mit runden Griffen (B 172, H 30 cm; BH 3 cm). Der Kasten ist nur wenig kleiner als Nr. 38: B 232 cm, H 144 cm.

8 Heberdey und Kalinka vermerken am Skizzenbuchblatt zu Nr. 38, dass die Inschrift ohne Rahmen angebracht war und die Buchstabenhöhe 2,5 cm betrug. Weitere Angaben kann man dem Skizzenbuch entnehmen: Der Sarkophagkasten stand auf einem einstufigen Hyposorion. Die Maße muss Heberdey verwechselt haben: 200 cm können nur die Breite und 130 cm die Höhe des Kastens sein, die normalerweise auch in dieser Reihenfolge angegeben werden. Die Datierung erfolgte wohl anhand der Buchstabenformen, Heberdey erwähnt Apices. Zudem zeigt die Umzeichnung ein schwalbenschwanzförmiges Zeichen für „Drachmen" an Stelle des in der Kaiserzeit üblichen X̶ für Denare (ebenso Nr. 37, Z. 8).

steht es zu, zu bestatten. Wenn aber jemand jemanden bestattet, soll er dem demos der Aperleitai tausend Drachmen schulden, wobei die Eintreibung jedem boulomenos auf die Hälfte freisteht.

Der Text beginnt mit der Nennung des Grabherrn und seiner Frau im Genitiv und zeigt damit eine typische Form von Grabinschriften auch ohne spezifische Regelungen: „Grab des N. N.“. Dabei muss natürlich festgehalten werden, dass der Genitiv allein nichts über das Eigentum am Grab aussagt[9]. Im vorliegenden Fall hatten Demetrios und Iasonis aber jedenfalls das Recht, über die Belegung zu verfügen. Sie halten fest, dass neben ihnen auch ihre Kinder und deren Kinder bestattet werden sollen, wobei auf den Bruch in der Syntax hinzuweisen ist: Die Berechtigten stehen im Dativ, wie es in denjenigen Grabinschriften typisch ist, die auf eine Errichtung durch die Grabinhaber hinweisen[10]. Darauf folgt das Bestattungsverbot; niemand anderer hat das Recht zu bestatten — wohl jemanden, der nicht zur genannten Familie gehörte. Wenn er es doch tat, schuldete der Täter — also der Bestattende — dem *demos* der Aperleitai 1000 Drachmen. An diese Strafvorschrift schließt direkt die Verfügung zur Eintreibung der Strafsumme, zur *praxis*, an: Jeder Bürger, der wollte, der *boulomenos*, konnte hier für die Polis Aperlai tätig werden. Damit sind die wichtigsten Elemente der Grabsatzungen vorgestellt: Nennung des Grabinhabers — Belegungsvorschriften – Verbote – Sanktionen. Diese können in vielen Fällen erweitert werden, bilden aber stets den Kern der Regelungen, die dann als Inschriften auf Vorsorge-Gräbern publiziert wurden.

Nach Cicero ist seit Solon deutlich, dass Gräber jeweils einer bestimmten Gruppe als Ruhestätten dienen sollten und dass kein *alienus* darin bestattet werden dürfe[11].

---

9 Vgl. etwa TAM II 34 (Telmessos); TAM II 449 (Patara); I.Iasos 379; 384; I.Kaunos 162 und viele mehr.

10 Auch die beiden benachbarten Sarkophage tragen ähnliche Vorsorge-Grabinschriften: Grab des Diophantes, Nr. 36: τὸν τάφον κατεσκευάσατο Διόφαντος [Ἀ]λκίμου Ἀπερλείτης ἀπὸ | Ἰσίνδων ἑαυτῷ καὶ τῇ γυναικὶ αὐτοῦ Παυάσῃ Δαμοκρά[τ]ους Ἀπερλεί|τι ἀπὸ Ἰσίνδων · ἄλλῳ δὲ οὐδενὶ ἐξέσται θάψ[αι τινὰ ἕτερο]ν. „Das Grab stellte Diophantes, Sohn des Alkimos, Aperleite von den Isindern für sich und seine Frau Pauase, Tochter des Damokrates, Aperleitin von den Isindern bereit. Niemandem anderen steht es zu, jemanden anderen zu bestatten“. Grab des Hermaktas, Nr. 37: τὸν τάφον κατεσκευάσατο | Ἑρμάκτας Σαρπηδόνος τοῦ Ἑρμάκτου Ἀπερλείτ[η]ς | ἀπὸ Ἰσίνδων ἑαυτῷ καὶ ο[ἷ]ς ἂν αὐτὸς ἐπιτρέψ[η] καὶ | γυν[α]ικὶ ἑαυτοῦ Σεμβριδάσ[η] Ἑρμοκράτους τοῦ Ἑ[ρμ]άκτου | καὶ τέκνοις καὶ τούτων τέκνοις καὶ τούτων ἔτι τέκνοις | καὶ γυναιξὶν τούτων καὶ ἀνδράσιν. „Das Grab stellte Hermaktas, S.d. Sarpedon, S.d. Hermaktas, Aperleite von den Isindern für sich und für diejenigen, denen er selbst es gestatten wird, und zwar seine Frau Sembridasis, T.d. Hermokrates, S.d. Hermaktas, und die Kinder und deren Kinder und weiter deren Kinder und deren Frauen und Männer bereit“. In beiden Texten findet sich der Vermerk, dass der Grabherr das Grab — und nicht nur den Sarkophag — für sich bereitgestellt hatte.

11 Cic. leg. 2,25 (64): *De sepulcris autem nihil est apud Solonem amplius quam „ne quis ea deleat neve alienum inferat“, poenaque est, „si quis bustum – nam id puto appellari τύμβον – aut monimentum“ inquit „aut columnam violarit deiecerit fregerit“*. „Über die Gräber steht bei Solon allerdings nichts anderes, als „dass niemand sie zerstören oder einen anderen (alienus) darin begraben soll“, und es wird bestraft, „wenn jemand eine Grabstätte (bustum)“ – denn dies wird, wie ich glaube, mit [dem griechischen Wort] týmbos gemeint sein – „oder ein Grabmal (monimentum)“, so heißt es, „oder eine Grab-

Diese Grundannahme zeigt sich in Kleinasien schon im 5. und 4. Jh. v. Chr. in den epichorischen lykischen Inschriften, in denen ebenfalls der Benutzerkreis des Grabes klar definiert wird. Im Mittelpunkt stehen dabei stets die Wünsche der Grabgründer. Die Folgen der Zuwiderhandlung sind in diesen Texten zunächst ein Fluch, dann auch in Kombination damit eine Strafzahlung. Diese war stets an ein Heiligtum gerichtet[12]. Nichts deutet aber darauf hin, dass die Verbote von einer anderen Autorität als dem Grabherrn stammen. Damit stellt sich die Frage nach der Geltungsgrundlage für diese Vorschriften ebenso wie für diejenigen in den späteren Grabinschriften in griechischer Sprache.

Im Mittelpunkt der in den Vorsorge-Inschriften überlieferten Regelungen steht unzweifelhaft der Wille der Grabinhaberinnen und Grabinhaber: nach ihren Vorstellungen wird die mögliche Belegung geregelt, er oder sie legt die Bedingungen für die weitere Verwendung fest[13]. Die Grundlage für diese Gestaltungsmöglichkeit ist im griechischen (wie auch im römischen) Recht die Privatautonomie der Grabherren[14].

---

stele (columna) beschädigt, umstürzt oder zerbricht“ (Übersetzung Schmitz). Zur möglichen Einordnung der Stelle in das solonische Gesetzeswerk Schmitz 2023, 563–569, der allerdings nicht auf das Bestattungsverbot eingeht.

12 Hier fehlt der Platz, auf das interessante System der Grabnutzung und des Grabschutzes im klassischen Lykien näher einzugehen, einige Verweise auf die Forschungsliteratur müssen daher genügen. Zur Struktur der Grabinschriften und der möglichen Administration der Nekropolen siehe jüngst Christiansen 2020 mit Verweisen auf die ältere Literatur. Vgl. ebenso Schweyer 2002, dazu aber auch Fröhlich 2005. Ein typisches Beispiel für einen Fluch findet sich etwa in TL 56 (Antiphellos), einer Bilingue: ebẽñnẽ prñnãwu: m = e = ti prñnawatẽ | ixtta: hlah: tideimi: hrppi ladi: ehbi | se tideime: ehbije: se = ije ti edi: tike: mẽtẽ: | m = ene qasttu: ẽni: qlahi: ebijehi: se wedri: wehñtezi Ἰκτας Λα Ἀντιφελλίτης τουτὶ τὸ μνῆμα ἠργάσατο αὑτῶ[ι] | τε καὶ γυναικὶ καὶ τέκνοις· ἐὰν δέ τις ἀδικήσηι ἢ ἀγοράσηι τουτὶ τὸ μνῆμα ἡ Λητὼ αὐτὸν ἐπιτρίψει. „Dieses Felsgrab, es hat’s (sich) gebaut Ixtta, Kind des Hla, für seine Frau und seine Kinder. Und wer ihm/hier irgendeinen Schaden macht, den soll schlagen die Mutter des hiesigen Heiligtums und die „Nymphen“ von Phellos. Ichtas, S.d. La, Antiphellite, erbaute dieses Grabmal für sich und die Frau und die Kinder. Wenn aber jemand Unrecht tut oder dieses Grabmal verkauft, soll Leto ihn schlagen“ (Übersetzungen: lyk. Praust/gr. Harter-Uibopuu). Beispiele für Strafzahlungen sind TL 102 und TL 131 (Limyra), in denen diejenigen, die gegen die Vorschriften des Grabherrn verstoßen, eine bestimmte Menge an Kühen an das Heiligtum zu entrichten haben. Siehe Bryce 1986, 81 und 84 (Text und Übersetzung) und 124–125. Seyer 2019 widmet sich intensiv den archäologischen Aspekten, die den Grabinschriften entnommen werden können.

13 Deutlich wird die Auffassung, dass es sich bei den Vorschriften um Bedingungen handelt, etwa in der Grabinschrift der Nannion, T.d. Demetrios, aus Halikarnassos (BCH 1890, 114, n. 16): τὴν σορὸν κατεσκεύασεν Νάννιον Δημητρίου ἑαυ[τῇ κα]ὶ τοῖς τέκνο[ις·] | ἐφ’ ᾧ οὐδενὶ ἐξέσται κατὰ οὐδένα τρόπον τὴν σορὸ[ν —]νου·[—]. „Den Sarkophag stellte Nannion, T.d. Demetrios, für sich und die Kinder bereit, unter der Bedingung, dass es niemandem zustehe auf irgendeine Weise den Sarkophag … “. Die gleiche Konstruktion zeigen I.Aphrodisias 2007, 12.524 (Aphrodisias, 2./3. Jh. n. Chr.), I.Milet VI 2, 602 (Milet, 117–138 n. Chr.), I.Ephesos 2466 (Ephesos, kz.), Ramsay, Phrygia, 392, 260 (Eumeneia).

14 Zum römischen Grabrecht siehe umfassend Babusiaux 2024. Für das griechische Recht fehlen, wie zu erwarten war, theoretische Überlegungen, sodass man für die Rekonstruktion der rechtlichen Regelungen weitgehend auf die Grabinschriften angewiesen ist.

Dieser Gedanke liegt auch den Testamenten und anderen letztwilligen Verfügungen zugrunde, ebenso wie jeder Veräußerung unter Lebenden und nicht zuletzt — wie später noch zu zeigen sein wird — komplexeren Rechtsgeschäften wie der Stiftung. Auch die Freilassung eines Sklaven entsprang diesem einfachen Grundsatz. Die Rechte am Grab werden einerseits einseitig übertragen, andererseits aber auch mit Pflichten verbunden und durch Verbote gesichert. Man kann diese Gestaltungsrechte am besten als Satzungen zusammenfassen, wie sie sich zum Beispiel auch in den Vorschlägen von potentiellen Stiftern zur Einrichtung eines Instruments finden, das über deren Tod hinaus Gültigkeit haben sollte[15]. Damit eint Testament und Grabsatzung die Tatsache, dass beide einseitige Rechtsgeschäfte sind. Während allerdings die Bestimmungen des Testaments erst mit dem Todesfall des Erblassers wirksam werden, ist die Grabsatzung schon zu seinen Lebzeiten bindend und bildet die Grundlage für Bestattungen und das Vorgehen gegen Verstöße gegen sie.

Um die eben an einem hellenistischen Beispiel dargelegten wichtigsten Elemente der Grabsatzungen im Detail zu erläutern, soll eine Inschrift aus Smyrna herangezogen werden, die einerseits typisch für die kaiserzeitlichen Grabsatzungen ist, andererseits aber in Details auch Besonderheiten aufweist.

Grab des Dionysios S.d.Ploution, S.d. Dionysios, Smyrna (Ionien): I.Smyrna 201, 151/2 oder 167/8 n. Chr.[16]

ἀγαθῆι τύχηι·
Διονύσιος Πλουτίωνος τοῦ Διονυσίου
Σμυρναῖος, φυ(λῆς) Ἀλβηΐδος, ζῶν κατεσκεύασεν̣
τὸ μνημῖον ἑαυτῷ καὶ γυναικὶ Καλπουρνίᾳ Σεκ-
ούνδῃ καὶ τέκνοις καὶ ἐκγόνοις, καὶ συνεχώ-
ρησεν δίκεον τῇ αὐτοῦ πενθερᾷ Καλπουρνί-
ᾳ Σεκούνδῃ, ὥστε αὐτὴν ἐνταφῆναι· μηδε-
νὸς ἔχοντος ἄλλου ἐξουσίαν ἄκοντος
Διονυσίου κὲ τῶν κληρονόμων αὐτοῦ κὲ
διαδόχων εἰσκομίζιν καὶ θάπτιν ἰς τοῦτο τὸ
μνημεῖον. ἐὰν δέ τις ἰσκομίσῃ ἢ ἀπαλλοτριώσῃ δί-
κεον τοῦ μνημίου, ἔσται ὑπεύθυνος ἰς τὸν Καίσαρος φίσ-
κον Χ ͵βφʹ. ἐπεγράφη ζῶντος Διονυσίου, ἐ̣πὶ στεφ(ανηφόρου) Κλ(αυδίας)
Φίλας Ἐρωΐδης, ἀνθ̣υ(πάτῳ) Πωλλίωνι, μ(ηνὸς) Ἀρ̣τ̣ε̣μισίου κʹ.

15 Vgl. Thür 2021, 600, Anm. 21.

16 Die Platte aus blaugrauem Marmor wurde von Keil in der Evangelischen Schule in Smyrna aufgenommen, seine Zeichnung ist im Skizzenbuch erhalten (Keil, Skizzenbuch Smyrna VI, 319, DocAnt Epigraphik, OeAW Wien), heute befindet sich der Stein im Basmane-Museum in Izmir (Inv. Nr. 835 und 2901). H 36 cm, B 50 cm, T 6 cm; BH 2,4–1,4 cm. Die Elemente sind aber die gleichen wie in anderen Grabsatzungen. Zur Einräumung des Rechts auf Bestattung für die Schwiegermutter Harter-Uibopuu 2019, 158–159. Details zur Datierung nach dem Proconsul bietet Petzl in I.Smyrna im Zeilenkommentar. Die Buchstabenformen erlauben keine Entscheidung zwischen T. Vitrasius Pollio (151/2 n. Chr.) und seinem Sohn T. Pomponius Proculus Vitrasius Pollio (wohl 167/8 n. Chr.).

Zum guten Glück. Dionysios, S.d. Ploution, d.S.d. Dionysios, Smyrnäer, aus der Phyle Albeis, stellte zu Lebzeiten das Grabmal bereit für sich und (seine) Frau Calpurnia Secunda und die Kinder und Enkelkinder, und er übertrug die Berechtigung seiner Schwiegermutter Calpurnia Secunda, damit sie bestattet werde. Kein anderer hat die Befugnis ohne den Willen des Dionysios oder seiner Erben oder Nachfolger (jemanden) hineinzubringen und zu bestatten in diesem Grabmal. Wenn aber jemand (jemanden) hineinbringt oder das Recht am Grabmal veräußert, soll er dem *fiscus* des Kaisers verantwortlich sein auf 2500 Denare. Eingetragen[17] zu Lebzeiten des Dionysios, unter der Stephanephore Claudia Phila Herois, unter dem Proconsul Pollio, am 20. des Monats Artemision.

Dionysios, S.d. Ploution, der sein Bürgerrecht in der ionischen Stadt sogar durch die Angabe seiner Phylen-Zugehörigkeit betont und den Namen seines Großvaters angibt, errichtete das Grabmal zu Lebzeiten. Dieser Hinweis entspricht dem lateinischen *vivus (fecit)* und findet sich in zahlreichen Grabinschriften. Ihm wird einerseits apotropäischer Charakter zugeschrieben, andererseits wird dadurch auch deutlich gemacht, dass es sich hier um eine bewusste Entscheidung im Leben und nicht etwa von Todes wegen handelt. Die Errichtung eines Grabes erfolgte oftmals zu einem vergleichsweise frühen Zeitpunkt im Leben des Grabherrn. Auch die Inschrift des Dionysios zeigt, dass er zwar bereits seine Frau Calpurnia Secunda begünstigen konnte, seine Kinder und Enkelkinder aber noch pauschal als Gruppe ohne detaillierte Namensangaben benennt. Sie waren wohl noch nicht geboren oder die endgültige Größe der Gruppe stand noch nicht fest. Möglicherweise bildete gerade die Familiengründung durch Verheiratung einen Anlass für die Vorsorge[18]. Einen ähnlichen Hintergrund wird man z. B. für TAM II 989, die Grabinschrift des Onesimos Tatias, aus Olympos annehmen dürfen: Er benennt namentlich seine Eltern Philete und Zosimas Tatias, sowie seinen Bruder Stephanos, für die er Vorsorge trifft. Eine Ehefrau und Kinder nimmt er nur pauschal in seine Bestimmungen auf[19]. Auch Onesimos war wohl sicher, zu heiraten und Kinder zu bekommen, konnte aber noch keine Namen angeben.

Die Errichtung oder Bereitstellung des Grabes bedeutet in diesen Fällen nicht nur den Bau eines Grabmals oder den Erwerb eines Sarkophags und seine Aufstellung,

17 Ἐπιγράφειν meint normalerweise „daraufschreiben, eine Aufschrift machen, auf der Oberfläche ritzen" und bezieht sich damit auf das Meißeln einer Inschrift. Allerdings gibt es in Grabinschriften keinen anderen Beleg dafür, dass dieser Akt mit einem genauen Datum versehen erwähnt wird. Die Klausel entspricht in ihrer Formulierung eher den üblichen Archivierungsvermerken (dazu Wiedergut in diesem Band, ab Anm. 50). Möglicherweise wird man also hier die Bedeutung „eintragen, registrieren" zugrunde legen können, wie sie in LSJ s.v. ἐπιγράφω III 3. angeführt wird.

18 Vgl. Harter-Uibopuu/Wiedergut im Druck 1, bei Anm. 27, unter Bezugnahme auf die Ergebnisse einer Analyse der Vorsorge-Grabinschriften von Olympos.

19 TAM II 989: Ὀνήσιμος Τατίας Ὀλυμ{π}ηνὸς | τὸν τύμβον ἑαυτῷ καὶ μητρί μου Φιλήτῃ | καὶ πατρί μου Ζωσιμᾷ Τατίας καὶ ἀδελφῷ | μου Στεφάνῳ καὶ γυναικί μου καὶ τέκνοις μου „Onesimos Tatias, Olympener, (stellte) das Grab (bereit) für sich und meine Mutter Philete und meinen Vater Zosimas Tatias und meinen Bruder Stephanos und meine Frau und meine Kinder". Zu den möglicherweise komplexen Familienverhältnissen in diesem Text Kılıç Aslan 2023, 202–203.

sondern auch die Regelung der Verwendung des Grabes, über den eigenen Tod hinaus[20]. Natürlich wird auch ein Testament zu Lebzeiten errichtet, aber die Grabsatzung unterscheidet sich davon in einem wichtigen Punkt: Die Berechtigten konnten schon vor dem Tod des Grabherrn oder der Grabherrin subjektive Rechte ableiten. Gerade dort, wo Gräber auch für die Bestattung von Eltern oder Schwiegereltern zur Verfügung stehen sollten, kann man davon ausgehen, dass dieser Fall wohl regelmäßig eintrat[21]. Ein Testament ist aber von vorneherein auf die Zeit nach dem Tod des Testators gerichtet und entfaltet erst dann seine Wirkung. In einem Streit hätte daher eine testamentarische Berechtigung der Generation vor den Grabherren nicht das erwünschte Ziel erreicht.

Für die Grabsatzung existiert in den griechischen Poleis kein allgemein gültiger *terminus technicus*, ihre Existenz als Rechtsakt wird zumeist — wie in den hier aufgeführten Beispielen — aus den in den Vorsorge-Grabinschriften überlieferten Klauseln erschlossen. Eine Ausnahme könnte hier Termessos bilden. Die Stadt in Pisidien, von der noch mehrfach gesprochen werden wird, hatte eine eindrucksvolle Nekropole, aus der ca. 760 Vorsorgeinschriften mit Grabsatzungen stammen[22]. In zwölf Inschriften findet sich der Begriff πρόρησις, drei Mal im Nominativ und acht Mal im Akkusa-

20 Κατασκευάζειν hat in den Vorsorge-Grabinschriften sowohl einen materiellen als auch einen immateriellen Aspekt. Es umfasst einerseits die Maßnahmen, die ergriffen wurden, um eine Grabstätte zur Verfügung zu stellen. Dies konnte der Bau eines Grabmonuments sein, der Ankauf eines Sarkophags, der darin oder davor aufgestellt wurde, aber auch das Herrichten eines älteren Grabes, das übernommen worden war. Im Ergebnis wird ein Grabmal bereitgestellt, das für die anstehenden Bestattungen verwendet werden kann. Andererseits sind damit oft auch die Bedingungen verbunden, unter denen eben dieses Grab genutzt werden kann. Sie sind in der Grabsatzung zusammengefasst. Der Zusammenhang zwischen diesen beiden Aspekten lässt sich in der Verbindung κατασκευάζειν ἐφ' ᾧ fassen.

21 Zu den Familienstrukturen, die den Inschriften der Vorsorge-Gräber entnommen werden können, siehe jüngst Wiedergut 2024, 392–394. In ihrer Analyse der lykischen Gräber stellt Kılıç Aslan fest, dass Eltern nicht regelmäßig berechtigt werden. Dies könne daran liegen, dass die Eltern bereits eigene Gräber hatten oder dass sie bereits verstorben und begraben waren, und daher in der Grabsatzung nicht mehr erwähnt werden mussten. Dort wo für Mütter und Väter, sowie Schwiegermütter und -väter vorgesorgt wird, und nicht eigens darauf hingewiesen wird, dass sie bereits verstorben seien, würde man davon ausgehen müssen, dass sie das Grabrecht zu Lebzeiten erhielten. Mütter und Schwiegermütter würden dabei deutlich öfter berechtigt, als Väter und Schwiegerväter (Kılıç Aslan 2023, 57–62). Einige Beispiele aus Olympos sind: TAM II 964, 966, 982, 996 et al. (Mutter), TAM 1014, 1033 (bereits verstorbene Mütter), TAM II 1070, 1160 (Väter), TAM II 963, 973, 1029, 1032 et al. (beide Eltern). Auch die Verbote und Sanktionen waren wohl schon zu Lebzeiten des Grabherrn gültig.

22 Da ein Großteil aller erhaltenen Grabinschriften aus den Nekropolen der Stadt Belegungsvorschriften, Verbote und Sanktionen enthält und gleichzeitig Grabmonumenten gut zuzuordnen ist, eignet sie sich besonders gut zu intensiven Studien zum Grabrecht. Lotz 2018, widmet sich Fragen nach dem Zusammenhang zwischen der Höhe der Grabbußen, dem Grabmal und der sozialen Stellung der Grabinhaber. Lotz im Druck, bietet ausführliche Studien zu den Familien der Grabinhaber.

tiv[23]. Das *nomen* ist auch in literarischen Quellen belegt, wo es unter anderem als Warnung, auch in Verbindung mit einer öffentlichen Ankündigung, interpretiert wird. In den Texten aus Termessos folgen jeweils ein Bestattungsverbot und eine Sanktion, in manchen Fällen ist auch noch eine Liste der Berechtigten Teil der πρόρησις. Dies zeigt, dass die Übersetzung als „Warnung" wohl zu eng ist, man wird eher an „Ankündigung" im Sinne einer „Vorschrift" denken müssen[24].

Sarkophag des Aur. Enteimos, S.d. Dioteimos, Termessos (Pisidien), TAM III 1, 434, nach 212 n. Chr.[25]

ἡ σωματοθήκη Αὐρ(ηλίου) Ἐντείμου Διοτείμου καὶ τῶν ἀπ̣ογόνων αὐτοῦ·
πρόρησις • μηδενὶ
ἐξεῖναι ἀνοῖξαι
ἢ ἐπιθάψε τινά,
ἐπεὶ ἔσται ὑπεύ-
θοινος τῇ εἰς τοὺς
κατοιχομένους
ἀσεβείᾳ.

Sarkophag des Aur. Enteimos, S.d. Dioteimos, und seiner Nachfahren. Anordnung: Niemandem steht es zu, zu öffnen oder jemanden dazu zu bestatten, oder er sei verantwortlich wegen *asebeia* gegen die Toten.

In knapper Form informiert die Inschrift zunächst darüber, dass es sich um den Sarkophag des Aur. Enteimos und seiner Nachfahren handelt[26]. Eingeleitet durch den Begriff πρόρησις findet sich wohl das wörtliche Zitat der Vorschrift, die ein Verbot der Bestattung von Personen, die nicht zur Familie gehören, sowie die Sanktion, nämlich eine Anklage wegen *asebeia*, umfasste. In denjenigen Fällen, in denen von πρόρησιν τίτεσθαι gesprochen wird, ist der Auszug aus der Grabsatzung in indirekter Rede zitiert.

Heroon für die Familie der Aurelia Ge, T.d. Hermaios, Termessos (Pisidien): TAM III 1, 382, nach 212 n. Chr.

Αὐρ(ηλία) Γῆ Ἑρ(μαίου) Οπλεους πρ̣όρησιν τίθεται μηδενὶ
ἐξεῖναι ἀνῦξαι τὴν σωματοθήκην ἢ ἐπι-

23 Πρόρησις: TAM III 1, 434, 539, I.Termessos Suppl. I 13; 21. Πρόρησιν τίθεσται: TAM III 1, 331, 382, 418, 595, 685, 714, I.Termessos Suppl. I 9. Πρόρησιν ποιεῖσθαι: TAM III 1, 713.

24 Auch die Warnung erfolgt im Rahmen einer Ankündigung, etwa in Plat. Leg. 871c und 873b; auch Dem. 9,13. In Athen bezeichnet die πρόῤῥησις einen Akt im Rahmen der Verfolgung einer Bluttat: Der in einer öffentlichen Ankündigung Bezichtigte musste bis zum Prozess von der Agora und von heiligen Stätten fernbleiben (MacDowell 1963, 17–26). In Termessos ist dieser sakrale Aspekt nicht in allen Grabinschriften, die den Begriff enthalten, zu finden. Vgl. Keil 1908, 522–523 mit Anm. 1.

25 Sarkophag aus Kalkstein mit zwei Schilden und einer *tabula ansata* (H 100 cm, B 205 cm, T 98 cm; BH 4 cm). Z. 1–2 der Inschrift finden sich über der *tabula*, Z. 3–8 in derselben.

26 Gerade dieser Text zeigt deutlich, dass der Genitiv allein kein Eigentum bezeichnen muss: Zwar kann Aur. Enteimos noch der Eigentümer des Sarkophags sein, aber die ἀπόγονοι im Plural umfassen alle Nachfahren in zukünftigen Generationen.

θάψαι τινὰ διὰ τὸ μόνοις τοῖς γενομένοις
αὐτῆς γονεῦσιν Ἑρμαίῳ καὶ Οᾳ καὶ τῷ προμοίρῳ αὐτῆς
ἀδελφῷ Οπλῃ τὸ ἡρῷον κατεσκευάσθαι· ἐὰν δέ τις πειρά-
σῃ, ἐκτείσει τῷ τε δήμῳ τῷ Τερμησσέων καὶ τῷ ἱερω-
τάτῳ ταμείῳ δηνάρια
μύρια πεντακισχείλια.

Aurelia Ge, T.d. Hermaios, d.S.d. Oples, schreibt vor, dass es niemandem gestattet sei, den Sarkophag zu öffnen und jemanden dazu zu bestatten, da das *heroon* nur für ihre verstorbenen Eltern Hermaios und Oa und ihren vorzeitig verstorbenen Bruder Oples errichtet wurde. Wenn es jemand wagt, soll er dem *demos* der Termessier und dem ehrwürdigsten *tameion* 50.000 Denare zahlen.

Auch in diesem Text wird deutlich, dass das Festhalten von Vorschriften zur Benutzung des Grabes eine spezifische Handlung war. Aurelia Ge erließ die im Weiteren ausgeführte Vorschrift, welche sich nur auf das Grab für ihre Eltern und ihren Bruder bezog. Alle drei waren zum Zeitpunkt der Bereitstellung des Grabes bereits verstorben und wurden in einem Sarkophag bestattet, der wohl im Heroon aufgestellt worden war. Die Öffnung des Sarkophags wurde von der Grabherrin ausdrücklich verboten und unter Strafe gestellt. Zu den Texten, die eine πρόρησις nennen, gehören vier weitere Vorsorge-Grabinschriften aus Termessos, in denen προαγορεύειν, „gebieten“, verwendet wird, um den gleichen Vorgang zu beschreiben. Auffällig ist, dass in keinem der Texte ein Testament oder eine andere letztwillige Verfügung genannt werden. Sie enthalten auch keine in Testamenten übliche Formulierungen. Dabei finden sich gerade in Termessos einige Grabinschriften, in denen einzelne Vorschriften zur Verwendung des Grabes eindeutig aus Testamenten stammen[27]. Dies lässt den Schluss zu, dass es für Grabinhaberinnen und Grabinhaber gleichzeitig zwei Möglichkeiten gab, die Nutzung ihrer Sarkophage oder Heroa zu regeln: Im Rahmen einer Grabsatzung oder eines Testaments. Auf beide Rechtsakte wurde in den Vorsorge-Grabinschriften verwiesen, wobei sie wörtlich oder in Auszügen zitiert werden und sogar parallel genutzt werden konnten.

2.2 Der Berechtigungsvorbehalt

Nachdem Dionysios, S.d.Ploution, in der eingangs zitierten Inschrift aus Smyrna die zur Bestattung Berechtigten aufgeführt hatte, folgt der Ausschluss jedweder anderen Bestattung[28]. Die ἐξουσία, das Recht, selbst jemanden zu bestatten oder diese Möglichkeit einem anderem einzuräumen — so wird man das Veräußern des Grabrechts interpretieren müssen — steht niemandem zu. Die gleiche Vorschrift findet sich in der Grabinschrift des Demetrios in Isinda: Auch hier wird die Liste der Berechtigten

27 Dazu unten bei Anm. 96.
28 Oben bei Anm. 16.

mit einem Verbot „geschlossen", das seinerseits von einer Sanktion gesichert wird[29]. Allerdings gibt es einen auffälligen Unterschied. In der Grabsatzung des Dionysios wird die Möglichkeit erwähnt, dass weitere Berechtigungen vergeben werden können. Ein Verstoß gegen die Grabsatzung ist nur dann strafbar, wenn eine erneute Bestattung oder die Veräußerung des Grabrechts ohne den Willen des Dionysios oder seiner Erben und Nachfolger geschehen. Im Umkehrschluss wird man annehmen müssen, dass diese Vorgänge mit seinem Willen durchaus erlaubt waren. So behielt sich der Grabherr das Recht vor, seine Grabsatzung im Anlassfall anzupassen und zusätzliche Bestattungen zu ermöglichen[30].

Dieser Berechtigungsvorbehalt ist ein typisches Element der Vorsorge-Grabinschriften in Lykien und findet sich (wenn auch weniger häufig) auch in den nördlich benachbarten Regionen Karien und Phrygien[31]. Im übrigen Kleinasien spielt er eine geringe Rolle. Gerade deshalb lohnt es sich, das verwendete Formular genauer zu analysieren, denn es erlaubt möglicherweise einen Blick darauf, ob die erwähnte *exousia* testamentarisch oder in anderer Form zugestanden werden sollte. Eingangs ist es wichtig, zu betonen, dass der Vorbehalt nur die Berechtigung zur Bestattung betrifft, und sich nie auf die Weitergabe des Grabes mit Eigentumsübergang zu Lebzeiten oder im Rahmen der Nachfolge nach dem Tod des Grabinhabers bezieht. Das Rechtsgeschäft, das hier zur Anwendung kommt, wird in den Quellen als συγχώρησις oder συγχώρημα bezeichnet. Der Grabeigentümer kann *pro futuro* darauf verweisen (in Berechtigungsvorbehalten), an einigen Stellen betonen aber auch die Nutzer einer Grabstätte, dass ihnen das Recht zur Nutzung vorab eingeräumt worden war. Die Publikation der *synchoresis* auf dem Grab diente wohl auch dem Schutz der Angehörigen eines Bestatteten. Sie konnten publik machen, dass die Bestattung rechtmäßig erfolgt sei und sie nicht einer Verfolgung wegen der Übertretung der Verbote aus einer Grabsatzung ausgesetzt werden sollten[32].

Ein typisches Beispiel für diesen Vorgang findet sich in der Südnekropole von Olympos, auf einem Kammergrab.

Grab des Aurelius Zosimos, Olympos (Lykien): TAM II 1011, nach 212 n. Chr.[33]

---

29 Oben bei Anm. 7.

30 Es muss allerdings festgehalten werden, dass auch Testamente jederzeit durch das Erstellen eines neuen Testaments oder eines Zusatzes widerrufen oder abgeändert werden konnten. Allerdings findet sich in den erhaltenen Dokumenten an keiner Stelle ein direkter Hinweis auf diese gängige Praxis, die somit vor allem aus literarischen Quellen erschlossen werden musste. Vgl. Karabelias 1992, 94–96.

31 Insgesamt finden sich die Berechtigungsvorbehalte in ca. 300 Inschriften, ca. 200 entsprechende Inschriften aus Lykien (wobei mit der Publikation der Inschriften aus Zentrallykien diese Zahl deutlich ansteigen wird), mindestens 50 aus Karien und 40 aus Phrygien. Vgl. zum Berechtigungsvorbehalt auch Wiedergut in diesem Band, bei Anm. 25–29.

32 Dazu ausführlich Harter-Uibopuu 2019.

33 Das typisch olympenische Kammergrab hat einen Türrahmen, dessen Sturz mit drei Stufen und Faszien auf der rechten und linken Seite verziert ist (H 34 cm, B 100 cm, T 45 cm). Z. 1–9 sind auf dem Türsturz angebracht (BH 3 cm), Z. 10–21 auf dem linken Rahmen (BH 2 cm). Vgl. Harter-Uibopuu 2019, 165–169 und Kılıç Aslan 2023, 59–60.

Αὐρ(ήλιος) ❦ Ζώσιμος Δη̣μ̣ητρίου Διονυ<σίου υ>ιὸς Ὀ-
λυμπηνοῦ (sic) ἑαυτ̣ῷ καὶ γυναικὶ Αὐρ(ηλίᾳ) Κοσμίᾳ̣
καὶ τέκνοις καὶ Μ(αρκίᾳ) Αὐρ(ηλίᾳ) Τατίᾳ Ἀπελλέου Διοτίμου
β • Ὀλυμπηνῇ καὶ ἐνγόνῃ μου Χαρᾷ ἐκ θυγατρὸς Νάννης
καὶ ᾧ ἂν αὐτὸς ἐνγράφως ἐπιτρέψω· ἑτέρῳ δὲ οὐ-
δενὶ ἐξέσται κηδεῦσαί τινα, ἢ ὁ βιασάμενος
ἐκτείσει
Ὀλυμπηνῶν τῇ πόλει ✕ φ',
ὧν ὁ ἐλένξας λήμψεται τὸ τρίτον.
συνχω-
ρῶ ἐνκη-
δευθῆναι
καὶ γυναῖ-
κας τῶν
υ̣ἱῶν μου
Αὐρ(ηλίαν) Ἀφφα-
ροῦν Δη-
μητρίου
καὶ Αὐρ(ηλίαν)Ἀφ-
φαροῦν [Κ]ι-
λήνδου̣.

Aur. Zosimos, S.d. Demetrios, des S.d. Dionysios, des Bürgers von Olympos (sic!)[34] für sich und die Ehefrau Aur. Kosmia und die Kinder und Markia Aur. Tatia, T.d. Apelles, des S.d. Diotimos II, Bürgerin von Olympos und für meine Nachfahrin Chara von meiner Tochter Nanne und für denjenigen, den ich selbst schriftlich berechtigen werde. Niemandem sonst steht es zu, jemanden zu bestatten, oder derjenige, der (diese Vorschrift) übertritt soll der Polis der Olympener 500 Denare zahlen, wovon derjenige, der überführt, ein Drittel erhalten wird. Ich berechtige, hinein bestattet zu werden, die Frauen meiner Söhne, Aur. Appharous, T.d. Demetrios, und Aur. Appharous, T.d. Kilendos.

Zunächst formuliert der Grabherr Zosimos den Vorbehalt, dass er selbst schriftlich weitere Erlaubnisse erteilen könne (ἐπιτρέπειν), am Ende der Liste der Begünstigten (Z. 5)[35]. Im Folgenden wird eine derartige Durchführung manifest, denn die sekundäre Inschrift auf dem Türpfosten enthält den Text einer Berechtigung, hier nun mit dem Verb συγχωρεῖν, subjektiv aus der Sicht des Grabherrn. Die Ehefrauen der Söhne, die selbst im Haupttext nicht namentlich genannt werden, sollen nach ihrem Tod in das Grab mit aufgenommen werden können[36]. Wenn auch nicht immer Nach-

34 Normalerweise steht die Angabe des Bürgerrechts stets beim Grabherrn und nicht bei seinen Vorfahren. Wenn man von einer Verschreibung ausgeht, hätte Zosimos sowohl das römische Bürgerrecht als auch das seiner Heimat besessen, ebenso wie die von ihm bedachte Markia Aur. Tatia.

35 Zu den Formvorschriften für die *synchoreseis* (schriftlich oder durch die *archeia*) siehe Wiedergut in diesem Band, bei Anm. 17–19.

36 TAM II 1011 ist ein Beispiel dafür, dass die pauschale Nennung von Kindern nicht in jedem Fall damit erklärt werden kann, dass diese noch nicht geboren sind. Zosimos sieht das Grabmal auch für seine Enkeltochter Chara vor, deren Mutter Nanne, seine Tochter ist (Z. 4). Diese selbst ist nicht namentlich in der Liste aufgeführt, sondern Teil der Gruppe der τέκνα, zu denen auch die zwei Söhne träge erhalten sind, ist der Vorbehalt doch gerade in Olympos typischer Bestandteil der Grabsatzung[37]. Auf die Art und Weise, wie die *synchoresis* übertragen wurde — im Rahmen einer Grabsatzung oder ihrer Erweiterung oder durch ein Testament oder eine andere letztwillige Verfügung — wird in diesen Texten nicht eingegangen.

Zwei weitere Termini werden bei der Formulierung von Berechtigungsvorbehalten eingesetzt: βούλεσθαι und διατάσσειν / διατάσσεσθαι[38]. Es gilt daher zu überprüfen, ob sich Beispiele dafür finden lassen, dass sich ein Berechtigungsvorbehalt gesichert auf die Gewährung einer *synchoresis* in einem Testament oder ohne die Verbindung darauf bezog. Eine Reihe von Texten stellt den Willen des Grabherrn in den Mittelpunkt und belegt verschiedene Formen von βούλεσθαι, zumeist im Aorist Konjunktiv. Ein typisches Beispiel ist etwa eine Grabinschrift aus Eumeneia (Phrygien), MAMA IV 337 (2.–3. Jh. n. Chr.): Julia hatte zur Erinnerung an ihren Mann Markios Euboulos ein Grab bereitgestellt, in dem auch sie und ihre Kinder bestattet werden sollten. Es folgt im Text ein Bestattungs- und ein Zerstörungsverbot mit der Androhung einer Strafzahlung an den kaiserlichen *fiscus*. Im Nachsatz in Z. 12–15 wird festgehalten: ἐξέσ|ται δὲ τῇ Ἰουλίᾳ καὶ | ἕτερον κηδεῦσαι ὃν | ἂν αὐτὴ βουληθῇ. „Es steht Julia frei, auch jemand anderen bestatten zu lassen, von dem sie es etwa möchte“[39]. In keinem der Fälle lässt sich dabei eine zwingend notwendige Verbindung zu einem Testament herstellen. Auf die Form, die die Willensbekundung des Grabherrn einnehmen sollte, wird nicht eingegangen. Zwar wird in einigen Texten betont, dass die Berechtigung zu Lebzeiten gegeben werden müsse, aber diese Vor-

gehören, deren Ehefrauen im Nachtrag berechtigt werden. Kılıç Aslan sieht in diesen Fällen ein Zurücktreten des Memorialcharakters der Grabinschriften zugunsten des Regelungscharakters und einen *epigraphic habit* in Lykien, Kılıç Aslan 2023, 20–21.

37 Siehe Wiedergut in diesem Band, bei Anm. 26. Berechtigungsvorbehalte mit ἐπιτρέψω / ἐπιτρέψωμεν: TAM II 947, Z. 21–22, 951, Z. 6, 960, Z. 3–4, vel sim.; mit συνχωρήσω / συνχωρήσωμεν: TAM II 956, Z. 8; 957, Z. 3; 999, Z. 5–6; 1002, Z. 4–5; vel sim. Vgl. Harter-Uibopuu 2019, 165–168. Eine durch Nachtrag am Grab belegte *synchoresis* findet sich unter anderem in den Inschriften TAM II 1011, 1026, 1028, 1031, 1042, 1089.

38 Für διατάσσομαι führt LSJ s.v. διατάσσω II als einzige Bedeutung „make testamentary dispositions“, „order by will“ und „bequeath“, mit den Beispielen Plut. Mor. 1129a; AP 11,133; BGU 1151, 6. Pape I, 1842, s.v. διατάσσω kennt auch „sich in Schlachtordnung stellen“ (Aristoph. Wespen 360). Preisigke, s.v. διατάσσω, nennt neben dem allgemeinen „entscheiden, bestimmen, regeln, festsetzen“ auch „letztwillig verfügen, testamentarisch zuweisen“ sowohl aktiv (BGU IV 1151, Z. 6; P.Grenf. I 62, Z. 32) als auch medio-passiv (P.Fay. 97, Z. 13).

39 Ein griechisches Testament kann an dieser Stelle zwar nicht ausgeschlossen werden, aber βούλεσθαι ist zu allgemein, um hier einen Aufschluss zu geben. Zur Bedeutung des Verbs in den Grabinschriften von Aphrodisias, siehe Wiedergut in diesem Band, bei Anm. 45–46. In gleicher Weise auch Robert, Carie 107 (Herakleia Salbake, kaiserzeitlich); 109 (Herakleia Salbake, Karien, 2.H. 2. Jh./3. Jh. n. Chr.); 164 (Apollonia Salbake, kaiserzeitlich); I.Tralleis 180 (Tralles, ohne Datierung); I.Ephesos 1656 (kaiserzeitlich); TAM V 2, 1153 (Thyateira, Lydien); I.Hierapolis Judeich 149; 158; 227; 302; 337; I.Termessos Suppl. III 13 (Termessos, Pisidien, nach 212 n. Chr.); und andere mehr.

schrift gilt natürlich für eine Erweiterung der Grabsatzung ebenso wie für ein Testament. Diese Information scheint für die Leser der Grabinschrift nicht notwendig gewesen zu sein[40].

Deutlich klarer als βούλεσθαι scheint die Einordnung von διατάσσειν / διατάσσεσθαι in seiner Verwendung in Grabsatzungen[41]. Selten findet sich die aktive Form. In I.Milet VI 2, 602 etwa betont der Grabherr Menodoros, S.d. Nikeratos, dass die Teilhabe am Grab von ihm vergeben werden könne, Z. 12–13: Μεθέξουσιν δὲ τοῦ μνη| μείου οὓς ἂν ἐγὼ διατάξω. „Am Grabmal sollen diejenigen, die ich bestimmen werde, teilhaben“[42]. Zuvor hatte Menodoros die Belegung des Sarkophags, der ein Teil des Grabmals war, im Detail geregelt und ein Bestattungsverbot ausgesprochen. Die Vorgaben für die Verwendung der übrigen Teile des Grabs wollte er wohl zu einem späteren Zeitpunkt treffen.

Häufiger findet sich hingegen die mediale Form, die den Willen der Grabherren ausdrückt, für sich eine Regelung zu formulieren. So ist etwa — ebenfalls in Milet — am Grab der Claudia Zosime folgender Hinweis angebracht (I.Milet VI 2, 527): Τὸ μν<η>μεῖο|ν Κλ<αυ>δίᾳ Ζωσί|μηι, | εἰ<ς> ὃ οὐ<δ>ενὶ ἑ<τέ>ρ<ῳ> | ἐ<ξ>έ<σ>ται τ<α>φῆ| ναι εἰ μὴ <ο>ὓς ἂν | ἐγ<ὼ> διατά<ξω>|μαι. „Grabmal für Claudia Zosime, in dieses steht es niemand anderem zu, bestattet zu werden, außer diejenigen, die ich selbst verfügen werde“[43]. Ein weiteres Beispiel ist die Grabinschrift des Aur. Syriarches auf einem Sar-

40 Etwa Robert, Carie 107 (Herakleia Salbake, kaiserzeitlich); 109 (Herakleia Salbake, Karien, 2. H. 2. Jh./3. Jh. n. Chr.); 164 (Apollonia Salbake, kaiserzeitlich).

41 Das Substantiv διάταξις wird in Ephesos in der Stiftung des Salutaris (I.Ephesos 27, 104 n. Chr.) für eine Verfügung zu Lebzeiten verwendet. In gleicher Weise findet sich διαταγή in dem Ehrendekret für Aristokles Molossos aus Aphrodisias (IAph 2007, 12.803 c.35, 1. Jh. n. Chr.). Die Stiftung des Moas, S.d. Stasios, aus Lyrboton Kome, (SEG 6, 673, 117–138 n. Chr., zu Perge gehörig) wurde jedenfalls testamentarisch errichtet. Die Inschrift beginnt nach der Invokation (Z. 1) mit einem Auszug aus einem Testament: Moas hinterlässt seiner Mutter bestimmte Grundstücke, die nach ihrem Tod dem Apollon der Lyrboter unter der Bedingung vermacht werden, dass aus den Erträgen Opfer und Agone zum Gedenken an den Stifter, seinen Bruder und seine Mutter jährlich veranstaltet werden. Während im Auszug aus dem Testament ἀπολείπειν für “hinterlassen” verwendet wird, werden die Anordnungen in der Strafklausel und der Verfügung, dass die Stiftung auf ewig bestehen bleibe, διατεταγμένα genannt: Z. 11–13: εἰ δὲ μή, ὁ παρὰ τὰ ὑπ’ ἐμοῦ διατεταγμένα [ποιήσας ἀπο]τεισάτω ἰς Ἄρτεμιν Περγαίαν | δηνάρια χείλια. Καὶ τὰ ὑπ’ ἐμοῦ διατεταγμέ[να μενεῖ], καθὼς διεταξάμην, ἰς τὸν | ἅπαντα χρόνον. „Wenn aber nicht, so soll derjenige, der gegen meine Verfügungen handelt, der Artemis Pergaia tausend Denare zahlen. Und das, was von mir verfügt wurde, soll gültig bleiben, so wie ich es verfügt habe, auf ewige Zeit“. Ob sich die διατεταγμένα in der Stiftung des T. Flavius Praxias (Akmonia, SEG 13, 452, ca. 95 n. Chr.) ebenfalls auf testamentarische Anordnungen beziehen, oder auf Verfügungen in einer Stiftung, die separat errichtet wurde, lässt sich dem Text nicht entnehmen.

42 I.Milet VI 2, 602 befindet sich in einer *tabula ansata* auf einem Block aus weißem Marmor (H 48,5 cm, B 92 cm, T 15 cm; BH 2,1 cm) und datiert in das 2. Jh. n. Chr. Im Detail zu den einzelnen Vorschriften und den Grabsatzungen in Milet siehe Harter-Uibopuu/Wiedergut 2014 (zu den Berechtigungsvorbehalten 153).

43 I.Milet VI 2, 527: Herrmann räumt in der Edition ein, dass der Text durch zahlreiche „Schreib-, bzw. wohl Abschreibfehler“ entstellt sei. Die Inschrift befindet sich auf einer Giebelstele (H 72 cm, B

kophag in Termessos, in der ebenfalls detaillierte Angaben zu den Berechtigten angeführt werden und zusätzlich dem Grabherrn die Möglichkeit offengelassen wird, weitere Bestimmungen in der Zukunft zu treffen.

Grab des Aurelius Syriarches, Termessos (Pisidien): SEG 41, 1290, nach 212 n. Chr.[44]

Αὐρ. Συριάρχης Ἑρ(μαίου), ἀπε(λεύθερος) τῆς γενομένης Αὐ(ρηλίας) Λάλλης Ἑρ(μαίου), τὴν σωματοθήκην
τῇ προενούσῃ αὐτοῦ ἀδελφῇ Οᾳ καὶ τῷ υἱῷ αὐτῆς Αὐρ(ηλίῳ) Ἀγοράστῳ
Ξυστικοῦ καὶ τῇ γυ(ναικὶ) αὐτοῦ Αὐ(ρηλίᾳ) Παρησίᾳ καὶ ᾧ ἂν ἑτέρῳ διατάξηται
ὁ Συριάρχης· ἄλλῳ δὲ οὐδενὶ ἐξέσται ἐπιθάψαι τινά, ἐπεὶ ὁ πει-
ράσας ἐνσχεθήσεται πράγματι τυμβωρυχίας.

Aurelius Syriarches, S.d. Hermaios, Freigelassener der verstorbenen Aurelia Lalle, T.d. Hermaios, (stellte) den Sarkophag für seine verstorbene Schwester Oa und ihren Sohn, Aurelius Agorastos, S.d. Xystikos, und dessen Frau Aurelia Paresia (bereit) und für wen auch immer es Syriarches verfügen wird. Keinem anderen ist es erlaubt, jemanden zu bestatten; wer es versucht, soll wegen *tymborychia* belangt werden.

Solche Berechtigungsvorbehalte mit dem Verb διατάσσεσθαι kommen vor allem in den Grabsatzungen in Aphrodisias und Perge vor; abseits dieser beiden Zentren finden sich vereinzelt Beispiele unter anderem in Magnesia am Sipylos oder Ariassos[45]. Der Befund aus Perge verdient jedoch nähere Betrachtung. Ca. 40 % der Grabinschriften der pamphylischen Polis sind als Vorsorge-Inschriften zu qualifizieren und enthalten Regelungen für die Verwendung des Grabes. Dabei bietet vor allem die Westnekropole die Möglichkeit, anhand mehrerer Grabstätten eine Verbindung zwischen der Grabinschrift und dem Monument herzustellen, auf das sie sich bezieht. Die Gräber standen an der Hauptstraße, die von der Stadt in den Nordwesten führte, und setzten sich oft aus einem Unterbau mit Podium-Dach und Sarkophagen zusammen. Die Fassaden der Unterbauten trugen dabei ebenso Inschriften wie die Schmalseiten der Sarkophage, die auch der Straße zugewandt waren. Dies zeugt von einer dicht besetzten Nekropole, die wohl von der Stadt geplant und vielleicht auch verwaltet wurde[46]. Die Grabsatzungen enthalten die üblichen Vorschriften für die Belegung sowie Hinweise

38 cm; BH 2,8–3,8 cm) und stammt aus der Nekropole am Nordabhang des Değirmentepe. Die Einleitung ist ungewöhnlich, normalerweise steht in Milet der Genitiv, möglicherweise war dieser auch hier intendiert. Der Bruch zwischen objektivem Bericht und subjektiver Formulierung stört weiter nicht, man wird davon ausgehen müssen, dass eine mögliche Berechtigung von Claudia Zosime selbst erteilt werden musste.

44 I.Termessos Suppl I, Nr. 11. Die Inschrift ist auf der Längsseite eines unverzierten Sarkophagkastens angebracht (H 85 cm, B 195 cm, D 88 cm; BH 2,6–3,8 cm). Die Grabsatzung entspricht dem Typus, der in Termessos üblich ist, allerdings ist auffällig, dass ein Verstoß gegen die Regelungen nicht mit einer Geldbuße, sondern mit einer Verfolgung wegen *tymborychia*, Grabschädigung, geahndet wird.

45 Magnesia/Sipylos (Lydien): TAM V 2, 1385, Z. 3 (in diesem Fall muss die Berechtigung sogar unter Mitwirkung der *archeia* erteilt werden, siehe dazu Wiedergut in diesem Band, Kap. 2). Ariassos (Pisidien): I.Pisidia Central 170, Z. 7–8.

46 Dazu Sahin in I.Perge, 79.

darauf, dass weitere Anweisungen erst später erfolgen sollten und beziehen sich immer wieder auf mehrere Bauteile innerhalb eines Grabbaus.

Grab des Aurelius Elainos, Perge (Pamphylien): I.Perge 444, 3. Jh. n. Chr.[47]

Αὐρ. Ἐλαϊνὸς
ἑαυτῷ τὸ ἀνγεῖον καὶ Φλαυίᾳ Ζόῃ τῇ γυ-
ναικὶ αὐτοῦ μόνοις· μετὰ δὲ ἀποτε-
θῆναι ἡμῶν τὰ πτώματα βούλομαι
κορακωθῆναι τὸ μνημεῖον ἐν-
τὸς ἡμερῶν τριῶν ὑπὸ τῶν
κληρονόμων· ἐὰν δὲ μὴ
κορακώσουσι, εἰσοίσου-
σι εἰς τὸ ἱερώτατον τα-
μεῖον (δην.) ͵βφ'
Girlande
τὸ δὲ κενοτάφιν οἷς ἂν διατάξωμαι

Aurelius Elainos (stellte) den Sarkophag für sich und Flavia Zoe, seine Frau, alleine (bereit). Nachdem unsere Leichname bestattet sein werden, will ich, dass das Grabmal innerhalb von drei Tagen von den Erben verschlossen wird. Wenn sie (es) aber nicht verschließen, sollen sie dem *hierotaton tameion* 2500 Denare entrichten. Das *kenotaphion* denen, die ich bestimmen werde.

In der für Perge typischen Weise regelt der Grabherr zunächst die Belegung des Sarkophags, der auch als Inschriftenträger dient. In ihm sollen nur Aurelius Elainos und seine Frau, Flavia Zoe, bestattet werden. Dieser Wunsch wird auf eine besondere Weise abgesichert: Den Erben wird auferlegt, dass sie den Sarkophag mit Klammern verschließen müssen. Diese Vorgehensweise wird in I.Perge 416, Z. 8–10, näher beschrieben: Schwalbenschwanzförmige Klammern (πελεκῖνοι) aus Metall sollen eingegossen werden. I.Perge 437, Z. 4 nennt als mögliche Metalle Eisen und Blei[48]. Dort, wo die Anweisung nicht direkt im Futur formuliert ist (z. B. I.Perge 364, Z. 7 und 10: κορακώσουσιν; I.Perge 404, Z. 6 und 7–8: κατακορακώσει), wird der Wunsch des Grabherrn stets wie im vorliegenden Text (Z. 4) mit βούλομαι ausgedrückt[49]. Es ist anzunehmen, dass diese Vorschrift Teil der Grabsatzung war. Davon setzt sich deutlich diejenige Anordnung ab, die erst in der Zukunft erteilt wird, und die die Verwendung

47 Die Inschrift ist auf der Schmalseite eines ornamentierten Marmorsarkophags angebracht, der mit Bukranien und Girlanden verziert ist. Er steht heute im Museum von Antalya (Inv. Nr. 425). H 105 cm, B 241 cm, T 112 cm; BH 2,5–3 cm.

48 Die Forderung nach einer Verklammerung (κορακωθῆναι, κατακορακωθῆναι; ἀποκορακωθῆναι vom Sarkophag) findet sich in I.Perge 364, 373, 404, 420, 426, 431, 432, 433, 437, 440, 444, 460 und hat Parallelen in Side (I.Side 220) sowie Hierapolis (I.Hierapolis Judeich 209), Termessos (TAM III 1, 902) und Aphrodisias (IAph 2007, 14.245).

49 I.Perge 373, Z. 3: βούλομαι τὸ ἀ[νγεῖον κατακορακωθῆναι ἐντὸς ἡμερῶν τριῶν] · „Ich will, dass der Sarkophag innerhalb von drei Tagen verklammert wird“; ebenso I.Perge 420, Z. 1, 426, Z. 4–5, 432, Z. 1, 437, Z. 3–4, 440, Z. 9–10. Unspezifisch im Verbot findet sich βούλομαι in I.Perge 362, Z. 4–6.

anderer Grabteile betrifft, die nicht durch die Verklammerung geschlossen wurden[50]. Der Verweis auf künftig zu erteilende Berechtigungen hat in Perge normalerweise die Form wie in Z. 11 der Grabinschrift des Aur. Elainos, in diesen Fällen findet sich διατάσσεσθαι im Futur. Möglicherweise wird man hier einen gewollten Unterschied in den beiden Formen der Anweisungen erkennen können. Dazu ist es aber notwendig, zu klären, ob διατάσσεσθαι in anderen epigraphischen Zeugnissen deutlicher auf eine testamentarische Anordnung schließen lässt.

In denjenigen Vorsorge-Grabinschriften, in denen auf eine bereits vorliegende Anweisung verwiesen wird, scheint dies der Fall zu sein und διετάξατο sich regelmäßig auf eine letztwillige Verfügung zu beziehen, sowohl im Kontext von Grabinschriften als auch außerhalb. Ein erstes Beispiel dafür stammt aus Termessos.

Sarkophag des Aurelius Anthestianos Dioteimos und der Artemis, T.d. Meidias, Termessos (Pisidien): TAM III 1, 407, nach 212 n. Chr.[51]

Αὐρ(ήλιος) Ἀνθεστιανὸς Διότειμος [τὴν σωματοθή]κ̣ην ἀκο-
λούθως διαθήκη τῆς γενομέν[ης αὐτοῦ γυναικ]ὸς Αρτε-
μειτος Μειδίου αὐτῇ τε καὶ ἑα̣[υτῷ ἐπὶ τῷ πρ]οσ-
τείμῳ, ᾧ διετάξατο ἐπὶ τῷ ἕτερο̣[ν μηδέ]να ἐπι-
βληθῆναι τῇ
σωματοθήκῃ ἐ-
π' αὐτοῖς, ἐπεὶ ἐ-
κτείσει ὁ παρὰ τοῦ-
το ποιήσας τῷ
ἱερωτάτῳ τα-
μείῳ ✗ ͵βφ'.

Aurelius Anthestianos Dioteimos (stellte) den Sarkophag gemäß dem Testament seiner verstorbenen Frau Artemeis, T.d. Meidias, für sie und für sich selbst unter der Bedingung einer Strafe (bereit), die sie verfügt hatte: Kein anderer soll in den Sarkophag dazu bestattet werden, zu ihnen. Ansonsten soll der, der dagegen verstößt, dem *hierotaton tameion* 2500 Denare zahlen.

Deutlich wird der Grund für die Bereitstellung des Sarkophags, der ohne jeglichen Unterbau auch heute noch in der Nekropole von Termessos steht, am Anfang der Inschrift benannt. Die verstorbene Artemis, T.d. Meidias, hatte ein Testament (διαθήκη, Z. 2) errichtet, in dem sie genaue Anweisungen dazu gab (διετάξατο, Z. 4). Sie hatte wohl nicht nur die entsprechende Strafvorschrift verfügt, die dem Schutz ihrer Wünsche diente, sondern auch die Belegung definiert. Der Sarkophag sollte nur ihr und ihrem Ehemann als letzte Ruhestätte dienen. Unzweifelhaft wird hier διατάσσεσθαι

50 Wiedergut in diesem Band, bei Anm. 30, zeigt am Beispiel von Aphrodisias überzeugend, dass zumeist der Teil des Grabes, der die Kernfamilie betraf, Objekt der ersten Regelung war, während sich die Berechtigungsvorbehalte auf weitere, untergeordnete Teile des Grabes beziehen.

51 Sarkophag aus grauem Kalkstein, auf der Längsseite eine *tabula ansata* zwischen zwei Rundschilden (H 62 cm, B 267 cm, T 145 cm; BH 5 cm). Die Inschrift beginnt auf dem Rahmen des Kastens und setzt sich oberhalb und schließlich in der *tabula* fort.

verwendet, um sich auf ein bereits errichtetes Testament zu beziehen. Auch Grabinschriften, in denen Verwandte und Erben festhalten, das Grab auf Anweisung bereitgestellt zu haben, werden wohl auf letztwillige Verfügungen zurückgehen. Beispiele dafür stammen etwa aus Azoros (Thessalien) und Bizye (Bulgarien)[52]. Wesentlich häufiger findet sich aber die testamentarische Anordnung, eine Statue aufzustellen. So verfügt der Olympener Soterichos, dass seine beiden Brüder eine Statue errichten sollten, deren beschriftete Basis noch erhalten ist. Üblicherweise erfolgten derartige Aufstellungen nach dem Tod des Geehrten, somit ist ein Zusammenhang mit einer letztwilligen Verfügung durchaus wahrscheinlich[53].

Einer der Gründe, Auszüge aus einem Testament auf Stein aufzuzeichnen, war auch die Errichtung einer Stiftung. Auch in solchen Texten wird oft deutlich, dass διατάσσεσθαι im Sinne von „letztwillig verfügen" gebraucht wird. I.Keramos 31 schildert folgendes Vorgehen: Der *hieroskopos* Eirenaios, S.d. Drakontomenes, hatte seiner Heimatstadt Keramos einen Acker hinterlassen, der nach seinem Tod verpachtet werden sollte. Aus der Vorauszahlung für die Pacht der ersten 20 Jahre sollte die Aufstellung der Ehrenstatue finanziert werden, die die Polis für Eirenaios beschlossen hatte. Damit folgte der Geehrte dem üblichen Prozedere, für die Kosten der Ehrung selbst aufzukommen — wenn auch erst nach seinem Tod. In diesem Zusammenhang besteht kein Zweifel an der Bedeutung von καθὰ διετάξατο in Z. 4[54].

52 Azoros: SEG 42, 495, Z. 1–3 (Ende 2./Anf. 3. Jh. n. Chr.): Ἀπολλώνις καὶ αἱ ἀδελφαὶ Κάσ|σανδρον τὸν πάτερα | καθὼς διετάξατο, μνείας χάριν ·„Apollonis und die Schwestern für Kassandros, den Vater, so wie er es verfügt hat, zur Erinnerung". Bizye: IGBulg III 2, 1852, Z. 6–9 (keine Datierung angegeben) ist in der Lesung gerade der ersten Zeilen schwierig. Die Grabinschrift wurde wohl für Dalatralis errichtet. Dabei spielten sein Bruder, dessen Name auf -zenes endet (Z. 3–4), und dessen Sohn Aulouzenes (Z. 5–6) eine Rolle. Ihnen wurde die Verpflichtung im Testament auferlegt: οἷς ἐν |τῇ διαθήκῃ α[ὐτ]οῦ διετά|ξατο ἀναθεῖναι τὴν στήλ|λην „für die er in seinem Testament bestimmte, die Stele aufzustellen". Ob die Pflicht des Bruders und des Neffen des Dalatralis lediglich in der Aufstellung der Grabinschrift bestand, oder sie das Grab selbst zur Verfügung stellen mussten, ist nicht zu erschließen. Vergleichbar sind auch IG XII 5, 698 (Syros, römisch); I.Iasos 392 (kaiserzeitlich); TAM III 1, 586 (Termessos, kaiserzeitlich).

53 TAM II 1174: Μίδας καὶ Κόνων οἱ | Σωτηρίχου δὶς τοῦ | Λευκίου Ὀλυμπηνοὶ τὸν | ἀ[δε]λφὸν Σωτήριχον, |[καθ]ὼς διετάξατο. „Midas und Konon, die Söhne des Soterichos, d.S.d. Soterichos, d.S.d. Lucius, Olympener, (ehrten) den Bruder Soterichos, sowie er es verfügt hatte". Ebenso: Robert, Carie 188; TAM V 2, 1290. Vgl. dazu Ma 2013, 175–177.

54 Der Text ist auf einer Statuenbasis angebracht (H 100 cm, B 64 cm, T 70 cm; BH 2,5–3 cm), Z. 1–10 betreffen die Aufstellung und testamentarische Stiftung: τύχηι ἀγαθῆι · | Εἰρηναῖον Δρακοντομένους | τὸν γενόμενον ἱεροσκόπον | ἡ πατρίς, καθὰ διετάξατο ὁ Εἰ|ρηναῖος ἐκ προδόματος τῆς | πρώτης εἰκοσαετίας ἧς ἐμί|σθωσεν στρατηγῶν Π(όπλιος) Αἴλιος| Γλαύκιππος ἀγροῦ οὗ κατέλι|πεν τῇ πόλει ἐν τῇ Ὀλοσσίδι | καλουμένου Ἔξω Ἀγροῦ (...) „Zum guten Glück! Den Eirenaios, S.d. Drakontomenes, den ehemaligen *hieroskopos*, (stellte auf) die Vaterstadt, so wie es Eirenaios verfügte aus der Vorauszahlung für die ersten zwanzig Jahre, des Ackers, der Exo Agros genannt wird, den er in der Stadt in der Olossis hinterlassen hatte und den P. Aelius Glaukippos als *strategos* verpachtet hatte, (...)". Eine ähnliche Verbindung findet sich in den Ehreninschriften für Apollonios, S.d. Tydes, und seine Frau Hieronis, T.d. Menesthes, in Herakleia Salbake (Robert, Carie 79, 80, 81 und 82). Apollonios hatte der Stadt

Eine lateinisch-griechische Bilingue aus Perinthos ist ein weiterer Beleg dafür:

Grabmal des T. Flavius Mikkalos, Perinthos (Thrakien): I.Perinthos 72, 1. Jh. n. Chr.[55]

[Claudia Mac- - - - - - - sumptibus s]uis peregit quaedam viva, quaedam iussit per testamentum [fieri]

T(ίτος) · Φλάουιος · Μικκάλου · υ(ἱὸς) · [Κυ]ρ̣ε̣ίνα · Μίκκ̣[αλος χιλία]ρχος · λεγιῶ[νος, ἔπαρχος εἴλης, ἀρχιερεὺς]

καὶ ἀγωνοθέτης · ἐκ τῶν ἰδίων · υἱὸ[ς πόλεως(?) καὶ ···c.10···] τὸ ὕδωρ · εἰσαγείω[χεν καὶ τοῦτο τὸ μνημεῖον]

[σὺν ·····c.14·····]τῳ̣ · κατεσκε[ύασεν ἑαυτῷ] καὶ · [Κ]λαυδία Μακ[····] ἡ̣ γυνὴ αὐτοῦ · ἀρχιέρεια [. .]

[... c. 7 ... . τῷ μ]ν̣ημείῳ̣ ἐκ τ[ῶν ἰδίων ἀ]πήρτισεν · ἃ̣ [μ]ὲ̣ν ζῶσα · ἃ δὲ καὶ διαταξαμέν[η].[56]

Claudia Mac- ... ließ einerseits zu Lebzeiten auf eigene Kosten durchführen, andererseits ordnete sie im Testament an.

T. Flavius Mikkalos, S.d. Mikkalos, aus der Tribus Quirina, *tribunus legionis*, *praefectus alae*, *archiereus* und *agonothetes* aus eigenen Mitteln, Sohn der Stadt ... hat das Wasser eingeleitet und dieses Grabmal mit ... errichtet für sich selbst und Claudia Mak-, seine Frau. Die *archiereia* hat ... (mit ?) dem Grabmal aus eigenen Aufwendungen vervollständigt, das eine zu Lebzeiten, das andere, indem sie letztwillig verfügte.

Drei Reliefplatten aus Marmor gehörten zu dem Grabmal, das für T. Flavius Mikkalos, einen Legionstribun errichtet wurde, der auch in seiner Heimatstadt Ämter ausübte. Er war *archiereus*, Priester im Kaiserkult, und *agonothetes*, wobei er das letztgenannte Amt privat finanzierte[57]. Er selbst hatte wohl mit dem Bau des Grabmals begonnen, das dann von seiner Frau, ebenfalls Priesterin im Kaiserkult, fertiggestellt wurde. Die Inschrift informiert darüber, dass sie einerseits zu Lebzeiten Mittel zur Verfügung stellte, andererseits in ihrem Testament dafür Anordnungen traf. Der griechische Text in Z. 5 ἃ δὲ καὶ διαταξαμέν[η] wird im Lateinischen mit *„quaedam iussit per testamentum"* wieder gegeben. Die Gleichsetzung verdeutlicht, dass hier letztwillige Verfügungen gemeint waren,

Geld für penteterische Spiele hinterlassen. Er hatte wohl verfügt, dass er und seine Frau jeweils durch die Aufstellung einer Statue zu ehren seien. Wiederum ermöglicht die Kombination von καταλείπειν und διατάσσεσθαι, letzteres als „letztwillig verfügen" zu erkennen. Ebenso: I.Stratonikeia 1027; 1525–1528; TAM V 2, 1290: TAM III 1, 407; I.Hierapolis Judeich 234.

55 Der Text findet sich auf drei Reliefplatten aus Marmor, in denen der Verstorbene mit drei *centuriones* und zwei Offizieren abgebildet ist. Die Szene wurde mehrfach unterschiedlich interpretiert (vgl. die Anmerkungen in den Kommentaren von Sayar in I.Perinthos, S. 257–258). Der bauliche Zusammenhang ist nicht eindeutig geklärt, ich würde aber nach Z. 5 von einem großen Grabmal ausgehen. Maße der zusammengefügten Platten: H 252 cm, B 545 cm, T 8,2 cm (?).

56 Den Übergang von Z. 4/5 gibt Sayar folgendermaßen: ἀρχιέρεια [. .]|[ὕδωρ σὺν τῷ μ]ν̣ημείῳ̣. Er geht dabei davon aus, dass Claudia Mac-, die Ehefrau des Verstorbenen, nicht nur das Grabmal erbauen ließ, sondern auch die in Z. 3 erwähnte Wasserleitung fertigstellen ließ. Für diese Annahme gibt es allerdings keine Hinweise im Text.

57 Zu seiner Karriere siehe die Anmerkungen von Sayar in der Edition, mit Verweisen auf weiterführende Literatur zu den militärischen Rängen.

und ist ein weiterer Beleg für diese Bedeutung von διατάσσεσθαι. Dem Text ist allerdings eine weitere Bilingue gegenüberzustellen, die ebenfalls die Errichtung eines Grabmonuments betrifft. In Kibyra errichtete Aelia Asteria für ihren Mann Aelius Antiochianus, *tesserarius* der *legio XI Claudia*, ein Standbild und ein Grabmal, in dem unterirdisch ein Sarkophag aufgestellt war. Dies geschah auf seine Anordnung. Während der griechische Text dafür καθὼς αὐτὸς διετάξατο (Z. 21–22) verwendet, scheint der lateinische Text das Wort *testamentum* bewusst zu vermeiden, und hat „*secundum voluntatem s(upra) s(cripti) Antiochiani*". Da er jedenfalls ein römisches Testament errichten konnte, ist diese Formulierung verwunderlich. Die Ehefrau Asteria, wohl eine gebürtige Griechin, könnte untechnisch den Begriff *voluntas* statt *testamentum* verwendet haben. Eine andere Variante wäre, dass Antiochianus entweder — untypisch — ein griechisches Testament verfasst hatte und Asteria dafür den lateinischen *terminus technicus* nicht verwenden wollte, oder dass die Anordnung zur Errichtung des Grabes in einem *fideicommissum* festgehalten wurde und für die Errichtung eines echten *testamentum* durch den unerwarteten Tod keine Zeit geblieben war[58]. In beiden Textteilen ist übereinstimmend festgehalten, dass zwei rechtsgültige Abschriften in den *archeia* hinterlegt sind, wobei diese Kopien im lateinischen Text als Wachstafeln näher beschrieben sind[59].

Vor diesem Hintergrund ist auch der Berechtigungsvorbehalt eines Grabherrn aus Boubon (Lykien) zu interpretieren:

Grab des N. N., Boubon (Lykien): I. Bubon Schindler 26, römisch[60]

εἰς τόδε τὸ ἡρῷον ἐκτὸς εἰ μή τινι αὐτὸς ἐγὼ ζῶν ἔτι
συνχωρήσω ἢ διατάξωμαι· εἰ δέ τις ἕτερος ἐπεισενέν-
κῃ καὶ κατάθηταί τινα, δώσει τῇ γλυκυτάτῃ πατρίδι
μου προστείμου 𐆖 πεντακισχείλια καὶ ὑπεύθυνος ἔσ-
ται τυμβωρυχίᾳ.

... in dieses *heroon* außerhalb, wenn nicht ich selbst, solange ich noch lebe, jemandem die Berechtigung erteile oder es letztwillig verfügen werde. Wenn aber jemand anderer bestattet wird oder jemanden hineinlegt, soll er der süßesten Vaterstadt als Strafe fünftausend Denare geben und der *tymborychia* schuldig sein.

Der Text setzt mitten im Satz ein, davor ist eine Vorschrift anzunehmen, die die Belegung des Grabes auf die Familie begrenzt und Personen außerhalb der Familie davon

58 Zur Differenzierung zwischen römischen und hellenistischen Testamenten siehe Jakab in diesem Band.
59 I.Kibyra 106: Quadratische Basis aus hellem Kalkstein (H 170 cm, B 55 cm, T 63 cm; BH 3,5 cm). Der Stein wurde in der Nähe der Ostnekropole vor dem Stadion gefunden, Datierung: 2. Jh. n. Chr. Der griechische Text der Bilingue scheint das Original gewesen zu sein, der lateinische Text die Übersetzung (so Corsten in den Anmerkungen zur Edition).
60 Die Inschrift ist auf einem Türsturz am Eingang zu einem *heroon* angebracht. In ihrer Edition gibt Kokkinia die Maße nach Heberdey an: Breite des Steins: 106 cm; Höhe der beschrifteten Faszien 6 cm und 8 cm; Höhe der Buchstaben ist nicht erhalten (I.Boubon Kokkinia 55)

ausschließt. Der Grabherr behält sich sodann die Möglichkeit vor, entweder noch zu Lebzeiten eine entsprechende Berechtigung zu erteilen (συνχωρεῖν) oder in einem Testament entsprechende Anordnungen zu treffen (διατάσσεσθαι). Die Partikel ἔτι verstärkt den Gegensatz zwischen dem Leben und der Zeit nach dem Tod[61]. Beide Möglichkeiten stehen gleichberechtigt nebeneinander und konnten vom Grabherrn genutzt werden.

Der Sprachgebrauch mag von Region zu Region unterschiedlich gewesen sein; auch die vergleichsweise lange Zeit, aus der Grabsatzungen erhalten sind, wird bei den möglichen Unterschieden eine Rolle gespielt haben. Generell ist in den griechischen Poleis nicht mit einer strikten, dogmatisch durchdachten Vereinheitlichung der Rechtssprache zu rechnen, sodass die Vielfalt nicht weiter verwundert. Dennoch lässt sich zusammenfassend festhalten, dass διατάσσεσθαι wohl regelmäßig auf letztwillige Verfügungen schließen lässt, wenn es auch vereinzelt — selbst aus dem funerären Kontext — Gegenbeispiele gibt. Damit ist es gut möglich, dass die Berechtigungsvorbehalte auf künftig zu erstellende Testamente hinweisen, was wiederum zur Annahme passt, dass ein Grab für die Familie bereits relativ früh im Leben zur späteren Verwendung bereitgestellt werden konnte. Die Vorsorge-Grabinschriften sind regelmäßig auf solchen Monumenten angebracht. Letztgültige Sicherheit lässt sich allerdings nicht erreichen und es wird weiterhin jeder Fall oder jede Fallgruppe einzeln geprüft werden müssen[62].

2.3 Verbote und Sanktionen in den Grabsatzungen

Wie einleitend dargelegt enthalten die epigraphisch erhaltenen Grabsatzungen regelmäßig direkte Verbote und Strafen, die für Zuwiderhandeln ausgesetzt werden und unterscheiden sich dabei von Testamenten durch die Einbindung der Polis. Dabei stehen stets die Bestattungsverbote im Mittelpunkt: Die Liste der Berechtigten, die vielfach die Texte einleitet, wird durch sie geschlossen und bekräftigt. Daneben wird die Sorge um eine mögliche Veräußerung des Grabes in entsprechenden Verboten ausgedrückt. Der Hintergrund dieser Maßnahmen war wohl die Sorge der Grabinhaber, dass ihre Ruhestätte nicht mehr mit der notwendigen Sorgfalt gepflegt würde und die notwendigen Riten nicht mehr durchgeführt würden. Weiter gibt es Verbote der Öffnung, der Zerstörung oder Veränderung des Grabmonuments, Verbote der Entfer-

61 So auch in IGBulg III 1, 1023, Z. 6 (Grabepigramm aus Philippopolis), MDAI(A) 21 (1896) 43, 11, Z. 3 (Grabinschrift aus Rhodos, ca. 200 v. Chr.), IG XII 8, 561, Z. 2 (Grabinschrift, Thasos, kz.), SEG 59, 1389, Z. 3 (Grabinschrift, Yeniköy, Lydien). Im Rahmen eines Berechtigungsvorbehaltes in TAM V 2, 1080, Z. 6 (Thyateira, Lydien, kz.); Petersen – Luschan, Lykien 168 Nr. 205, Z. 10 (Kibyra, 241/2 n. Chr.).

62 Zur Gegenüberstellung von βούλεσθαι und διατάσσεσθαι in Aphrodisias siehe Wiedergut in diesem Band, bei Anm. 31–46. Die Grabinschrift der Aurelia Papiane (IAph 2007, 12.631) aus Aphrodisias enthält ebenfalls einen Berechtigungsvorbehalt. Die familiären Hintergründe dazu erläutert Wiedergut in diesem Band, bei Anm. 52–53.

nung der Inschrift oder ganz allgemein das Verbot, gegen die Bestimmungen, die in der Inschrift aufgezeichnet sind, zu verstoßen. Es scheint in jedem Fall Sache des Grabherrn gewesen zu sein, ob und wie er derlei Elemente verwendete, so wie es auch seine Sache war, für wen sonst er sein Grab bestimmte[63].

Dennoch wird man in vielen Fällen davon ausgehen müssen, dass man sich bei der Formulierung der Grabsatzungen an Vorbildern orientierte, die entweder bereits in den Nekropolen publiziert und damit beispielgebend waren, oder bei deren Vermittlung die *archeia* in den Städten eine Rolle spielten[64]. Dabei entstanden die lokalen Eigentümlichkeiten, die sich durch unsere intensive Analyse der Texte deutlich zeigen. Viele Städte hatten ein eigenes Muster in den Grabsatzungen, das fast unverändert von allen Beteiligten übernommen wurde; dazu zählen etwa Olympos, aber auch Termessos oder Aphrodisias[65]. Andere Städte überraschen durch die große Vielfalt an Formulierungen und Kombinationen. Hier sind vor allem die ionischen Metropolen zu nennen, allen voran Ephesos, dessen „multikultureller" Charakter sich auch im Spiegel der Vorsorge-Grabinschriften deutlich zeigen lässt.

In den beiden Texten, die einleitend als Beispiele für typische Grabsatzungen im hellenistischen Lykien und im kaiserzeitlichen Westkleinasien angeführt wurden, finden sich ebenfalls Verbote und Strafen. Die entsprechenden Passagen seien hier kurz in Erinnerung gerufen:

Heberdey – Kalinka, Südwestliches Kleinasien 31, Nr. 38, Z. 4–7[66]

ἄλλον δὲ μηδένα | ἐξεῖναι θάψαι· ἐὰν δέ τις θάψῃ τινά, ὀφειλέτω | Ἀπερλειτῶν τῷ δήμῳ < χειλίας, τῆς πράξεως | οὔσης παντὸς τοῦ βουλομένου ἐπὶ τῷ ἡμίσει.

Niemand anderem steht es zu, zu bestatten. Wenn aber jemand jemanden bestattet, schuldet er dem *demos* der Aperleitai tausend Drachmen, wobei die Eintreibung jedem *boulomenos* auf die Hälfte freisteht.

I.Smyrna 201, Z. 7–13[67]

μηδε|νὸς ἔχοντος ἄλλου ἐξουσίαν ... | ... | ... εἰσκομίζιν καὶ θάπτιν ἰς τοῦτο τὸ | μνημεῖον. ἐὰν δέ τις ἰσκομίσῃ ἢ ἀπαλλοτριώσῃ δί|κεον τοῦ μνημίου, ἔσται ὑπεύθυνος ἰς τὸν Καίσαρος φίσ|κον Ӿ ͵βφʹ.

---

63 Es ist hier nicht der Ort, um die unterschiedlichen Verbote im Detail zu analysieren und zu präsentieren. Die Vielfalt war der Ausgangspunkt der Wiener Forschungsprojekte zum Grabrecht nach den epigraphischen Quellen und steht im Mittelpunkt einiger Publikationen. In Harter-Uibopuu 2010 werden die entsprechenden Vorschriften in Smyrna analysiert, Harter-Uibopuu 2014 fokusiert auf die Grabinschriften von Ephesos. Harter-Uibopuu/Wiedergut 2014 erläutert die Verhältnisse in Milet. Derzeit ist ein Beitrag im Druck, in dem die Ergebnisse zusammengefasst und um Studien zu den lykischen Städten erweitert werden (Harter-Uibopuu/Wiedergut, im Druck 1)

64 Dazu Wiedergut in diesem Band, bei Anm. 53.

65 Zu Olympos Wiedergut 2018; zu Termessos Lotz, im Druck; zu Aphrodisias Rupp 2015; vgl. auch Wiedergut in diesem Band, bei Anm. 2–4.

66 Oben bei Anm. 8.

67 Oben bei Anm. 16.

Kein anderer hat die Befugnis ... (jemanden) hineinzubringen und zu bestatten in diesem Grabmal. Wenn aber jemand (jemanden) hineinbringt oder das Recht am Grabmal veräußert, soll er dem *fiscus* des Kaisers verantwortlich sein auf 2500 Denare.

Der Text aus Smyrna zeigt die typische Sanktion der Kaiserzeit. Zunächst wird das Verbot festgehalten; in diesem Fall werden das Einbringen (εἰσκομίζειν) und das Bestatten (θάπτειν) untersagt. Worin der Unterschied zwischen den beiden angeführten Handlungen besteht, oder ob hier durch eine Doppelung der Eindruck verstärkt werden sollte, ist nicht zu erkennen[68]. Auffallend ist, dass die Sanktion aber nicht nur für die zunächst angesprochenen Verbote gilt, sondern dass noch ein weiterer Tatbestand hinzugefügt wird. Auch die Veräußerung des Grabmals wird in gleicher Weise unter Strafe gestellt. Es ist wichtig anzumerken, dass der Empfänger der 2500 Denare der *fiscus* ist, und nicht etwa der geschädigte Inhaber des Grabes oder seine Erben. Damit ist die Summe als Strafzahlung und nicht als Schadenersatz qualifiziert, wie man es vielleicht aufgrund des privaten Charakters der Grabsatzung erwarten würde. Den Schaden drohten ja der Grabherr oder die von ihm Berechtigten zu erleiden und nicht die Gemeinschaft. Ihnen wird aber nur in sehr seltenen Fällen eine Zahlung zugedacht[69]. Neben dem *fiscus* gibt es weitere typische Empfänger der Bußgelder, in Smyrna sind dies etwa verschiedene Einrichtungen der Polis, das Heiligtum der Meter Sipylene, der Tempel der Augusti, sowie Kollegien und Vereine. Mit diesem Vorgehen stellt der Grabinhaber in gewisser Weise die Nutzung des Grabes unter den Schutz der Polis[70].

Auch in der Inschrift aus Isinda wird diese Verbindung zwischen den privaten Vorstellungen des Grabinhabers und dem öffentlichen Recht der Polis deutlich. Empfängerin der Strafzahlung ist die Polis Aperlai, zu der Isinda gehörte. Für die Eintreibung ist der Einsatz des Popularklägers, des *boulomenos*, vorgesehen. Durch den Aufruf an alle Bewohner der Polis, sich um den Schutz der Grabvorschriften zu kümmern, gewinnen diese wohl an Bedeutung. Die Anliegen des Grabinhabers werden eine Sache der ganzen Gemeinschaft[71]. Gerade in hellenistischer Zeit und unter

68 Am detailliertesten werden Verbote in I.Smyrna 210 ausgeführt. Der Name des Grabinhabers ist nicht erhalten, er errichtete ein Grabmal für sich, seine Frau und seine Angehörigen. Seine Sorge galt ausschließlich der möglichen Veräußerung des Grabes, die wortreich und in allen möglichen Formen verboten wird. Harter-Uibopuu 2010, 258–261.

69 Lediglich in Perinthos und Thessaloniki sind die Erben öfter als Empfänger der Strafsumme eingesetzt, so etwa in IG X 2,1, 478, 819, 613 (Thessaloniki) und I.Perinthos 130, 165, 178 oder 196. Vgl. Harter-Uibopuu/Wiedergut, im Druck 1, bei Anm. 54.

70 Ausgewählte Beispiele: Gerousia: I.Smyrna 206 (2000 Den., weitere 2000 an die *neoi*), 210 (2000 Den.), 211 (1000 Den.), Boule: I.Smyrna 219 (1500 Den.), Meter Sipylene: I.Smyrna 227 (2500 Den.), 232 (2500 Den.), 235 (500 Den.), 244 (5000 Den.), Tempel der Augusti: I.Smyrna 199 (2500 Den.), 237 (1500 Den.), Kollegien: „Lastträger beim Krug“: I.Smyrna 204 (250 Den.), „Synodos der Hieroniken“: I.Smyrna 217 (5000 Den.).

71 Mit der Eintreibung der Geldstrafen, die in den Grabsatzungen vorgesehen sind, beschäftigt sich ausführlich Thür in einem Beitrag in Harter-Uibopuu/Wiedergut, im Druck 2.

römischer Herrschaft kam es zu interessanten Entwicklungen in der Popularklage[72]. In klassischer Zeit diente sie dazu, Taten zu verfolgen, deren Entdeckung schwierig war, sowie Personen zu schützen, die nicht für sich selbst eintreten konnten, wie etwa Waisen, Witwen, alte Eltern oder auch Fremde. Zudem sollten damit Amtsträger kontrolliert werden, vor allem dort, wo sie Gelder verwalteten oder in der Rechtsprechung involviert waren[73]. Sie wurde nicht nur dort im öffentlichen Bereich eingesetzt, wo tägliche Kontrolle durch Amtsträger nicht automatisch gesichert war, sondern auch in Freilassungen, die ja ebenso wie die Grabsatzungen dem Privatrecht angehörten. In den entsprechenden Inschriften aus Delphi wird regelmäßig vom Freilasser selbst verfügt, dass der *boulomenos*, der sich für den Freigelassenen einsetzt, ἀζάμιος und ἀνυπόδικος bleiben soll. Er wurde also nicht zur Verantwortung gezogen, wenn sich herausstellte, dass der vermeintliche Freigelassene doch ein Sklave war[74]. Freilassungen waren ebenso einseitige Rechtsgeschäfte wie Grabsatzungen und Testamente. Es stellt sich auch hier die Frage, wie der private Freilasser einen derartigen Ausschluss von Klagen, die ja im Rechtssystem der Polis vorgesehen waren, verfügen konnte. Man wird in jedem Fall in Delphi von einer Zustimmung des Heiligtums, das ja in die Freilassungen involviert war und den physischen Rahmen für ihre Publikation bot, ausgehen müssen. Auch die privaten Grabinhaber werden in ihren Satzungen nicht ohne Zustimmung der Polis von den öffentlichen Rechtsinstrumenten Gebrauch gemacht haben können. Wie diese Zustimmung erfolgte, ist den Quellen allerdings kaum zu entnehmen[75].

72 Filias 2023a und 2023b.

73 Hierzu immer noch maßgeblich Rubinstein 2003.

74 Ein Beispiel ist die Freilassung der Sosicha, 176 v. Chr., SGDI 1867, Z. 6–10: εἰ δέ τίς κα ἅπτηται Σωσίχας ἐπὶ καταδουλισμῶι, βέβαιον παρεχέ|τω τῶι θεῶι τὰν ὠνὰν ἅ τε ἀποδομένα Δαμοκράτεια καὶ ὁ βεβαιωτὴρ Ξενόστρατος. εἰ δέ κα μὴ παρέχωντι βέβαιον τὰν | ὠνάν, πράκτιμοι ὄντω τῶι θέλοντι ὑπὲρ τὸν θεὸν κατὰ τὸν νόμον. ὁμοίως δὲ καὶ οἱ παρατυχόντες κύριοι ὄντω συλέοντες | ὡς ἐλευθέραν οὖσαν ἀζάμιοι ὄντες καὶ ἀνυπόδικοι πάσας δίκας καὶ ζαμίας. „Wenn aber jemand Sosicha ergreift, um sie zu versklaven, so sollen dem Gott Gewähr leisten für den Kauf die Freilasserin Damokrateia und der Garant Xenostratos. Wenn sie keine Gewähr leisten für den Kauf, soll gegen sie Vollstreckung möglich sein jedem, der das will, für den Gott nach dem Gesetz. In gleicher Weise sollen die zufällig Anwesenden ermächtigt sein, sie als Freie zu ergreifen (damit sie frei sei), und sie sollen straflos sein und nicht irgendeiner Klage oder Strafe verantwortlich". Die beiden eben geschilderten Vorgehensweisen haben dasselbe Ziel: die ehemalige Sklavin behält ihre Freiheit und die Freilasser und Garanten stehen damit dem Gott für den Kauf ein. Der Unterschied besteht lediglich im Zugang. Die Freiheit kann entweder durch den Garantiefall aus dem Kaufvertrag oder durch einen Statusprozess gesichert werden. Im ersten Fall kommt der Popularkläger nur dann zum Zug, wenn die Käufer und Garanten sich weigern, ihre Pflicht zu erfüllen, im zweiten Fall ist er von Anfang an die treibende Kraft. Insgesamt erhoffte man sich wohl auf diese Weise den höchstmöglichen Schutz ehemaliger Sklaven.

75 Der Frage nach dem Verhältnis zwischen Privatrecht und öffentlichem Recht in den Grabsatzungen widme ich mich umfassend in einem Beitrag in Harter-Uibopuu/Wiedergut, im Druck 2.

Die Verbindung von privaten und öffentlichen Elementen ist ein Merkmal der Grabsatzungen, das sie von Testamenten deutlich unterscheidet. Ein Blick in die papyrologische Evidenz in Ägypten zeigt, dass der Schutz der Anordnungen des Testators durch Strafen, die an öffentliche Kassen gerichtet waren, ein Phänomen des lokalen Rechts zu sein scheint und sich in römischen Testamenten nicht findet[76]. Eine Gruppe von lokalen Testamenten, vor allem aus Oxyrhynchos (2. Jh. n. Chr.), enthält Klauseln, die der Folgenden ähneln.

Testament des Eudaimon, 28. August 126 n. Chr., P.Oxy III 491, Z. 10–12[77]

παρὰ δὲ ταῦτα μὴ [οὔσης μηδενὶ τῶν κα]θ̣ό̣λου
ἐξουσίας παραβαίνειν τὸν δὲ παραβησόμενον ἀποτίνειν τῷ ἐνμένοντι τό τε βλάβος καὶ ἐπίτι
[μον] ἀργυρίου δραχμὰς χιλίας καὶ ε[ἰ]ς τὸ δ̣η̣μ̣[όσιον τὰ]ς ἴ̣σ̣α̣ς, καὶ μηδὲν ἧ[σον κύρια μένειν τ]ὰ
προκείμενα.

Gegen all dieses darf keiner von ihnen jemals verstoßen. Wer aber dagegen verstößt soll demjenigen, der den Bestimmungen treu bleibt, den Schaden ersetzen und eine zusätzliche Buße von 1000 Silber-Drachmen zahlen und in die öffentliche Kasse den gleichen Betrag. Und um nichts weniger soll das Vorliegende rechtsgültig bleiben.

Nowak hält in ihrer Untersuchung zu den Testamenten in Ägypten die Entwicklung der Strafklausel fest. Sie seien analog zu den Strafklauseln in Verträgen zu sehen, die wiederum absichern sollten, dass sich die beiden Parteien an ihre Verpflichtungen hielten und dass keine Störungen von dritter Seite erfolgten. Dies wird auch in der vorliegenden Klausel im Testament des Eudaimon deutlich. Es ist jedenfalls eine Besonderheit, dass neben dem Schadenersatz (wohl an die übrigen Erben) und einer Buße auch eine Zahlung an die öffentliche Kasse verfügt wurde. Auch hier scheint man die Vorschrift unter den Schutz der Öffentlichkeit zu stellen[78]. P.Oxy III 493, das Testament des Pasion und der Berenike, zeigt, dass auch Anfechtungen der Bestimmungen durch Dritte unter Strafe gestellt wurden. Berger sieht darin die Abwehr all jener Personen, die etwa Erbansprüche haben könnten. Die rechtliche Grundlage sei — im Unterschied zu den Konventionalstrafen — ausschließlich der Wille des Erb-

76 Siehe Berger 1911, 229–231, der die Strafklausel erstmals in P.Eleph. 2 (284 v. Chr.) feststellt. Dort sei sie ein Übergang zwischen der echten Konventionalstrafe in Verträgen hin zu einer Klausel, die einseitig eine Strafzahlung vorsieht.

77 Testament des Eudaimon, S.d. Thonasuchis, der sein Vermögen seinen drei Söhnen vererbt. Zwei von ihnen sind zum Zeitpunkt des Testaments noch nicht 20 Jahre alt und werden bis zum Erreichen dieses Alters unter Vormundschaft des ältesten Bruders und des Großvaters gestellt. Sie dürfen auch erst nach dem 25. Geburtstag über das Erbe frei verfügen. Eine weitere Klausel sieht vor, dass das Erbe, wenn einer der drei Söhne ohne Kinder stirbt, an die Brüder geht. Gerade derartige komplexe Anordnungen bieten natürlich die Basis für mögliche Streitigkeiten unter den Erben, sodass die Strafklausel, mit der jede Anfechtung untersagt wird, von besonderer Bedeutung scheint.

78 Nowak 2015, 200–202 mit der weiteren Entwicklung bis in die Spätantike.

lassers. Damit seien die Strafklauseln in den Testamenten mit den Strafbestimmungen aus den Grabinschriften vergleichbar[79].

Auf zwei weitere Formen der Sanktionen, die in Testamenten keinen Platz gefunden haben, soll abschließend noch hingewiesen werden. Auf der einen Seite wurden in einigen Fällen diejenigen Personen, die gegen die Bestimmungen verstoßen, mit einer Klage wegen *tymborychia*, Grabraub, bedroht. Hier fehlt der Platz, ausführlich auf dieses interessante Element der Sicherung einzugehen. Es ist aber festzuhalten, dass grundsätzlich die Bestattung eines dazu nicht ausdrücklich Berechtigten nicht unter den Tatbestand des Grabraubs zu subsumieren ist. Es liegt ein Rechtsfolgenverweis vor, wie er in den Dekreten und Gesetzen griechischer Poleis oft vorkommt[80]. Wesentlich häufiger und bereits in klassischer Zeit in Lykien finden sich Flüche, mit denen deutlich davor gewarnt wurde, dass auch Fehlverhalten, das der Familie des Grabinhabers oder seinen Mitbürgern nicht auffiel, durch die Götter und Dämonen der Unterwelt verfolgt werden würde[81].

Wenn es also auch durchaus Ähnlichkeiten zwischen den Grabsatzungen und einigen lokalen Testamenten in Ägypten im Einsatz von Verboten zum Schutz der Bestimmungen und in der Androhung von Strafen gibt, ist der Aspekt der Einbindung der Öffentlichkeit doch einer der markantesten Unterschiede zwischen den beiden Rechtsakten. Während das Testament fest im Privatrecht verankert war und die Möglichkeiten für Erben und Außenstehende, ihre Ansprüche durchzusetzen, dort als ausreichend gesichert empfunden wurden, wurde in den Vorsorge-Inschriften deutlich publik gemacht, dass die jeweiligen Gräber auch dem Schutz der Polis und der römischen Provinzverwaltung unterstellt waren. Diesen waren Strafzahlungen zugedacht, die sie wohl auch eintreiben konnten.

2.4 Die Erwähnung von Testamenten als eigene Rechtsakte in Grabsatzungen

Besondere Sicherheit, dass das Errichten eines Grabes mit einer entsprechenden Satzung zu seiner Benutzung und das Errichten eines Testaments mit Verfügungen über das Vermögen zwei unterschiedliche Akte waren, gewinnt man natürlich in denjenigen Grabtexten, in denen explizit auf ein Testament hingewiesen wird. Es sind nur

---

79 Berger 1911, 233 mit Verweis auf Hirschfeld 1887 und Giorgi 1910. Auch Mitteis und Wilcken stellen die enge Verbindung der Strafklausel zu den Grabinschriften Kleinasiens fest. Mitteis/Wilcken 1912, 240.

80 Ein typisches Beispiel findet sich im Testament des Epikrates, dazu Harter-Uibopuu 2021, 389. Ebenso I.Milet VI 2, 602, Z. 12–13; dazu Harter-Uibopuu/Wiedergut 2014, 159–160 mit weiteren Beispielen. Vgl. auch Thür 2023, 25–29.

81 Zu Flüchen als Mittel des Grabschutzes: In Lykien Christiansen 2009. Vgl. zum Phänomen Strubbe 1991; Strubbe 1997 bietet eine umfassende Sammlung der relevanten Texte.

wenige, und auch wenn man keine Aufschlüsse auf die Häufigkeit dieses Vorgehens ziehen kann, wird doch immerhin die Möglichkeit damit belegt.

Der folgende Grabtext eines römischen Offiziers stammt aus Ikonion:

Grabmal des C. Aponius Firmus, Ikonion (Lykaonien); MAMA VIII 327, 1. Jh./2. Jh. n. Chr.[82]

[Γ]άιος Ἀπώνιος Φίρμος στρατευσά[μενος]
[δ]εκαδάρχης εἴλης Κολώνων Καίσ[αρος? τὸ]
[μν]ημεῖον ἐποίησεν ἑαυτῷ τε καὶ Φλ[αβ. Οὐι]-
[σε]λλίᾳ τῇ γυναικὶ αὐτοῦ μόνῃ. εἰς μὲν [τὸν ἄ]-
[νω ο]ἶκὸν μηδενὶ ἄλλῳ ἐξὸν ἔστῳ εἰσενενκεῖν πλήν
[τῷ] Ἀπωνίῳ καὶ τῇ Οὐισελλίᾳ. τὸν δὲ κ̣ά̣τ[ω] οἶκο[ν ἔσεσ]-
θαι ὧν ἂν διατάξωμαι λείψανα κα[τ]ὰ διαθ̣[ήκην].

C. Aponius Firmus, gedient als *decurio* der *ala Colonorum Augusti*[83], errichtete das Grabmal für sich und ausschließlich Flavia Visellia, seine Frau. Es soll niemandem anderen zustehen, jemanden in das obere Haus zu bestatten, außer Aponios und Visellia. In das untere Haus aber soll es für diejenigen (freistehen), von deren sterblichen Resten ich es selbst testamentarisch verfügen werde.

Hier liegt jedenfalls eine Grabsatzung vor: C. Aponius Firmus bestätigt, dass er das Grabmal mit dem Wunsch errichtet hatte, eine Ruhestätte für sich selbst und seine Frau Flavia Visellia zu haben. Es bestand wohl aus zwei übereinanderliegenden Räumen, von denen der obere dem Ehepaar alleine zugedacht war[84]. Der untere Raum sollte für andere Personen genutzt werden können, die aber zum Zeitpunkt der Errichtung des Grabes noch nicht feststanden. Die Berechtigung, darüber zu verfügen, behält sich der Grabherr vor, wobei er klarstellt, dass er Einzelheiten in einem künftigen Testament regeln werde. Der Text belegt somit einerseits, dass Verfügungen über die Belegung von Gräbern durchaus in Testamenten vorkommen konnten, andererseits aber auch, dass die vorliegende Grabsatzung eben noch nicht das Testament des Aponius Firmus war.

Noch deutlicher wird Epaphras, S.d. Nanne, Bürger der lykischen Stadt Myra. Er hatte von seinem Vater ein Grabmal geerbt, das er nun mit einer Inschrift versah. Dazu hatte er die Erlaubnis des Rats und des Volks von Myra erlangt und verweist in seinem Grabtext auf die Beschlussvorlage, die den Gremien wohl vorgelegt wurde. C. Schuler analysiert in seiner Edition des Textes die wenigen Inschriften, die auf eine derartige Beteiligung der städtischen Gremien an der Verwaltung von Gräbern im pri-

82 Block (Material nicht angegeben), an beiden Seiten gebrochen. H 72 cm, B 1,24 cm, T 32 cm; BH 3–4,5 cm. Der vorliegende Text folgt weitgehend den Ergänzungen von I.Lykaonien 84, mit Ausnahme von Z. 2 (AE 1907, 57).

83 Zur *ala I Augusta Gemina Colonorum* siehe Bennett 2011, 255–259; Ramsay/Ramsay 1928, 184–187. C. Aponius Longus war *decurio* in dieser Reitereinheit, wie sein Sohn C. Aponianus Sopatros in der Widmungsinschrift auf einer Basis aus Kara Hüyük anführt (MAMA VIII 94). Die Familie der Aponii gehörte wohl zur Elite von Ikonion, wie die Grabinschrift des C. Aponius Crispus, den Ramsay/Ramsay für den Sohn oder Enkel des Firmus halten, belegt (SEG 6, 445).

84 Zur möglichen Architektur siehe Kubinska 1968, 114.

vaten Eigentum hinweisen, welche wohl in jedem Fall die neue Nutzung eines bestehenden Grabs betraf. Er hält fest, dass die Rolle des Rates sich darauf beschränkte, die Berechtigung der Grabeigentümer zu prüfen und zu bestätigen. Er habe nicht das Recht gehabt, in die jeweiligen privaten Anordnungen einzugreifen[85]. Zunächst bestimmt Epaphras in seiner Grabsatzung, wer das Recht auf Bestattung in dem „väterlichen“ Grabmal hat: er selbst, seine Frau Parthenous, ebenfalls Bürgerin von Myra, sowie ihre Kinder und deren Frauen, wenn sie rechtmäßig und auf Grundlage einer Mitgift zusammenleben[86]. Zusätzlich sollte sein Neffe, Thallos, S.d. Thalles, Aufnahme im Grab finden können. Von allen Nachkommen wird verlangt, dass sie Epaphras bekränzen, also die notwendigen Ehrungen im Totenkult durchführten. Für die Überlegungen zum Verhältnis von Grabsatzung und Testament sind die letzten Zeilen der Inschrift von Interesse, sie enthalten das Verbot, den Berechtigungsvorbehalt und die Sanktion.

Grabmal des Epaphras, Myra (Lykien): SEG 56, 1747, Z. 9–13, 2. Jh. n. Chr.[87]

... ἄλ]-
λῳ δẹ̀ μ̣[η]δ̣ẹνὶ ἐξέστω, εἰ μ̣ὴ̣ ἐγὼ ζῶν ἐπ̣[ιτρέ]-
ψω ἤ κ̣ατὰ διαθή̣κη̣ν ἀφῶ, ἤ ὀφειλẹ́σ̣ε[ι]
Μυρέων τῇ γερουσίᾳ ✱ φʹ· ὁ δὲ ἐλέν-
ξας λήνψετε τὸ τρίτον

Sonst aber soll es niemandem zustehen, wenn nicht ich zu Lebzeiten es erlaube oder im Testament freistelle[88], oder er soll der gerousia von Myra 500 Denare zahlen. Derjenige, der überführt, soll ein Drittel erhalten.

85 Schuler 2006, 407–410 mit Verweis auf TAM II 168 (Telmessos, Lykien), 250 (Sidyma, Lykien), 605 (Tlos, Lykien), Syll.[3] 1234 (Timioussa, Lykien).

86 Bemerkenswert ist, dass Epaphras selbst nur den Namen seiner Mutter zur Bestimmung der Abstammung nennt. Er scheint also aus einer illegitimen Beziehung zu stammen. Dies hatte keinen Einfluss darauf, dass er das Grabmal πατρῷος τύνβος nennt. Ob dies ein „vom Vater ererbtes Grab“ (Übersetzung Schuler 2006, 407) oder ein Grab, das schon länger im Familienbesitz ist, bezeichnet, ist nicht zu entscheiden. Möglicherweise ist aber hier der Grund dafür zu sehen, dass Epaphras sich sein Recht auf das Grab von der Polis bestätigen lässt. Schuler 2006, 410–411 erläutert die Anforderung, dass die Schwiegertöchter in legitimer Ehe mit den Söhnen des Grabherrn leben und eine Mitgift eingebracht haben mussten. Zu dem in Lykien durchaus verbreiteten Phänomen, die Bestattungsrechte auf legitime Ehefrauen auch in der kommenden Generation einzuschränken vgl. auch Kılıç Aslan 2023, 101–105 mit Verweis auf I.Arykanda 136 und das Edikt des Quintus Veranius.

87 Sarkophagkasten, teilweise verschüttet, vermutlich nicht mehr *in situ*. Auf dem linken Rand der Langseite eine umrissene *tabula* (H 59 cm, B 80 cm), in der die Inschrift (BH 3,5 cm) angebracht ist. Edition bei Schuler 2006, 407–412. Auffallend ist, dass Epaphras zwar von einem τύμβος spricht (Z. 4), der Schriftträger aber ein Sarkophag ist. Der Begriff τύμβος bezeichnet sehr allgemein ein Grabmal, das dann aus verschiedenen Elementen bestehen konnte, vgl. Kubinska 1968, 25–26. Da Epaphras das Grab von seinem Vater geerbt hatte, dessen Bestattung nicht weiter erwähnt wird, muss man wohl davon ausgehen, dass er es zumindest um den Sarkophag erweitert hatte, auf dem seine Inschrift angebracht war.

88 Die seltene Kombination von ἀφίημι und διαθήκη bezieht sich normalerweise auf testamentarische Freilassungen (z. B. in IG X 2, 2, 300, Styberra, Makedonien, oder IG V 2, 274 I, Mantineia, Arka-

Da das Testament im Rahmen des Berechtigungsvorbehaltes erwähnt wird, ist davon auszugehen, dass es zum Zeitpunkt der Abfassung der vorliegenden Grabsatzung noch nicht errichtet worden war. Auch Epaphras unterscheidet explizit zwischen einer einfachen Erlaubnis zu Lebzeiten — die möglicherweise im Rahmen einer *synchoresis* erteilt würde — und dem Recht auf Bestattung, das nach seinem Tod aus dem Testament abgeleitet werden konnte. Damit wird auf die unterschiedlichen Zeitpunkte verwiesen, zu denen die jeweilige Berechtigung Rechtskraft erlangen sollte. Noch deutlicher wird ein Grabherr aus Telmessos, der in der gleichen Art und Weise im Berechtigungsvorbehalt Vorsorge trifft.

Grabmal der N. N., Telmessos (Lykien): TAM II 77, Z. 4–6, kaiserzeitlich[89]

ὁμοίως οὐκ ἐξέσται τινὶ ο[ὐ]δὲ ἐν τῷ ὑποσορίῳ τοῦ ἡρῴου
τ̣εθῆναι ἢ θάψαι τινὰ χωρὶς εἰ μή τινι ἐγὼ συγχωρήσαιμι ἢ ζῶσα
ἢ ἐν διαθήκαις ἢ κωδικίλλοις γράψασα·

In der gleichen Art und Weise sei es niemandem erlaubt, in dem *hyposorion* des *heroon* bestattet zu werden, oder jemanden zu bestatten, wenn nicht ich jemandem die Erlaubnis erteile, entweder zu Lebzeiten oder es in Testamenten oder *codicilli* schreiben werde.

Der Name der Grabherrin ist nicht erhalten, aber die Fundumstände und der Inschriftenträger lassen auf ein größeres *heroon* schließen. Der erhaltene Text setzt in Z. 1 mit einer Strafklausel ein: Für das Vergehen, das direkt davor genannt worden sein muss, sollen 50.000 Denare an den *fiscus* und weitere 50.000 an das Lykische Koinon gezahlt werden. Zusätzlich solle sich der Täter wegen *asebeia* gegen die unterirdischen Gottheiten verantworten müssen[90]. Sowohl die Höhe der Strafe als auch das Koinon als Empfänger lassen auf eine gehobene soziale Stellung der Grabinhaberin innerhalb der Polis und vermutlich auch über ihre Grenzen hinaus schließen. Im ersten Teil der Grabsatzung muss wohl die Belegung der Haupträume des Grabes geregelt worden sein, da das hier zitierte Verbot sich auf die Belegung des *hyposorion*, also des Unterbaus bezieht. Dieser diente gerade in Lykien oftmals der Aufnahme von Freigelassenen und anderen Mitgliedern des Haushalts. Dafür spricht auch die Tatsache, dass die Strafe, die auf eine Missachtung dieser Regelung ausgesetzt ist, deutlich niedriger ist. In Z. 6–9 ist vorgesehen, dass 10.000 Denare an die Stadt entrichtet werden müssen; die Anklage wegen *asebeia* ist genau so formuliert, wie in Z. 2–4. Wiederum wird das Bestattungsverbot von einem

dien). Hier ist wohl eher an die Bedeutung zu denken, die LSJ s.v. ἀφίημι A IV als „permit" gibt. Allerdings fehlen im vorliegenden Text der eigentlich dazu notwendige Akkusativ und Infinitiv. Dies verwundert in den oft verkürzt formulierenden Grabsatzungen nicht weiter.

89 Zwei Teile eines großen quadratischen Kalksteinblocks; a (H 55 cm, B 84 cm, T 43 cm), b (H 56 cm, B 68 cm), für den Verbau in einer Wand vorbereitet. Hinter den sichtlich herabgefallenen Blöcken eine „stattliche Quadermauer" (Kalinka). BH 3–3,5 cm.

90 Zur Höhe der Strafe siehe Lotz 2018, 251 mit Anm. 101. Zu den Rechtsfolgenverweisen, die üblicherweise Klagen wegen *tymborychia* androhen, vgl. Harter-Uibopuu 2014, 175 und Harter-Uibopuu/Wiedergut 2012, 158–160.

Berechtigungsvorbehalt begleitet, der diesmal als direkte Ausnahme vom Verbot formuliert ist. Die entsprechende *synchoresis* kann entweder zu Lebzeiten oder aber in Testamenten (im Plural) oder *codicilli* schriftlich verfügt werden. Die Gegenüberstellung von Testament und Kodizill verrät eine gewisse Kenntnis des römischen Rechts. In beiden Fällen gelten die Bestimmungen nach dem Tod der Grabherrin. Dies ist möglicherweise ein Hinweis darauf, dass die Grabherrin vorhatte, ein römisches Testament zu verfassen. Auch das angekündigte Testament des Veterans C. Aponius Firmus war sicherlich als Soldatentestament nach römischen Recht gedacht. In anderen Texten, in denen nur von einer διαθήκη gesprochen wird, lässt sich nicht eindeutig entscheiden, ob es sich dabei um ein Testament nach lokalem, griechischem Recht oder nach römischem Recht handelt. Auch wenn die Grabinhaberinnen und Grabinhaber römische Bürgerinnen und Bürger waren, wie viele Inschriften ausweisen, müssen sie nicht notwendigerweise auf die strengen Regelungen des römischen Testamentsrechts zurückgegriffen haben, um ihren letzten Willen aufzusetzen[91].

Ein letzter Text sei hier noch angeführt und näher besprochen, weil er bereits eine Überleitung zum nächsten Abschnitt bildet. Aus Kapolmeia in Lydien (heute Yeniköy bei Alaşehir) stammt eine Grabinschrift auf einem Block, der in einer großen Grabanlage verbaut gewesen sein muss.

Grab des N. N., Kapolmeia (Lydien): TAM V 3, 1729, 1./2. Jh. n. Chr.[92]

\- - - - - - - - - - -
[· · ? · ·] τ̣ῇ γυν[αικί] [· · ? · ·]
[· · ? · ·] ἐ̣φ’ ᾧ οὐκ ἐξέσται τοῖς κληρ̣[ονόμοι]ς Η[· · ? · ·]
[-τὸ] μνημεῖον καὶ τὸν περὶ αὐτὸ τό[πον . .]Σ̣ΘΝΟΜΑ̣[· · · ·]Ι̣Τ̣Ο̣Π̣Ω̣ [. .]
[· · ? · ·]ΑΥΡΥΚΛΟΙΣ, ἄνωθεν τοῦ βωμοῦ θ̣ε̣ᾶς Ἀναειτέως καὶ βωμ[οῦ]
[Ὑπά(?)]του Διὸς ἀφωρισμένος ὑπὸ ἐμοῦ ἀπὸ τῆς παραγούσης ὁδο[ῦ]
[ἔω(?)]ς ἀκαινῶν τριάκοντα περὶ αὐτῷ εἰς τετράγωνον, μήτε <ὑ>πο-
[θέ]σθαι μήτε ἐξαλ̣λ̣οτριῶσαι τ̣ρ̣[ό]πῳ̣ μηδενὶ μηδὲ παρευρέσε̣[ι]
[μη]δεμιᾷ̣. Ὁμοίως οὐκ ἐξέσ̣τ̣α[ι] ἑ̣τ̣έρῳ̣ τινὶ τεθῆναι εἰς αὐτὸ . [. .]
[· · ·]ΜΑ τ̣ῶν ὀκτὼ ὧν πεποίημα̣ι ἐν αὐτῷ ὑποσορίων· τεθή[σον]-
[ται] δ̣ὲ̣ ἐ̣κ̣εῖνοι, οἷς ἂν ἐγὼ ἐν ᾗ̣ π̣ο̣ι̣ή̣σ̣ο̣μ̣α̣ι [δ]ιαθήκ̣η συνχῳ̣[ρῶ· Ὅσ]-
[τι]ς̣ δ̣’ ἂ̣ν ἐπεισοίσει παρ̣ὰ̣ [τ]αῦτ[α] ἢ̣ ἕ̣τ̣ερόν τι παρ̣ὰ τὰ ὡ[ρισμέ]-
[να ὑπ’] ἐ̣μοῦ ποιήση̣, Π̣Ρ̣[·]Ι̣Ε̣[· · ·] μ[ὲ]ν̣ ἕξει θ̣εοὺς κεχολ[ωμένους],
[ὑπο(?)]κ̣είσεται δὲ πρ̣οστείμῳ̣ ε̣ἰ̣ς̣ τ̣ε τὸν Καίσαρος φίσ̣[κον *,αφ’ (?)]
[καὶ τ]ῇ Καπολμέων κατοικίᾳ̣ [· · ? · ·],αφ’· καὶ εἴ τις παρ[· · 6 · ·]
[· · ? · ·]ατεύσεται, γενήσεται ἄκυρα ΔΙΑΤΟ̣[· · ? · ·]ΗΕ[· · 7 · ·]
[· · ? · ·]ΤΑ διατετάχθα̣ι Ο̣Λ̣Ν̣Λ̣Τ̣Ε̣Λ̣ΣΟ̣Τ̣ [· · ? · ·]
[· · ? · ·] ΥΤ̣ΟΠ[· · ? · ·]
[· · ? · ·] Π̣Ο̣Γ̣[· · ? · ·]

91 Jakab 2021, 376–378.
92 Block aus weißem Marmor (H 50 cm, B 95 cm, T 40 cm; BH 2 cm), Petzl 1996, 3–8, Nr. 3 (Tafel I) mit umfassendem Kommentar; SEG 46, 1506.

> ... der Ehefrau ... unter der Bedingung, dass es den Erben künftig nicht gestattet sei ... das Grabmal und den Platz um dieses ... oberhalb des Altars der Göttin Anaitis und des Altars des Zeus Hypatos (?), von mir abgegrenzt vom vorbeiführenden Weg bis (?) zu dreißig *akainai* im Viereck um dieses (sc. das Grabmal herum, als Sicherheit zu geben oder zu veräußern, auf keinerlei Art und Weise und unter keinem Vorwand. In der gleichen Weise steht es künftig niemandem anderen frei, in diesem *mnema* in die acht *hyposoria* bestattet zu werden, die ich darin gemacht habe. Bestattet werden sollen diejenigen, denen ich es in dem Testament, das ich errichten werde, gestatte. Wer aber etwa entgegen diese (Regeln) bestattet oder etwas anderes dagegen unternimmt, was von mir festgesetzt wurde, wird einerseits von den zürnenden Göttern (verfolgt werden) und andererseits einer Strafzahlung unterliegen von 1500 (?) Denaren an den kaiserlichen *fiscus* und an die *katoikia* der Kapolmeier ... 1500. Und wenn jemand entgegen (diese) ... handelt, soll es wirkungslos sein ... letztwillig verfügt ...

Es ist nicht leicht, den an beiden Rändern stark fragmentierten Text zusammenhängend zu interpretieren. Einige Elemente lassen sich aber dennoch festhalten. Die Einleitung stammt aus einer typischen Grabsatzung. Man wird davon ausgehen müssen, dass der Grabherr erklärt, das Grabmal für sich und seine Frau (Z. 1) errichtet zu haben. Dies geschah unter der Bedingung, dass es unveräußerlich sei. Diese Bedingung wird den Erben auferlegt. Dabei trägt der Grabherr zunächst Sorge, dass sie es nicht mit einer Hypothek belasten könnten, erst in einem zweiten Schritt nennt er die Veräußerung auf jegliche andere Weise[93]. Zu dem Grab gehörte auch ein viereckiges Grundstück, dessen Lage anhand markanter Punkte in der Landschaft angegeben wird. Dieses war abgegrenzt worden und diente möglicherweise dazu, Einkünfte zu generieren, die für den Totenkult verwendet werden konnten[94]. Sichtlich war im ersten Teil der Grabsatzung die Belegung des Hauptteiles des Grabes geregelt. Petzl geht davon aus, dass der Text auf einem anderen Block begonnen haben muss. Zu der Grabstätte gehörten aber auch acht *hyposoria*, die der Grabherr hatte errichten lassen[95]. Zur Zeit der Abfassung der vorliegenden Grab-

93 Normalerweise steht in den Veräußerungsverboten der Verkauf an erster Stelle, vgl. Harter-Uibopuu 2014, 165–167.

94 Aus Nakrason in Lydien stammt eine umfangreiche Inschrift (1. Jh. n. Chr.), die in ihrem Hauptteil die Bestimmungen einer Stiftung trägt. Epikrates, S.d. Epikrates hatte verschiedene Ländereien abgegrenzt und gewidmet, um für den Totenkult jährlich genügend Einkünfte zu erhalten. Neben diesen detaillierten Regelungen (Z. 1–25) ist auch ein Berechtigungsvorbehalt aufgenommen (Z. 38–40); zwei Freigelassene werden als *epimeletai* des Grabmals und der zugehörigen Grundstücke eingesetzt (Z. 41–51) und die Nachfolge in diesem Amt wird geregelt (Z. 52–63). Ein Veräußerungs- und Abänderungsverbot sowie eine Strafklausel schließen die Vorschriften der Stiftung ab. Es folgen Teile einer Grabsatzung, in der die Belegung des Grabmals und eines weiteren Grabes festgelegt werden (Z. 76–94), auch diese werden von einer Strafklausel abgeschlossen (Z. 94–105). Der Inschrift endet mit den Worten Ἐπικράτης Ἐπικράτους διατέθειμαι. „Ich, Epikrates, S.d. Epikrates, habe letztwillig verfügt“. Damit wird deutlich, dass es sich insgesamt um ein Testament handelt, in das die anderen Elemente aufgenommen wurden. Eine umfassende Analyse bieten die Erstherausgeber Herrmann/Polatkan 1969 und Harter-Uibopuu 2019.

95 Kubinska 1968, 81 verweist darauf, dass *hyposoria* zwar in Philadelphia in Lydien immer wieder genannt werden, zu ihrem Aussehen und ihrer Größe aber keinerlei Rückschlüsse möglich seien. Die große Menge, die im vorliegenden Text angesprochen wird, macht es unwahrscheinlich, dass es sich

satzung bestehen sie bereits (Z. 9: πεποίημα̣ι), aber ihre Belegung wird hier noch nicht definiert. Der Grabherr behält sich diesen Schritt, die *synchoresis*, für das Testament vor, das er erst in Zukunft errichten wird (Z. 10: π̣ο̣ι̣ήσ̣ο̣μα̣ι). Es handelt sich dabei nicht um einen klassischen Berechtigungsvorbehalt, wie in den meisten vorherigen Texten. Das Anliegen des Grabherrn ist nicht, eine festgelegte Gruppe möglicherweise zu erweitern. Vielmehr hat er zwar zunächst über einen nicht unerheblichen Teil des Grabes und das Land darum herum verfügt und damit wahrscheinlich seine Verwendung geregelt. Die Belegung will er erst in seinem Testament regeln. Die Strafen für Zuwiderhandlungen werden allerdings direkt in der Grabsatzung festgelegt. Auch hier wird deutlich, dass die beiden Vorgänge als unterschiedliche Rechtsakte gesehen werden, die aber trotzdem in enger Verbindung zueinanderstehen. Die Inschrift enthält also zumindest den Auszug aus einer Grabsatzung, in dem auf ein künftiges Testament verwiesen wird. Unglücklicherweise ist gerade der Schluss der Inschrift abgebrochen, in dem noch einmal von einer letztwilligen Verfügung gesprochen wird.

Wenn es auch wenige Grabinschriften sind, die eine derart genaue Trennung von Grabsatzung und Testament erlauben, genügt der Befund doch, um deutlich werden zu lassen, dass nicht jede Grabsatzung automatisch auf einem Testament beruhte. Ebenso wenig werden alle Testamente Vorschriften zur Belegung von Gräbern enthalten haben. Wenn die Grabinhaber das wollten, konnten sie einerseits für die Nutzung ihres Grabes und die Durchführung der damit verbundenen Totenverehrung und andererseits für die Weitergabe ihres Vermögens an die Erben unterschiedliche Dokumente aufsetzen, die getrennt voneinander Gültigkeit erlangten.

3 Grabsatzungen als Teile von Testamenten

Wenn also auch — wie eben aufgezeigt — die Möglichkeit bestand, die beiden Rechtsakte voneinander zu trennen, finden sich doch ebenso Hinweise darauf, dass die Nutzung von Gräbern im Rahmen eines Testaments festgelegt wurde. Vorsorge-Grabinschriften mit solchen Verweisen kommen unter anderem aus Termessos. Fünf Texte zeugen davon, dass die Vorschriften zur Belegung eines Grabes sowie die damit verbundenen Sanktionen auch Teil eines Testaments gewesen sein konnten[96]. Zudem scheint es wichtig gewesen zu sein, eben diesen Aspekt auch in der Vorsorgeinschrift zu erwähnen; möglicherweise geschah dies, um die Rechtsgrundlage für die Vorschriften zu verdeutlichen und ihnen damit Nachdruck zu verleihen. Auf die Grabinschrift des Aurelius Anthestianos Dioteimos (TAM III 1, 407), ist bereits oben eingegan-

---

um separate Sockelbauten für Sarkophage wie in Lykien handelt. Möglicherweise wird man doch an Grabnischen in einem Unterbau oder Ähnliches denken müssen.

96 Diesen stehen allerdings Vorsorge-Grabinschriften gegenüber, die deutlich auf eine πρόρησις hinweisen, eine Vorschrift, die als Grabsatzung gesehen werden muss, vgl. oben bei Anm. 23.

gen worden. Er hatte sein Grab gemäß dem Testament seiner verstorbenen Frau Artemeis, T.d. Meidias, errichtet. Die Belegung ausschließlich mit den Ehegatten war wohl in diesem Testament geregelt worden. Ob die Strafzahlung, die in der Inschrift angedroht wird, auch daraus stammt, ist nicht sicher, aber doch sehr wahrscheinlich. Anthestianos zitiert also eine Grabsatzung aus dem Testament seiner Ehefrau[97].

In der folgenden Grabinschrift beruht die Strafe jedenfalls sicher auf einer Klausel des Testaments:

Sarkophag des Moles, S.d. Kendeas, Termessos (Pisidien): I.Termessos Suppl. IV 118 (vor 212 n. Chr.)[98]

Μολης Κενδεου Μολεους ἑαυ-
τῷ καὶ τῇ γυ(ναικὶ) αὐτοῦ ἐπὶ τῷ μη-
δένα ἕτερον μετ᾽ αὐτοὺς
κηδευθῆναι ἐν τῇ θήκῃ, εἰ
δὲ μή, ἔνοχος ἔστω τῷ ἐν τῇ
διαθήκῃ γεγραμμένῳ ἐπι-
τειμίῳ Ӿ ͵γ

Moles, S.d. Kendeas, E.d. Moles, für sich und seine Frau, unter der Bedingung, dass niemand anderer mit ihnen in dem Sarkophag bestattet werde. Wenn aber doch, soll (der Bestattende) schuldig sein auf die im Testament festgeschriebene Strafe von 3000 Denaren.

Allerdings muss man deutlich zwischen der Errichtung des Grabes auf der einen Seite und der Festsetzung der Strafe für unberechtigte Bestattung auf der anderen Seite unterscheiden. Die Inschrift berichtet davon, dass Moles das Grab für sich und seine Frau errichtete, ein Akt, der jedenfalls zu seinen Lebzeiten gültig vorgenommen wurde[99]. Mit ἐπὶ τῷ in Z. 2 wird die Bedingung ausgedrückt, unter der die Graberrichtung stattfand: Ausschließlich das Ehepaar sollte im Sarkophag bestattet werden. Nur für die Strafe bei widerrechtlicher Bestattung wird explizit auf das Testament verwiesen, in dem diese festgesetzt war. Dabei könnte es sich um das Testament der Ehefrau handeln, wenn man davon ausgeht, dass sie — wie auch die Frau des Anthestianos Dioteimos — bereits verstorben war und als erste im neuen Grab beigesetzt werden sollte. Darauf fehlt aber jeder Hinweis. Die zweite Möglichkeit ist, dass der Grabherr auf sein eigenes Testament verweist, in dem die Strafe festgelegt war. Dieses erlangte erst nach dem Tod des Grabherrn Moles Gültigkeit. Möglicherweise glaubte er sich in der Lage, das Grab zu seinen Lebzeiten selbst zu schützen und sah daher keine Notwendigkeit, eine Geldbuße anzudrohen.

97 Siehe zur Inschrift und zur Interpretation des διατάσσεσθαι oben bei Anm. 52.

98 Unverzierter Sarkophagkasten (H 122 cm, B 214 cm, T 96 cm; BH 2,3 cm), die Inschrift ist in einer *tabula ansata* angebracht.

99 Wie in vielen termessischen Grabinschriften scheint der Text verkürzt, gedacht ist wohl an eine Formel zur Errichtung wie in TAM III 1, 219, Z. 1–2: Μ(ᾶρκος) Αὐρ(ήλιος) Ἀγαθόπους β′ τὴν σωματοθήκην | κατέστησεν ἑαυτῷ καὶ τῇ γ[υ](ναικὶ) αὐτοῦ (...) „Marcus Aurelius Agathopous, S.d. Agathopous, errichtete den Sarkophag für sich und seine Frau (...)“, wo das Verb καθίστημι verwendet wird. Ebenso TAM III 1, 223, Z. 2, 227, Z. 2, 239 Z. 1, 246, Z. 1, et al.

Auch ein zweiter Verweis auf die Sicherung in einem Testament scheint dieses Vorgehen zu belegen.

Grab des M. Pupius Dikaios, Termessos (Pisidien): TAM III 1, 397, kaiserzeitlich

Μᾶρκος Πούπιος Δίκαιος
τὸ ἡρώειον καὶ τὴν σωμα-
τοθήκην Κλαυδία Ῥηγείνη,
τῇ γυναικί, καὶ ἑαυτῷ ἐπὶ
τῷ μηδὲ ἕνα ἄλλον μετὰ
τὴν τελευτὴν αὐτοῦ μήτε
ἀνῦξαι μήτε θάψαι, ἐπεί, ἐάν
τις τούτων τι ποιήσῃ, ἔνοχος
ἔσσται τοῖς ἐν τῇ διαθήκῃ μου
ἠσφαλισμένοις.

Marcus Pupius Dikaios (errichtete) das Heroon und den Sarkophag für Claudia Regina, die Gattin, und für sich selbst, unter der Bedingung, dass ein anderer nach seinem Ende weder (den Sarkophag) öffne, noch bestatte; ferner, wenn jemand etwas davon tut, soll er schuldig sein gemäß den Sicherungen in meinem Testament.

Wieder steht der Sarkophag nur dem Graberrichter und seiner Frau zur Verfügung. Marcus Pupius Dikaios geht sicher davon aus, dass er nach seiner Frau sterben werde, und dass daher mit seinem Tod der Sarkophag endgültig geschlossen werden könne. Da Claudia Regina zudem auch zuerst genannt wird, wird man annehmen müssen, dass ihr Tod den Anlass für die Errichtung des Heroon und des Sarkophags gab. Auch Marcus Pupius Dikaios erlegt seinen Erben auf, dass die Bestimmungen zur Grabnutzung eingehalten werden müssen, und verweist für die Sicherungsmaßnahmen lediglich auf sein Testament. Dem Leser wird daher nicht sofort klar, ob hier ein Fluch ausgesprochen oder eine Geldstrafe verhängt wurde. Ebenso wenig ist ersichtlich, wie hoch eine eventuelle Strafzahlung war[100]. Solche Verweise auf Strafen, die in einem getrennten Dokument zu finden waren, sind äußerst selten[101].

100 Beide Maßnahmen, Fluch und Geldstrafe, sind in Termessos gut belegt. Flüche etwa in TAM III 1, 228; 267; 280, et al. Zu den Geldstrafen und ihrer Höhe siehe LOTZ 2018, der überzeugend einen engen Zusammenhang zwischen der sozialen Stellung der Grabinhaber, der Größe des Grabs und der Höhe der Zahlung herstellen kann. Dennoch lassen sich diese Überlegungen nicht automatisch auf andere Städte — etwa die Poleis an der ionischen Küste — übertragen, da zur Überprüfung zumeist der archäologische Kontext fehlt.

101 Ein weiteres Beispiel stammt aus Smyrna (Ionien), I.Smyrna 226: Ein Grabherr, dessen Name nicht erhalten ist, bestimmt, dass das Grab verschiedenen Mitgliedern seiner Familie sowie seinen Freigelassenen und deren Nachkommen zur Verfügung stehen sollte. Dezidiert ausgenommen werden seine Tochter Aphion und ihre Kinder, denen das Recht abgesprochen wird, auf das Grab oder den Sarkophag Anspruch zu erheben (ἀντιποήσασθαι, Z. 7–8) oder eine der Anordnungen zu behindern (κωλῦσαι, Z. 9). Der Grabherr denkt dabei wohl daran, dass seine Tochter versuchen könnte, Bestattungen von Berechtigten nicht zuzulassen. Zur Absicherung verweist er auf ein Testament, das durch die *archeia* errichtet worden war. Vgl. WIEDERGUT in diesem Band, bei Anm. 23–24.

Ein interessantes Beispiel ist aus Aphrodisias erhalten. Zwei Inschriften waren auf einem Block angebracht, der wahrscheinlich zu einem Grabbau gehörte. Auf den ersten Blick scheinen sie Ehreninschriften für zwei verdiente Bürger zu sein: Peritas, S.d. Myon, übernahm in der Tradition seiner Familie Ämter aus eigenen Mitteln, wirkte als *ekdikos* und war Priester des *divus Titus*. Die Wohltaten seines Sohnes Myon waren nicht so zahlreich, er dürfte jung verstorben sein[102]. Am Ende des Textes, der Myon in die Reihe seiner Vorfahren stellt, und vor der Ehrung für Peritas findet sich — beinahe unvermutet — eine Vorschrift zur Belegung eines Sarkophags: εἰς τὴν ἐπικειμένην σορὸν τούτῳ τῷ μνημείῳ μηδενὶ ἄλλῳ ἐξεῖναι | τεθῆναι ἢ μόνῳ Περίτᾳ τῷ καṭεσκευακοṭι τὸ μνημεῖον ἐπεὶ ὁ θεὶς | [ἕ]τερόν τινα ἀπιτισάτω τὰ δηḷούμενα πρόστειμα ἐν τῇ διαθήκῃ τῇ | Περίτου Ζῇ. „Es ist niemand anderem erlaubt, sich in dem Sarkophag, der auf dem Grabmal steht, beisetzen zu lassen, mit Ausnahme alleine von Peritas, dem Errichter des Grabmals, andernfalls soll derjenige, der einen anderen beisetzt, die Strafen bezahlen, die im Testament des Peritas ausgewiesen sind. Zu Lebzeiten". Leider gibt es keine näheren Angaben zur Anbringung der Texte auf dem Mauerblock, sodass über einen etwaigen Abstand zur Ehrung oder andere visuelle Elemente, die die Klausel hervorheben, keine Spekulationen angestellt werden können. Inhaltlich bildet dieser Teil einer Grabsatzung einen Fremdkörper, da er unter der Ehrung für Myon angebracht ist und nicht etwa unter der Ehrung für Peritas, der ja das Grabmal errichtet und die Vorschriften dafür erlassen hatte. Ebenso wie in der Grabinschrift des M. Pupius Dikaios wird nur darauf verwiesen, dass Peritas in seinem Testament Sanktionen für diejenigen Täter festgesetzt hatte, die in seinen Sarkophag weitere Bestattungen vornehmen wollten.

Die Folge der Missachtung der Wünsche der Grabinhaberinnen und Grabinhaber werden in diesen Fällen nicht auf den ersten Blick klar, wie in den zahllosen Grabsatzungen, deren Strafklauseln direkt in die Vorsorge-Grabinschrift aufgenommen und am Grab publiziert wurden. Um das Testament einzusehen, musste man Zugang zu dem ursprünglichen Dokument erlangen, das entweder im Besitz der Familie des Grabinhabers war oder in einem Archiv gelegen haben könnte. Die Vermutung liegt nahe, dass solche Vorsorge-Grabinschriften ihre abschreckende Wirkung ein Stück weit verloren. In beiden Inschriften scheint aber auf den ersten Blick eine Trennung zwischen Belegungsvorschrift und Strafklausel vorzuliegen, die in der Grabinschrift des Aur. Anthestianos Dioteimos nicht zu finden ist. Dort werden sowohl das Verbot als auch die angedrohte Strafe in das Testament aufgenommen.

Die hier angeführten Beispiele zeigen, dass in Testamenten sowohl Vorschriften zur Belegung eines Grabes, als auch entsprechende Sanktionen, die den Willen des Testators in diesen Fällen schützen sollten, aufgenommen werden konnten. Ob diese Elemente, die ja der Grabsatzung entsprechen, nun wirklich erst mit dem Tod des

102 I.Aphrodisias 2007, 11.508, 98–117 n. Chr.; zur Familie siehe Bourtzinakou 2011, Nr. 2005 und Stemma IV sowie S. 17.

Grabherrn Gültigkeit erlangten, oder ob sie im Testament lediglich zur Sicherung aufgenommen waren, und bereits vorher Teil einer Grabsatzung waren, lässt sich nicht entscheiden. Vorsorge-Grabinschriften sind eben keine getreuen Abschriften von Grabsatzungen oder Testamenten und dienen auch nicht primär dazu, Auskunft zu Rechtsfragen zu geben.

4 Fazit

Die Vorsorge-Grabinschriften Kleinasiens bieten zahlreiche Hinweise auf die Überlegungen antiker Grabinhaberinnen und Grabinhaber zur Nutzung der *mnemeia*, die sie errichteten und ausstatteten. Dabei enthalten sie Auszüge aus oder Verweise auf Grabsatzungen und Testamente. Grabsatzungen wurden zu Lebzeiten verfasst und sollten die Belegung des Grabes regeln sowie Missachtungen unter Strafe stellen. Sie waren einseitige Erklärungen der Grabinhaberinnen und Grabinhaber und entfalteten ihre Rechtskraft sofort. Vorschriften für das Grab, eventuell noch für den Totenkult, bildeten dabei die einzigen Inhalte. In Grabsatzungen wurde nicht über das Vermögen des Grabinhabers verfügt. Ein wichtiger Bestandteil von Grabsatzungen konnte der Berechtigungsvorbehalt sein, durch den ein Grabherr darauf hinwies, dass er möglicherweise noch weitere Zugeständnisse erteilen wollte (*synchoreseis*). Diese Zugeständnisse konnten ihrerseits zu Lebzeiten gegeben werden, oder im Rahmen eines Testaments erst nach dem Tod des Grabherrn gelten. Testamente auf der anderen Seite dienten der Regelung der Nachfolge der Grabinhaberinnen und Grabinhaber und galten von Todes wegen. Vorschriften für das Grab konnten darin enthalten sein, bildeten aber sicher nicht die zentralen Teile dieser Dokumente, die sich vor allem Vermögensfragen widmeten. Selbst in denjenigen Vorsorge-Grabinschriften, die Auszüge aus Testamenten zitieren, fehlen stets wichtige formale Elemente, wie etwa die Nennung von Zeugen. Es wird aber deutlich, dass spezifische Formulierungen oder allgemein die Sprache der Testamente auch die Grabsatzungen beeinflussten und in ihnen Verwendung fanden. Dabei treten lokale Traditionen ebenso hervor wie *epigraphic habits*. So entziehen sich die Texte aus Vorsorge-Grabinschriften oft einer klaren juristischen Einordnung und werfen bei genauer Betrachtung mehr Fragen auf, als sie Antworten zu geben vermögen. Eine enge Verbindung zwischen den Grabsatzungen, die in Grabinschriften erhalten sind, und Testamenten ist durchaus möglich, aber nicht zwingend, und muss in jedem einzelnen Fall überprüft werden. Dennoch bieten gerade diese Inschriften einen wichtigen Einblick in die Vielfalt an familiären Konstellationen, die Probleme, die daraus entstehen können, und die rechtlichen Mechanismen, mit denen man ihnen vorbeugen oder sie lösen wollte. Nicht zuletzt erfüllen sie als Teile der Grabmonumente vor allem die Funktion der Identifizierung der Verstorbenen und der Erinnerung an sie.

Bibliographie

BABUSIAUX 2024: U. BABUSIAUX, Dis Manibus. Zum römischen Grabrecht, *ZRG RA* 141, 2024, 61–133.

BENNETT 2011: J. BENNETT, The Regular Roman Auxiliary Regiments Formed from the Provinces of Asia Minor, *Anatolica* 38, 2011, 251–274.

BERGER 1911: A. BERGER, Die Strafklauseln in den Papyrusurkunden. Ein Beitrag zum Gräko-Ägyptischen Obligationenrecht, Leipzig/Berlin 1911.

BOURTZINAKOU 2011: I. BOURTZINAKOU, Die Prosopographie von Aphrodisias, Diss. Heidelberg 2011.

BRYCE 1986: T. BRYCE, The Lycians I. The Lycians in Literary and Epigraphic Sources, Kopenhagen 1986.

CHANIOTIS 2004: A. CHANIOTIS, New Inscriptions from Aphrodisias (1995–2001), *AJA* 108, 2004, 377–416.

CHANIOTIS 2012: A. CHANIOTIS, Inscriptions, in: C. RATTÉ/P.D. DE STAEBLER (Hg.), Aphrodisias V: The Aphrodisias Regional Survey, Darmstadt/Mainz 2012, 347–366.

CHRISTIANSEN 2009: B. CHRISTIANSEN, Typen von Sanktionsformeln in den lykischen Grabinschriften und ihre Funktionen, in: R. NEDOMA/D. STIFTER (Hg.), **h2nr*, Festschrift für Heiner Eichner, *Die Sprache* 48, 2009, 44–54.

CHRISTIANSEN 2020: B. CHRISTIANSEN, Grave Matters. Legal Provisions for a Proper Final Rest in Classical Lycia, in: M. ZIMMERMANN (Hg.), Das Xanthostal in archaisch-klassischer Zeit. Eine archäologisch-historische Bestandsaufnahme, Die hellenistische Polis als Lebensform 7, Göttingen 2020, 166–261.

FILIAS 2023a: D. FILIAS, Ho boulomenos and Athenian public lawsuits from the death of Alexander the Great to the first century B.C.: evidence of the survival of a classical legal institution in Hellenistic Athens, *Dike* 26, 2023, 197–244.

FILIAS 2023b: D. FILIAS, Volunteer Prosecutors in Decrees of Greek Private Associations: Some Obervations on the Epigraphic Evidence, *ZPE* 225, 2023, 103–117.

FRÖHLICH 2005: P. FRÖHLICH, Compte-rendu: A.-V. Schweyer, Les Lyciens et la mort, *Topoi* 12–13/2, 2005, 711–742.

GIORGI 1910: G. GIORGI, Le Multe Sepolcrali in Diritto Romano, Bologna 1910.

HARTER-UIBOPUU 2010: K. HARTER-UIBOPUU, Erwerb und Veräußerung von Grabstätten im kaiserzeitlichen Kleinasien am Beispiel von Smyrna, in: G. THÜR (Hg.), Symposion 2009. Akten der Gesellschaft für griechische und hellenistische Rechtsgeschichte 20, Wien 2010, 247–269.

HARTER-UIBOPUU 2013: K. HARTER-UIBOPUU, Epigraphische Quellen zum Archivwesen in den griechischen Poleis des ausgehenden Hellenismus und der Kaiserzeit, in: M. FARAGUNA (Hg.), Archives and Archival Documents in Ancient Societies, Trieste 2013, 273–305.

HARTER-UIBOPUU 2014: K. HARTER-UIBOPUU, Tote soll man ruhen lassen ... Verbote und Strafen zur Sicherung von Gräbern am Beispiel von Inschriften aus Ephesos, in: J. FISCHER (Hg.), Der Beitrag Kleinasiens zur Kultur- und Geistesgeschichte der griechisch-römischen Antike, Wien 2014, 157–180.

HARTER-UIBOPUU 2019: K. HARTER-UIBOPUU, Synchōrēsis, Parachōrēsis, Ekchōrēsis. Formen der Übertragung von Grabrechten im kaiserzeitlichen Kleinasien, in: L. GAGLIARDI/L. PEPE (Hg.), Dike. Essays on Greek Law in Honor of Alberto Maffi, Milano 2019, 151–182.

HARTER-UIBOPUU 2021: K. HARTER-UIBOPUU, Das "Testament" des Epikrates aus Nakrason: Zur Verwaltung privater *donationes sub modo*, in: K. HARTER-UIBOPUU/W. RIEß (Hg.), Symposion 2019. Beiträge der Tagung der Gesellschaft für griechische und hellenistische Rechtsgeschichte, Wien 2021, 367–402.

HARTER-UIBOPUU im Druck: K. HARTER-UIBOPUU, Funerary Epigraphy and its Legal Backgrounds, in: K. HARTER-UIBOPUU/L. MASCIA/P. SCHMIDT (Hg.), Inscribing Funerary Spaces, im Druck.

HARTER-UIBOPUU/WIEDERGUT 2014: K. HARTER-UIBOPUU/K. WIEDERGUT, "Kein anderer soll hier bestattet werden": Grabschutz im kaiserzeitlichen Milet, in: G.THÜR (Hg.), Tagungsakten des Symposions „Grabrituale und Jenseitsvorstellungen" des Zentrums für Archäologie und Altertumswissenschaften der Österreichischen Akademie der Wissenschaften, Origines 3, Vienna 2014, 147–171.

HARTER-UIBOPUU/WIEDERGUT im Druck 1: K. HARTER-UIBOPUU/K. WIEDERGUT, Vorsorge und Fürsorge. Grabherren und ihre Wünsche imkaiserzeitlichen Kleinasien, in: M. GRÜNBART/J. LIEBSCH/H. POESCHEL

(Hg.), Vormoderne Totenfürsorge. Perspektiven einer lebendigen Praxis, Das Mittelalter. Beihefte, im Druck.

HARTER-UIBOPUU/WIEDERGUT im Druck 2: K. HARTER-UIBOPUU/K. WIEDERGUT (Hg.), Provisions, Prohibitions, Sanctions. Studies on the Use and Misuse of Tombs in Graeco-Roman Antiquity, Brill Studies in Greek and Roman Epigraphy, im Druck.

HERRMANN/POLATKAN 1969: P. HERRMANN/K.Z. POLATKAN, Das Testament des Epikrates und andere neue Inschriften aus dem Museum von Manisa, Österr. Akad. d. Wiss., Phil.-Hist. Kl., Sitzungsberichte 265, Wien 1969.

HIRSCHFELD 1887: G. HIRSCHFELD, Ueber die griechischen Grabschriften, welche Geldstrafen anordnen, Königsberger Studien 1, 1887, 84–144.

HUSCHKE 1874: E. HUSCHKE, Die Multa und das Sacramentum in ihren verschiedenen Anwendungen, Leipzig 1874.

IPLIKÇIOĞLU/ÇELGIN/VEDAT ÇELGIN 1992: B. IPLIKÇIOĞLU/G. ÇELGIN/A. VEDAT ÇELGIN, Epigraphische Forschungen in Termessos und seinem Territorium, Sitzungsberichte Österreichische Akademie der Wissenschaften, Phil.-Hist. Klasse 584, Wien 1992.

JAKAB 2021: É. JAKAB, Parakatatheke und letztwillige Verfügungen: Zum Hintergrund von D. 32,37,5, *ZRG RA* 138, 2021, 338–378.

KARABELIAS 1992: E. KARABELIAS, L'acte à cause de mort (diathèke) dans le droit attique, Recueils de la société Jean Bodin 59 (Actes à cause de mort), Brüssel 1992, 47–121.

KEIL 1908: B. KEIL, Über Kleinasiatische Grabinschriften, *Hermes* 43.4, 1908, 522–577.

KILIÇ ASLAN 2023: S. KILIÇ ASLAN, Lycian Families in the Hellenistic and Roman Periods. A Regional Study of Inscriptions towards a Social and Legal Framework, Brill Studies in Greek and Roman Epigraphy 19, Leiden/Boston 2023.

LAUM 1914: B. LAUM, Stiftungen in der griechischen und römischen Antike I und II, Berlin 1914.

LOTZ 2018: H. LOTZ, Studien zu den kaiserzeitlichen Grabinschriften aus Termessos (Pisidien). Zur Höhe der Grabbußen, *Chiron* 48, 2018, 219–261.

LOTZ im Druck: H. LOTZ, Sarkophag und Oikos. Überlegungen zum Nutzerkreis von Familiengräbern im kaiserzeitlichen Termessos (Pisidien), in: K. HARTER-UIBOPUU/K. WIEDERGUT (Hg.), Provisions, Prohibitions, Sanctions. Studies on the Use and Misuse of Tombs in Graeco-Roman Antiquity, Brill Studies in Greek and Roman Epigraphy, im Druck.

MA 2013: J. MA, Statues and Cities. Honorific Portraits and Civic Identity in the Hellenistic World, Oxford Studies in Ancient Culture and Representation, Oxford 2013.

MACDOWELL 1963: D.M. MACDOWELL, Athenian Homicide Law in the Age of the Orators, Manchester 1963.

MITTEIS/WILCKEN 1912: L. MITTEIS/U. WILCKEN, Grundzüge und Chestomathie der Papyruskunde II 1, Leipzig 1912.

NOWAK 2015: M. NOWAK, Wills in the Roman Empire. A Documentary Approach, JJP Supplements 23, Warsaw 2015.

RAMSAY/RAMSAY 1928: W.M. RAMSAY/A. M. RAMSAY, Roman Garrisons and Soldiers in Asia Minor, *JRS* 18, 1928, 181–190.

RUBINSTEIN 2003: L. RUBINSTEIN, Volunteer Prosecutors in the Greek World, *Dike* 6, 2003, 87–113.

RUPP 2015: A. RUPP, Verbote und Strafzahlungen auf Grabinschriften am Beispiel von Aphrodisias, *ZAR* 21, 2015, 143–158.

SCHULER 2006: C. SCHULER, Inschriften aus dem Territorium von Myra in Lykien: Istlada, *Chiron* 36, 2006, 395–451.

SCHWEYER 2002: A.-V. SCHWEYER, Les Lyciens et la mort. Une étude d'histoiure sociale, Varia Anatolica 13, IFEA, Istanbul 2002.

SEYER 2019: M. SEYER, Some Terms for Funerary Monuments of Lycia in the Classical Period 1: Sarcophagi, in: I. ADIEGO/J.V.G. TRABAZO/M. VERNET/P. OBRADOR-CURSACH/E. MARTINEZ RODRIGUES (Hg.), Luwic dialects and Anatolian. Inheritance and Diffusion, Barcino Monografica Orientalia 12, Series Anatolica et Indogermanica 1, Barcelona 2019, 251–284.

Smith/Chaniotis 2016: R.R.R. Smith/A. Chaniotis, Eleven new sarcophagi, mostly inscribed, in: R.R.R. Smith/J. Lenaghan/A. Sokolicek/K. Welch (Hg.), Aphrodisias Papers 5: Excavation and Research at Aphrodisias, 2006–2012, Portsmouth 2016, 303–324

Strubbe 1991: J.H.M. Strubbe, "Cursed be he that moves my bones", in: C.A. Faraone/D. Obbink (Hg.), Magika hiera: ancient Greek magic and religion, Oxford 1991, 33–59.

Strubbe 1997: J.H.M. Strubbe, ΑΡΑΙ ΕΠΙΤΥΜΒΙΟΙ. Imprecations against Desecrators of the Grave in the Greek Epitaphs of Asia Minor. A Catalogue, Inschriften griechischer Städte aus Kleinasien Bd. 52, Bonn 1997.

Thür 2021: G. Thür, Wer ließ in der Grabinschrift I.Milet VI 2, 570 sieben Zeilen eradieren?, *ZRG RA* 138, 2021, 595–606.

Thür 2023: G. Thür, Gewalt, Zwangsvollstreckung und Rechtsstaatlichkeit im Achäischen Bund (SEG 58, 370), in: S. Freund (Hg.), Institutionalisierung und Wandel von Herrschaft: Festschrift für Martin Dreher, Hamburger Studien zu Gesellschaften und Kulturen der Vormoderne 25, Stuttgart 2023, 11–39.

Wiedergut 2018: K. Wiedergut, Wider die Inflationshypothese: Zur Höhe der Bußgelder in Grabinschriften aus dem ostlykischen Olympos, *Epigraphica Anatolica* 51, 2018, 147–163.

Wiedergut 2022a: K. Wiedergut, Retiring by the Seaside: A Praetorian from Thrace in Lycian Olympos. With an addendum to TAM II 949, *AClassMed* 5, 2022, 69–85.

Wiedergut 2022b: K. Wiedergut, Returning to Ancestral Soil. A Commentary on IJudOr II 193 (Hierapolis/Phrygia), *Dike* 25, 2022, 203–242.

Wiedergut 2024: K. Wiedergut, Necropoleis and Civic Funerary Culture, in: A. Heller/M. Hallmannsecker (Hg.), The Oxford Handbook of Greek Cities in the Roman Empire, Oxford 2024, 386–402.

Karin Wiedergut

Die Grabsatzungen Kleinasiens und ihr Verhältnis zum Testament II: Aphrodisias und die Rolle der Polis-„Archive“

Abstract: The epitaphs of Asia Minor which contain provisions for a tomb's future use were not, as shown already in KAJA HARTER-UIBOPUU'S contribution, extracts from testaments. They formed lithic versions of an independent type of document, but were, at times, subject to influences from other texts, among which testaments occupy an important position. This paper aims at making visible such influences by examining more closely the epitaphs from Aphrodisias in Caria. The ca. 200 relevant inscriptions are characterized by great length and detail, as well as a high level of standardization, thus facilitating the detection of elements from associated documents. The role of the often-mentioned local *chreophylakion*, where such documents could be deposited, is given special attention.

1 Vorsorge-Grabinschriften und Archive in Kleinasien

Im Repertoire der Grabinschriften aus dem kaiserzeitlichen Kleinasien nehmen die etwa 4.500 „Vorsorge-Grabinschriften“, die im vorstehenden Beitrag charakterisiert wurden, auch aus verwaltungshistorischer Sicht einen hervorragenden Platz ein. Die

Anmerkung: Die Arbeiten an diesem Beitrag wurden vom Österreichischen Forschungsfonds FWF im Rahmen des Hertha Firnberg-Projektes „Die Sozialstruktur der Städte Südwestkleinasiens“ (T-1284) unterstützt. Der Beitrag entstand in enger Zusammenarbeit mit KAJA HARTER-UIBOPUU, der ich für Diskussionen, Hilfestellung und Kritik zu großem Dank verpflichtet bin. ÉVA JAKAB, die mir Einblick in unveröffentlichte Beiträge gewährt hat, und ANNA DOLGANOV, die ihre Erkenntnisse vorab in Diskussionen geteilt hat, danke ich ebenso wie den Herausgeberinnen, ULRIKE BABUSIAUX und ANNE KOLB, für die Möglichkeit, den Beitrag hier zu publizieren, auch wenn ich nicht an der Tagung teilnehmen konnte. Für die unzähligen wertvollen Hinweise und Anregungen, die er dem Beitrag zuteilwerden ließ, verbat sich GERHARD THÜR jeden Dank, woran ich mich natürlich halte. Viele der folgenden, speziell den *archeia* geltenden Analysen und Erkenntnisse wurden in meiner Dissertation „Auf Amtswegen. Studien zu den kaiserzeitlichen Polis-Archiven der Provinzen *Asia* und *Lycia et Pamphylia*“ (Wien 2020) erstmals präsentiert; die Studie wird demnächst in monographischer Form erscheinen.

Die Kurzbezeichnungen für die verwendeten epigraphischen Editionen richten sich nach der 3. Version (2024) der „GrEpiAbbr“-Liste der AIEGL, s. https://www.aiegl.org/grepiabbr.html (zuletzt abgerufen im November 2025). Die präsentierten Inschriften sind, sofern nicht näher präzisiert, kaiserzeitlich (1.–3. Jh. n. Chr.). Übersetzungen der griechischen Texte stammen, wenn nicht anders angegeben, von mir.

https://doi.org/10.1515/9783111694634-012

in ihnen wiedergegebenen Grabsatzungen enthalten – neben den standardmäßig vorhandenen vorsorglichen Anordnungen zur Nutzung des Grabes – des Öfteren auch Hinweise auf behördliche Vorgänge. So kann etwa auf eine Besitzurkunde verwiesen sein oder über die Archivierung einer Kopie des Grabtextes berichtet werden. Tritt dabei eine öffentliche Institution in Erscheinung, so wird diese überwiegend als ἀρχεῖον, in manchen Städten auch als χρεοφυλάκιον bezeichnet. Beide Begriffe meinen in den kaiserzeitlichen Grabinschriften Kleinasiens von den Poleis betriebene Einrichtungen zur Verwaltung von Schriftstücken und werden in der modernen Literatur gewöhnlich mit „Archiv" übersetzt[1].

Der Verlust jedweden Primärmaterials der öffentlichen Verwaltung hat für das kaiserzeitliche Kleinasien die eigenwillige Situation erzeugt, dass die oben erwähnten Vorsorge-Grabinschriften die hauptsächlichen Quellen für die Tätigkeit dieser „Archive" darstellen. Während die zahlreichen Vorgänge, die uns aus den Papyri Ägyptens bekannt sind und die das behördliche Leben auch in den kleinasiatischen Provinzen des römischen Reiches geprägt haben mussten, weitestgehend im Dunkeln bleiben, treten durch Vermittlung der Grabinschriften zumindest Umrisse von den Verwaltungsvorgängen rund um die Errichtung und Nutzung von Grabstätten sowie deren Weitergabe zwischen Privatpersonen zutage. Dabei zeigt sich, dass die Vorsorge für den Todesfall – den eigenen sowie den nahestehender Personen – keineswegs grundsätzlich auf den privaten Bereich beschränkt war. Für die Errichtung von Familiengräbern ist stattdessen bezeugt, dass mehrere zugehörige Prozesse in schriftlicher Form in den Polis-*archeia* erledigt werden konnten. Dies überrascht zwar nicht grundsätzlich, da sich die zugehörigen Gräber hauptsächlich in städtischen Nekropolen befanden, deren Verwaltung und Überwachung zweifellos im Interesse und wohl auch in der Zuständigkeit der Poleis lagen[2]. Es bleibt dennoch bemerkenswert, dass

1 Der Terminus ἀρχεῖον ist dabei der mit großem Abstand gebräuchlichste und in mindestens 350 Inschriften bezeugt. Das χρεοφυλάκιον (auch χρεωφυλάκιον) begegnet bislang in rund 100 Texten, wobei der Begriff in gewissen Städten, etwa Aphrodisias in Karien oder Termessos in Pisidien, gegenüber ἀρχεῖον bevorzugt wurde. Daneben begegnen, mit deutlich geringeren Belegzahlen, das γραμματοφυλάκιον sowie stadtspezifische Bezeichnungen, etwa das Μουσεῖον in Smyrna oder das βασίλειον in Milet.

2 Dies legen etwa Texte wie TAM III 684 (Termessos/Pisidien) nahe, in dem der Grabbesitzer angibt, seinen Sarkophag „mit Erlaubnis des *demos*" errichtet zu haben (Ἀρχιερεὺς Θεοῦ | Αὐγούστου Οπλης τρὶς | Πιλλακοου Μανησου | τὴν θήκην κατεσκεύ|⁵ασεν ἑαυτῷ συνχωρή|ματι δήμου „Der Oberpriester des vergöttlichten Augustus, Oples, Sohn des Oples, Enkel des Oples, Urenkel des Pillakoas, Ururenkel des Manesas, hat den Sarkophag für sich selbst errichtet, mit Erlaubnis des *demos*"), oder TAM II 752 (Kandyba/Lykien), in dem auf den Kauf des Grabes vom *demos* verwiesen ist (Z. 1–2): τὸν τάφον ἐ̣ωνήσατο Λαῒς Ἀπολλωνίου Κανδύβισα | παρὰ̣ Κανδυβέων τὸ[ῦ] δήμου (...) „Laïs, Tochter des Apollonios, Bürgerin von Kandyba, hat das Grab gekauft vom *demos* der Kandybäer (...)". Vgl. für diese und ähnliche Texte und die Frage nach öffentlichem Eigentum an Gräbern Harter-Uibopuu 2012 für Kleinasien und Zelnick-Abramovitz 2015 für Griechenland. Auf eine aktive Nutzung der Nekropolen seitens der städtischen Gemeinschaft verweisen auch öffentliche Bauten im Gräberbereich, wie sie in der Kaiserzeit etwa für mehrere Städte in Syrien bezeugt sind, vgl. De Jong 2017, 24 u. 35.

derartige Inhalte ihren Weg in das Medium der Grabinschrift fanden, deren typenübergreifender Zweck doch die Erinnerung an eine verstorbene Person war. In den Vorsorge-Grabinschriften trat die *memoria* dagegen deutlich zurück: Im Mittelpunkt stand die Willensäußerung eines lebenden Grabherrn in Form einer Schilderung bereits geschehener und zukünftig noch folgender Vorgänge[3].

Eine Rolle der *archeia* wird vor allem bei drei Teilbereichen der zugehörigen Abläufe erkennbar, nämlich bei der Übernahme eines bereits vorhandenen Grabes, bei der Erteilung von individuellen Erlaubnissen zu weiteren Beisetzungen sowie bei der Hinterlegung einer Kopie des Grabtextes. In all diesen Bereichen zeigen die Quellen in ausreichender Deutlichkeit, dass die *archeia* nicht nur als Aufbewahrungsorte der zugehörigen Urkunden fungierten, sondern vielmehr notarielle Tätigkeiten bei deren Aufsetzung übernahmen. Dies geht vor allem aus jenen Texten hervor, die auf die Durchführung eines Rechtsaktes oder das Entstehen einer Urkunde in den *archeia* verweisen, so etwa im Grabtext des Herodotos:

TAM II 247, Perdikiai/Lykien, Z. 1–4:

τὸ ἡρῷον κατεσκεύασεν εἰς αἰώνιον μνήμην καὶ τῇ μετὰ θάνατον ἀφο<σ>ιωμένῃ θρησ|κείᾳ Ἡρόδοτος Γαΐου Ἰουλίου Ἀσκληπιάδου Πιναρεὺς κατὰ συνχώρημα Ἰουλίας Οὐηρανί|ας γεγονὸς ἐπὶ ἀρχιερέος Λικιννίου Στασιθέμιδος Ξανδικοῦ κη' διὰ τῶν ἐν Πατάροις ἀρχεί|ων, ἐκμεμαρτυρημένου(sic) καὶ εἰς τὰ Πιναρέων ἀρχεῖα (...)

Das Grabmal hat Herodotos, Sohn des C. Iulius Asklepiades, Bürger von Pinara, zur ewigen Erinnerung und für den nach dem Tod durchzuführenden Ritus bereitgestellt, (und zwar) gemäß der Erlaubnis der Iulia Verania, die ergangen ist am 28. Xandikos im Jahr des Oberpriesters Licinius Stasithemis durch die *archeia* in Patara, beglaubigt auch in den *archeia* von Pinara. (...).

Noch deutlicher ist das Ende der Grabstiftung des Apollonios (I.Hierapolis Judeich 278, Hierapolis/Phrygien, Z. 5–7): (...) ἐὰν δέ τις τῶν κα[τ' ἔτ]ος γυμνασιαρχῶν τὸ στεφανωτικὸν μὴ δια|νείμ[ῃ, ἔ]σται ὑπεύθοινος τῷ Ἀπόλωνι (δην.) ..(?), καθὼς ἡ ἀποχὴ περιέχι ἡ διὰ τῶν | ἀρχείων δοθεῖσα „Wenn einer der jährlichen Gymnasiarchen das Kranzgeld nicht verteilt, soll er dem Apollon .. Denare schulden, so wie es die Quittung (für den Empfang der gestifteten Summe) enthält, die durch die *archeia* ausgegeben wurde". In beiden Texten ist deutlich auf Rechtsakte verwiesen, die in den *archeia* respektive unter deren Mitarbeit (διά) abgewickelt wurden. Dabei entstandene Urkunden sind in dem Text aus Hierapolis in Form der ausgegebenen Quittung ganz manifest, aber auch für TAM II 247 anzunehmen, nicht zuletzt deshalb, weil Institutionen zweier Städte in die Abwicklung involviert waren. Diese und ähnliche

3 Dieser Typus der Grabinschrift bediente, gemeinsam mit dem Monument, auf dem er stand, drei Bedürfnisse der Grabherren und -herrinnen: (1) Vorsorge und Regelung, (2) (Selbst-)Repräsentation im öffentlichen Raum und (3) *memoria*. Der letzte Aspekt tritt allerdings, vor allem im Vergleich mit rein memorialen Grabtexten, deutlich hinter die anderen beiden zurück. Für eine Klassifizierung der wichtigsten Typen von Grabinschriften im griechischen Osten vgl. Wiedergut 2024, 391–393 mit weiterer Lit.

Zeugnisse, die insgesamt auf eine Bandbreite unterschiedlicher Vorgänge in den *archeia* verweisen, legen es nahe, die Institution auch als öffentliches Notariat anstelle eines reinen Archivs zu begreifen, das von der jeweiligen Polis betrieben wurde und *auch* über Archivräume zur Aufbewahrung von Dokumenten verfügte[4].

Im Lichte dieses Spektrums an Tätigkeiten der städtischen *archeia* Kleinasiens wäre umso mehr zu erwarten, dass auch Testamente in ihren Räumlichkeiten aufgesetzt und gelagert wurden[5]. Derlei Dienstleistungen lassen sich allerdings anhand der überlieferten Zeugnisse nicht festmachen. So wird etwa im Edikt des Q. Veranius zur Reparatur des problembehafteten Systems der Einlieferung von Urkunden in seiner Provinz *Lycia* (SEG 33, 1177) in der von ihm gegebenen Liste von Urkundenarten das Testament nicht genannt[6]. Und umgekehrt treten auch in den auf Stein erhaltenen Testamenten Kleinasiens die *archeia* nicht als Aufsetzungs- oder Verwahrstellen in Er-

4 Wichtig erscheint in diesem Zusammenhang, dass der aus Ägypten bekannte Terminus für ein öffentliches Archiv, βιβλιοθήκη, in den Grabinschriften Kleinasiens durchwegs fehlt und auch in den übrigen Quellen nur vereinzelt vorkommt. Einer dieser seltenen Fälle liefert zudem einen Befund, der ganz im Einklang mit der oben präsentierten Deutung steht: Es handelt sich um die Ehreninschrift für Iason Prabeus aus Aphrodisias, der gemeinsam mit seiner Frau die Fertigstellung von Teilen eines *grammatophylakion* finanzierte (I.Aphrodisias 2007, 12.1006 Z. 8–14): (...) τετελειωκότα [δὲ καὶ] | ἐκ τῶν ἰδίων τοῦ γραμματοφυλακίου [?σὺν] | καὶ Ἰουλίᾳ Παύλᾳ τῇ γυναικὶ τοῦ περ[ιστώ]|ου στοᾶς μεσημβρινῆς ἀπὸ θεμελίων τὸ [– ca. 4 –]|κὸν πᾶν καὶ τὸν ἐν αὐτῇ οἶκον σὺν περιφλι[ώμασιν] | καὶ βιβλιοθήκαις καὶ τοῖς παρ' αὐτὸν ἐργαστη[ρίοις] | διστέγοις δυσὶν „(...) der auch aus eigenen Mitteln gemeinsam mit der Ehefrau Iulia Paula von der mit Säulen umgebenen südlichen Stoa des *grammatophylakion* das [...] von Grund auf fertiggestellt hat und die darin (sc. in der Stoa) befindliche Halle mitsamt den Säulengängen und den *bibliothekai* und den daneben befindlichen beiden zweigeschossigen Werkstätten (...)". Besonders im Kontext eines Urkundsbüros (*grammatophylakion*) ist die Deutung der *bibliothekai* als „Archivräume" naheliegend. Vgl. zu dem Text (ohne Behandlung dieses Sachverhaltes) Robert 1966, 391–394, wo auch Ergänzungsmöglichkeiten für die Fehlstelle in Z. 11 besprochen sind. Die Übersetzung von ἀρχεῖον mit „Archiv" ist in der Fachliteratur zwar dominant, aber keineswegs durchgängig und wird zuweilen so gestaltet, dass die Verbindung zwischen den Begriffen ἀρχεῖον und ἀρχή in der Bedeutung „Amt" erkennbar bleibt, etwa bei den Übersetzungen „Amthaus" (Liebenam 1900, 290 Anm. 1) oder „magistrates' quarters" (Chaniotis 2004, 403). Weitere Abweichungen in den Übersetzungen, die vor allem bei der Phrase διὰ τῶν ἀρχείων auftauchen, sind unten in Anm. 20 gelistet. Die dennoch überwiegende Wiedergabe als „Archiv" mag sich aufgrund der sprachlichen Nähe zum antiken Begriff und des Zufalls, dass die Aufbewahrung von Grabtext-Kopien die am häufigsten bezeugte Tätigkeit der *archeia* in Kleinasien ist, etabliert haben.

5 Für Ägypten ist die Verwahrung von Testamenten bei Privatpersonen, aber eben auch in Tempeln und Archiven bezeugt, vgl. Strobel 2014, 188–189 mit älterer Lit. sowie Dolganov in diesem Band.

6 Veranius' zehn Termini umfassende Liste an Urkundstypen beginnt mit den Überbegriffen συμβόλαιον, χειρόγραφον und συγγραφή, ehe sie spezifischer wird und etwa Rechenschaftsberichte (ἀπόλογοι), formelle Aufforderungen (προκλήσεις) oder Niederschriften (ἀποφάσεις) von richter- oder schiedsrichterlichen Entscheidungen nennt und somit sowohl Vereinbarungen zwischen zwei oder mehreren Parteien als auch einseitige Erklärungen enthielt. Das Fehlen der Testamente ist insofern nicht alarmierend, als diese zum einen in den Überbegriffen mitumfasst waren und zum anderen die Liste sichtlich keinen Anspruch auf Vollständigkeit erhob, sondern eher beispielhaften Charakter gehabt zu haben scheint. Für eine exhaustive Analyse des Veranius-Edikts vgl. die ed.pr. in Wörrle 1975, 254–286.

scheinung: Das Testament des Epikrates (Nakrasos/Lydien, 1. Jh.) erwähnt sie gar nicht, und im Testament des Attalos Adrastos (Aphrodisias/Karien, 2. Jh.) erscheint das städtische *chreophylakion*, wörtlich „Schuldarchiv", lediglich in seiner namengebenden Kompetenz, nämlich im Zusammenhang mit einem durch öffentliche Urkunde verbrieften Schuldverhältnis[7].

Eine Annäherung an die Rolle der *archeia* für das Testament in Kleinasien kann dennoch vorsichtig über Vermittlung der Grabinschriften erreicht werden. Zu diesem Zweck versucht der folgende Beitrag die inhaltliche Verschränkung zweier Themenbereiche. Zum einen sollen die Hauptanwendungsgebiete von Verweisen auf Tätigkeit der städtischen *archeia* in den Vorsorge-Grabinschriften in den Blick genommen werden. Dies betrifft die drei bereits angedeuteten Bereiche (a) der Übernahme von Grabstätten, sofern dies διὰ τῶν ἀρχείων, wörtl. „durch die *archeia*", geschah, (b) der Erteilung zukünftiger Beisetzungs-Erlaubnisse im Rahmen eines „Berechtigungsvorbehaltes" und (c) des „Archivierungsvermerks", mit dem der Inschriftensetzer die Deponierung einer Kopie des Grabtextes im *archeion* bekanntgab. Zum anderen soll im Rahmen dieser drei Bereiche direkten und indirekten Hin- und Verweisen auf Testamente und andere Dokumente nachgegangen werden, verbunden mit der Frage, wie sehr diese die Konzeption des Grabtextes beeinflussen konnten.

Das maßgebliche Corpus für die folgende Untersuchung stellen die Inschriften aus der karischen Stadt Aphrodisias dar. Dort finden sich sehr ausführliche und stark formelhafte Grabtexte, die zuletzt von A. Chaniotis mit Testamenten in Verbindung gebracht wurden: Er sieht in ihnen Testamentsauszüge[8]. Für die Vorsorge-

---

7 I.Aphrodisias 2007, 12.1007 Z. 25–29: (...) δηλῶ καὶ φανερὸν ποιῶ καὶ διὰ τούτου τοῦ πιττακίου γρά| ψας τῇ ἐμαυτοῦ χειρὶ ᾗ καὶ τὴν διαθήκην γέγραπφα τὰ ὀνόματα τῶν χρεωστῶν | καὶ τί ἕκαστος αὐτῶν ὀφείλει ἀρχαίου καὶ τόκου καὶ ἐστὶν καθὼς ὑπογέγραπται | [Μᾶ]ρκος Ἀν[τώνιος] Ἀπελλᾶς Δομετεῖνος ὀφείλει μοι διὰ τοῦ χρεοφυλακίου δηνά|[ρια ἐ]νακι[σχίλια διακό]σια καὶ τὰ τοῦ τόκου μηνὸς ἑνὸς δηνάρια τεσσεράκοντα ἕξ [...] „Ebenfalls gebe ich bekannt und mache sichtbar durch dieses Täfelchen, das ich mit eigener Hand wie das Testament geschrieben habe, die Namen der Schuldner und das, was ein jeder von ihnen an Kapital und Zinsen schuldet, und es ist, wie im Folgenden geschrieben steht: Marcus Antonius Apellas Dometinus schuldet mir amtlich verbrieft 9.200 Denare und die monatlichen Zinsen in Höhe von 46 Denaren (...)". Die testamentarische Stiftung des Adrastos ist auf zwei Blöcken unvollständig erhalten und wurde zuletzt als I.Aphrodisias 2007, 12.26 und 12.1007 ediert; zu dem Text vgl. weiters Laum 1914, 103–107 Nr. 102; Robert 1965, 119–125; Chaniotis 2005, 56–58 und 2020, 115–116 sowie den Beitrag von K. Harter-Uibopuu in diesem Band. Das Testament des Epikrates wurde erstmals in Herrmann/Polatkan 1969 vorgelegt und ausführlich kommentiert; vgl. weiters Wolff 1971 und Harter-Uibopuu 2021, 375–398. A. Dolganov macht mich auf Fälle aufmerksam, in denen Städte Legate annehmen; die Verwahrung der entsprechenden Testamente in den Polis-Archiven wird somit anzunehmen sein. Solchen indirekten Hinweisen wird im Rahmen dieses Beitrags nicht nachgegangen.

8 In Chaniotis 2012, 352 wird bei der Auflistung der typischen Elemente aphrodisischer Grabinschriften, besonders derer auf Sarkophagen, der Vermerk über die Archivierung einer Kopie des Grabtextes folgendermaßen beschrieben: „(...) reference to the fact that a copy of the inscription (usually an excerpt from a testament) had been deposited in the registry ("the archive of debts") of Aphrodisias" (so

Grabinschriften Kleinasiens, zu denen auch die hier einschlägigen Texte aus Aphrodisias gehören, konnte allerdings K. Harter-Uibopuu im vorstehenden Beitrag deutlich zeigen, dass sie zwar am Stein mit Testamenten vergesellschaftet erscheinen konnten. Ihre Grundlage war aber die Grabsatzung, in der ein lebender Grabherr Regelungen für die Nutzung der von ihm bereiteten Grabstätte traf, die sofort in Kraft treten sollten, und nicht erst mit seinem Tod. Die hier im Detail betrachteten Texte aus Aphrodisias bieten die Möglichkeit, das verwaltungshistorische Umfeld dieser Grabsatzungen nachzuzeichnen und zugleich die These der „Testamentsauszüge auf Stein" spezifisch für Aphrodisias zu überprüfen.

2 Die Grabinschriften von Aphrodisias

Die bislang aus Aphrodisias bekannten Grabinschriften umfassen mindestens 404 Texte, von denen etwa 90 % der römischen Kaiserzeit zuzurechnen sind. Angebracht waren sie überwiegend auf Sarkophagen respektive auf ohne Kasten gefundenen Sarkophagdeckeln (ca. 55 %), auf Blöcken (ca. 20 %) oder auf Platten (ca. 10 %)[9]. Diese Objekte wurden größtenteils *e situ* und oftmals sekundär verbaut gefunden und müssen somit ohne archäologischen Kontext analysiert werden. Etwa 300 Texten ist noch zu entnehmen, welchen Typ von Grabinschrift sie zeigen. Kurz gehaltene, rein memoriale Texte sind dabei mit rund 50 Beispielen nur schwach repräsentiert, wozu noch kommt, dass etwa die Hälfte von ihnen aus der Spätantike

auch in Smith/Chaniotis 2016, 305). Vgl. weiters Chaniotis 2005, 57, wo der Grabtext SEG 54, 1059 (ed.pr. Chaniotis 2004, 405–408 Nr. 26) als ein auf einem Sarkophag aufgezeichneter Testamentsauszug charakterisiert wird. Im Blick hatte Chaniotis bei dieser Analyse sieben Sarkophagtexte, in denen an das übliche Verbot der Beisetzung eines Unerwünschten noch die ungewöhnliche Aussage angefügt wird, dass auch kein Volks- oder Ratsbeschluss oder das Eingreifen des Statthalters daran etwas ändern könnten. In Chaniotis 2004, 401–402, wo (im Rahmen der ed.pr. eines solchen Textes) die einschlägigen Passagen aus den sieben Exemplaren zitiert sind, wird dagegen (sicherlich korrekt) festgestellt: „There can be little doubt that these formulas are influenced by clauses in testaments and foundations that prohibit any later changes of the testator's or donor's will". Vgl. außerdem Smith/Chaniotis 2016, 313–315 für ein weiteres, achtes Exemplar.

9 Dazu kommen noch Stelen (mind. 20 Stück), einige Basen sowie jeweils zumindest eine Ostothek, eine Sitzbank und zwei Türstürze. In mind. 38 Fällen lässt sich keine Zuordnung treffen, da entweder die erhaltenen Reste zu gering sind oder der Stein verschollen ist und nur unzureichende Aufzeichnungen vorliegen. Für diese Zahlen und weitere, hier noch folgende Auszählungen wurden die im Corpus I.Aphrodisias 2007 gesammelten Inschriften berücksichtigt sowie die danach publizierten Texte in Chaniotis 2004; Chaniotis 2012; Smith/Chaniotis 2016 und Free 2021.

stammt. Die Vorsorge-Grabinschriften machen dagegen mit mindestens 210 Exemplaren den größten Anteil aus[10].

Die Vorsorge-Grabtexte aus Aphrodisias verfügen über alle üblichen Elemente des Typs, also die Angaben zur Errichtung, die Liste an Beisetzungsberechtigten, Verbote, Strafbestimmungen und Vermerke über die Archivierung des Grabtextes. Innerhalb der Evidenz aus Kleinasien zeichnen sie sich außerdem durch ihre große Ausführlichkeit und ihren stark formelhaften Charakter aus. Zudem werden, wie im Detail gezeigt sein wird, besonders bei den Angaben zur Errichtung des Grabes und zu seiner Nutzung des Öfteren dahinterstehende Rechtsgeschäfte und Urkunden greifbar. Dabei begegnen auch konkrete Hinweise auf Testamente, etwa dann, wenn Gräber aufgrund testamentarischer Anordnungen angelegt werden oder sie als dem Graberrichter und seinen κληρονόμοι gehörig klassifiziert werden[11]. Zu diesen Inhalten gesellen sich noch weitere, innerhalb der Vorsorge-Grabinschriften keineswegs übliche Formulierungen, die eine Beeinflussung aus anderen Textgattungen, etwa Stiftungen oder Testamenten, nahelegen[12].

10 Als Vorsorge-Grabinschrift wurden hier jene Texte gezählt, denen zumindest ein Element der Vorsorge entnommen werden konnte: ein rechtlich relevantes Detail (Verbot, Strafbestimmung, Archivierungsvermerk o. ä.), der Rest einer Liste an Beisetzungsberechtigten (sofern eindeutig als solcher zu verstehen), oder auch die bloße Angabe ἑαυτῷ/ἑαυτῇ „für sich selbst“ nach dem Namen der Grabherrin oder des Grabherrn. In Reynolds/Roueché 2007, 147 u. *passim* werden diese Texte als „statements of ownership“ bezeichnet; ich fasse dagegen nur jene ca. 30 Texte als „Besitzerangaben“ auf, die lediglich den Besitz des Grabes durch eine bestimmte Person konstatieren und danach enden (so etwa in I. Aphrodisias 2007, 8.904: ἡ σορός ἐστιν καὶ | τὸν ὑποκείμενον | ἡρῷον Μάρκου Αὐ|ρηλείου Ἀδράστο|-⁵υ τοῦ Δειομήδο|υς τρὶς τοῦ Ἀρτ|εμειδώρου. „Der Sarkophag und das daruntergelegene Heroon gehören M. Aurelius Adrastos, Sohn des Diomedes, Enkel des Diomedes, Urenkel des Diomedes, Ururenkel des Artemidoros“). Da ihnen strenggenommen kein Vorsorge-Charakter entnommen werden kann, bilden sie eine eigene Kategorie neben den Vorsorge-Grabinschriften.

11 Die Angabe, ein Grab „gehöre“ dem Grabgründer und seinen Erben, findet sich in I.Aphrodisias 2007, 11.11, 12.211, 12.321, 12.527 und wohl auch im fragmentierten Text 12.509. In I.Aphrodisias 2007, 11.54 weisen sich dagegen drei Brüder als Grabbesitzer aus, die zugleich betonen, die Erben ihres Vaters zu sein. Die Graberrichtung durch Erben ist in Aphrodisias ein Mal bezeugt, und zwar in SEG 54, 1057 Z. 1–2: [Ἡ] σορὸς [κατεσκε]υάσθη [ὑπ]ὸ κληρο̣νόμων̣ Μ[ά]ρ̣κου̣ Αὐ̣ρηλίου Ἀπολλ[ω]ν̣ίου τοῦ | [... ca. 7 ...]ου τοῦ Δημητρίου γʹ τοῦ Ὑψικλέους Δαμᾶ „Der Sarkophag wurde errichtet von den Erben des M. Aurelius Apollonios Damas, Sohn des [...], Enkel des Demetrios, Urenkel des Demetrios, Ururenkel des Demetrios, Urururenkel des Hypsikles“. Eine Graberrichtung auf Basis eines Testaments ist in I. Aphrodisias 2007, 12.631 belegt; der Text wird in Abschnitt 3 ausführlich besprochen. Der Verweis auf Strafbestimmungen in einem Testament begegnet in der postumen Ehrung I.Aphrodisias 2007, 11.508 Z. 15–18: Εἰς τὴν ἐπικειμένην σορὸν τούτῳ τῷ μνημείῳ μηδενὶ ἄλλῳ ἐξεῖναι | τεθῆναι ἢ μόνῳ Περίτα̣ τῷ κατ̣εσκευακοτ̣ι τὸ μνημεῖον ἐπεὶ ὁ θεὶς | [ἕ]τερόν τινα ἀπιτισάτω τὰ δηλούμενα πρόστειμα ἐν τῇ διαθήκῃ τῇ | Περίτου. Ζῇ. „Es ist niemand anderem erlaubt, sich in dem Sarkophag, der auf dem Grabmal steht, beisetzen zu lassen, mit Ausnahme alleine von Peritas, dem Errichter des Grabmals, andernfalls soll derjenige, der einen anderen beisetzt, die Strafen bezahlen, die im Testament des Peritas ausgewiesen sind. Zu Lebzeiten“.

12 So Chaniotis 2004, 401–402. Bei den entsprechenden Inschriften handelt es sich um die oben in Anm. 8 genannten Sarkophagtexte, deren Verbote in höchst ungewöhnlicher Weise ein mögliches Ein-

Die meisten dieser Elemente sind auch in der Grabinschrift des Tiberius Iulius Glykon (I.Aphrodisias 2007, 12.1107) repräsentiert. Der sehr ausführlich formulierte Text zeigt neben allen typischen Inhalten auch mehrere Hinweise auf Verwaltungsvorgänge und behördliche Beteiligung, und auch die Rolle des Testaments des Grabherrn wird ansatzweise deutlich. Er soll für die folgenden Ausführungen als Leitlinie dienen, um unterschiedliche Vorsorgestrategien der Grabherren zu vergleichen und die Rolle sowohl der *archeia* als auch des Testaments näher einzuordnen.

I.Aphrodisias 2007, 12.1107:

Fundsituation: Aus Aphrodisias. Text ursprünglich auf zwei weißen Marmorblöcken, der linke noch erhalten und in der Stadtmauer verbaut, der rechte verschollen; der gesamte Text aus einer Abschrift bekannt.
Datierung: 1. Hälfte 3. Jh., wohl nach 212 n. Chr.[13]
Editionen: CIG 2829 u. p. 1115; LBW 1630; MAMA VIII 554; I.Aphrodisias 2007, 12.1107.

Ἡ σορὸς καὶ ὁ βωμὸς καὶ α[ἱ εἰσῶσται] καὶ τὰ περὶ αὐτὰ πάντα
κατεσκευάσθησαν καὶ εἰσὶν Τ[ι]β(ερίου) Ἰουλ[ίου] Γλύκωνος καθὼς καὶ διὰ
τῆς γενομένης ἐκδόσεως διὰ το[ῦ χρε]οφυλακίου δηλοῦται. Ἐν ᾗ σο-
ρῷ κηδευθήσεται αὐτός τε ὁ Γλύκων ἢ οὓς ἂν αὐτὸς βουληθῇ ἢ διατά-
ξηται. Ἐν δὲ ταῖς εἰσώσταις κηδευθήσονται οὓς ἂν ἐνθάψαι βουλη-
θῇ ὁ Γλύκων ἢ ἐνγράφως τινὶ συνχωρήσῃ ἢ διατάξηται. Ἕτερος δὲ
οὐδεὶς ἐξουσίαν ἕξει ἐνθάψαι τινὰ οὔτε εἰς τὴν σορὸν οὔτε εἰς τὰς
εἰσώστας ἢ οὓς ἂν Γλύκων αὐτὸς ζῶ̣ν̣ βουληθῇ ἐνθάψαι. Οὐδεὶς δὲ
ἕξει ἐξουσίαν ἐνθάψαι τινὰ ἕτερος ἢ ἐκθάψαι σωμάτειον τῶν ἐν-
ταφέντων τῇ τοῦ Γλύκωνος βουλήσε[ι] οὔτε διὰ ψηφίσματος οὔτε
δι' ἐντεύξεως ἡγεμονικῆς οὔτε ἄλλῳ τρόπῳ. Οὐδενὶ οὐδὲ ἀπαλ-
λοτριῶσαι οὐδὲ μετακεινῆσαι τὴν σορόν ἐπεὶ ὁ τούτων τι τολμή-
σας ἢ συνχωρήσας ἀποτείσει τῷ ἱερωτάτῳ ταμείῳ (δηνάρια) πεντακισ-
χείλια ὧν τὸ τρίτον γενήσεται τοῦ ἐκδικήσαντος. Ταύτης
τῆς ἐπιγραφῆς ἀπετέθη ἀντίγραφον καὶ εἰς τὸ χρεοφυλάκιον ἐπὶ
στεφανηφόρου τὸ τρὶς καὶ δέκατο[ν] Ἀτταλίδος τῆς Μενεκράτους
μηνὸς Ξανδ[ι]κοῦ.

Der Sarkophag, der Unterbau, die Nischen und alles, was sich rund um (diese Objekte) befindet, wurden errichtet und gehören Tiberius Iulius Glykon, so wie es auch durch die *ekdosis*, die durch das

greifen städtischer Instanzen oder römischer Statthalter erwähnen. Für ein Beispiel des Wortlauts einer solchen Formulierung vgl. den sogleich vorgestellten Grabtext des Tib. Iulius Glykon.

13 Die Datierung des Textes in die Zeit nach der *Constitutio Antoniniana* 212 n. Chr. ergibt sich aus Anführung der *stephanephoros* Attalis Apphion, Tochter des Menekrates. Während ihre Lebenszeit in das 1. Jh. n. Chr. fällt, „bekleidete" sie zahlreiche postume Stephanephorate, für deren Finanzierung ihre Familie aufkam. Ihre hier vorliegende 13. Amtszeit ist auch in der Grabinschrift I.Aphrodisias 2007, 13.203 bezeugt, in der mehrere Personen das Aurelier-Gentile tragen und also mit größter Wahrscheinlichkeit in die Zeit nach 212 n. Chr. einzuordnen sind. Generell zur postumen Stephanephorie in Aphrodisias s. Chaniotis 2004, 407 u. Anm. 137 (mit älterer Lit.), spezifisch zu Attalis Apphion s. Chaniotis 2020, 116 u. Anm. 38.

chreophylakion ausgefertigt wurde, gezeigt wird. In dem Sarkophag soll Glykon selbst beigesetzt werden oder diejenigen, für die er selbst es will oder verfügen wird. In den Nischen sollen diejenigen beigesetzt werden, die Glykon beisetzen will, sei es, indem er es jemandem schriftlich erlauben oder es verfügen wird. Keinem anderen kommt das Recht zu, jemanden beizusetzen, weder im Sarkophag noch in den *loculi*, außer denjenigen, für die Glykon selbst es zu Lebzeiten will, dass sie beisetzen. Kein anderer hat das Recht, jemand anderen beizusetzen oder einen von den gemäß dem Willen des Glykon beigesetzten Leichnamen zu entfernen, weder mittels Volksbeschluss noch mittels Eingreifens des Statthalters noch auf sonstigem Weg. Keinem anderen (kommt es zu), (etwas) zu veräußern oder den Sarkophag zu bewegen, wobei derjenige, der etwas Derartiges wagt oder erlaubt, dem ehrwürdigsten *fiscus* 5.000 Denare bezahlen soll, von denen dem Ankläger ein Drittel zusteht. Von der Inschrift wurde auch eine Kopie im *chreophylakion* deponiert; (dies geschah,) als Attalis, Tochter des Menekrates, zum 13. Mal *stephanephoros* war, im Monat Xandikos.

2.1 Die Phrasen διὰ τῶν ἀρχείων und διὰ τοῦ χρεοφυλακίου

Zunächst ist zu konstatieren, dass der Grabtext des ansonsten nicht weiter bekannten Glykon alle typischen Elemente der kleinasiatischen Vorsorge-Grabinschriften aufweist: Hinweis auf die Graberrichtung mit Nennung des Grabherrn, Nutzungsregelung, Verbote und Strafbestimmungen, Archivierungsvermerk. Seine Ausführlichkeit und Formelhaftigkeit stehen dabei ganz in der Tradition der Exemplare aus Aphrodisias. Angebracht war die Inschrift auf zwei Marmorblöcken, die wohl einen Teil des in Z. 1 erwähnten Unterbaues (*bomos*) bildeten. Die Auflistung der Bestandteile des Grabes ist in Aphrodisias und der weiteren Region üblich, genauso wie die Erklärung, diese stünden im Besitz des Grabherrn – ausgedrückt mit possessivem Genitiv. Untypisch ist indes, dass dieser Besitz und auch das Faktum der Errichtung des Grabes (κατεσκευάσθησαν) durch Verweis auf ein behördlich ausgestelltes Dokument untermauert werden (Z. 2–3): καθὼς καὶ διὰ | τῆς γενομένης ἐκδόσεως διὰ το[ῦ χρε]οφυλακίου δηλοῦται.

Die Erwähnung einer *ekdosis* „Ausfertigung" in den Grabinschriften ist nur in Einzelfällen bezeugt, so etwa auch in I.Smyrna 193, wo nach der Feststellung, dass das Grab errichtet worden war, in singulärer Weise sogar die ausführenden Handwerker genannt werden. Darauf folgt eine Liste der Beisetzungsberechtigten und danach ein Verweis auf eine im *archeion* deponierte *ekdosis* (Z. 1–5): [··] Μ̣ινούκιος Πολλίων νε(ώτερος) τὸ μνημεῖ|[ον] κατεσκεύασεν ὑπὸ ἐργολάβους Μ. | [Αὐρ. ? Πομ]π̣ηϊανὸν καὶ Ὑγεῖνον Ἀπελλᾶ ἑαυ|[τῷ] καὶ τῇ γυναικὶ καὶ τέκνοις καὶ θρέμμα|[σι]ν · οὗ ἡ ἔκδοσις ἀπόκειται εἰς τὸ ἀρχεῖον · (...) „[. .] Minucius Pollion der Jüngere hat das Grabmal errichtet, (wobei die Arbeiten durchgeführt wurden) von den Handwerkern M. (Aurelius?) Pompeianus und Hyginus, Sohn des Apellas, (und zwar) für sich, seine Frau, die Kinder und Ziehkinder. Die Ausfertigung darüber liegt im *archeion*"[14]. Die präzise Anordnung der inhaltlichen Elemente ist erklärungsbedürftig, da zunächst nicht klar ist, worauf der

14 Für die Übersetzung von ἔκδοσις mit „Ausfertigung" vgl. den Kommentar von Petzl in I.Smyrna S. 59 mit Verweis auf die Analyse in Keil 1908, 557–559 und weiterer Lit.

Verweis auf die archivierte *ekdosis* zu beziehen ist – die Graberrichtung und der Beitrag der Handwerker dazu oder die folgende Liste an Beisetzungsberechtigen[15]? Es kann zwar strenggenommen nicht ausgeschlossen werden, dass sich der Inhalt der *ekdosis* auf die unmittelbar davorstehende Personenliste beschränkte – es läge dann ein Hinweis auf eine (wenn auch sehr knapp) formulierte, behördlich verwahrte Grabsatzung vor, die als *ekdosis* bezeichnet würde. Das gemeinsame Auftreten der seltenen *ekdosis* und der ebenso außergewöhnlichen namentlichen Erwähnung von Handwerkern legt aber vielmehr nahe, einen Zusammenhang zwischen diesen beiden Elementen zu sehen. Als Erklärung, weshalb die Personenliste zwischen zwei zusammengehörige Elemente eingeschoben wurde, kann erwogen werden, dass das nach dem Namen des Graberrichters gesetzte ἑαυτῷ die unmittelbare Anfügung der weiteren Berechtigten quasi provozierte: Die Sequenz «ἑαυτῷ/ἑαυτῇ καὶ X καὶ Y» ist in den Vorsorge-Grabinschriften formelhaftes Standardelement und tausendfach bezeugt. Weiters setzt der Text nach dem Verweis auf Deponierung der *ekdosis* fort und gibt Nutzungsregelungen für einzelne Grabteile. Da diese sicherlich Teil der Grabsatzung gewesen wären, verliert die Überlegung, hier könnte eine als „*ekdosis*" bezeichnete und nur die Nutzungsberechtigten umfassende Grabsatzung vorliegen, nochmals an Plausibilität. Vielmehr kann der Text als ein Beispiel dafür gedeutet werden, dass die Vorsorge-Grabinschriften aus einzelnen Textelementen zusammengesetzt sein konnten, die mitunter nicht nur einem, sondern auch mehreren Dokumenten entlehnt waren und gelegentlich, wohl wie hier, durch diese Zusammensetzung an Präzision verloren.

Da auch Glykon in der Einleitung seines Grabtextes neben die in Aphrodisias übliche Besitzangabe mit possessivem Genitiv noch das dort seltene und zudem passiv formulierte κατεσκευάσθησαν setzt, liegt auch für seinen Text die Vermutung nahe, er wollte die baulichen Maßnahmen an der Grabstätte betont wissen[16]. Auch Glykons *ekdosis* wäre dann keine „Ausfertigung" der Grabsatzung, sondern in den Bereich der privaten Werkvergaben einzuordnen, deren vertragliche Aufsetzung διὰ τοῦ χρεοφυλακίου, wörtlich „durch das Schuldarchiv", erfolgte.

Diese Phrase bildet das zweite wesentliche Element in Glykons Aussage. Sie ist in den Grabinschriften von Aphrodisias insgesamt 16 Mal belegt, in einem weiteren Text begegnet διὰ τῶν ἀρχείων[17]. In 13 dieser Texte verweist der jeweilige Grabherr und

15 Da der Text danach fortsetzt, entfällt die Möglichkeit, dass sich die *ekdosis* auf das Gesagte im Gesamten bezieht.

16 Aktives κατεσκεύασεν „hat errichtet/bereitgestellt", das überregional üblich ist, ist in den etwa 400 Grabinschriften aus Aphrodisias nur 13 Mal sicher und 2 Mal stark fragmentiert bezeugt, ansonsten dominiert das Formular «Grabbezeichnung + ἐστιν/εἰσιν + PN^{Gen}». Die Verwendung einer passiven Form von κατασκευάζειν, in Aphrodisias 6 Mal bezeugt, ist generell weitgehend auf Karien beschränkt und erscheint auch dort konzentriert nur in Herakleia Salbake (gewöhnlich in der Formel «Grabbezeichnung + κατεσκεύασθη ὑπό + PN^{Gen}»).

17 Die Belege für διὰ τοῦ χρεοφυλακίου sind I.Aphrodisias 2007, 11.33, 11.103, 11.512, 12.32a, 12.211, 12.321, 12.411, 12.508, 12.1107, 13.604, 15.246; dazu kommen noch die fragmentierten Texte I.Aphrodisias 2007, 11.510, 12.19a, 12.527, 12.805, 12.1106, in denen die Passage teilweise oder ganz ergänzt, die jeweili-

Inschriftensetzer auf ein an ihn διὰ τοῦ χρεοφυλακίου übertragenes Verfügungsrecht über eine Grabstätte oder Teile davon, so etwa in I.Aphrodisias 2007, 13.604 Z. 1–3: ἡ σορός ἐστιν Αἰμιλίου Ἀριστέου, παρακεχωρημένη αὐτῷ ὑπὸ Φλαβ(ίων) Ἀντων(ίων) Πυθέου καὶ Διογένους υἱῶν | Ἀπολλω[ν]ίου ἀρχιερέως διὰ τοῦ χρεοφυλακίου ἐπὶ Διογένους Δομετείνου καὶ μηνὸς Γορ|πιαίου [Übersetzung:]„Der Sarkophag gehört Aemilius Aristeas; er ist ihm von Flavius Antonius Pytheas und Flavius Antonius Diogenes, den Söhnen des Oberpriesters Apollonios, überlassen worden, (und zwar) durch das *chreophylakion* im Jahr des (*stephanephoros*) Diogenes Dometinus und im Monat Gorpiaios“. Derartige Passagen erscheinen immer an derselben Textposition und verwenden bei der Beschreibung des Sachverhaltes die Schlüsselbegriffe συνχωρεῖν „erlauben, zugestehen“ (oder verweisen auf eine erteilte συνχώρησις) mit Blick auf den neuen Besitzer des Grabobjektes oder παραχωρεῖν „überlassen“ mit direkter Bezugnahme auf das Objekt. Fakultativ sind dagegen der Name des Überlassers und die Datierung[18].

Diese Inhalte geben offenkundig das Resultat eines Geschäftes zwischen Lebenden wieder, was die Vorstellung, sie könnten einem Testament entnommen sein, abwegig macht. Es gäbe wenig Grund, sich dort auf eine Grabübernahme zu berufen, wo nach Ausweis der erhaltenen Testamente der Testator allenfalls noch eine knapp gehaltene Regelung zur eigenen Beisetzung und der von nahestehenden Personen traf[19]. Der vermutliche Grund, weshalb derartige Inhalte überhaupt ihren Weg in die einschlägigen Grabinschriften fanden, liefert zugleich eine Erklärung für die Erwähnung des *chreophylakion*: Der Hinweis auf Einbindung der Institution diente dem neuen Grabherrn zugleich als Absicherung seiner Ansprüche und als sichtbare Legitimierung der künftigen Nutzung eines unter Lebenden erworbenen Grabes, das in der Wahrnehmung der Öffentlichkeit zuvor jemand anderem gehört hatte[20].

Die Verwendung von διά bei der Beschreibung der Behördeneinbindung weist deutlich auf eine aktivere Beteiligung der städtischen Institution als lediglich der

gen Ergänzungen aber gesichert sind. Allgemeineres διὰ τῶν ἀρχείων erscheint in I.Aphrodisias 2007, 12.634.

18 Die zugrundeliegenden Rechtsgeschäfte der *synchoresis* und *parachoresis* werden, auch anhand des Materials aus Aphrodisias, ausführlich in Harter-Uibopuu 2019 untersucht.

19 Vgl. Strobel 2014, 487–510 zum Testament des Aurelius Chairemon (P.Oxy. XXII 2348), wo Sp. 1 Z. 30–31 u. Sp. 2 Z. 1–13 lediglich geregelt und mit Strafbestimmung untermauert ist, dass die Söhne des Testators dessen Leichnam in einem von ihm (zu Lebzeiten!) vorbereiteten Grab neben dem seiner ersten, bereits verstorbenen Frau beisetzen sollen, wobei jeder von ihnen 500 Drachmen für die Beisetzung und die ἀνοικοδομῇ τύμβου, die (Wieder-?)Errichtung des Grabes, ausgeben soll. Nähere Details enthielt das Testament, das die längste Beisetzungsanordnung in den erhaltenen römischen Testamenten aufweist, nicht. Migliardi Zingale 2005, 271–273 gibt weitere, noch knapper gehaltene Beispiele aus römischen Testamenten des kaiserzeitlichen Ägypten.

20 Vgl. Babusiaux 2024, 67–68 zu den stadtrömischen Inschriften, die den Eigentumsübergang von Grabstätten durch Verkauf oder Schenkung anzeigen: Auch dort ist das Ergebnis des Rechtsgeschäftes in den Fokus gestellt, und nicht der zugehörige Vorgang.

einer bloßen Verwahrstelle. Die Analyse nicht nur der aphrodisischen Grabinschriften, sondern der knapp 80 einschlägigen Texte aus Kleinasien, in denen die Sequenz διὰ τῶν ἀρχείων (bzw. δι' ἀρχείου, διὰ τοῦ χρεοφυλακίου o. ä.) in unterschiedlichen Inschriftengattungen und Zusammenhängen verwendet wird, gewährt Einblick in die notarielle Tätigkeit der *archeia*[21]. Urkunden über verschiedene Rechtsgeschäfte wurden nicht nur archiviert und dadurch dauerhaft geschützt, sondern als *öffentliche* Urkunden auch behördlich errichtet. Die Bandbreite der Anwendungsfälle umfasst dabei unter anderem Stiftungsbestimmungen, Freilassungen, die Dokumentation von Schulden, Amtsübergaben, Opferverrichtungen oder die Ausfuhr von Waren aus einem Zollhafen – all dies überwiegend bezeugt in Einzelbeispielen[22]. Der Großteil der einschlägigen Evidenz betrifft hingegen Spezifika des Grabwesens, etwa den Kauf bestehender Grabstätten oder deren vollständige oder teilweise Überlassung, die Erteilung von Beisetzungserlaubnissen oder, allgemeiner, die Sicherung von seitens des Grabherrn getroffenen Bestimmungen rund um die Grabnutzung[23].

21 Ihre notarielle Tätigkeit wird auch in Weiß 2004, 76 und Harter-Uibopuu 2013, 302 betont; in Wörrle 1975, 266 wird mit Blick auf diejenigen Texte, in denen der Kauf einer Grabstätte διὰ τῶν ἀρχείων erfolgt, von „Mitwirkung eines öffentlichen Urkundenamtes beim Erwerb des Grabeigentums" gesprochen. Übersetzt wird διὰ τῶν ἀρχείων in der deutschsprachigen Literatur üblicherweise mit „durch die Archive"; vereinzelt finden sich „durch die Behörden" (Harter-Uibopuu 2013, 301) oder „durch die Urkundsbehörde" (Nollé/Sayar/Cremer 1983, 219). Wörrle gibt anstelle von Übersetzungen bereits inhaltliche Deutungen, wenn er δηλώσει δι' ἀρχείων auslegt als „soll (...) mit öffentlicher Urkunde darlegen" (Wörrle/Wurster 1997, 408) und ἀντιφωνεῖσθαι δι' ἀρχείων als „(der Agonothet) soll sich das (sc. die Übergabe von Amtsgeräten) durch notarielle Urkunde bestätigen lassen" (Wörrle 1988, 15). Für Aphrodisias wird gewöhnlich mit „through the archives" (für διὰ τῶν ἀρχείων) und „through the registry" bzw. „through the registry-office" (für διὰ τοῦ χρεοφυλακίου) übersetzt; so in I. Aphrodisias 2007 (passim); Chaniotis 2012, 364 zu Nr. 21 oder Jones/Smith 1994, 468. In Reynolds/Roueché 2007, 152–153 zu Nr. 6 wird interpretierend mit „registered in the civic archive" übersetzt.

22 Stiftungen: I.Didyma 111, Anderson 1898, 98–99 Nr. 40 (Apollonia/Phrygien), I.Hierapolis Judeich 278. Freilassungen: TAM II 1028 (Olympos/Lykien), SEG 58, 1527 (Motella/Phrygien). Schulden: I.Aphrodisias 2007, 12.1007, Z. 28–29. Amtsübergaben: SEG 38, 1462 Z. 89–93 (Oinoanda/Kibyratis). Opferverrichtungen: SEG 47, 1806 B Kol. II Z. 23–36 (Dereköy/Lykien). Warenausfuhr: I.Kaunos 35 C Z. 15–17 u. D Z. 1.

23 Der Kauf eines Grabes διὰ τῶν ἀρχείων ist in Kleinasien bislang elf Mal bezeugt, vgl. etwa I.Milet VI 2, 613 Z. 1–2: Τὸ ἡρῷον ἐπρίατο διὰ τῶν ἀρ[χεί]ων Ṭ. Νώ(νιος) Καρπ̣οφόρος | ἐπὶ στεφα(νηφόρου) Φαβιανοῦ Ἀγχαρηνοῦ, μη(νὸς) η'. (...) „T. Nonius Karpophoros hat das Grabmal durch die *archeia* gekauft im Jahr des *stephanephoros* Fabianus Ancharenos, im 8. Monat". Vgl. weiters I.Smyrna 196, SEG 4, 194 (Halikarnassos/Karien), TAM II 63 (Telmessos/Lykien), 260 (Pydnai/Lykien), 330, 331 und SEG 54, 1464 Nr. 12 (alle drei aus Xanthos/Lykien), TAM II 1130 (Olympos/Lykien), CIG 4288 (Timiussa/Lykien) und TAM V 2, 1106 (Thyateira/Lydien). Die Überlassung von Grabstätten ist oben anhand der Beispiele aus Aphrodisias charakterisiert und weitgehend auf diese beschränkt; dazu kommen nur wenige Einzelbeispiele aus Lykien: TAM II 247 (Faralya), 259 (Pydnai) sowie Heberdey – Kalinka, Südwestliches Kleinasien 17 Nr. 56 (Simena). Die Sicherung getroffener Bestimmungen, charakterisiert durch das Schlüsselwort ἀσφαλίζεσθαι „gesichert werden", ist auf wenige Beispiele beschränkt: I.Iasos 633 (Bargylia/Karien), I.Ephesos 3829 (Hypaipa/Lydien) sowie I.Smyrna 226 (s. dazu sofort oben) und 227. Diese

Auch im Falle des Glykon wird die aktive notarielle Tätigkeit des *chreophylakion* von Aphrodisias explizit gemacht, indem der Grabherr berichtet, die *ekdosis* sei ebendort entstanden. Er verweist deutlich auf eine Urkunde, deren Beweiskraft er auch eigens betont (δηλοῦται)[24].

Im Kontext der Sicherung von Anordnungen, die das Grab betrafen, begegnet διὰ τῶν ἀρχείων in einem Grabtext aus Smyrna auch im Verband mit einem Testament. Der fragmentierte Textbeginn enthielt wohl, wie auch in Smyrna üblich, den Hinweis auf Graberrichtung, danach folgten die Beisetzungsberechtigten. Anstelle des üblichen Verbotes weiterer Bestattungen, das regulär danach folgen würde und das gemeinhin für jedermann galt, erfolgte stattdessen in ungewöhnlicher Formulierung der Ausschluss der Tochter des Grabherrn (I.Smyrna 226 Z. 5–11): μὴ ἐχούσ|ης ἐξουσίαν Ἀφίου τῆς θυγατρὸς αὐτ|οῦ ἢ τῶν τέκνω(ν) αὐτῆς ἀντιποιήσασ|θαι τοῦ μνημείου ἢ τῆς ἐπικειμένη|ς σοροῦ ἢ κωλῦσαί τι τῶν διατεταγμ̣|ένων περὶ αὐτοῦ· περί τε τούτου ἠσφάλι|[σται ? διὰ τῶν] ἀ̣ρχ̣ε̣ί̣ω̣ν̣ ἐπὶ τῇ διαθήκῃ „Seine Tochter Aphion oder ihre Kinder haben nicht das Recht, Anspruch auf das Grabmal oder den daraufgestellten Sarkophag zu erheben oder das, was für es (sc. das Grabmal) angeordnet ist, zu behindern. Und dies („darüber") wurde besichert durch die *archeia* entsprechend dem Testament"[25]. Wie das in der fragmentierten Schlussklausel gesetzte ἐπί exakt zu verstehen ist, lässt sich schwer entscheiden, macht aber für die Deutung des dahinterstehenden Sachverhaltes wenig Unterschied: Klar ist, dass das erwähnte Testament und dasjenige Dokument, durch das die in der Inschrift präsen-

Seltenheit überrascht nicht, da der inschriftliche Hinweis auf behördlich deponierte (und also gesicherte) Grabsatzungen gewöhnlich über den Archivierungsvermerk erfolgte, s. dazu unten Abschnitt 3.

24 Das Verbum δηλοῦν begegnet des Öfteren im Kontext von inschriftlich festgehaltenen Wünschen eines Testators, wie in Chaniotis 2004, 412 betont ist, so etwa auch im Testament des Attalos Adrastos (I.Aphrodisias 2007, 12.1007 Z. 25–26): δηλῶ καὶ φανερὸν ποιῶ καὶ διὰ τούτου τοῦ πιττακίου γρά|ψας τῇ ἐμαυτοῦ χειρὶ ᾗ καὶ τὴν διαθήκην γέγραπφα „(...) ebenso tue ich kund und mache durch dieses Täfelchen sichtbar, das ich eigenhändig wie das Testament geschrieben habe (...)" oder im Grabtext des Apollophanes (I.Sardis II 669 Z. 7–8): καὶ τοῖς λοιποῖς καθὼς ἐν | τῇ διαθήκῃ δηλοῦται „und (dieses Grab ist auch) für die anderen, so wie es im Testament kundgetan ist". Δηλοῦν ist aber natürlich nicht auf Testamente bzw. Testamentsbezüge beschränkt, wie schon der Text des Glykon zeigt. Vgl. weiters I.Kaunos 35, wo es „deklarieren" (von Waren im Zollhafen) ausdrückt, oder I.Hierapolis Judeich 262, wo die Vermessung eines Grabplatzes thematisiert ist (Z. 1–3): ἡ σορὸς καὶ ὁ τόπος, καθ' οὗ κεῖται, καὶ ὁ περὶ αὐτὴν | τόπος, καθὼς ὁ πηχισμὸς διὰ τῆς κτήσεως δηλοῦ|ται, Ἀμμιανοῦ Διοκλέους κτλ „Der Sarkophag und der Platz, auf dem er steht, sowie der Platz, der darum herum liegt, gehören Ammianus Diokles (...), so wie es die Vermessung aus der Kaufurkunde (sc. das in der Kaufurkunde schriftlich festgehaltene Resultat einer Vermessung) zeigt". Rätselhaft bleibt die stark fragmentierte Inschrift I. Aphrodisias 2007, 12.634, deren Z. 2 zwar die Sequenz [·· ? ··κατὰ τὴν δια]τάγην δηλοῦσθαι διὰ τῶν ἀρχείων ἐπὶ στεφανηφόρου (...) enthält. Ihr Erhaltungszustand lässt aber nicht einmal die Festlegung auf eine Inschriftengattung, geschweige denn eine Deutung des Sachverhaltes zu. Weitere Beispiele auch abseits der Testamente sind in Chaniotis 2004, 412–413 Anm. 153 gelistet.

25 Petzl in I.Smyrna S. 89–90 übersetzt den Schlusssatz mit „und diesbezüglich besteht eine Sicherung durch die Archive, entsprechend dem Testament", erwägt aber im Kommentar: „ἐπὶ τῇ διαθήκῃ: möglicherweise auch ‚zusätzlich zum Testament'".

tierten Inhalte besichert sein sollen, zwei unterschiedliche Urkunden darstellen, wobei letztere durch Mitarbeit der *archeia* entstand. Das Testament bestand sichtlich bereits zum Zeitpunkt der Graberrichtung und wird auch den expliziten Ausschluss der Tochter enthalten haben. Dass Töchter nicht automatisch in die reguläre Grabnutzung einbezogen wurden, überrascht zwar nicht grundsätzlich, da sie gewöhnlich mit der Verheiratung auch in die Grabgemeinschaft ihres Ehemannes eintraten – also von der θυγάτηρ in einer väterlichen Grabinschrift zur γυνή in der des Ehemannes wurden. Die ungewöhnliche Wortwahl in I.Smyrna 226 mit ansonsten ungebräuchlichem ἀντιποιήσασθαι „Anspruch erheben" und der weiteren Sorge, getroffene Anordnungen könnten be- oder verhindert werden, lässt aber wohl auf streitbehafteten Hintergrund schließen[26].

2.2 Der Berechtigungsvorbehalt

Dass der Grabherr bestimmte Personen in der Grabinschrift ausdrücklich von der Bestattung ausschließt, ist nur in Einzelfällen bezeugt. Die gängige Strategie in der überwiegenden Zahl der Texte ist es vielmehr, nur einigen ausgewählten Personen die Beisetzung freizustellen und schlichtweg alle anderen von dieser Möglichkeit auszuschließen. In der Grabinschrift erhielt gewöhnlich die Kernfamilie des Grabherrn die Erlaubnis, sich beisetzen zu lassen, wobei schon hier bestimmte Gruppen, allen voran die Kinder und Enkel, oftmals nur pauschal genannt werden: Zum Zeitpunkt der Formulierung des Grabtextes stand oftmals noch nicht fest, welche Individuen aus diesen Gruppen letztlich einen Platz im Grab benötigen würden.

Dem Grabherrn stand es darüber hinaus – und natürlich auch nach Setzung der Inschrift – frei, weiteren Personen die Möglichkeit zur Beisetzung einzuräumen. In mindestens 300 Texten aus Kleinasien wird genau dies eigens hervorgehoben: Ein Berechtigungsvorbehalt in der Grabinschrift kündigt an, dass weitere Erlaubnisse seitens des Grabherrn zukünftig noch folgen könnten[27]. Auf welche Weise diese Erlaubnisse erteilt werden können, bleibt in den Texten allerdings zumeist offen. In der überwiegenden Zahl der Belege wird zwar die Schriftlichkeit der Erlaubnis mit explizit gesetztem ἐγγράφως eigens betont[28]. Die genaue Ausprägung der schriftlichen

26 So auch Petzl in I.Smyrna.

27 Die Art der Formulierung ist dabei vielgestaltig und sichtlich keinen Normen unterworfen; eine gängige Variante liegt beispielsweise in einer Sarkophaginschrift aus Xanthos vor (TAM II 331 Z. 3–5): [... ἑτέ]ρῳ δὲ οὐδενὶ ἐξέσται θάψαι τινὰ ἐν αὐτῇ | ἢ ἐ[ν τῷ ὑ]ποσορίῳ, ἐκτὸς εἰ μή | τινι αὐτὸς π[ερι]ὼν ἐπιτρέψῃ „Keinem anderen kommt es zu, jemanden in ihm (sc. dem Sarkophag) oder im Unterbau beizusetzen, außer wenn er selbst (sc. der Grabherr) es jemandem erlauben wird, solange er (der Grabherr) hier (sc. am Leben) ist". Für eine Grundcharakterisierung des Berechtigungsvorbehalts vgl. den Beitrag von K. Harter-Uibopuu bei Anm. 30.

28 Ἐγγράφως ist besonders charakteristisch für die Grabinschriften aus Olympos, wo der Ausdruck in 86 sicheren Belegen für den Berechtigungsvorbehalt nur zwei Mal fehlt. Der Begriff kommt aber

Form wird dabei aber nicht erläutert[29]. Wesentlich seltener sind konkrete Verweise auf öffentlich errichtete Urkunden, die hinter διὰ τῶν ἀρχείων zu erfolgenden Erlaubnissen zu vermuten sind: Nur elf Inschriften weisen eine solche Praxis nach[30]. Eine derartige Angabe findet sich auch im Grabtext TAM II 1095 aus Olympos in der östlichen Peripherie Lykiens, wo die Graberrichter, das Ehepaar Herakleitos und Gamete, auf die Liste der zur Beisetzung vorgesehenen Personen eine solche Bestimmung folgen lassen (Z. 4–6): ἑτέρῳ δὲ οὐ|δενὶ ἐξέσται τεθῆναι ἐν τῷ τύμβῳ, ἐὰν | μή τινι ἡμεῖς δι᾽ ἀρχε̣ίων ἐπιτρέψω[μεν] „Keinem anderen soll es zukommen, in dem Grabmal beigesetzt zu werden, wenn nicht wir es jemandem durch die *archeia* erlauben werden". Die Seltenheit des Verweises auf Durchführung in den städtischen *archeia* mag darauf

auch in den übrigen Texten aus Lykien regelmäßig vor. Außerhalb Lykiens ist die Verwendung weniger häufig; einige weitere Zeugnisse stammen etwa aus Karien und Phrygien, beispielsweise I.Iasos 385, I.Hierapolis Judeich 339 oder der Grabtext des Glykon.

29 TAM II 611 aus Tlos in Westlykien zeigt in einer (stark ergänzten) Passage, die die Nutzung eines Unterbaues zum Thema hat, vielleicht einen Verweis auf eine durch Brief zu erfolgende Erlaubnis (Z. 20–22): τὸ πρῶτον ὑποσόριον ἔστω δούλων μου | [οἰκείω?]ν καὶ ἀπελευθέρων καὶ οἷ[ς ἂν ἐγὼ ζῶν | ἐπιτρέψ]ω [κατ᾽ ἐπι]στο̣λ̣ήν „Der erste Unterbau soll meinen (Haus-?)Sklaven und Freigelassenen gehören und denen, denen ich (die Beisetzung) zu Lebzeiten mittels Brief erlauben werde". Eine Deutung der Schlusssequenz als Verweis auf ein bereits bestehendes Schriftstück („gemäß dem Brief"), die sprachlich näher liegt, bliebe ohne Erklärung und erhellt sich auch aus dem übrigen, ansonsten vollständig erhaltenen Text nicht. TAM II 629 (Tlos) weist ebenso auf ein Schriftstück hin (Z. 8–9): ἐ{ε}ν̣ ᾗ οὐδενὶ ἐξὸν ἐνθάψε τινά, ἐκτὸς | εἰ μή τινι ἑκὼν διὰ γράμματος συνχωρήσω „In ihm (sc. dem Sarkophag) steht es niemandem zu, jemanden beizusetzen, wenn ich es nicht jemandem freiwillig durch Brief(?) erlauben werde". Der Deutungshorizont von γράμμα ist allerdings so weit, dass keine konkrete Annäherung an den vom Grabherrn anvisierten Modus der Erlaubnisgabe möglich ist. Das im Berechtigungsvorbehalt ansonsten ungebräuchliche ἑκών „freiwillig" weist aber auf Vertragsterminologie. Eine Erlaubnis durch ein ἔγγραφον ist in I.Hierapolis Judeich 339 thematisiert (Z. 3): (...) ἐν ᾗ κηδευθήσεται αὐτὸς καὶ εἴ τινι ἑτέρῳ αὐτὸς συνχωρήσῃ δι᾽ ἐνγράφου „in ihm (sc. dem Sarkophag) soll er selbst bestattet sein und derjenige, dem er es durch ein *engraphon* erlauben werde". Auch mit den dortigen Angaben lässt sich keine genauere Deutung als ein (wie auch immer geartetes) „Schriftstück" erzielen. Dass mit ἐνγράφως jedenfalls nicht standardmäßig die nachträgliche Hinzufügung weiterer Personen zur Grabinschrift gemeint sein wird, deutet TAM II 989 aus Olympos an (Z. 4–7): (...). ἑτέ|ρῳ δὲ οὐδενὶ ἐξέστε ἐνκηδεῦσαί τινα, ἐκκτὸς εἰ | μὴ ἐγώ τινι ἐνγράφως ἐπιτρέψω ἢ ἐνγράψω ἴσς τὸν | τύμβον τινά (...) „Keinem anderen soll es zustehen, jemanden beizusetzen, außer wenn ich es ihm schriftlich erlauben oder ihn am Grab einschreiben werde". Genau dies geschah allerdings in Petersen – Luschan, Lykien II 57 Nr. 110, wo auf (...) καὶ οἷς ἂν ἐγὸ ζὸν συν|χωρήσω· ἐν δὲ τ[ῶ] ὑποσορί[ω] κηδευ|θήσονται οἱ θρεπτοὶ ἡμῶν ἢ οἷς ἂν ἡμῖς | ζόντες συνχ[ω]ρήσωμεν „(...) und für die, denen ich es zu Lebzeiten erlauben werde. In dem Unterbau sollen meine Ziehkinder beigesetzt werden oder diejenigen, denen wir es zu Lebzeiten erlauben werden" (Z. 5–8) als Nachtrag folgt: συνχ[ω]ρῶ δὲ καὶ τῇ θρεπτ[ῇ μ]ο[ῦ(?)] | Καπ[ε]τωλείνῃ. „Ich erlaube (die Beisetzung) auch meinem Ziehkind Capitoline". Die Erlaubnis für Capitoline muss wohl auf den Sarkophag des Grabherrn bezogen werden, denn für den Unterbau wäre sie als Ziehkind bereits vorgesehen gewesen.

30 Lykien: TAM II 164 (Oktapolis), 438 (Patara), 861 (Idebessos), 881 (Akalissos), 925 (Rhodiapolis), 1095 (Olympos), CIG 4300e (Antiphellos), SEG 39, 1406 (Kadyanda), SEG 45, 1783 (Tüse). Pisidien: TAM III 418 (Termessos). Lydien: TAM V 1385 (Magnesia am Sipylos). Bereits amtlich erfolgte Erlaubnisse werden in TAM II 353 (Xanthos) und 1028 (Olympos) thematisiert.

zurückzuführen sein, dass der Grabherr mit einer solchen Ankündigung seinen eigenen Handlungsspielraum einschränkte, indem er zukünftige Erlaubnisse als notwendig amtlich charakterisierte. Mit schlichtem ἐγγράφως „schriftlich" war der Amtsweg nicht ausgeschlossen, doch waren auch andere, nicht zwangsläufig im *archeion* aufgesetzte Schreiben möglich[31].

Auch Glykon bediente sich in seinem Grabtext des Berechtigungsvorbehaltes, und zwar gleich in mehrfacher Weise und in Bezug auf alle Grabteile. So ist der zunächst genannte Sarkophag entweder für ihn selbst vorgesehen oder für diejenigen, für die er es noch verfügen könne (ἐν ῇ σορῷ κηδευθήσεται αὐτός τε ὁ Γλύκων ἢ οὓς ἂν αὐτὸς βουληθῇ ἢ διατάξηται). Die Nischen sind überhaupt noch vollständig einer zukünftig zu definierenden Belegung vorbehalten (ἐν δὲ ταῖς εἰσώσταις κηδευθήσονται οὓς ἂν ἐνθάψαι βουληθῇ ὁ Γλύκων ἢ ἐνγράφως τινὶ συνχωρήσῃ ἢ διατάξηται). Diese Umstände werden danach im Rahmen des Verbotes der Beisetzung nichtberechtigter Personen nochmals wiederholt: Nur diejenigen sind vom Verbot ausgenommen, die Glykon selbst zu Lebzeiten bestimmt (ἕτερος δὲ οὐδεὶς ἐξουσίαν ἕξει ἐνθάψαι τινὰ οὔτε εἰς τὴν σορὸν οὔτε εἰς τὰς εἰσώστας ἢ οὓς ἂν Γλύκων αὐτὸς ζῶν βουληθῇ ἐνθάψαι). Glykons Grabmonument stellt somit einen Extremfall des Vorsorgegrabes dar, da offenbar zum Zeitpunkt der Inschriftensetzung noch nicht einmal entschieden war, ob der Grabherr selbst in dem Grabmal beigesetzt werden sollte (κηδευθήσεται αὐτός τε ὁ Γλύκων ἢ οὓς (...) „beigesetzt werden soll Glykon selbst *oder* diejenigen (...)").

Grundsätzlich ist der Berechtigungsvorbehalt in Aphrodisias mit 45 sicheren Belegen gut bezeugt. Die Vorbehalte werden zumeist für die Belegung einzelner Grabteile ausgesprochen, etwa für Nischen (mind. 15 Fälle), den Unterbau (2 Fälle), oder den Sarkophag (1 Fall). Diese Verteilung resultiert aus der generell gängigen Strategie der Grabgründer, die Belegung der wichtigsten Grabbestandteile, üblicherweise des Sarkophages, für die Kernfamilie bereits zum Zeitpunkt der Inschriftensetzung im Detail

31 Zwei außergewöhnliche Beispiele für schriftlich erteilte Beisetzungserlaubnisse liegen mit I.Ephesos 2121 und SIG³ 1234 (Timiussa/Lykien) vor. Im ephesischen Text überlässt eine Grabherrin ihrem Bruder einen Teil ihres Grabmals zum Zwecke der Beisetzung seiner Frau; das dafür von ihr aufgesetzte Schreiben bezeichnet sie als ἐπιστολή „Brief", klassifikatorisch gehört es in die Kategorie der *cheirographa*, in denen vertragliche Inhalte in brieflicher Stilisierung festgehalten werden. Die Interaktion der Vertragsparteien erfolgt zunächst rein privat, eine allfällige Einbeziehung der *archeia* stellt die Grabherrin dem Empfänger der Erlaubnis explizit frei. In dem Text aus Timiussa dagegen wendet sich eine Grabherrin direkt an die Prytanen und den Schreiber der Boule einer nicht genannten Stadt (Timiussa hatte den Status einer κώμη, deren Zugehörigkeit bislang nicht final geklärt ist), um Nutzungsrechte an ihrem Sarkophag an einen namentlich genannten Dritten zu erteilen. Beide Texte sind ungewöhnlicherweise (und sehr wahrscheinlich von den Erlaubnisempfängern) am jeweiligen Monument angebracht worden und veranschaulichen womöglich den Unterschied zwischen ἐγγράφως (Ephesos) und διὰ τῶν ἀρχείων (Timiussa). Vgl. zu den beiden Inschriften Wiedergut im Druck, mit verbesserter Lesung von SIG³ 1234 und Harter-Uibopuu 2019, 160–165 mit ausführlicher Analyse des zugrundeliegenden Rechtsgeschäftes.

zu regeln, während untergeordnete Grabplätze wie etwa die Nischen einer rein zukünftigen Nutzung vorbehalten bleiben konnten. Für das gesamte Grabmal wird der Vorbehalt dagegen nur in wenigen Texten ausgesprochen, wobei die jeweiligen Strategien in der Formulierung in zwei Richtungen gehen: Entweder werden, wie in Glykons Text, die jeweiligen Grabteile einzeln geregelt und dabei mehrere Vorbehalte formuliert, oder die Inschriften sind kurz gehalten und verschieben einen etwaigen Regelungswillen gänzlich in die Zukunft, so etwa in I.Aphrodisias 2007, 12.523: τὸ μνημεῖον καὶ τὴν ἐπικειμένην | αὐτῷ σορὸν καὶ τὰς ἐν τῷ μνημείῳ ἱ|σώσστας κατεσκεύασεν Αἰλία Χαιρέ|ου θυγάτηρ Τατία Παυλεῖνα αὑτῇ καὶ |[5] οἷς ἂν αὐτὴ βουληθῇ ἢ διατάξηται. „Das Grabmal, der darauf stehende Sarkophag und die in dem Grabmal befindlichen Nischen hat Aelia Tatia Paulina, Tochter des Chaireas, bereitgestellt für sich selbst und die, für die sie es noch wünschen oder verfügen könnte“[32].

Bei der Formulierung des Vorbehaltes wird auf unterschiedliche Verben zurückgegriffen, die teils allein, teils in Kombination auftreten. So finden sich sowohl alleinstehendes βούλεσθαι „wollen, wünschen“ (mind. 6 Texte), συγχωρεῖν „erlauben“ (mind. 2 Texte) als auch, in einem Text, einfaches διατάσσεσθαι „(für sich) bestimmen, (testamentarisch) verfügen“[33]. Für eine Abgrenzung dieser Termini gegeneinander sind diejenigen Inschriften von größerem Interesse, die Kombinationen zeigen. Der häufigste Zusammenschluss betrifft dabei βούλεσθαι und διατάσσεσθαι in mindestens 13 Fällen, zumeist in der Sequenz καὶ οὓς ἂν αὐτὸς/αὐτὴ βουληθῇ ἢ διατάξηται (so oder im Plural)[34]. In der überwiegenden Zahl der Fälle wird mittels Trennung der Be-

32 Eine zweite kurz gehaltene Inschrift liegt mit I.Aphrodisias 2007, 12.611 vor; die separate Regelung aller Grabteile findet sich neben Glykons Text noch in I.Aphrodisias 2007, 13.110 und Free 2021, 51. In I.Aphrodisias 2007, 14.11 wird knapp Besitz und Belegung eines Sarkophages geregelt (einschließlich eines Berechtigungsvorbehaltes), womit der Text auch in die Kategorie derjenigen Vorbehalte gehören könnte, die ein Grab im Gesamten ansprechen. Allerdings ist unklar, ob der Sarkophag tatsächlich alleine stand oder nicht vielmehr Teil eines größer angelegten Grabmals war, wie es für Aphrodisias üblicher wäre.

33 Die geringe Anzahl dieser sicheren Belege resultiert aus der großen Menge unvollständig erhaltener Vorbehalte, denen sich die exakte Formulierung nicht mehr zur Gänze entnehmen lässt. Sicher alleinstehendes βούλεσθαι begegnet in I.Aphrodisias 2007, 11.31, 11.32, 12.19a, 13.3, 13.154, 15.313, alleiniges συγχωρεῖν in I.Aphrodisias 2007, 12.507 u. 12.631, διατάσσεσθαι in I.Aphrodisias 2007, 13.156. Unvollständige Berechtigungsvorbehalte, die teils nur noch an geringen Resten als solche zu erkennen sind, finden sich in 23 Texten; in der folgenden Auflistung wird in Klammer das jeweils erhaltene Verbum in Abkürzung angegeben, sofern es erkannt werden kann: I.Aphrodisias 2007, 8.711 (δ), 11.12 (β), 11.512, 12.213 (β), 12.517 (σ), 12.525 (β), 12.526 (δ), 12.610, 12.918 (β), 12.1015; 12.1105 (β), 12.1108 (σ), 12.1204 (β), 12.1209, 13.1 (σ?), 13.135, 13.149; 13.153, 13.615 (β); 13.618 (β), 13.702 (β), 14.11, 15.271 (β). Zu den auf die Gesamtzahl von 45 Vorbehalten noch fehlenden 13 Texten, die Kombinationen an Verben aufweisen, s. sofort.

34 Die Kombination aus βούλεσθαι und διατάσσεσθαι findet sich in I.Aphrodisias 2007, 11.29, 12.508, 12.509, 12.523, 12.611, 12.917, 12.1106, 12.1107, 13.2, 13.110 (2x Kombination, 1x διατάσσεσθαι); 13.112, 13.206 und Free 2021, 51 (1x Kombination, 1x einfaches βούλεσθαι); dazu kommen vielleicht noch die stärker fragmentierten Texte I.Aphrodisias 2007, 12.213, 12.524, 12.526, 13.126.

griffe durch ἤ deutlich ein Gegensatz angezeigt. Durch die ebenso fast durchgängige Formulierung im konjunktivischen Aorist wird weiters auf eine zukünftige Möglichkeit verwiesen. In einem Zeugnis wird der Aorist gegen das Futur getauscht; der leider stark fragmentierte Text zeigt zudem eine nochmals erweiterte Kombination (I.Aphrodisias 2007, 12.1106 Z. 9–10): [... ταφήσονται δὲ οἷς ἂν αὐ]τὸς βουλήσομαι ἢ διατάξομαι ἢ δωτί| [νην δώσω ...] „Bestattet werden sollen diejenigen, für die ich dies wünschen oder verfügen werde oder denen ich (die Möglichkeit zur Beisetzung) als Geschenk geben werde“[35].

Die zweigliedrige Kombination aus βούλεσθαι und διατάσσεσθαι ist im übrigen Kleinasien unüblich und darf, auch aufgrund des hier gehäuften Auftretens, als Eigentümlichkeit von Aphrodisias betrachtet werden. Und während βούλεσθαι schon anhand seines Bedeutungsumfangs als Überbegriff aufzufassen ist, der nicht auf einen bestimmten Rechtsakt verweist, ist für die Frage des Verhältnisses von Grabtext und Testament die exakte Bedeutung von διατάσσεσθαι von großer Relevanz: Der Terminus wurde bereits im Beitrag von K. HARTER-UIBOPUU deutlich als solcher charakterisiert, der üblicherweise auf ein Testament verweist – wenn auch betont ist, dass der Einzelfall zu prüfen bleibt[36].

Einer dieser Einzelfälle, an denen sich die These des Testamentsbezuges bestätigt, dürfte mit dem Grabtext des Glykon und dessen in Z. 5–6 gegebener Version des Berechtigungsvorbehaltes vorliegen. Die von ihm mit Blick auf die Grabnischen formulierte Sequenz zeigt deutlich βούλεσθαι als Überbegriff, der sodann näher definiert wird: Es sollen diejenigen beigesetzt sein, die Glykon wünscht ((...) οὓς ἂν ἐνθάψαι βουληθῇ ὁ Γλύκων), wobei dieser Wunsch entweder durch eine schriftlich zu erfolgende Erlaubnis Ausdruck finden könnte (ἢ ἐνγράφως τινὶ συνχωρήσῃ) oder durch besagtes διατάσσεσθαι (ἢ διατάξηται). Wenn nun die Möglichkeit der schriftlichen Erlaubnis bereits im ersten Teil der Sequenz abgehandelt ist, so lässt sich der zweite Teil kaum anders deuten als ein Zugeständnis durch Testament[37].

Der Überbegriffscharakter von βούλεσθαι zeigt sich auch an einem weiteren, allerdings problematischen Einzelfall, der Grabinschrift des Apollonios, in der ebenfalls mehrere Berechtigungsvorbehalte für unterschiedliche Grabteile formuliert sind:

---

35 Es ist kaum anzunehmen, dass derartige Beisetzungserlaubnisse in der Regel eine finanzielle Gegenleistung des Begünstigten mit sich brachten, da sie gewöhnlich – wo inschriftlich kenntlich gemacht – Familienmitglieder betrafen. Das singuläre δωτίνην διδόναι könnte im Unterschied zu den beiden anderen Begriffen aber über den Zeitpunkt der Inanspruchnahme erklärt werden: Womöglich waren damit Fälle impliziert, in denen ein überraschend verstorbenes Familienmitglied sofort einen Grabplatz („geschenkt“) bekam, während andere Übereinkünfte auch innerfamiliär als Geschäft zwischen Lebenden für die Zukunft geschlossen wurden.

36 Vgl. den Beitrag von HARTER-UIBOPUU hier in diesem Band, bes. S. 321–328.

37 Die Kombination aus συνχωρεῖν und διατάσσεσθαι findet sich auch in I.Bubon Schindler 26, wo ebenso der Verweis auf zu Lebzeiten mögliche Erlaubnisse und auf testamentarische Anordnungen vorliegt. Vgl. zu diesem Text die Ausführungen im Beitrag von K. HARTER-UIBOPUU, S. 327–328.

I.Aphrodisias 2007, 13.110 Z. 1–14:

Ἡ σορὸς καὶ αἱ ὑποκείμεναι [εἰ]σῶσταί εἰσιν Μάρκου Αὐρηλίου Ἀπολλωνίου υἱοῦ Τι|βερίου Κλαυδίου Μενεσθέως. Κηδευθήσοντα[ι] δὲ εἴσω μὲν τὴν σορὸν ὁ | Ἀπολλώνιος καὶ ὁ υἱὸς αὐτοῦ Πρόκλος καὶ εἴ τινα ἕτερον βουληθῇ ἢ δ[ι]|ατάξηται αὐτός τε ὁ Ἀπολλώνιος καὶ ὁ υἱὸς αὐτοῦ Πρόκλος, ὁμοίως καὶ ε̣ἰ̣[ς] | τὰς εἰσώστας οὓς ἂν αὐτοὶ | βουληθῶσιν καὶ | διατάξωνται. Οὐ|δεὶς δὲ ἕτερος | ἕξει ἐξουσίαν | κηδεῦσαί τινα | παρ' οὓς ὁ Ἀπολλώ|νιος ἢ ὁ υἱὸς αὐτοῦ | Πρόκλος διατάξων|ται[38].

Der Sarkophag und die darunter platzierten Nischen gehören Marcus Aurelius Apollonios, Sohn des Tiberius Claudius Menestheus. In dem Sarkophag sollen Apollonios und sein Sohn Proklos beigesetzt werden und wenn Apollonios selbst und sein Sohn Proklos noch einen anderen wünschen oder verfügen wird (sc. dann soll auch diese Person beigesetzt werden). Und gleichermaßen (sollen) diejenigen in den Nischen (beigesetzt werden), die sie womöglich noch wollen und verfügen. Keinem anderen steht die Möglichkeit zu, jemanden beizusetzen neben diejenigen, für die es Apollonios oder sein Sohn Proklos verfügen könnten.

Anders als im Fall des Glykon, dessen Grabsatzung nur auf seine alleinige Verfügungsgewalt hin formuliert werden musste, räumte der Grabherr Apollonios seinem Sohn Proklos umfangreiche Mitbestimmungsrechte ein, die allerdings im Text zu sprachlichen Ungenauigkeiten führten. Denn während eingangs noch singularisch formuliertes βουληθῇ ἢ διατάξηται für den Sarkophag vorgesehen ist, wird dies in der Bestimmung zu den Nischen zu βουληθῶσιν *καὶ* διατάξωνται „sie könnten wünschen *und* verfügen" abgewandelt. Zumindest anhand dieser Bestimmung wird die Schnittmenge der Begriffe deutlich: Vater und Sohn einigen sich auf eine von ihnen gewünschte Person und verfügen dies dann[39]. Im Verbot, in dem die Ausnahmeregelungen nochmals aufgegriffen werden, ist sodann nur noch von Verfügen die Rede (διατάξωνται). Parallel dazu variiert allerdings die Art und Weise, wie auf Vater und Sohn Bezug genommen wird: Während sie in den Bestimmungen zu den Nischen offenbar gemeinsam entscheiden sollen, genügt für weitere Beisetzungen im Sarkophag die Verfügung eines der beiden; letzteres wird auch im Verbot ganz explizit. Zu dem Problem, wie diese widersprüchlichen Formulierungen aufzulösen sind, ergibt sich weiters die Frage, ob διατάσσεσθαι hier tatsächlich Testamentsbezug anzeigen kann. Hinter den Formulierungen für den Sarkophag könnte zwar durchaus der Gedanke an eine testamentarische Anordnung stehen, die von einem der beiden Genannten im jeweiligen Testament hätte vorgenommen werden können. Mit Blick auf den Vorbehalt für die Nischen müsste dann allerdings von parallelen Verfügungen in beiden Testamenten

38 Z. 10: Die Edition hat κηδευθῆσαί τινα, das dort abrufbare Bild des Sarkophages zeigt aber deutlich κηδεῦσαι (https://insaph.kcl.ac.uk/insaph/iaph2007/iAph130110.html, zuletzt abgerufen im November 2025).

39 Auch im fragmentierten Berechtigungsvorbehalt in I.Aphrodisias 2007, 12.524 setzt der Text nach βουληθῇ mit καί fort, sodass eine Ergänzung wie im obigen Beispiel fast zwingend ist (vgl. Z. 5–6): [ἐν δὲ ταῖς ὑποκειμ]έναις εἰσώσταις ταφήσονται οὓς ἂν Εὔμαχος βουληθῇ καὶ | [διατάξηται τε]θῆ[ν]αι (…).

ausgegangen werden, was eine denkbar alltagsferne Konstruktion ergäbe[40]. Unklar bleibt weiters, weshalb im Verbot nur mehr διατάσσεσθαι wiederholt wird – ob also eine bewusste Reduzierung auf testamentarische Verfügungen unternommen wurde oder, wahrscheinlicher, ob lediglich die bereits ausführlich erläuterten Bestimmungen in einer etwas kondensierten Version aufgegriffen wurden.

Die Erklärung, weshalb in derartiger Ausführlichkeit und Komplexität mögliche weitere Beisetzungserlaubnisse thematisiert sind, könnte im archäologischen Befund liegen. Der Sarkophag des Apollonios und seines Sohnes wurde mit vier weiteren Sarkophagen in einer Grabkammer gefunden. Alle Exemplare waren mit Inschriften versehen, die etwa zeitgleich zu datieren sind; die Kammer wurde also gemeinschaftlich genutzt[41]. Die Inschriften liefern auch Details zum ursprünglichen Baubefund: Während drei Texte nur den jeweiligen Sarkophag zum Thema haben und ein vierter Text Sarkophag und Grabplatz (τόπος) nennt, ist Apollonios' Grabinschrift die einzige, die auch Nischen erwähnt. Im Lichte dieser komplexen Besitzstruktur und der Tatsache, dass die Grabkammer regulär auch von anderen Personen betreten und genutzt werden würde, ging es Apollonios bei der Formulierung seiner Grabsatzung womöglich darum, eine etwaige Nutzung der Nischen dadurch zu kontrollieren, dass sowohl die Zustimmung seines Sohnes als auch seine eigene nötig war. Zwar beschnitt er dadurch seinen eigenen, autonomen Handlungsspielraum, doch war auch der Sohn nach Apollonios' Ableben an die Regelung gebunden[42]. Für die oben beschriebenen sprachlichen Unregelmäßigkeiten böte sich die – zugegebenermaßen wenig elegante – Erklärung an, Apollonios habe sich bei der Formulierung der in Aphrodisias ausreichend gängigen, ihm bekannten Phrasen bedient, diese allerdings nicht sauber genug getrennt, sodass in der entstandenen Version sowohl Vater als auch Sohn an eine stark einschränkende Fülle an Vorkehrungen gebunden waren. Sollte diese Überlegung zutreffen, so würde die Inschrift zumindest kein Hindernis für die Deutung von διατάσσεσθαι im Sinne einer testamentarischen Anordnung darstellen. Die sprachliche Unschärfe des Textes wäre der Nutzung der Nischen nur im Streitfall entgegengestanden, und dieser bleibt in den Grabinschriften schon angesichts der Vorstellung,

40 Unter Annahme einer längeren Lebenszeit des Proklos ergäbe sich für ihn die zusätzliche Schwierigkeit, dass er an Vereinbarungen mit seinem Vater gebunden wäre, auch wenn dieser lange vor ihm sterben sollte.

41 Bei den Inschriften handelt es sich um I.Aphrodisias 2007, 13.101, 13.108, 13.109 und 13.111; für die Einordnung der Stücke als annähernd zeitgleich vgl. die Kommentare in der Edition. Für Fotos des Apollonios-Sarkophages vgl. Işık 2007, Taf. 67, 1–3.

42 Was die väterliche Autorität betrifft, so mag diese Konstruktion im gelebten Alltag eine rein theoretische Einschränkung bedeutet haben: Zu seinen Lebzeiten war Apollonios sicherlich die maßgeblich entscheidende Person. Für die Zeit nach seinem Tod wäre es seinem Sohn allerdings nicht mehr möglich gewesen, eigenständig Beisetzungen in den Nischen zuzulassen. So war Proklos zwar einerseits in der Weiternutzung des Grabensembles eingeschränkt, war aber andererseits vor möglicherweise zu erwartendem Druck zur Überlassung von Nischen an andere Mitglieder der Grabgemeinschaft geschützt.

jemand könnte sich das Recht auf Beisetzung in einem Grab erstreiten, in dem er nicht erwünscht wäre, rein theoretisch[43].

Die Komplexität, die im Falle von Apollonios und Proklos aus der gemeinschaftlichen Belegungsstrategie hervorgeht, wird vermutlich nicht ohne Grund in den übrigen Beispielen, die eine Grabstätte im Gesamten ansprechen, vermieden. Die zukünftige Belegung eines mehrteiligen Grabmals, das etwa über einen Sarkophag, einen Unterbau und mehrere Nischen verfügte, blieb üblicherweise einer einzelnen Person, in der Regel dem Grabherrn, vorbehalten[44]. Nur bei Regelungen, die lediglich einen definierten Bereich des Grabes betrafen, etwa die Nischen oder eine Kline im Inneren des Grabbaues, werden zuweilen auch mehrere Personen als zukünftige Erlaubnisgeber definiert[45]. Für den Berechtigungsvorbehalt zeigt sich allerdings keine Präferenz in der Formulierung, je nachdem, ob ein oder mehrere Erlaubnisgeber erscheinen oder die Vorbehalte das Grab im Gesamten oder nur einen Teil davon betreffen. So finden sich alleinstehendes βούλεσθαι sowie die Kombination aus βούλεσθαι und διατάσσεσθαι in allen beschriebenen Fällen in etwa gleich vielen Texten[46]. Die wenigen Beispiele mit alleinstehendem συνχωρεῖν (2 Texte) und διατάσσεσθαι (1 Text) erwähnen – allerdings wohl nur zufällig – jeweils nur einen einzelnen Erlaubnisgeber[47]. Eine belastbare Verteilung oder weiterführende Details über die Anwendungsstrategien der Begriffe

43 Nicht umsonst stellt auch die oben präsentierte Inschrift I.Smyrna 226 mit eigentümlichem ἀντιποιήσασθαι „Anspruch erheben" ein singuläres Zeugnis dar.

44 So in I.Aphrodisias 2007, 11.32 u. 12.611.

45 Mehrere Erlaubnisgeber in I.Aphrodisias 2007, 11.31 (Vorbehalt für Nischen und den Unterbau), 12.19a (Nischen), 13.112 (Nischen), 13.3 (Nischen); Free 2021 (Nischen); unklar bleibt I.Aphrodisias 2007, 12.509 (pluralische Formulierung des Vorbehaltes, aber Beschreibung des Objektes nicht erhalten). Einzelpersonen als Erlaubnisgeber dagegen in I.Aphrodisias 2007, 11.29 (Nischen), 12.631 (Nischen), 13.156 (Nischen), 13.206 (Nischen), Free 2021 (wohl Sarkophag); unklar bleiben I.Aphrodisias 2007, 12.508 und 13.154. Der jüngst in Free 2021, 51 edierte Sarkophagtext des Epigonos veranschaulicht gut die unterschiedlichen Kompetenzen, die bei einem größer angelegten Grabmal verteilt werden konnten: Während über Nischen und Unterbau sowohl der Grabherr als auch seine Erben und Nachfolger bestimmen konnten (Z. 13–16: ἐν < δ > ὲ ταῖς ἱσώσταις καὶ τῷ πλά < τạ > | κηδευθήσονται οὓς ἂν Ἐπί| γονος, κληρονόμοι, διάδοχοί |[16] τε αὐτοῦ βουληθῶσιν „In den Nischen und dem Unterbau sollen diejenigen beigesetzt werden, die Epigonos, seine Erben oder seine Nachfolger wollen"), behielt sich Epigonos vor, über den Sarkophag alleine zu entscheiden (Z. 3–8: (...) ἐν ᾗ σο|[4]ρῷ κηδευθήσονται Ἐπίγονος ὁ | προδηλούμενος καὶ Αὐρηλία Φλα|βία Ἀντωνία Ζηνωνίς ἡ γυνὴ | τοῦ Ἐπιγόνου καὶ οὓς ἂν Ἐπίγο|-[8]νος βουληθῇ ἢ διατάξηται „In dem Sarkophag sollen der zuvor genannte Epigonos und die Frau des Epigonos, Aurelia Flavia Antonia Zenonis, beigesetzt sein sowie diejenigen, für die Epigonos dies noch wollen oder verfügen könnte").

46 Ein Erlaubnisgeber: βούλεσθαι in I.Aphrodisias 2007, 11.32 (gesamtes Grab), 13.154, 15.313 (gesamtes Grab); βούλεσθαι und διατάσσεσθαι in I.Aphrodisias 2007, 11.29 (Nischen), 12.508, 12.523 (gesamtes Grab), 12.611 (gesamtes Grab), 13.206 (Nischen). Mehrere Erlaubnisgeber: βούλεσθαι in I.Aphrodisias 2007, 11.31 (Nischen und Unterbau), 12.19a (Nischen), 13.3 (Nischen), βούλεσθαι und διατάσσεσθαι in I.Aphrodisias 2007, 12.509; 13.110 (gesamtes Grab), 13.112 (Nischen).

47 I.Aphrodisias 2007, 12.507 (συγχωρεῖν, Unterbau), 12.631 (συγχωρεῖν, Nischen), 13.156 (διατάσσεσθαι, Nischen).

in den Texten lässt sich auf Basis dieser geringen Menge an ausreichend erhaltenen Zeugnissen nicht gewinnen.

Die Verwendung von βούλεσθαι, die auch in zahlreichen Inschriften aus dem übrigen Kleinasien bezeugt ist, ist in Aphrodisias am ehesten so zu erklären, dass sie dem Zweck diente, alle Möglichkeiten, die dem Grabherrn abseits des Testaments zur Verfügung standen, zusammenzufassen. Es waren dies Rechtsgeschäfte, die unter Lebenden zustande kamen, in der Regel zweiseitig waren und den Gegensatz zur einseitigen Willenserklärung in Form des Testaments bildeten. Die im Testament gegebenen Erlaubnisse stünden dann als Verfügungen von Todes wegen denjenigen gegenüber, die bereits zu Lebzeiten des Grabherrn ihre Gültigkeit erlangten[48]. Offen ist allerdings, weshalb diese beiden Optionen zwar in einer signifikanten Untermenge der Berechtigungsvorbehalte aus Aphrodisias eigens genannt werden, andere Grabbesitzer aber weniger ausführlich formulieren. Neben der immer möglichen Suche einer Erklärung im lokalen epigraphic habit oder einem zeitlich begrenzten Trend – die Texte lassen sich allerdings überwiegend nicht näher datieren als auf das 2.–3. Jahrhundert –, könnte ein weiterer Erklärungsansatz im Blick auf verschiedene Gruppen an potenziell Beisetzungsberechtigten liegen: Während etwa für Mitglieder der erweiterten Familie nach Bedarf Übereinkünfte zu Lebzeiten geschlossen werden konnten (ἐνγράφως τινὶ συνχωρεῖν, δωτίνην διδόναι), mag die Begünstigung im Testament eher eigenen Sklaven und Freigelassenen oder zum Zeitpunkt der Testamentserrichtung noch im Haushalt verbliebenen, erwachsenen Kindern zugekommen sein[49]. Der

48 In der praktischen Umsetzung bedeutete eine solche testamentarische Erlaubnis für den Begünstigten nur einen theoretischen Nachteil: Wenn der Erlaubnisempfänger vor dem Grabherrn verstarb, wurde er im Regelfall vom noch lebenden Grabherrn beigesetzt – auch ohne vorzulegendes Dokument und ganz unbürokratisch. Für Zugeständnisse, die zu Lebzeiten des Grabherrn urkundlich festgehalten wurden, galt gewissermaßen das Gegenteil: Sie hatten größte Relevanz erst für die Zeit nach dem Ableben des Erlaubnisgebers. Die grundsätzlich immer vorhandene Möglichkeit des Grabherrn, weitere Personen ohne schriftliche Form zur Beisetzung zuzulassen oder – im Anlassfall – einfach beizusetzen, wird in TAM II 340 aus Xanthos angedeutet, wo auf die Positivliste der zukünftig beizusetzenden Personen in Z. 9–13 noch ein Vorbehalt folgt: (...) ἐὰν δέ τις ἕτερον |[10] θάψῃ τινά, ἐκτὸς εἰ μή τι | αὐτ<ο>ὶ περιόντες βουληθῶ|μεν ἢ ἐνγράφως ἐ̣π̣ι̣τρέ̣ψω|μεν, ἀποτείσει (...) „Wenn jemand einen anderen beisetzen sollte – außer wenn wir jemanden zu Lebzeiten (wörtl. „solange wir hier sind") wollen oder (es ihm) schriftlich erlauben werden –, soll er zahlen (...)". Hier scheint der Gegensatz zwischen einer informellen Übereinkunft und einer schriftlichen Erlaubnis angesprochen zu sein; erstere wäre wohl für den Fall eines plötzlichen Todes ohne Vorkehrungen in der Familie vorgesehen, letztere meint am ehesten schriftliche Zugeständnisse für die Zukunft, d. h. in erster Linie für die Zeit nach dem Tod der Grabbesitzer.

49 Der Grundgedanke ist, dass die Zulassung zur Beisetzung von erwachsenen, im Haushalt verbliebenen Kindern per Testament ausreichend war, da ihre Versorgung ohnehin in die Verantwortlichkeit des Grabherrn und Familienoberhauptes fiel. Entferntere Verwandte werden dagegen eher eine frühzeitige Übereinkunft zu Lebzeiten des Grabherrn angestrebt haben, da dieser für ihre Beisetzung im Grunde nicht zuständig war und somit weder ihre Beisetzung zu seinen Lebzeiten noch eine Berücksichtigung in seinem Testament automatisch zu erwarten war.

Grabherr respektive die Grabherrin hätten dann beim Aufsetzen des Vorbehaltes diese Gruppen im Blick gehabt und entsprechend formuliert – die Erklärung für die eigentümliche Art und Weise, wie in Aphrodisias Berechtigungsvorbehalte gestaltet werden, wäre dann im familiären bzw. gesellschaftlich-sozialen Bereich zu suchen. Unabhängig von dieser Annahme scheint aber jedenfalls auch für den Vorbehalt die Analyse von J. Reynolds zuzutreffen: „Aphrodisians liked to spell things out“[50].

Für die eingangs präsentierte Annahme, dass die Inschriften aus Aphrodisias regelmäßig Auszüge aus Testamenten darstellen würden, liefern die Beispiele für den Berechtigungsvorbehalt in jedem Fall ein schlüssiges Gegenargument. Die Formulierungen im Aorist Konjunktiv und Futur weisen deutlich auf nur mögliche und jedenfalls zukünftige Zugeständnisse und bieten so einen Inhalt, der in dieser Form kaum Inhalt eines Testamentes gewesen sein kann. In diese Richtung deutet auch die einzige bezeugte Abwandlung des Vorbehaltes, die anstelle von zukünftigen Berechtigungen bereits vorgenommene erwähnt:

I.Aphrodisias 2007, 13.203 Z. 1–11:

[Ἡ σορὸ]ς καὶ ἡ σπεῖρα καὶ αἱ εἰς αὐτὴν τὴν σπεῖραν κατεσκευασμέναι εἰσῶσται κατεσκευά|[σθησα]ν καὶ ἐπεσκευάσθησαν ὑπὸ Μάρ(κου) Αὐρ(ηλίου) Ἀθηναγόρου τοῦ Εὐδάμου τρὶς τοῦ Φίλωνος αὐτῷ | [καὶ γυν]αικὶ αὐτοῦ Αὐρηλία Μελτίνη Διονυσίου τοῦ Ἀθηναγόρου τοῦ Εὐπολέμου καὶ τέκνοις αὐτῶν [– c.6 –]Σ. Μετὰ τὸ αὐτὸν καὶ τὴν γυναικὰ αὐτοῦ ἐνκηδευθῆναι ἐν τῇ σορῷ κατασκευασθήσεται | [ὑπὸ τ]ῶν ἐκ Μελτίνης τέκνων αὐτοῦ Εὐδάμου καὶ Ἀθηναγόρου ἀβακεῖον ὃ καλύψει τοὺς | [– c. 6 – ἐ]γκεκηδευμένους καὶ οὕτως ἐπὶ τὸ ἀβακεῖον μεταλλάξαντα τὰ ἐκ τῆς Μελτίνης τέ|[κνα α]ὐτοῦ ἐνκηδευθήσεται Εὔδαμος καὶ Ἀθηναγόρας. Ἄλλον δὲ οὐδένα βούλομαι ἐνκηδευ|[θῆνα]ι ἐν τῇ σορῷ ἀλλὰ ἀφηρωῖσθαι αὐτήν. Εἰς δὲ τὰς ὑποκειμένας τῇ σπείρῃ τῆς σοροῦ | εἴσω |[ἐν]κηδευθήσονται Αὐρηλίαι Μελτίνη καὶ Μελτίνη αἱ θυγάτερες μου. Οὐδεὶς δὲ ἕξει ἐξου|[σίαν] ἐνθάψαι τινα ἕτερον ἐν τῇ σορῷ ἢ οὓς ἐγὼ βεβούλημαι ἢ ἐκθάψαι τοὺς ἐνκεκηδευ|[μέ]νους, ἐπεὶ (...)[51]

Der Sarkophag, die *spira* (abgerundete Basis?) und die in der *spira* errichteten Nischen wurden bereitgestellt und repariert von Marcus Aurelius Athenagoros, Sohn des Eudamos *tris*, Nachfahre des Philon, für sich, seine Frau Aurelia Meltine, Tochter des Dionysios, des Sohnes des Athenagoras und Enkel des Eupolemos, und ihre gemeinsamen Kinder [...]. Nach seiner Beisetzung und der seiner Frau in dem Sarkophag soll von seinen Kindern von Meltine, Eudamos und Athenagoras, eine Platte eingesetzt werden, die die [...] Beigesetzten bedeckt und (dies soll geschehen,)

50 Im Kommentar zu I.Aphrodisias 2007, 13.110.

51 Für die Leerstelle am Beginn von Z. 4 wird im Kommentar in I.Aphrodisias 2007 [μόνοι]ς erwogen, für Z. 6 überlegt, ob auf männliche Kinder verwiesen sein kann. Das in Z. 8–9 fehlende Objekt, das den Grabteil definieren würde, in dem die Töchter beigesetzt werden sollen, wird im Kommentar nicht behandelt; die Ergänzung am Beginn von Z. 9 (|[ἐν]κηδευθήσονται) impliziert eine geringere Lücke am Zeilenbeginn als in den darüber befindlichen Zeilen. Das digital bereitgestellte Foto zeigt aber eine annähernd gleich große Fehlstelle wie etwa in Z. 4 und 6, für die jeweils ca. 6 Fehlbuchstaben angegeben sind. Die am Ende von Z. 8 lesbare Sequenz ΕΙΣΩ ließe sich somit bequem zu εἰσῶ|[στας ἐν]κηδευθήσονται ergänzen. Den Töchtern wären dann Beisetzungsplätze in den Nischen zugewiesen worden. Dies ist von der Editorin womöglich deshalb nicht erwogen worden, da sich ein inhaltlicher Widerspruch zu Z. 1 ergibt: Dort liegen die Nischen *in* der *spira*, in Z. 8–9 lägen sie dann *unterhalb* davon.

damit seine Kinder von Meltine, Eudamos und Athenagoras, nach ihrem Ableben auf der Platte beigesetzt werden. Ich möchte nicht, dass ein anderer in dem Sarkophag beigesetzt wird, sondern er (sc. der Sarkophag) soll zu einem Heroon gemacht werden. In den unter der *spira* des Sarkophages gelegenen [Nischen?] sollen meine Töchter Aurelia Meltine und Aurelia Meltine bestattet werden. Keinem anderen steht es frei, jemand anderen in dem Sarkophag zu bestatten außer diejenigen, die ich meinen Wünschen gemäß festgelegt habe, oder jemanden von den Beigesetzten herauszunehmen, ansonsten (...).

Der gegebene Text, auf den noch Strafbestimmungen und ein Archivierungsvermerk folgen, nimmt im Verbot der Beisetzung eines Unerwünschten deutlich auf die zuvor genannten Personen Bezug: Der Grabherr spricht mit ἢ οὓς ἐγὼ βεβούλημαι diejenigen an, die er bereits bestimmt hat. Eine wörtliche Wiedergabe eines Testaments kann schon anhand der Formulierung im Perfekt nicht vorliegen – allenfalls würde es sich um eine Paraphrase handeln. Dazu kommt, dass der Überbegriff βούλεσθαι verwendet wurde, allerdings ohne Präzisierung, in welchem Dokument dieses „Wollen" Ausdruck gefunden hat[52]. Viel näher liegt dagegen, schlicht die *Inschrift* als Referenzrahmen zu nehmen und in denjenigen Personen, die der Grabherr bereits bestimmt hat, die zu sehen, die zuvor im Text genannt und einzelnen Grabteilen zugewiesen wurden: Die Ehefrau und die Söhne sollten im Sarkophag liegen, die Töchter darunter, wohl in den Nischen.

Aus der bisher analysierten Evidenz aus Aphrodisias gehen, zusammengefasst, zwei Dinge mit ausreichender Deutlichkeit hervor. Zum einen wird eine Bandbreite an unterschiedlichen Dokumenten sichtbar, die im Laufe der Nutzungsgeschichte eines bestimmten Grabmals entstehen, dessen Belegung regeln und unterschiedlichen Personen zugutekamen. Diese Dokumente oder die ihnen unterliegenden Sachverhalte beeinflussten die Konzeption des Grabtextes, der zugleich bereits geschehene Handlungen, wie etwa die Graberrichtung oder die Festsetzung eines Reglements zu dessen Nutzung, konstatiert und, ebenso deutlich, in die Zukunft verweist, wenn etwa der weitere Regelungsspielraum des Grabgründers betont ist. Zum anderen wird auch die Rolle des Testaments als weiterer Regelungsmechanismus manifest. Dabei ist es weniger entscheidend, ob es zum Zeitpunkt der Graberrichtung bereits existierte – diese Information lässt sich den Texten gemeinhin nicht ablesen –, sondern dass das Testament als eines der Medien bereitstand, in denen die Grabnutzung zusätzlich zur Inschrift geregelt werden konnte – und dies wird in Aphrodisias in einer repräsentativen Untermenge der Texte auch explizit gemacht. Die aus Ägypten erhaltenen Testamente zeigen – selbst ohne Tradition der Vorsorge-Grabinschriften – nur in wenigen Fällen Inhalte dieser Art, sodass offenbleibt, wie intensiv diese Möglichkeit tatsächlich

52 Eine Präzisierung wäre schon allein deshalb zu erwarten, weil Vorgänge aus der Vergangenheit geschildert werden. Im Kontrast dazu hat der in Abschnitt 3 im Detail behandelte Grabtext der Aurelia Papiane, I.Aphrodisias 2007, 12.631, dort, wo eine Beisetzungsanordnung unzweifelhaft einem existenten Testament entnommen wurde, διατάσσεσθαι.

genutzt wurde[53]. Denkt man allerdings an die zahlreichen Inschriften aus Aphrodisias und generell aus Kleinasien, in denen gewisse Personenkreise, allen voran die Kinder und Enkel, lediglich als pauschale Gruppen aufscheinen, so zeigt sich Regelungsbedarf, der über die Lebenszeit des Grabgründers hinausgehen konnte. Das Testament bot in diesen Szenarien ein hervorragendes Instrument, um Unschärfen in der Inschrift zu beseitigen und konkreten Personen Rechte einzuräumen, um so eine geregelte Grabbelegung sicherzustellen.

Dieser Geist dürfte auch einer Grabinschrift aus Magnesia am Sipylos in Lydien innewohnen, die das einzige Zeugnis darstellt, in dem διατάσσεσθαι im Rahmen eines Berechtigungsvorbehaltes mit der Phrase διὰ τῶν ἀρχείων kombiniert ist (TAM V 1385): [T.] Φλάβιος Ἱέραξ < ζ > ῶν τὸ μνη|[μεῖ]ον κατεσκεύασεν ἑαυτῷ | [καὶ] οἷς ἂν διατάξηται | [διὰ] τῶν ἀρχείων Φλ'. Κυπαρίῳ |[5] [γυνα]ικί μου, ἣ ἀ̣π̣ε̣γένε̣τ̣[ο(?) – – –] „T. Flavius Hierax hat das Grabmal zu Lebzeiten errichtet für sich selbst und die, für die er es noch mittels öffentlicher Urkunde verfügen könnte, (und?) für Flavia Kyparion, meine Frau, die verstorben ist [...]“[54]. Der fragmentierte Grabtext hat vorderhand eindeutigen Vorsorgecharakter, wenn der zu Lebzeiten errichtende Grabherr die Beisetzung zunächst für sich selbst und weitere, noch zu bestimmende Personen vorsieht. Allerdings steht seine in Z. 4–5 namentlich genannte, verstorbene Ehefrau zu dieser hypothetischen und zukünftigen Option in inhaltlichem Gegensatz. Da in den Editionen des Textes keine Änderung des Schriftcharakters, die auf einen Nachtrag schließen lassen würde, erwähnt wird, ist wohl am ehesten mit ausgefallenem καί zu rechnen, das die Erwähnung der Ehefrau syntaktisch angeschlossen hätte. Das im Berechtigungsvorbehalt verwendete διατάσσεσθαι wird nicht näher definiert, doch könnte es auch hier auf ein Testament verweisen, das dann wiederum, wie in den aphrodisischen Belegen, als noch zukünftig charakterisiert wäre. Die Einflechtung von διὰ τῶν ἀρχείων wäre dann auf die Errichtung dieses Testaments zu beziehen, das unter Mitarbeit der *archeia* entstehen würde. Weitere Zeugnisse dieser Art liegen aus Kleinasien allerdings nicht vor, und der singuläre, fragmentarische und an Information arme Text lässt keine weiteren Ableitungen über die Tätigkeit der städtischen *archeia* im Hinblick auf die Testamente zu.

2.3 Der Archivierungsvermerk

Außergewöhnlich gut bezeugt sind die *archeia* dagegen als Verwahrstelle für Kopien von Grabinschriften. Ein diesbezüglicher Vermerk findet sich auch als finales Element in Glykons Grabtext, wo er berichtet, dass eine Kopie seiner Inschrift im städtischen *chreophylakion* liegt (Z. 14–17): Ταύτης | τῆς ἐπιγραφῆς ἀπετέθη ἀντίγραφον καὶ εἰς τὸ

53 S. dazu oben Anm. 19.

54 Weitere Editionen: Ed.pr. Robert, Hellenica VI (1948) 126 Nr. 49; I.Magnesia Sipylos 33.

χρεοφυλάκιον ἐπὶ | στεφανηφόρου τὸ τρὶς καὶ δέκατο[ν] Ἀτταλίδος τῆς Μενεκράτους | μηνὸς Ξανδ[ι]κοῦ. Wie es typisch für die Texte aus Aphrodisias ist, wird das Jahr, in dem diese Hinterlegung geschah, mit der Angabe des oder der amtierenden *stephanephoros* präzisiert. Aus Aphrodisias liegen bislang 91 Grabinschriften vor, die einen solchen „Archivierungsvermerk" enthalten, aus der Provinz *Asia* sind es insgesamt mindestens 376. Der Vermerk ist in seiner geographischen Verbreitung grundsätzlich auf das Gebiet der Provinz *Asia* beschränkt; außerhalb davon existieren lediglich ähnliche Formulierungen in wenigen Einzelbeispielen[55].

Die Kernaussage des Vermerkes ist ganz überwiegend dieselbe: Es wird auf eine Kopie des Grabtextes (τῆς ἐπιγραφῆς τὸ ἀντίγραφον) oder seines Inhalts (τούτου τὸ ἀντίγραφον) verwiesen, die in den städtischen *archeia* verwahrt ist. Ausgedrückt wird entweder der Akt der Hinterlegung (ἀπετέθη „wurde hinterlegt") oder das Resultat dieser Handlung (ἀπόκειται „liegt"). Als Verwahrort wird fast ausschließlich auf das städtische Urkundsamt verwiesen, wobei auf die gängigen Bezeichnungen der Institution als ἀρχεῖον, in bestimmten Städten als χρεοφυλάκιον oder, wesentlich seltener, als γραμματοφυλάκιον zurückgegriffen wird. Trotz der mit derzeit rund 380 bekannten Zeugnissen beeindruckenden Quellenlage konstatieren die Texte fast ausschließlich das bloße Faktum, dass eine Kopie deponiert worden war. Nähere Details zu den dahinterstehenden Vorgängen erhellen sich nur aus wenigen Einzelbeispielen, von denen der Sarkophagtext des Fabius Zosimos aus Thyateira in Lydien das ausführlichste Exemplar ist:

TAM V 1142, Z. 5–6:

Ταύτης τῆς ἐπιγραφῆς ἐγράφη ἁπλᾶ δύω, ὧν τὸ ἕτερον ἐτέθη εἰς τὸ ἀρχεῖον. ἐγένετο ἐν τῆι λαμπροτάτῃ | Θυατειρηνῶν πόλει ἀνθυπάτωι Κατιλλίωι Σεβήρωι μηνὸς Αὐδναίου τρισκαιδεκάτηι ὑπὸ Μηνόφιλον Ἰουλιανοῦ δημόσιον.

Diese Inschrift wurde in Form von zwei einfachen (Kopien) (ab)geschrieben, von denen die andere/zweite ins *archeion* gelegt wurde. Dies ist in der ehrwürdigsten Stadt der Thyateirener geschehen, als Catilius Severus Proconsul war, am 13. Audnaios; (und es wurde durchgeführt) vom Amtsdiener Menophilos, Sohn/Freigelassener(?) des Iulianus.

55 Die größte Gruppe dieser „Verwandten" des Vermerkes bilden etwa ein Dutzend Texte, die von einer διὰ τῶν ἀρχείων erfolgenden Registrierung der Inschrift sprechen (zumeist ausgedrückt durch ἀναγράφειν), so etwa die Grabinschrift des Dorotheos aus Antiphellos in Lykien (CIG 4300e Z. 10–11): ἡ δὲ ἐπιγραφὴ ἀνεγράφη καὶ διὰ τῶν | ἀρχείων (ἔτει) ρκα´ „Die Inschrift wurde auch amtlich registriert im 121. Jahr". Die Belege stammen ausschließlich aus Lykien. Ob eine solche Registrierung für die Grabherren verpflichtend war, lässt sich nicht feststellen. Die geringe Zahl an Belegen im Vergleich zu den mehreren Tausend Vorsorge-Grabinschriften der Region könnte aber vorsichtig so gedeutet werden, dass die Registrierung im Sinne des Interesses der Poleis an der Nutzung ihrer Nekropolen im Regelfall durchgeführt, der Verweis auf diese „Selbstverständlichkeit" in den Inschriften aber gewöhnlich nicht gesetzt wurde.

Was mit der anderen Kopie geschehen war, lässt der Text offen – vermutlich wurde sie Teil der privaten Unterlagen des Grabherrn[56].

Der vordergründige Zweck des Archivierungsvermerkes scheint gewesen zu sein, bereits in der Grabinschrift (und damit öffentlichkeitswirksam) auf eine Sicherungskopie hinzuweisen, die den Inhalt des Grabtextes – und damit die Anordnungen des Grabbesitzers – getreu wiedergab und an zentraler Stelle verwahrt war. Damit war der Möglichkeit, durch Veränderung oder Austausch der Inschrift die Anordnungen des Grabherrn zu hintertreiben, in gewisser Weise ein Riegel vorgeschoben[57].

Das Verhältnis des Archivierungsvermerkes zu einem etwaigen Testament des Grabherrn ist schnell zusammengefasst: Es lässt sich aus den erhaltenen Exemplaren keine Verbindung zwischen der archivierten Grabtext-Kopie und einer letztwilligen Verfügung herstellen. Dass die archivierte Fassung des Grabtextes und ein vorhandenes Testament – erwartungsgemäß – zwei unterschiedliche Dokumente bilden, ist etwa jenen Texten klar abzulesen, die gleichzeitig den Archivierungsvermerk und einen Hinweis auf ein Testament enthalten[58]. In Aphrodisias ist dies in der Inschrift der Aurelia Papiane der Fall, die dazu einlädt, abschließend noch einmal unterschiedliche Faktoren zu betrachten, die generell Einfluss auf die Konzeption der Grabinschriften haben konnten. Gleich eingangs erklärt Papiane nämlich, den Familiensarkophag auf Basis der testamentarischen Anordnungen ihres Mannes gekauft zu haben (I.Aphrodisias 2007, 12.631 Z. 1–3): [Τὴν σορ]ὸ̣ν ἐωνήσατο Αὐρηλία Παπιανὴ Ὀνησίμου τοῦ Παπίου καθ' ἣν ἐποι|[ήσατ]ο̣ διαθήκην Μᾶρ(κος) Αὐρ(ήλιος) Κλάδαιος Φιλήτο[υ τ]οῦ Ἑρμοῦ. Εἰς ἣν σορὸν κεκήδευ|[ται] ὁ Κλάδαιος γενόμενος ἀνὴ[ρ τῆς Παπι]ανῆς καθ' ἃ διετάξατο „Aurelia Papiane, Tochter des Onesimos, des Sohnes des Papias, hat den Sarkophag gekauft gemäß dem Testament, das Marcus Aurelius Kladaios, Sohn des Philetas, des Sohnes des Hermas, gemacht hat. In dem Sarkophag wurde Kladaios, der verstorbene Ehemann der Papiane, beigesetzt, wie er verfügt hat". Nach der im Anschluss formulierten Bestimmung, dass auch die Ziehmutter des Kladaios, die gemeinsame Tochter des Ehepaares sowie Papiane selbst im Sarkophag bestattet werden sollen, folgt das Verbot, weitere Beisetzungen vorzunehmen sowie eine Strafbestimmung bei Missachtung, und darauf ein Berechtigungsvorbehalt für die im Grabmonument verfügbaren Nischen (Z. 7–9): Εἰς δὲ τὴν ὑπὸ τῇ σορῷ ἐν τῷ | εἰδοφόρῳ εἰσώστη < ν > καὶ τὰ{ι}ς ἐν τῷ βωμῷ κηδευθήσονται οἷς ἂν Παπιανὴ ἡ προ| γεγραμμένη συνχωρήσῃ τέκνα διάδοχοί τε αὐτῆς „In der Nische im *eidophoros* unter-

56 Die Überlegung, sie könnte an eine höhere Stelle, etwa ein Zentralarchiv der Provinz, weitergeleitet worden sein – in etwa analog zu den ägyptischen Verhältnissen, wo die Ἀδριανῆ βιβλιοθήκη und das *Nanaion* in Alexandria als zentrale Verwahrstellen fungierten – geht in Kleinasien ins Leere, da jegliches Zeugnis für das Vorhandensein von Zentralarchiven fehlt.

57 In die gleiche Kerbe schlagen wohl auch jene Grabtexte, in denen das Ausmeißeln der Inschrift explizit verboten wird, wie es etwa in Ephesos gut bezeugt ist, vgl. Harter-Uibopuu 2014, 169–170.

58 Außerhalb von Aphrodisias in I.Sardis II 669, I.Hierapolis Judeich 323, Ramsay, Phrygia 528 Nr. 372 (Eumeneia) oder IGR IV 1181 (Aigai).

halb des Sarkophages und denen im Unterbau sollen diejenigen von ihren Kindern und Nachfolgern beigesetzt werden, denen es die zuvor genannte Papiane eventuell noch erlauben wird". Den Schluss der Inschrift bildet sodann der Archivierungsvermerk, im für Aphrodisias typischen Formular gehalten (Z. 9–11): Τῆς ἐπιγραφῆς ταύτης | ἀντίγραφον ἀπετέθη εἰς τὸ χρεοφυλάκιον ἐπὶ στεφανηφόρου Πoπλίας Αἰλίας | Ἀτταλίδος Σαβείνης τὸ γʹ μηνὸς Γορπιήου „Eine Kopie dieser Inschrift wurde im *chreophylakion* hinterlegt in dem Jahr, als Publia Aelia Attalis Sabine zum 3. Mal *stephanephoros* war, im Monat Gorpieos".

Der Grabtext der Papiane liefert ein eindrückliches Beispiel für anlassgebundene Graberrichtung, in diesem Fall induziert durch den Tod ihres Ehemannes Kladaios und dessen Testament. Seine Anweisungen scheinen jedenfalls den Kauf eines Sarkophages und seine eigene Beisetzung darin enthalten zu haben. Offen bleibt allerdings bereits, ob auch die Anweisung zur zukünftigen Beisetzung seiner Ziehmutter, seiner Tochter und seiner Ehefrau aus dem Testament entnommen worden war. Zudem wurde das Grabmonument größer konzipiert und verfügte in seiner vollendeten Form auch über mehrere Nischen, deren Belegung Papiane allein zukam. So wurde sie nicht nur zur Käuferin qua Anweisung, sondern zur Grabherrin mit alleiniger Autorität über Teile des Monuments.

Der Text zeigt darüber hinaus eine Reihe von Hinweisen auf Schriftlichkeit und teils auch auf amtliche Beteiligung. Dies betrifft zunächst das Testament des Kladaios. Es liegt nicht etwa als Exzerpt vor; vielmehr wird darauf im Grabtext seiner Frau verwiesen. Auch für die Beisetzungserlaubnisse, die Papiane für die Nischen ausgeben konnte, wird man die schriftliche Form annehmen. Dies gilt besonders für solche Erlaubnisse, die erst nach ihrem Tod in Anspruch genommen werden würden, und dies wurde für die erwähnten Kinder und Nachfolger, die von Papiane als Empfängergruppen genannt werden, wohl auch angenommen. Ein interessantes Detail liefert hier explizit gesetztes αὑτῆς: Nicht nur legt es nahe, dass der Satz aus Papianes Feder und eben nicht aus dem Testament des Kladaios stammt – ansonsten wäre αὑτοῦ oder allenfalls αὑτῶν zu erwarten –, sondern es wird überdies impliziert, dass auch nach Kladaios' Tod noch weitere Kinder folgen konnten, und für deren Berechtigung zur Beisetzung war allein Papiane zuständig. Schließlich wird die schriftliche Form im Rahmen des Archivierungsvermerks ganz explizit; die Kopie wurde, wie üblich, im städtischen *chreophylakion* hinterlegt und womöglich auch dort erstellt.

Papianes Grabinschrift stellt somit ein interessantes Amalgam aus Inhalten dar, die auf unterschiedlichen Vorlagen beruhen. Die Eingangspassagen, also die Anweisungen zum Kauf des Sarkophages, zur Beisetzung des Kladaios und vielleicht auch zur geplanten Beisetzung seiner drei namentlich genannten Familienmitglieder, stammten aus einem Testament. Diese wurden allerdings so stark modifiziert, dass sie in ihrer vorliegenden Form dem üblichen Formular der kaiserzeitlichen Grabtexte entsprachen. Die darauffolgenden Verbots- und Sanktionsbestimmungen und der Passus zu den noch unbelegten Nischen dürften nicht von Kladaios, sondern von Papiane formuliert worden sein, und zwar beim Aufsetzen ihrer Grabsatzung. Hier ist also gar keine Vorlage anzunehmen, oder allenfalls eine Beeinflussung aus anderen Grabinschriften. Der Archivierungsvermerk bildet schließlich einen stereotyp formulierten Zusatz, dessen behördlicher Charakter nicht nur durch den Verweis auf das *chreophylakion*, sondern auch durch die angefügte Datierung deutlich wird. Letztere fungierte auch als „Aktenvermerk" und sollte eine spätere Auffindung der Kopie in den Archivräumen des *chreophylakion* ermöglichen[59].

3 Schlussfolgerungen

Die Vorsorge-Grabinschriften Kleinasiens und in besonderem Maße auch die durch Formelhaftigkeit und Ausführlichkeit geprägten Exemplare aus Aphrodisias lassen eine Reihe unterschiedlicher Urkunden erkennen, die ihrerseits die Konzeption der Grabtexte beeinflusst haben. Dies konnte exemplarisch etwa für die *ekdosis* des Glykon gezeigt werden, durch deren Einflechtung die ortsübliche Einleitung der Grabinschrift modifiziert werden musste, oder für das Testament des Kladaios, das im Grabtext seiner Ehefrau Papiane Erwähnung fand. Ebenso wurde deutlich, dass das Testament in Aphrodisias – und wohl auch überregional – eine wichtige Rolle bei der Erteilung von Beisetzungserlaubnissen einnehmen konnte und damit zu einem wesentlichen Instrument der Vor- und Fürsorge seitens des Grabherrn wurde. Die grundlegenden Regelungen für die Nutzung der Grabmäler wurden aber sichtlich separat getroffen, und erlangten als Satzung ihre Gültigkeit und als Inschrift am Grab Öffentlichkeitswirksamkeit, oft lange bevor ein Testament seine regelnde Wirkung entfalten konnte. All diese Möglichkeiten lieferten den Grabherrinnen und Grabherren probate Mittel, um die Nutzung und Sicherheit ihrer Grabstätte zu gewährleisten – auch lange über den eigenen Tod hinaus.

---

59 Derartige Datierungen weisen auf Urkundenregister hin, die im *chreophylakion* nach Eingangsdatum sortiert und kontinuierlich geführt wurden. Sie sind somit besonders bedeutend für jene Regionen, aus denen solche Register physisch nicht erhalten sind. Für den griechischen Osten in klassischer und hellenistischer Zeit werden in Boffo/Faraguna 2021 vielfach derartige Datierungen zur Rekonstruktion von Verwaltungsabläufen und Verwahrungspraktiken in den Archiven der griechischen Poleis verwendet, vgl. etwa 69–99 spezifisch zu den Verweisen auf eponyme Jahresbeamte in den Inschriften oder 391–396, wo anhand von Verträgen zwischen hellenistischen Herrschern und Städten die Querverweisfunktion von Datierungen (mit Blick auf ein Vertragsregister in den öffentlichen Archiven) betont wird.

Bibliographie

ANDERSON 1898: J.G.C. ANDERSON, A Summer in Phrygia: II, *JHS* 18, 1898, 81–128.

BABUSIAUX 2024: U. BABUSIAUX, Dis Manibus. Zum römischen Grabrecht, *ZRG RA* 141, 2024, 61–133.

BOFFO/FARAGUNA 2021: L. BOFFO/M. FARAGUNA, Le *poleis* e i loro archivi. Studi su pratiche documentarie, istituzioni e società nell'antichità greca, Trieste 2021.

CHANIOTIS 2004: A. CHANIOTIS, New Inscriptions from Aphrodisias (1995–2001), *AJA* 108, 2004, 377–416.

CHANIOTIS 2005: A. CHANIOTIS, Macht und Volk in den kaiserzeitlichen Inschriften von Aphrodisias, in: G. URSO (Hg.), Popolo e potere nel mondo antico. Atti del convegno internazionale Cividale dei Friuli, 23–25 settembre 2004, Pisa 2005, 47–61.

CHANIOTIS 2012: A. CHANIOTIS, Inscriptions, in: C. RATTÉ/P.D. DE STAEBLER (Hg.), Aphrodisias V: The Aphrodisias Regional Survey, Darmstadt/Mainz 2012, 347–366.

CHANIOTIS 2020: A. CHANIOTIS, Benefactors in Aphrodisias and the Socio-Cultural Limits of Philanthropy, in: O. TEKIN/CH.H. ROOSEVELT/E. AKYÜREK (Hg.), Philanthropy in Anatolia Through the Ages, Istanbul 2020, 111–120.

DE JONG 2017: L. DE JONG, The Archaeology of Death in Roman Syria. Burial, Commemoration, and Empire, Cambridge 2017.

FREE 2021: A. FREE, A New Epitaph from Aphrodisias, *Tyche* 36, 2021, 47–55.

HARTER-UIBOPUU 2012: K. HARTER-UIBOPUU, Öffentliches und privates Eigentum an Grabstätten in kaiserzeitlichen Inschriften aus Athen und Kleinasien. Antwort auf Michele Faraguna, in: B. LEGRAS/G. THÜR (Hg.), Symposion 2011. Vorträge zur griechischen und hellenistischen Rechtsgeschichte (Paris, 7.–10. September 2011), Wien 2012, 187–198.

HARTER-UIBOPUU 2013: K. HARTER-UIBOPUU, Epigraphische Quellen zum Archivwesen in den griechischen Poleis des ausgehenden Hellenismus und der Kaiserzeit, in: M. FARAGUNA (Hg.), Archives and Archival Documents in Ancient Societies, Trieste 2013, 273–305.

HARTER-UIBOPUU 2014: K. HARTER-UIBOPUU, Tote soll man ruhen lassen ... Verbote und Strafen zur Sicherung von Gräbern am Beispiel der Inschriften von Ephesos, in: J. FISCHER (Hg.), Der Beitrag Kleinasiens zur Kultur- und Geistesgeschichte der griechisch-römischen Antike, Wien 2014, 157–180.

HARTER-UIBOPUU 2019: K. HARTER-UIBOPUU, Synchōrēsis, parachōrēsis, ekchōrēsis. Formen der Übertragung von Grabrechten im kaiserzeitlichen Kleinasien, in: L. GAGLIARDI/L. PEPE (Hg.), Dike. Essays on Greek Law in Honor of Alberto Maffi, Milano 2019, 151–182.

HARTER-UIBOPUU 2021: K. HARTER-UIBOPUU, Die diatheke des Epikrates aus Nakrason. Ein Beitrag zur Verwaltung privater *donationes sub modo*, in: K. HARTER-UIBOPUU/W. RIESS (Hg.), Symposion 2019. Vorträge zur griechischen und hellenistischen Rechtsgeschichte (Hamburg, 26.–28. August 2019), Wien 2021, 367–402.

HERRMANN/POLATKAN 1969: P. HERRMANN/K.Z. POLATKAN, Das Testament des Epikrates und andere neue Inschriften aus dem Museum von Manisa, Graz/Wien 1969.

IŞIK 2007: F. IŞIK, Girlanden-Sarkophage aus Aphrodisias, Mainz 2007.

JONES/SMITH 1994: C.P. JONES/R.R.R. SMITH, Two Inscribed Monuments of Aphrodisias, *ArchAnz* 3, 1994, 455–472.

KEIL 1908: B. KEIL, Über kleinasiatische Grabinschriften, *Hermes* 43, 1908, 522–577.

LAUM 1914: B. LAUM, Stiftungen in der griechischen und römischen Antike. Ein Beitrag zur antiken Kulturgeschichte, Leipzig 1914.

LIEBENAM 1900: W. LIEBENAM, Städteverwaltung im römischen Kaiserreiche, Leipzig 1900.

MIGLIARDI ZINGALE 2005: L. MIGLIARDI ZINGALE, In tema di clausole funerarie: osservazioni sui testamenti romani d'Egitto, *Aegyptus* 85, 2005, 269–278.

NOLLÉ/SAYAR/CREMER 1983: J. NOLLÉ/M.H. SAYAR/M. CREMER, Drei Inschriften aus Antiphellos in Lykien, *ZPE* 52, 1983, 219–223.

REYNOLDS/ROUECHÉ 2007: J.M. REYNOLDS/C. ROUECHÉ, The inscriptions, in: IŞIK 2007, 147–192.

ROBERT 1965: L. ROBERT, Hellenica XIII. D'Aphrodisias à la Lycaonie, Paris 1965.

ROBERT 1966: L. ROBERT, Inscriptions d'Aphrodisias. Première partie, *L'Antiquité Classique* 35, 1966, 377–432.

SMITH/CHANIOTIS 2016: R.R.R. SMITH/A. CHANIOTIS, Eleven new sarcophagi, mostly inscribed, in: R.R.R. SMITH/J. LENAGHAN/A. SOKOLICEK/K. WELCH (Hg.), Aphrodisias Papers 5: Excavation and Research at Aphrodisias, 2006–2012, Portsmouth 2016, 303–324.

STROBEL 2014: B. STROBEL, Römische Testamentsurkunden aus Ägypten vor und nach der *Constitutio Antoniniana*, München 2014.

WEIß 2004: A. WEIß, Sklave der Stadt. Untersuchungen zur öffentlichen Sklaverei in den Städten des Römischen Reiches, Stuttgart 2004.

WIEDERGUT 2024: K. WIEDERGUT, Necropoleis and Civic Funerary Culture, in: M. HALLMANNSECKER/A. HELLER (Hg.), The Oxford Handbook of Greek Cities in the Roman Empire, Oxford 2024, 386–402.

WIEDERGUT im Druck: K. WIEDERGUT, A Strong Female Lead. Women as Founders and Secondary Owners of Family Tombs, in: J. HILLNER/M. MOSER-GERBER (Hg.), Women and Justice: Female Legal Agency in Late Antiquity and Beyond, im Druck.

WOLFF 1971: H.J. WOLFF, Neue juristische Urkunden. IV. Eigentumsbindung nach griechischem Recht, *ZRG RA* 88, 1971, 329–339.

WÖRRLE 1975: M. WÖRRLE, Zwei neue griechische Inschriften aus Myra zur Verwaltung Lykiens in der Kaiserzeit, in: J. BORCHHARDT (Hg.), Myra. Eine lykische Metropole in antiker und byzantinischer Zeit, Berlin 1975, 254–300.

WÖRRLE 1988: M. WÖRRLE, Stadt und Fest im kaiserzeitlichen Kleinasien, München 1988.

WÖRRLE/WURSTER 1997: M. WÖRRLE/W.W. WURSTER, Dereköy: Eine befestigte Siedlung im nordwestlichen Lykien und die Reform ihres dörflichen Zeuskultes, *Chiron* 27, 1997, 393–470.

ZELNICK-ABRAMOVITZ 2015: R. ZELNICK-ABRAMOVITZ, Whose Grave Is This? The Status of Grave Plots in Ancient Greece, *Dike* 18, 2015, 51–95.

III Tradition

Michael A. Speidel

Inschriften mit Abschriften

Zur Bedeutung kopierter Urkunden

Abstract: From the reign of Augustus to the mid-third century CE, the production of inscriptions on stone, bronze, wood, and other materials for public or private display reached an unprecedented scale, a phenomenon commonly described as the "epigraphic habit." Most inscriptions—funerary texts, building dedications, altar inscriptions, and inscriptions on statues or monuments—were composed specifically for these media. However, a significant number of inscriptions preserve texts originally created independently of their material transmission, including *senatus consulta*, imperial proclamations, laws, and literal copies of official and private documents such as wills and codicils. Often motivated by personal interests, these inscriptions also reveal the social authority and perceived authenticity of written documents in the Roman world. Literal citation—even in private contexts—demonstrated both the importance and the factual accuracy of statements, highlighting a complementary phenomenon that may be termed a "documentary habit." This paper examines the interplay between epigraphic and documentary practices, exploring how inscriptions mediated social, legal, and commemorative communication.

1 Testamente und Inschriften

Während der Regierungszeit Caracallas (211–217 n. Chr.) hielt Ulpian, der berühmte Jurist aus Syrien, in seinem Werk *ad edictum* fest, dass das Material, auf dem Testamente geschrieben waren, keinen Einfluss auf deren Rechtsgültigkeit habe. So konnten gültige Testamente, nach Ulpian, auf Holz, Papyrus, Pergament, Leder oder sonst irgendein Material geschrieben werden[1]. Nur wenig später, im Jahre 224, verkündete Kaiser Severus Alexander in einem Reskript, dass Inschriften auf Grabmälern und Grabstätten keine Rechtskraft zukam[2]. Dennoch finden wir bekanntlich gerade auch

1 D. 37,11,1pr. (Ulp. 39 ad ed.): *Tabulas testamenti accipere debemus omnem materiae figuram: sive igitur tabulae sint ligneae sive cuiuscumque alterius materiae, sive chartae sive membranae sint vel si corio alicuius animalis, tabulae recte dicentur.* Zur Datierung unter Caracalla siehe Honoré 2002, 158–176, bes. 162–165.

2 C. 3,44,6 Alex. (a. 224): *Monumentorum inscriptiones neque sepulchrorum iura neque dominium loci puri ad libertos transferunt. Praescriptio autem longi temporis, si iustam causam initii habuit, vobis proficiat.*

https://doi.org/10.1515/9783111694634-013

in funerären baulichen Zusammenhängen immer wieder Inschriften mit erbrechtlich relevanten Inhalten[3].

Aus den Äußerungen von Ulpian und Severus Alexander sollte man freilich nicht schließen, dass man Testamente auf alle Materialien schreiben durfte, nur nicht auf Stein. Die Aussage ist zweifellos vielmehr so zu verstehen, dass jene Texte, die auf Stein übertragen wurden, Abschriften und nicht Originale sind, und dass die Abschriften deshalb nicht zum Beweis des Testamentsinhalts taugen können. Daraus ergibt sich aber die Frage, weshalb solche Texte dann überhaupt auf Stein übertragen wurden und weshalb man sich die Mühe machte, den Wortlaut der Urkunde und manchmal sogar deren physische Erscheinung wiederzugeben, anstatt das Wesentliche des Inhalts kurz zusammenzufassen.

Die jüngere epigraphische Forschung hat sich durchaus schon mit verwandten Fragen beschäftigt, gerade auch im Zusammenhang mit der verstärkten Einsicht, dass sich die Aussagen von Inschriften oft erst durch eine Zusammenschau mit dem gesamten zugehörigen Kontext ergeben, also etwa dem Monument, auf dem die Inschrift steht, weiteren dort möglicherweise eingemeißelten Texten sowie der Leserschaft, die sie erreichen sollten[4]. Zu den Gründen, weshalb bestimmte Urkunden oder Briefe auf dauerhaftes Material kopiert wurden, zählte natürlich der Wunsch, deren Inhalte für die „Ewigkeit“ festzuhalten. Dazu führten aber offenbar weder rechtliche Vorschriften zur dauerhaften Publikation noch Vorgaben durch die Autoren der in den Urkunden festgehaltenen Entscheide. Vielmehr konnte gezeigt werden, dass dort, wo die Gründe erkennbar sind, private Motive ausschlaggebend waren, denn diejenigen, die das Übertragen (*transscribere*) von Urkundentexten (oder von Auszügen daraus) auf dauerhafte Materialien veranlassten, wollten damit offenbar etwas erreichen, was für sie persönlich wichtig war[5]. Tatsächlich wurden vor allem solche Schreiben verewigt, die der Selbstdarstellung oder dem Vorteil prominenter Individuen und bedeutender Städte dienten[6].

3 Siehe etwa CIL II 4514 = ILS 6957 = AE 1980, 593; CIL III 6998 = CIL III 13652 = ILS 7196; CIL VI 10229; CIL VIII 1641 (p 1523, 2707) = ILS 6818 = AE 1991, 1685; CIL VIII 26275; CIL X 114 = ILS 6469; ILS 6468; CIL X 7457 = ILS 8377 (p 190); CIL XI 6520 = ILS 6647; CIL XIII 5708 = ILS 8379; AE 1940, 94; AE 1945, 136; AE 1955, 126 = AE 1993, 1759; AE 2000, 344b; AE 2018, 1498; etc.

4 Zur Thematik siehe etwa die Beiträge in Eck/Funke 2014.

5 Eck 2009, 93; *transscriptio/transscribere*: Eich 2008, 232 mit Anm. 44–45.

6 Siehe dazu nur die Beiträge in Haensch 2009. Ferner etwa Eck 1998 und Cooley 2012, sowie zuletzt Jordan 2023, 217–230.

2 Kopien auf Stein

Das ist etwa an einer lateinischen Inschrift aus Heraclea Sintica in *Macedonia* vom Beginn des vierten Jahrhunderts zu erkennen[7]. Sie enthält die Kopie eines Briefes, mit dem Galerius und Maximinus Daia im Jahr 308 *ornamenta et ius civitatis* an Heraclea Sintica verliehen. Den Brief richteten die Kaiser an die *quattuorviri* und die Dekurionen der Stadt. Der Text steht auf einer hochrechteckigen Stele aus Marmor, die in Zweitverwendung in einem Grab gefunden wurde. Über den ursprünglichen Ort der Aufstellung und den architektonischen Kontext ist nichts bekannt. Möglicherweise war sie in einer Mauer verbaut. Genauso wenig wird darüber gesagt, wer die Übertragung des Brieftextes auf Stein veranlasst hat, noch mit welcher Absicht dies geschah.

Es gibt keinen Grund anzunehmen, der kaiserliche Brief sei von Anfang an zur Kopie auf Stein und zur dauerhaften Veröffentlichung auf einer Stele vorgesehen gewesen. Bemerkenswerterweise wurde jedoch versucht, in der Abschrift die Erscheinung des Originals in bestimmten Aspekten nachzuahmen. Das ist besonders deutlich am letzten Wort, *feliciter*, zu erkennen, das in kursiven Buchstaben eingemeißelt wurde. Es war die kaiserliche *subscriptio* unter dem Brief, d. h. sozusagen die kaiserliche Unterschrift. Die Wiedergabe von *feliciter* in kursiven Buchstaben sollte offenbar das originale Erscheinungsbild des Briefes vermitteln, wodurch die Kopie als eine möglichst genaue Wiedergabe des Originals erscheinen sollte[8].

Aufschlussreich ist hier der zeitlich und inhaltlich ganz ähnlich gelagerte Fall von Orcistos[9]. Dieses kleine Dorf im phrygischen Kleinasien hatte Konstantin den Großen kurz nach seinem Sieg über Licinius im September 324 um die Aufwertung zum Status einer Stadt gebeten. Konstantin reagierte positiv und sandte Briefe an die Einwohner von Orcistos sowie an den hochrangigen *vicarius Asiae*, Flavius Ablabius, mit seinen Begründungen und Anweisungen. Einige Jahre später (331 n. Chr.) erhielten die Einwohner von Orcistos schließlich ein offizielles Schreiben vom Kaiser mit der Bestätigung, dass Konstantin der Gemeinde das *ius civitatis* erteile. Die Texte all dieser Urkunden wurden dann auf drei Seiten eines Pfeilers kopiert, der vermutlich an einer Mauer im Zentrum der neuen *civitas* stand und vielleicht auch eine Statue des Kaisers trug.

Weder in Heraclea Sintica noch im phrygischen Orcistos lag der Grund für die Übertragung dieser Briefe auf Stein in der Notwendigkeit, deren Inhalte auf diese Weise zu verkünden. Denn diese Art der öffentlichen Zurschaustellung und Verewigung kaiserlicher Entscheidungen war weder irgendwie gefordert noch im Hinblick auf die Leserschaft vermutlich inhaltlich besonders wirksam, denn die geringe Ver-

---

7 AE 2002, 1293 = AE 2004, 1331; Lepelley 2004.

8 Dazu allgemein Eich 2009, 277–281.

9 CIL III 7000 = ILS 6091 = FIRA I 95 = MAMA 7, 305 = AE 1999, 1577.

breitung der lateinischen Sprache im griechischen Osten dürfte einem großen Interesse der lokalen Bevölkerung am Wortlaut dieser Texte im Weg gestanden haben. Sicherlich hätte eine griechische Inschrift den neuen Status, in deren Genuss die beiden Städte gekommen waren, mit weit größerem Erfolg verkünden können. Es ist deshalb von Bedeutung, dass genau darauf verzichtet wurde. In beiden Fällen ist somit klar zu erkennen, dass die mit der Abschrift auf Stein verbundene Absicht darin lag, den kaiserlichen Briefen als Urkunden ein Denkmal zu setzen, um das Ansehen und den Ruhm der Stadt zu steigern.

Ein besonders interessantes Beispiel für diese Erscheinung liefert bekanntlich auch die sogenannte Archivwand von Aphrodisias im kleinasiatischen Karien[10]. Hier wurden im 3. Jahrhundert ausgewählte Urkunden von historischer Bedeutung für die Stadt und ihre Bewohner auf eine Wand des örtlichen Theaters eingemeißelt. Darunter finden sich u. a. Abschriften eines römischen Senatsbeschlusses *de Aphrodisiensibus* aus dem Jahre 39 v. Chr., elf kaiserliche Briefe an die Stadt Aphrodisias, drei kaiserliche Briefe an Ephesos, Samos und Smyrna usw. Stets beleuchten die Urkunden einen besonders bedeutenden Moment in der Geschichte der Stadt. Auf diese Weise wurde versucht, ihre Besonderheit festzuhalten. Man hätte vielleicht auch versuchen können, eine Geschichte der Stadt zu verfassen und diese dann in griechischer Sprache in eine Mauer zu meißeln. Doch gerade das wurde nicht getan. Die Zusammenstellung ausgewählter, bedeutender Urkunden und ihre Abschrift auf eine Mauer hielt man offenbar für den besseren Weg, das gewünschte Ziel zu erreichen.

Verwandte Motive lassen sich auch in anders gelagerten Zusammenhängen erkennen. Das gilt etwa für die Abschriften zweier Briefe auf der linken und rechten Seite eines Statuensockels aus der ersten Hälfte des dritten Jahrhunderts, den die Gemeinde der Viducassier im nordwestlichen Gallien samt der dazugehörigen Statue für Titus Sennius Sollemnis, einen ihrer verdientesten Mitglieder, errichtete[11]. Der unter dem Namen „Marbre de Thorigny" bekannt gewordene Statuensockel trägt auf seiner Vorderseite eine 32-zeilige Inschrift, die die Stationen der außergewöhnlichen Laufbahn dieses lokalen Magistraten und Priesters in vergleichsweise großer Ausführlichkeit bekannt gibt. Nach Aussage dieser Inschrift hatte sich der Mann in seiner Heimatgemeinde, aber auch in Lugudunum am Altar der Tres Galliae, sowie in verschiedenen Posten im Reichsdienst in Britannien und Numidien ausgezeichnet und sich durch seine Großzügigkeit verdient gemacht.

Auf beiden Seiten des Sockels wurden zudem Abschriften zweier an Sennius Sollemnis gerichteter Briefe eingemeißelt, die dieser dem Stadtrat der Viducassier ganz offenbar zugespielt hatte. Die Briefe verliehen der Laufbahninschrift auf der Vorderseite zusätzliches Gewicht. Denn obwohl schon der Haupttext bekannt gab, dass Sollemnis die Freundschaft und Zuneigung seiner Vorgesetzten in seinen verschiedenen

10 Siehe etwa Kokkinia 2016.

11 CIL XIII 3162 = AE 2008, 909; Pflaum 1948; Vipard 2008.

Posten genoss, illustrierten die beiden Briefe dies zusätzlich noch am konkreten Beispiel und im Wortlaut ihrer Autoren, beinahe so, als wären sie Beweisstücke oder Beilagen in einem Bewerbungsdossier. Tatsächlich handelt es sich bei einem der beiden Briefe um ein Empfehlungsschreiben des Praetorianerpräfekten Aedinius Iulianus für Sennius Sollemnis. Der zweite Brief ist vom Statthalter Britanniens an Sollemnis gerichtet und bestätigt das große Wohlwollen und Vertrauen, das der Statthalter in Sollemnis setzte. Erst diese Abschriften der beiden Briefe schienen die Aufgabe, Titus Sennius Sollemnis angemessen zu würdigen, zufriedenstellend gelöst zu haben. Die inhaltsgleichen Aussagen der viducassischen Stadträte im Haupttext der Inschrift konnten die Wirkung der abgeschriebenen Urkunden und ihres originalen Wortlauts offenbar nicht im selben Umfang erzielen.

Gesellschaftlich deutlich höhergestellt als Sollemnis war der römische Ritter Marcus Sulpicius Felix. Ihm widmeten seine *amici* in der Gemeinde Sala in der Provinz *Mauretania Tingitana* im Jahre 144 ebenfalls ein Statuendenkmal mit einem beschriebenen Sockel[12]. Die Vorderseite des Sockels trägt eine sehr formelhafte Inschrift mit einer ritterlichen Laufbahn, wie sie ähnlich zahllose Mitglieder des *ordo equester* im Reich absolvierten. Dort erfährt man, dass Sulpicius Felix „wegen seiner Zuneigung zum Municipium Sala und wegen seiner Uneigennützigkeit" geehrt wurde: *ob adfect(ionem) munic(ipii) Sal(ensis) / et innocentiam.* Worin aber seine Verdienste im Einzelnen bestanden, geht aus diesem Text nicht hervor. Allein die Wendung *liberatori et patrono* könnte ein Hinweis darauf sein, dass Sulpicius Felix sich um Sala in besonderem Masse verdient gemacht hatte. Aber auch das ist nicht zwingend.

Erst der auf der Seite des Sockels in 32 dichten Zeilen eingemeißelte Beschluss des Stadtrates führt die Verdienste des Sulpicius Felix um die Gemeinde Sala im Einzelnen aus und begründete damit die Ehrung. Auch hier handelt es sich natürlich nicht um die eigentliche Veröffentlichung des Beschlusses, sondern um eine Abschrift, die mit der Absicht auf den Sockel übertragen wurde, die Aussage des Denkmals zu erweitern und die Verdienste des Sulpicius Felix um die Stadt Sala im Einzelnen vorzustellen. Denn die formelhafte Sprache der ritterlichen Laufbahninschriften war nicht dazu geeignet, die Verdienste des Geehrten im Detail zu beschreiben. Selbst für einige Ehrungen, die das Protokoll auflistet, hielt das übliche Formular der ritterlichen Laufbahninschriften kaum feste Wendungen bereit. Dazu gehört etwa der Beschluss des Stadtrats von Sala, eine Gesandtschaft zum Kaiser zu schicken, die die Leistungen des Sulpicius Felix preisen sollten. Schließlich verwendete das Protokoll des Stadtrates

12 IAM II 1, 307 = AE 1993, 1787 (Sala), Z. 1–12: *M(arco) Sulpicio M(arci) f(ilio) / Felici domo Roma trib(u) / Quir(ina) lib(eratori) et patr(ono) praef(ecto) coh(ortis) I / Germanor(um) trib(uno) mil(itum) leg(ionis) XVI / F(laviae) F(irmae) F(idelis) trib(uno) mil(itum) coh(ortis) III Ulp(iae) |(miliariae) / Petraeor(um) electo et retento / ad cens(us) excipiend(os) in partem / provinc(iae) Arm(eniae) item Capp(adociae) / praef(ecto) eq(uitum) al(ae) II Syrorum c(ivium) R(omanorum) / amici ob adfect(ionem) munic(ipii) Sal(ensis) / et innocentiam d(e)d(icaverunt) / decretumq(ue) ordinis subiecerunt.* Dazu etwa Erkelenz 2007.

eine Sprache, die durch die lapidaren Formeln der Laufbahninschrift nicht hätte wiedergegeben werden können. So heißt es in diesem Text, der Stadtrat habe „einem so bedeutenden Manne keine gewöhnlichen Ehrungen beschliessen wollen, da er (ja auch) keine gewöhnlichen Leistungen vollbracht habe“ ([...] *erga talem virum non volgata(!) decernere cum is non volgata(!) praestiterit*) [...]), „damit wir dank dieser (Statue) nicht den Mann (aus dem Gedächtnis) verlieren, dessen Wohltaten wir behalten, und damit nicht dort, wo alle ehrenwerten Leute ihn mit einer Statue geehrt haben aus Anerkennung seiner Verdienste um die Stadt, man die Anerkennung durch eben diese Stadt, die (dann) undankbar erschiene, vermisse“ ([...] *ne amittamus / h[ac eu]m cui{i}us beneficia tenemus ac ne ubi hunc ipsum (h)onestissumi(!) quique ob curatam pulchre r(em) p(ublicam) statua ho/noraverint ibi praemium ipsius r(ei) p(ublicae) parum grat[a]e requiratur* [...])[13].

Das waren aber offenbar Überlegungen, die den Stadtrat dazu bewogen, entgegen der üblichen Praxis, auf der Seite des Statuensockels eine Abschrift der entsprechenden Passagen aus dem Protokoll der Stadtratsitzung beizufügen. Was man aber nicht getan hat, ist eigens für das Denkmal eine *laudatio* des Geehrten zu verfassen, die von den technischen Elementen und Einschränkungen eines Protokolls befreit gewesen wäre. Offenbar verliehen gerade die Form und die Sprache der offiziellen Urkunde ihrer Aussage zusätzliche Beweiskraft und erhöhten damit die Ehre und Bedeutung des Sulpicius Felix.

Ähnliches gilt auch für das Grabmal des *mensors* Nonius Datus der *legio III Augusta* beim nordafrikanischen Lambaesis[14]. Dieser Vermessungs- und Wasserbauingenieur war zwischen ca. 137 und ca. 150 zweimal von seinem Legionsstandort nach Saldae in der *Mauretania Caesariensis* geschickt worden, um beim Bau einer Wasserleitung behilflich zu sein. In der Inschrift auf seinem Grabmal beschrieb Nonius Datus die Aufgabe und seine wiederholten Besuche in Saldae. Doch dann fährt er fort: „Damit meine Mühen um diesen Aquädukt von Saldae noch deutlicher erscheinen, habe ich einige Briefe beigefügt“ (*ut lucidius labor meus circa duc(tum) / hoc Saldense pararet aliquas e/pistulas subieci*)[15]. Es geht dabei um Schreiben von hohen Amtsträgern, darunter von Kommandeuren der *legio III Augusta* und von Präsidialprokuratoren der *Mauretania Caesariensis*. Bemerkenswerterweise hatte Datus es verstanden, in den Besitz von Kopien dieser Briefe zu gelangen. Beinahe wie in einem Briefroman beleuchteten diese die Geschichte des Nonius Datus. Dabei illustrieren die Abschriften, wie hoch die Spitzen der römischen Provinzverwaltung die Bedeutung von Nonius Datus, seiner Person und seiner technischen Kenntnisse einschätzten. Zum besseren Verständnis der Ereignisse tragen die Briefe hingegen kaum bei.

---

13 Z. 23 und 25–27.

14 CIL VIII 2728 = CIL VIII 18122 = ILS 5795; siehe Lassère/Griffe 1997; Eck/Speidel 2021, 237–238.

15 Z. 65–67.

Auch der kaiserliche Freigelassene Lucius Septimius Adrastus, der als *procurator columnae divi Marci* in Rom tätig war, ließ ein ganzes Dossier von Schreiben auf Marmorblöcken einmeißeln[16]. Dem *libellus* mit der Bittschrift des Adrastus aus dem Spätsommer des Jahres 193 an den Kaiser, dieser möge es ihm erlauben, ein Gebäude nahe der Markus-Säule zu errichten, folgen drei Schreiben der *rationales* an verschiedene andere Amtsträger, die jeweils um bestimmte Amtshandlungen gebeten werden. Nachdem Adrastus seine Bitte gewährt wurde, wurden ihm bestimmte Baumaterialien teils umsonst, teils zu einem Vorzugspreis zugesichert.

Da auch hier keine erkennbare Pflicht bestand, diese Schreiben auf Stein zu kopieren und öffentlich auszustellen, hat man zweifellos mit privaten Motiven zu rechnen, die eng mit der Person des Adrastus verbunden waren, zumal sein Name in allen abgeschriebenen Urkunden erscheint. Diese Urkunden beleuchten somit, ganz ähnlich wie im Fall des Nonius Datus, verschiedene Etappen der Entstehungsgeschichte des Gebäudes, für dessen Errichtung der Freigelassene Adrastus um Erlaubnis gebeten hatte. Dabei „bewiesen“ die Urkunden die Bedeutung des Adrastus, indem sie zeigen, wie seine Anliegen von Kaiser und Verwaltung wohlwollend beurteilt und für ihn vorteilhaft umgesetzt wurden. Die Blöcke scheinen schließlich als Türpfosten und Türsturz des neuen Baus gedient zu haben.

3 Abschriften auf Bronze

Die Erscheinung, Urkunden abzuschreiben und in neuen Kontexten zu verwenden, war aber keineswegs auf Steininschriften beschränkt. So vermitteln etwa verschiedene auf Bronzetafeln übertragene Entlassungsurkunden aus dem römischen Heer weitere Einsichten in die Bedeutung von kopierten Urkunden im Alltag. Vor dem Jahre 311 erhielten die Veteranen des römischen Heeres nicht automatisch persönliche Urkunden, die ihre Entlassung bezeugten. Vielmehr war jeder Veteran selbst dafür verantwortlich, sich ein Schreiben mit der Bestätigung seiner ehrenhaften Entlassung zu besorgen[17]. Das tat man offenbar, indem man den Oberbefehlshaber seiner Provinzarmee um ein entsprechendes Schreiben bat. Vom Kommandeur Attius Pudens der *legio I Italica* wissen wir durch eine jüngst veröffentlichte Bronze-Urkunde, dass er in Vertretung des Statthalters der Provinz *Moesia Inferior* bei einer bestimmten Gelegenheit im Jahre 241 nicht weniger als 1900 solcher Schreiben für die Flottensoldaten der *classis Moesica* ausstellen ließ[18]. Die einfachen Texte dieser Entlassungsurkunden enthielten den Namen des entlassenden Heerführers (d. h. meist des

16 CIL VI 1585 a–b; Kolb 2018.

17 FIRA I 93 = AE 1937, 158 und 232 = AE 1951, 27 und 118 = AE 1953, 240 = AE 1955, 114 = AE 1956, 258 = AE 1980, 707 = AE 1995, 32; AE 2007, 1224; QLSD 2019, 53; dazu etwa Speidel 2009, 333–343.

18 Eck/Pangerl 2022.

Provinzstatthalters), den Namen des entlassenen Soldaten, seinen Rang und seine Einheit, seine Dienstzeit oder wenigstens den Vermerk *emeritus*, die Bestätigung, dass es sich um eine *honesta missio* handelte sowie schließlich das Ausstellungsdatum[19].

Üblicherweise standen solche Entlassungsschreiben offenbar auf Papyrus oder auf einfachen Diptychen aus hölzernen Schreibtafeln (*tabulae ceratae*)[20]. Im dritten Jahrhundert (wohl vor allem seit bronzene Militärdiplome nicht mehr automatisch nach Beendigung der Dienstpflicht ausgegeben wurden) wurden auch bronzene Kopien solcher Urkunden hergestellt, wobei gelegentlich die ursprüngliche Erscheinungsform der *tabulae ceratae* nachgeahmt wurde[21]. Als rechtskräftige Dokumente konnten diese Bronze-Diptychen allerdings kaum dienen, denn ihrer Gestaltung fehlte alles, was sie hätte zu Doppelurkunden machen können (Außentext, Siegel, Zeugen, sichere Verschließbarkeit). Zweifellos sollten die bronzenen Kopien des hölzernen Originals dem Besitzer deshalb vor allem als edles, vorzeigbares und dauerhaftes Andenken an seine ehrenhafte Entlassung aus dem römischen Heer dienen.

Zwei der bisher bekannt gewordenen Entlassungsschreiben wurden jedoch auf Bronzetafeln im Format der Militärdiplome geschrieben. Das ältere Beispiel stammt aus dem Jahre 108 und trägt auf einer Tabella II den Schluss der Entlassungsformel sowie die Namen von Zeugen, die alle von den Diplomen für Auxiliarsoldaten aus der Zeit Domitians und Trajans bekannt sind[22]. Die qualitätvolle äußere Beschaffenheit dieser Tabella II und die Namen der Zeugen legen die Vermutung nahe, dass die Stellen, die in Rom für die Herstellung der Militärdiplome verantwortlich waren, auch an der Herstellung dieser Bronzekopie beteiligt waren. Ob die Initiative, die zu ihrer Entstehung führte, offizieller oder privater Natur war, ist damit jedoch nicht entschieden. Der zweite Fall stammt aus dem Jahr 215. Hier zeigt aber die grobe Ausführung, dass keine offizielle Stelle für die Herstellung verantwortlich war. Diese Bronzetafel entstand zweifellos sowohl auf privaten Entschluss als auch durch ungeübte Hand.

Zwei weitere Bronzetafeln im Format der Militärdiplome enthalten ebenfalls Kopien rechtlich relevanter Texte aus dem Jahr 240, die im Zusammenhang mit der Entlassung von Soldaten aus den Legionen Obergermaniens standen[23]. Hier fand sich jedoch anstelle der üblichen Entlassungsformel sowohl ein Auszug aus dem kaiserlichen Schreiben an den Statthalter, in dem die Entlassung des gesamten Rekrutierungsjahrgangs angeordnet wurde als auch ein Auszug aus der Personalakte des betreffenden Veteranen mit Angaben zu seiner Rekrutierung, dem Datum der Vereidigung, dem Datum der Entbindung aus dem Eid und dem Hinweis auf die ehrenhafte Entlassung

---

19 Dazu Speidel 2009, 337 sowie jetzt Eck/Pangerl 2022, 242.

20 Eck/Roxan 1998, 107–108; Speidel 2009, 337. Die Hälfte eines solchen hölzernen Diptychons vom Jahre 122 ist in Aegypten erhalten geblieben: ILS 9060.

21 AE 1998, 1619; AE 2002, 1772; Eck/Roxan 1998; Eck 1999; vgl. Eck 2022.

22 AE 1980, 647 = RMD I p. 103, Appendix: (...) // *Honestam missionem / dedimus. / Claudius Livianus praef(ectus) | praetori(o) subscripsit / XIIII K(alendas) Febr(uarias) / Gallo et Bradua co(n)s(ulibus).*

23 AE 2018, 1977 und 1978; dazu Weiss 2015.

durch den Statthalter. In einem der beiden Fälle wurde sogar der Text des Gesuchs eingraviert, mit welchem der entlassene Veteran den Statthalter darum gebeten hatte, die bronzene Tafel mit den beglaubigten Abschriften herstellen zu dürfen: [...] *permittas mihi aeream ta/[bulam facere et] descriptum et recognitum pars ex / [litteris Imp(eratoris) Gordian]i Augusti et consulem et diem / [missionis ex tabu]lario legionis supra scrip[t]ae*[24].

Die Wahl des Formats war zweifellos mit dem angestrebten Zweck der neuen Bronzeurkunde verbunden, denn einer der beiden Veteranen schrieb sogar ausdrücklich (AE 2018, 1977, Z. 15–18): „Damit ich meine Privilegien, die mir wegen des vollendeten Militärdienstes der heiligste Imperator Gordianus Augustus zu empfangen gewährte, gemäß seiner heiligen Gnade, nachweisen kann" ([...] *commoda mea, quae mihi ob aemerita mili|[tia s]acratissimus Imp(erator) Gordianus Augustus dari prae| [stitit, ut etiam?] secundum sacram indulgentiam eius | [veteranus? dem]ostrem.* [...]). Dazu eignete sich das Format der Militärdiplome jedenfalls ganz besonders. Allerdings war das kaum die ganze Wahrheit, denn um seinen Status als ehrenhaft entlassener Veteran zu beweisen, hätte zweifellos ein übliches Entlassungsschreiben des Statthalters gereicht. Die beglaubigten Abschriften der genannten Texte hatten deshalb noch einen weiteren Zweck, der offenbar darin bestand, all jene zu beeindrucken, denen er die Bronzetafeln vorlegen würde[25].

Das war auch im letzten relevanten Vergleichsfall so, auch wenn das Format ein anderes war[26]. Denn die Texte, die der Soldat der *vigiles* Marcus Aurelius Mucianus bei seiner Entlassung wegen schlechter körperlicher Gesundheit im Jahre 248/249 auf eigene Initiative auswählte und zusammenstellte, ließ er in sehr sorgfältiger Schrift auf eine einfache Bronzetafel mit einem verzierten Rahmen und einer scheibenförmigen Bekrönung mit einem Lorbeerkranz eingravieren. Bei den Texten handelte es sich um einen Auszug des kaiserlichen Briefes an den *praefectus vigilum*, in dem die Entlassung des Mucianus befohlen wurde, sowie die Rekrutierungsdaten aus Mucianus' Personalakte, das Abkommandierungsverzeichnis (das Mucianus' Teilnahme am Perserfeldzug Gordians III. bezeugte) und schließlich der Eintrag in die Liste der Empfänger von *frumentum publicum*. Es sind also willkürlich ausgewählte und in Auszügen zitierte Urkunden, deren Abschriften nicht durch Zeugen beglaubigt waren und die in ihrem neuen Kontext auf der Bronzetafel zweifellos vor allem dazu dienen sollten, andere Menschen zu beeindrucken. Der private Charakter der Gestaltung auch dieser Bronzetafel ist damit offenkundig. Jedenfalls zeigt auch hier die Wahl, Brief- und Urkundentexte (nahezu?) wortgetreu zu kopieren, anstatt Paraphrasen zu verwenden oder gar neue biographische Texte zu entwerfen, den Wert und die Beweiskraft, die Urkunden selbst als Abschriften noch beigemessen wurden.

---

24 AE 2018, 1977, Z. 18–21.

25 Dazu Speidel 2009, 343–346.

26 AE 2003, 2040 = RGZM 75; siehe dazu v. Saldern 2006; Speidel 2009, 300–302 und 344–346; Weiss 2015, 63–69.

4 Zur Fortwirkung des Originals

Allerdings machte die Existenz einer edlen Bronze-Kopie das Original der Urkunde nicht überflüssig. Das bestätigt die Anfrage eines ehrenhaft entlassenen Soldaten an die Kaiser Diokletian und Maximian, ob er auch dann rechtmäßigen Anspruch auf die ihm zustehenden Veteranenprivilegien habe, wenn ihm seine Entlassungsdokumente (*instrumenta*) abhandengekommen waren. In ihrem Reskript vom Jahre 286 erläutern die Kaiser, dass der Veteran in diesem Fall nur dann in den Genuss der Veteranenprivilegien kommen könne, wenn er seine ehrenhafte Entlassung durch andere Zeugnisse glaubhaft beweisen könne[27]. Diese Antwort und die Tatsache, dass den Kaisern die Frage überhaupt vorgelegt wurde, ob der Verlust der *instrumenta* auch den Verlust der *privilegia veteranorum* bedeute, zeigt sehr deutlich, welche Bedeutung der physischen Existenz der Originalurkunde beikam.

Dieselbe Aussage wird auch in einem der berühmten Reliefs der sog. *Anaglypha Traiani* gemacht. Denn dort werden Soldaten gezeigt, wie sie großformatige Schreibtafeln (*tabulae ceratae*) zusammentragen und auf einem Haufen vor dem Kaiser aufschichten[28]. Die Szene wird gewöhnlich mit einer Begebenheit verbunden, die unter anderem in der Historia Augusta überliefert wird und nach der Hadrian zu Beginn seiner Regierungszeit privaten Schuldnern in Rom und Italien ihre Schulden gegenüber dem Staat erließ. Um die Ernsthaftigkeit seiner Absicht zu demonstrieren, ließ er die Urkunden, in denen die Schulden verzeichnet waren, aus den Archiven auf das Forum Traiani bringen und dort öffentlich verbrennen[29]. Das Relief der *Anaglypha Traiani* zeigt vermutlich eine ebensolche Begebenheit, die Trajan zu Beginn seiner Herrschaft auf dem Forum Romanum veranstaltete[30]. Jedenfalls eliminierte die Entfernung der originalen Urkunden aus den Archiven und ihre öffentliche Vernichtung durch das Feuer offenbar die in diesen Dokumenten festgehaltenen Schulden.

Aber auch von den auf Stein und Bronze kopierten Urkunden erwartete man offenbar eine konkrete Wirkung. Diese lag jedoch in den besprochenen Fällen wohl in erster Linie in der Hoffnung, den Leser oder Betrachter von der Existenz des Originals einer wichtigen kaiserlichen oder staatlichen Urkunde zu überzeugen, in der der Name des Empfängers prominent genannt war. Zu diesen gehörten auch Kopien kaiserlicher Ernennungsschreiben[31]. Das bekannteste Beispiel ist jenes, das Mark Aurel

27 C. 4,21,7: *Imperatores Diocletianus, Maximianus. Si sollemnibus stipendiis honeste sacramento solutus es, licet super huiusmodi re instrumenta, ut dicis, facta perdita sunt, tamen, si aliis evidentibus probationibus veritas ostendi potest, veteranorum privilegia etiam te usurpare posse dubium non est.* Dazu mit weiteren Zeugnissen Speidel 2009, 338–343.

28 Koeppel 1986, 21–24, Abb. 2.

29 Hist. Aug. Hadr. 7,6; ILS 309.

30 Koeppel 1986, 4.

31 Haensch 2020.

an Quintus Domitius Marsianus gerichtet hat[32]. Denn der Bruder des Marsianus, Lucius Domitius Fabianus, der einen Sockel mit einer Inschrift und einer Statue des Marsianus errichten ließ, fügte nach dem Ende der ritterlichen Laufbahn, die seinen Bruder bis zum Patrimonialprocurator der *Narbonensis* geführt hatte, nach einem *vacat*, die Abschrift der kaiserlichen *codicilli* an, in denen Mark Aurel dem Marsianus seine Ernennung zur dukenaren Patrimonialprokuratur in sehr schmeichelhaften Worten verkündete.

Man darf annehmen, dass unter den römischen Rittern im Reichsdienst (aber auch bei Senatoren und kaiserlichen Freigelassenen in wichtigen Positionen) Form und Inhalt solcher Schreiben sattsam bekannt waren, denn jeder von ihnen erhielt mit jeder neuen Ernennung zweifellos ein solches Schreiben[33]. Wenn also solche Texte sehr häufig verfasst worden sind und wohl allen, die in staatlichen oder kaiserlichen Funktionen tätig waren, zugestellt wurden, so scheinen dennoch nur die wenigsten solche Schreiben auch auf ihre privaten Denkmäler übertragen zu haben. Wer dies tat, handelte deshalb offenbar aufgrund einer sehr persönlichen Entscheidung und zweifellos in der Hoffnung, den Leser mit dem Text zu beeindrucken.

Die Möglichkeiten, den Wortlaut kaiserlicher Ernennungsschreiben durch Abschriften einem bestimmten Publikum zum Zweck der Selbstdarstellung zur Kenntnis zu bringen, gingen aber über das bisher Beschriebene sogar hinaus. Das zeigt etwa das Beispiel des Berliner Papyrus ChLA X 417, für das Rudolf Haensch vor kurzem eine überzeugende Deutung vorgelegt hat. Denn nach seiner Ansicht erkennt man hier die teilweise erhaltene Abschrift eines lateinischen Ernennungsschreibens, das der scheidende *praefectus Aegypti* offenbar einer offiziellen, griechisch-sprachigen Verlautbarung anfügen ließ, mit der er sich aus seiner Provinz verabschiedete. Dass es sich um die Abschrift eines kaiserlichen Schreibens handelte, bezeugt die Überschrift: *exemplar codicillorum*. Die Absicht bestand offenbar darin, die Worte des Kaisers in dessen eigener Sprache und durch die Form der Urkunde als „authentisch" gesichert, allen Empfängern des Schreibens vorzulegen, damit sie das kaiserliche Wohlwollen gegenüber dem scheidenden Präfekten Ägyptens und künftigen Prätorianerpräfekten umso besser erkennen würden[34].

Die hohe Glaubwürdigkeit von Urkunden und Briefen führte auch zur „wortgetreuen" Abschrift solcher Dokumente auf Stein, die zusätzlich zur Selbstdarstellung auch inhaltliche Aussagen vermitteln sollten. Das zeigen vor allem die in Kleinasien zahlreich kopierten *litterae sacrae* der Kaiser Septimius Severus und Caracalla aus dem Jahre 204 zum Schutz senatorischen Eigentums[35]. Denn der kopierte Briefausschnitt bekräftigte, dass Senatoren ohne ihre Zustimmung nicht verpflichtet waren, all jenen, die im staatlichen Auftrag reisten, Gastfreundschaft zu gewähren. Hierher

32 AE 1971, 491 (Bulla Regia); dazu etwa Pflaum 1981, 12–29; Haensch 2020.

33 Eck 2022, 308–309.

34 Haensch 2020, 105.

35 Dazu bes. Drew-Bear/Herrmann/Eck 1977; Jones 1984 und Jones 2017.

gehört auch eine weitere Gruppe von Inschriften aus der Zeit des späteren zweiten und besonders aus der ersten Hälfte des dritten Jahrhunderts aus Kleinasien (in Einzelfällen aber etwa auch aus *Moesia Inferior*, *Thracia* oder Nordafrika)[36]. Diese Texte enthalten Abschriften von offiziellen Bittschriften einzelner Gemeinden mit Klagen und Bitten zur Behebung von Missständen (vor allem rechtswidriges Verhalten von Soldaten und anderen staatlichen Beauftragten) sowie – soweit erhalten – die positiven Antworten der Obrigkeiten. Der wohl entscheidende Grund, weshalb diese Texte auf Stein übertragen und auf dem Gebiet der Gemeinden aufgestellt wurden, lag deshalb zweifellos in den obrigkeitlichen Entscheidungen zugunsten der betroffenen Gemeinden. Die öffentliche Ausstellung der Texte auf Stein sollte somit ebenso dauerhaft an das Wohlwollen der Obrigkeiten erinnern als auch vor künftigen Übergriffen schützen. Der „wörtlichen" Präsentation der relevanten Urkunden traute man somit offenbar mehr Wirkung zu als einer Verbotstafel[37].

Man könnte noch weitere Beispiele für die Abschriften von Urkunden und Briefen auf dauerhaftes Material aufführen, wie sie etwa die Denkmäler des Opramoas von Rhodiapolis oder des Seleukos von Rhosos und andere erhalten haben[38]. Alle Beispiele zeigen jedoch zwei Dinge sehr klar. Zum einen verrät die erkennbare Absicht der Selbstdarstellung oder des persönlichen Nutzens (oder des Nutzens einer Gemeinde), dass individuelle Motive wesentlich dazu beitrugen, dass Urkunden und Briefe abgeschrieben wurden. Gleichzeitig zeigen die Abschriften aber auch, welch hohe Bedeutung und Glaubwürdigkeit dem Wortlaut von Urkunden und Briefen hochgestellter Persönlichkeiten oder gar des Kaisers beigemessen wurde – selbst dann, wenn die Leserschaft diese Texte kaum verstand. In allen Fragen der Authentizität und der Autorität nahmen Urkunden und Briefe somit vor Inschriften den ersten Platz ein. Kopien von Urkunden eigneten sich zudem wegen ihres freieren Sprachgebrauchs besonders gut, formelhafte Texte, wie sie etwa auf Laufbahninschriften verwendet wurden, zu ergänzen, indem sie die Bedeutung bestimmter Umstände und Ereignisse illustrierten und „bewiesen" und damit die Aussage eines Denkmals erweiterten.

Denn anstelle von Paraphrasen und Narrativen wählte man offenbar lieber „wortgetreue" Kopien von Urkunden und Briefen. Dabei war die Erkennbarkeit des Urkundencharakters, selbst ihrer physischen Erscheinung, von größerer Bedeutung als deren Vollständigkeit, denn oft wurden nur die relevanten Zeilen einer Urkunde oder eines Briefes kopiert. Alle kopierten Passagen haben jedoch erkennbar den Anspruch, wortgetreue Abschriften des Originals zu sein. Natürlich ist es unmöglich, im Einzelnen zu prüfen, ob dies zutraf oder nicht, da die Originale in keinem Fall erhal-

36 Zu den im Deutschen etwas irreführend als „Hilferufe aus den Provinzen" bekannt gewordenen Inschriften siehe Speidel 2014 mit den Zeugnissen.

37 Zu Verbotstafeln siehe etwa CIIP I 1, Nr. 2 mit der dort zitierten Literatur. Vgl. CIL IV 8899 = Wachter 2019, 758.

38 Siehe etwa Kokkinia 2000; Raggi 2004; Eck 2009.

ten geblieben sind. In seltenen Fällen, bei denen mehr als eine Abschrift vom selben Original erhalten geblieben ist, kann man jedoch feststellen, dass die Kopien ihre Vorlagen weitgehend verlässlich wiedergeben, aber durchaus auch Fehler oder Einflüsse aus der gesprochenen Sprache aufweisen können[39]. Auch erschwerten der faktische und rechtliche Schutz besonders staatlicher und kaiserlicher Texte sowie das Format der Doppelurkunde einschließlich der dort zusätzlich ergriffenen physischen Maßnahmen, um diese vor unerlaubten Eingriffen zu schützen, Manipulationen an den Urkundentexten[40]. Damit soll freilich nicht gesagt sein, dass solche Eingriffe kaum je geschahen. Wer aber Urkundentexte auf andere Materialien übertrug, verriet dabei seine Überzeugung, dass die Abschrift dieser Dokumente die Leserschaft von der Existenz des Originals überzeugen würde, dass die Leser diesem Original besondere Glaubwürdigkeit beimessen würden und dass deshalb auch die Kopie das „beweisen" konnte, das ihm wichtig war. Die Abschriften von Auszügen aus Testamenten auf verschiedene Denkmäler entstanden deshalb zweifellos ebenfalls aufgrund individueller Absichten, damit etwas zu beweisen[41]. In jedem Fall aber handelte es sich beim Entschluss, die Welt der Dokumente auf Denkmäler aus Stein oder Bronze zu übertragen, um sehr persönliche Entscheidungen, die nicht nur ein verbreitetes epigraphisches Phänomen zu erkennen geben, sondern die vor allem auch die große Bedeutung von Urkunden im Leben der Bewohner des Römischen Reichs offenbaren.

Bibliografie

Arthur-Montagne/DiGiulio/Kuin 2022: J. Arthur-Montagne/S.J. DiGiulio/I.N.I. Kuin, Introduction, in: J. Arthur-Montagne/S.J. DiGiulio/I.N.I. Kuin (Hg.), Documentality. New Approaches to Written Documents in Imperial Life and Literature, Berlin 2022, 1–32.

Bickermann 1946/47: E.J. Bickerman, The Warning Inscriptions of Herod's Temple, *JQR* 37, 1946/47, 387–405.

Bodel 2022: J. Bodel, Documenting Identity in the Early Roman Empire, in: J. Arthur-Montagne/S.J. DiGiulio/I.N.I. Kuin (Hg.), Documentality. New Approaches to Written Documents in Imperial Life and Literature, Berlin 2022, 35–56.

Cooley 2012: A. Cooley, From Document to Monument: Inscribing Roman Official Documents in the Greek East, in: J.K. Davies/J.J. Wilkes (Hg.), Epigraphy and the Historical Sciences, Oxford 2012, 159–82.

Drew-Bear/Herrmann/Eck 1977: T. Drew-Bear/P. Herrmann/W. Eck, Sacrae litterae, *Chiron* 7, 1977, 355–383.

Eck 1998: W. Eck, Administrative Dokumente: Publikation und Mittel der Selbstdarstellung, in: R. Frei-Stolba/M.A. Speidel (Hg.), Die Verwaltung des römischen Reiches in der Hohen Kaiserzeit. Ausgewählte und erweiterte Beiträge II, Basel 1998, 359–382.

Eck 1999: W. Eck, Das Rheinische Landesmuseum Bonn. Berichte aus der Arbeit des Museums, Heft 1, Köln 1999, 12–17.

39 Dazu besonders Eich 2009.

40 Speidel 1996, 28–30; Eich 2008 und Eich 2009; Jakab 2014; Arthur-Montagne/DiGiulio/Kuin 2022, 21–22.; Bodel 2022, 48; Rüfner 2023, Rn. 31–32.

41 Siehe oben Anm. 3.

Eck 2009: W. Eck, Öffentlichkeit, Politik und Administration. Epigraphische Dokumente von Kaisern, Senat und Amtsträgern in Rom, in: R. Haensch (Hg.), Selbstdarstellung und Kommunikation. Die Veröffentlichung staatlicher Urkunden auf Stein und Bronze in der Römischen Welt, Internationales Kolloquium für Alte Geschichte und Epigraphik in München (1. bis 3. Juli 2006), Vestigia, Beiträge zur Alten Geschichte, Bd. 61, München 2009, 75–96.

Eck 2022: W. Eck, Gesellschaft und Administration im Römischen Reich. Aktualisierte Schriften in Auswahl, Berlin 2022.

Eck/Funke 2014: W. Eck/P. Funke (Hg.), Öffentlichkeit: Monument: Text, XIV Congressus Internationalis Epigraphiae Graecae et Latinae, 27.–31. Augusti MMXII, Akten, Corpus Inscriptionum Latinarum, Auctarium, series nova IV, Berlin 2014.

Eck/Pangerl 2022: W. Eck/A. Pangerl, Ein privates Entlassungsdokument für einen Soldaten der *classis Moesica* und eine *subscriptio* des Legionslegaten Attius Pudens aus dem Jahr 241 n.Chr., *ZPE* 222, 2022, 237–246.

Eck/Roxan 1998: W. Eck/M. Roxan, Zwei Entlassungsurkunden: tabulae honestae missionis: für Soldaten der römischen Auxilien, *AKB* 28, 1998, 95–112.

Eck/Speidel 2021: W. Eck/M.A. Speidel, Kein judäischer Vermessungsingenieur in Köln. Zum Senklot eines militärischen mensor/librator, *AKB* 51, 2021, 237–244.

Eich 2008: A. Eich, Überlegungen zur juristischen und sozialen Bewertung der Fälschung öffentlicher Urkunden während der späten Republik und der Kaiserzeit, *ZPE* 166, 2008, 227–246.

Eich 2009: A. Eich, Diplomatische Genauigkeit oder inhaltliche Richtigkeit? Das Verhältnis von Original und Abschrift, in: R. Haensch (Hg.), Selbstdarstellung und Kommunikation. Die Veröffentlichung staatlicher Urkunden auf Stein und Bronze in der Römischen Welt, Internationales Kolloquium für Alte Geschichte und Epigraphik in München (1. bis 3. Juli 2006), Vestigia, Beiträge zur Alten Geschichte, Bd. 61, München 2009, 267–299.

Erkelenz 2007: D. Erkelenz, Die administrative Feuerwehr? Überlegungen zum Einsatz ritterlicher Offiziere in der Provinzialadministration, in: R. Haensch/J. Heinrichs (Hg.), Herrschen und Verwalten. Der Alltag der römischen Administration in der Hohen Kaiserzeit, Köln 2007, 289–305.

Haensch 2009: R. Haensch (Hg.), Selbstdarstellung und Kommunikation. Die Veröffentlichung staatlicher Urkunden auf Stein und Bronze in der Römischen Welt, Internationales Kolloquium für Alte Geschichte und Epigraphik in München (1. bis 3. Juli 2006), Vestigia, Beiträge zur Alten Geschichte, Bd. 61, München 2009.

Haensch 2020: R. Haensch, Perpetuierte Maximallösung oder in dubio pro reo? Ein neuer Blick auf einen bekannten Berliner Papyrus und den dort genannten Maximus (P. 8334r; ChLA X 417), *Archiv für Papyrusforschung* 66, 2020, 88–119.

Honoré 2002: T. Honoré, Ulpian. Pioneer of Human Rights, Second Edition, Oxford 2002.

Jakab 2014: É. Jakab, Senecas Misstrauen in Brief und Siegel, *Fundamina* 20, 2014, 416–426: http://www.scielo.org.za/scielo.php?script=sci_arttext&pid=S1021-545X2014000100037&lng=en&tlng=pt (abgerufen am 27.09.2024).

Jones 1984: C.P. Jones, The Sacrae Litterae of 204: Two Colonial Copies, *Chiron* 14, 1984, 93–100.

Jones 2017: C.P. Jones, New fragments of the *Sacrae Litterae* of 204, veröffentlicht online 2017: https://www.academia.edu/34113360/New_Fragments_of_the_Sacrae_Litterae_of_204_online_2017_.

Jordon 2023: B. Jordon, Imperial Power, Provincial Government and the Emergence of Roman Asia, 133 BCE–14 CE, Oxford 2023.

Koeppel 1986: G.M. Koeppel, Die historischen Reliefs der römischen Kaiserzeit, 4. Stadtrömische Denkmäler unbekannter Bauzugehörigkeit aus hadrianischer bis konstantinischer Zeit, BJ 186, 1986, 1–90.

Kokkinia 2000: C. Kokkinia, Die Opramoas-Inschrift von Rhodiapolis. Euergetismus und soziale Elite in Lykien, Bonn 2000.

Kokkinia 2016: C. Kokkinia, The design of the "archive wall" at Aphrodisias, *Tekmeria* 13, 2016, 9–55.

Lassère/Griffe 1997: J.-M. Lassère/M. Griffe, Inscription de Nonius Datus (*C.I.L.* VII 2728 et 18122, *I.L.S. 5795*), *Vita Latina* 145, 1997, 11–17.

Lepelley 2004: C. Lepelley, Une inscription d'Heraclea Sintica (Macédoine) récemment découverte, révélant un rescrit de l'empereur Galère restituant ses droits à la cité, *ZPE* 146, 2004, 221–231.

Pflaum 1948: H.-G. Pflaum, Le Marbre de Thorigny, Paris 1948.

Pflaum 1981: H.-G. Pflaum, Gaule et empire romain, Scripta varia II, Paris 1981.

Raggi 2004: A. Raggi, The Epigraphic Dossier of Seleucus of Rhosus: A Revised Edition, *ZPE* 147, 2004, 123–138.

Rüfner 2023: Th. Rüfner, § 18: Das *testamentum per aes et libram* und andere Formen letztwilliger Verfügungen, in: U. Babusiaux/Ch. Baldus/W. Ernst/F.-S. Meissel/J. Platschek/Th. Rüfner (Hg.), Handbuch des Römischen Privatrechts I, Tübingen 2023, 518–553.

Speidel 1996: M.A. Speidel, Die römischen Schreibtafeln von Vindonissa. Lateinische Texte des militärischen Alltags und ihre geschichtliche Bedeutung, Brugg 1996.

Speidel 2009: M.A. Speidel, Heer und Herrschaft im Römischen Reich der Hohen Kaiserzeit, Stuttgart 2009.

Speidel 2014: M.A. Speidel, Kaiserliche Privilegien, Urkunden und die „Militäranarchie" des Zeitalters der „Soldatenkaiser". Einige Beobachtungen, in: U. Babusiaux/A. Kolb (Hg.), Das Recht der „Soldatenkaiser". Rechtliche Stabilität in Zeiten politischen Umbruchs?, Berlin 2014, 46–64.

Vipard 2008: P. Vipard, Marmor Tauriniacum. Le marbre de Thorigny (Vieux, Calvados), Paris 2008.

v. Saldern 2006: F. v. Saldern, Ein kaiserliches Reskript zur Entlassung eines Angehörigen der *vigiles*, *ZPE* 156, 2006, 293–307.

Wachter 2019: R. Wachter, Pompejanische Wandinschriften, Berlin 2019.

Weiss 2015: P. Weiss, Eine *honesta missio* in Sonderformat. Neuartige Bronzeurkunden für Veteranen der Legionen in Germania superior unter Gordian III., *Chiron* 45, 2015, 23–75.

Hylkje de Jong

Enterbung und Übergehung im byzantinischen Recht

Die Gesetzesänderung der Novelle 115

Abstract: This article explores how legal changes introduced in Justinian's Novel 115 (a. 542) regarding disinheritance and omission were received and applied in Byzantine legal texts and practice. It examines the presence and treatment of these changes in the Basilica, a compilation of Greek texts comprising and concerning Justinian's legislation, and in the Peira, a collection of court decisions attributed to Eustathios Rhomaios. Novel 115 introduced strict conditions for valid disinheritance, limiting judicial discretion by listing specific reasons for ingratitude. The study employs network analysis to visualize the references to Novel 115 in the Basilica scholia, revealing which aspects of the law were emphasized by Byzantine legal scholars. It shows how older Roman legal norms coexisted with newer Justinianic reforms and how jurists sought to reconcile or update earlier texts.

1 Einleitung

Traditionell und zu allen Zeiten unterlagen Testamente besonders strengen Formvorschriften. Das Gleiche gilt für die Enterbung und Übergehung von nahen Verwandten. Die Regeln über Enterbung und Übergehung entwickelten sich im justinianischen Recht. So hat Kaiser Justinian die Enterbung und die Übergehung unter anderem in Novelle 115 (a. 542) neu geregelt. In den Basiliken ist Novelle 115 nicht überliefert worden, aber es gibt eine Rekonstruktion aufgrund neuerer Texte. In den Basilikentexten und Basilikenscholien gibt es Reminiszenzen an die Novelle 115. Diese Reminiszenzen stammen größtenteils aus dem Unterricht. Es gibt nur ein einziges Dokument in der byzantinischen Rechtsliteratur aus der Rechtspraxis, in dem die Novelle 115 explizit erwähnt wird: die Peira[1]. Die Peira des großen Richters Eustathios Rhomaios wird von einigen als ‚Praktische Anwendung' betitelt, von anderen hingegen als ‚Lehrbuch'. Deren Verfasser, weiterhin angedeutet mit dem Namen ‚Syntaktes', hat im 11. Jhdt. am Hof des byzantinischen Kaisers in Konstantinopel Sentenzen und Argumente aus den Urteilen von Eustathios kopiert. Sie ist die einzige uns überlieferte Sammlung

1 Simon/Reinsch 2023; siehe auch Simon 2021, 331–351; Oikonomides 1986, 169–192; von Lingenthal 1856, 11–260.

Anmerkung: Die Autorin dankt Prof. Dr. D. Simon für die Korrektur des Aufsatzes.

https://doi.org/10.1515/9783111694634-014

von Kaisergerichtsfällen und als solche eines der wenigen Beispiele für ‚Byzantine law in action'[2].

In diesem Aufsatz geht es um die Frage, wie man in den Basiliken und in der Rechtspraxis der Peira mit einer Gesetzesänderung umgeht. Wie wird die Gesetzesänderung der Novelle 115 in den Basiliken aufgenommen? In welchem Verhältnis steht die Praxis des Testaments in Bezug auf die Enterbung und die Übergehung in der Peira zu dem Recht der früheren Basiliken und, indirekt, mittels dieser, zur noch früheren Gesetzgebung Justinians[3]. In abstracto stellt sich die Frage, wie die Novelle 115 im byzantinischen Recht verwendet wurde.

In Abschnitt 2 wird kurz die Entwicklung der Enterbung und der Übergehung im justinianischen Recht skizziert. In Abschnitt 3 werden die expliziten und impliziten Reminiszenzen an die Novelle 115 in den Basiliken studiert. Wie beziehen sich die Rechtsgelehrten auf das neue Gesetz Novelle 115? Um die Tendenzen und Muster hierin zu visualisieren, wird dafür Netzwerkanalyse verwendet. In Abschnitt 4 (Peira 14) und Abschnitt 5 (Peira 67) werden die Peirafragmente bezüglich Enterbung und Übergehung diskutiert. Es werden nur Fragmente mit Änderungen bezüglich Justinians Gesetzen oder Einzelheiten behandelt. Abschnitt 6 enthält die Schlussfolgerung.

2 Die Entwicklung der Enterbung und Übergehung im justinianischen Recht

Im klassischen römischen Recht galten Formvorschriften für die Enterbung der Söhne, von denen hauptsächlich der Erhalt der Familie abhing[4]. Der Erblasser musste seine Söhne und weitere männliche Abkömmlinge im Mannesstamm mit ausdrücklicher Namensnennung (*nominatim*) enterben. Bei Übergehung eines Sohnes wurde das Testament im Ganzen ungültig[5]. Bei den Töchtern und Enkelkindern genügte die Enterbung *inter ceteros*, das heißt ohne Namensnennung. Nicht berücksichtigte Töchter und Enkelkinder werden neben den bereits Eingesetzten an der Erbschaft beteiligt. Das Testament bleibt immerhin gültig. Neben eingesetzten *sui* erhält der Übergangene einen Kopfteil, neben *extranei* die Hälfte[6]. Die Kinder die nach der Testamentserrichtung (*postumi*) geboren wurden, mussten ausdrücklich enterbt werden. Bei Übergehung dieser Kinder wird das Testament ungültig. Dasselbe galt für Personen, die der

2 Stolte s.d., 1–14, 1.

3 Vgl. Bernard Stolte schreibt am Ende seines Artikels: ‚For a start, a systematic comparison of the Peira with the scholia on the Basilica would probably yield interesting results' (Stolte s.d., 12).

4 Für den Unterschied zwischen formellem Noterbenrecht und materiellem Noterbenrecht, Zimmermann 2020, 1–19, 3–4 und 6–10.

5 Vgl. Gai. 2,123; 127; Wimmer 2023, 1374–1375; Kaser 1971, 109 und 703–706; Kaser 1975, 512–513.

6 Vgl. Gai. 2,124; 128; Wimmer 2023, 1376–1377; Kaser 1971, 706; Kaser 1975, 513.

Erblasser in seine *familia* aufgenommen (*adoptio* oder *conventio in manum*) hatte und die nach seinem Tod *sui heredes* geworden waren[7]. Die übergangenen Berechtigten konnten noch immer ihren Pflichtteil von einem Viertel des Intestaterbteils fordern.

Als das Familienbewusstsein sich verwischte und die Missbräuche der Testierfreiheit gediehen, konnte die *querela inofficiosi testamenti* (Querel wegen pflichtwidrigen Testaments) die grundlos Enterbten schützen: Wenn der Erblasser in unzulässiger Weise zu wenig hinterließ, konnte mit der Querel gegen die eingesetzten Erben das Testament angefochten werden[8]. Die berechtigten Personen waren diejenigen die ohne das Testament zur Erbfolge berufen wären, die *liberi* des Erblassers, die Eltern und die Geschwister[9].

D. 5,2,2 (Marcian im 4. Buch seiner Institutionen)

> Man klagt wegen pflichtwidrigen Testaments mit dem Argument, der Erblasser sei anscheinend nicht bei klarem Verstand gewesen, als er das Testament errichtete. Und damit ist nicht gesagt, er habe wirklich als Geisteskranker oder Geistergestörter testiert; vielmehr hat er das Testament rechtswirksam errichtet, aber nicht seiner Pflicht gegenüber der Familie entsprochen. Denn wenn er wirklich geisteskrank oder geistesgestört ist, dann ist das Testament nichtig[10].

Für die *querela inofficiosi testamenti* gab es keine festen Rechtsnormen[11], sondern der Richter hat einen Ermessensspielraum in seiner Beurteilung[12]. In diesem Ermessensspielraum spielten Moral und Anstand eine große Rolle. Im klassischen Recht war die Differenzierung zwischen der Unwirksamkeit und der Anfechtbarkeit genau festgelegt. Nach und nach wurden im klassischen Recht Rechtsnormen entwickelt, die im nachklassischen und justinianischen Recht weiter ausgearbeitet wurden, während die Differenzierung verwässerte. Mit der Querel wurde zum Beispiel auch die Unwirksamkeit des Testaments wegen Übergehung angefochten[13].

Im justinianischen Recht traten wichtige Änderungen auf. So konnte der Pflichtteilsberechtigte ohne das Testament zu entkräften eine *actio ad supplendam legitimam* erheben, um seinen Pflichtteil zu ergänzen (C. 3,28,30pr.–1 (a. 528) und Nov. Iust. 115,5pr. (a. 542)[14]). Der Pflichtteil von einem Viertel änderte sich mit Novelle 18 (a. 536)

---

7 Vgl. Gai. 2,130; 138–142; Kaser 1971, 706–707; Kaser 1975, 513. Für Änderungen siehe C. 8,47,10 (a. 530). Ich werde dieses Thema nicht weiter vertiefen.

8 Vgl. Gai. 2,130; 138–142; Kaser 1971, 705.

9 Vgl. Gai. 2,130; 138–142; Kaser 1971, 711.

10 D. 5,2,2 (Marcian. 4 inst.): *Hoc colore inofficioso testamento agitur, quasi non sanae mentis fuerunt, ut testamentum ordinarent. Et hoc dicitur non quasi vere furiosus vel demens testatus sit, sed recte quidem fecit testamentum, sed non ex officio pietatis: nam si vere furiosus esset vel demens, nullum est testamentum.* Alle Digestenübersetzungen nach Behrends/Knütel/Kupisch/Seiler 1995–2005 und Knütel/Kupisch/Rüfner/Seiler 2012.

11 Zum Beispiel C. 3,28,11; C. 3,28,18; C. 3,28,19.

12 Vgl. Gai. 2,130; 138–142; Kaser 1971, 711.

13 Kaser 1975, 512.

14 Wimmer 2023, 1414–1415; Kaser 1975, 518–519; siehe auch Nov. Iust. 115,5pr.; van der Wal 1998, Nr. 958 und 968.

in ein Drittel bis zu vier Kindern, in die Hälfte bei mehr als vier Kindern. Justinian brachte die Gleichstellung der Geschlechter (C. 6,28,4,6 (a. 531)[15]) und weiterer Deszendenten (C. 6,28,4,7)[16]. Die Enterbung *inter ceteros* wurde mit C. 6,28,4,8 aufgehoben[17]:

> Da jedoch unter dem Vorwande einer Verschiedenheit noch ein anderer Übelstand eingeführt worden war, dass nämlich bei der Enterbung der Nachgeborenen andere Rechte zur Anwendung kommen, als bei den schon Geborenen, indem die, auch unter den übrigen Enterbten, nachgeborene Tochter mit einem Vermächtnisse bedacht werden musste; die schon geborene Tochter aber auch ohne ein solches Vermächtnis enterbt werden konnte, so haben wir auch dies durch gegenwärtigen Zusatz in möglichst kurzen Worten zur vollständigsten Erledigung gebracht, indem wir bestimmen, dass bei der Enterbung der Nachgeborenen, mögen sie nun männlichen oder weiblichen Geschlechts sein, dieselben bei Söhnen und Töchtern bereits aufgestellten Grundsätze zur Anwendung kommen sollen, dass nämlich beide Geschlechter, namentlich, d. i. unter Erwähnung des oder der Nachgeborenen, enterbt werden sollen (a. 531)[18].

Zu diesem Gesetz hat Justinian 542 weitere Änderungen in Novelle 115,3 und 4 durchgeführt[19], so wie auch später im Westen die Fragmente als *authenticae* hinzugefügt wurden[20]. Novelle 115,3 und 4 ändern die Voraussetzungen und die Folgen der Enterbung und der Übergehung. Die Aszendenten und die Deszendenten, soweit sie Erben *ab intestato* geworden wären, durften ohne Gründe nicht enterbt oder übergangen werden. Ist ein *suus heres* übergegangen, dann ist nur die Erbeinsetzung des Testaments ungültig, und es tritt Intestaterbfolge ein. In Novelle 115,3 und 4 sind bestimmte Gründe für Enterbung und Übergehung in einer umfassenden Aufzählung entwickelt worden und sind deshalb nicht mehr dem richterlichen Ermessen überlassen worden[21]. Diese Gründe müssen im Testament erwähnt werden. Sie haben mit schlechtem Verhalten gegenüber dem Erblasser oder im Allgemeinen sittenwidrigem Benehmen zu tun. In Novelle 115,3 handelt es sich um die Aszendenten, in 4 um die Deszendenten. Novelle 115,5 gibt eine Übersicht über Novelle 115,3 und 4. Wegen der Schwächung

---

15 Vgl. auch BS 2296/15 im kritischen Apparat.

16 Vgl. Inst. 2,13,5.

17 Babusiaux 2023, 1513; siehe auch Zimmermann 2020, 11–13; Kaser 1975, 513.

18 C. 6,28,4,8: *Sed quia et aliud vitium fuerat sub obtentu differentiae introductum et alia iura exheredationis in postumis, alia in iam natis observabantur, cum necesse fuerat postumam inter ceteros exheredatam etiam legato honorari, filiam autem iam progenitam et sine datione, et hoc brevissimo incremento verborum ad plenissimam definitionem deduximus sancientes eadem iura obtinere et in postumis exheredandis, sive masculini sive feminini sexus sint, quae in filiis et filiabus iam statuimus, ut etiam ipsi vel ipsae nominatim exheredentur, id est postumi vel postumae facta mentione* (a. 531). Alle Codexübersetzungen nach Otto/Schilling/Sintenis 1832; vgl. Simon/Troianos 1989, 7.8.3–7.8.12.

19 Babusiaux 2023, 1513; Kaser 1975, 513, 520–521; Zimmermann 2020, 13–16. Siehe auch sch. ad Theoph. 2,13,7 mit einem Hinweis auf die Neuerungen in Nov. Iust. 115,3–4. Die *Paraphrasis Institutionum Theophili* war auf diese Weise auf dem neuesten Stand (Ferrini 1886, 13–68). Ich lasse die Diskussion über die Identität und die Unterschiede der Klage beiseite (zum Beispiel, La Pira 1930, 487–488). Vgl. BS 297/1–25; siehe auch Bluntschli 1829.

20 Auth. 6,28,4,8 (Nov. Iust. 115,3) und Auth. 6,28,4,8 (Nov. Iust. 115,4,9); Lohsse 2020, 20–38.

21 Kaser 1975, 516.

der Differenzierung zwischen der Unwirksamkeit und der Anfechtbarkeit ist es jetzt unklar, ob das Testament von vornherein unwirksam ist oder ob die *querela inofficiosi testamenti* erhoben werden muss[22]. Die Novellen werden hier knapp vorgestellt und diskutiert.

2.1 Novelle 115,3

Die Voraussetzungen für die Enterbung und Übergehung von Aszendenten sind in Novelle 115,3pr.[23] zu finden[24]:

> Ferner haben wir entschieden, zu dem vorliegenden Gesetz ein weiteres Kapitel hinzuzufügen. Wir ordnen daher an, dass es einem Vater oder einer Mutter, einem Großvater oder einer Großmutter, einem Urgroßvater oder einer Urgroßmutter überhaupt nicht erlaubt sein soll, ihren Sohn, ihre Tochter oder weitere Deszendenten in ihrem Testament zu übergehen oder zu enterben, selbst wenn sie ihnen durch eine Schenkung, ein Vermächtnis oder ein Fideikommiss oder auf andere Weise ihnen nach den Gesetzen zustehende Erbe gegeben haben; es sei denn, dass sie nachweislich undankbar sind und die Aszendenten die genauen Gründe der Undankbarkeit ausdrücklich in ihrem Testament niedergeschrieben haben. Da wir jedoch feststellten, dass die Gründe, aufgrund derer die Deszendenten als undankbar beurteilt werden sollten, über mehrere Gesetze verstreut waren und nicht klar zum Ausdruck kamen – einige Gründe waren nach unserem Urteil nicht schwerwiegend genug, um als Undankbarkeit zu gelten, und andere wurden, obwohl sie schwerwiegend genug waren, nicht einmal erwähnt, haben wir daher beschlossen, dass es notwendig ist, die Gründe in diesem Gesetz ausdrücklich festzulegen, so dass sich außer diesen niemand auf einen Undankbarkeitsgrund nach einem anderen Gesetz berufen kann, wenn er nicht im Text der vorliegenden Verordnung enthalten ist. Wir entscheiden, dass die gerechtfertigten Gründe für Undank die folgenden sein sollen[25].

22 Kaser 1975, 514.

23 Die Novelle befasst sich mit einer Vielzahl von Themen, wie ihr Titel in der Collectio CLXVIII Novellarum verrät.

24 Kaser 1975, 513, 520–521.

25 Nov. Iust. 115,3pr: Ἄλλο πρὸς τούτοις κεφάλαιον τῷ παρόντι νόμῳ προσθεῖναι συνείδομεν. θεσπίζομεν τοίνυν μὴ ἐξεῖναι παντελῶς πατρὶ ἢ μητρί, ἢ πάππῳ ἢ μάμμῃ, ἢ προπάππῳ ἢ προμάμμῃ τὸν ἴδιον υἱὸν ἢ θυγατέρα ἢ τοὺς λοιποὺς παῖδας praeteritους καταλιμπάνειν ἢ ἀπὸ κληρονόμων ἐν τῇ ἰδίᾳ ποιεῖν διαθήκῃ, κἂν εἰ δι' οἱασδήποτε δωρεᾶς ἢ ληγάτου ἢ φιδεϊκομμίσσου ἢ ἄλλου οἱουδήποτε τρόπου τὴν ἐκ τῶν νόμων αὐτοῖς ὀφειλομένην μοῖραν παράσχοιεν, εἰ μὴ τυχὸν ἀχάριστοι ἀποδειχθεῖεν καὶ αὐτὰς ὀνομαστὶ τὰς τῆς ἀχαριστίας αἰτίας οἱ γονεῖς τῇ ἰδίᾳ ἐγγράψαιεν διαθήκῃ. Ἀλλ' ἐπειδὴ τὰς αἰτίας, ἐξ ὧν οἱ παῖδες ἀχάριστοι ὤφειλον κρίνεσθαι, ἐν διαφόροις νόμοις διεσπαρμένας καὶ οὐ φανερῶς εἰρημένας εὕρομεν, ὧν αἱ μὲν οὐδὲ ἄξιαι ἡμῖν πρὸς ἀχαριστίαν ἔδοξαν, ἄλλαι δὲ καίτοι ἄξιαι οὖσαι παρελείφθησαν, διὰ τοῦτο ἀναγκαῖον εἶναι συνείδομεν ταύτας ὀνομαστὶ τῷ παρόντι νόμῳ περιλαβεῖν, ὥστε παρὰ ταύτας μηδενὶ ἐξεῖναι ἐξ ἑτέρου νόμου ἀχαριστίας αἰτίαν ἀντιτιθέναι, εἰ μὴ τὰς τῷ ὕφει τῆς παρούσης διατάξεως περιεχομένας. Αἰτίας δὲ δικαίας τῆς ἀχαριστίας ταύτας εἶναι ψηφιζόμεθα. Vgl. Harm. 5,10,1,A. Alle Novellenübersetzungen nach Otto/Schilling/Sintenis 1833.

Eine weitere Änderung besteht darin, dass unter anderem Schenkungen, Vermächtnisse oder Fideikommisse nicht mehr als Pflichtteil gelten, sondern nur noch als Erbteil. Enterben und Übergehen ist nur aufgrund der im Gesetz aufgezählten vierzehn Gründe möglich; andernfalls ist das Testament nichtig und werden die Intestaterben berufen[26]. Offensichtlich gab es Diskussionen, und die alten Regeln waren nicht klar. Die Novelle 115 deutet darauf hin. Die Gründe für Undankbarkeit (ἀχαριστίας αἰτίαι) waren nämlich über mehrere Gesetze verteilt und auch nicht deutlich (ἐν διαφόροις νόμοις διεσπαρμένας καὶ οὐ φανερῶς εἰρημένας (‚über mehrere Gesetze verstreut und nicht klar zum Ausdruck gebracht', Nov. Iust. 115,3pr). Mit Novelle 115 dachte Justinian, diese Probleme gelöst zu haben[27]. Nicht klar war, ob die Revision erschöpfend war oder ob ältere Gesetze auch weiterhin gültig waren[28].

Die Ungültigkeit des Testaments aufgrund von Undankbarkeitsgründen bezieht sich gemäß Nov. Iust. 115,3,15 nur auf die Erbeinsetzungen. Das Übrige des Testaments, wie Vermächtnisse, Freilassungen und Vormundsbestellungen, bleibt aufrecht.

> [...] Wenn dies jedoch nicht beobachtet wird, sollen für die enterbten Kinder keine Nachteile entstehen. Stattdessen sollen, da das Testament hinsichtlich der Erbeinsetzung ungültig wird, die Kinder als Intestaterben zu gleichen Teilen am Erbe der Eltern partizipieren. Dadurch wird vermieden, dass die Kinder aufgrund erfundener Anklagen verurteilt oder in Bezug auf das Vermögen der Eltern beeinträchtigt werden. Wenn in solchen Testamenten jedoch Legate oder Fideikommisse hinterlassen, Freiheitsgewährungen oder Vormundschaftsbestellungen, oder andere den Gesetzen angemessene Anordnungen getroffen werden, wird angeordnet, dass all dies erfüllt wird und denen gegeben wird, für die es bestimmt wurde, so als ob das Testament in Bezug auf diesen Teil nicht aufgehoben wäre. So viel haben wir nun über die Testamente der Eltern verfügt[29].

26 Siehe auch Nov. Iust. 22,46,3.

27 Siehe auch von Lingenthal 1892, 168–169.

28 Vgl. Lohsse 2020, 22. La Pira sagt folgendermaßen: ‚Senza addentrarci nella disputa, noi diciamo che è molto verosimile che una abrogazione esplicita dell'antico sistema non ci sia stata. Piuttosto, però, quest'abrogazione si operava nella pratica' (La Pira 1930, 495–496). Vgl. von Glück 1833, 298–299.

29 Nov. Iust. 115,3,15: [...] εἰ δὲ ταῦτα μὴ παραφυλαχθείη, μηδὲν γίνεσθαι πρόκριμα τοῖς ἀπὸ κληρονόμων γραφεῖσι παισίν, ἀλλ' ὅσον εἰς τὴν ἔνστασιν τῶν κληρονόμων ἀνήκει τῆς διαθήκης ἀκυρουμένης εἰς τὴν τῶν γονέων κληρονομίαν τοὺς παῖδας ἐξ ἀδιαθέτου ἐξ ἴσης μοίρας ἔρχεσθαι, ὥστε μὴ τοὺς παῖδας πεπλασμέναις κατηγορίαις κατακρίνεσθαι ἤ τινα περιγραφὴν ἐν ταῖς τῶν γονέων περιουσίαις ὑπομένειν. εἰ μέντοιγε συμβαίη ἔν τισι τοιαύταις διαθήκαις ληγάτα τινὰ ἢ φιδεϊκόμμισσα ἢ ἐλευθερίας ἢ ἐπιτρόπων δόσεις καταλειφθῆναι ἢ ἄλλα οἱαδήποτε κεφάλαια τοῖς νόμοις ἐγνωσμένα ὀνομασθῆναι, ταῦτα πάντα κελεύομεν πληροῦσθαι καὶ δίδοσθαι ἐκείνοις οἷς κατελείφθη, ὡς εἰ κατὰ τοῦτο τὸ μέρος μὴ ἀνατραπεῖσα ἡ διαθήκη ἐκράτει. Καὶ ταῦτα μὲν περὶ τῶν διαθηκῶν τῶν γονέων διετυπώσαμεν. Vgl. Harm. 5,10,1,N.

2.2 Novelle 115,4

In Novelle 115,4pr. und 9 steht Ähnliches wie in Novelle 115,3pr. und 15, jetzt für Deszendenten. Für die Deszendenten werden acht Undankbarkeitsgründe im Gegensatz zu den vierzehn Gründen der Novelle 115,3 erwähnt[30]. Es gibt gemeinsame Tatbestände für die Aszendenten und Deszendenten, wie unter anderem Verhinderung der Testamentserrichtung, Giftmischerei und Umgang mit Giftmischern und falsche kriminelle Anschuldigung[31]. Nov. Iust. 115,5pr. fasst das Ziel der Novelle 115,3–4 kurz zusammen: die Kränkung der Enterbung und Übergehung in Testamenten soll beseitigt werden. Das Gesetz überwacht die Interessen und die Sicherheit beider Parteien und ordnet die Ergänzung an[32].

3 Die Basiliken und Novelle 115

Mit Ausnahme der Novellen sind die verschiedenen Teile des *Corpus iuris* in lateinischer Sprache verfasst, während der Text der Basiliken in griechischer Sprache abgefasst ist. Der Text der Basiliken stammt aus griechischen Zusammenfassungen, die für Jurastudenten erstellt wurden. Den Digesten der Basiliken liegt die griechische Summa der Digesten zugrunde, die von dem so genannten älteren Anonymos (frühes 7. Jhdt.) zusammengestellt wurde. Dieser Kommentar müsste die Neuerungen der Novelle 115 in diesen Texten verarbeiten. Das geschah aber nicht immer, wohl aus Ehrfurcht vor dem Text. Die Basilikenfragmente, die den *Codex* enthalten, gehen auf die Schriften des *antecessor* Thalelaios zurück[33]. Dieser Kommentar hätte laut Scheltema/van der Wal bis zum 1. März 536 veröffentlicht werden müssen[34]. Das bedeutet, dass Thalelaios die Neuerung der Novelle 115 von 542 noch nicht in seine Ausführungen des *Codex* einbeziehen konnte. Hier wären dann Anpassungen erwünscht gewesen, was aber auch nicht immer geschah. Novelle 115,3 und Novelle 115,4 wurden in B. 35,8,41–42 vor allem durch die *Synopsis maior Basilicorum* restituiert[35]. Dazu sind keine Basilikenscholien überliefert worden[36]. In anderen Basilikenbüchern sind dagegen trotzdem Reminiszenzen an die Novelle 115 zu finden.

---

30 Von Glück 1804, 209: ‚Denn da die Eltern weniger Pflichten gegen die Kinder, als diese gegen jene, haben, welche sie als die Urheber ihres Daseins verehren müssen, so können sie auch den Kindern nicht so viele Ursachen zu gerechtem Unwillen geben, als diese ihren Eltern'.

31 Stolte s.d., 1–14, 7–8; van der Wal 1998, Nr. 949, 957 und 967; vgl. Kaser 1975, 521.

32 Wimmer 2023, 1416.

33 Van Bochove 2014, 540–543 und Lokin/van Bochove 2011, 135–146.

34 Scheltema 2004a, 309.

35 Siehe auch von Lingenthal 1892, 176–17.

36 Siehe auch B. 7,4 = Nov. Iust. 115,2; B. 9,2,23 = Nov. Iust. 115 praef. 1; B. 41,5,2 = Nov. Iust. 115,5pr; B. 23,2,2 = Nov. Iust. 115,5,1; B. 26,2,3 = Nov. Iust. 115,6.

Da die justinianische Gesetzgebung Ausgangspunkt war, kann es deswegen sein, dass der Text, den die Kompilatoren für die Basiliken um 900 verwendeten, noch alte Regeln aus den Digesten oder dem *Codex* enthielt. Dies gilt sicherlich für den *Codex*, da Thalelaios mit der neuen Regelung noch nicht vertraut war. Für die Digesten ist dies nicht plausibel, da Anonymos später als 542 arbeitete. Dennoch braucht nicht jede Anpassung von Anonymos herzurühren, weil er möglicherweise den Haupttext übernommen hat, ohne ihn zu aktualisieren. Die Kompilatoren der Basiliken könnten dann eingegriffen haben. Diese alten Regeln wurden nach SCHELTEMA/VAN DER WAL aufgrund der Novelle im Basilikentext explizit weggelassen oder geändert (3.1)[37]. In den Basilikenscholien verweisen die Rechtsgelehrten aufgrund der Änderungen im materiellen Recht regelmäßig explizit (3.2) oder implizit auf Novelle 115 (3.3).

3.1 Weglassung oder Änderung im Basilikentext

Einige Digesten- oder *Codex*texte wurden nach der Nov. Iust. 115 in den Kommentaren weggelassen oder geändert, da diese justinianischen Fragmente jetzt nicht auf dem neuesten Stand waren. Damit fehlten sie auch in den Basiliken. SCHELTEMA/VAN DER WAL bemerken im kritischen Apparat bei B. 35,21, dass man erwarten würde, dass C. 6,21,9–10 auch inkorporiert wurden, aber sie fehlen, möglicherweise aufgrund der Änderungen, die von der Novelle 115 eingeführt und somit weggelassen wurden[38]. Die Stellen waren veraltet und daher unbrauchbar.

Zu B. 34,1,22,4 (D. 49,15,22,4) wurde die Änderung von Novelle 115,3 hinzugefügt, wie SCHELTEMA/VAN DER WAL mitteilen mit ‚κατὰ τό – πληροῦται: *ad Nov. Iust. 115 c.3 suppleta*‘ im kritischen Apparat, so dass das Fragment auf dem neuesten Stand war[39].

D. 49,15,22,4 (Julian im 62. Buch seiner Digesten)

Wenn jemand während der Zeit, in der er eine schwangere Frau hatte, in die Gewalt des Feindes geriet und nach der Geburt und dem Tod eines Sohnes in der Gefangenschaft starb, ist sein Testament nichtig. Denn in einem solchen Fall sind auch die Testamente derjenigen, die in der römischen Bürgerschaft verblieben sind, hinfällig[40].

---

37 Vgl. auch Theoph. 2,18 (LOKIN/MEIJERING/STOLTE/VAN DER WAL 2010).

38 BT 1650/20; vgl. BT 1807/18 im kritischen Apparat: *post διακατοχή fortasse nonulla exciderunt (aut consulto propter Nov. Iust. 115 omissa sunt)*; siehe RHBR I, N4. 158, fol. 56^{v}.

39 Siehe auch B. 41,7,27 (D. 6,20,11) (BT 1886/3): ῥηγνυμένην: *ad marg. A adscr.* σχό(λιον) · κατὰ τὶν *(leg.* Τὴν*)* ἔνστασιν μόνην ὡς φησὶν ἡ νεάρά *(sic); alludit ad Nov. 115 c. 3. Contra* SIMON und REINSCH: ‚Es ist – nicht nur wegen der sprachlichen Fassung – von vornherein alles andere als wahrscheinlich, dass wir in der in die Basiliken aufgenommenen Digestensumme des Anonymos eine Zeile finden können, die die Gedanken der Novelle 115,3 spiegelt (Nichtigkeit nur bezüglich der Erbeinsetzungen!)‘ (SIMON/REINSCH 2023, 1089).

40 D. 49,15,22,4 (Iul. 62 dig.): *Si quis, cum praegnatem uxorem haberet, in hostium potestatem pervenerit, nato deinde filio et mortuo, ibi decesserit, eius testamentum nullum est, quia et eorum, qui in civitate manserunt, hoc casu testamenta rumpuntur.*

BT 1555/25–27

Ἐὰν τῷ αἰχμαλώτῳ κυοφορούμενος ἐν τῇ πολιτείᾳ τεχθῇ, ῥήγνυσι τὴν διαθήκην[41] αὐτοῦ κατὰ τὸ τῆς ἐνστάσεως μέρος, τὰ δὲ λοιπὰ τὰ ἐν τῇ διαθήκῃ γεγραμμένα πληροῦται.

Wenn dem Kriegsgefangenen ein noch während seiner Bürgerschaft empfangener (Sohn) geboren wird, ist sein Testament für den Teil der Erbeinsetzung hinfällig, aber alles andere, was im Testament geschrieben wurde, wird erfüllt.

Dieses Basilikenbuch (B. 34,1) ist restituiert worden. Wir können deswegen nicht davon ausgehen, dass der Satz im Originaltext der Summa des Anonymos enthalten war.

Ein weiteres Beispiel für die Änderung des Basilikentextes findet sich in B. 39,2,5 (D. 28,3,5). Dieses Fragment ist interessant aufgrund der dazugehörigen Basilikenscholien:

D. 28,3,5 (Ulpian im 3. Buch zu Sabinus):

[...] Ist aber ein Nachgeborener in der ersten Ordnung übergangen, in der zweiten Ordnung jedoch enterbt, dann wird das gesamte Testament umgestoßen, wenn der zu einer Zeit zur Welt kommt, zu der noch einer der Erben erster Ordnung lebte. Denn indem der Nachgeborene die Verfügung der ersten Ordnung beseitigt, tritt er selbst in die Erbfolge ein[42].

BT 1779/11–14: [...]

Ἐὰν δὲ τὸν πρῶτον βαθμόν, ἐν ᾧ γέγονεν ἀμνημόνευτος, εὑρὼν ἐρρωμένον ῥήξῃ, καὶ τοὺς ἑξῆς ῥήσσει, κἂν ἐξ αὐτῶν ἀπόκληρος ἐγένετο· ἀρξάμενος γὰρ ῥήσσειν ὅλην ἐφεξῆς, ἐπὶ μόναις δηλονότι ταῖς ἐνστάσεσιν, ἀκυροῖ τὴν διαθήκην. Ὁ μέντοι ἐν φύσει ἀμνημόνευτος γενόμενος ἀπὸ τοῦ πρώτου καὶ ἐκ τῶν ἑξῆς ἀποκηρυχθεὶς μόνον τὸν πρῶτον ἀκυροῖ.

[...] Wenn er (ein nachgeborenes Kind) in der ersten Ordnung, in dem es unerwähnt war, gültig befunden ist, stößt es das Testament um, und stößt auch die folgenden um, obwohl es deswegen Erbe geworden ist. Denn wer von vornherein begonnen hat, alles Folgende umzustoßen, natürlich nur in Bezug auf die Erbeinsetzungen, macht das Testament ungültig. Aber wenn der natürliche Sohn in der ersten Ordnung unerwähnt blieb und für die Folgenden enterbt wurde, macht er nur das erste ungültig.

Scheltema/van der Wal bemerken im kritischen Apparat bei B. 39,2,5 (D. 28,3,5), dass die folgenden Worte hinzugefügt wurden: ‚ἐπὶ μόναις δηλονότι ταῖς ἐνστάσεσιν: *propter Nov. 115 intercalata*'. Damit wäre der Text auf dem neuesten Stand gewesen. Scheltema/van der Wal müssen diese Bemerkung aus inhaltlichen Gründen oder aufgrund des nächsten Scholions gemacht haben, denn das Manuskript gibt keinen Anlass dazu[43].

---

41 Vgl. BT 1782/12–13 (B. 39,2,15 (D. 28,3,15)).

42 D. 28,3,5 (Ulp. 3 ad Sab.): [...] *Sed si a primo gradu praeteritus, a secundo exheredatus sit, si eo tempore nascatur postumus, quo aliquis ex institutis vixit, totum testamentum ruptum est: nam tollendo primum gradum, sibi locum faciet.*

43 RHBR I, N4. 158, fol. 56^{v}.

Zu diesem Basilikentext sind drei Basilikenscholien überliefert worden. Nur die ersten zwei Scholien sind im Rahmen dieses Aufsatzes interessant[44]. Das erste ‚neue' Scholion[45] bezieht sich auf ἐπὶ (μόναις δηλονότι ταῖς ἐνστάσεσιν)[46]:

BS 2347/2–6

Ἡ προσθήκη τοῦ ‚ἐπὶ μόναις ταῖς ἐνστάσεσιν' ἀπὸ τῶν ἀντιγράφων, οἶμαι, ἐγεγόνει· ἡ γὰρ τοιαύτη ἔννοια τῶν μεταγενεστέρων νόμων ὑπάρχει. Ἢ ἴσως καὶ τῶν Βασιλικῶν ἐστιν ἡ προσθήκη προκατειλημμένων τὴν διάνοιαν ἀπὸ τῆς ἐννοίας τῶν μεταγενεστέρων. Τοῦτο δὲ τὸ τῆς προσθήκης σύγχυσιν πρὸς τὰ παλαιὰ καὶ ἀνατροπὴν ἀπεργάζεται.

Der Zusatz ‚nur für die Erbeinsetzungen' wurde meiner Meinung nach von den Abschreibern hinzugefügt; denn dieselbe Vorstellung findet sich in den späteren Gesetzen wieder. Es könnte auch ein Zusatz der Basiliken sein, die den Gedanken aus der Bedeutung der späteren [Gesetze] entwickelt haben. Dieser Zusatz verursachte Verwirrung bezüglich der alten Regeln und Auflösung.

Interessant ist, dass der Rechtsgelehrte des ersten Scholions eine Erklärung für den Zusatz ‚ἐπὶ μόναις ταῖς ἐνστάσεσιν' (‚nur für die Erbeinsetzungen') finden möchte. Sicher ist, dass er sie als Ergänzung betrachtet. Klar ist jedoch, dass er noch die alten originalen und irrelevanten Regeln kannte. Nach Ansicht des Rechtsgelehrten gibt es zwei Möglichkeiten: Die Abschreiber (der Basiliken) haben den Zusatz selbst hinzugefügt oder die Kompilatoren der Basiliken haben den Zusatz hinzugefügt. Der Inhalt bleibt genau genommen derselbe: Das spätere Gesetz (Nov. Iust. 115) ändert das frühere Gesetz. Der einzige Unterschied besteht darin, dass bei der zweiten Möglichkeit ein allgemeiner Konsens über die Wichtigkeit der Regel besteht, allgemein akzeptiert und bereits im Verständnis des Textes verankert war. Bemerkenswert ist, dass man in der einen oder anderen Weise über den ursprünglichen Text verfügte. Auf jeden Fall ist der Basilikenscholiast sich bewusst, dass der Basilikentext von Redakteuren bearbeitet wurde. Dieser Basilikenscholiast muss gebildet sein, da er die Gesetzesänderung erkannt und berücksichtigt hat. Er kennt sich sowohl mit den alten als auch mit den neuen Regelungen aus. Offensichtlich hat er auch Verbindung zur Rechtspraxis, weil er auf die Verwirrung und die Auflösung des Zusatzes in Bezug auf die alten Regeln, die dieser Zusatz verursacht hat, hinweist. Diese Anmerkung deutet darauf hin, dass trotz der Bearbeitung durch Anonymos und/oder andere und trotz der Basiliken das alte justinianische Recht möglicherweise noch bekannt war und sogar noch angewendet wurde[47].

44 Das dritte Scholion gehört zu μέντοι. BS 2347/8 3§ Ὁμοίως τιτ. β΄. διγ. γ΄. θεμ. ὕστερον καὶ τιτ. ε΄. διγ. οδ΄. (76). Ähnlich Titel 2, Fragment 3, letzter Fall und Titel 5, Fragment 74 (76). In diesen Scholien wird auf die ähnlichen Fragmente D. 28,2,3 und D. 28,5,76 hingewiesen.

45 Zu den alten und neuen Basilikenscholien siehe DE JONG 2016, 286–321.

46 Siehe auch VON LINGENTHAL 1892, 177–179: ‚Es fragt sich freilich: Sollten die aus den Digesten und dem Codex in die Basiliken aufgenommenen, ursprünglich das alte formelle, sowohl civile als prätorische Notherbenrecht betreffenden Stellen sämmtlich als παράτιτλα beachtet werden, und wie weit erstreckt sich die praktische Geltung derselben (178)'.

47 Siehe *supra* Fn. 28; vgl. VON GLÜCK 1833, 298–299.

Das zweite Scholion verweist auf Fragmente aus D. 28,2 und bezieht sich auf ἀκυροῖ. Dieses Scholion ist alt und bezieht sich auf die Digesten:

BS 2347/7

Ταῦτα ἀναιρεῖ ἡ ριε'. νεαρά, ὡς διγ. ιβ'., λ'., λα'. τοῦ β'. τιτ.

Die Novelle 115 hebt dieses auf, wie Fragment 12, 30, 31 des zweiten Titels.

In diesen Fragmenten (D. 28,2,12 und 30–31) geht es um ähnliche Fälle, die auch durch Novelle 115 hätten korrigiert werden müssen: Nicht das ganze Testament ist ungültig, sondern nur die Erbeinsetzung. Unsicher ist es, ob die Basilikentexte die Korrektur übernommen hatten. Die Basilikentexte dieser Fragmente sind nämlich nicht überliefert.

3.2 Explizite Verweisungen in den Basilikenscholien auf Novelle 115

In den Basilikenscholien sind 35 explizite Verweisungen auf Novelle 115 zu finden. Es gibt sechzehn alten Scholien mit einem Namen des Rechtsgelehrten: Theodoros wird acht Mal erwähnt[48], Enantiophanes fünf Mal[49], Anonymos zwei Mal[50] und Stephanos ein Mal[51]. Die meisten Scholien sind bloße Verweisungen ohne zusätzliche Informationen zum Inhalt von Novelle 115. Das bedeutet, es gibt keine Interpretation, Auslegung oder Hinzufügung des Inhalts durch den jeweiligen Rechtsgelehrten. Der Rechtsgelehrte verweist lediglich wörtlich auf einen Teil des Inhalts der Novelle. Es kann auch eine Leseempfehlung enthalten[52]. Fünf Scholien, die etwas mehr beinhalten, werden im Folgenden erörtert. Diese behandeln unter anderem die Ausnahmen von der Novelle, die Beweislast im Fall eines pflichtwidrigen Testaments und die Harmonisierung des Digestenfragments D. 28,2,5 mit der Novelle im justinianischen Recht. Zunächst werden jedoch die Verweise in den Basiliken in einer Netzwerkanalyse visualisiert und diskutiert.

48 Siehe zu Theodoros Scheltema 2004b, 61;BS 329/16–17 (Theodoros); BS 1616/12 (Theodoros); BS 1855/25 (Theodoros); BS 2341/16–23 (Theodoros); BS 2446/5–9 (Theodoros); BS 2455/26–2456/35 (Theodoros); BS 2846/6–14 (Theodoros); BS 3654/4–7 (Theodoros).

49 Siehe zu Enantiophanes van der Wal 1980, 125–136; BS 1815/24–31 (Enantiophanes); BS 2295/17–18 (Enantios); BS 2329/27–29 (Enantios); BS 2352/9–10 (Enantiophanes); BS 2838/29–31 (Enantiophanes).

50 Siehe zu Anonymos van der Wal 1980, 125; BS 1160/26 (Anonymos); BS 2065 (Anonymos).

51 Siehe zu Stephanos de Jong 2008, 1–2; BS 23/2817–27.

52 BS 329/16–17 (Theodoros); BS 1098/23; BS 1160/26 (Anonymos); BS 1616/12 (Theodoros); BS 1815/29 (Enantiophanes); BS 1855/25 (Theodoros); BS 1869/21; BS 2065/1 (Anonymos); BS 2295/17 (Enantios); BS 2308/17; BS 2308/25; BS 2322/17; BS 2329/29 (Enantios); BS 2341/21–22 (Theodoros); BS 2346/4; BS 2347/7; BS 2352/9 (Enantiophanes); BS 2446/7 (Theodoros); BS 2456/5 (Theodoros); BS 2466/26; BS 2471/10 (Theodoros); BS 2483/3; BS 2505/34; BS 2838/30 (Enantiophanes); BS 2846/14 (Theodoros); BS 3654/4–7 (Theodoros).

3.2.1 Netzwerkanalyse der Basilikenverweisungen

Die Netzwerkanalyse ist eine Methode zur Messung, Visualisierung und Untersuchung unter anderem der Beziehungen zwischen Einheiten in einem Netzwerk[53]. Das Netzwerk wird durch ‚Nodes' (Knoten) und ‚Edges' (Linien) dargestellt: Die ‚Nodes' repräsentieren die Daten wie die Basilikenscholien und die Novellenfragmente. Die ‚Edges' sind die Linien zwischen den Knotenpunkten. Die Größe des Knotens hängt von den ausgehenden Verweisen ab: Je mehr ausgehende Verweise, desto größer der Knoten (oder im Kontext der Netzwerkanalyse, desto größer der ‚out-degree value'). Das Gleiche gilt für die Dicke der Linien: Je dicker die Linie, desto häufiger hat sich der Rechtsgelehrte in den Basilikenscholien auf das Novellenfragment bezogen. Das Layout des Netzes basiert auf dem Algorithmus Force Atlas 2 im Programm Gephi. Für diesen Artikel wurden die Daten durch eine genaue und manuelle Analyse in ein Tabellenkalkulationsprogramm eingegeben und anschließend mit Gephi visualisiert.

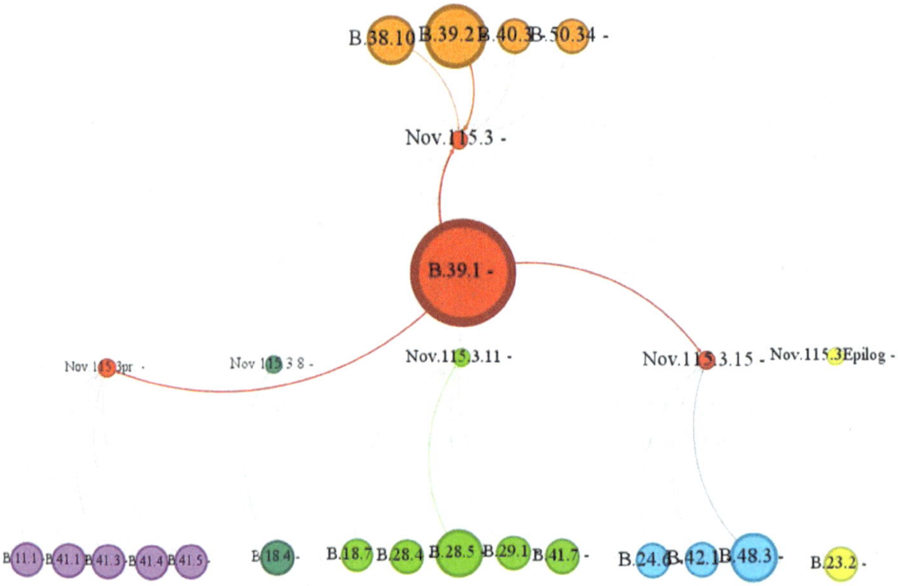

Abb. 1: Gephi-Visualisierung zur Veranschaulichung der Netzwerkanalyse der Basilikenverweisungen. Erstellung: Hylkie de Jong.

Man findet vier große (orange, violett, hellgrün und blau) und zwei kleine Gruppen (dunkelgrün und gelb). Interessant sind die großen Gruppen. Die Basilikenscholien in der orangen Gruppe verweisen im allgemeinen auf Novelle 115,3, die violette Gruppe

53 Vgl. DE JONG/VAN DIJCK 2022, 250–262.

auf Novelle 115,3pr., die hellgrüne auf 115,3,11 und die blaue auf 115,3,15. Auffallend ist, dass die Rechtsgelehrten nur auf einen Grund der Undankbarkeit verweisen (Nov. Iust. 115,3,11). Es gibt noch dreizehn weitere Gründe, aber diese wurden offensichtlich nicht berücksichtigt. Dies lässt sich – abgesehen von den Problemen der Überlieferung der Manuskripte – folgendermaßen erklären: Nov. Iust. 115,3pr. gibt den Kern der Regel des Gesetzes wieder, und Nov. Iust. 115,3,15 diskutiert die Konsequenzen des Gesetzes[54]. Der Kern und die Konsequenzen des Gesetzes sind die wichtigsten Elemente der Gesetze.

Es ist nicht verwunderlich, dass Basilikenbuch 39,1 (Περὶ μέμψεως διαθήκης) in drei Gruppen (Nov. Iust. 115,3, Nov. Iust. 115,3pr. und Nov. Iust. 115,3,15) prominent erwähnt wird. Dieses Buch enthält nämlich dasselbe Thema, das in den Büchern D. 5,2 (*De inofficioso testamento*), D. 37,5 (*De legatis praestandis contra tabulas bonorum possessione petita*) und C. 3,28 (*De inofficioso testamento*) angesprochen wird. Im Gegensatz dazu ist bemerkenswert, dass in den zehn Verweisungen in B. 39,1 nicht einmal auf die Gründe der Undankbarkeit hingewiesen wird. Das war genau das, was hier erwartet wurde.

3.2.2 Erklärung des Haupttextes

Zu B. 24,6,2,1 (D. 12,6,2,1) im Titel über die Kondiktion des Nichtgeschuldeten steht, dass, wenn etwas aufgrund eines Testaments geleistet worden ist, das sich nachträglich als gefälscht, pflichtwidrig, ungültig oder umgestoßen herausstellt, das Geleistete dann zurückgefordert werden kann. Zu ῥηγνυμένη (‚umgestoßen') im Basilikentext steht das nächste neue Scholion, in dem ein Fall skizziert wird:

> BS 1753/1–3
>
> Ὡς ἔνθα τεχθῇ ποστοῦμος. Ζήτει <βιβ.> μβʹ. τιτ. αʹ. κεφ. —. Φησὶ καὶ ἡ ριβʹ. (115) νεαρά, ὅτι εἰ μὲν ἔνστασις λυθῇ, τὰ ληγάτα καὶ <αἱ> ἐλευθερίαι παρέχονται.
>
> Zum Beispiel, wenn ein Kind posthum geboren wird. Suche <Buch> 42, Titel 1, Fragment. Auch Novelle 115 (,3,15) sagt, dass, wenn eine Erbeinsetzung aufgehoben wird, die Legate und die Freilassungen gewährt werden[55].

Ein posthum geborenes Kind, das nicht im Testament erwähnt wurde, führt zu einem ungültigen Testament[56], aber nur für die Erbeinsetzungen. Die Hinzufügung des Falles erklärt den Wortlaut und verlebendigt den Text. Dabei verweist der Rechtsgelehrte auf Novelle 115,3,15, worin diese Anordnung gefunden werden kann. Damit ist B. 24,6,2,1 auf den neuesten Stand gebracht. Das Umstoßen des Testaments wird nuanciert.

---

54 Vgl. dasselbe in Meijering 1990, 1–152, 2,20,6, Z. 71–78.

55 Vgl. BS 2446/5–9 (Theodoros); BS 2846/6–14 (Theodoros).

56 Vgl. Inst. 2,13,1.

3.2.3 Πρόνοια (Fürsorge) als Grund für Enterbung

Die nächste Verweisung im alten Scholion auf Novelle 115,3 ist interessant, weil der Rechtsgelehrte betont, dass es im Gegensatz zum Inhalt der Novelle Ausnahmen gibt[57]. Neben den vierzehn Gründen für Undankbarkeit kann ein Vater seinen Sohn rechtsgültig enterben oder übergehen. Das alte Scholion ist zu D. 27,10,16,2 (B. 38,10,16,1) hinzugefügt:

D. 27,10,16,2 (Tryphonin im 13. Buch seiner Erörterungen)

Der Vater hätte ja doch auch auf andere Weise für seine Enkel sorgen können, wenn er sie nämlich zu Erben eingesetzt und den Sohn enterbt und ihm das, was für den Unterhalt ausreicht, als Vermächtnis einer bestimmten Summe zu Lasten der Enkel hinterlassen hätte, und zwar unter Angabe der Gründe und der Rechtfertigung seiner letztwilligen Verfügung. Oder er hätte die Enkel, wenn sie nicht in seiner Hausgewalt standen, weil sie geboren wurden, nachdem der Sohn schon aus der Hausgewalt entlassen worden war, unter der Bedingung zu Erben einsetzen können, dass sie von ihrem verschwenderischen Vater aus der Hausgewalt entlassen würden[58].

Der Grund der Enterbung ist die Verschwendungssucht des Sohnes des Vaters. Die Enkel werden als Erben eingesetzt. Im korrespondierenden Basilikentext zum Wort ἀπόκληρον (enterbt) steht das folgende alte Scholion[59]:

BS 2274/29–2275/3

Καὶ τοῦτο πῶς προβαίνει σήμερον τῆς ρδ΄. (115)[60] νεαρᾶς τὰς αἰτίας τῆς ἐξνερεδατίονος ἀπαριθμούσης καὶ λεγούσης ἀκυροῦσθαι τὴν ἔνστασιν, ἐὰν ἄλλως ὁ παῖς ἐξνερεδατευθῇ; Ἀλλ’ ἐκεῖ τὰς διὰ μῖσος ἐξνερεδατίονας ἀπαριθμεῖται[61] καὶ τοῦ παρόντος οὐ προσάπτεται θέματος πρόνοιαν, καὶ οὐ μῖσος ἔχοντος. Ὅτι γὰρ καλῶς ἐπὶ προνοίᾳ γίνεται ἐξνερεδατίων, <εἴρηται> βιβ. κη΄. τιτ. β΄. διγ. ιη΄. Οὐλπιανοῦ ῥητῷ. Φησὶ γάρ, ὅτι καὶ ἐπὶ προνοίᾳ γίνεται ἐξνερεδατίων, ὡς ποιοῦμεν εἰς τοὺς ἀνήβους, καὶ καταλιμπάνομεν αὐτοῖς καθ’ ὁμάδα φιδεικόμισσον. Καὶ βιβ. λη΄. τιτ. β΄. διγ. ιβ΄., ὅτι ἐὰν μὴ κακῇ διαθέσει τὸν υἱόν μου ἐξνερεδατεύσω, οὐ βλάπτεται εἰς τὰ πατρωνικὰ δίκαια τοῦ ἀπελευθέρου μου· τυχὸν γὰρ ὁ υἱὸς μεμηνὼς ἦν ἢ ἄνηβος καὶ ἠξίωσα τὸν κληρονόμον ἀποκαταστῆσαι αὐτῷ.

---

57 Zimmermann 2020, 7: ‚*Exheredatio non male mente* was the exception‘ (D. 28,2,16; D. 38,2,12,2; D. 38,2,47).

58 D. 27,10,16,2 (Tryph. 13 disp.): *Potuit tamen pater et alias providere nepotibus suis, si eos iussisset heredes esse et exheredasset filium eique quod sufficeret alimentorum nomine ab eis certum legasset addita causa necessitateque iudicii sui: aut si non habuit in potestate nepotes, quoniam emancipato iam filio nati fuissent, sub condicione eos heredes instituere, ut emanciparentur a patre prodigo.*

59 BT 1743/13.

60 Es ist bemerkenswert, dass häufig auf die Novelle 114 verwiesen wird. Es scheint, dass die Rechtsgelehrten ein Exemplar der Novellen besitzen, das eine andere Reihenfolge der Novellen aufweist. Siehe auch BS 2295/19–33 und BS 2328/17–27. In BS 1753/1–3 wird auf die Novelle 112 hingewiesen.

61 Vgl. BS 2368/10–14, in dem steht, dass B. 40,3,1 (D. 37,4,1) überflüssig (περιττός) ist, weil Novelle 115 die Erbeinsetzung in bestimmten aufgezählten Gründen ungültig macht.

Und noch dies: Wie ist das heute, nachdem Novelle 115 die Gründe für die Enterbung auflistet und sagt, dass eine Erbeinsetzung ungültig ist, wenn ein Sohn auf andere Weise entwerbt wird? Aber dort werden die Gründe der Enterbung aus Hass aufgezählt, und betrifft nicht diesen Fall bei dem es um Fürsorge und nicht um Hass geht. Denn im Falle der Fürsorge wird eine Enterbung als berechtigt angesehen, wie im Buch 28, Titel 2, Fragment 18, im Text von Ulpian steht. Er sagt nämlich, dass auch im Fürsorgefall eine Enterbung stattfindet, so wie wir es bei den Minderjährigen tun, indem wir ihnen ein gemeinschaftliches Fideikommiss hinterlassen. Und im Buch 38, Titel 2, Fragment 12 heißt es: Wenn ich meinen Sohn nicht aus bösem Willen enterbe, dann wird er nicht geschädigt im Bezug auf die Patronatsrechte meines Freigelassenen, denn vielleicht war der Sohn geisteskrank oder unmündig, und ich habe den Erben aufgefordert ihn (den Sohn) in den vorigen Stand zurückzuversetzen.

Im D. 27,10,16,2 gibt es keinen bösen Willen, den Sohn zu enterben; daher ist die Enterbung aufgrund von Verschwendungssucht oder Geisteskrankheit (so in D. 28,2,18 genannt) des Sohnes gültig. Novelle 115 betont, dass sich niemand auf einen Undankbarkeitsgrund nach einem anderen Gesetz berufen kann, wenn er nicht im Novellentext enthalten ist. Der Verfasser des Scholions erklärt, dass es in D. 27,10,16,2 keinen Hass (μῖσος) gibt und somit der Fall nicht in den Bereich der Novelle fällt[62], und es so keine Undankbarkeitsgründe gibt. Mit der Anmerkung bringt er die Regel auf den neuesten Stand. Mit dem Word σήμερον (heute) setzt der Rechtsgelehrte eine Zäsur zwischen dem Früheren und dem Jetzt. Mit ‚heute' ist die *antecessor*-Zeit gemeint, weil es sich hier um ein altes Scholion handelt. Die Ausnahme aus der gegenwärtigen Zeit (Fürsorge) gilt weiterhin. Aber er harmonisiert danach den Text mit der Novelle, indem er den Bereich der Novellenregel beschränkt auf Fälle von Hass. Dadurch sind andere Fälle von Enterbung wie Fürsorge (D. 28,2,18) noch möglich. Die Novellen und die Digesten waren laut ihm nebeneinander in Kraft.

Der Rechtsgelehrte verweist auf zwei Beispiele aus den Digesten, D. 28,2,18 und D. 38,2,12,2, in denen es andere gültige Gründe für die Enterbung gibt.

D. 28,2,18 (Ulpian im 57. Buch zum Edikt)

Viele enterben ihre Kinder, nicht um ihnen einen Schimpf anzutun, auch nicht, um ihnen zu schaden, sondern um für sie zu sorgen, wie zum Beispiel bei Unmündigen, indem sie ihnen die Erbschaft durch Fideikommiss [zum späteren Erwerb] zuwenden[63].

---

62 Vgl. BS 2296/22–2300/25 (2296/25), in dem (alten) Verfahren zur Erhebung der *querela inofficiosi testamenti* muss der Kläger zuerst (πρῶτον) beweisen, dass es kein Gesetz gegen seine Einsetzung als Erbe gibt. Dann (εἶτα) muss er zeigen, dass er Beteiligter an der Erbschaft ist und danach (ἔπειτα δὲ λέγειν, ὅτι ἄλογον τὸ μῖσος) muss er sagen, dass der Hass unvernünftig ist. Mit dem Hass ist der Hass des Erblassers gemeint. Dies ist eine andere Perspektive als in Novelle 115.

63 D. 28,2,18 (Ulp. 57 ad ed.): *Multi non notae causa exheredant filios nec ut eis obsint, sed ut eis consulant, ut puta impuberibus, eisque fideicommissam hereditatem dant.*

D. 38,2,12,2 (Ulpian im 54. Buch zum Edikt)

Wenn jemand ohne bösen Willen, sondern aus einem anderen Grund von seinem Aszendenten enterbt worden ist, schadet ihm die Enterbung nicht. Angenommen, er wurde wegen einer Geisteskrankheit oder wegen seiner Unreife enterbt und der eingesetzte Erbe wurde aufgefordert, ihn (den Sohn) in den vorigen Stand zurückzuversetzen[64].

In beiden Fällen bietet das ‚Fideikommiss zum späteren Erwerb' eine Lösung an.

Zum selben B. 38,10,16,2 (D. 27,10,16,2) gibt es zum Wort αἰτίας (Gründe) am äußeren (zweiten) Rande des Textes im Codex Parisinus Graecus 1345 (Pb) noch ein neues Scholion[65]. Die erwähnte Novelle muss Novelle 115,3 sein:

BS 2275/5–7

Τὸ τοιοῦτον θέμα ἁρμόζεται εἰς τὸν λέγοντα νόμον, ὅτι καὶ ἐπὶ προνοίᾳ ἐστὶν ἀποκήρυξις. Ἴσθι δέ, ὅτι οὐ προσάπτεται ἡ περὶ ἀχαρίστων παίδων νεαρὰ τοῦ παρόντος κεφαλαίου.

Ein solcher Fall passt zum erwähnten Gesetz, weil es auch bei Fürsorge Enterbung zulässt. Wisse aber, dass die Novelle über undankbare Kinder nicht zu diesem Kapitel passt.

Der Inhalt dieses Scholions behandelt die Entscheidung der Kompilatoren, die Novelle hierzu nicht anzufügen. Diese Form der Enterbung aus der Novelle passt hier nicht. Das ist auch nicht verwunderlich, da der Titel B. 38,10 (D. 27,10) Περὶ κουρατώρων μαινομένοις ἢ ἀσώτοις ἢ ἄλλοις ἔξω τῶν ἡττόνων διδομένων sich mit den Pflegern für Geisteskranke oder Heillose oder andere Personen außer Minderjährigen befasst. Die Kategorie ‚Heillose' (ἀσώτοις) wurde übrigens in den Basiliken hinzugefügt.

3.2.4 Die Beweislast für Undankbarkeit der Kinder

Die Novelle 115 befasst sich explizit mit der Beweislast für Undankbarkeit. Der eingesetzte Erbe muss beweisen, dass ein Aszendent oder Deszendent undankbar war[66]. In einem alten Scholion zu D. 5,2,3 (B. 39,1,3) zu dem Wort ἀκαθήκουσάν (διαθήκην (pflichtwidriges Testament)) wird darüber diskutiert.

BS 2295/19–33

Παραγραφή. Ὥστε δι' ὧν ἀρνεῖται λέγων μὴ χρῆναι αὐτὸν ὑπὸ τοῦ πατρὸς ἐξνερεδάτον ἢ πραετέριτον γενέσθαι, τὸ βάρος τῶν τῆς ἀχαριστίας ἀποδείξεων ἐπιτίθησι τῷ κληρονόμῳ· καὶ τοῦτο

---

64 D. 38,2,12,2 (Ulp. 44 ad ed.): *Si quis non mala mente parentis exheredatus sit, sed alia ex causa, exheredatio ipsi non nocet: ut puta pone furoris causa exheredatum eum vel ideo, quia impubes erat, heredemque institutum rogatum ei restituere hereditatem.*

65 Für Codex Parisinus Graecus 1345 siehe RHBR I, Nr. 158 (hier fol. 35^{v}). Dieses Manuskript stammt aus dem 12. Jhdt.–13. Jhdt., Anfang.

66 Siehe auch sch. ad Theoph. 2,18pr. (*supra*, n. 19). Mit dieser Anmerkung ist die *Paraphrasis Institutionum Theophili* auf den neuesten Stand gebracht.

σαφέστερον ἔστι μαθεῖν ἐκ τοῦ β΄. θεμ. τοῦ ε΄. διγ. Ἔσο γὰρ εἰδώς, ὅτι καὶ φανεραὶ τῆς ἀχαριστίας εἰσὶν αἰτίαι σήμερον, καὶ ταύτας ἀπαριθμουμένη <ἡ> νεαρὰ τοῦ δεσπότου διάταξις ριδ΄. (115) τυγχάνουσα τῶν μετὰ τὸν Κώδικα διατάξεών φησι μὴ ἐξεῖναι τῷ πατρὶ ἢ τῇ μητρὶ ἢ τῷ πάππῳ ἢ τῇ μάμμῃ ἢ τῷ προπάππῳ ἢ τῇ προμάμμῃ τὸν οἰκεῖον υἱὸν ἢ θυγατέρα ἢ τοὺς λοιποὺς παῖδας πραετεριτεύειν ἢ ἐξνερεδάτους ποιεῖν, μήτε εἰ κατά τινα δωρεὰν ἢ ληγάτον ἢ φιδικόμισσον ἢ καθ' ἕτερον τρόπον τὸ νόμιμον αὐτῷ δεδώκασι ποστημόριον[67], εἰ μὴ δύνανται ἀχάριστοι δειχθῆναι οἱ παῖδες καὶ αὐτὰς τὰς τῆς ἀχαριστίας αἰτίας οἱ γονεῖς ἐν τῇ οἰκείᾳ καταγράψουσι διαθήκῃ· χρῆναι δὲ τὰς τῆς ἀχαριστίας αἰτίας πάσας ἢ καὶ μίαν αὐτῶν ἐγγραφείσας, ὡς εἴρηται πρότερον, τῇ τοῦ πατρὸς διαθήκῃ δεικνύειν οὕτως ἐχούσας τὸν κληρονόμον. Ἀνάγνωθι δὲ αὐτὴν τὴν διάταξιν ἔχουσαν ἐντελῶς τὰ περὶ τούτων.

Anmerkung. Daher liegt die Beweislast für Undankbarkeit beim (eingesetzten) Erben, wenn er (d. i. der Enterbte oder der Übergangene) behauptet, dass es nicht erlaubt war, dass er von seinem Vater enterbt oder übergegangen wird. Dies ist deutlicher aus dem 2. Fall des 5. Fragments zu lernen. Denn du weißt, dass die Gründe der Undankbarkeit heute klarer sind und diese (Gründe) aufzählend, die kaiserliche Novelle, die 114. (115) der Konstitutionen nach dem *Codex*, sagt, dass es nicht erlaubt ist, den Vater, die Mutter, den Großvater, die Großmutter, den Urgroßvater oder die Urgroßmutter, den eigenen Sohn oder Tochter oder andere Kinder zu enterben und zu übergehen, noch wenn sie ihnen durch Schenkung, Legat, Fideikommiss oder auf andere Weise der Pflichtteil gewährt wurde, wenn nicht nachgewiesen werden kann, dass die Kinder undankbar sind und die Aszendenten diese Gründe der Undankbarkeit in ihrem Testament niedergeschrieben haben; alle Gründe für Undankbarkeit oder mindestens einen davon, die, wie zuvor gesagt, im Testament seines Vaters geschrieben sind, müssen vom Erben bewiesen werden. Lies die Konstitution selbst, die umfassend über diese Angelegenheiten informiert.

Der Rechtsgelehrte verweist auf das gegenwärtige und klare Gesetz der Novelle 115. Es gibt neue Voraussetzungen: Der Erbe muss die Undankbarkeit beweisen, nicht der Aszendent oder Deszendent. Hier kommt es im Gegensatz zu den Digesten zu einer Umkehrung der Beweislast[68]. Der Erblasser ist verpflichtet, den Grund für die Enter-

---

67 Vgl. BS 2455/26–2456/35 (Theodoros), hauptsächlich 2456/5; BS 2466/23–27; BS 2471/6–13 (Theodoros).

68 In den Ῥωμαϊκαὶ ἀγωγαί scheint die Beweislast auch umgekehrt zu sein. Ῥωμαϊκαὶ ἀγωγαί ist eine Abhandlung über die Klagen des römischen Rechts, alphabetisch geordnet nach ihrer griechischen Umschrift, von α bis ρ. Der Text der Quelle stammt aus dem späten 9. Jhdt. oder frühen 10. Jhdt. In dieser Abhandlung findet man in Inst. 2,20,6 eine Erörterung der Novelle 115 (Meijering 1990, 2,20,6, Z. 67–75): Αὕτη δὲ ἡ δινοφικίοσσο, ἤγουν ἡ μέμψις τῆς ἀκαθηκούσης διαθήκης, τὸ παλαιὸν τῇ πενταετίᾳ ἐσβέννυτο· ὁ γὰρ ποιήσας τινὰ ἀπόκληρον ἢ ἀμνημόνευτον ἐάσας ἐν τῇ αὐτοῦ διατυπώσει, τοῦ κληρονόμου λέγοντος τὴν διαθήκην ἀκάθηκον, ἠναγκάζετο ἀποδεικνύειν ὅτι ἐθεράπευσε τὸν διαθέμενον ἕως περιῆν καὶ μάτην τοῦτον ἀπόκληρον ἢ ἀμνημόνευτον ἐποίησεν. ἡ δὲ Ἰουστινιάνειος Νεαρὰ τὸ ἐναντίον εἰσάγουσά φησι τὸν γράψαντα ἀπόκληρον τὸν παῖδα † διά τινα αἰτίαν, καὶ ὀνομαστὶ ταύτην ἀπαιτεῖ ἐγκεῖσθαι ἐν τῇ αὐτοῦ διατυπώσει, καὶ ἀποδεικνύεσθαι καὶ νόμιμον εἶναι τὸ δύνασθαι ἐκεῖνον ἀλλότριον ποιεῖν τῆς τοῦ διαθεμένου κληρονομίας. „[...] Diese Klage *de inofficiosi*, nämlich die *querela inofficiosi testamenti*, erlosch im alten Recht in fünf Jahren; denn derjenige, der jemanden enterbt hat oder unerwähnt gelassen hat in seinem Testament, und wenn der Erbe das Testament pflichtwidrig nennt, musste beweisen, dass er den Erblasser versorgt hat, bis er starb, und dieser (Erblasser) ihn frevelhaft enterbt oder unerwähnt gelassen hat. Die Novelle von Justinian führt das Gegenteil an und sagt, dass das Kind aus irgendeinem Grund enterbt ist, und verlangt, diesen Grund mit Namen in seinem Testament zu stellen, und zu bewiesen, dass es rechtmäßig ist, dass jebung oder Übergehung in seinem Testament zu erwähnen. Wer behauptet, beweist[69]. Der Erbe übernimmt die Pflicht, diesen Grund zu beweisen. Diese Beweislast der Erben ist in Novelle 115,3,15 zu lesen:

> [...] καὶ οἱ γραφόμενοι κληρονόμοι τὴν ὀνομασθεῖσαν ἢ τὰς ὀνομασθείσας αἰτίας ἢ μίαν ἐξ αὐτῶν ἀληθῆ εἶναι δείξειαν [...].

> [...] wenn die eingesetzten Erben nachgewiesen haben, dass der oder die genannten Gründe oder einer von ihnen zutreffend sind [...].

Die Undankbarkeit muss nach Novelle 115 auch vom Erblasser im Testament niedergeschrieben werden, so lesen wir im Scholion. Auch in diesem Basilikenscholion besteht ein klares Bewusstsein vom Vorhandensein eine Rechtsänderung. Im Scholion wird auf D. 5,2,5 hingewiesen, insbesondere für den Fall, dass der Aszendent oder Deszendent mit der Enterbung nicht einverstanden ist. Die Beweislast liegt im Gegensatz zum Inhalt des Scholions bei den Klägern (*docere ... se*), weil der Kläger geklagt hat. Auch hier gilt: Wer behauptet, beweist. Der Autor des Scholions verweist nicht auf die Inkongruenz bei der Verteilung der Beweislast zwischen dem Inhalt des Scholions und dem Inhalt des Digestenfragments. Die Kongruenz bezieht sich offensichtlich nur auf den Begriff *de inofficioso* (ἀκαθήκουσάν), nicht auf den Platz der Beweislast.

> D. 5,2,5 (Marcellus im 3. Buch seiner Digesten)

> Denn auch die, welche nicht vom Mannesstamm abstammen, haben die Klagmöglichkeit, da sie auch das Testament der Mutter angreifen können; und häufig pflegen sie Recht zu bekommen. Die Bedeutung des Ausdrucks ‚pflichtwidrig' ist, wie gesagt, die, dass man nachweist, man sei unverdient und daher ungebührlich übergangen oder durch Enterbung ausgeschlossen worden. Und das wird mit dem Argument vor dem Richter geltend gemacht, der Erblasser scheine gewissermaßen nicht bei klarem Verstand gewesen zu sein, als er das ungerechte Testament errichtete[70].

Im Digestentext werden einerseits die Gründe für eine pflichtwidrige Übergehung oder Enterbung genannt: *immerens* (unverdient) und *indignus* (ungebührlich). Ande-

mand einen anderen der Erbschaft des Erblassers machen kann. [...] Die Klage *de inofficiosi (testamenti)*, d. h. die Rüge des unangemessenen Testaments, erlosch einst nach 5 Jahren. Wer nämlich in seiner Verfügung jemanden enterbt oder übergangen hat, und der Erbe behauptet, das Testament sei unangemessen, dann muss er [der Erbe] beweisen, dass er den Erblasser lebenslang pflegte und dieser ihn grundlos enterbte oder überging. Die justinianische Novelle sagt, indem sie widerspricht, dass, wer den Sohn aus beliebigem Grund enterbte, auch namentlich diesen [Grund] in seine Verfügung einschreiben muss und dass er rechtmässig in der Lage ist, jenen von dem Erbe fernzuhalten [...]".

69 Vgl. D. 22,3,18,1.

70 D. 5,2,5 (Marcell. 3 dig.): *Nam et his, qui non ex masculis descendunt, facultas est agendi, cum et de matris testamento agant et optinere adsidue soleant. Huius autem verbi "de inofficioso" vis illa ut dixi est docere immerentem se et ideo indigne praeteritum vel etiam exheredatione summotum: resque illo colore defenditur apud iudicem, ut videatur ille quasi non sanae mentis fuisse, cum testamentum inique ordinaret.*

rerseits wird der Erblasser mit einem verglichen, der nicht bei klarem Verstand gewesen war, als er sein Testament errichtete.

3.2.5 Harmonisierung der Digesten mit der Novelle

Nach der Erneuerung in Novelle 115 gibt es Fragmente, die nicht mehr auf dem neuesten Stand sind, wie D. 5,2,28 (B. 39,1,24). Das Ende des Digestenfragments ist im Basilikentext weggelassen worden[71].

D. 5,2,28 (Paulus in der Einzelschrift über Prozesse vor dem Siebenmännergerichtshof)

Als eine Mutter die falsche Nachricht empfangen hatte, ihr Sohn, ein Soldat, sei umgekommen, und im [ihrem] Testament andere als Erben einsetzte, entschied der vergöttlichte Kaiser Hadrian, die Erbschaft stehe dem Sohn in der Weise zu, dass Freilassungen und Vermächtnisse geleistet werden müssen. Hieran ist hervorzuheben, was über die Freilassungen und Vermächtnisse hinzugefügt ist; denn wenn ein Testament als pflichtwidrig erwiesen wird, bleibt von diesem Testament [eigentlich] nichts wirksam[72].

In dem folgenden Scholion wird der Digestentext zur Harmonisierung mit Novelle 115 durch eine Hinzufügung von Antecessor Stephanos erklärt. Dieses Scholion muss neu sein, denn erst im 9. Jhdt. nannte man den Index des Stephanos τὸ πλάτος (scil. τῶν Διγέστων)[73]:

BS 2328/17–27

Ἄξιον ἐνταῦθα σημειώσασθαι τὸ περὶ τῶν ἐλευθεριῶν καὶ τῶν ληγάτων· καὶ γὰρ ὅτε δεϊνοφικίοσο κινεῖται καὶ ἡ ἀκαθηκόντως[74] γενομένη διαλύεται διαθήκη, οὐδὲν ἐξ αὐτῆς ἔρρωται τῆς διαθήκης. Τοῦτο ἐν τῷ Πλάτει πρόσκειται, καί φησιν ὁ Στέφανος· τουτέστι καὶ μὴ κινουμένης τῆς δεϊνοφικίοσο μήτε γενομένης ζητήσεως, εἴτε καὶ ἀχάριστος ἦν ὁ στρατιώτης εἴτε καὶ μή. Καὶ αὕτη ἐστὶ διαφορὰ τοῦ παρόντος καὶ τοῦ προλαβόντος θέματος, ὅτι ἐκεῖ μὲν ἀνάγκη ταῦτα ζητηθῆναι (δεϊνοφικίοσο γάρ ἐστιν ἡ κινουμένη), ἐνταῦθα δὲ μιᾶς γινομένης ζητήσεως, ἐπειδὴ στρατιώτου ὑπόκειται πρόσωπον, δίδοται αὐτῷ ἡ κληρονομιά τῶν ἐλευθεριῶν καὶ τῶν ληγάτων ἀδιαστίκτως παρεχομένων. Ὅπερ ἔστι σήμερον ἐπεῖν καὶ τῆς δεϊνοφικίοσο κινουμένης· τοῦτο γὰρ ἡ ριδ. (115) τῶν μετὰ τὸν Κώδικα νεαρῶν φησι διάταξις[75].

71 BT 1766/10–12.

72 D. 5,2,28 (Paul. l. sing. de septemvir. iud.): *Cum mater militem filium falso audisset decessisse et testamento heredes alios instituisset, divus Hadrianus decrevit hereditatem ad filium pertinere ita, ut libertates et legata praestentur. Hic illud adnotatum quod de libertatibus et legatis adicitur: nam cum inofficiosum testamentum arguitur, nihil ex eo testamento valet.*

73 De Jong 2008, 12; siehe auch Penna 2022, 277–290.

74 Vgl. B. 39,1,5 (D. 5,2,5).

75 BS 2505/21–2506/5, in dem der Verfasser wahrscheinlich verweist auf dieses Fragment (BS 2328/17–27).

Es ist bemerkenswert, was hier über die Freilassungen und die Legate gesagt wird; denn wenn die *querela inofficiosi testamenti* erhoben wird und das Testament, das pflichtwidrig[76] geworden ist, aufgehoben wird, ist nichts aus dem Testament gültig. Dies wird ἐν τῷ Πλάτει hinzugefügt und Stephanos sagt: wenn nämlich die *querela inofficiosi testamenti* nicht erhoben wird und deshalb nicht gefragt wird, ob der Soldat auch undankbar war oder nicht. Der Unterschied zwischen diesem Fall und dem vorgestellten Fall ist, dass dort diese Sache untersucht werden muss (denn die *querela inofficiosi testamenti* wird erhoben), und hier eine einzige Prüfung stattfindet, weil es sich um die Person eines Soldaten handelt, wird ihm die Erbschaft gegeben, wobei Freilassungen und Legate unterschiedslos gewährt werden. Was heute auch dann gesagt werden kann, wenn die *querela inofficiosi testamenti* erhoben wird; denn dies sagt die Konstitution 114 (115) der Novellen nach dem *Codex*.

Es ist offensichtlich wichtig, den Fall in D. 5,2,28 (ἐνταῦθα (hier)) so zu interpretieren, dass keine Querel erhoben wird und damit auch nicht untersucht wird, ob der Soldat undankbar ist oder nicht, wie Novelle 115 (ἐκεῖ (dort)) verlangt. Stephanos macht hier einen deutlichen Unterschied zwischen den Fragmenten, so dass die Digesten noch immer auf dem neuesten Stand sind. Klar wird, dass laut Stephanos jemand mit der *querela inofficiosi testamenti* aufgrund Novelle 115 prozedieren muss.

3.2.6 Warnungen vor Änderungen

Am Anfang von B. 39,2 (περὶ παρανόμου καὶ ῥηγνυμένης καὶ ἀκύρου διαθήκης) (D. 28,3 (*De iniusto rupto irrito facto testamento* (Über nicht rechtmäßig errichtete, umgestoßene und unwirksam gewordene Testamente))) gibt es ein Scholion zur Rubrik am äußeren Rande[77]. Es handelt sich um eine Warnung für den gesamten Titel, dass Novelle 115 Änderungen in Bezug auf die Thematik dieses Titels vornimmt. Das Basilikenbuch 39,2 enthält in der Überlieferung nur D. 28,3.

BS *2345/4–6 (*ad rubricam* B. 39,2,1 (D. 28,3,1))

Χρὴ τὸν τίτλον ὅλον ἐπιμελέστερον ἀναγνωσθῆναι διὰ τὸ ἀναγκαῖον τῶν θεματισμῶν, εἰδέναι δέ, ὡς τὰ περὶ ἀμνημονεύτων παίδων ἐνήλλακται ὑπὸ τῆς ριε΄. νεαρᾶς.

Man muss den gesamten Titel ziemlich sorgfältig lesen, aufgrund der Sachzwänge, und wissen, dass die Angelegenheiten der übergegangenen Kinder durch Novelle 115 geändert wurden.

Am Anfang des Titels steht eine Warnung, Novelle 115 nicht zu übersehen. Es ist unklar, ob es sich hier um ein altes oder ein neues Scholion handelt. Ein altes Scholion zu D. 28,3 wird bevorzugt, jedoch wirft das spätbyzantinische Wort ‚ἀμνημονεύτων' erhebliche Zweifel auf[78]. Dieses Wort spricht für ein neues Scholion.

---

76 Vgl. MEIJERING 1990, 2,20,6, Z. 69–70.

77 Siehe RHBR I, N4. 158, fol. 56^{v}.

78 Zu dem Ausdruck spätbyzantinisches Recht, siehe DE JONG 2016, 286–321. Interessant ist es, die Änderungen der Begriffe im byzantinischen Recht zu studieren. Für die Wörter Enterbung und Überge-

In einem anderen Scholion zu B. 40,3 (D. 37,4) wählt der Rechtsgelehrte ein andere Perspektive. Der Titel ist nicht auf dem neuesten Stand und daher überflüssig[79]. Basilikenbuch 40,3 (Περὶ ἀγαθῆς διακατοχῆς καὶ ἐναντιώσεως) korrespondiert in der Überlieferung mit D. 37,4 (*De Bonorum possessione contra tabulas*) und C. 6,14,1 (*Unde liberi*)[80].

BS 2368/10–14

Ὁ παρὼν τίτλος κατὰ τὸ κρατοῦν περιττός ἐστι· τῆς γὰρ μετὰ τὸν Κώδικα νεαρᾶς ῥητὰς αἰτίας ἀπαριθμουμένης, παρ' ἃς εἴ τις ἐξνερεδατεύσει ἢ πραετεριτεύσει τὸν ἑαυτοῦ παῖδα, ἀκυροῦται μὲν ἡ ἔνστασις, δίδονται δὲ πάντα τὰ ληγάτα, χώραν οὐκ ἔχει ὁ παρὼν οὔτε ὁ ἑπόμενος τίτλος. Ἀνάγνωθι αὐτοὺς διὰ τὴν [ὥ]ραν[81] αὐτῶν καὶ τὰ ἐν αὐτοῖς κείμενα παράτιτλα.

Dieser Titel ist nach geltendem Recht überflüssig; denn da die Novellen nach dem *Codex* bestimmte Gründe aufzählen, nach denen jemand, der sein Kind enterbt oder übergeht, die Erbeinsetzung umstößt, während alle Legate gegeben werden, finden dieser und der folgende Titel (D. 37,4 und 5 (*De legatis praestandis contra tabulas bonorum possessione petita*)) keine Anwendung. Lies diese Titel wegen der dazu gehörigen *paratitla*.

Die *bonorum possessio contra tabulas* wird hier als aufgehoben betrachtet.

3.3 Implizite Verweisungen in den Basilikenscholien auf Novelle 115

In einigen Scholien wird auf das neue Gesetz hingewiesen ohne die Novelle mit Nummer explizit zu erwähnen, oft angedeutet durch den Gegensatz zwischen dem Früheren

hung und deren Verben gibt es in deren Entwicklung drei Stufen juristischer Begriffe. In der ersten Stufe bleibt man dicht bei dem lateinischen Text; in der letzten Stufe hat man spezifische griechische Wörter für Enterbung und Übergehung. In der ersten Stufe kommen die lateinischen Begriffe als Lemma aus der justinianischen Kodifikation unverändert in lateinischen Buchstaben vor, so wie es in Nov. Iust. 115 üblich ist: ‚παῖδας praeteritους' (Nov. Iust. 115,3pr.), ‚τοὺς ἰδίους γονεῖς praeteritους' (Nov. Iust. 115,4pr.) und τῆς exheredationος ἢ praeteritionος' (Nov. Iust. 115,4,9). In der zweiten Stufe werden die lateinischen Begriffe gräzisiert. Diese Variante ist in den Scholien zu finden: ἐξνερεδατίονος (BS 2274/30), ἐξνερεδάτους (BS 2295/27), πραετέριτον (BS 2295/20) und πραετεριτεύσει (BS 2368/12). In der letzten Kategorie werden die juristischen Begriffe ins Griechische übersetzt. Auf Griechisch sind einige Begriffe für Enterbung zu finden, wie ὁ ἀπόκληρος (BT 1765/8), weniger ἀποκηρύξις (Enterbung) (BT 1771/11) und ἀποκηρυχθείς (BT 1779/15). Die Ausdrücke für Übergehung sind ἀμνημόνευτος (unerwähnt), ἡ παραμέλησις (Missachtung) (BS 2346/4), παραμελήσω (BT 2072/3; Peira 67,2) und ἡ ἀγνωμοσύνη (Vernachlässigung (nur Peira 67,2)). In der letzten Stufe begegnet trifft man mit ἡ παραμέλησις und in der Peira mit ἡ ἀγνωμοσύνη einem ins Wort geschlüpften negativen Werturteil (de Jong 2019, 259–263).

79 Vgl. auch BS 2505/34.

80 Siehe auch von Lingenthal 1892, 177.

81 Im kritischen Apparat: ὥραν: *supplementum dubium; fortasse leg.* Πεῖραν *(sed spatium vix suffivit).*

(πάλαι) und dem Jetzt (σήμερον)[82]. Einige Scholien wurden bereits zuvor erwähnt. Das Recht ist somit auf dem neuesten Stand. Es handelt sich hier um die *antecessor*-Zeit. Im folgenden Fall zu B. 24,1,2 (D. 12,4,2) verweist der Rechtsgelehrte auf D. 5,2,17,1:

BS 1720/5–15

[...] Εἰ γὰρ κατὰ ἀπουσίαν τοῦ σκρίπτου κατεψηφίσατο τὴν διαθήκην ὁ δικαστής, ἀπαιτεῖται τὰ ληγάτα, ὡς ὁ Παῦλος ἐν τῷ ιζ΄. διγ. τῆς δεϊνοφικιόσο τῆς δεIUDICÍIS φθάσας ἐδίδαξε. Φησὶ καὶ τὰς ἐλευθερίας κατὰ τοῦτον ἐρρῶσθαι τὸν τρόπον. Σήμερον μέντοι ἀπὸ νεαρᾶς τοῦ δεσπότου διατάξεως καὶ ἀνατρεπομένης τῆς ἀκαθηκόντως γενομένης διαθήκης αἱ ἐνστάσεις μόναι ἀφανίζονται[83], μένει δὲ τὰ ἄλλα πάντα ἐρρωμένα καὶ ἀπαιτεῖται [...].

[...] Wenn der Richter das Testament in Ermangelung eines eingesetzten Erben abgelehnt hat, werden die Vermächtnisse gefordert, wie Paulus in Fragment 17 *De inofficioso testamento* von *de iudiciis* gelehrt hat. Er sagt, dass auch Freilassungen auf diese Weise gültig sind. Heutzutage, aufgrund der kaiserlichen Novelle, wenn das pflichtwidrig zustandgekommende Testament vernichtet ist, werden lediglich die Erbeinsetzungen aufgehoben, und alle anderen Verfügungen bleiben gültig und werden eingefordert [...].

Das genannte Gesetz in dem ‚alten' Scholion muss Novelle 115,3,15 sein.

Es gibt auch ein Scholion zu B. 39,1,22 (D. 5,2,26) mit einem impliziten Verweis auf Novelle 115,3,15[84].

BS 2327/16–22

Οἶδας δὲ μαθὼν ἐν τῷ θ΄. διγ. τοῦ παρόντος τιτ., ὅτι ἐπὶ τῆς δεϊνοφικίοσο κ΄. νομίσματα ὁ Μοδεστῖνος ὁριζει τὸ τίμημα τοῦ ἐλευθερωθέντος οἰκέτου. Τὸ δὲ εἰρημένον ἐνταῦθα, ἐκ τοῦ ἐλευθερωθέντος λαμβάνειν νομίσματα, νόησον κατὰ τὸ πάλαι κρατοῦν· εἶπον γάρ σοι πολλάκις, ὅτι σήμερον, ἐν ᾧ μὴ δείκνυται ἀχάριστος ὁ ἐξνερεδάτος παῖς, ἐπὶ μόνῃ τῇ ἐνστάσει καταλύεται ἡ διαθήκη· τὰ μέντοι ληγάτα καὶ τὰ φιδεϊκόμισσα καὶ αἱ ἐλευθερίαι παρέχονται καὶ αἱ τῶν ἐπιτρόπων ἔρρωνται δόσεις, ὥσπερ ἂν εἰ μηδὲν κατελύθη ἐξ αὐτῆς τῆς διαθήκης.

Du kennst, weil du es in Fragment 9 dieses Titels gelernt hast, dass bei der *querela inofficiosi testamenti* Modestinus den Preis für einen Freigelassenen auf 20 Nomismata festsetzt. Was hier gesagt wird über das von dem Freigelassenen erhaltene Geld, verstehe nach dem früher geltenen Recht. Wie ich bereits oft gesagt habe, gilt heute im Fall des enterbten Kindes, das nicht als undankbar erwiesen worden ist, dass das Testament nur im Hinblick der Erbeinsetzung aufgelöst wird. Die Vermächtnisse, die Fideikommisse und die Freilassungen werden aber gewährt und die Vormundschaftsbestellungen sind gültig, als ob nichts von diesem Testament getilgt wurde.

---

82 Vgl. ohne explizite Erwähnung der Novelle BS 2313/10–11 und BS 2343/17–19 (Theodoros). Wegen der impliziten Erwähnung und der große Anzahl Basilikenscholien kann ich nicht garantieren, alle Stellen gefunden zu haben.

83 Vgl. BS 2506/16–18 [...] εἰ εὑρεθῇ ἀκαθηκόντως γενομένη ἡ διαθήκη, ἀνατρέπεται, δηλονότι κατὰ τὸ πάλαι κρατοῦν. „[...] Wenn das Testament pflichtwidrig geworden ist, wird es vernichtet, natürlich aufgrund des alten Rechts."

84 Vgl. auch BS 2329/8–11 und dazu La Pira 1930, 492.

Der Rechtsgelehrte verweist auf D. 5,2,9, in dem Modestinus berichtet, dass Paulus festgestellt hat, dass fideikommissarische Freilassungen gegen die Zahlung von zwanzig Goldstücken gewährt werden sollen.

In einem Scholion zu B. 11,1,51 (D. 2,14,52) wird ebenfalls auf die Gründe in der Novelle 115 hingewiesen:

BS 297/1–25

[...] εἰ δὲ ἐξνερεδάτευσε τοῦτον (πάντως δὲ ὀφείλει τοῦτο κατὰ τὴν νεαρὰν νοεῖν τουτέστιν ἐξ εὐλόγων αἰτιῶν), χώρα τῇ δὲ ἰνοφφικιόσο [...]

[...] wenn er ihn enterbt hat (dies muss jedenfalls laut der Novelle aufgrund von vernünftigen Gründen verstanden werden), gibt es die *querela de inofficioso* [...].

Im Titel der Novelle 115 wird zweimal auf εὔλογος hingewiesen. Die Gründe werden mit den Wörten ‚Αἰτίας δὲ δικαίας τῆς ἀχαριστίας ταύτας εἶναι ψηφιζόμεθα' eingeleitet, was auch auf die Vernünftigkeit hinweist[85].

4 Über Testamente (Peira 14)

In diesem Peiratitel kommen Enterbung und Übergehung drei Mal vor. Das erste Mal ist in Peira 14,2.

Wenn das Gesetz sagt, dass der übergangene Sohn das Testament anfechten kann, so macht das nicht das gesamte Testament ungültig, sondern nur insoweit, als es von Erbeinsetzungen und Ersatzerbeneinsetzungen handelt. In den übrigen Punkten bleibt es gültig[86].

Dieses Fragment korrespondiert, wie SIMON und REINSCH in ihrem Kommentar behaupten, mit Nov. Iust. 115,3pr. und 15[87]. Abweichend von der Novelle wurden hier die Ersatzerbeneinsetzungen (ὑποκαταστάσεις) hinzugefügt, wie in Analogie zu B. 35,9 (Περὶ κληρονόμων ἐνστάσεως καὶ ὑποκαταστάσεως) D. 28,5 (*De heredibus instituendis*) hinzugefügt worden ist.

Das zweite Fragment mit Enterbung und Übergehung ist Peira 14,9:

Als ein Sohn starb und ein Testament errichtete, kümmerte er sich nicht um seine natürlichen Pflichten, sondern testierte willkürlich, was das auf seine Eltern Entfallende betrifft, und seinen Pflichten ausweichend, indem er diese mit geringfügigen Legaten bedachte.

---

85 Vgl. BS 3804/30–31 ‚ὅτι ἀπόκληρος ἀλόγως'.

86 Peira 14,2: Ὅτι τὸ λέγειν τὸν νόμον, ὅτι ὁ ἀμνημόνευτος παῖς ῥήγνυσι τὴν διαθήκην, οὐ πᾶσαν τὴν διαθήκην ἀκυροῖ, ἀλλὰ τοσοῦτον καθ' ὅσον περὶ τῶν ἐνστάσεων ἢ ὑποκαταστάσεων διαλαμβάνει. περὶ δὲ τὲ ἄλλα ἔρρωται (SIMON/REINSCH 2023, 78–79).

87 SIMON/REINSCH 2023, 637; siehe auch VON LINGENTHAL 1892, 176–177 mit Fn. 562 und D'EMILIA 1967, 71–94, 82 mit Fn. 2.

Und als Grund dafür, dass er sie nicht für mehr wert befunden hatte, gab er an, dass er von ihnen niemals etwas erhalten habe und ihnen zu seinen Lebzeiten sehr vieles habe zukommen lassen.

Aber sein fehlerhaftes Verhalten berichtigte ein richterliches Urteil des Magistros, das dem Vater und der Mutter das Recht zusprach, entsprechend den gesetzlichen Vorschriften ein Drittel seines gesamten Vermögens an sich zu nehmen.

Das Gesetz sagt nämlich: Eltern ist es nicht erlaubt, die Kinder zu enterben oder zu übergehen, auch wenn sie ihnen den ihnen geschuldeten Anteil durch Vermächtnis, Fideikommiss, Schenkung oder auf eine andere Weise gewähren (Nov. Iust. 115,3pr.)[88].

Dann sagt es aber auch über die Testamente der Kinder: Wir bestimmen, dass Kinder ihre eigenen Eltern nicht unerwähnt lassen oder sie auf irgendeine Weise von ihrem Eigentum, über das sie testieren können, ausschließen dürfen, es sei denn sie führten die Gründe, die wir aufzählen, eigens in ihren Testamenten an (Nov. Iust. 115,4pr.).

Und indem das Gesetz die einzelnen Gründe des Undanks nennt, führt es schließlich aus:

Wenn dieses nicht beachtet wird, bestimmen wir, dass dieses Testament hinsichtlich der Erbeneinsetzung keinerlei Wirkung hat, sondern wir setzen fest, dass, unter Aufhebung des Testaments, den in gesetzlicher Erbfolge zur Erbschaft des Verstorbenen Berufenen dessen Sachen gegeben werden, wobei natürlich die Vermächtnisse oder Fideikommisse, Freilassungen, Vormundschaftsbestellungen und die anderen Verfügungen, wie oben gesagt, ihre davon unabhängige Wirksamkeit behalten (Nov. Iust. 115,4,9)[89].

In diesem Peiratitel wird zuerst ein Fall skizziert, in dem der Sohn seinen Eltern geringfügige Legate hinterlassen hat. Der Richter bestimmt, dass mindestens ein Drittel des gesamten Vermögens den Erben zukommt. Das Drittel ist der ihnen geschuldete Anteil

---

88 Identifizierte Gesetzeszitate sind kursiv gesetzt (Simon/Reinsch 2023, XXI).

89 Peira 14,9: Ὅτι υἱὸς τελευτῶν καὶ διαθήκην γράφων οὐ τὰ εἰκότα τὴν φύσιν ἐθεράπευσεν, ἀλλὰ ῥαθύμως τό γε πρὸς τοὺς φύσαντας αὐτὸν ἧκον καὶ παρακεκλιμένως διέθετο, δι' εὐτελῶν λεγάτων τούτων ἐπιμνησθείς.

καὶ ὥσπερ αἰτίαν τοῦ μὴ καὶ πλειόνων τούτους ἀξιοῦν ἀπέδωκε τὸ πρὸς τὸ μηδὲν παρ' αὐτῶν ἀπενέγκασθαι πώποτε καὶ πολλὰ πάνυ τούτοις περιὼν χορηγῆσαι.

ἀλλὰ τὸ ἡμαρτημένον ἐκείνῳ δικαστικὴ τοῦ μαγίστρ(ου) διωρθώσατο ψῆφος, τὸ τρίτον τῆς πάσης περιουσίας τούτου τὸν π(ατέ)ρα καὶ τὴν μ(ητέ)ρα νομικαῖς ἐπιταγαῖς ἀπολαβεῖν δικαιώσασα.

ὁ γὰρ νόμος φησί· μὴ ἐξεῖναι τοῖς π(ατ)ράσι ἀποκλήρους ἢ ἀμνημονεύτους ποιεῖν τοὺς παῖδας, κἂν διὰ λεγάτου ἢ ἀποκαταστάσεως ἢ δωρεᾶς ἢ ἄλλου οἱουδήποτε τρόπου τὴν ὀφειλομένην αὐτοῖς μοῖραν παράσχοιεν.

ἔπειτα δὲ καὶ περὶ τῶν διαθηκῶν τῶν παίδων φησί· θεσπίζομεν μὴ ἐξεῖναι τοῖς παισὶ τοὺς ἰδίους γονεῖς ἀμνημονεύτους καταλιμπάνειν ἢ καθ' οἱονδήποτε τρόπον τῶν ἰδίων πραγμάτων, ἐν οἷς ἔχουσι διατίθεσθαι, τούτους ἀλλοτρίους ποιεῖσθαι, εἰ μὴ τὰς αἰτίας, ἃς ἀριθμοῦμεν, ἐν ταῖς ἰδίαις ἰδικῶς ἐγγράψαιεν διαθήκαις.

καὶ κατὰ μέρος εἰπὼν τὰς τῆς ἀχαριστίας αἰτίας, τέλος ἐπάγει·

εἰ δὲ μὴ ταῦτα παραφυλαχθείη, μηδεμίαν ⟨δύναμιν τὴν τοιαύτην⟩ διαθήκην τό γε εἰς τὴν ἔνστασιν τῶν κληρονόμων ἔχειν θεσπίζομεν, ἀλλ' ἀνατρεπομένης τῆς διαθήκης τοῖς ἐξαδιαθέτου εἰς τὴν τοῦ τελευτήσαντος κληρονομίαν καλουμένοις τὰ ἐκείνου πράγματα δίδοσθαι διατυποῦμεν, τῶν λεγάτων δηλονότι εἴτε ἀποκαταστάσεων καὶ ἐλευθεριῶν καὶ τῶν δόσεων τῶν ἐπιτρόπων καὶ τῶν ἄλλων κεφαλαίων, καθάπερ ἀνωτέρω εἴρηται, τὴν ἰδίαν ἐχόντων ἰσχύν (Simon/Reinsch 2023, 80–83). Vgl. Harm. 5.,9,13 (Simon/Reinsch 2023, 734).

(τὴν ὀφειλομένην αὐτοῖς μοῖραν). Der Pflichtteil nach *lex Falcidia* in B. 40,1,1 (D. 35,2,1) war durch Novelle 18pr.–1 (a. 536) von einem Viertel auf ein Drittel erhöht worden. Die Novelle bestimmt unter der Voraussetzung des Vorhandenseins von einem bis vier Kindern, dass mindestens ein Viertel des gesamten Vermögens den Erben zukommt[90]. Wenn es mehr Kinder gibt, dann ist der Pflichtteil die Hälfte des gesamten Vermögens[91]. Offensichtlich gilt diese Änderung in Nov. Iust. 18 in entgegengesetzter Richtung analog auch für den Pflichtteil der Eltern.

Die Argumentation des Sohnes, dass er von seinen Eltern niemals etwas erhalten habe und ihnen sehr vieles zukommen liess, war offenbar nicht stichhaltig und entspricht, so können wir später ableiten, keinem der Gründe aus Nov. Iust. 115,4,1–8. Das Verhalten des Sohnes wird als fehlerhaft erachtet. Welcher Grund spezifisch gemeint ist und ob der Grund im Testament erwähnt war, wird nicht erklärt. Nach dem Fall und dem Urteil des Richters wird Nov. Iust. 115,3pr. kurz zitiert. Offensichtlich sieht man diesen Schritt als Voraussetzung an für den nächsten Schritt: Die Deszendenten können in Analogie zu den Aszendenten aufgrund Nov. Iust. 115,4pr. den Erben nicht enterben oder übergehen, es sei denn, sie können einen der in Nov. Iust. 115,4,1–8 aufgezählten Gründe in ihren Testamenten anführen. Das Fragment endet mit den Konsequenzen aus Nov. Iust. 115,4,9: Die Vermächtnisse oder Fideikommisse, Freilassungen, Vormundschaftsbestellungen und die anderen Verfügungen behalten ihre Wirksamkeit. Die Anwendung des Gesetzes auf den Fall fehlt.

Das dritte Fragment, in dem der Sohn in seinem Testament seine Eltern des Pflichtteils ohne Erwähnung des durch die Gesetze anerkannten Grundes beraubt hatte, ist Peira 14,10. Der Sohn hat sein ganzes Vermögen auf Zuwendungen für sein Seelenheil und Vermächtnisse verteilt. Das Urteil des Richters ergänzte zugunsten der Eltern nur den mangelnden elterlichen Pflichtteil. In der Peira wird auf B. 39,1,54 (C. 3,28,32 (a. 529)) hingewiesen, wo auf die *actio ad supplendam legitimam* in C. 3,28,30–31 (a. 528) hingewiesen wird.

5 Über Testamentsanfechtung und übergangene Söhne (Peira 67)

In der Peira gibt es einen ganzen Titel mit drei Fragmenten über Testamentsanfechtung und übergangene Söhne. In diesem Aufsatz wird nur das erste Fragment (Peira 67,1) besprochen, weil Novelle 115 hier weiter ausgearbeitet wird. In den anderen

---

90 Siehe BT 1761/8 (τὸ τρίτον) mit BS 2308/19–26 (B. 39,1,8,6 = D. 5,2,8,6 (*quartem partem*)). Siehe auch Peira 41,3.

91 In der Peira 41,3 wird ein Fall mit einem Rechenexempel erwähnt, in dem es fünf Kinder gibt und einen Legatar. Eines der Kinder wird enterbt (Simon/Reinsch 2023, 384–385 (Text und Übersetzung), 931 (Kommentar)). Vgl. auch Peira 41,8.

Fragmenten folgt die Peira Justinians Gesetzgebung. Im ersten nicht weiter zu behandelnden Fragment, Peira 67,2, gibt es einen Fall, in dem zuerst der Vater und später die Mutter stirbt und sie sechs Söhne hinterlassen. Der Fall wird unter anderem aufgrund von Nov. Iust. 115,3pr.[92], Nov. Iust. 115,3,15[93] und Nov. Iust. 115,5pr.[94] gelöst. Die Erwähnung dieser Gesetze würde für die Auflösung der Fälle eigentlich ausreichen, aber der Verfasser hat sich anders entschieden. Er verweist auch noch auf B. 39,1,15 (D. 5,2,19), B 35,8,7 (D. 28,2,7), B 39,2,5 (D. 28,3,5) und B 39,2,13 (D. 28,3,13), um in einigen Varianten zu zeigen, dass das Testament nichtig ist, wenn ein (Enkel)Kind nicht erwähnt wurde[95]. Darauf folgend werden diese Fragmente mit den Novellenfragmenten nuanciert. Der letzte Hinweis auf B 39,1,38 (C. 3,28,6 (a. 212)) bezieht sich auf eine Untersuchung der Höhe des Vermögens im Zusammenhang mit dem Pflichtteil.

Im zweiten nicht weiter zu behandelnden Fragment, Peira 67,3, geht es neben der Tragweite der erwähnten Wendung ‚meine Testamentsvollstrecker' für den Beweis der Erbeinsetzung um die Gültigkeit im Fall des Mangels der Namensnennung bei Erbeinsetzung oder Enterbung. Jeder Ausdruck muss die gemeinte Person deutlich bezeichnen. Novelle 115 wird in diesem Fragment nicht erwähnt und spielt keine Rolle.

5.1 Der übergangene Sohn und das Basilikenscholion

Das erste Fragment der Peira 67,1 wird in zwei Teile aufgeteilt[96]. Zuerst wird der Fall skizziert mit den juristischen Konsequenzen aus Novelle 115,3,15. Dann folgt eine Unterbrechung mit einem Hinweis auf ein Basilikenscholion (5,1,1). Im zweiten Teil werden die Konsequenzen des Falls, die Justinian noch nicht ausführlich behandelt hat, fortgeführt (5,1,2). Es handelt sich um die wirksamen Verfügungen zugunsten des Seelenheils.

92 Peira 67,2 mit der Andeutung ‚εἰ μὴ τυχὸν ἀχάριστοι ἀποδειχθεῖεν, καὶ ταύτην ἐγγράψαιεν οἱ γονεῖς καὶ ἀποδείξαιεν ἀληθῆ (es sei denn, diese hätten sich als undankbar erwiesen und die Eltern hätten sie [i. e. die Art der Undankbarkeit] hineingeschrieben und als wahr erwiesen.)' sind offensichtlich die Voraussetzungen für ein Testament, das für die Erbeinsetzungen ungültig ist, erfüllt. Der richtige Grund für Undankbarkeit ist nicht explizit gemacht.

93 Hier fehlen die folgenden Wörter aus Nov. Iust. 115,3,15 ἢ ἄλλα οἱαδήποτε κεφάλαια τοῖς νόμοις ἐγνωσμένα ὀνομασθῆνα (oder andere den Gesetzen angemessene Anordnungen getroffen werden)'.

94 Der in der Peira zitierte Text der Nov. Iust. 115,5pr weicht von dem in den Basiliken übernommen Novellentext ab: Das Wort ‚ἀποπληροῦσθαι (auffüllen)' ist in ‚ἀναπληροῦσθαι (auffüllen)' geändert, die Worte ‚τῆς ἡμετέρας γαληνότητος (der unser Durchlaucht)' in ‚ἡμῖν (uns)' und ‚τὸ τὴν ὕβριν τῆς praeteritionος καὶ exheredationος (die Kränkung durch Übergehung und Verstoßung)' in ‚τοῦ τὴν ὕβριν τῆς ἀγνωμοσύνης καὶ τῆς ἀποκηρύξεως (die Kränkung durch Vernachlässigung und Verstoßung)'.

95 Simon/Reinsch 2023, 657; siehe auch Gagliardi 2017, 189–190.

96 Simon/Reinsch 2023, 1086–1090 mit D'Emilia 1967, 81–83, 93 und 94; siehe auch Stolte s.d., 5–10 und Chitwood 2017, 98 (unbrauchbar nach Simon/Reinsch (1086), deren Meinung ich teile). Ich werde nicht auf die Überlieferung des Textes eingehen.

Der erste Teil des Fragments lautet folgendermaßen:

Peira 67,1

> Jemand, der einen Sohn hatte, schrieb ein Testament, in dem er den Sohn als Erben benannte. Als der Sohn gestorben war, änderte jener sein Testament nicht, sondern starb unter Beibehaltung des ersten Testaments, während seine Frau schwanger war. Es gab nun einen Zweifel hinsichtlich des Testaments, ob es zu Recht angefochten worden sei, weil der [nachgeborene] Sohn übergangen worden war. Hinsichtlich der Erbeinsetzungen schien das Testament wirksam angefochten; die Legate jedoch und die Fideikommisse und die Freilassungen sind gültig. Es steht nun am Rand ein Scholion zu dem ‚es wird nichtig hinsichtlich der Erbeinsetzungen', und es ist dies ein Scholion aus den *De iudiciis* [...][97].

Der Fall ist einfach: Das Testament ist aufgrund Novelle 115,3 wirksam angefochten, weil es verboten ist, männliche oder weibliche Kinder zu übergehen. Nur die Erbeinsetzung ist nichtig; die Legate, Fideikommisse und Freilassungen sind gültig[98]. Interessant ist jedoch der Hinweis auf das Scholion. SIMON und REINSCH stellen fest, dass der Satz (‚Es steht nun [...] den *De iudiciis*') völlig aus dem Rahmen des Üblichen fällt. Nach Meinung dieser Kommentatoren sei es ‚eine singuläre und im Sachzusammenhang irrelevante Mitteilung über Existenz und Herkunft einer Glosse, die die Geschichtserzählung des Syntaktes unschön unterbricht'. Mit SIMON und REINSCH, im Gegensatz zu Stolte, meine ich, dass es sich um eine Unterbrechung handelt. Nach dem Hinweis auf das Scholion, geht derselbe Text weiter und referiert der Verfasser der Peira. Stolte dagegen meinte, dass das Scholion weiter geht mit dem zweiten Teil, beginnend mit ‚Das Gesetz' (ῥητῶς δὲ ὁ νόμος), vielleicht auch bis zum Ende[99].

SIMON und REINSCH befassen sich auch mit dem Verfasser der Anmerkung und dem Platz. Da die Identifizierung des Autors auf den ersten Blick unmöglich ist, liegt der Fokus ausschließlich auf dem Platz. Aufmerksamkeit wird dem Wort ἔξωθεν von den Kommentatoren geschenkt als ein Hinweis auf ein Basilikenscholion, den Rand der Basiliken oder den Rand eines Aktenstückes. Die Frage ist, welcher Rand gemeint ist. SIMON und REINSCH verweisen auf die nicht unplausible Deutung von STOLTE: der Peiraverfasser zitiert die *hypomnemata* von Eustathios, in dem das Scholion am Rand hinzugeschrieben war[100]. SIMON und REINSCH suggerieren, dass es sich auch um einen Teil des Normenreferats des Syntaktes oder um dessen ergänzende Notiz handeln

97 Peira 67,1: Ἔχων τὶς υἱὸν ἔγραψε διαθήκην ὀνομάσας τὸν υἱὸν κληρονόμον. τοῦ υἱοῦ τελευτήσαντος τὴν διαθήκην ἐκεῖνος οὐκ ἤμειψεν, ἀλλ' ἐγκυμονούσης τῆς γυναικὸς αὐτοῦ ἐτελεύτησε καὶ αὐτὸς ἐπὶ τῇ πρώτῃ διαθήκῃ. ἦν οὖν ἀμφιβολία περὶ τῆς διαθήκης, εἰ νόμιμόν ἐστι ῥηχθῆναι αὐτὴν ὡς ἀμνημονεύτου καταλειφθέντος τοῦ υἱοῦ. ἔδοξε ῥηχθῆναι τὴν διαθήκην κατὰ τὰς ἐνστάσεις. τὰ μέντοι λεγάτα καὶ τὰ φιδεϊκόμισσα καὶ αἱ ἐλευθερίαι εἰσὶν ἐρρωμέναι. προσγεγραμμένον οὖν ἐστὶν ἔξωθεν σχόλιον εἰς τὸ «ῥήγνυται κατὰ τὰς ἐνστάσ(εις)» καὶ ἔστι τοῦτο σχόλ(ιον) ἀπὸ τῶν Δὲ ἰουδικίις. [...] (SIMON/REINSCH 2023, 606–607).

98 SIMON/REINSCH 2023, 1087.

99 STOLTE s.d., 9; siehe für die Widerlegung SIMON/REINSCH 2023, 1087.

100 SIMON/REINSCH 2023, 1088.

könnten, weil der Syntaktes vielleicht ein Scholion zu einer Basilikenstelle zitiert hat. In Anmerkung 6 setzen sie ihre Erklärung fort, mit der Maßgabe, dass der Haupttext des Hypomnematextes des Eustathios ‚ῥήγνυται κατὰ τὰς ἐνστάσ(εις)' oder eine Variante davon hatte. Ein Scholion würde aus *De iudiciis* hinzugeschrieben. Das *pars De iudiciis* verweist auf den Teil des Unterrichts im zweiten oder dritten Schuljahr und enthält die Digestenbücher D. 5 bis D. 11. Man könnte ‚ῥήγνυται κατὰ τὰς ἐνστάσ(εις)' auch als Zitat eines Scholions und nicht als Hinweis auf den Fundort lesen. Außerhalb des ῥητόν befindet sich dann ein Scholion mit dem Inhalt, dass nur die Erbeinsetzungen erhoben würden. Simon und Reinsch rekonstruieren den Haupttext als B. 35,8,41, der der Novelle 115,3 entspricht. Sie gehen dann davon aus, dass das Scholion aus *De iudiciis* stammen könnte. Sie erwähnen passende Scholienstellen zu D. 5,2[101]. Dann endet der Kommentar, und nach Ansicht der Kommentatoren sollte die endgültige Entscheidung späteren Erkenntnissen vorbehalten bleiben.

Ich versuche, das Rätsel mit späterem und anderem Verständnis zu entschlüsseln. Da Eustathios nahezu ausschließlich mit den Basiliken argumentiert und deren Anmerkungen verwendet, wird eine alternative Erklärung für die Verweisung auf das Scholion vorgeschlagen[102]. Zunächst erfolgt die Übersetzung des unterbrechenden Satzes:

> προσγεγραμμένον οὖν ἐστὶν ἔξωθεν σχόλιον εἰς τὸ «ῥήγνυται κατὰ τὰς ἐνστάσ(εις)» καὶ ἔστι τοῦτο σχόλ(ιον) ἀπὸ τῶν Δὲ ἰουδικίς.
>
> Dabei ist außen ein Scholion hingeschrieben bezüglich des ‚es wird nichtig hinsichtlich der Erbeinsetzungen' und dies ist ein Scholion aus den *De iudiciis*.

Das Wort ἔξωθεν wurde wörtlich mit ‚außen' übersetzt. Damit könnte meiner Meinung nach der äußerste Rand gemeint sein, das heißt der zweite Rand in dem Manuskript. Der Basilikentext des Digestenfragments 5,2 (B. 39,1) ist, wie bereits erwähnt, im Codex Parisinus Graecus 1345 (12. Jhdt.–13. Jhdt., Anfang) überliefert worden[103]. In diesem Manuskript gibt es neben dem Rand zum Basilikentext noch einen zweiten Rand, der eigentlich außerhalb des üblichen Schriftspiegels steht. Der zweite Rand in der Abbildung des Manuskripts (fol. 41^{r}) scheint vielleicht aufgrund Platzmangels nicht üblich gewesen zu sein. Meiner Meinung nach verweist Eustathios (oder Syntaktes) auf einen solchen Rand – denn er besaß wahrscheinlich nicht Parisinus Graecus 1345 –, den man mit Recht als ἔξωθεν (außen) und προσγεγραμμένον (dazugeschrieben) bezeichnen kann. Wenn man dann die Basilikenscholien zu D. 5,2 (B. 39,1) betrachtet, fällt ein Scholion auf. Dieses Scholion hat einen Stern in der Groninger-Edition, was bedeutet: *stellula indicat scholia, quae in marginibus manu recentiore*

101 BS 2294/5–27; BS 2308/19–26 und BS 2328/17–27.
102 Simon/Reinsch 2023, XXII–XXIII und 1087–1088.
103 Siehe RHBR I, N4. 158, fol. 41^{r}.

scripta sunt[104]. Dieses Scholion steht im zweiten, äußersten, Rand. Das Scholion lautet folgendermaßen[105]:

BS *2294/15–27

Οὕτω νόησον τὴν μέμψιν κινεῖσθαι παρά τῶν παίδων. Ἀναμφιλέκτως μέν, ὅτε γραφῶσιν ἀπόκληροι· ὅτε δὲ ἀμνημόνευτοι, κατὰ τῆς μητρῴας διαθήκης καὶ πάππου πρὸς μητρὸς ἁρμόζει ἡ μέμψις, οὐ μὴν κατὰ πατρῴας· κατὰ γὰρ ἐρρωμένης κινεῖται. Ὅτε δὲ πατὴρ ἀμνημόνευτον τὸν ἐν φύσει ὑπεξούσιον εἴασε, καθόλου αὐτοῦ ἡ διαθήκη ἐρρήγνυτο κατά γε τοὺς παλαιοτέρους τῶν νόμων· ἡ γὰρ ριε΄. νεαρὰ καὶ ἐπὶ τοιαύτῃ διαθήκῃ μόνην τὴν ἔνστασίν φησι ῥήγνυσθαι[106]. Υἱὸν δὲ ἀμνημόνευτον τὸν γόνον εἶπον· οὗτος γάρ πάλαι, εἰ παρὰ πατρὸς ἀμνημόνευτος εἰάθη, ἀνυπόστατον ἐποίει τὴν διαθήκην. Τοῖς δὲ ποστούμοις δίδωσι, ὥσπερ καὶ τοῖς ἐν φύσει, ὁ πραίτωρ τὴν ἐναντίωσιν οἷα δὴ μηδὲ τὸ παράπαν εἰδὼς τὸ τῆς ῥήξεως πάθος, ὅπερ ποιεῖ γεννηθὲν πόστουμον μετὰ θάνατον τοῦ πατρός, ἢ καὶ ἐν ζωῇ αὐτοῦ μετὰ τὴν ποίησιν τῆς διαθήκης, ὥσπερ δὴ καὶ ἔγγονος ἐξ υἱοῦ ὑπεξουσίου ἐπαναβάς. Ὅμως περὶ τῆς δεϊνοφικίοσο ἀνάγνωθι βιβ. β΄. τῶν Ἰνστιτ. τιτ. ιη΄. καὶ γνώσῃ.

Gehe davon aus, dass die Querel von den Kindern erhoben wird: Das ist unbestritten zulässig, wenn sie enterbt wurden. Falls sie übergangen wurden, ist die Querel gegen das mütterliche Testament und das des Großvaters mütterlicherseits zulässig, nicht aber gegen das väterliche. Die Querel würde nämlich in diesem Fall gegen ein bestehendes Testament geltend gemacht. Wenn ein Vater seinen leiblichen Sohn übergeht, war nach den älteren Gesetzen sein Testament insgesamt nichtig, aber die 115. Novelle sagt, dass auch bei einem solchen Testament nur die Erbeinsetzung nichtig ist. Den übergangenen Abkömmling habe ich als leiblichen Sohn bezeichnet. Dieser machte nämlich früher, wenn er vom Vater übergangen wurde, das Testament nichtig. Den Posthumi wie den leiblichen Kindern gibt der Prätor die Querel, weil er das Leid der Nichtigkeit keinesfalls akzeptiert, welche sie (die Nichtigkeit) dem als Posthumus nach dem Tod des Vaters Geborenen bereitet oder auch, zu Lebzeiten des Vaters, dem nach der Testamentserrichtung Geborenen ebenso wie ein Enkel, der dem Haussohn nachrückt. Lies schließlich über die *querela de inofficiosi testamenti* Buch 2 der *Institutiones*, Titel 18 und lerne.

In diesem Scholion wird auf die Ungültigkeit der Erbeinsetzung nach Novelle 115,3,15 hingewiesen[107]. Auch das postume Kind, von dem die Peira handelt, kommt in diesem Scholion vor. Ein solches Scholion wird beim Kopieren wahrscheinlich dieselbe Stelle neben den Scholien, direkt neben dem Text, behalten haben. Dann könnte Eustathios (oder Syntaktes) sich sehr wohl auf dieses Scholion bezogen haben. Die Wörter ‚νεαρὰ καὶ ἐπὶ τοιαύτῃ διαθήκῃ μόνην τὴν ἔνστασίν φησι ῥήγνυσθαι' deuten auf ῥήγνυται κατὰ τὰς ἐνστάσ(εις) und würden dann auf den Inhalt verweisen müssen. Dieses Scholion ist das einzige Scholion mit der außergewöhnlichen Kombination ‚ῥήγνυται

---

104 *Basilicorum Libri LX,* Series B, Volumen II, ix.

105 Vgl. auch BS *2294/5–14.

106 Vgl. Simon/Reinsch 2023, 1089: ‚Die Ausdrucksweise ῥήγνυται κατὰ τὰς ἐνστάσεις entspricht auch überhaupt nicht dem justinianischen Sprachgebrauch [...]. Es ist demnach nicht möglich, das Scholion als zu einem in B 35,8,41 vorfindlichen Ausdruck (ἡ διαθήκη HdJ) ῥήγνυται κατὰ τὰς ἐνστάσεις hinzugeschrieben zu deuten'. Vgl. auch BT 1555/25–26 (rekonstruiert); BT 1779/13–14; BT 1782/13; BT 1782/14–15.

107 Vgl. von Glück 1833, 298 ff., hauptsächlich 302.

κατὰ τὰς ἐνστάσεις‘ ohne ἡ διαθήκη als Subjekt. Diese Kombination der Wörter kommt im Basilikentext nicht vor[108]. Wenn dies aber das richtige Scholion wäre, würde die Peira auf die Rechtsgeschichte einer Regel verweisen. In der Rechtspraxis erwartet man das nicht, da die alten Regeln nicht mehr in Kraft waren. Deswegen muss die Zeile ‚προσγεγραμμένον οὖν ἐστὶν ἔξωθεν σχόλιον εἰς τὸ «ῥήγνυται κατὰ τὰς ἐνστάσεις»‘ meiner Meinung nach nicht nur als Hinweis auf den Fundort, sondern auch als Zitat gelesen werden[109].

5.2 Das Seelenheil

Der zweite Teil des Fragments lautet folgendermaßen[110]:

> Peira 67,1
>
> [...] Das Gesetz spricht nicht ausdrücklich vom Anteil für das Seelenheil, dass er bestehen bleibt bzw. dass er unwirksam wird, sondern stellt nur fest, dass ‚und andere, von den Gesetzen getroffene Bestimmungen‘ (Nov. Iust. 115,3,15) auch vom Anteil für das Seelenheit gesagt ist.
>
> Da es nämlich in alter Zeit Brauch war, dass die Leute bei ihrem Tod Geld hinterließen, damit, beispielsweise, die Pferderennbahn von Thessalonike entstehe oder damit ein Bad gebaut oder eine Volksbelustigung veranstaltet würde, mit dem Aufkommen des Christentums aber dies alles abgeschafft wurde und die Sorge für die Seele mehr Raum erhalten hat als die für die Körper, hat Justinian, der bei der Bereinigung der Gesetze bestrebt war, die Bedeutung der Ausdrücke zu sichern, weil die Zeiten oft manche Bräuche verändern und andere herrschend werden lassen, gesagt, dass ‚was von den Gesetzen bestimmt ist‘ die Teile für das Seelenheil bedeutet[111].

Ein Teil der Novelle 115,3,15 wird teilweise wörtlich zitiert (ἀλλ᾽ ἢ ὅτι καὶ ἄλλά τα τοῖς νόμοις ἐγνωσμένα). Neben den erwähnten Freiheitsgewährungen, Legaten und Vormundschaftsbestellungen gibt es auch noch andere, von den Gesetzen getroffene Bestimmungen: ein Anteil für das Seelenheil. Diese Auslegung stammt nach dem Peiratext von Justinian. Justinian hatte dagegen aber noch nichts darüber verordnet, weil diese Sitte noch nicht existierte[112].

---

108 Siehe *supra*, Fn. 106.

109 Vgl. Simon/Reinsch 2023, 1089–1090; vgl. C. 1,2,25[26]).

110 Siehe auch von Lingenthal 1892, 141.

111 Peira 67,1: [...] ῥητῶς δὲ ὁ νόμος περὶ τῶν ψυχικῶν οὐ φη(σὶν) ὅτι σῴζονται ἢ ὅτι ἀκυροῦνται, ἀλλ᾽ ἢ ὅτι καὶ ἄλλά τα τοῖς νόμοις ἐγνωσμένα περὶ τῶν ψυχικῶν εἴρηται. ἐπεὶ γὰρ τὸ παλαιὸν ἔθος ἦν τοῖς τελευτῶσι καταλιμπάνειν χρήματα, ἵνα τὸ τῆς Θεσσαλονίκης τυχὸν ἱπποδρόμιον γένηται ἢ ἵνα κτισθῇ λουτρὸν ἢ τῷ δήμῳ τέρψις τὶς γένηται, τοῦ δὲ Χριστιανισμοῦ ἐλθόντος ταῦτα πάντα ἀνῄρηνται καὶ ἡ τῆς ψυχῆς ἐπιμέλεια πλείονα τῶν σωμάτων ἔσχε χώρ(αν), θέλων ὁ Ἰουστινιανὸς ἐν τῇ ἀνακαθάρσ(ει) τῶν νόμων φυλάξαι τὴν σημασίαν τῶν ῥημάτων, ὅτι πολλάκις οἱ χρόνοι ἔθη τινὰ ἀλλάσσουσι καὶ ἄλλα ἐπικρατέστερα ποιοῦσιν, εἶπε τὰ τοῖς νόμοις διεγνωσμένα δηλοῦν τὰ ψυχικά (Simon/Reinsch 2023, 606–607). Vgl. Harm. 5,8,78.

112 Simon/Reinsch 2023, 1087.

Im Text steht, dass Justinian bei der Bereinigung der Gesetze die Bedeutung der Ausdrücke sichern möchte. SIMON und REINSCH stellen fest, dass die Erwähnung der Bereinigung für einen Kaiser nicht unüblich ist. Sie erwähnen in ihrem Kommentar übrigens nicht Justinians Kommentarverbot, sondern mit der Bewahrung des Gesetzeswortlauts müssen sie hieran vermutlich gedacht haben. In *Tanta* § 21 behauptet Justinian nämlich, dass Kommentare zu *diversas sententias* (verschiedenen Ansichten) führen. Mit dem Kommentarverbot hatte er das vermeiden wollen[113].

6 Schlussfolgerung

Im justinianischen Recht wurden die Regeln zur Enterbung und Übergehung weiterentwickelt. Die wichtigste Änderung findet sich in Novelle 115,3–4, in der es den Aszendenten und Deszendenten nicht erlaubt ist, ohne Grund Deszendenten bez. Aszendenten zu enterben oder zu übergehen. Die alten Regelungen aus dem *Corpus iuris* wurden jedoch nicht alle gestrichen und befinden sich größtenteils unangepasst in den Basiliken. Die alten und neuen Regelungen bestehen also irgendwie nebeneinander. Offenbar wurden auch Basilikentexte unredigiert übernommen und waren die alten Auslegungen weiterhin noch von Bedeutung. Wie das genau im Unterricht der Basiliken und in der Rechtspraxis der Peira funkioniert hat, ist nicht klar. Klar ist jedoch, dass es sich hierbei in den Basiliken nicht um eine systemische Gesetzesänderung handelte. Die Gesetzesänderung wirkte sich hingegen auf den Umgang mit den Regeln aus. In den Basiliken sehen wir nämlich nicht allein Prozesse der Weglassung und Änderung der alten Regeln, sondern auch Prozesse der Gleichschaltung, der Harmonisierung und der Unterscheidung zwischen den alten Regeln im *Corpus iuris* und der Novelle 115. In der Rechtspraxis der Peira fehlen diese Prozesse logischerweise, obwohl auf ein Scholion aus dem Unterricht hingewiesen wird und die Auslegung der von den Gesetzen getroffenen Bestimmungen in einem Anteil für das Seelenheil mit Hinweis auf alte Bräuche aktualisiert wird. Deutlich ist, dass die Gesetzesänderung der Novelle 115 bekannt war und ihre Historizität berücksichtigt wurde.

Bibliographie

BABUSIAUX 2023: U. BABUSIAUX, § 57: Nachlassbesitz (*bonorum possessio*), in: U. BABUSIAUX/CH. BALDUS/W. ERNST/F.-S. MEISSEL/J. PLATSCHEK/TH. RÜFNER (Hg.), Handbuch des römischen Privatrechts I, Tübingen 2023, 1437–1518.

113 SIMON/REINSCH 2023, 1090.

BEHRENDS/KNÜTEL/KUPISCH/SEILER 1995–2005: O. BEHRENDS/R. KNÜTEL/B. KUPISCH/H.H. SEILER (Hg.), Corpus iuris civilis: Text und Übersetzung: auf der Grundlage der von Theodor Mommsen und Paul Krüger besorgten Textausgaben (Institutionen, Digesten 1–27), Heidelberg 1995–2005.

BLUNTSCHLI 1829: J.K. BLUNTSCHLI, Entwicklung der Erbfolge gegen den letzen Willen nach römischem Recht mit besonderer Rücksicht auf die Novelle 115, Bonn 1829.

VAN BOCHOVE 2014: TH.E. VAN BOCHOVE, The Basilica between Quellenforschung and Textual Criticism, in: J.S. CODOÑER/I. PÉREZ MARTÍN (Hg.), Textual Transmission in Byzantium: between Textual Critiscism and Quellenforschung, Turnhout 2014, 539–575.

CHITWOOD 2017: Z. CHITWOOD, Byzantine Legal Culture and the Roman Legal Tradition, 867–1056, Cambridge 2017.

D'EMILIA 1967: A. D'EMILIA, L'applicazione pratica del diritto ereditario bizantino secondo la c. d. «Peira d'Eustazio Romano», *Rivista di Studi Bizantini e Neoellenici*, nuova serie 4, 1967, 71–94.

FERRINI 1886: C. FERRINI, Scolii inediti allo Pseudo-Teofilo contenuti nel mano-scritto Gr. Par. 1364, Memorie Ist. Lomb., terza serie 9, 1886, 13–68.

GAGLIARDI 2017: S.L. GAGLIARDI, Studi sulla legittimazione alla querela inofficiosi testamenti in diritto romano e bizantino, Milano 2017.

VON GLÜCK 1804: CH.F. VON GLÜCK, Ausführliche Erläuterungen der Pandecten nach Hellfeld: ein Commentar VII.1, Erlangen 1804.

VON GLÜCK 1833: CH.F. VON GLÜCK, Ausführliche Erläuterungen der Pandecten nach Hellfeld: ein Commentar XXXVII, Erlangen 1833.

DE JONG 2008: H. DE JONG, Digestenonderwijs van Stephanus, Den Haag 2008.

DE JONG 2016: H. DE JONG, Using the Basilica, *Zeitschrift der Savigny-Stiftung für Rechtsgeschichte, Romanistische Abteilung* 133, 2016, 286–321.

DE JONG 2019: H. DE JONG, Ἐντολή (mandatum) in den Basiliken, (Serie: Legal History Library. Studies in the History of Private Law), Leiden 2019.

DE JONG/VAN DIJCK 2022: H. DE JONG/G. VAN DIJCK, Network analysis in legal history: an example from thdije Court of Friesland. Remarks on the benefits, *Tijdschrift voor Rechtsgeschiedenis* 90, 2022, 250–262.

KASER 1971: M. KASER, Das römische Privatrecht I^2, München 1971.

KASER 1975: M. KASER, Das römische Privatrecht II^2, München 1975.

KNÜTEL/KUPISCH/RÜFNER/SEILER 2012: R. KNÜTEL/B. KUPISCH/TH. RÜFNER/H.H. SEILER (Hg.), Corpus iuris civilis: Text und Übersetzung: auf der Grundlage der von Theodor Mommsen und Paul Krüger besorgten Textausgaben (Digesten 28–34), Heidelberg 2012.

LOHSSE 2020: S. LOHSSE, Passing over and disinheritance in the days of the ius commune, in: K.G.C. REID/M.J. DE WAAL/R. ZIMMERMANN (Hg.), Comparative succession law III: Mandatory family protection, Oxford 2020, 20–38.

LOKIN/VAN BOCHOVE 2011: J.H.A. LOKIN/TH.E. VAN BOCHOVE, Compilazione: educazione: purificazione, Dalla legislazione di Giustiniano ai Basilica cum scholiis, in: J.H.A. LOKIN/B.H. STOLTE (Hg.), Introduzione al diritto bizantino, Da Giustiniano ai Basilici (= Collegio di Diritto Romano 2009, Pubblicazioni del CEDANT 8), Pavia 2011, 99–146.

LOKIN/MEIJERING/STOLTE/VAN DER WAL 2010: J.H.A. LOKIN/R. MEIJERING/B.H. STOLTE/N. VAN DER WAL, Theophili Antecessoris Paraphrasis Institutionum (mit einer Übersetzung von A.F. MURISON), Groningen 2010.

MEIJERING 1990: R. MEIJERING, Ῥωμαϊκαὶ ἀγωγαί, two Byzantine Treatises on Legal Actions, Fontes Minores VIII, 1990, 1–152.

OIKONOMIDES 1986: N. OIKONOMIDES, The Peira of Eustathios Rhomaios: An Abortif Attempt to Innovate in Byzantine Law, Fontes Minores VII, 1986, 169–192.

OTTO/SCHILLING/SINTENIS 1832: C.E. OTTO/B. SCHILLING/ C.F.F. SINTENIS (Hg.), Das Corpus Iuris Civilis (Romani) V und VI, Leipzig 1832 (Ndr. Aalen 1984).

OTTO/SCHILLING/SINTENIS 1833: C.E. OTTO/B. SCHILLING/ C.F.F. SINTENIS (Hg.), Das Corpus Iuris Civilis (Romani) VII, Leipzig 1833 (Ndr. Aalen 1985).

PENNA 2022: D. PENNA, The platos and the Basilica. An attempt to master the chaos ... , *Annali del Seminario Giuridico dell' Università degli Palermo* 65, 2022, 277–290.

LA PIRA 1930: G. LA PIRA, La successione ereditaria intestata e contro il testamento in diritto romano, Firenze 1930.

RHBR I: L. BURGMANN/M.TH. FÖGEN/A. SCHMINCK/D. SIMON, Repertorium der Handschriften des byzantinischen Rechts. Teil I: Die Handschriften des weltlichen Rechts (Nr. 1–327), Frankfurt am Main 1995.

SCHELTEMA 2004a: H.J. SCHELTEMA, Over de tijdsbepaling der vroeg-Byzantijnsche juristen, *Tijdschrift voor Rechtsgeschiedenis* 74, 1956, 277–284 (Repr. in: Historische Avonden. Vierde bundel geschiedkundige opstellen, uitgegeven door het Historisch Genootschap te Groningen ter gelegenheid van zijn vijfenzentigjatig bestaan, Groningen 1961, 5–12; H.J. SCHELTEMA, Opera minora ad iuris historiam pertinentia, (collegerunt N. VAN DER WAL/J.H.A. LOKIN/B.H. STOLTE/R. MEIJERING), Groningen 2004, 307–314).

SCHELTEMA 2004b: H.J. SCHELTEMA, L'enseignement de droit des antécesseurs, Leiden 1970 (Repr. in: H.J. SCHELTEMA, Opera minora ad iuris historiam pertinentia, (collegerunt N. VAN DER WAL/J.H.A. LOKIN/B.H. STOLTE/R. MEIJERING), Groningen 2004, 58–110).

SCHELTEMA/VAN DER WAL 1953–1988: H. J. SCHELTEMA/N. VAN DER WAL (Hg.), Basilicorum libri LX, Groningen 1953–1988: Series A: Textus [BT], Series B: Scholia [BS].

SIMON 2021: D. SIMON, Die Peira, Fontes Minores XIII, 2021, 331–351.

SIMON/REINSCH 2023: D. SIMON/D.R. REINSCH, Ἡ Πεῖρα: Die Peira. Ein juristisches Lehrbuch des 11. Jahrhunderts aus Konstantinopel: Text, Übersetzung, Kommentar, Glossar (Forschungen zur byzantinischen Rechtsgeschichte: Neue Folge, IV) I (Einleitung Text, Übersetzung) und II (Kommentar, Glossar, Indices, Bibliographie), Berlin/Boston 2023.

SIMON/TROIANOS 1989: D. SIMON/S. TROIANOS, Das Novellensyntagma des Athanasios von Emesa, Frankfurt 1989.

STOLTE s.d.: B.H. STOLTE, The Peira and the Basilica (Peira BasOxf, Stolte.rev.12. doc), s.d., 1–14.

VON LINGENTHAL 1856: K.E. ZACHARIAE VON LINGENTHAL, Practica ex Actis Eustathii Romani / Epitome Legum, Jus Graecoromanum II (1856), Ndr. J. Zepos/P. Zepos, Jus Graecoromanum IV, 1931 (Ndr. Aalen 1962), 11–260.

VON LINGENTHAL 1892: K.E. ZACHARIÄ VON LINGENTHAL, Geschichte des griechischrömischen Rechts[3], Berlin 1892.

VAN DER WAL 1980: N. VAN DER WAL, Wer war der Enantiophanes?, *Tijdschrift voor Rechtsgeschiedenis* 48, 1980, 125–136.

VAN DER WAL 1998: N. VAN DER WAL, Manuale Novellarum Justiniani: aperçu systématique du contenu des Novelles de Justinien, deuxième édition, Groningen 1998.

WIMMER 2023: M. WIMMER, § 55: Testamentsanfechtung (*querela inofficiosi testamenti*), in: U. BABUSIAUX/CH. BALDUS/W.ERNST/F.-S. MEISSEL/J. PLATSCHEK/TH. RÜFNER (Hg.), Handbuch des römischen Privatrechts I, Tübingen 2023, 1373–1417.

ZIMMERMANN 2020: R. ZIMMERMANN, Protection against being passed over or disinherited in Roman law, in: K.G.C. REID/M.J. DE WAAL/R. ZIMMERMANN (Hg.), Comparative succession law III: Mandatory family protection, Oxford 2020, 1–19.

Sebastian Scholz

Inschriften und Testamente mit Seelgerätstiftungen im Spätmittelalter

Abstract: The transmission of wills in the Middle Ages was highly uneven. In the early Middle Ages, very few wills survive, though formula collections suggest that testamentary practice remained customary in Gaul until the tenth century. Thereafter, the density of surviving evidence is difficult to gauge. North of the Alps, original wills are rarely preserved, yet they are attested in other documents and, from the eleventh century onward, in inscriptions. A significant shift occurs from the thirteenth century: The German-law will, which became widespread in Germany in the 13th century simplified corresponding testamentary donations. These documents often detailed provisions for proper burial and observance of *memoria*, reflecting the belief that the living could release the deceased from purgatory through prayers and masses. Testamentary provisions also appear more frequently in inscriptions, which, displayed in churches, highlighted the liturgical duties owed to the deceased while simultaneously serving a public, legally protective function.

1 Einleitung

Der inhaltliche Bezug von Inschriften zu Testamenten ist für das Mittelalter bisher kaum beachtet worden. Gerade hinsichtlich der Seelgerätstiftungen[1] hat die Forschung entweder die Testamente oder in seltenen Fällen auch die Inschriften ausgewertet, sie aber bisher nicht in Beziehung zueinander gesetzt[2]. Dies soll im folgenden Beitrag versucht werden. Aufgrund der Editionslage werde ich vor allem Inschriften aus Deutschland berücksichtigen. Während das Editionsvorhaben „Die Deutschen Inschriften" Inschriften bis 1650 aufnimmt, berücksichtigen die Inschrifteneditionen für Frankreich, Italien und die Schweiz Inschriften nach 1300 nicht mehr. Da inschriftliche Texte, die sich auf Testamente beziehen, jedoch vor allem aus der Zeit nach 1300 überliefert sind, bietet es sich aufgrund der Editionslage an, die deutschen Inschriften heranzuziehen.

Beginnen möchte ich mit einem groben Überblick über die Nutzung von Testamenten im fränkischen Reich, um deren Bedeutung besser einordnen zu können.

1 Zum Begriff vgl. unten bei Anm. 15–21.
2 Vgl. Guzzetti 2007, 17–33.

https://doi.org/10.1515/9783111694634-015

Wie von jemandem auf einer Rolle ein Testament ausgefertigt werden soll.

Unter der ewigen Herrschaft unseres Herrn Jesus Christus, da und da, im Jahre XY, unter der Herrschaft des Königs A, an dem und dem Tag, ich, der B und meine Gemahlin C, mit gesundem Geist und ungeschwächtem Sinn: Weil wir den Fall der menschlichen Gebrechlichkeit fürchten, haben wir unser Testament gemacht, das wir dem Notar D anvertraut haben, um es niederzuschreiben, damit es, ganz gleich, auf welche Weise der gesetzmäßige Tag nach unserem Tod kommt, nachdem man die Siegel geprüft und die Schnur zerschnitten hat, wie es die Bestimmung des römischen Gesetzes verlangt, von den *viri illustres* E und F, die wir in dieser Niederschrift unseres Testamentes als Vermächtnisinhaber eingesetzt haben, durch deren Ausführung bei den *gesta municipalia* des Gemeinwesens in den Rechtstiteln von denselben gesichert werde[3].

So beginnt die 17. Formel des zweiten Buches der Formelsammlung des Marculf, die in der Mitte des 7. Jahrhunderts entstand[4]. Die Formeln dienten unter anderem als Vorlagen für die Abfassung rechtlicher Gebrauchstexte, wozu auch die Testamente gehören. Im 7. Jahrhundert scheint es in der *Gallia*, also dem westlichen Teil des fränkischen Reichs, demnach noch üblich gewesen zu sein, Testamente nach römischem Recht zu verfassen. Insgesamt sind Formeln für Testamente oder testamentsähnliche Texte im frühen Mittelalter jedoch selten[5]. Zudem sind nur wenige echte Testamente aus dieser Zeit überliefert[6]. Das Vorhandensein der Formeln für die Abfassung von Testamenten deutet aber immerhin darauf hin, dass die Niederschrift von Testamenten nicht in Vergessenheit geraten war. Insgesamt lässt sich die Dichte der Testamente für das frühe und hohe Mittelalter jedoch nur schwer abschätzen. Das liegt zum einen an der Überlieferungssituation[7], zum anderen an der Editionslage und an der Begrifflichkeit. Denn *testamentum* bezeichnet in den Quellen des Hochmittelalters nicht nur eine letztwillige Verfügung von Todes wegen, sondern auch Stiftungen für das Seelenheil, die durch eine eigene Urkunde verfügt wurden[8].

---

3 Formulae Marculfi II,17: *Qualiter in unum volumine testamentum persona condatur. Regnante in perpetuo Domino nostro Iesu Christo, qualibet anno illo regnante illo rege, sub die illo ego ille et coniux mea illa, sana mente integroque consilio: Metuentes casus humane fragilitatis testamentum nostrum concedimus, quem illius notario scribendum commisimus, ut, quomodo dies legitimos post transitum nostrum advenerit, recognitis segillis inciso lino, ut Romane legis decrevit auctoritas, per illustris viros illos, quos in hanc pagina testamenti nostri legatarios instituemus, gestis rei publice municipalibus titulis eorum prosecutione ab ipsis muniatur.* Edition und Übersetzung auf der Basis des Projekts Formulae – Litterae – Chartae, https://werkstatt.formulae.uni-hamburg.de/texts/urn:cts:formulae:marculf.form2_017.lat001/passage/all, abgerufen am 26.08.2024. Diese Edition löst die Edition von Karl Zeumer ab, vgl. MGH Formulae, 86.

4 Levillain 1923, 58; Heidrich 1965, 185–186.

5 Vgl. etwa die Sammlung von Flavigny Pa + Ko 2, https://werkstatt.formulae.uni-hamburg.de/texts/urn:cts:formulae:flavigny.form1_002.lat001/passage/all; abgerufen am 26.08.2024; Cartae Senonicae 42, 45, MGH Formulae, 204–205; Cartae Senonicae Appendix 1c, MGH Formulae, 209.

6 So etwa das ausführliche Testament Bischof Berthramns von Le Mans, ed. Weidemann.

7 Vgl. auch Aders 1932, 4–5.

8 Vgl. etwa Chartularium Sangallense III, Nr. 882; Nr. 922; Nr. 923; Nr. 1110; Nr. 1644.

2 Beispiele seit dem 12. Jahrhundert

Inschriften, die auf Testamente Bezug nahmen, scheint es, soweit ich die Überlieferung überblicke, vor dem 12. Jahrhundert nicht gegeben zu haben. Die erste mir bekannte Inschrift, die auf ein Testament verweist, stammt aus der ersten Hälfte des 12. Jahrhunderts:

> Hazecha, die Tochter des Rifrid, wünschte hier begraben zu werden. Ihren gesamten Besitz vermachte sie diesem Kloster. Alle, die hier weilen, sollen ihres Todes gedenken, damit sie selbst bei dem ewigen Gott lebe. Hazecha starb am 9. Tag vor den Kalenden des Dezembers[9].

Hazecha übertrug ihren gesamten Besitz an das Heidelberger Stephanskloster, damit der Konvent für sie betete. Die Inschrift spiegelt damit eine Entwicklung wider, die im 7. Jahrhundert ihren Anfang nahm. Um 594 hatte Papst Gregor der Große (590–604) in seinen schnell und breit rezipierten „Dialogen[10]" unter Rückgriff auf Aussagen von Augustinus die Wirkung von Messen und Gebeten der Lebenden für die Seelen der Verstorbenen hervorgehoben und dabei die neue Idee eines Reinigungsfeuers entwickelt. Wie ein jeder die Welt verlasse, so schrieb Gregor, nämlich mit mehr oder weniger Sünden, so werde er dem Gericht präsentiert[11]. „Aber", so führt Gregor weiter aus, „man muss davon ausgehen, dass es für etliche leichte Sünden ein Reinigungsfeuer vor dem Gericht gibt"[12]. Wenn die Schuld des Verstorbenen nach dem Tode nicht unlösbar sei, helfe den Seelen die heilige Darbringung des Messopfers sehr[13]. Die Lebenden konnten der Seele eines Verstorbenen mit Gebeten und Messfeiern zur Hilfe kommen und sie dadurch von den Peinigungen des Reinigungsfeuers erlösen. Gebete und Messen wurden so zum Sühnemittel für begangene Sünden. Denn nur durch die Tilgung der Sünden war eine Läuterung und damit eine Verkürzung der Leiden im Fegefeuer und die Gewinnung des ewigen Lebens möglich. Es ist bezeichnend für die Wirkung der Dialoge Gregors, dass Aethicus Ister im 8. Jahrhundert in seiner Kosmographie nicht nur eine Topographie der Höllen, sondern auch des Reinigungsfeuers gab:

---

9 Inschrift aus dem ehemaligen Heidelberger Stephanskloster, Die Inschriften der Stadt und des Landkreises Heidelberg, Nr. 1a: *Hazecha Rifridi se poscens hic sepeliri / Predii queque sui cessit huic domui / Hic consistentes eius obitum recolentes / Sint ut perpetuo vivat et ipsa deo / VIIII kalendas decembris obiit Hazecha.*

10 Grégoire le Grand, Dialogues I, ed. de Vogüé, 25–27.

11 Gregor I., Dialogi IV,41,3, ed. de Vogüé, 148.

12 Gregor I., Dialogi IV,41,3, ed. de Vogüé, 148: *Sed tamen de quibusdam levibus culpis esse ante iudicium purgatoris ignis credendus est*; vgl. dazu Angenendt 1984, 158–159; Scholz 1998, 278–279.

13 Gregor I., Dialogi IV 57,2, ed. de Vogüé 184; die von ihren Sünden gereinigten Seelen hielten sich dann in den Gefilden der Seligen auf, weilten aber noch nicht im eigentlichen Himmel, vgl. Gregor I., Dialogi IV,36,7–13, ed. de Vogüé, 120–126.

> Die dritte (Hölle) liegt im Süden und man sagt, dass es ein höher gelegenes Durchgangsfeuer über der tiefer gelegenen Hölle sei, das noch nicht vernichtend ist, sondern dass es die Menschen nach der Sünde erneuern wird, wie der Prophet sagt: ‚Wir gehen durch das Feuer und das Wasser hindurch und du wirst uns in die Erquickung führen' (Psalm 65,12). Wie das Wasser die Seele von den Sünden reinigt, müssen die Fehler durch das Feuer getilgt werden und nach den Mühen muss die Seele erfrischt werden[14].

Da aufgrund der Aussagen Gregors des Großen die Messe immer mehr in den Mittelpunkt des Totengedenkens trat, wandelte sich auch die Praxis des Totengedenkens. Ab dem 7. Jahrhundert lässt sich seine Institutionalisierung feststellen. War das Totengedenken bis dahin Aufgabe der Angehörigen der Verstorbenen, wurde es nun zunehmend von den Priestern der Kirche wahrgenommen, da sie die Messen für die Verstorbenen feiern konnten[15]. Im 7. Jahrhundert lässt sich zum ersten Mal die Eintragung der Namen der Verstorbenen in die *Libri Vitae* nachweisen, damit ihrer in der Messe gedacht werden konnte[16]. Parallel entstanden spezielle Messen für das Totengedenken[17]. Auch in der Stiftungspraxis schlug sich der Wandel nieder. Bereits die in der Mitte des 7. Jahrhunderts entstandenen *Formulae Marculfi* enthalten Vorlagen für Urkunden mit Stiftungen zum Zweck des Seelenheils[18]. Daneben belegen die zahlreichen Stiftungen für das Seelenheil in mittelalterlichen Privaturkunden seit dem 8. Jahrhundert, wie sehr man sich um das Seelenheil sorgte[19]. Als Gegengabe für die Stiftungen in Form von Geld, Land oder ähnlichem erwarteten die Stifter von den Geistlichen das liturgische Gedenken, das ein Gedächtnis in Form von Gebeten, Fürbitten und Messen darstellte, die an bestimmten Tagen und zu bestimmten Stunden abgehalten wurden[20]. Dies sind jedoch noch keine Seelgerätstiftungen im eigentlichen Sinne. Bei diesen handelt es sich um Zuwendungen an einen oder mehrere kirchliche Empfänger, die oft mit konkreten Vorgaben verbunden waren, wie die Sorge für die Seele ausgeführt werden sollte. Diese erst nach dem Jahr 1000 fassbare Praxis ist durch eine Wechselbeziehung zwischen Stifter und Empfänger gekennzeichnet, die auch nach dem Tode der stiftenden Person weiterbestand. Damit verbunden waren – und das unterscheidet sie von der früheren Stiftungspraxis – dauerhafte Verpflichtungen, die mit ökonomischen Leistungen und heilsfördernden Tätigkeiten verknüpft waren[21].

---

14 Die Kosmographie des Aethicus, ed. Prinz 91–93: *tertia a meridie ignem dicit transiturium sursum inferno inferiore, quae necdum damnabilis, sed reparaturos post lapsum, ut ait propheta: Transivimus per ignem et aquam et induxisti nos in refrigerium. Quam aquam purgatam animam a peccatis per ignem abluenda vitia vel refrigeranda post laborem.*

15 Scholz 2014, 219; Angenendt 1983, 198–200.

16 Testament des Bischofs Berthramn von Le Mans Nr. 59, ed. Weidemann 40.

17 The Bobbio Missal Nr. 438, ed. Lowe 130; Angenendt 1983, passim.

18 Vgl. etwa Formulae Marculfi II,2; II,4; II,6; MGH Formulae 74, 76–78.

19 Borgolte 2012, 101–129.

20 Angenendt 1983, 153–221.

21 Vgl. Steyer 2021, 99–104.

Die Furcht vor dem Fegefeuer und der Wunsch nach Gebetsgedenken blieb in den folgenden Jahrhunderten bestehen. Der Mönch Honorius von Autun schrieb um 1130 und damit genau in der Zeit, in der die Inschrift für Hazecha entstand:

> Wenn sie sterben, werden die Gerechten von den Engeln wie eine Braut aufgenommen und unter himmlischen Klängen in die Freude des Herrn geführt. Die aber, die weniger fehlerfrei sind, werden durch etliche Strafen gereinigt, von denen die kleinsten die größten Strafen dieser Welt übertreffen, wie man sagt. Einige werden durch allzu große Hitze gepeinigt, andere durch sehr starken Frost und wieder andere durch großen Gestank. Einige werden aber auch durch den Schrecken der Schatten bestraft. Und so, wie sie sich hier verschiedenen Sünden hingaben, werden ihnen dort verschiedene Strafen zugefügt. Und aus dem Maß der Sünden ergibt sich das Maß der Strafen. Alle diese Menschen werden durch Gebete, Nachtwachen, Fasten und Almosen der Gerechten befreit und in die Freude (des Herrn) aufgenommen. Diese Dinge nützen aber nur denen, die als Lebende dasselbe für andere getan haben[22].

Und an einer anderen Stelle desselben Textes schreibt Honorius:

> Am ersten Tag (des Totenoffiziums) bemühen wir uns so sehr (in unseren Gebeten), damit wir denen, die vor dem Richter stehen, zur Hilfe kommen. Denn nach dem Tod wird einem jeden das Urteil auferlegt, durch das die ganze Menschheit am Schluss beurteilt wird. Dann aber, wenn der Körper mit der Seele verbunden wird, werden Ruhm oder Strafe verdoppelt[23].

Der bei Honorius formulierte Gedanke, dass die Seele des Verstorbenen unmittelbar nach dem Tode einem individuellen Gericht unterworfen wurde, änderte die alte Vorstellung Gregors des Großen von den Wartezuständen der Seele in entscheidender Weise ab. Spätestens mit Thomas von Aquin (1225–1274) setzte sich dieser Gedanke in der Theologie durch. Schon unmittelbar nach dem Tode und nicht erst beim Jüngsten Gericht werde über die Aufnahme in den Himmel oder die Verstoßung in die Hölle entschieden. Allerdings konnte sich das Urteil verzögern. Hatte ein Mensch Sünden begangen, die nicht so schwer waren, dass sie zur sofortigen Verdammnis führten, konnte er erst nach der Läuterung von seinen Sünden im Fegefeuer in den Himmel aufgenommen werden[24]. Dies betraf natürlich die große Masse der Gläubigen. Die

---

22 Honorius Augustodunensis, Speculum ecclesiae, ed. MIGNE PL 172, 1084–1085: *Iusti morientes ab angelis velut sponsa suscipiuntur et cum coelesti armonia in gaudium Domini deducuntur; quidam autem, minus emendati, quibusdam poenis purgabuntur, quarum minimae maximas huius mundi poenas vincere traduntur. Quidam nimio calore, quidam maximo cruciantur algore; quidam magno fetore; quidam autem puniuntur tenebrarum horrore. Et sicut hic diversis peccatis subduntur, ita ibi diversis poenis afficiuntur. Et secundum modum peccati extenditur modus supplicii. Hii omnes orationibus, vigiliis, ieiuniis, elemosinis iustorum liberabuntur et sanctis in gaudio associabuntur. Haec vero his tantum proderunt qui viventes haec pro aliis fecerunt.*

23 Honorius Augustodunensis, Speculum ecclesiae, ed. MIGNE PL 172, 1084: *Primo die tantopere pro eis laboramus, ut eis coram iudice consistentibus succurramus; nam post mortem unicuique illud iudicium irrogatur quo omne genus humanum in ultimis iudicatur. tunc autem gloria vel poena duplicatur cum corpus animae associatur.*

24 Thomas von Aquin, Summa theologica, Supplement quaestio 69,2, 11.

meisten Menschen mussten damit rechnen, von den kleineren und größeren Sünden des Alltags zunächst im Fegefeuer gereinigt zu werden. Durch entsprechende Stiftungen an Kirchen und Klöster und damit an überzeitlich gedachte Institutionen, wollten die Gläubigen die Zeit im Fegefeuer möglichst verkürzen[25].

Dies ist sicher ein Grund dafür, warum Stiftungen für das Seelenheil zunehmend in Testamenten verankert wurden. Auf diese Weise sollte dafür gesorgt werden, dass die Erben oder die Testamentsvollstrecker sich an den Willen des Testators hielten. Das sich seit dem 13. Jahrhundert in Deutschland verbreitende deutsch-rechtliche Testament vereinfachte entsprechende testamentarische Stiftungen. Im Gegensatz zum römischen Testament ließ es die Einsetzung mehrerer Erben als „Singularsukzessoren in die einzelnen Nachlaßgegenstände" zu und behandelte diese als Rechtsnachfolger für die einzelnen Bestandteile des Nachlasses[26]. Sehr viele dieser Testamente enthalten eine Seelgerätstiftung, um die Gebete und Messen für das Seelenheil nach dem Tode zu sichern[27]. Die Inschriften, die sich auf die Testamente beziehen, beschränken sich in der Regel genau auf jene Seelgerätstiftungen. Da diese Inschriften in oder an der Kirche angebracht wurden, in welcher die Totenmemoria der oder des Verstorbenen vollzogen wurde, sollten sie offenbar an die für die Verstorbenen zu erbringenden liturgischen Leistungen erinnern. Da die Inschriften im Gegensatz zu dem eigentlichen Testament öffentlich sichtbar waren, schrieb man ihnen möglicherweise eine rechtssichernde Funktion zu. Dies gilt es im Folgenden zu prüfen.

3 Seelgerätstiftungen

Eine der frühesten Inschriften, die eine Seelgerätstiftung enthält, befindet sich im ehemaligen Benediktinerkloster St. Ägidien in Braunschweig. Sie lautet in Übersetzung:

> Am 17. Tag vor den Kalenden des Februars starb Daniel, Bürger in Braunschweig, genannt von Pattenhusen, der unserer Kirche 70 Mark stiftete. Er ließ die Kapelle bauen, in der er begraben liegt, und stattete den Altar so aus, dass an ihm jeden Tag die Messe gelesen werden kann. Und den Brüdern stiftete er in ihrem Schlafraum ein ewiges Licht und er sorgte für seine Jahresgedächtnisfeier bei uns mit großen Vigilien und feierlichen Messen. Seine Seele und die Seelen aller unserer Wohltäter mögen durch Gottes Barmherzigkeit in Frieden ruhen. Amen[28].

25 Angenendt 1997, 496–498.

26 Aders 1932, 15–16; Klosterberg 1995, 12 und 47.

27 Aders 1932, 22–23; Klosterberg 1995, 94–95; Huber Hernández 2019, 255–257 und die Aufzählung der verschiedenen Stiftungen 277–285; vgl. etwa Hamburger Testamente 1351 bis 1400, Nr. 3, 4, 6, 7, 12, 13, 14, 15, 16, 17, 20, 21, 22, 25, 26, 29, 30, 31, 32, 35, 36, 37, 38, 40, 41, 42, 46, 58, 60, 65, 66, 67, 70, 102, 106, 107, 109, 113, 115, 116, 118, 119, 121, 124, 125, 126, 127 (Auswahl).

28 Die Inschriften der Stadt Braunschweig Nr. 28 mit Abb. 26: *xvii kalendas februarii obiit Daniel Burgensis in Brunswik dictus de Pattenhusen qui contulit ecclesie nostre lxx marcas, capellam hanc in qua iacet edificans, altare dotavit ita quod missa non careat ullo die et fratribus in dormitorio lumen perpe-*

Daniel von Pattenhusen war von 1274 bis 1292 Ratsherr der Altstadt von Braunschweig[29]. Die Inschrift dürfte um 1300 bald nach dem Tod Daniels von Pattenhusen ausgeführt worden sein. Da auch andere Testamente ähnliche Stiftungen an entsprechende geistliche Institutionen vorsehen[30], dürfte die Inschrift Bestimmungen aus dem Testament Daniels wiedergeben. Dass die Stiftung von den Benediktinermönchen durch eine Inschrift verewigt wurde, liegt vermutlich an dem Umfang der Zuwendungen. Indem der Konvent diese Stiftungen durch die Inschrift öffentlich machte, zeigte er den Gläubigen, welches Vertrauen ihm der Stifter entgegengebracht hatte. Bei ihnen, den Benediktinern von St. Ägidien, war das ihnen anvertraute Seelenheil des Verstorbenen in guten Händen. Und die Inschrift führte allen, die an ihr vorbei gingen, vor Augen, dass der Konvent von St. Ägidien seine Stifter nicht in Vergessenheit geraten ließ[31].

Allerdings ist es nicht immer ganz einfach zu entscheiden, ob die entsprechenden Bestimmungen zu einem Testament oder zu einer unabhängig vom Testament getätigten Seelgerätstiftung gehören. Die in die Testamente integrierten Seelgerätstiftungen sind oft kaum von solchen zu unterscheiden, die als eigenständige Stiftungen ausgestellt wurden[32]. In einigen Fällen ist es aber klar, dass es sich um Seelgerätstiftungen außerhalb eines Testaments handelt. So stiftete der spätere Bürgermeister Hinrick Ricquardsdorp 1321 in Wismar für das Heiligen-Geist-Spital zwei Bettstellen und die jährlichen Einkünfte des Dorfes Metelsdorf. Die dazu ausgeführte Inschrift führt die einzelnen Bestimmungen detailliert auf[33]. Da Ricquardsdorp aber erst nach 1347 starb, war die Stiftung wohl nicht Bestandteil des Testaments. Ebenfalls 1321 stiftete Walter Sulmeister in Schwäbisch Hall an die Johanniter Kirche St. Johann eine ewige Messe auf den Katharinenaltar. Die in einer wohl erst in der zweiten Hälfte des 14. Jahrhunderts gefertigten Inschrift festgehaltene Stiftung ist in diesem Fall auch durch eine Urkunde als Seelgerätstiftung belegt[34]. Dasselbe lässt sich für eine Kapellen- und Messstiftung an die Schöntaler Kapelle in Schwäbisch Hall aus dem Jahr 1365 zeigen[35].

In einzelnen Fällen lässt sich der Zusammenhang zwischen inschriftlichem Text und dem Testament jedoch nachweisen. So ist die inschriftliche Seelgerätstiftung für den Bischof Thomas Polton von Worcester, der 1433 in Basel während des Basler Kon-

tuum ministravit et anniversarium suum apud nos cum magnis vigiliis et missis sollempniter procuravit cuius anima et omnium benefactorum nostrorum anime per dei misericordiam requiescant in pace amen.

29 Die Inschriften der Stadt Braunschweig Nr. 28 mit Abb. 26.

30 Klosterberg 1995, 97; Huber Hernández 2019, 286–287; Hamburger Testamente Nr. 4, 7, 31.

31 Vgl. Scholz 2013, 280–281.

32 Vgl. etwa Hamburger Testamente Nr. 17, 22, 23, 27, 36, 38, 40, 50, 127.

33 Die Inschriften der Stadt Wismar, Nr. 9.

34 Die Inschriften des Landkreises Schwäbisch Hall II, Nr. 72.

35 Die Inschriften des Landkreises Schwäbisch Hall II, Nr. 102.

zils starb, ein Auszug aus einer Urkunde, die der Prior und der Konvent der Basler Karthause am 28. August 1437 ausstellten. Die Inschrift lautet übersetzt:

> Der ehrwürdige Vater in Christus, Herr Thomas, Bischof von Worcester in England, hat wegen seines und seiner Eltern Seelenheil, Thomas Polton und Isabella, und zum Lob Gottes und der ruhmreichen Jungfrau und Gottesmutter Maria und aller Heiligen geschenkt einmal für die Stiftung der Zelle des Sakristans und einer ewigen Kaplanei 100 englische Pfund, wodurch er den Konvent sich in Liebe verpflichtet hat zu einer täglichen Totenmesse für die erwähnten Personen unter der Strafe von 30 rheinischen Gulden, von denen 5 der größeren Karthause und 5 der Kirche, in deren Pfarrei die Güter dieses Hauses gelegen sind, 20 aber der Kirchenfabrik der Londoner Karthause gegeben werden müssen. Gegeben im Jahre seit der Geburt des Herrn 1437 am 28. August[36].

Die Originalurkunde des Priors und des Konvents der Karthause vom 28. August 1437 hält wortreich und detailliert fest, dass die ehrwürdigen und ausgezeichneten Männer Reginald Kentwode, der Dekan der St. Paulskathedrale in London, der Kleriker Philipp Polton, der Kleriker Willermus Hende, der Knappe Richard Quatermayns sowie Thomas Layton als Testamentsvollstrecker für den Bau einer Sakristanszelle in dem Kloster gesorgt hätten. Dieselben Testamentsvollstrecker hätten auch dafür gesorgt, dass für das Seelenheil Poltons und seiner Eltern dem Kloster 100 englische Pfund für die Pfründe eines Mönchs, der beständig dort die Messe feiere, bezahlt wurden. Sollte das Kloster blühend weiterbestehen und sich nicht an diese Verpflichtung halten, müsse es 30 rheinische Gulden Strafe zahlen[37]. Die Inschrift gibt damit die wichtigsten Bestimmungen der Originalurkunde wieder. Da die in der Urkunde genannten Stiftungen und Vorgaben von den Testamentsvollstreckern des Bischofs von Worcester veranlasst wurden, muss man davon ausgehen, dass diese Bestimmungen im Testament des Thomas Polton vorgegeben waren. Damit ist auch die Inschrift ein Spiegel der testamentarischen Bestimmungen.

Auffälligerweise nahm die Inschrift nicht nur die Stiftung, sondern auch die Strafbestimmung für den Fall auf, dass das Gedenken an Polton nicht ausgeführt wurde. Es liegt hier somit nahe, dass die öffentlich sichtbare Inschrift die Funktion hatte, einen Rechtsanspruch zu sichern.

Das dürfte auch für die Inschrift des Hans Bernhart in der Walterichskirche in Murrhart gelten:

---

36 Wackernagel 1906, 433: *Reverendus in Christo pater dominus Thomas episcopus Wigorniensis de Anglia ob sue ac Thome Polton et Isabelle suorum parentum animarum salutem et ad dei glorioseque virginis Marie matris dei et omnium sanctorum laudem donavit semel dumtaxat pro celle sacriste perpetueque cappellanie fundatione C libras anglicanas, quare conventus se in caritate obligavit ad cotidianam defunctorum missam pro personis memoratis sub pena xxx florenum Renensium, quorum essent V Carthusie maiori et V ecclesie infra cuius parochiam huius domus bona situantur, XX vero domui Londoniarum ad fabricas applicandi. Actum anno a nativitate domini M cccc xxxvii die xxviii mensis Augusti.*

37 Wackernagel 1906, 434–437.

> Anno domini M cccc l < ... > do starb hans Bernhart < ... > ez ist zu wissen das hans Bernhart hot gemacht ein ewig iarczyt im vnd zweyen seinen hawsfrawen vnd aller seiner altvordern vnd noch kin ien[38] vnd von den es herkomen ist alle iar zu begen am nehsten mentag nach martini mit einer vigil vnd v selmes ein pfarrer vnd iiii priester do von sol ein heilgen pfleger geben dem pfarrer vi schilling vnd iglichem heren iiii schilling dem mesner i schilling[39].

Die in Privaturkunden übliche Formulierung „es ist zu wissen" findet sich auch in Testamenten[40]. Die Inschrift dürfte demnach die wichtigsten Bestimmungen des Testaments Bernharts beinhalten, zumal die Stiftung mit dem Sterbevermerk verbunden ist. Die Inschrift sollte die Bestimmungen öffentlich und in dauerhaftem Material festhalten[41]. Danach hatte Hans Bernhart eine ewige Jahrzeit für sich und seine beiden Ehefrauen, seine Vorfahren und seine Nachkommen gestiftet, die am Montag nach dem Fest des heiligen Martin mit einer Vigil und fünf Messen von einem Pfarrer und vier Priestern zu halten war. Dafür erhielten der Pfarrer 6 Schilling und die vier Priester je 4 Schilling. Wie in Testamenten üblich bezog sich die Stiftung Bernharts auf sein eigenes Seelenheil und das seiner Angehörigen. Es war eindeutig festgehalten, was er gestiftet hatte, was er dafür zu erhalten hatte und welche Leistungen die zu erwarten hatten, die an der Ausführung der liturgischen Memoria beteiligt waren. Es ging hier also ebenso wie in der Inschrift für Thomas Polton darum, durch das öffentliche Medium der Inschrift einen Rechtsanspruch zu sichern.

Auch die Inschrift für den 1481 verstorbenen Ulrich Binder an der evangelischen Pfarrkirche zu Holzgerlingen, die ebenfalls Sterbevermerk und Stiftung verbindet, dürfte Bestimmungen des Testaments wiedergeben[42]. Sie lautet:

> Anno domini M cccc lxxxi vff frytag nach dem oustertag starb Volrich binder der hat gestift dasz ain fruomesser allen frytag sol lesen ain fruomesz item er hat kowft vmb die [.... .] iarzyt die begangen sol werden zu allen frontagen an mittwoch in fronvasten ze nacht mit selvesper morgentz mit vigili vnd iii seel messen dar vmb sollend die pfleger geben yedem priester xv denare dem moesner iii denare vnd den armen 1 Schilling vmb brot[43].

Der Hauptteil der Inschriften für Hans Bernhart und Ulrich Binder besitzt dasselbe Schema. Es werden jeweils die Stiftungen festgehalten, hier die Stiftung einer Frühmesse, die regelmäßig am Freitag gefeiert werden muss, sowie eines Jahresgedächtnisses, das viermal im Jahr begangen werden sollte, nämlich jeweils am Mittwoch in den Quatemberwochen, also nach Invocavit, nach Pfingsten, nach Kreuzerhöhung

38 So vermutlich aufgrund eines Steinmetzfehlers für *nochkumen*, vgl. Die Inschriften des Rems-Murr-Kreises, Nr. 38, Anm. b.

39 Die Inschriften des Rems-Murr-Kreises Nr. 38 mit Abb. 17.

40 Hamburger Testamente Nr. 117, 126, 127.

41 Vgl. auch Scholz 2013, 279.

42 Die Inschrift ist heute außen an der Ostwand des Beinhauses angebracht, doch dürfte sie sich ursprünglich wie die Inschrift für Hans Bernhart im Inneren der Kirche befunden haben.

43 Die Inschriften des Landkreises Böblingen, Nr. 89 mit Abb. 28; die Textlücke ist durch eine Beschädigung des Steins bedingt.

(14. September) und nach Lucie (13. Dezember). An diesen Tagen sollten eine Seelenvesper, eine Vigil sowie drei Seelenmessen gefeiert werden. Die Priester sollten mit 15 Denaren und der Messner mit drei Denaren entlohnt werden. Die Inschrift für Binder enthält noch eine weitere Bestimmung, die in den Inschriften für Polton und für Bernhart fehlt. Die Armen sollten einen Schilling erhalten, um sich Brot kaufen zu können. Auch in zahlreichen Testamenten sind Gaben für die Armen vorgesehen[44]. Damit wurde eine wichtige Forderung des Christentums erfüllt, die ihre Grundlage im Matthäusevangelium (25,31–40) hat. Dort verheißt Christus den Gerechten das Himmelreich mit den Worten: „Denn ich war hungrig und ihr habt mir zu essen gegeben, ich war durstig und ihr habt mir zu trinken gegeben; ich war fremd und obdachlos, und ihr habt mich aufgenommen. Ich war nackt, und ihr habt mir Kleidung gegeben ... Was ihr für einen meiner geringsten Brüder getan habt, das habt ihr mir getan." Ausgehend von dieser Stelle entwickelte sich die Vorstellung, dass man in den Armen Christus selbst begegne, an ihm handle und dadurch das ewige Leben erlange[45]. Papst Gregor der Große (590–604) fasste diese Überzeugung in folgende Worte:

> Was auch immer einem Armen zugeteilt wird, ist, wenn man es genau betrachtet, kein Geschenk, sondern etwas Gegenseitiges, weil man das, was man gibt, ohne Zweifel mit vielfachem Ertrag zurückerhalten wird[46].

Die Stiftung für die Armen, die hier öffentlich dokumentiert wurde, war also nicht nur Ausdruck der eigenen Frömmigkeit, sondern auch eine Investition in das eigene Seelenheil[47].

Das letzte Beispiel sieht ebenfalls als Almosen für die Armen eine Brotstiftung vor. Es handelt sich um die Gedenk- und Stiftungsinschrift des Pfarrers Johannes Ruder genannt Stumpf von Lindenfels in der Evangelischen Kirche von Neunkirchen. Sie lautet übersetzt:

> Im Jahre des Herrn 1472 ist der unten genannte Pfarrer auf diese Kirche präsentiert und eingesetzt worden. Im Jahre des Herrn 1486 hat der ehrwürdige Herr Johannes Ruder, genannt Stumpf, Magister der Künste und Pfarrer dieser (Kirche), festgesetzt, dass sein Jahresgedächtnis am Fest von Cosmas und Damian durch die Pfarrer von Neunkirchen, Krumbach, Beedenkirchen und Reichelsheim mit Vigilien von neun Lesungen, drei Seelenmessen, einer Festtagsmesse sowie einem Salve zu feiern ist. Die Kirchenfabrik wird jedem für die Anwesenheit fünf Schilling, dem Glöckner einen Schilling und als Almosen für Brot zwei Schilling Heller geben. Und sie soll eine brennende Kerze unter den Heiligen aufstellen (aus den Einkünften) von der Wiese, die Born-

44 Vgl. etwa Hamburger Testamente Nr. 3, 4 (S. 7), 7, 12, 36, 38, 42, 46, 47, 52, 58, 65, 70; Lentze 1958, 38–39.

45 Vgl. Angenendt 1997, 586.

46 Gregor I., Registrum epistolarum 10,8, 242: *Quicquid tribuitur pauperi, si suptili consideratione pensetur, non est donum, sed mutuum, quia quod datur multiplicato sine dubio fructu recipitur.*

47 Vgl. Mollat 1987, 139–142; Illi 1994, 64–65; Schmitt 2002, 27–28; Hamm 2008, 51–52.

wiese genannt wird. Dieser ist in den Jahren des Herrn 1437 geboren und 1509 gestorben. Er möge in Frieden ruhen[48].

Johannes Ruder machte 1486 sein Testament, in dem er vor allem für sein Anniversar und damit für sein Seelenheil Sorge trug. Als Anniversartag setzte er das Fest von Cosmas und Damian fest, die zu den Patronen der Kirche von Neunkirchen gehörten[49]. Das Testament enthält detaillierte Bestimmungen über den Ablauf der Feier und weitere Anordnungen. Die Pfarrer von Krumbach, Beedenkirchen (Lkr. Bergstraße) und Reichelsheim (Odenwaldkreis) hatten für sich und ihre Nachfolger die Verpflichtung übernommen, das Anniversar zu halten. Während der Messe für die Kirchenpatrone sollte das Volk in der Predigt ermahnt werden, für den Patronatsherrn der Kirche, Hans von Rodenstein, seine Frau Anna sowie für Johannes Ruder, seine Eltern und alle, die ihm Gutes getan hatten, zu beten. Nach der Messe sollte an dem Inschriftenstein mit der oben zitierten Inschrift im Chor von den Priestern ein *De profundis* gesprochen werden. Außerdem sollte an diesem Stein während der gesamten Feier eine brennende Kerze stehen[50].

Die Bestimmung, die Kirchenbesucher in der Predigt zum Gebet für den Verstorbenen zu ermahnen, zeigt das Bemühen Ruders, sein Totengedenken auf eine möglichst breite Basis zu stellen. Demselben Zweck diente die monumentale Fixierung wichtiger Bestimmungen des Testaments zur Anniversarfeier in der Inschrift. Der Inschriftenstein, der prominent im Chor der Kirche angebracht wurde, wiederholte die wichtigsten Bestimmungen des Testaments und diente damit ebenso wie die zuvor genannten Inschriften dazu, den Vollzug des Totengedenkens zu sichern.

4 Fazit

Hier endet dieser kurze Überblick über die Fixierung testamentarischer Bestimmungen in Inschriften im deutschen Sprachraum. Der Inhalt der Inschriften kann in den behandelten Fällen auf testamentarische Bestimmungen zurückgeführt werden, doch beschränkt er sich in allen Fällen auf den Aspekt der Seelgerätstiftungen. Das hat

---

48 Die Inschriften der Stadt Darmstadt und der Landkreise Darmstadt-Dieburg und Groß-Gerau, Nr. 86 mit Abb. 57: *Anno domini 1472 / pastor subscriptus ad / hanc ecclesiam fuit presen/tatus ac inuestitus / Anno domini 1486 honorabilis dominus / iohannes ruoder dictus stumpf arcium / magister pastor huius suum statuit anniuer/sarium festo cosme et damiani / per pastores in nunkirchen crumpach / bedekirchen et richelszheim cum vigiliis / noue(m) lectionum tribus pro defunctis et vna / de festo missis ac salve peragendum / Dabit fabrica presencie cuique v solidos / campanatori i solidum et in eleemosynam pro pa/nibus ii solidos halorum Et locet candelam / sub diuinis ardentem de prato / dicto bornwiese qui annis / domini 1437 natus et / 1 < 59 > obiit requiescat in pace.*

49 Vgl. dazu Die Inschriften der Stadt Darmstadt und der Landkreise Darmstadt-Dieburg und Groß-Gerau, Nr. 87.

50 Das Testament ist gedruckt bei Retter 1739, 237–238.

zwei Gründe. Einerseits sind Seelgerätstiftungen im späten Mittelalter weit verbreitet und wurden als wichtige Voraussetzung für das Seelenheil angesehen, andererseits sind alle genannten Inschriften an Kirchen oder Klöstern angebracht und somit an jenen Institutionen, denen die Sorge um das Seelenheil im Testament anvertraut worden war. Die Inschriften dienten somit in erster Linie dazu, den Rechtsanspruch des Stifters zu sichern und die Priester an die schuldigen Gebetsleistungen zu erinnern.

Bibliographie

Quellen

The Bobbio Missal: A Gallican Mass-Book (Ms. Paris. Lat. 13246), ed. E. A. Lowe (Henry Bradshaw Society 58), London 1920.

Chartularium Sangallense, Bd. III (1000–1265), bearb. von O. P. Clavadetscher, St. Gallen 1983.

Grégoire le Grand, Dialogues I. Introduction, Bibliographie et Cartes von A. de Vogüé (Sources Chrétiennes 251), Paris 1978.

Gregor I., Dialogi IV, Grégoire le Grand, Dialogues III, ed. A. de Vogüé/P. Antin, Sources Chrétiennes 265, Paris 1980.

Gregor I., Registrum epistolarum, ed. P. Ewald/L. M. Hartmann, MGH, Epp. 2, Berlin 1899.

Hamburger Testamente 1351 bis 1400, bearb. von H.-D. Loose (Veröffentlichungen aus dem Staatsarchiv der Freien und Hansestadt Hamburg XI), Hamburg 1970.

Honorius Augustodunensis, Speculum ecclesiae, ed. J.-P. Migne, Patrologiae cursus completus, Series Latina 172, Paris 1854, 807–1108.

Die Inschriften des Landkreises Böblingen, ges. und bearb. von A. Seeliger-Zeiss (Die Deutschen Inschriften 47), Wiesbaden 1999.

Die Inschriften des Landkreises Schwäbisch Hall II. Altkreis Schwäbisch Hall und Limpurger Land, ges. und bearb. von H. Drös (Die Deutschen Inschriften 112), Wiesbaden 2022.

Die Inschriften des Rems-Murr-Kreises, ges. und bearb. von H. Drös und G. Fritz unter Benutzung der Vorarbeiten von D. Reichert (Die Deutschen Inschriften 37), Wiesbaden 1994.

Die Inschriften der Stadt Braunschweig bis 1528, bearb. von A. Boockmann auf Grund einer von 1945 – 1986 vorgenommenen Materialsammlung des D. Mack (Die Deutschen Inschriften 35), Wiesbaden 1993.

Die Inschriften der Stadt Darmstadt und der Landkreise Darmstadt-Dieburg und Groß-Gerau, ges. und bearb. von S. Scholz (Die Deutschen Inschriften 49), Wiesbaden 1999.

Die Inschriften der Stadt und des Landkreises Heidelberg, ges. und bearb. von R. Neumüllers-Klauser (Die Deutschen Inschriften 12) Stuttgart 1970.

Die Inschriften der Stadt Wismar, ges. und bearb. von J. Herold und M. Dorn (Die Deutschen Inschriften 103), Wiesbaden 2022.

Die Kosmographie des Aethicus, ed. O. Prinz, MGH QQ zur Geistesgesch. 14, München 1993.

MGH Formulae Merowingici et Karolini aevi, ed. K. Zeumer, Hannover 1886.

Das Testament des Bischofs Berthramn von Le Mans vom 27. März 616, ed. M. Weidemann, (Römisch-Germanisches Zentralmuseum. Monographien 9), Mainz 1986.

Thomas von Aquin, Summa theologica (Die Deutsche Thomas-Ausgabe 35), Heidelberg/Graz/Wien/Köln 1958.

Sekundärliteratur

ADERS 1932: G. ADERS, Das Testamentsrecht der Stadt Köln im Mittelalter (Veröffentlichungen des Kölnischen Geschichtsvereins E.V. 8), Köln 1932.

ANGENENDT 1983: A. ANGENENDT, Missa specialis. Zugleich ein Beitrag zur Entstehung der Privatmessen, *Frühmittelalterliche Studien* 17, 1983, 153–221.

ANGENENDT 1984: A. ANGENENDT, Theologie und Liturgie der mittelalterlichen Toten-Memoria, in: Memoria. Der geschichtliche Zeugniswert des liturgischen Gedenkens im Mittelalter, hg. von K. SCHMID/J. WOLLASCH (Münstersche Mittelalter-Schriften 48), München 1984, 79–199.

ANGENENDT 1997: A. ANGENENDT, Geschichte der Religiosität im Mittelalter, Darmstadt 1997.

BORGOLTE 2012: M. BORGOLTE, Gedenkstiftungen in St. Galler Urkunden, in: M. BORGOLTE, Stiftung und Memoria, hg. von T. LOHSE (Stiftungsgeschichten 10), Berlin 2012, 101–129.

HAMM 2008: B. HAMM, „Zeitliche Güter gegen himmlische eintauschen“: Vom Sinn spätmittelalterlicher Stiftungen, in: Geben und Gestalten. Brauchen wir eine neue Kultur der Gabe?, hg. von U. HAHN/T. KREUZER/S. SCHENK/ G. SCHNEIDER-LUDORFF (Fundraising-Studien. Zu Kunst und Kultur der Gabe 4), Berlin 2008, 51–65.

GUZZETTI 2007: L. GUZZETTI, Testamentforschung in Europa seit den 1970er Jahren. Bibliographischer Überblick, in: Seelenheil und irdischer Besitz. Testamente als Quellen für den Umgang mit den „letzten Dingen“, hg. von M. HERZOG/C. HOLLBERG (Irseer Schriften: Studien zur schwäbischen Kulturgeschichte 4), Konstanz 2007, 17–33.

HEIDRICH 1965: I. HEIDRICH, Titulatur und Urkunden der arnulfingischen Hausmeier, *Archiv für Diplomatik* 11/12, 1965/1966, 71–279.

HUBER HERNÁNDEZ 2019: A. HUBER HERNÁNDEZ, Für die Lebenden und die Toten. Testamente des Spätmittelalters aus der Stadt Bern, Bern 2019.

ILLI 1994: M. ILLI, Begräbnis, Verdammung und Erlösung. Das Fegefeuer im Spiegel von Bestattungsriten, in: Himmel, Hölle, Fegefeuer. Das Jenseits im Mittelalter. Katalog, hg. von P. JEZLER, Zürich ^{2}1994, 59–68.

KLOSTERBERG 1995: B. KLOSTERBERG, Zur Ehre Gottes und zum Wohl der Familie: Kölner Testamente im Spätmittelalter (Von den Anfängen bis um 1500) (Kölner Schriften zur Geschichte und Kultur 22), Köln 1995.

LENTZE 1958: H. LENTZE, Das Seelgerät im mittelalterlichen Wien, *Zeitschrift der Savigny-Stiftung für Rechtsgeschichte. Kanonistische Abteilung* 75, 1958, 35–103.

LEVILLAIN 1923: L. LEVILLAIN, Le formulaire de Marculf et la critique moderne, *Bibliothèque de l'École des Chartes* 84, 1923, 21–91.

MOLLAT 1987: M. MOLLAT, Die Armen im Mittelalter, München ^{2}1987.

RETTER 1739: J. F. C. RETTER, Hessische Nachrichten II, Frankfurt am Main 1739.

SCHMITT 2002: S. SCHMITT, Zwischen frommer Stiftung, adeliger Selbstdarstellung und standesgemäßer Versorgung. Sakralkultur im Umfeld von Rittersitzen, in: Rittersitze. Facetten adligen Lebens im Alten Reichen, hg. von K. ANDERMANN (Kraichtaler Kolloquien 3), Tübingen 2002, 11–43.

SCHOLZ 1998: S. SCHOLZ, Das Grab in der Kirche: Zu seinen theologischen und rechtlichen Hintergründen in Spätantike und Frühmittelalter, in: *Zeitschrift der Savigny Stiftung für Rechtsgeschichte, Kanonistische Abteilung* 84, 1998, 270–306.

SCHOLZ 2013: S. SCHOLZ, Grabmäler von Laien im Mittelalter: Zu ihrer Funktion, Bedeutung und kanonistischen Problematik, in: R. BERNDT (Hg.), Wider das Vergessen und für das Seelenheil. Memoria und Totengedenken im Mittelalter, Münster 2013, 271–285.

SCHOLZ 2014: S. SCHOLZ, Bestattungen in und an Kirchen, in: H. MÜLLER/C. M. M. BAYER/M. KERNER (Hg.), Die Aachener Marienkirche. Aspekte ihrer Archäologie und frühen Geschichte, Regensburg 2014, 217–222.

STEYER 2021: T. STEYER, Für die Ehre Gottes und der eigenen Seele. Seelgerätstiftungen in Braunschweiger Bürgertestamenten des späten Mittelalters, Braunschweig 2021.

WACKERNAGEL 1906: R. WACKERNAGEL, Drei Basler Steinurkunden, *Basler Zeitschrift für Geschichte und Altertumskunde* 5, 1906, 430–438.

Quellenverzeichnis

1. Teil: Antike, westliches Frühmittelalter, Byzanz (bis 1025)

I. Inschriften

https://doi.org/10.1515/9783111694634-016

Sylloge Inscriptionum Graecarum (Syll.)

Tituli Asiae Minoris (TAM)

II. Papyri, Tabulae, Ostraka

III. Texte

A. Juristische Texte

Basilicorum libri: Textus (ed. Scheltema) (BT)

Basilicorum libri: Scholiae (ed. Scheltema) (BS)

B. Literarische Texte

2. Teil: Mittelalter

I. Inschriften

II. Texte